织里镇志编纂委员会 编

【织里镇志】

徐世尧 陈勇杰 主编

沈林江 执行主编

上

中国农业出版社

北京

童装世界

费孝通

1997年4月3日，时任全国人大常委会副委员长费孝通
视察织里时题赠

可爱的家乡神奇的土地

勤劳的人民发展的典范

贺织里镇志印行 壬寅初穗 谈月明

原浙江省建设厅厅长、中国书法家协会会员谈月明题赠

《织里老街印象》——中国美术家协会会员刘祖鹏赠画

偕志存丈
造福桑梓

贺织里镇志付梓

癸亥夏日正蔀青画

中国书法家协会会员、湖州市书法家协会副主席
茹郁青题赠

《盛华》——浙江省美术家协会会员张佰荣赠画

《老街记忆》——浙江省美术家协会会员凌维维赠画

浙江省书法家协会会员方红斌题赠

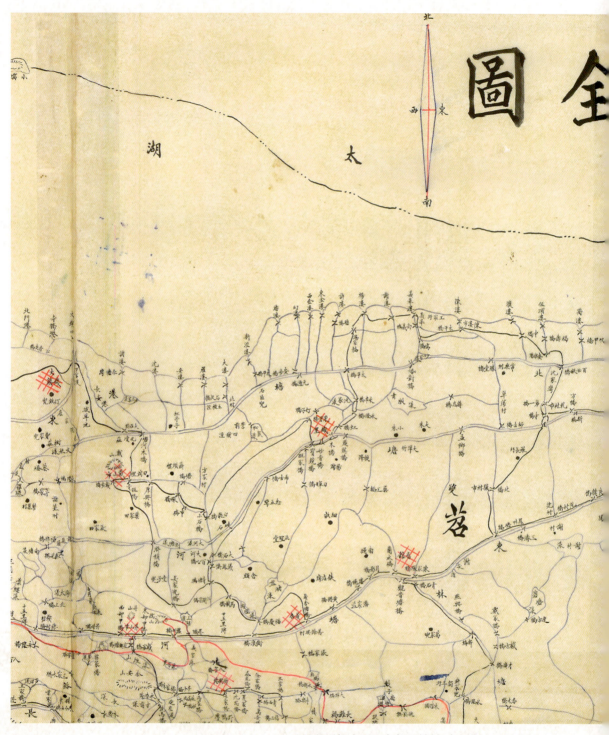

《吴兴明细全图》之织里镇域（20世纪40年代）

吳興明細

江蘇

2013年版织里镇镇域图（湖州市地名办公室供图）

织里城区全景

织里镇行政中心

织里镇行政服务中心

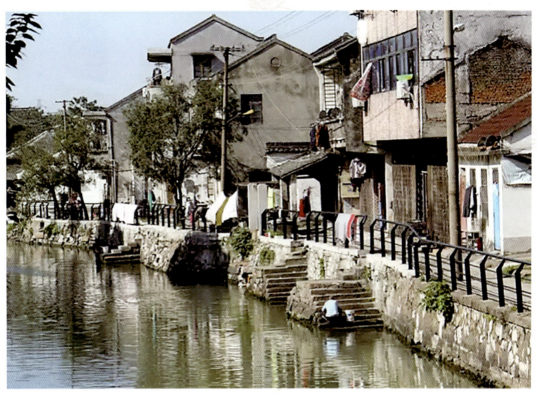

织里老街

雕塑　希望之门

雕塑　绣花针

吴兴大道与珍贝路

浒井港夜景

湖织大道与大港路口夜景

财富广场

吾悦广场

闵齐伋六色套印《西厢记》版画图（上为第三幅图，下为第十九幅图）

晟舍望族版刻雕版

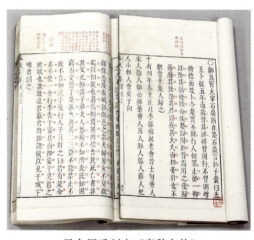

晟舍闵氏刻本《春秋左传》

《凌氏宗谱人像》中的凌濛初像　　　　　　凌濛初手迹

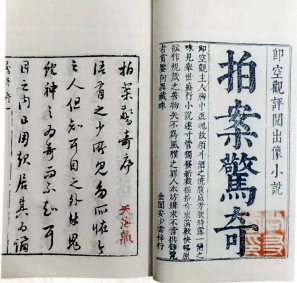

日本游万井书房影印本《初刻拍案惊奇》　　　　尚友堂刊本《拍案惊奇》

1912年12月孙中山在浙江视察，与各界代表在南湖烟雨楼合影（席地而坐者左五为姚勇忱）

姚勇忱烈士墓（杭州辛亥革命烈士纪念园）

秦家书烈士

沈阿章烈士

闵恩泽院士

邱式邦院士

桑国卫院士

旧馆遗址

二世祖文穆王元瓘公像

五代吴越国国王钱元瓘

元代郑禧为晟舍闵天福所作的《聚芳亭图》（现藏台北故宫博物院）

《甲申十同年图》（1503年），右五为明代刑部尚书闵珪

乾隆石塘遗址（乔溇）

明代石人石马（利济寺保存）

清末民初吴昌硕所刻
"五湖书院藏书"印章

重建双甲桥碑亭

崇义馆

赵孟頫书《寿春堂记》（局部）

闵声在天一阁藏《黄庭坚草书刘禹锡竹枝词》的引首题字

吴云自题两罍轩

闵齐伋《六书通》及朱墨套印《列子冲虚真经》

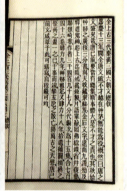
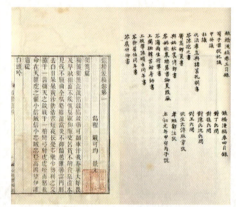

严可均校辑《全上古三代秦汉三国六朝文》　　　　严可均《铁桥漫稿》

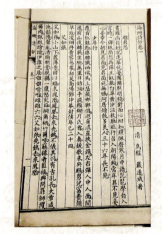

严遂成《海珊诗抄》　　　　徐有珂《小不其山房集》

获（頔）塘碑亭

沈氏思慎堂

汤溇新浦重修石塘碑

安农桥碑

毛泽东手书严遂成《三垂岗》诗

白龙桥

始建于三国吴赤乌年间的元通塘桥

2016年5月28日，国内申遗专家考察义皋村太湖溇港

2016年11月，太湖溇港在泰国清迈成功入选世界灌溉工程名录

太湖溇港世界灌溉工程遗产证书

乔溇塘板闸

全国重点文物保护单位

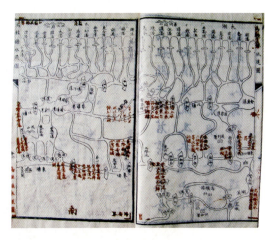

乌程水道图

水韵织里

南太湖风光

太湖南岸

北横塘

荻（頔）塘

娄港圩田

濮娄入湖口

乡　村

义皋村

上林村村

吴兴织里港海关监管作业场所首单通关

2022年1月，童装产业大脑上线仪式

2019年11月18日至19日，"中国治理的世界意义"国际论坛在吴兴区召开

2019年11月18日，南太湖社会治理研究院在织里成立

2019年3月1日，英国驻上海总领事馆双边贸易关系与合作领事何伟杰到访织里

2018年12月，香港媒体考察团访问织里

2018年9月23日，南非科学与工业研究理事会代表团考察织里

2018年9月10日，《人民日报》头版报道织里改革发展

2018年7月28日，智慧织里综合指挥平台通过省专家组验收

2018年，政务自助终端上线

2017年9月23日，织里镇人民政府与中英足球中心在足球方面合作的签约仪式

吴兴区领导检查织里抗台工作

2016年6月12日，时任织里镇委书记陈永华在全国新生中小城市培育专题研讨会上发言

2017年度"五好知礼人"颁奖大会

外国友人参观织里

2003年，吴兴工业园暨吴兴大道开工仪式

2003年，行政中心搬迁仪式

湖织大道

鹏飞路

大港路口

吴兴大道东段范村桥

富民路

康泰路

织太公路

栋梁路

2020年12月30日，织里至德清高速公路开工仪式

织里汽车站

1984年5月1日，织里至晟舍318国道通车仪式

20世纪50年代的土路

20世纪80年代的水泥路

经济发展

2018年万邦德项目开工仪式

东尼电子有限公司

中国童装城

20世纪80年代童装批发

港西村粮食功能区

杨桂珍螃蟹庄园

长河热电厂

中国织里商城

中国织里童装城

中国童装博物馆

中国纺织科学研究院江南分院特种面料研发中心

童装产业

1997年童装交易会开幕

2003年10月，中国童装商标重点培育基地授牌仪式

2010年童装文化节开幕式

2011年织里童装与阿里巴巴合作签约仪式

第三届童装设计大赛

2018年8月29日，织里"中国童装指数"发布

童装模特赛

今童王童装有限公司展厅

永翼实业（童装）

不可比喻童装公司

布衣草人电商办公室

弗兰尼尔制衣车间

花田彩展厅

杨氏针织公司

小霸王制衣有限公司

跳跳龙服饰有限公司

"男生女生"品牌展示厅

织里镇志编纂委员会

主 任：宁 云（前期） 杨 治

副 主 任：陈勇杰 周郑洁（前期） 陆铖伟

委 员：薄国欣 张震凯 潘斌松 温绿琴 黄大春 高玉君
     刘玉军 谈 晔 何 良 卢晓亮 吴 谦 戴占平
     舒忠明 张 波 江 波 归加琪 朱双双

办公室主任：陈晓晓

办公室成员：胡 钢 王凌云 钟芳芳 李云丹 潘鹏飞 孙 涛
     何 捷 张 栋

名誉主编：嵇发根

主 编：陈勇杰

执行主编：徐世尧 沈林江

副 主 编：施国琴 谢占强 许 羽 沈 方

统 稿：施国琴

编撰人员：（按姓氏笔画排序）
     朱剑平 孙湘山 吴小琴 邱永方 沈文泉 沈林江
     沈美华 陆 耘 赵红娟 俞允海 施国琴 夏 华
     徐世尧 徐 勇 徐根梅 谢占强 蔡忍冬 潘小平

总 顾 问：谈月明 胡乐鸣

顾 问：（按姓氏笔画排序）
     王金发 方红斌 叶再明 杨伟民 吴永祥 吴团宝
     闵 俊 姚国强 陶承欢 梅锦连 释常进

序　一

"一门廿进士，一乡三院士。"耕读传家、人才辈出的织里镇，仅明清两朝，就有进士 42 人，尚书 6 位，举人、秀才、学者、能工巧匠更是数不胜数。新中国成立以来，涌现出一大批领导干部、院士专家、艺术家和企业家，有第十一届全国人大常委会副委员长、中国工程院院士桑国卫，海军中将王森泰，中国科学院院士邱式邦、闵恩泽，空军少将张伟林，冶金专家严圣祥，数学家郁国梁，投资银行家叶新江，病毒学家邱建明，保险法专家李玉泉，等等，不胜枚举。

我的母校织里中学，只是一所普通的乡镇中学，1970 年始设高中，赫然陆续有一大批学生考上清华大学、北京大学、浙江大学、复旦大学、武汉大学、同济大学、北京师范大学、南京工学院（现东南大学）、第二军医大学、四川大学、湖南大学等全国重点大学。织里中学毕业生，除了前面提到的王森泰、张伟林、郁国梁、叶新江、邱建明、李玉泉外，还有陈保胜、张锦章、张元林、蒋志瑛、谈月明、俞锦方、沈继宁、陈鹰、吴维平、吴茅、沈竑、吴水根、叶水乔、褚玉明、陈利江、吴中平、徐胜元、叶冠中、杨建忠、叶桂方、陆强强等，均颇有建树，乃所在领域之翘楚，闻达于桑梓。

耕读文明是织里镇的软实力，织里镇的硬实力也很强，作为全国 38000 多个乡镇级行政区划之一，获得了很多的国家级荣誉——全国小城镇综合改革试点镇、国家新型城镇化综合试点地区、全国乡村治理示范乡镇、全国百强镇、中国童装名镇……

织里镇隶属浙江省湖州市吴兴区，位于杭嘉湖平原，坐落在太湖南岸，物华天宝，人杰地灵，是鱼米之乡、丝绸之府、江南经济重镇，也是人文荟萃之地。

一方水土养一方人。

家乡河网密布，春夏时，河水水位高于农田。记得小时候，一到水稻需要灌溉的时候，大人们就把河堤的闸门拉起，河水就奔涌而出，顺着沟渠流入稻田，小孩们就忙着在沟渠边捕鱼捉虾、戏水玩耍。儿时不知道这是自流灌溉（成本最低、经济效益最高的农业灌溉方式），还以为其他地方种水稻都是这样的。大学毕业到农业部工作，37年间，我几乎走遍了全国各种类型的农业县乡，也考察了亚洲、欧洲、北美洲和南美洲农业，愈加深切地感受到家乡先人的勤劳与智慧，为后人提供了无比优越的农业生产条件。自流灌溉不是天然形成的，而是先人与太湖争田，在浅水沼泽地带挖土、围堤、筑坝，把田围在中间，把水挡在堤外；围内开沟渠，设涵闸，有排有灌，称之为"圩田"（亦称"围田"）。

太湖堤和溇港圩田的兴建，构成了节制太湖蓄泄的水利体系，在潮起潮落的滩涂上筑造了河渠、农田、乡村和城镇，是我国传统水利工程的光辉典范，是人水和谐的成功实践，是生态、经济、交通、文化、社会协调发展的杰出代表。溇港圩田孕育出富庶之区[1]，太湖平原成为中国古代主要粮食产区[2]和纺织品生产地，更有耕读世家的人才辈出，对我国经济、政治、文化、社会、生态文明贡献良多，在中华文明史、农业史和水利史上，具有十分重要的地位。2016年，太湖溇港成功入选"世界灌溉工程遗产"名录；2019年，太湖溇港被国务院列为第八批全国重点文物保护单位。

织里镇是太湖流域溇港圩田系统体系最完善、特征最鲜明和唯一完整留存的乡镇。"分水墩"遗址，距离我家仅数百米，离我上学的轧村向阳小学仅百余米，儿时常与小伙伴在分水墩附近游泳打闹，不知详情。2016年，我在农民日报社任总编辑，为向"世界灌溉工程遗产"名录评审专家宣介太湖溇港，打电话向熟悉镇史的沈林江学长求教，才知道分水墩是商周时期的水利工程遗址，至今已有3500多年历史了。

明清时期，织里文化名人辈出，而且是江南刻书中心，刻印书籍之多，技术之精，影响之大，实属罕见。尤其是多色套印，在出版史、印刷史上占有重要地位，其中以闵齐伋和凌濛初为代表人物。叶德辉《书林清话》载："朱墨套

---

① 衍生于溇港圩田的"桑基鱼塘"和"桑基圩田"，使农民在水稻之外增加了养蚕和渔业收入，其蕴含的生态农业、循环经济的理念使农业得以可持续发展，经济效益、生态效益显著。

② 历史上，吴兴农业一直处于世界领先的地位。据《补农书》《补农书研究》记载，明末清初，上好年份，吴兴的水稻，亩产约680斤，高产可达899～1124斤，这比20世纪末美国加州的水稻单产还高，无疑达到了传统耕作条件下的世界最高水平。三四百年前还没有化肥、农药，水稻亩产能如此之高，其精耕细作水平今人很难想象，只能从农业古籍中去领略一二了。

印，明启、祯间，有闵齐伋、闵昭明、凌汝亨、凌濛初、凌瀛初，皆一家父子兄弟刻书最多者也。"清代湖州学者郑元庆《湖录》一书记载："书船出乌程织里及郑港、谈港诸村落，……织里诸村民，以此网利，购书于船。南至钱塘，东抵松江，北达京口，走士大夫之门，出书目袖中，低昂其值，所至每以礼接之。客之末座，号为书客，间有奇僻之书，收藏家往往资其搜访。"刻书、贩书盛况跃然纸上，在当时闻名天下。时至今日，闵氏、凌氏的刻本，已然是千金难求的珍贵古籍。

凌濛初是织里镇晟舍人，他不仅是著名套版刻书家，一生刊刻书籍达25种，其中套色本17种；也是文学史上著名的小说家，他创作的《拍案惊奇》和《二刻拍案惊奇》，是最早的、文人创作的白话短篇小说集；他还是著名的戏曲作家，创作杂剧13种、传奇3种，撰著戏剧理论《谭曲杂札》，评点《西厢记》《琵琶记》等。明末，凌濛初以贡生入仕，晚年出任徐州通判，办理漕运、治理黄河，最后在战乱中为保护百姓以身殉职。

现当代史上，无论辛亥革命、抗日战争、解放战争，还是社会主义建设时期，织里都涌现出无数仁人志士和杰出人物，为民族解放、国家建设和地方经济、文化发展作出重要贡献。

今日织里，在历届党委、政府领导下，以"民营先发、市场先发"推动经济发展，开启了产、城、人融合发展新篇章，已形成金属加工、机械电子、针织羊绒、纺织印染、木材加工等产业，童装产业成为支柱产业，金融、保险、房地产、技术服务等现代服务业和超市卖场、连锁经营等新业态快速发展。由农村集镇发展为初具规模的小城市，现有人口45万人，其中外来人口35万人。2020年，织里镇城乡居民人均可支配收入分别达到76 949元和48 266元，均比全国平均数高3万多元。

盛世修志是我国的文化传统。一部志书不仅是历史沿革和历代乡贤事迹的记载，而且是时代变迁、社会发展、国家兴盛的反映。"治天下者以史为鉴，治郡国者以志为鉴"，国史、方志历来是治国理政的重要借鉴。2019年4月23日，"《织里镇志》编撰专家座谈会"在织里召开，我专程前往参加，深切感受到织里镇历届党委、政府对乡村文化振兴、对镇志编撰工作的重视，镇志编撰的调研和筹备历经数年，可谓谋定而动，令人钦佩。2019年5月8日，镇志编撰工作正式启动，举全镇之力，又历时数载。

　　《织里镇志》共九卷五十一章，重点记载织里历史上的溇港圩田、书籍刻刊套印和当代的童装产业、城镇建设、社会治理，篇幅达 210 万字，蔚为大观。织里在古代除了个别集镇有方志文献留存外，一直未曾编修镇志，《湖州府志》《乌程县志》《归安县志》《吴兴志》等方志对织里历史仅有零星记载，编修镇志的难度可想而知。尽管编撰镇志以详今略古为原则，但编委会兼顾今昔，不仅在镇级各单位、行政村建立资料员网络，通过会议、走访、座谈等形式，着力收集现当代资料，而且广泛征求地方文史专家意见，注重收集古代文献资料。三年来，编撰人员辛勤工作，镇党委、政府大力支持并积极协调、保障，而今终于完稿。我欢欣鼓舞，为家乡感到骄傲。

　　镇志编委会邀我作序，我深感惶恐，再三向编委会陈情：镇志序，非德高望重者，难膺重任。编委会答复：德高望重者不便写，你是合适人选，我们是经过慎重考虑、认真研究的。恭敬不如从命，我只能勉为其难，搜肠刮肚，略记所知，以答盛情。

　　凡是过往，皆为序章。织里的明天必将更加美好。

2022 年 11 月

（胡乐鸣系中国农业出版社总编辑，乡村文化研究院院长，《世界农业》杂志主编，高级编辑、编审，享受国务院政府特殊津贴专家，曾任农业部农业机械化司副司长、农民日报社总编辑）

序　二

　　《织里镇志》历经三载，数易其稿，玉琢于成，在喜迎党的二十大之际，终于付梓，这是织里修志的开篇之作和镇级方志的扛鼎之作，是延续历史文脉、深化文化建设的一项丰硕成果，意义重大，可喜可贺。

　　最古之史，实为方志。编修地方志是中华民族特有的优良文化传统。作为"一方之全史，一地之百科全书"，地方志全面系统记述本区域内自然、政治、经济、文化、社会和生态的历史与现状，可为存史、资政、育人提供宝贵的资鉴文献。此次编修的《织里镇志》以详实的资料，追溯历史、实录现状、横猎百科，富有鲜明的时代特点和地方特色。全志融天、地、人、事、物于一体，全面展现了织里改革开放以来干在实处的发展史、走在前列的创业史、勇立潮头的奋斗史，着重记述了从江南农村小集镇到中国首个童装名镇和现代化小城市的飞跃，从改革"轻骑兵"到发展"模范生"的蝶变，解码了织里之进、织里之治的生动实践。

　　盛世修志，志载盛世。回望过去，织里人民与家国共进、与时代同行，充分传承和发扬"敢想敢为、创新创强、开放开明"的织里精神，深入贯彻新发展理念，推动经济持续快速健康发展，城乡面貌焕然一新，各项事业全面繁荣，连续九年入围全国综合实力百强镇，连续九年获得省级小城市培育试点考核优秀等级，成为全省最富有的地区之一，是中宣部"壮阔东方潮 奋进新时代——庆祝改革开放 40 年"集中宣传报道的全国唯一镇级典型。此间，广大地方志工作者和有关各方通力协作，数十位同志参与编纂工作，凭借高度的政治责任感和历史使命感，深入谋篇布局，反复核实论证，认真斟字酌句，旨在最为全面、准确、系统地再现织里变迁发展全景。在此，谨向所有为编修该志作出贡献的同志致以敬意和问候！相信此次出版的《织里镇志》不仅能在研究镇情方面提供重要历史参考和科学依据，而且能在传承文化、地方交流等方面发挥独特作用。

修志为用，学志尚远。当前，45 万织里人民聚焦"两个先行"、聚力实干争先，以打造"环太湖第一镇"为目标，持续市区一体、奔跑赶超，奋力在高质量发展中推动共同富裕示范先行，加快建设"中国国际童装之都、太湖南岸创业新城"。以史为鉴、开创未来，站在新的起点上，希望织里广大干部群众能充分利用这一宝贵文化成果，进一步在学研志书、用好志书、活用志书中传承"扁担精神"，汲取智慧养分，找准奋斗航标，为吴兴加快建设生态文明典范城市首位区贡献更大力量。

是为序。

赵如浪

2022 年 9 月

（赵如浪系中共湖州市吴兴区委书记）

序 三

　　"存史、资政、教化"。集各界贤达之智慧并修志团队的共同努力，历时三载有余，人们期待已久的《织里镇志》由中国农业出版社出版了，这是本镇文化工程中前所未有的大事。

　　织里地处太湖南岸，在漫长的岁月长河里，先民以农桑为主要产业，"深处种菱浅种稻"，耕耘着这块沾满艰辛与深情的土地。唐宋时期，镇域"无不桑之地，无不蚕之家"，民间有宋高宗轧村夜闻机杼声的传说。进入明清年代，镇域丝织业不断发展，民国时有多家收茧站，小型丝厂、缫丝车、织绸机、麻布织机遍布全境，蚕丝、绵绸、麻布织品上市交易。20 世纪 80 年代初童装绣品业起步，织里农民一根扁担两只包，走南闯北拓市场。第一代童装人陆新民用四句话作了精辟概言，织里童装用"（想尽）千方百计、（走遍）千山万水、（说尽）千言万语、（吃够）千辛万苦"的经历，提炼成"敢想敢为，创新创强，开明开放"的织里精神，完成了从扁担街到童装之都的神奇蝶变。至 2018 年底，织里镇童装类企业拥有 13 000 余家，全年生产销售童装 14 亿件（套），销售额达 550 亿元，据国家市场监测部门抽检统计，织里童装占国内童装市场三分之二的份额。

　　织里修志的设想由来已久。1995 年，织里镇被国家发改委等十一部委批准列为全国小城镇改革试点单位，赋予部分县级经济管理权限，需要一部全面记述历史经济文化的地情资料文献，当时就有老干部提出编纂镇志。1999 年五乡镇合并，镇区面积迅速扩展，各类专业市场应运而生，为外界所关注。新世纪伊始，织里以其童装在全国市场占有份额与产品质量的影响，摘取了"中国童装名镇"的桂冠。而与此同时，"织里经济发展众所公认，历史文化资源却是一块沙漠"的声音亦困扰着织里人。2004 年，镇政府组织专家查阅地方史志，收集资料，编辑出版了文史专集《人文织里》，美籍华人陈香梅女士为该书作序。从有据可查的多处古遗址和出土的陶器文物，阐述织里镇域商周时期就有先民生活生产，繁衍生息。始于春秋战国时代的太湖溇港圩田水利工程，南朝开创山门的利济禅寺，明代晟舍的凌闵家族以及在中国印刷史上占有重要地位的雕版印书业，开创白话小说先河的文豪凌濛初，足以说明织里深厚的人文底蕴。文史集上图文并茂地记载的古桥古建筑，是古镇遗存至今的沧桑物证，"一门廿进士，祖孙四尚书"等彪炳史册的人物故事，足以回应外界"织里是文化沙漠"的质疑。

2005年之后，有识之士提出了编纂织里镇志的建议，得到了本镇老干部和群众的赞同，此后，修志工作被几届党委和政府领导所重视，并且设计镇志的编纂方案。

织里修志工作颇有难度，一是无旧志，历史资料严重缺佚；二是现镇域1999年由五个乡镇合并而成，民国至今有十多次行政区划调整变动，资料散佚，考证困难；三是年代已久，民国时期、新中国建立初期的当事人和在世老干部已凤毛麟角，口碑资料收录属于瞬间即逝的抢救性工作。基于此，镇志编修已不容迟缓。

盛世修志。随着织里镇经济持续发展，民间修志呼声日益增强，甚至有政协委员向政府郑重提案。2018年，领导班子达成共识，镇志编修工作被列入本届党委和政府的议事日程。时任党委书记宁云数次与修志主编面谈和微信研讨，对人员、经费、场所等有关事宜作了安排。随即落实干部具体筹备实施。

2019年5月8日，《织里镇志》编纂工作动员大会隆重召开。镇领导班子、全体机关干部，行政村党支部书记、村民委员会主任，镇属各学校、单位部门负责人参加。镇党委书记作动员报告，阐述修志意义，提出举全镇之力，三年完成修志工程。行政村和单位部门作表态发言，签订承诺书，修志热情空前高涨。

镇志编修工作启动后，得到了社会各界的支持，拧成了一股无形合力。市区档案馆、方志办、图书馆给予修志指导和查阅提供方便。织里籍乡贤，曾经在织里工作过的老干部主动与镇志办公室联系，提供历史文献与实物，撰写工作回忆资料。还有一众未参与具体编辑的文史专家自愿担任镇志编纂顾问，不时提供资料线索和实物图片。令人感动的更有耄耋老人送来同治年《晟舍镇志》复制件，有老干部献出珍藏多年的历史老照片。各行政村及单位部门资料员认真做好各种资料的调查统计，按要求补充修正，及时汇总上报，配合融洽。

走访座谈是获取镇志资料的主要途径，修志人员冒风雨顶烈日，深入乡村寻访长者。为了搞清一座 1957 年创办的农业中学历史，甚至连续追踪走访了 6 位知情老人。

21 世纪以来，织里镇经济持续发展，人民生活已达到小康水平。作为童装之都，民营经济发达，外来新居民众多，基层社会治理是党委政府面临的一道严峻课题。在上级的正确领导下，这些年来，我们致力于摆脱贫困后的"成长烦恼"，由贫到富"发展困惑"的调查研究，探索出了一套由乱到治的"织里经验"。我们与广大镇民携手，用"绣花功夫"破解治理难点，用"智慧织里"赋能创新治理，用"多元共治"激活一座产品新城，打造了基层治理的"织里样板"。2019年 11 月，由国务院新闻办、新华社、浙江省人民政府主办的"中国治理的世界意义"国际论坛在织里镇举行，拉开了"社会治理先行地，美好生活示范区"的序幕。

从一条扁担街到一座工贸新城的变迁，织里人经历了时代的淬炼，织里人积累了成功的经验，还有付出无数艰辛的感慨。一部镇志，跨越千年，历史人文，经济社会，地情资料，收录其中。这是对先贤的告慰，是留给后人的一部珍贵财富。在庆祝中国共产党第二十次代表大会隆重召开之际，《织里镇志》正式出版，具有其历史意义。

由衷感谢中国农业出版社领导和责编的关心支持。致敬参与修志的全体编撰老师，真诚感谢关心织里修志工作并给予帮助的各界人士！

2022 年 9 月 28 日

（杨治系中共湖州市吴兴区委副书记，织里镇党委书记；陈勇杰系中共织里镇委副书记、镇长）

凡 例

一、本志以习近平新时代中国特色社会主义思想为指导，运用辩证唯物主义和历史唯物主义观点，实事求是地记述全镇基本地情、经济、政治、文化、社会、生态文明等各方面的历史和现状。

二、本志为织里镇首部通志，上溯事物发端，下限断至2019年。大事记及村镇领导人事变动，以及其他个别数据顺延至2021年。

三、采用章节条目体结构，章节框架下按条目记述。由概述、大事记、专志和丛录组成，辅以图表。大事记以编年体记述，辅以记事本末体。专志按事物性质设卷，卷下设章、节、目，条目展开记述。有《基本镇情》《农村与城市》《童装之都》《经济》《政治》《社会》《科教文卫》《人文历史》《丛录》共九卷。采用记述文体（语体文），只记事实，寓观点于事实之中。叙事依时序排列。除文前彩图及正文插图外，特将具有留存价值的图片收入附录，作为历史存照。

织里是中国童装名镇，《童装之都》升格为卷。

四、记述地域为现织里镇区域，兼及二度划入"织里区"的戴山乡、并入吴兴区高新技术产业区的相关行政村。织里历史上有多次区划变动，新中国建立后有"织里区""织里区工委""织里分区"等建制，相当于现织里镇区域，涉及相关内容及称谓照实记载。晟舍乡1993年撤并入织里镇，轧村、漾西、太湖三镇于1999年冬并入织里镇。撤并前区域按当时称谓记述。凡指称现织里镇区域，用"镇域""境域"表述。

根据历史习惯，已合并入吴兴区高新技术产业区的联漾村、凌家汇村、郑港村、大港村、杨溇村、许溇村、元通桥村、幻溇村、大溇村、东桥村、沈溇村、织里水产村等行政村编入本志。区划调整后，织里镇的相关数据未包含划入高新区的12个村。

五、本志遵循"生不立传"原则，历史人物和已故名人立传记述，并辅以进士、烈士、先进、乡贤等名录。

六、本志采用历史纪年，括注公元年。民国纪年用阿拉伯数字，括注公元年。"解放前后"指1949年5月1日织里镇解放之前后；"中华人民共和国成立后"，指1949年10月1日后。其他名称多次出现的，首次用全称括注简称，以后出现用简称。历史称谓（官职、地名等），沿用旧称谓，尽可能括注今名。

七、镇域内晟舍、漾西曾在1965年批准改名为"仁舍""洋西"，1982年湖州市地名普查时恢复原名称，东桥曾因书写方便而被写成"东乔"。上述三个地名在易名时间段内按照当时名称记述。

八、除古代碑文专用指称及人名外，均使用规范简体汉字。按国家规定准确使用数字、标点、计量用法；在引用旧时资料及原始数据时，亩、斤、担、马力、里、丈等传统计量单位名称仍予以保留。

九、本志资料主要依据历代湖州府志、乌程县志，清同治《晟舍镇志》等旧志及《湖州民国史料类纂》、档案、报刊、著作、谱牒；行业专志，部门、单位提供的文史资料和数据；调查走访乡贤长者的口碑资料；收集有关人士回忆录、笔记、信札；《织里镇志村级资料调查表》等。凡口碑资料尽量经过印证。入志资料一般不注明出处。

十、本志由中国共产党织里镇委员会、织里镇人民政府组织编纂，并成立镇志办公室具体运作。

目　录

第二卷　环境与交通

第七卷　教科文卫

第八卷　人文历史

第九卷　丛　录

概　述
GAISHU

织里，因丝织业兴盛而得名。昔时，她以"太湖溇港""凌濛初故里""雕版套色印刷""织里书船"等历史文化元素，独领风骚。如今，她又以"中国童装名镇""全国首批小城镇建设试点镇""中国名牌羊绒服装名镇""中国纺织产业集群创新发展示范地"等城市新名片，享誉全国。

荟萃人文风华史册，锦绣织里盛世江南。千百年来，勤劳智慧的织里先辈们凭着敢想敢为、砥砺前行的精神力量，鲲鹏展翅，书写辉煌，使这片古老的大地成为浙北翘楚，尽显无限风光。

一

织里镇位于浙江北部、太湖南岸，北纬 30°50′～30°56′，东经 120°13′～120°22′之间，东西长约 15 公里，南北宽约 10 公里，全镇区域面积 135 平方公里，建成区面积 31.3 平方公里。

织里镇隶属湖州市吴兴区，地处申苏浙皖中心位置，东北与江苏省苏州市吴江区七都镇交界，东南与南浔镇东迁为邻，西及西北与八里店、塘甸、大钱毗连，南倚荻塘，与旧馆、双林隔河相对，北滨太湖，与苏州洞庭东山、西山隔湖相望。

织里镇域无山，地势平坦，以广阔平原为基本特色，有滨湖平原和水网平原两大类型。滨湖平原土地肥沃，土质疏松，主要分布在镇域北部，紧挨太湖，呈带状，面积约 45 平方公里。从诸溇（最西端）到胡溇（最东端），以义皋为界，以西较宽，以东较窄。水网平原地势低平，湖漾众多，平均海拔在 3.5 米以下，主要分布在荻塘与北塘河之间，是湖沼型沉积平原。历史上以圩田为主，面积约 90 平方公里。

镇域气候属北亚热带季风气候,季风特征显著,降水充沛,日照较多,气温适中,空气湿润。年平均气温 15～16℃,年日照时间平均 2125 小时,年降水量 1200 毫米左右,平均降雨日 150 天左右,平均湿度 80% 左右,无霜期约 246 天。冬季盛行西北风,夏季盛行东南风。气象灾害有台风、暴雨、大雪、雷电、冰雹、干旱、洪涝和低温阴雨等。

镇域水域面积 14.82 平方公里,水域容积 4534.95 万立方米,水面占比 12.45%。水系东西向主要河道为荻塘、北塘河、南塘河,南北向主要河道为溇港。荻塘运河与溇港相配合排水,分受天目山南北向水流,分担运河东南部水网的压力。域内市级河道 6 条,区级河道 3 条,镇级河道 142 条。此外,湖泊 2 处,漾荡 12 处,内河池塘 279 处。

镇域土壤有三个土科:青紫泥、小粉土、黄斑塥土,以青紫泥、小粉土为主。从滨湖平原到水网平原,土壤的分布规律非常清晰,即逐渐从小粉土为主,转为青紫泥为主。镇域为长江三角洲冲积平原的一部分,土地肥沃,物产丰富,素有"鱼米之乡"的美誉。粮食作物主要有麦类、豆类、水稻等;经济作物主要有油菜、蔬瓜,水果等;养殖类主要为桑蚕、湖羊、水产。其中,滨湖一带出产的太湖白菜、太湖萝卜、湖葱、山药、百合、姜、茭白、老太婆瓜等蔬瓜,味带清甜,久负盛名。太湖出产的银鱼、鲚鱼、白虾,被誉为"太湖三宝",鲜美至极,名闻遐迩。

织里镇历史源远流长。域内谭降、旧馆、轧村等地的古遗址证明,早在商周时期,荻塘与北塘河之间的低洼平原已零星出现墩岛聚落。从遗址的空间分布特征来看,商周时期先民向东部平原地区、北部沼泽地区不断探索、开拓。春秋战国时期,镇域先后属吴、越、楚。楚考烈王十五年(前248),春申君黄歇徙封江东,在湖州地区始置"菰城县",属楚国江东郡,镇域属菰城县。秦王政二十五年(前222),改菰城县为乌程县,属会稽郡,镇域属乌程县。西汉初年,乌程县先后分属于不同的郡国,镇域属之。汉元狩二年(前121),江都国除,乌程县划归中央。西晋太康三年(282),分乌程县东乡,置东迁县,县治在织里旧馆自然村。镇域属东迁县。隋开皇九年(589),东迁县并入乌程县,镇域又重属乌程县,直至唐末。五代十国时期,乌程县属吴越国,镇域属乌程县。北宋太平兴国七年(982),将乌程县东南十五乡分出新置归安县,镇域仍属乌程县,此格局延续至清末。

中华民国元年（1912），撤并乌程、归安两县，置吴兴县，采照清末所颁城镇乡自治章程。织里境域设苕东镇、东北镇、织里乡。中华民国3年（1914）以后，停办自治，改城镇乡统称为区。中华民国17年（1928），隶吴兴县第二区（共3里50村）。中华民国24年（1935）扩编乡镇编组保甲，镇域隶吴兴县第二督导区。镇域有旧馆乡、晟舍乡、织里镇、织北乡、义皋镇、五和乡、轧村乡、骥村乡。中华民国35年（1946）2月，吴兴县政府奉令扩并乡镇，镇域有东桥乡、晟舍镇、织里镇（原织里、织北两地合并）、义和镇（原义皋、五和两地合并）、洽济乡（原轧村、骥村两地合并）。

1949年5月22日，织里区人民政府成立，驻地织里老街。辖织里、义和、洽济、晟舍、东桥等5个乡镇。1950年6月，区政府改称织里区公所。辖乡10个：织里、织东、大河、云村、轧村、骥村、漾西、常乐、义皋、东桥。1956年织里区公所撤销。同年10月，成立织里大乡，由织里乡、织东乡、大河乡、云村乡4个小乡合并建立；成立轧村乡，由轧村、骥村与漾西、常乐两乡小部分合并建立；成立义皋乡，由义皋、东桥两乡及漾西、常乐两乡大部分合并建立。1958年10月，织里、轧村、义皋等3个乡合建太湖人民公社，驻地织里老街，辖10个管理区，面积130余平方公里。1961年6月，太湖公社调整为织里、晟舍、轧村、太湖、漾西等5个公社。1984年2月，撤销人民公社，建立织里、晟舍、轧村、太湖、漾西乡人民政府。9月，织里乡改为建制镇。1993年9月，晟舍乡并入织里镇，1999年10月，太湖、轧村、漾西3个乡镇并入，辖46个行政村，境域面积135平方公里。2003年，隶属吴兴区。2012年，联漾、凌家汇、郑港、大港、杨溇、许溇、元通桥、幻溇、大溇、东桥、沈溇、织里水产村等12个行政村划归吴兴区高新区。2020年，镇域辖6个办事处，34个行政村，23个社区，常住人口45万，其中外来人口35万左右，主要来自安徽省、河南省、江西省、贵州省，以及本省的温州，本市的长兴等地区。

一

织里，是区位交通优势突出的城镇。所谓"南船北马"。在古代，江南的交通运输方式主要以漕运为主。镇域南临荻塘、北滨太湖，中间密布枝枝蔓蔓的水系，将整个镇连为一体，撑起一张完整而周密的水上交通运输网络。陆上有驿道及其他大小道路。畅达的水陆交通为镇域与江南其他地区间的经济、文化交流奠定了重要基础。如今，俯瞰长三角城市群的版图，镇域恰好处于沪、宁、杭的中心位置，是长三角经济圈、环杭州湾产业带和环太湖经济圈腹地。沪杭高速、沪渝高速、沪苏湖高铁、如通苏湖城际铁路穿城而过。在这张版图上，织里镇可谓"长三角之心"。外交通体系的不断完善，让织里日益深度融入长三角"半小时经济圈"。

织里，是太湖溇港圩田体系元素最齐全、形式最独特、保留最完整的区域。"大白诸沈安，罗大新泾潘，潘幻金金许杨谢，义陈濮伍蒋钱新，石汤晟宋乔胡薛，薛埠丁丁一点吴……"这首流传至今的古老民谣中，一字代表一溇，构成世界级古代水利工程建筑群——太湖溇港。太湖溇港始建于春秋时代，在晚唐、五代吴越国时期达到建设高峰，至南宋时成熟完善，经元明清的持续经营而绵延至今。太湖溇港水利工程，将镇域"沮洳下湿"之地，改造成了盛产稻米的国家粮仓。义皋溇，是太湖溇港中保存最为臻备的溇港之一。2013 年起，织里镇以义皋溇为节点，挖掘保护溇港文化，建立生态保护区，建设溇港文化陈列馆，并修缮古村落。2016 年 11 月 8 日，在第二届世界水利灌溉论坛暨国际灌排委员会第 67 届国际执行理事会上，太湖溇港入选世界灌溉工程遗产名录。2019 年 10 月 7 日，太湖溇港被列入"第八批全国重点文物保护单位"，共有 19 条代表性溇港入选，其中镇域有 15 条分别为诸溇、罗溇、大溇、幻溇、许溇、杨溇、谢溇、义皋溇、蒋溇、钱溇、新浦溇、汤溇、宋溇、乔溇、胡溇。

织里，是雕版套色印刷首创地。自初唐出现雕版印刷，北宋毕昇发明活字印刷后，到明代，套版印刷工艺已普遍应用，图书刊行也因之成为初具规模的文化产业。湖州是明代全国三大印书业中心（南京、湖州、徽州）。而湖州印书业的代表，就是晟舍闵齐伋、凌濛初两家的套版印刷，堪称独步天下。套版书的优势是把正文和评点分开，不须注明，读者一览而知，因而风靡于世。闵、凌两家套印本不仅行疏幅宽，正文与评点眉目清楚，而且技术高精、底本精良、校雠精审、插图精致、序跋精当、纸墨俱善，故闵凌套版书籍一出，当时"无问贫富，垂涎购之"。闵凌两家的套色印刷术可代表当时中国最先进的印刷水平，是继活字印刷后对世界印刷业又一次伟大贡献。印刷业的发达，催生出"织里书船"经济。"书船出乌程织里及郑港、谈港诸村落"（郑元庆《湖录》）。书船业的发展，拓宽了印书者与贩书者的互通渠道，促进了闵凌两家印书业的发展，在缔造发达的江南图书市场中起到巨大作用。

织里，素来是钟灵毓秀、人杰地灵之地。我国小说史上杰出的小说家凌濛初就诞生于此。他创作的《拍案惊奇》《二刻拍案惊奇》，是"我国最早的文人独立创作的白话短篇小说集，标志着我国古代白话短篇小说由说话人的集体创作跃进到作家个人的文学创作，由娱乐听众的手段变成抒发作家思想的工具"（赵红娟《拍案惊奇——凌濛初传》）。"二拍"，奠定了凌濛初在中国乃至世界文学史上的地位，使他成为一个有全国性乃至世界性影响的文化名人。凌濛初除雕版刻书家、小说家等身份之外，也是著名的戏曲作家。他创作的杂剧有 14 种，得到汤显祖、祁彪佳、尤侗等人的赞誉。此外，他还是一位能吏国士，在担任上海县丞、徐州通判期间展示出杰出的政治才能，最后在房村保卫战中以身殉职。临死前，三呼"无伤吾百姓"。镇域历史上涌现过众多名宦乡贤，明清两代有进士 42 人，"古镇六尚书"（严震直、闵珪、闵如霖、闵梦得、闵洪学、凌义渠等）自古为美谈。宋代有以《摸鱼儿·对西风鬓摇烟碧》入选《宋词三百首》的词人朱嗣发；元代有拒绝张士诚"国宾先生"礼聘的名士闵逊；明代有开国功臣、又受乾隆追谥树碑立传的将军谢贵，悬壶济世的名医王中立，考据学家、方志学家闵元衢；清代有被誉为"诗史"、毛泽东曾手书其诗《三垂冈》的严遂成，宫廷御医闵体乾，文献学家、藏书家、《全上古三代秦汉三国六朝文》的辑者严可均，学者凌介禧，诗人、藏书家张鉴、严元照，收藏家、画家吴云；近代有辛亥革命烈士姚勇忱；当代有中国科学院院士邱式邦、闵恩泽，中国工程院院士桑国卫，国际著名数学家郁国梁，冶金专家严圣祥，海军中将王森泰，书画家（尤擅画虎）吴寿谷、李大震，等等。他们都为中华文明发展作出了贡献。镇域文苑灿若群星，且呈现家族传承性。《晟舍镇志》记载闵氏家族中 105 人有著述，作品达 200 余部。凌氏、严氏、徐氏等家族人才辈出，著述宏富。

织里，是一方有着光荣革命斗争传统的红土。近代以来，在辛亥革命、抗日战争、解放战争等各个重大历史时期，镇域涌现众多为争取民族独立和人民解放，实现国家富强和人民幸福而毕生奋斗，甚至英勇献身的仁人志士和杰出人物。"绝代佳人姚弋仲，可怜生死殉田横！"柳亚子先生挥泪赋诗中的姚弋仲，即辛亥革命烈士姚勇忱。他早年加入光复会，与秋瑾、王金发共谋起义，推翻满清。后追随孙中山，加入同盟会。浙沪起义中，姚勇忱为陈英士得力助手。1913年袁世凯复辟，姚勇忱率先发出反袁通电，积极参加"二次革命"。1915年就义于杭州。早在1927年，镇域就有一批思想觉醒较早的青年加入中国共产党。到1929年5月，镇域已有党支部6个，党员50多人，占比全市11%和9%。抗战时期，浙西特委在庙兜村组建了一支由党直接领导的人民抗日武装，名为"抗日反汪军"。这支队伍杀汉奸、惩恶霸，在整个塘北地区都有着广泛的影响力。解放战争初期，在地下党组织遭受严重破坏的情况下，织里建立了吴兴区第一个党支部——轧村支部。秦家书同志为了与党组织取得联系，几经周折。重新入党后，他不遗余力投入到策反国民党乡镇武装起义，保护塘北最大的粮库——轧村粮库等行动中来。1949年秦家书惨遭毒手，织里区人民公祭秦家书英烈，为其立碑，碑文为"秦家书同志革命精神，永垂不朽"。1949年5月，织里人民迎来了解放。在长期的抵御外敌和革命斗争中，英勇的织里人民，前仆后继，不怕牺牲，谱写了一首首壮烈诗篇。

织里，是著名的中国童装之都。自古以来，镇域先民就从事种桑、养蚕、缫丝、织绸等农耕业，可谓"无不桑之地，无不蚕之家"。20世纪80年代初，织里人民率先响应国家改革开放政策，几乎家家户户办起了以枕套为主的绣制品加工场。80年代中期，童装产业从家庭绣制品加工行业中分化出来。如今，历经40年的童装业，已建起国内有较大影响的童装市场，形成了从童装设计、加工、销售，到面辅料供应、物流仓储等相对完整的产业链，成为中国规模最大、分工协作最紧密、产业链最齐全的童装产业集群。一件童装从设计图变成实体产品，只需要3小时，产业链的每个环节效率，都可以精确到"秒"。从织里销售出去的童装，占到国内市场半壁江山，也因此赢得了"时装看巴黎、童装看织里"的美誉。1997年4月3日，著名社会学家、人类学家费孝通在织里考察后写下"童装世界"题词，盛赞织里人凭着"一根扁担两只包，走南闯北到处跑"的干劲，带出了织里童装民营经济的蓬勃发展。织里镇先后获得"中国童装名镇""中国童装商标重点培育基地""中国纺织产业集群创新发展示范地区""中国服装行业'十三五'创新示范基地"等荣誉称号。

织里，小城镇培育建设步伐稳健。至2021年，织里镇已连续9年荣获浙江省小城市培育试点考核优秀乡镇，成为中国小城镇建设的"织里样本"。镇级"小城市"赋予"镇"城市化功能，是"含金量最高、基层最实惠、成效最明显"的培育试点。1992年，湖州市政府批准成立织里经济开放区后，织里的关注度、吸引力、美誉度逐年攀升。1994年，国家建设部批准织里镇为全国第一批小城镇建设试点镇。2010年，织里镇又被列为浙江省首批27个小城市培育试点镇之一。同年，"织里镇小城市培育试点新三年（2014—2016年）行动计划"获省政府批复后，实施四大改革。以"小城市综合改革"为核心，以"产业转型升级"为主线，强化"工业强镇、产城融合、城乡联动、开放带动、创新驱动"发展战略。小城市试点成为织里镇加快人口集中、产业集聚、功能集成、资源集约和农民就近稳定转移的重要平台。释放"镇"能量，共建"幸福城"，经过10年多培育，织里镇的公共服务能力不断提升，经济实力不断增强，人口结构不断优化，创新潜力不断激发，城市环境更加优美，开始了从一个镇到一座城的嬗变。

　　织里，是社会治理的先行地。"一站式化解矛盾、绣花般治理城市。"织里集聚了1.3万家童装企业，45万人口，其中外来人口35万。众多的企业、海量的人口、不同地域之间的文化差异、盘根错节的社会矛盾，对织里的社会治理提出严峻挑战。织里镇通过"四治"融合的治理模式，创造性地构筑起"织里之治"。治理分四个阶段：2006—2011年，以"三合一"生产安全整治为主；2011—2015年，以缓解社会各类矛盾为主；2016—2018年，以生态环境综合整治为主；2019年起，以打造"社会治理先行地，美好生活实验区试点"为主。创新举措体现在成立社会矛盾纠纷调处化解中心，集政府部门、社会组织、"两代表一委员"履职平台于一体，构建多层次调解组织、网格化治理体系，真正实现群众矛盾纠纷"最多跑一地"。这些举措突出"联"（联合）、"群"（群众参与）、"基"（功夫用在基层）的特点，以基层党建为引领，把基层自治、法治、德治有机集合起来，从而做精社会治理，拉近新老织里人的距离，不断提升公共服务的均等化、普惠化、便捷化等水平。2019年11月，在"中国治理的世界意义"国际论坛上，浙江省委书记车俊评价，"织里的华丽蝶变，是浙江治理的一个生动缩影"。

三

　　从镇域古遗址出土的文物可推测，早在商周时期先民就聚居于此从事渔猎农耕、植桑养蚕等生产活动。六朝时期，随着荻塘开凿，东迁设县，镇域进入了快速发展期。五代吴越时期，吴越王钱元瓘率撩浅军疏通太湖尾闾，形成别具一格的溇港圩田体系。唐宋时期，农业生产由一年一熟耕作制转入二熟复种耕作制，蚕桑丝绸业持续发展。元代，朝廷昭告天下，以农桑为本，域内农业生产进一步发展。明初，粮食生产二熟制面积继续扩大，蚕桑丝绸发展迅速。农业生产的发展，促进了手工业、商业的发展。到了清代，镇域趋于繁荣，缫丝、织绸、刺绣、造船、刻书等手工业作坊遍地开花，织里、晟舍、旧馆、轧村、义皋、骥村、陆家湾、东桥等集市逐渐成型。晚清至民国初期，蚕丝业依然兴盛，土丝、绵绸、土布上市交易。民国24年（1935），乡绅宋蓉城与湖州达昌绸厂联营，创建"元昌蚕茧行"。逢收茧时节，茧行北侧的北横塘，售茧船只络绎不绝。

20世纪20年代后期，随着苛捐杂税加重，镇域经济日渐衰退。抗日战争期间，农业受到严重摧残，丝绸业一蹶不振。抗日战争胜利后，国民党政府发动内战，物价飞涨，货币贬值，镇域国民经济未能恢复和发展，人民生活贫困。据统计，抗战胜利至织里解放，镇域无私营工业，仅有几家规模较小的酿酒坊、榨油厂、碾米厂。

新中国成立以后，织里人民在党和政府的领导下，恢复发展国民经济，进行社会主义革命和社会主义建设，工农商各业逐步走上集体化和国有化之路。党的十一届三中全会以后，全镇人民坚持以经济建设为中心，抓住农村改革、对外开放和全面建成小康社会的发展机遇，奋发图强，真抓实干，全镇经济快速发展，综合经济实力不断提升。

经济总量跨越发展，产业结构优化升级。1949—1966年，织里人民在社会主义革命和社会主义建设的积极实践和艰辛探索中，取得巩固人民政权和恢复国民经济的胜利，完成对农业、手工业和资本主义工商业的社会主义改造，建立起社会主义基本制度，初步改变了镇域贫穷的面貌，谱写了织里镇历史的新篇章。党的十一届三中全会的召开，开创了新的历史发展时期，织里镇紧紧把握经济建设这个中心，贯彻全面改革开放的方针，经济建设出现了崭新的局面。1978—1987年，镇域工农业总产值从2718万元提高至29 939万元，增长10倍多，充分证明一个真理，就是必须坚持改革开放，这是经济更大发展和真正繁荣的希望所在。好风凭借力。90年代初，邓小平南方谈话后，两个重大改革举措让镇域掀起了第二波创业热潮。1992 年 8 月，织里镇获批成立经济开放区，给予很大的发展自主权；1995 年 6 月，织里镇被国家体改委等 11 个部委列为全国小城镇综合改革试点单位，赋予镇部分县级经济管理权限。镇域经济一下子迈入发展的快车道，经济总量骤增。2001 年全镇地区生产总值达 210 011 万元，工农业总产值达 991 125 万元。21 世纪以来，织里镇进入了"民营先发、市场先发、产城人融合发展"的崭新篇章。产业发展方面，把创新作为发展的第一动力，大力培育研发机构、创新载体。仅 2017—2021 年认定的国家级高新技术企业、省级高新技术企业研发中心及省级科技型中小企业就有 88 家，省重大产业项目成功申报 19 个，高新技术产业产值达到 92.8 亿元。同时，引进培育"国家级引才计划""省级引才计划"等四类人才 51 名，市级以上创新创业团队 20 个。2020 年，织里镇实现地区生产总值 340 亿元，财政收入 15.57 亿元，其中地方财政收入 10.93 亿元，规上工业增加值 20.7 亿元，全社会固定资产投资完成 55.94 亿元，工商注册经济体 4.2 万余个（其中童装类生产、经营及电子商务企业 2 万余家），占比湖州市 11%；此外，县区金融机构有 20 家，异地商会组织有 13 家。

提质增效优化结构，农业经济实力不断增强。新中国成立以后，织里镇进行土地改革，废除土地私有制，引导农民走互助合作道路。1956 年基本实现农业合作化，解放了生产力。同时进行农田基本建设，逐步改善生产条件，改变耕作制度，提高复种指数。家庭联产承包责任制实行以后，农业服务公司和多种经营公司为农户生产经营提供统一服务，调动了农民的生产积极性，农业多种经营加快发展，农业生产全面发展。1978 年全镇农业总产值 2282 万元，1987 年提高至 6456 万元。1991 年 3 月，织里镇被国家列为"八五"期间第一批商品粮基地之一。90 年代，镇域种粮大户、各类专业户相继出现。21 世纪以来，以生产功能为主的传统农业逐渐向高效生态农业产业方向发展，到 2019 年农业总产值升至 33 250 万元，同时涌现了湖州庙港人水产有限公司、湖州新绿叶生态农业科技有限公司、湖州莼鲈生态农业发展有限公司、湖州吴兴康强牧业有限公司、湖州美果汇食品有限公司、湖州吴氏生态农业有限公司、湖州织里恒鑫水产养殖专业合作社等年销售额均在千万元以上的知名企业。

工业生产规模发展壮大，核心产业支撑带动作用强劲。织里镇域工业源于缫丝、织绸、造船、印书、酿酒、榨油、碾米、水作等传统手工业。新中国成立后，个体手工业者逐步走上合作化道路。1956年又陆续成立相应生产合作社，后被纳入二轻工业管理体系。20世纪60年代，社办、队办企业兴起，到70—80年代，进入发展黄金期。1979年，镇域86个大队有社办企业52家，队办企业56家。规模较大的如湖州毛巾总厂，员工2100人；湖州棉纺厂，员工约250人；漾西如皋化工厂，所产纽扣销量占国内市场六分之一。20世纪90年代初，乡镇企业实施产权制度改革，个体私营企业、股份制企业和集团公司等新的企业组织形式在改革中逐步成长和壮大。轧村在乡镇企业改制中探索出一套经验，即地方政府（工业办公室）参股20%～30%，其余股份以转资方式转让，以"委托一方管理，包干上缴"形式发展乡镇企业经济。这种方式后被称为"轧村模式"，在全市各乡镇推行。改制后，一些企业在原有基础上不断发展。织里镇童装产业是在20世纪80年代从家庭绣制品加工行业中孕育分化而来。90年代，各级党委政府为了给童装业发展提供更为宽松的环境，出台了一系列破解体制机制障碍的重要举措。此后不久，镇域迅速形成了"生产在一家一户、规模在千家万户"的产业格局，并与同期不断壮大的专业市场构成良性互动、相互促进的发展态势。20世纪末至21世纪初，织里童装产业又依托区划调整带来更大的发展空间，资源要素加速聚集，童装市场成功迁建，"织里童装"区域品牌在全国童装业中的知名度和影响力迅速提升，一批规模型、品牌型童装企业开始涌现，确立了织里童装在同行业中的优势地位。2003年，全镇在"八八战略"指引下，加快推动"民营先发、市场先发"，童装市场在不断拓展中提档升级。2018年，织里镇童装企业注册商标达2700余个，拥有省级以上品牌13个，市级品牌60个，规模企业共有104家。2020年9月，浙江湖州（织里）童装及日用消费品交易中心市场采购贸易方式试点成功获批，打通了童装出口贸易壁垒，真正向世界童装之都迈进。同年，为童装产业高质量发展，织里镇政府制定出台"童八条"政策，以空前的扶持力度培育童装产业"头部企业"阵营。2020年，全镇生产销售童装超14.5亿件（套），年销售额约650亿元人民币，占据国内童装市场的三分之二以上。国内一线品牌有男生女生、不可比喻、爱米莉、巴布豆、1001夜、布衣草人、今童王、德牌等，各类童装设计师5000余人。织里镇也是"中国品牌羊绒名镇"，全国五大羊绒服装品牌，织里独占其三，分别是珍贝、米皇、帕罗。其所属的三家企业始终坚持以时尚化、多元化、精品化为发展的战略定位，牢牢占据羊绒服装高端市场，努力打造中国乃至世界的羊绒奢侈品牌。随着童装产业、羊绒服装产业的发展，织里镇的知名度愈来愈高，城市品位不断提升，吸引大批本地和外籍企业家在织里投资办厂，新兴产业集聚壮大，涌现了"东尼电子""久鼎电子""龙鹰光电""创特新材"等一批电子信息产业标杆企业。1978年全镇工业总产值只有436万元，1987年上升至23 483万元，2000年提高至773 506万元，2016年飙升至7 950 132万元。至2018年底，织里镇生产、加工制造业注册企业有17 932家，形成童装业、针织羊绒、机械电子、金属加工、纺织印染、木材加工及其他行业等七大行业。

第三产业迅速发展，社会服务能力不断提高。镇域农副产品种类颇多，蚕茧、湖羊、皮毛、太湖鱼虾、太湖蔬瓜等向为盛产，加上便利的交通条件，推动全镇商贸服务业的发展。新中国成立至改革开放前的商业活动主要集中在义皋、东桥、漾西、轧村、织里、晟舍、旧馆等各集市，以粮管所、供销社、食品站等国营商店为主体，以合作商店、饮食服务等集体商店为辅，代购代销店延伸到各村。十一届三中全会以后，织里镇在农业稳定发展和工业加快发展基础上，商品市场逐步放开，个私商业开始活跃，以商业服务业为主的第三产业呈快速发展态势。20世纪90年代，政府鼓励个体私营商业、服务业发展，并积极为他们搭建平台。进入21世纪，随着童装产业发展、城镇建设规模升级和房地产业兴起。各类商业、饮食服务业店铺遍布大街小巷，规模经营的民营酒店、超市相继出现，与童装产业配套的电商、广告等新兴服务业和中介行业也应运而生。其中，电商业的发展如异军突起。2011年阿里巴巴入驻织里，这是全国首家入驻地方产业集群的电子商务。2017年线上交易额70亿元，在全国194个产业带中排名第5位，2018年线上交易额超过100亿元，并涌现出大河、河西、秦家港等一批知名淘宝村。2000年织里镇第三产业总产值49 128万元，2015年上升至626 801万元，到2019年飙升至1 363 558万元。

四

新中国成立以后，随着改革开放的逐步深入和经济的快速发展，织里镇各项社会事业蓬勃发展，人民生活水平不断提高，社会保障逐步完善，城乡面貌日新月异，织里镇进入全面协调快速发展的新时期。

城乡建设取得显著成绩。新中国成立以来，织里镇坚持城乡统筹，科学规划，分步实施，不断加大基础设施建设投入，住宅、公路、桥梁、公用事业等建设成就斐然，交通、供水、供电、供气、邮电、通信能力等大为改善。1984年8月，织里撤乡设建制镇后，成立城镇建设专门机构，贯彻"人民城镇人民建"的理念，吸收民间资本，建起人民路、织里商城等道路或专业市场，以及商业综合体、工业园区、住宅小区等，并完成城市防洪设施建设。1992年，湖州市政府在织里镇设立经济开放区，城镇建设力度加大。1993年10月，晟舍乡撤并建制后，城镇建设向南发展为主。1999年10月，太湖、轧村、漾西三个乡镇并入织里镇，城镇建设规模进一步扩大。1980年以前，织里镇仅有一条长0.8公里的老街。到2019年，建成区面积扩大至31.3平方公里，有综合市场1个，专业市场13个，金融机构网点27个，公园9个，通自来水51 000户，通燃气用气8925户。2019年，全域开展5G网络的建设和覆盖工作，共设站点168个，每个站点投入资金100万左右，开启万物互联全新时代。

生态环境保护有成效。2002年1月，织里镇第十二次党代会提出："以绿色主题美化城市环境，坚持城市建设与绿化并举，公共绿化与庭院绿化并举，全面绿化与重点绿化并举，搬迁辟绿，见缝插绿，造一房绿一点，建一区绿一片，筑一路绿肥一线。"从此，美丽织里建设成为制度化。2013年2月，《吴兴区织里镇"路边、河边、城乡区域洁净专项行动"实施方案》颁布。同年3月，全镇组织千人大扫除，开展以"四边三化"为载体的"清洁织里"行动，各社区和行政村制定相应方案将"清洁织里"成为常态化。2015年，镇域成立"美丽织里"推进行动办公室，开展"四边三化"、治气、治违、五水共治、人居环境整治等工作。同年2月，开展全域城乡人居环境整治。2016年6月，织里被授予"省级低碳试点镇"（湖州市唯一被授牌的乡镇）。2017年，织里镇构建"一轴两环""美丽乡村"展示圈，全力推进"美丽公路"建设。农村片区紧紧围绕"美丽乡村"建设，启动农村精细化管理工作，不断向偏远村落推进，形成共建共治共享的农村社区化管理新格局，不断提升农村的美丽度和人民群众的幸福感、满意度，实现"点上出彩、线上美丽、面上洁净"的农村人居环境新形象。2018年6月，镇区范围实行垃圾精准分类，2020年推行至全镇。2019年，织里镇荣获浙江省"五水共治"考核优秀乡镇，浙江省美丽乡村示范乡镇；2020年，荣获浙江省"五水共治"考核优秀乡镇，湖州市美丽乡村示范乡镇；2021年，荣获"浙江省森林城镇"。

民生福祉提升。新中国成立以来，为满足人民群众日益增长的美好生活需要，织里镇的社会保障体系建设日益完善，分层分类救助制度体系更加合理，做到了兜底保障困难群众基本生活的需要。2004年起，织里镇实施最低生活保障金制度，对低于最低工资标准的家庭，发放最低生活保障金，每月480元。同年11月调整为每月560元。2014年起，对没有被纳入低保范围，而家庭成员人均月收入在最低生活保障标准1.5倍以下的家庭，提供教育、医疗等各种专项救助。2018年起，实施特困人员救助。仅2020年一年，补助给最低生活保障家庭466万元、支出型贫困家庭20.3万元、特困人员63.4万元。养老保险制度和医疗保险制度不断完善。2021年，参加城乡居民基本养老保险有21 505人，享受待遇14 613人；参加医疗保险有51 627人，参保率99.87%。就业渠道不断拓展。为组织、输送、介绍农村劳动力及富余人员到相关企业、单位工作，同时为外来人员办理务工许可证等，从1984年起，织里镇先后成立劳动管理所、职业介绍所，就业训练中心。1998年3月，增设劳动力市场综合管理办公室。21世纪以来，为缩小城乡差距，促进城乡居民收入持续增长，织里镇多措并举助力各类群体充分就业。2022年发布《织里镇创业安居专项行动方案》，在购房、就医、就学、就业等领域，为新老居民的创业安居梦保驾护航。2020年，织里镇城乡居民人均可支配收入分别为76 949元和48 266元，远高于全省、全国平均水平；城乡居民收入比为1.59∶1，远低于浙江全省的1.96∶1与全国的2.56∶1。

社会事业长足发展。镇域向有崇文尚教、耕读传家的传统。北宋著名教育家、思想家胡瑗，其别院建于胡溇，一大批文人贤者继往开来。同治九年（1870），由徐有珂、陈根培、吴宝征、张尧淦等邑绅集资在陈溇创建五湖书院，是织里镇乃至吴兴溇港地区历史上第一所学校。新中国成立以来，织里镇各级党委政府高度重视教育事业高质量发展，坚持教育事业优先发展。全镇统筹发展基础教育、职业教育、成人教育，构建教育新体系，推进教育均等化，不断扩容教育资源，全面提升教育质量。1985年全镇普及小学教育。1987年实行九年制义务教育。1989年11月，织里镇被评为高标准普及九年制义务教育达标乡镇。2018年，镇域有中小学校有11所（其中公办9所），幼儿园15所（其中公办3所），成人文化技术学校1所，另有15家民办培训机构。全镇学生总数 1.7 万余人，在职教师 846 人，学生入学率、巩固率、毕业率、普及率、小升初中率均为 100%，形成中心镇公办中小学为主，民办学校为辅的教育格局，教育步入均衡、稳步发展阶段。卫生事业发展迅速。新中国成立以来，全镇医疗卫生事业投入不断增加，医疗卫生条件得到明显提高。1973 年，镇域全面实行合作医疗制度，先后建立 78 个合作医疗站，形成公社有卫生院，大队有合作医疗站，生产队有卫生员的乡村医疗卫生网，基本做到"小伤小病不出队，常见病不出社"。21 世纪以来，镇域优质医疗资源布局日趋均衡，公共服务水平不断提升。2017 年，全镇医疗卫生机构 69 所，包括吴兴区人民医院（县级二级乙等综合医院），织里镇卫生院，下设社区卫生服务站 22 所（包含高新区），民营专科医院 1 所，民营门诊部 13 所，诊所 31 所等等。此外，各类药店有 66 家。到 2021 年，织里镇已形成"1 家综合性医院+1 家卫生院+56 家诊所"的卫生服务体系，基本实现"家门口就医"。文化事业空前繁荣。新中国成立后，乡镇文化机构、文化设施逐渐完善。1957 年秋，织里乡组织编排的民乐合奏《凤妆台》获浙江省群众文艺汇演一等奖。1960 年 5 月，浙江省级刊物《俱乐部》刊登《十抓：培训文艺骨干好办法》，介绍太湖人民公社培训文艺骨干，开展群众文化活动经验。70 年代，轧村、太湖、漾西、织里、织里区文化站相继建立。80 年代，织里、轧村、漾西、晟舍、太湖图书室相继建成；轧村、织里、漾西、太湖影剧院相继建起。1999 年，各乡文化站全部撤并入织里镇文化站。2003 年，织里镇政府投资 800 万元建成织里镇科技文化中心。2010 年，织里镇中国童装博物馆对外开放。2012—2018 年，银达电影大世界、天河影院、中影数字国际影城（织里店）、上影影城（织里店）等电影院相继建成并投入使用。2016 年，义皋漊港文化展示馆对外开放。2018 年，崇义馆、铜镜馆对外开放；织里文化中心成立；镇域投资 13.8 亿元建设织里镇文体中心。2019 年，织里镇有村级公共文化设施 34 座，农村文化礼堂 17 座，村图书室 30 座，文化活动中心（室）30 座，文化信息资源共享工程村级基层服务点 34 个，镇级综合文化站建筑面积 8000 平方米，其他公共文化设施建筑面积 21 860 平方米。同年，镇级群众文化活动 91 场，村级文化演出 95 场，送戏下乡 10 场，送书下乡 21000 册次，举办讲座 6 场，年度接待 25 200 人次，文体活动总参与人数达 45 100 人次。同时，开展织里镇积极探索以文聚人、以文育人、以文化人精神文明发展新模式，推出了一批高品质文化产品。2000 年以来，镇域有一大批优秀图书问世：《人文织里》《织里民间文化》《晟舍利济禅寺志》《乡的愁》《徐振华传》《拍案惊奇——凌濛初传》《淡去的炊烟——太湖溇港古村落纪实散文集》《晟舍镇志》（点校本）等。2020 年，广播剧《王金法》获得省市艺术基金扶持；电视剧《风起南太湖》入选中宣部建党一百周年重点作品名录；首部织里基层治理的理论成果《织里之治》在中国农业出版社出版发行。体育事业发展良好。1997 年，织里镇获浙江省第五批体育先进乡镇。21 世纪以来，织里镇为加快推动高质量发展，更好地推进"我运动、我健康、我快乐"生活理念，组织开展各种类型健身操、健身舞、健身拳等活动。个人比赛方面，1986 年，秦金锐获得全国武术挖掘整理雄狮奖；2018 年，茹一淳代表中国队参加世界象棋青少年公开赛，夺得 U18 男子组冠军，荣获"国际棋联大师"称号（湖州市首个获该称号的棋手）。他们为织里体育的发展树立了榜样。

五

新中国成立以来，织里人民在党和政府领导下，齐心协力、攻坚克难，在高质量赶超发展之路上迈出坚实步伐。

> 一根扁担挑着胆量与命运，
> 两只布包装满希望与憧憬。
> 北上那长城内外王府井，
> 南下那深圳特区椰树林。
> 沙漠盆地留过足印，
> 都市边境回响乡音……

《走南闯北织里人》这首歌，是对改革开放初期织里先辈们艰苦创业情景的写实。深深浅浅的足印，培育出织里人民的扁担精神，一代又一代后辈们又将其发扬光大。

至 2021 年，织里镇连续 9 年入围全国百强镇，连续 9 年荣获全省小城市培育试点考核优秀乡镇，成为中宣部"壮阔东方潮奋进新时代——庆祝改革开放 40 年"集中宣传报道的全国唯一镇级典型，荣获全国乡村治理示范镇、全国智慧健康养老应用试点示范乡镇、中国淘宝镇等一批国家级、省级荣誉。织里镇已成为长三角地区民营经济最具活力、市场化程度最为发达、人民生活最为富足的地区之一。

　　盛世修志，志载盛世。漫漫历史长河，历代织里人筚路蓝缕，谱写了一页又一页灿烂辉煌的乐章。如今，一个"中国国际童装之都、太湖南岸创业新城"的宏伟目标正在召唤着织里人民。我们相信，在新征途上，织里人民定能云帆高挂、乘风万里，以昂扬姿态迎接这一天的到来。

　　织里的明天更美好。

大事记
DASHIJI

商周时期—2021 年

商周时期（前 16 世纪—前 256）

公元前 1500 年，镇域先民在轧村东侧的分水墩进行生产活动，繁衍生息。

春秋末期（前 770—前 476），太湖南岸先民在浅沼洼地围垦，圩田修筑和屯田围田形成规模。

楚考烈王十五年（前 248），春申君黄歇置菰城县，以泽多菰草而得名。镇域为菰城县辖地。

秦、汉、三国（约前 221—280）

秦王政二十五年（前 222），改菰城为乌程县，属会稽。镇域为乌程县辖地。

惠帝五年（前 190），夏，大旱，太湖干涸。镇域受害。

汉元始二年（公元 2 年），"吴人皋伯通筑塘以障太湖"，古义皋溇之名由此而来。

三国吴嘉禾三年（234），迁山越之民于平原。杭嘉湖平原出现"屯营栉比，廨署棋布"景象，围田向太湖沿岸低地发展。

三国吴赤乌年间（238—251），位于镇域北塘河上的圆通塘桥始建。明崇祯《乌程县志》有载。圆通塘桥又名元通塘桥，距今已有 1700 余年历史，是浙江省现存最古老石桥之一。桥为南北坐向，历代均有修缮。2013 年因河道水利工程易址到西北侧，改为东西走向。

三国吴五凤元年（254），太湖溢，平地水深八尺，镇域受灾严重。

太平元年（256），八月初一，大风拔木，太湖溢，平地水高八尺，太湖中水汽出声，是名湖翻（水猛烈泛滥成灾）。

三国吴宝鼎元年（266），分吴郡乌程、阳羡、永安、余杭、临水与丹杨郡故鄣、安吉、原乡、於潜 9 县置吴兴郡，县治乌程。吴兴之名始于三国时期，镇域属吴兴郡。

两晋 (265—420)

太康三年（282），乌程县分西乡地置长城县（今长兴），分东乡地置东迁县。县治设于镇域旧馆村境内，为当时东迁县的政治、经济、文化中心。到隋开皇九年（589）又并入乌程县，经历了308年的历史。至2019年镇域旧馆村内有"县弄""故县桥"等遗迹。

永和年（345—356），吴兴太守殷康始筑荻塘，导引东、西苕溪水，自乌程县合流而东至江苏省吴江平望，长一百二十五里，堤御太湖水，灌溉农田千顷，河道通舟楫。塘在城者称横塘，在城外者因两岸多芦荻而名荻塘。又因在城东，亦称东塘。后由太守沈嘉重修。荻塘经镇域南侧而过，沿岸是官道（今318国道）。

南北朝 (420—589)

南朝宋元嘉（424—453）年间，晟舍利济禅寺始建。法瑶禅师开创山门，初名慧明寺，寺址在晟舍瑾二三圩。南朝梁天监时，有僧慧集住持。唐大历（766—779）道祥法师住持，贞元（785—805）维宽法师住持慧明寺。宋建中靖国元年（1101），慈觉法师住持，增修殿宇。菰城文献记载：士人陈学士建殿。元末寺毁，"兵燹余尽，名蓝鞠为茂草"。明宣德六年（1431），南轩法师募得巨资，将寺院恢复为元末时原貌，易名为利济禅寺。正统六年（1441），殊胜法师建殿和前后两廊。清乾隆四十八年（1783），住持龙山法师在江苏巡抚闵鹗元（晟舍人）处募款将利济寺殿宇修复一新，又建清斋三楹。嘉庆年间山门遭火灾，道光十五年浩清法师修复。咸丰十一年（1861），太平天国义军烧毁利济寺，光绪十六年（1890）里人集资重建完工，慈禧太后赐"藏经图"匾额。1952年利济禅寺被改为晟舍粮仓。1999年经上级批准，由织里镇筹资恢复重建利济禅寺。2001年9月9日举行大雄宝殿落成暨佛像开光仪式。重建后的利济禅寺占地60亩，四面环水，有山门牌坊、天王殿、大雄宝殿、三圣殿、观音殿、财神殿等建筑。

元嘉十三年（436）九月己酉，会稽郡西南向晓，忽大光明，久而后灭，境域并以其日同见光景。

齐永明四年（486），李安民为吴兴太守，开泾（溇港），泄水入太湖，为六朝时六大水利工程之一，具有灌溉和交通双重作用。镇域先民参与修筑。

永元三年（501），夜，天开黄色明照，须臾有物，绛色，如小翁，渐渐大如仓廪，声隆隆如雷，坠太湖中。

隋朝（581—618）

开皇九年（589），陈亡，废吴兴郡，并东迁、长城入乌程。境域时属乌程县管辖。

仁寿二年（602），置湖州，治乌程。因濒临太湖而得名，湖州之名自此始。复置武康、长城两县属湖州。大业（605—618）末，复改湖州为吴兴郡。镇域属之。

唐朝（618—907）

开元十一年（723），乌程县令严谋达重开荻塘。

开元十六年（728），镇域大饥。

开元二十九年（741），在东迁县故治设太湖馆，至大历九年（774）改名东迁馆。东迁馆移至严村后，旧址遂名旧馆。

广德年间（763—764），湖州刺史卢幼平开荻塘。镇域先民参与修筑。

大历十年（775），己未夜，杭州大风，海水翻潮，苏、湖、越等州、镇域亦然。

贞元六年（790），夏，镇域大旱。

贞元八年（792），湖州刺史于頔大规模重修荻塘，民怀其德，改"荻"为"頔"（同音），因此荻塘又名"頔塘"。

元和五年（810），筑成吴江塘路，并与荻（頔）塘相接，加之太湖东部地区的围垦，太湖出水主干吴淞江淤塞开始，太湖水东排受滞，所携带泥沙沿湖泊南岸沉积，形成一条吞吐流沉积带，从大钱至胡溇逐渐塑造出太湖南岸一条弧状滨湖高地，位于镇域中间的杨溇、许溇最宽最厚。

元和六年（811），镇域秋旱。

元和八年至十年（813—815），湖州刺史薛戎疏浚荻塘百余里。

长庆二年（822），大雨，太湖溢，平地乘舟。镇域受灾。

中和五年（885），湖州刺史孙储培修荻塘一百三十里。

光启年间（885—888），骥村建造静居院，后改为寂昭院（寺）。官府在旧馆设立喜宥院，由训导师定期对当地民众进行教化。

五代吴越国（907—960）

吴越国（907—960），国王钱镠之子钱元瓘（887—941）在轧村始建善庆院，僧悟道开山，一作看经院。宋治平二年（1065年），赐额法忍寺。明洪武年间重建。清末毁。1993年里人重建，1994年改名东明寺，批准为开放宗教场所。有大殿、偏殿、客堂、僧舍等建筑。

吴越国天宝八年（915），钱镠在太湖流域设都水营田司，专事水利，募卒七八千人，称撩浅军，分为四部。清除太湖内港淤泥，以减水患，旱则运水种田，涝则引水出田，立法完备。

吴越国（923—925），钱元瓘在梅林镇（后为上林村）建造看经院，在轧村建造法忍院，在义皋建造兴善院。

后唐长兴三年（932），吴越王钱镠卒，钱元瓘继位。钱镠、钱元瓘在位时以保境安民为国策，重视兴修水利，筑塘治湖，修堤浚河，开发塘浦圩田，纵浦通江，横塘分水，纵横成网，圩圩环水，排灌得宜，扶植农桑，使吴越富甲东南百余年。

后晋天福五年（940）八月，太湖南岸大水，镇域受灾。

广顺十年（960年，此为清同治《湖州府志》载），吴越国王钱元瓘在乔溇建造观音院，宋治平二年（1065年）赐额布金寺。清咸丰十年（1860年）寺毁，同治中僧朗润重建，光绪二年（1876年）僧云亭续建。"文化大革命"期间寺毁，1995年重建。2001年搬迁至晟舍利济文化公园，乔溇旧寺作为布金寺下院。

五代时期，吴兴自东晋修筑荻塘始，逐步形成了横塘纵溇格局，溇港圩田已成雏形。

两宋（960—1279）

宋初，晟舍、织里已经聚市。

太平兴国三年（978），吴越国王钱元瓘纳土归宋。钱氏立国七十二年，镇域属吴越国。

端拱年间（988—989），两浙转运使乔维岳为便利漕运，凡妨碍舟行之堤岸堰闸，一概废除，致使洪涝加剧，塘浦圩田之制亦受影响而削弱。

景德中（1004—1008），乌程县建震泽乡。熙宁中（1072—1073年），震泽乡分上下乡。震泽上乡辖三十五都至三十九都，震泽下乡辖四十都至四十三都地。其中三十五都（即上林），三十六都（即轧村），四十一都（即杨溇、伍浦）。

熙宁三年（1070），镇域大旱，太湖水涸。湖心可见古墓、街道。

熙宁八年（1075），夏大旱，太湖水退数里，内见邱墓街道；秋无稼，民多死。

元丰元年（1078），七月，大风雨，太湖水高二丈余，淹没塘岸。境域部分村庄受灾。

元丰六年（1083），正月大雨至六月，太湖泛滥，村庄遭水浸，田不插种，庐舍漂荡，民弃田卖牛，散走行乞。

政和年间（1111—1117），望族董贞元在宅旁种植梅林，后改名为梅林镇。

宣和二年（1120），九月，方腊军队来双林、织里等地，焚毁房屋。

南宋初，山东闵氏五十世孙领皇命来浙江运粮，选中晟舍定居，人们以其职务称呼他为"闵将士公"，后代给他取个吉祥名字"闵和平"。福建望族黄氏后人黄和浦作为巡按浙江监察御史，亦选择交通便利的晟舍为安身之地。闵氏宗谱记载：宋宝庆二年（1226），闵、黄"扈跸临安"。遂结为亲家，繁衍子孙，人丁兴旺，后人读书传家，入仕途者颇多，成为晟舍望族。

绍兴二年（1132），春饥，斗米千钱，时鬒饷繁急，民益艰食。八月地震。冬大寒，太湖冰。

乾道年间（1165—1173），乌程县主簿高子润发动民夫疏浚三十二溇，通畅水势，减轻水患。达于太湖，复晋宋旧迹，减轻水患。织里村民参与疏浚。

乾道五年（1169），置太湖撩湖军，专一管辖，不许人户包围堤岸、佃种茭菱等。

淳熙八年（1181），禁浙西围田，但禁而不止。淳熙十年（1183），再禁浙西豪民围田，凡围田区，立"诏令禁垦河湖碑"，共立禁碑一千四百九十五方。

淳熙十五年（1188），知湖州赵思委官访求州境太湖溇浦遗迹，开浚溇浦，不数月，水流通澈，远近获利。翌年，浙西提举詹体仁又开浚溇浦，补治圩门，为旱涝之备，数年之间，岁称丰稔。

绍熙二年（1191），知湖州王回修治乌程溇港，桥闸覆柱皆易以石，其闸钥附近溇多田之家。改三十六溇为二十七溇。境域先民参与兴修。并修改二十七溇名为："丰、登、稔、熟、康、宁、安、乐、瑞、庆、福、禧、和、裕、阜、通、惠、泽、吉、利、泰、兴、富、足、固、益、济"，每溇冠以"常"字。

庆元年间（1195—1201），乌程县在旧馆、轧村设酒坊课税。在上林设酒坊，名上林坊，时为乌程县十五坊之一。

嘉泰二年（1202），春旱至于夏，大蝗卷烟雾蔽天，其坠五十余里。

宋末元初（1227—1311）年间，牟巘撰写《朱雪崖朝奉墓志铭》（《陵阳集》卷二十四），有"（朱雪崖）以乙巳正月廿六日癸酉，葬于东职里余庆之原"的记载。牟巘和朱雪崖均为宋末元初之人。清乾隆年编纂的《四库全书》有关于宋末元初人"朱雪崖，乌程东职里"的记述。明清两朝湖州地方志，"职里""织里"地名互通。宋末职（织）里已是乌程县常乐乡重要的乡村聚落。"织里"地名始见文献。

元朝 （1271—1368）

至元十三年（1276年），元廷改安吉州为湖州路安抚司。次年，改为湖州路总管府。镇域为属地。

大德十年（1306），大水害稼。七月大风，太湖溢，漂没民庐无法计算。

至大元年（1308），六月水、饥。疫疠大作，死者相枕藉。

天历二年（1329），饥，八月旱，冬大雨雪，太湖冰厚数尺，人履冰上如平地。

至顺二年（1331），八月，水涝害稼，九月、十月大风久雨，太湖溢，淹没沿岸民居近三千，溺死男女近三千人。镇域部分村庄受灾。

至正元年（1341），夏，久雨，太湖湖翻，内溢成灾，太湖南岸的村庄民房顷刻倒荡，大量农田淹没。镇域村庄受灾。

至正二十六年（1366）八月初四，朱元璋以徐达为大将军、常遇春为副将军，率军二十万由应天（今江苏南京）出发向太湖进军。十二日，徐达率军进入太湖。张士诚派平章朱暹、王晟，同金戴茂、吕珍，院判李茂和他的养子五太子率领号称三十万大军增援。徐达、常遇春攻占湖州，随即改吴兴郡为湖州府。屯驻于湖城东的旧馆，修筑五寨固守，与湖州守军遥相呼应。徐达、常遇春、汤和分兵占领东阡（东迁）镇南的姑嫂桥，修筑工事，阻绝旧馆与平江间的通道。徐达、常遇春在湖州东门外旧馆、东迁、元通桥、太平桥一带，与张士诚部开展激烈战斗。十月二十九日，朱元璋部将徐达攻占旧馆，张士诚部将吕珍、朱暹及五太子战败投降，六万大军悉数被歼。民间至今留有许多传说，有元通桥"横刀立马"、太平塘桥"天下从此太平"、常胜塘桥、晒甲漾"晾晒战甲"、竹马漾"赏月赋诗"等。

明朝（1368—1644）

洪武元年（1368），朱元璋率众削平群雄，驱逐元统治者至漠北，建都金陵，即皇帝位，改元洪武，国号大明。织里镇谢漊村人谢贵因军功授河南卫指挥佥事，加广威将军。建文元年（1399），谢贵为北平都指挥使，奉密令监视燕王动静被杀。朱棣称帝后，谢贵遭抄杀满门灭族。季子谢公权赘于织里小湖村王氏，避居而得于幸免。

洪武十年（1377），乌程县主簿王福沿太湖浚三十六溇，并设溇制，每溇配役夫十人守御，每年拨一千户开挖淤泥。

洪武二十八年（1395），乌程县主簿王福率领民众疏浚太湖三十六溇。织里先民参与修筑。

洪武年间，织里人严震直（1344 年出生在骥村）被选为粮长，特授通政司参议，改任户部郎中，再迁工部侍郎。洪武二十年（1393）六月升为工部尚书，二十二年奉命主持修筑广西兴安县灵渠。

洪武年间（1368—1398），在乌程县大钱湖口设巡检司署，专管太湖溇港。乌程、长兴两县均有溇港管理制度，其工役每年拨一千户去淤泥，每溇置役夫十名，备铁钯、簸箕等工具。

宣德四年（1429），闵珪出生于晟舍。闵珪字朝瑛，明代名宦、文学家，《明史》有传。著有《闵庄懿公集》，立《闵氏家训》二百二十字，今存。天顺八年（1464年）考取进士，初授任御史。后调任刑部右侍郎，进为右都御史，总督两广军务，以功迁南京刑部尚书。弘治十三年（1500）升为刑部尚书。弘治十六年（1503年），闵珪在京城宅第与甲申科（进士）同年雅集而绘制《甲申十同年图》，李东阳、谢铎作序，后经王世贞等多人题跋，现藏于北京故宫博物院。甲申十同年是闵珪、张达、曾鉴、谢铎、焦芳、刘大夏、戴珊、陈清、王轼、李东阳，皆孝宗朝名臣。十位与会者有十八首唱和诗，诗为七律，或一首，或二首，惟李东阳三首，皆为本人亲手书写。正德六年（1511），闵珪逝世，享年八十二岁。谥庄懿。

正统九年（1444），六月大水，七月十七日大风暴雨，昼夜不息，太湖水高一二丈，滨湖庐舍无存，渔舟漂没。闰七月又大水，堤防冲决，淹没禾稼。

景泰四年（1453），十一月至次年春，大雪数尺，压塌民居，太湖诸港皆冻断，舟楫不通，禽兽草木冻死。

天顺五年（1461），七月大水，太湖溢，淹没民居，死者甚众。

成化七年（1471），湖州水利通判李智，率民众修浚、疏通太湖二十八娄。织里先民参与修筑。

成化十年（1474），湖州水利通判李智以太湖娄港三十八娄淤塞，重加修浚。

成化十七年（1481），乌程典史姚章复浚泥桥港、潘娄、新浦，以便水利，又浚治沿湖娄港淤塞。

同年，春夏久雨，七月雨，有飓风。八月连大雨，太湖水溢，平地深数尺。九月初一日大风雨，昼夜如湮。至冬无日不雨，禾稼仅存者，淹没。次年大饥，人相食。

弘治十六年（1503），旱，饥。谣传妖魔压人。冬大雪，积四五尺，太湖结冰。

嘉靖元年（1522），水利郎中颜如环督湖州同知徐鸢开浚大钱港及沿湖七十二娄，其中织里镇域二十六娄。先民参与修筑。

嘉靖二十一年（1542），乌程知县马钟英欲浚小梅以东娄港以泄北来之水，浚大钱以东娄港以泄南来之水，因工繁费浩而止。

嘉靖二十四年（1545），大旱，太湖涸，民有得轩辕镜于太湖岸者。人食草根树皮，大疫。

嘉靖三十五年（1556），设江南水师太湖营，驻乌程县大钱、伍浦，有步战守兵丁一百五十二人。

嘉靖三十九年（1560），四月地震，屋庐摇动如帆，河水冲击，鱼皆跃怨。七月，天目山发洪，水灾。十二月雷电大作。

嘉靖四十年（1561），正月雷雪，闰五月至十月，雨不息，大水。高淳堤决，五堰之水下注太湖，横溢六郡皆灾。平地水高数尺，禾沉水底，大饥。嘉靖四十四年（1565）六月地震。

嘉靖四十二年（1563），乌程知县杨国祯以三十六溇除陈溇等十九溇渊深如故无庸议修外其应修，杨溇等十九处浚流通源，筑崩补坏，陆续完工。

隆庆三年（1569），太湖涸为陆地，溪流绝，井泉竭，运河见底，水绝无鱼，渔民失业者万计。

万历七年（1579），镇域旱涝灾害频仍，造成"稽天巨浸，太湖泛涨，庐室败坏，河鱼游于灶下"，沿湖村庄发生饥疫。

万历八年（1580），凌濛初出生于晟舍。后累试不举，五中副车。崇祯元年（1628）十月，凌濛初著《初刻拍案惊奇》由苏州尚友堂刊行。五年冬，凌濛初著《二刻拍案惊奇》刊行。《二刻拍案惊奇》被列为中国十大文学名著。崇祯十二年（1639）选为上海县丞，管理海防事务。十五年（1642）升徐州通判，分置房村治河。崇祯十七年（1644）正月，有"流寇"攻打房村，凌濛初率众死守，因无外援，最后吐血而死，死前大呼不要伤害城中百姓。灵柩历数月辗转运回家乡，遵其遗嘱安葬于戴山，郑龙采撰墓志铭。

万历十五年（1587），正月初一日，雨雪不止，大风拔木，太湖水溢，平地水深丈余；十月，米价每斗千钱。镇域村庄饥疫，弃尸满道，河水都有腥臭味。

万历十七年（1589），六月至八月不雨，无禾，大旱，太湖涸为陆地，溪流绝，井泉竭，运河见底，水绝无鱼，渔民失业者万计。饥殍疫死无算。夏雪。

万历二十四年（1596），五月不雨至七月，旱。七月十一日将夕，河水忽涌起二尺余。八月雨如溲，狂风大作，伤苗，拔木，屋瓦皆飞，日夜不息，大水。山洪暴发，庐舍倾地，圩岸崩塌，郊原皆成巨浸。冬大雪，寒，湖冰冻，舟楫不通。

万历三十六年（1608），湖州知府陈幼学发动民众修筑东塘（荻塘），并用青石垒砌河岸。织里先民参与修筑东塘护岸工程。

万历四十一年（1613），乌程县在晟舍、骥村等地设立急递铺。

万历四十二年（1614），乌程知县杨国桢为杨溇等十九处浚流通源，筑崩补坏，陆续完工。织里先民参与修筑。

万历四十四年（1616），晟舍人闵齐伋刊刻《春秋左传》十五卷，湖州套版印书业从此开始。崇祯五年（1632），闵齐伋编纂《六书通》，为后世篆刻界所重。

天启六年（1626），六月蝗灾，七月初一日，大风拔木，暴雨如湮，屋庐俱毁，两昼夜方息。八月十六日辰时，风从西北方起，蝗飞集，至酉时止。次月亦然，田禾地麦食尽。镇域受灾。

崇祯十三年（1640），五月，大雨七昼夜，淹没庄稼，镇域受灾。秋季发生蝗灾，人食树皮草根。十四年大旱，疫病流行。

崇祯十七年（1644），春，晟舍人凌义渠殉国。凌义渠（1591—1644），字骏甫，号茗柯，明代名宦，官至大理寺卿，南明追赠刑部尚书，谥忠清。清廷又赐谥忠介，在湖州府城拨地十亩建祠纪念。有《忠介集》六卷，辑入《四库全书》。凌义渠事迹，《明史》有传。

同年，湖州地区大旱。4月至9月无雨，太湖枯浅行人可涉，镇域旱灾严重。

明代，织里境域有圩区607个。

明末，晓河有规模较大的造船基地，造座船、兵船、仙船、航船、驳船、农船、渔船、书船、圈棚船等多种，尤以书船最为著名。

清朝（1644—1911）

顺治朝初（1644），蕅益大师住持晟舍利济禅寺。《北天目山灵峰寺志》记载："蕅益大师主持湖州利济寺，传智果大师，再传玉林国师。"

顺治二年（1645），清兵进攻湖州。明湖州知府逃遁，其下属冯推官献城，升知府。随后，清兵占领湖州府所属各县。镇域被占。

同年（1645），乌程宋溇渔民张三聚众太湖三山岛举义反清，拥船百余艘，举五色旗，活动于宜兴、松江、苏州一带。此外，有太湖沈泮、柏相甫，吴江吴易、周天舍等，头缠白布号称白头兵，聚众起义，少者千人，多者数万，图谋大举。后被清兵镇压。

顺治十一年（1654），冬，连续下大雪十余天。天气大寒，太湖冰厚二尺。镇域受灾。

康熙五年（1666），乌程县境闰六月下雪。镇域受害。

康熙九年（1670），正月大雪，二十八日积雪未消，昏时红光如电，须臾星陨，有声如雷。五月湮雨连旬，田尽没。六月十二日，太湖水陡涨丈余，漂没人畜坟墓，庐舍无算。民大饥。九月雨雪。十二月大雪丈余，鸟兽冻死。

康熙四十三年（1704），乌程县骥村人严闻天加入反清组织"天地会"。同年七月与该会首领张念一约定，十二月二十日各地共同举事，其余各处由天地会统一安排，并商定由朱三太子的一子公开亮相，以发动民众。四十七年（1708）春，严闻天再次准备攻破湖州城，诛杀知府章绍圣，由于种种原因两次行动均未实施。清廷下令严查，康熙谕旨户部左侍郎穆旦"务必决断，毋得柔弱"。三月初六事泄，同党王维新被捕凌迟处死，四月，严闻天、张念一等被缉获，随之被处死。

康熙四十六年（1707），康熙特谕工部，查勘、兴修浙江省杭州、嘉兴、湖州等府县近太湖或通潮汐河渠之水利，或疏浚，或建闸，命工部速移文浙江督、抚确查明晰，报部议行。闽浙总督梁鼐、浙江巡抚王然奉谕会勘杭、嘉、湖三府河渠水口应疏浚建闸之处，绘图具报工部上奏，奉旨依行。委令温处道、高其佩开浚三府河道，并建小闸六十四座，委令湖州知府章绍圣疏导沿太湖诸溇港，除大钱、小梅二港因通航不建闸外，其余各建小闸一座。

康熙四十七年（1708），二月，大风雨雷雹，五月雨，夏秋连旬积阴，至十月始霁。田庐尽淹，春花不下种，禾淹民饥，食树皮，哭声不绝，太湖水浔于岸。

雍正二年（1724），正月大暖，七月大风，太湖溢。太湖中飞蝗蔽天，食湖芦叶殆尽。

雍正六年（1728），湖州知府唐绍祖发动民众重修东塘（荻塘），沿途村民参与修塘工程。同年，又发库银浚治乌程境内从小梅口到胡溇共三十八条溇港，并在绵延长达一百余里沿湖地带建造闸座，加强水利防护。

雍正七年（1729），顺庄法在湖州府推开，乌程县编为二百二十四庄。镇域编在一百十一至一百五十九庄之间。

乾隆八年（1743），开浚乌程三十六溇港。

乾隆九年（1744），七月初四，天目山水冲溢湖州，太湖水泄不及，镇域村庄受灾。

乾隆四十三年（1778），疏浚湖州溇港七十二处。

嘉庆元年（1796），湖州知府善庆开浚乌程、长兴溇港。

道光元年（1821），夏大疫，俗称吊脚痧，死者无数。

道光三年（1823），正月十四日雷，淫雨自三月至五月不止，禾未插秧，大半淹死；六月初七日大雨雹，水势渐退；七月初二日大风骤雨，水后顿涨数尺，圩田仅存者夕皆没，太湖水溢，至冬始平。

道光三年（1823），乌程知县杨绍霆奉命劝修圩岸，以倡捐及工赈重筑荻塘七十里。乡绅凌介禧撰《重修湖州东塘记》。

道光四年（1824），杭、嘉、湖淫雨，水患严重。礼科给事中朱为弼、御史郎葆辰、御史程邦宪先后上疏，奏请疏浚太湖下游河道及上游溇港。诏令两江总督孙玉庭、江苏巡抚韩文绮、浙江巡抚帅承瀛会勘。乌程乡绅凌介禧上陈《水利事宜十四条》《水利三大要利弊书》，浙江巡抚委派乍浦同知王凤生勘查太湖上游水利，凌介禧奉命陪同。王凤生纂《浙西水利备考》，于同年在杭州刊印。

道光五年（1825），凌介禧上陈水利专著《东南水利略》及兴修水利方案《谨拟开河修塘事宜二十条以备采择》。

道光九年（1829），湖州知府吴其泰奉檄开浚乌程三十六溇港、长兴二十二溇及碧浪湖，并奉命制订《开浚溇港条议》，议定溇港开浚与管理事宜九项规定，报批实行。

道光十二年（1832），夏旱，饥。筑运河石塘，以工代赈。

道光十三年（1833），凌介禧所作《东南水利七郡略》共6卷，刊行。时任两江总督卢坤、江苏巡抚林则徐、浙江巡抚帅承瀛分别为该书作序。

道光十四年（1834），湖州知府吴其泰发动民众开浚乌程三十溇和碧浪湖。织里先民参与修筑。

道光十六年（1836），乔溇村乡绅吴之杰等人创建崇善堂，旨在太湖边"救生、施棺、惜字、放生诸务"。时任江苏巡抚林则徐在湖州知府于鼎的陪同下巡查太湖水利，在乔溇遇见吴之杰等人正在创建崇善堂，给予大力赞扬，并于同年为崇善堂作了《湖滨崇善堂记》。林则徐大事年表对此事有记载，《林则徐全集》收录了《湖滨崇善堂记》）。翌年，吴之杰等人将林则徐所书《湖滨崇善堂记》刻碑立于崇善堂前。

道光二十二年（1842），凌介禧作《募修利济寺完工引》。

道光二十三年（1843），著名文学家严可均逝世。严可均（1762—1843），字景文，号铁桥，织里镇骥村人。清代文学家、书法家、藏书家。

道光二十六年（1846），里人集资重建位于北塘河中段的太平塘桥。此桥为五孔石梁桥，长 40 米，宽 2 米。2019 年仍保存完好。

咸丰四年（1854），夏霖雨，十一月初五日申时，河水忽涨数尺，沟渠池沼皆然，顷即平。东至吴江，西至长兴，并同此异。

咸丰六年（1856），大旱，乌程境内河道近乎干涸。镇域受灾。

咸丰十年（1860），六月十二日太平军至南浔等地，土匪乘机纵火抢掠，延烧三昼夜，十五日始熄。秋久雨，田几湮，入稻头者水淹至腿。十二月初八太平军又至双林、织里，初十日始退。

咸丰十一年（1861），九月初六，太平军攻占轧村、骥村、晟舍、升山。

同治二年（1863），海水溢，河水皆咸。

同治三年（1864），五月十二日，太平军在吴溇、陆家湾、轧村等地布防。十六日，将主力撤到晟舍布防，在水中打树桩，桩上钉铁钉，并埋火药。同年，太平军在镇域北塘河区域与清军交战。

同治七年（1868），驻扎湖州德仁湖协营有步马战守兵丁共五百一十人，左、右营驻乌程、归安两县，共设十二汛，其中有晟舍汛。

同治八年（1869），南浔大户张氏在织里街中市创办"同泰典当行"，后人称其为老当。

同治九年（1870），晟舍人闵宝梁"借阅群书，周咨故老；详者志之，不详者略之"，历时两年余，编纂成八卷《晟舍镇志》，此为本志编纂之前唯一的织里地方志，浙江图书馆有藏抄本。

同年，乌程乡绅吴云、徐有珂上陈《重浚三十六溇议》，浙江巡抚杨昌濬奉谕委湖州知府宗源瀚会同乌程、归安知县及士绅陆心源等查勘，议商开浚溇港事宜，是年十一月动工。

同年，乡绅徐有珂、陈根培、吴宝征、张尧淦等集资，经湖州知府宗源瀚批准，利用陈溇吴江峰（吴文炳，字言青，号江峰）太守（清代知府）故宅创办五湖书院，分时艺、经学两斋。由吴云撰写《创办五湖书院碑记》。五湖书院是太湖溇区历史上第一所正规学校。

同治十年（1871），浙江巡抚杨昌浚奏派湖州知府宗源瀚疏浚碧浪湖与三十三溇。织里先民参与修筑。

同治十一年（1872），湖州知府杨荣绪完成溇港开浚，共开浚九港、二十四溇，建新闸五座，筑石塘、土塘一百二十丈。浙江巡抚奏请立溇港岁修章程，规定每年轮开六溇，六年为周期，委派候补知县钮福和乡绅徐有珂专门负责溇港岁修。

光绪二年（1876），三月，镇域讹言有妖人剪发，七月又讹传妖人剪纸压人，纷纷惊扰，彻夜不眠。人心惶惶，天将晚闭严入室，道天行人，地方无损，乘间滋事，千百成群，遇外来人即指为妖，抢掠财务或投诸河，八月止。

同年，胡溇乡绅创建太湖救生局。

光绪十二年（1886），湖州知府林祖述倡捐修筑荻塘，翌年完成。织里先民参与修筑。

光绪十九年（1893），《湖州府二十里方图》及后来出版的民国《吴兴县全图》上均标注有"织里市"。

光绪二十年（1894），江苏吴江县人结伴来乌程境挖掘蚯蚓，织里小河村环桥头港南村民与之发生纠纷，引发械斗，造成三死一伤，案件诉至乌程县衙公堂。

光绪三十一年（1905），织里开设邮政代办所。

光绪三十二年（1906），开通湖州至织里航船邮件。

光绪三十四年（1908），湖州基督教在织里设立教会、教堂，织里创办人为李心水，教堂建在老街西市秀才弄南侧。

光绪年中，大钱巡检司移至陈溇。

中华民国（1912—1949）

民国元年（1912）

1 月 22 日，浙江省都督公布撤乌程、归安两县合并为吴兴县。织里境域置织里乡、苕东镇、东北镇，隶属吴兴县第二区。

同年 4 月 3 日，吴兴境内地震，镇域各村落有震感。

同年春，开辟晟舍、轧村航船邮路。12 月，南皋桥、晟舍、轧村开设邮政代办所。

同年春，陈溇五湖书院改为五湖小学。有教师 6 人、学生 200 余人，开设语文、算术、历史、唱歌、体育等课程。

同年，织里小学（现为织里实验小学教育集团）创办。创始人郑连如，织里老街人，时任国民政府浙江省议员。校址设在老街西村头总管堂（后改名宝镜观）文昌阁内。郑连如兼任校长。分 8 个班，1 至 4 个年级学生 100 余人。

同年，织里区域吸食鸦片严重。7 月下旬，吴兴区署派一营哨长朱德胜率枪船十只驻防轧村，副哨罗宝昌（织里老街人）率枪船五只驻防织里。12 月 19 日，织里镇多数烟民明挑私吸，禁烟局会同巡警捕拿，少数烟民抗拒官军，捣毁局所，殴打禁烟官员。

民国 4 年（1915）

7 月 1 日，光复会、同盟会成员姚勇忱在杭州百岁巷陆军监狱遇害。柳亚子为他写下五言绝句悼诗《哭勇忱》，次年民国临时政府追认其为辛亥革命烈士。姚勇忱（1880—1915）织里老街人。光绪三十四年（1908），其编著的蚕桑学著作《实验养蚕法》《蚕病防治法》二册，由上海新学会社印行出版。

民国 5 年（1916）

委任周澄为吴兴织里警察分所警佐。

民国 6 年（1917）

1 月 24 日，吴兴境内地震。

2 月 28 日黄昏，吴兴县境内冰雹，大粒如蛋，伤人毁屋。镇域有村庄受灾。

民国 8 年（1919）

夏秋季，太湖南岸大涝，织里境大量农田被淹。苕区戴山镇、织里乡民高宽夫等具状向湖属水灾筹赈会报告灾情。

同年，浙江长途电话局设吴兴分局，织里、旧馆集镇设立长途电话分所。

民国 10 年（1921）

夏秋大水，太湖流域洪水成灾。镇域村庄损失严重。

民国 11 年（1922）

里人集资重修横跨北塘河的项王塘桥（又名下往塘桥，位于乔溇行政村）。石匠张班题写楹联。

同年，商民吴崇厚等集资组办织里乡、轧村、义皋等村市的机器碾米电灯股份有限公司。

民国 12 年（1923）

吴兴县动工疏浚城东获塘。南浔富商庞来臣倡议以水泥砌石修获塘，众议赞同，遂成立塘工董事会。工程自旧馆东塘桥东至南浔西栅口，东塘桥西至湖州二里桥，全场约 33.5 公里（其中属织里段约 10 公里）。两岸民众出力，岸石取自升山。修塘工程历时五年，至 1928 年共化银 82.3 万元，其中南浔庞氏先后捐款 9 万余元。

民国 13 年（1924）

2 月 1 日，吴兴县辖旧馆、乌镇首先设北洋政府交通部办长途电话分所。

民国 17 年（1928）

10 月，义皋水警队二分队队长黄玉庆在金溇口捕获太湖匪船一艘。

同年，织里瑞祥兜人邱丽英应湖郡女中校董会邀请，出任湖郡女中校长。

同年，中共织里区委成立。11 月，中共湖州县委在农民运动基础较好的前村召开党员代表会议，到会代表 80 余人。至次年 5 月统计，织里镇域有支部 6 个，中共党员 50 人。

同年，织里境域重兴港村乡绅沈进柏在北姚兜交界处，独资建造三孔石梁桥锁澜塘桥。此桥至今保存完好。

同年，立吴兴县晟舍镇利济寺斋田碑。时任利济禅寺住持圆达法师为保障寺僧基本生活来源，拿出多年积蓄 1800 银圆，在晟舍刁家兜南阡购置农田 90 余亩、鱼荡 45 亩，作为利济禅寺寺产斋田，由本寺僧人耕种自食。恐外界侵占和后辈不肖僧人变卖，特立此碑存照并将《吴兴县晟舍镇利济寺斋田碑》在地方政府存档备案。石碑由天台陈钟祺撰记，吴兴吴剑飞书。碑石 2019 年存利济禅寺东侧碑廊。此田产在土地改革运动中收归国有。

同年，为褒扬重修荻塘之善举，吴兴县在旧馆建"修塘纪念亭"，亭中立重建吴兴城东頔塘碑。正面刻碑文《重修吴兴城东頔塘记》，背面列捐款单位、个人及所捐金额和各项开支。碑亭由乡绅屠维屏（"两弹一星"元勋屠守锷之父）撰联，南浔著名收藏家、书法家周庆云书写。1966 年"文革"开始时，四柱楹联被"造反派"用水泥覆盖，2019 年老中医唐家华自费请人用技术手段揭除柱面水泥，两副楹联重现人世。

民国 18 年（1929）

春旱夏涝，螟害成灾。

民国 19 年（1930）

3 月 14 日，织里公安分局派章巡长率警员 30 余人至东桥乡东桥村，以捕烟贩之名，进入义成商店搜查，用快枪刺伤邹某梅（东桥村长）岳父沈某头、腰、腿三处，并拘捕店员邹某。在途经集镇时，又捕去张瑞芬堂药号店主张某。事发后，东桥集镇商店从 15 日至 18 日全面罢市，以示抗议。随后，吴兴县政府派员来东桥村调解罢市事件。

同年，太湖强盗猖獗，经常骚扰沿湖乡镇，抢劫民财，镇域有诸多乡民受害。江浙两省军队官兵 2 万人奉命至太湖剿匪。

同年农历十月，位于晟舍史家坝村的明代吏部尚书墓被盗。《晟舍镇志》卷二《坟墓》记载："太子太保吏部尚书闵洪学墓，在厥四圩。"据知情村民金先生回忆，盗墓时间发生在午夜，长超某部队姚才生带领一队人（其中有四人是石匠）来到史家坝村，附近潘杨桥派十余名士兵持枪把守。掘墓现场架设机心灯，命石匠凿开墓穴，外穴为石棺，内为木椁，打开后尚书尸体不腐，朝服、朝板朝靴完好。又撬开夫人墓，凤冠霞帔服饰尚在，尸体已腐。墓内珍宝被洗劫一空。

同年，位于织里镇秧宅村与后林交界的白龙塘桥由里人集资重建。白龙桥始建年代失考，明崇祯《乌程县志》有载。重建后白龙桥为三孔石拱桥，长 34.6 米，东西向，石阶宽 1.74 米，石阶各 24 级，为湖州北门外乡村第一高度的石拱桥。白龙塘桥文化内涵丰富，有多则民间故事至今流传。2003 年被湖州市人民政府公布为文物保护点。2015 年升格为湖州市文物保护单位。

民国 20 年（1931）

春涝接夏涝，黄梅期长 61 天，梅雨居多，太湖水倒灌，农田淹没，禾苗浸烂。船停航。湖州各县 181 万亩农田被淹，受灾民众 37 万余人，死亡十余人。织里境内受灾严重，沈家坝村有民谣"五月端午装车去，九月重阳拆车回"。

民国 21 年（1932）

吴兴县因涝灾发生饥荒，东乡（县城东八里店、织里镇域范围）饥民 2000 余人到乡镇米店索米，该事件影响全县。

民国 22 年（1933）

织里开通电报业务，织里街设业务代理点。

同年五月初八至七月三十，连续干旱无雨，六月初一日酷暑，河道水涸可行人，太湖水浅，见湖底 3000 多年前刻有三阳域行石。《湖州月刊》第六卷"救灾专号"载云："吴兴入夏，亢旱数月，支港成，未种者表化石田，已种之禾，大半枯萎，是年灾情之重，为七十余年来所未有。"是年大多数田港不上水，未种，而上水者，每亩收米三石多。

同年 9 月 25 日，吴兴县织里镇（集镇）商会成立，会址设于织里街西市，乡绅顾槐庭等负责商会事务。

同年底，织里镇域开有四家典当。余庆号典当（经理张庆澄，南浔大户，称为老当）、同泰号典当（经理梅义记、乡人称之新当）、义皋有恒庆号典当，经理王永如；晟舍有润泰号典当，经理赵鹤记。

民国 23 年（1934）

漾西小学创立。乡绅陆连奎出资在陆家湾集镇购房创办"私立连奎义务小学"，教职员工 6 人，炊事员 1 人，学生 100 多人。教职工由陆氏发放薪金，学生免书学费、赠送文具和免费供应午餐。开设语文、算术、图画、音乐等课程，操练童子军，奖励优秀学生。私立连奎义务小学设有图书室、学生俱乐部等文娱设施，在当时湖州是高档次乡村小学，1938 年停办。1945 年复学后改名"骏骅小学"。1948 年转为公立学校，校名为"义和乡第四保国民小学"。

同年夏天，大旱，镇域严重受灾。5 月初起，连续 113 天无雨，田畴龟裂，桑地冒烟，稻蔬俱枯。镇域北塘河、竹马漾水干见底。

民国 24 年（1935）

织里乡改为织里镇，由谈降、织里、大珠、麒麟四乡镇合并。此为织里首次正式建镇。首任镇长为老街人顾国民，之后有姚韵笙、沈子湘、王铸时（晓河村人）、吴秀峰（郑港村人）、凌泽民（织里村人），此五人任职顺序和年限待考。末任镇长杨公遗（织里重兴港自然村人），1946 年任职至 1949 年 5 月织里解放。

同年 7 月，吴兴福音医院在织里街西市三官堂开办卫生所。主要职责是救治伤病员，同时为当地老百姓治疗疾病。民国 35 年（1946）在织里设立卫生分院。

同年，织里镇划出五个村建立织北乡，由重兴、盛蚕、咸民、大潘、李林五乡村合并，潘璜（联漾村人）任织北乡乡长。同年，由西阳、晟舍、大河、河西、履翻、云乡六乡村合并建立晟舍乡。由馆中、馆南、馆西、馆北、馆东五乡村合并建立旧馆乡。由金幻、祥聚、义皋、钱新、四维、两宜、大乐七乡村合并建立义皋镇。由观霞、东联、维新、六合、邵南五乡合并建立五和乡。由上林西、中三、轧东、轧西四乡村合并建立轧村乡。骥村乡由骥东、骥西、妙乡三乡村合并。东桥乡由怡孚、东乔、濒湖、信孚四乡村合并建立。

同年 5 月，嘉湖公路（318 国道）湖州至江苏平望段通车，湖嘉长途汽车公司在南门驿西桥墈设业务总管理处。嘉湖公路全线沿途设升山、东迁、南浔等 28

个停靠站。镇域旧馆设立长途汽车停靠站。

民国 25 年（1936）

织北乡白地头村乡绅宋蓉城在本宅开办村小学，聘请教师两人，课程有语文、算术等，学生 20 多人。次年因抗战而停学。

同年春天，宋蓉城与湖州达昌绸厂联营，在织里白地头村开办元昌蚕茧行，收购附近村庄蚕农的春夏秋茧。收购旺季，村内小河停满售茧农船。次年因抗日战争爆发，元昌蚕茧行停业。

民国 26 年（1937）

11 月 17 日，国军一七〇师指令吴兴县县长迅速督率乡民用民船装载泥土或石头沉塞各溇港河口，以阻日军汽轮通行。18 日至 19 日，义皋等乡民众，成群分段担泥填湖。义皋镇镇长李三寿率溇区村民连续三昼夜挖土筑堤，阻止日军汽艇从太湖入侵。

同年冬，位于南横塘上的淤泽桥（民间称秧宅桥）被日军飞机炸毁。此后，村民设置拉渡船一艘用于渡河，至 1967 年建造红旗大桥，方才结束用船渡河。

同年 11 月 20 日，日军第六师团主力部队猛攻旧馆镇附近阵地，国民政府军第七军一七〇师某团进行了猛烈抵抗。旧馆、晟舍的民居和商店被烧为灰烬，平民被杀 500 余人。激战两昼夜，一七〇师副师长夏国璋阵亡，第七军在八里店战死 2000 余人。日军侵入小河村，杀死 7 人，烧毁房屋 85 间。在晟舍陈家滩永济桥上用机枪射杀村民陈永泉一家四人。同日，日军侵入今吴兴区织里镇云村村，遭到该村村民的奋勇反击。云村村历史上有打鸟制作鸟腊（清同治《晟舍镇志》有记述）的传统，家家户户有鸟铳（自制土枪）和铁砂子弹。敌寇进村烧杀，村民用鸟铳还击，合力抗敌，子弹打完后，敲碎盆碗替代，战斗激烈。据村民口碑资料，这次抗击打死打伤日本鬼子数人，有力支援了国军正规部队在旧馆的抗战。云村村民亦死伤多人。旧馆和升山的阻击战，国军坚持了三日，为吴兴城内撤退事宜赢得了时间。

同年 11 月 22 日《东南日报》报道："吴兴东旧馆 21 日敌我仍在激战中。"同日，日军侵入织里镇。在大港、河西、朱湾、云村、骥村、东兜等村庄，杀害村民 137 人，另有 27 人失踪。全镇被日军焚毁房屋 3448 间，抢掠焚毁粮食 289 担

（旧制，一担为 50 公斤），抢掠牲畜 130 头，家禽 1697 只，还有饰品服装，损毁生产工具、生活用品 13 685 件（引自《湖州市抗战时期人口伤亡和财产损失调研成果汇编》）。

同年 12 月 5 日，晟舍秦家港村舍头村民吴德顺与侄子吴阿根联手杀死日本士兵一人，为防日本军队报复，村民连夜逃离村庄。驻在晟舍的日军随后报复，次日烧毁了整个村子数十间民房。吴德顺不久投入抗日武装郎玉麟部队。

民国 28 年（1939）

浙江省内河水上警察局第三区设立分队。至 1942 年，共设有 5 个分队，防区是南浔、轧村、晟舍等地。织里警察署驻在织里街秋稼塘南民居。

民国 29 年（1940）

春，由中共地下党领导的"抗日反汪军"建立，队长郑至平，指导员贺友辖，受浙西特委和吴兴县委双重领导。驻地织里庙兜村大塘兜。抗日反汪军袭击土匪，攻打湖州市陌路伪警察所，缴获了不少枪支弹药，这支部队纪律良好，被老百姓称为新四军。同年 5 月，队长郑至平在剿匪战斗中牺牲，年仅 26 岁。中共党员熊飞（又名熊志谦，化名宋新）继任队长。杀汉奸、惩治地方恶霸，在塘北地区造成很大影响。

同年"塘北事件"发生。7 月中旬某日，抗日反汪军接到周金奎提供的"双林丝商方四老板等合股购土丝一船，于某日运往敌占区震泽（今属江苏吴江市）"的情报，抗日反汪军即安排人员在荻塘扣留双林丝船，得土丝 3000 市斤，并将土丝出售，所得款项，一部分上缴浙西特委，一部分充作军费。国民党顽固派报复，袭击抗日反汪军队部，捕捉中共塘北区委领导人。

同年年底吴兴县人口数据统计：织里镇 5327 人，其中男 3199 人，女 2128 人；义皋镇 13 520 人，其中男 8112 人，女 5408 人；晟舍镇 9789 人，其中男 5868 人，女 3921 人；轧村乡 9803 人，其中男 5883 人，女 3920 人。

民国 32 年（1943）

6 月 6 日，吴兴县塘北流动剧团成立。团员 22 人，城区（吴兴县第五区）区长蔡志清兼任团长，团址设在织里镇吴兴县政府城区区署内。呈报国民党吴兴县县党部批准。同年"八·一三""九·一八"及"双十"节在织里公开演出自编剧本《英雄血》《囚徒歌声》等抗日文艺节目，提振民众抗日信心。

同年 4 月 10 日，国民政府吴兴县第五区区署驻在织里镇砖桥村沈宅。因汉奸告密，凌晨时分被三百余日军包围，区长蔡志清率特务队奋力抵抗，突出重围。区民政指导员赵安农（织里老街人）未及脱险，被日军胸刺数刃，以身殉国。10 月，区长蔡志清为其立碑撰记，褒扬其抗日事迹，并征得村民同意，将砖桥易名为"安农桥"，以志纪念。安农桥碑于 2018 年迁移至义皋范家大厅崇义馆。

同年秋，晟舍乡绅凌东樵发起开办"晟舍培民义务小学"，共 3 个班级，校舍设在利济禅寺内。抗战胜利后改名为"晟舍小学"。

同年秋，日伪陆军第一师驻扎织里镇虹桥庙，拆毁田畈里自然村祖庙东度庵房屋 10 间，材料用于建造虹桥上的炮台。

民国 33 年（1944）

吴兴县汪伪政府收税官员周某到织里北姚兜村征税赋，态度蛮横，引起民愤，被十余村民打死，尸体扔入沈家漾内。警方追查此案，村民沈某等十多户被迫拆卖房屋赔偿，保长沈阿三被拘押数月。

同年，织里镇盐商吴炳生（大港村田畈里人），因长期为国民政府军队运送食盐支持抗日，被日军抓捕关押于湖城。吴炳生不肯屈服，被日军活埋死亡。抗战胜利后，吴兴县国民政府延僧人为其举行追祭道场。

民国 34 年（1945）

8 月，抗战胜利。利济禅寺住持浩春法师举办规模浩大的"水陆道场"，超度抗战中阵亡将士和死难民众。法会历时七天，上百僧人念经，数千信众参与。南浔大户刘氏、庞氏作为施主参加并捐善款。

同年秋，织里街商店挂灯结彩，并在老当基搭设戏台，请来京剧班子演戏三天，广大民众庆祝抗战胜利。

同年 9 月，国民党第三战区第一接管组长官在湖城接受侵华日军羽鸟部队长呈册投降。随之，织里镇域内日军撤离。

同年秋，湖州弁山一老虎误入村镇，在小梅口沿太湖堤岸东行，时而在浅滩泅游，时而窜上堤岸踱步，路人皆避之。虎行至镇域伍浦村时，忽转而南行获塘北岸塘路，后去向不明。

同年冬，吴兴县撤销织北乡并入织里镇，重兴港村杨公逵被选为织里镇镇长。晟舍镇镇长凌鹤群，义和镇镇长陆书蕉，洽济乡乡长顾代明，东桥乡乡长刘鹏。吴兴县自卫总队乡镇中队长，均由各乡镇长兼任。

民国 35 年（1946）

7 月，东桥乡乡民告发郑某在日伪乡公所任职时犯有欺压乡民的罪行，此时郑某已进入织里镇镇公所担任书记职务。在拘郑过程中，引发两乡镇民众争执对抗事件，织里镇水警队九名警员被东桥乡乡民二千余人包围缴械。吴兴县政府随即派员调解此事。

同年，《湖报》刊登王也之（教师）撰写《轧村一瞥》文章，以散文笔调记述轧村乡地理位置、人文历史，较为详细地介绍轧村街巷和商店，诸如粮店、酒店、药铺、豆腐作坊和小百货店等。还采访时任轧村乡乡长顾代明。

同年 10 月，晟舍镇镇长凌鹤群向吴兴县政府提交勘修获塘一案。

同年，境域 27 家中医诊所在吴兴中医师公会登记会员。

民国 36 年（1947）

4 月 1 日，织里警察所成立，署址织里街。

同年 8 月统计，吴兴县共有 43 乡 18 镇 748 保 10 180 甲，153 277 户，总人口 585 604 人。18 个镇中包括域内的义和、织里、晟舍三个镇。

同年，浙江省水利局会同农林部第十二工程队查勘测量西苕溪，制订整治计划，主要疏浚西苕溪梅溪河段、北塘河、横塘河以及通太湖的宋溇等主要溇港十三处，翌年八月完工。

民国 37 年（1948）

4 月，中共轧村临时支部建立，由许元康任临时支部书记，秦家书为组织委员。7 月，中共轧村支部正式建立，许元康、费学良先后任书记。在轧村支部的鼓励支持下，大批群众参加了抗丁、抗捐等活动。

同年秋，轧村创办"洽济乡中心小学"，校长胡振麟，校址轧村集镇。

民国 38 年（1949）

3 月，中共轧村地下党员胡国钧、秦家书、许元康、顾代明、徐人杰、费学良等 6 人到嘉兴，商议如何迎接解放军渡江，做好里应外合的工作。不久顾代明策动轧村乡分队长王建亚首先宣布起义，把轧村、骥村所控制的自卫队武装集中。义皋、五和、东桥、织里等乡由徐人杰、程鹏等负责策反义皋自卫队投诚。七个乡自卫队的人枪集中于轧村北齐家湾村，共有步枪 197 支、短枪 77 支、轻机枪 4 挺，以及义皋的掷弹筒 1 架，计有 300 多人起义投诚。

同年 4 月 27 日深夜，中国人民解放军第十兵团 28 军 83 师开进湖州城。浙江省第一区专员兼保安司令於树峦投诚，湖州和平解放。30 日，各界人民千余人在开明戏院召开庆祝湖州解放大会。织里派代表参加庆祝大会。

同年，湖州有多艘客运轮船在镇域停靠载客。新鸿泰号（湖州至上海）、鸿福号（湖州至上海）、渌江号（湖州至上海）、顺风号（湖州至上海）、菱和一号（湖州至上海）、交鸿号（湖州至上海）、裕新号（湖州至上海）、吉丰号（湖州至上海）、五丰号（湖州至上海）、通泰号（湖州至上海）、新大民号（湖州至上海）、新琪云号（湖州至苏州）、长杭号（湖州至苏州）均在镇域旧馆设停靠站。大通号（湖州至震泽）、大利号（湖州至震泽）在织里、轧村、陆家湾设停靠站。

同年底，镇域有十余家中药房，主要经营中药饮片。漾西有天一堂、泰山堂、春生堂，太湖有人和堂，旧馆有余庆堂、三河堂，轧村有衍春堂、天成堂、延龄堂，织里有大益堂、同心德、寿康斋、成仁堂、天德堂、德生堂等。

中华人民共和国

1949 年

4 月 27 日，湖州和平解放。4 月 30 日，中共地下党员闵达、郑友益（织里老街人）等去晟舍塘口迎接解放军代表到织里镇，商谈庆祝织里解放事宜。

5 月 1 日，织里各界人民欢庆解放，织里街西市耶稣堂门口搭起木牌楼，扎着松柏枝叶和彩纸，牌楼正中书"普天同庆"四个大字。国民政府织里镇末任镇长杨公遽向解放军代表呈上移交清单后，离开老街虹桥东堍镇公所。5 月 2 日，中国人民解放军第九兵团33军驻扎在晟舍镇。同月，闵达等人与原织里镇所属保甲长谈妥为华东野战军解放上海部队征集军粮事宜，出具借据和大米票。所借军粮在下半年国家征粮时全部还清。

5月中旬，织里区人民政府成立，下辖织里、义和、洽济、晟舍、东桥五个乡镇。首任区长任正玉。区署设于织里街西市耶稣堂。1950年6月，区人民政府改称织里区公所。

5月，织里镇陆家湾村钱家兜人徐发生（1924—1949）在解放上海的战役中牺牲，时为中国人民解放军第20军58师172团侦察连通信员，曾荣立三等功1次。徐发生牺牲后被追认为革命烈士。

6月，洽济乡人民政府成立，乡长张贵冉，乡政府驻地轧村集镇。同月，东桥乡人民政府成立，乡长朱尚斌，乡政府驻地东桥集镇。

7月，中国人民解放军驻湖部队与第一军分区联合组成剿匪指挥部，统一指挥湖州地区剿匪事宜。随后，织里区成立区中队，下设2个武装班。在解放军与吴兴县地方武装、地方干部的密切配合下，全区范围开展剿灭土匪的斗争，国民党军残余及陈某某等一批土匪部队骨干被捕获。

夏秋季，湖州连降三次暴雨，洪水泛滥，农田被淹，镇域受灾。

8月10日，织里区人民政府区中队队长秦家书（1914—1949）在虹桥庙东堍区中队办公地，被土匪内外勾结刺杀身亡。织里区人民公祭秦家书，为其建墓立碑。碑文为"秦家书同志革命精神永垂不朽"，落款为吴兴县织里区各界人民敬立。同年冬季，织里剿匪斗争进入第二阶段，马某某等被捕获，经审判后正法。秦家书墓在老街五溪漾南岸，作为爱国主义教育基地，清明时节镇属学校组织学生祭扫。2000年后迁移至妙西金家坞公墓。

8月，织里镇陶家湾村人陶德听（1931—1949）在江苏省徐州市牺牲。陶德听又名陶桂民，1946年4月参加革命，牺牲时为苏中军区军工部42厂装配车间副组长。

9月，湖州市成立粮食局，织里区建立粮库，址织里街，职工8人，张志成任粮库主任。1950年5月，更名为中央公粮湖州织里区支库。1954年12月1日起，织里区粮库改编为织里区粮管所，为区政府组成部分，受织里区政府与上级业务部门双重领导，主要管理所辖"五乡一镇"粮食征购、计划供应、粮食保管、调拨运输等工作。1954年12月1日，织里区粮库改为织里区粮食管理所，为企业编制。

10月1日，中华人民共和国中央人民政府成立。织里各界民众在老街西市搭建起简易牌坊，扎制松柏枝叶和彩纸，锣鼓喧天，集会庆祝。同日，宣布废除保甲制。织里镇农民协会成立。

10月，织里镇人民政府成立，镇政府设于织里街西市张氏老宅。首任镇长任国桢。同月，义和镇人民政府成立，驻地义皋老街，镇长马少良。同月，晟舍镇人民政府成立，镇长王金煜，驻地晟舍老街东岸。

12月15日，吴兴县因土改时"黑田"（丈量土地时遗漏的面积）而发生"闹粮"事件。戴林乡、织里镇有多个行政村干部及农民参与，部分农民连夜步行到设在菱湖的吴兴县政府请愿。经过政府进行政策教育，细致工作，几天后事件平息。

1950 年

1月，浙江省水利局派工程师叶仁、陈叔香到吴兴、长兴对计划疏浚的九条太湖溇港进行勘测设计。4月至6月，省里拨粮食，百姓以工代赈，完成溇港疏浚。

3月，吴兴县召开第一次各界人民代表会议，通过分期分批开展土地改革决议。随后土改工作在全县由点到面逐步展开。织里镇组织干部学习土改文件。

4月至6月，在上级指导下，织里镇域划分为10个小乡。4月，由原洽济乡划建两个乡：轧村乡人民政府，乡长赵顺长，乡政府驻地轧村集镇；划建骥村乡人民政府，乡长吴梅庆，乡政府驻地骥村村。5月，由原义和镇划建四个乡：漾西乡人民政府，乡长陈炳泉，乡政府驻地陆家湾集镇；划建常乐乡人民政府，乡长徐和生，乡政府驻地东阁兜；划建义皋乡人民政府，乡长陆新发，乡政府驻地义皋集镇；划建东桥乡人民政府，乡长周士，乡政府驻地东桥集镇。

5月15日，吴兴县与湖州市合并，称吴兴县。县级机关由菱湖迁入湖州城内，织里区各乡镇属吴兴县管辖。

6月，由原织里镇划建四个乡：划建织里乡人民政府，乡长秦希达，乡政府驻地轧村集镇；划建织东乡人民政府，乡长陆一鸣，乡政府驻地大郏村；划建大河乡人民政府，乡长吴顺元，乡政府驻地官田巷；划建云村乡人民政府，乡长叶金娥，乡政府驻地云村老庙。

夏秋季，连续三次大雨，吴兴县境大量农田受涝，织里区太湖沿岸村庄洪灾严重。同时蝗虫突发，区政府发动农户点灯诱杀幼虫螟蛾。

8 月 25 日，织里区进行人口数据统计，总户数 15 039 户，总人口 54 586 人，其中男性 31 468 人，女性 23 118 人。

8 月，吴兴县举办第一期土改工作训练班。织里镇派出郑志高等部分乡村干部参加培训。

9 月，吴兴县委派出土改工作组进驻织里区，工作组总共 97 人，队长张小明。11 月 16 日区政府组织培训、学习土地改革相关政策。同月 20 日工作组人员分到各乡村建立农会、丈量土地、划分成分，全面开展土地改革工作。至 1951 年上半年结束。没收地主、富农及上中农土地 16 928 亩余，征收土地 3202 亩余。土改运动中通过诉苦说理，斗争地主分子和恶霸分子 59 人，枪毙恶霸地主和土匪 9 人，判处有期徒刑 2 人。7733 户农民分得土地，占总户数 53% 以上。

10 月，织里区各乡政府组织干部群众贯彻学习新中国第一部婚姻法《中华人民共和国婚姻法》。

11 月，人民政府开展"镇压反革命"运动，至 1953 年 6 月结束。织里区域内开展镇压各类反革命分子和土匪，取缔一贯道组织。

秋，太湖乡在义皋老街创办了义皋完全小学。1951 年至 1953 年，太湖乡先后建立东桥完小、许溇完小等 3 座小学，共有 15 个班级，另有村校 6 个班，共 800 余名学生。

冬，轧村村、上林村等行政村建立农民协会，开展土改运动。

同年，经人民政府教育，晟舍利济禅寺大部分僧人还俗回乡参加劳动，留寺僧人 18 人。

同年底，晟舍有 914 户农户住草棚（稻草盖顶的房屋）。

同年，吴兴县供销合作总社成立。

1951 年

春，吴兴县成立抗美援朝分会，织里区各乡积极响应，发动民众捐款购买飞机大炮。动员青年参加中国人民志愿军，抗美援朝，保家卫国。抗美援朝期间织里镇青年踊跃参加志愿军，大多奔赴朝鲜战场。

春，织里新中国成立后第一座蚕茧收购站在郑港村白云桥北侧吴家门创建，冠名"开泰茧站",负责附近村庄蚕茧收购、烘干、储运工作。秦仲明、莫水林负责茧站业务。茧站性质为公私合营,投资人为湖州开明资本家沈土生。1953年春,村民饲养蚕种增加,郑港开泰茧站因收烘场地面积窄小而停办搬迁。织里乡政府随即在谈港傅家兜自然村开办新茧站,利用被没收地主傅某的房屋(四开间四进深)作为收购大厅和烘灶烘房,收购织里乡各村农户的蚕茧,委派后降(现晓河村)人蒋柏生等负责收茧站工作。1956年,织里街老当基茧站建成后,谈港收茧站停止收购另作他用。

4月,吴兴县疏浚太湖溇港21条,总长度24 830米。境内胡溇、宋溇、晟溇、汤溇、新浦溇、钱溇、蒋溇、伍浦溇、陈溇、义皋溇、谢溇、许溇、新泾溇、沈溇、诸溇港列入疏浚,各村派民工参加溇港疏浚工程。1955年春,翻新钱溇、新浦溇水闸,整修蒋溇、石桥浦溇、杨溇、胡溇四座水闸。1957年,吴兴县建立太湖溇港工程指挥部,全面疏浚太湖各溇港。

5月,恢复湖州市建制,吴兴县级机关迁到菱湖镇。镇域属吴兴县管辖。

9月11日至12日,织里区第一届各界人民代表大会第一次会议在织里街举行,共有202名代表出席。其中乡干部代表12名,农民代表89名,青年代表42名,妇女代表32名,职工代表2名,教师代表9名,工商界代表8名。

冬,织里区农村最早的互助组"郑六平互助组"(织里乡第九村西村互助组第一小组)和常乐乡东阁兜"徐才林互助组"成立。1952春,经政府组织发动,织里境内10个乡农村陆续办起互助组643个。织里乡镇西郑六平互助组和常乐乡东阁兜村徐才林互助组,被树为织里区推广典型,在全区农业村合作化会议上介绍经验。

同年,王政文、王松樵等人在织里晓河村旧庙成立麒麟供销合作社,1952年搬迁至织里南街年稔(又名严慈)桥寺庙。1953年改名为六乡供销社,实行社员股份制。1954年,织里区供销社成立。

1952年

3月1日,由臧巢父、丁肇嘉、王铸时、杨琦石等发起,有30余名乡村个体郎中组成的织里联合诊所成立。徐振华(毛先生)被选为诊所主任,诊所租赁织里老街东栅邱氏民宅。1956年10月改称织里联合医院,1958年6月改称织里区人民医院。1956年,织里数家中药堂联合成立织里国新药合作商店,后并入织里医院。

春，"反贪污、反浪费、反官僚主义"的"三反"运动开展。同时，织里各集镇在私营工商业中开展"反行贿、反偷税漏税、反盗窃国家资财、反偷工减料、反盗窃国家经济情报"的"五反"运动。部分个体商贩开始走上合作化道路。同年，国家开展工商业社会主义改造，织里区共有 57 家商户公私合营，728名竹木铁匠走上手工业合作化道路。

同年春，政府倡导破除迷信，晟舍利济禅寺被改为国家粮仓。大殿佛像全部被乡村干部和民兵砸毁，寺藏佛经及慈禧圣旨牌位等文物被焚烧。住持僧被殴打后离开利济禅寺。

同年，织里镇（集镇）工会成立。下属有教育工会、手工业工会、店员工会。会址设在织里街西市。

同年，血吸虫病在漾西乡流行。至 1955 年，有 15 个行政村发现有钉螺，其中乔溇村为血吸虫病流行村。政府组织医务人员灭钉螺，开展防止血吸虫病宣传活动。

1953 年

1月，国家提出实施第一个五年计划。织里开展总结整顿初级农业生产合作社，为转入高级农业合作社做准备。

1月多霜，7 月 25 日至 8 月 15 日连续高温 22 天，8 月 26 日最高气温达41.5℃。

6月，中国人民志愿军 24 军 70 师 208 团 4 连战士费煜泉（1931—1953）在朝鲜上甘岭战役中牺牲，被授予志愿军二等功以上烈士。费煜泉是织里镇轧村村人，1931 年 2 月出生，1951 年 3 月参加中国人民志愿军，1952 年 5 月入党，在部队任卫生员，曾荣立二等功 1 次。

6月，中共义皋乡支部建立，支部书记秦森林。为织里镇域新中国成立后第一个乡镇级党组织。1954 年 3 月至 1955 年 6 月，织里、织东、大河、云村、轧村、骥村、漾西、常乐、东桥 9 个乡党支部先后建立。

7月，开展第一次全国人口普查工作。以 6 月 30 日 24 时为标准时间，湖属各地总人口为 1 350 851 人。织里区各乡政府组织干部参与人口普查工作。

10月，织东乡沈家坝、北姚兜、潘婆港等自然村村民为沈家漾菱塘面积划界事宜引起争执，继而发生斗殴，造成严重社会影响。沈家坝村邱某因帮助村民书写斗殴责任条款合同被判刑 3 年，村民张某被拘押 8 个月。

10 月至年底，织里区各乡进行了农业互助组生产经验总结。其中织里村闵嘉福互助组的总结报告，由时任织里区人民政府区长焉立江亲自调查书写。2019 年湖州市档案馆内存有《轧村乡六村徐火林互助组生产经验总结》《大河乡第五村陶海金互助组总结》《施林宝互助组总结》《织东乡七村金桂田互助组生产总结》等文稿。

11 月 4 日至 5 日，大河乡召开第一届人民代表大会。同月，织里乡、织东乡、东桥乡、义皋乡、轧村乡、骥村乡、漾西乡、常乐乡、云村乡等分别召开第一届人民代表大会。

12 月，全国实行粮食、食油统购统销，取消粮油自由市场。镇域各乡村积极贯彻国家关于粮食统购统销政策，开始征购公粮、余粮。公粮无偿征购，余粮按统购价格收购。两种粮食同时组织入库，统称征购。至 1955 年 7 月，境域居民粮食供应采取凭卡限量办法。至 1985 年，取消粮食统购制度。

同年，东桥乡供销合作社成立，社址设于东桥集镇。

同年，织里、云村、轧村、义皋、大河、漾西 6 个乡成立乡供销社，经销布匹、副食品、日用品等，地址均为各乡庙宇祠堂。

1954 年

1 月 1 日，吴兴县织里农村信用合作社（简称织里信用社）成立，社址在织里街东市。钱柳毛等为创办人，开始在晓河村发动初级农业生产合作社员投股金入社，后来逐步发展。随后，晟舍、轧村、漾西、太湖等乡相继成立农村信用社。2005 年更名为湖州吴兴农村合作银行织里支行。2016 年，改称湖州吴兴农村商业银行股份有限公司织里支行（农商银行）。

5 月至 8 月，连续阴雨 92 天，湖州地区遭遇特大洪水，受涝面积九成以上，13 万多人投入抗洪抢险、排涝救灾。织里镇域受灾严重，堤坝决口，积水 1～1.7 米，大量农田被淹、房屋受损，各乡政府组织村民夜以继日排涝自救，许多村庄借助机器船向外港排水。

5 月，嘉兴专署抽调 318 名医务人员参加抗洪排涝巡回医疗。织里名医徐振华参加吴兴县巡回医疗组，并调研太湖水患成因。不久，徐振华以吴兴县人民代表身份书写挖掘、疏通溇港提案，呈交吴兴县人代会。

9 月，实行棉布统销，采取以人定量、凭票供应的办法。1958 年每人发 6 市尺（约为 1 米）的票证。1959 年至 1961 年每人发 1.8 市尺票证，其余年份每人发 1.2 丈（约为 4 米）票证。机关、企业等单位的生产、劳保用布，实行按计划供应。

同年夏天，织里乡东湾兜村杨湾初级社发生"退社""闹社"风波。有社员打砸社里会计室、摔碎公家算盘、谩骂初级社干部，扬言"退社"，造成不良影响。

同年，织里镇（集镇）工商界联合会成立，会址在织里街妙音桥东侧。后搬迁至织里街狮子桥北堍蔡氏老宅内。工作人员有陶家诗、蔡德生等。

同年，成立织里食品站，地址在织里虹桥西堍，开始收购生猪、供应鲜肉。

1955 年

2 月起，粮食购销业务由织里农村供销社划归织里粮管所。

3 月，织里乡政府在织里街北岸狮子桥东堍老当遗址拨出土地一块，给织里联合诊所建造医院，预算造价人民币 15 000 元。因资金缺乏，联合诊所员工自愿停发工资，减缩日常开支和食堂伙食费。9 月，织里人民医院落成。医院占地 1200 余平方米，建筑面积 400 余平方米。时任诊所主任徐振华被认定为织里医院创始人。

6 月 10 日凌晨，轧村收茧站发生火灾，烧毁新建堆场三座和大量鲜蚕茧。

冬，织里各乡村贯彻中共中央《关于农业合作化问题的决议》，掀起农业合作化高潮。

1956 年

4 月，中共吴兴县委批准织里"大乡"正式建立，全县 98 个乡合并调整为 38 个大乡。6 月，各乡领导干部就职。10 月，县委正式任命各大乡乡长。

春，吴兴县贯彻国家关于对私营工商业、个体手工业全面实行社会主义改造文件。镇域内织里、义皋、轧村、旧馆、晟舍集镇个体手工业主纷纷参与，先后成立铁器社、木器社、制鞋社、竹器社、水作社等集体单位。

5 月，织里同成义碾米厂建立，公私合营性质，陆集宝为公方厂长，私方代表有顾炳政等三人。1958年改为太湖加工厂，1963年撤销。

6月，上级撤销中共织里区委。同月，织里区公所撤销，此后，织里镇域无区级政府机构设置。

夏，吴兴县对部分行政村进行了调整。秧石村原属戴林乡管辖，此次调整以白龙港为界，秧石村划归织里乡管辖，并建立中心高级农业生产合作社，后改为中心生产大队。1984年改为秧宅行政村。

8月，吴兴县第四初级中学（即后来织里中学）开始筹建。中学选址在织里街西市五溪漾东岸。县教育局派来刘时圣等人筹建，初办时在菱湖镇租赁3间破旧民房，充当师生宿舍教室，开设2个初中班，学校教职工10人，办公室1间，不久迁回织里。吴兴四中是织里镇域第一座官办中学，刘时圣为首任校长。

8月上旬，遭受12号强台风和暴风雨袭击，吴兴县境内大批房屋倒塌，农田被淹，水利设施冲毁。织里境内拔树折干、河水漫溢、人畜伤亡，外荡养鱼棚舍、拦鱼竹簖受损严重。各乡党委、人民政府广泛发动群众，全力抗洪救灾。

秋，嘉兴地区民间音乐、舞蹈发掘工作组陈国华等人在织里乡高级农业社发现民间乐曲《苏将》。此曲曾是苏州地区流行的《将军令》，表现古代将军出征时威武雄壮的气势，20世纪50年代初流传到吴兴织里一带。此民乐一般用于喜庆场合，由10种乐器组合演奏：大锣、小锣、堂锣、大钹、小钹、板鼓、铜鼓、笛、"昭君"（又名"先锋"）各1只，唢呐2只。《苏将》经整理加工后，全曲分3段，主题更鲜明，结构更完整。同年参加了吴兴县民间舞蹈会演获得好评。民乐《苏将》在织里乡村（秧宅村等）流行，大年初一由老年村民自动组合演奏，1980年后逐渐消失。

11月15日，轧村乡召开第二届人民代表大会。同月，义皋乡第二届人民代表大会召开。11月30日，织里乡二届一次人民代表大会召开。乡长谢信良代表上届乡人委作工作总结报告，陶勤修代表本届乡人民委员会作今后工作任务报告："一、迅速完成秋收冬种；二、加强对秋收分配工作的领导；三、做好粮食入库和完成国家公粮和征购粮任务；四、完成兵役工作和复员转业军人的安置。"

同年，织里乡人民委员会成立，由原织里、织东、大河、云村四乡合并建立，乡长陶勤修。轧村乡人民委员会，由轧村、骥村及漾西、常乐两乡一部分合并建立，乡长韦阿三。义皋乡人民委员会，由义皋、东桥两乡及漾西、常乐两乡大部合并建立，乡长李悟生。

同年底，镇域各乡成立高级农业生产合作社，大型农具（农船、水车、耕牛）折价入社，农田土地评定等级。

是年统计，农业合作化期间织里镇域共建立互助组 643 个，参加农户 8685户。建立初级农业生产合作社 270 个，参加农户 11 854 户。建立高级农业生产合作社 96 个，参加农户 14 905 户。

1957 年

4 月，中共织里区委重新建立，驻地织里街，张汉源任区委书记。织里镇域内有中共织里、轧村、义皋、戴山 4 个乡党委（总支部），不久撤销。10 月，中共织里区委第三次建立，驻地织里街。

6 月 30 日至 7 月 5 日，受第 5 号台风影响，湖州境内连降暴雨，山洪暴发，河水泛滥，倒塌房屋 5000 余间，死伤多人，大量农田受灾。镇域发生严重洪灾。

同年夏，织里镇（集镇）饮服（饮食服务业）商店成立，有 50 余名个体餐饮人员参加。饮服商店 1962 年改为东大众、西大众食堂。

11 月 27 日，织里一贯道组织被吴兴县公安机关侦破取缔。道首周某某、顾某某与老道首吴某等人勾结，在菱湖、织里两区 5 个乡镇恢复一贯坛堂 100 多处，重新入道和发展新道徒 800 余人参加复辟活动。

同年秋，织里乡组织编排的民乐合奏《凤妆台》参加浙江省群众文艺会演获得一等奖，同时参演并获一等奖的还有长兴县的《百叶龙》。民乐合奏《凤妆台》由织里街僧人和道上班原创，1956 年嘉兴地区开展民间艺术发掘整理工作时，被有关文化干部发现后加以整理和提炼，并推荐参加省里文艺会演。

同年秋季，织里乡同心高级社由于水田评级差异引起纷争，部分村民以春季分红不公正为由，引发闹社并打砸设在强家兜的高级社会计室。联漾村也发生闹打高级社会计室事件。

同年，上级在织里乡大河陶家湾创办红专农场，由附近村庄划拨农田 1000多亩，周荣清担任场长，杨孝彬任党支部书记，姚新宝分管农业生产。1958 年改名为太湖农场，设立姚家甸耕作区，场部设在陶家湾自然村，并开办公共食堂。1960 年农场停办。

同年，轧村乡党委下达《关于在社会主义教育运动中全体共产党员和干部应遵守的六项守则》，要求"应向以富裕农民为代表的资本主义思想开展坚决的斗争，在反瞒产运动中不得采取抄家翻粮"。

同年，幻溇港拓浚。吴兴县抽调民工 3800 人，于 9 月动工，11 月完工，拓浚长度 2.7 公里，港底挖至 0.9 米高程（湖淞高程），底宽拓至 11 米，边坡 1:2，两岸堤顶高 6.8～7.1 米。共挖土 12 万立方米，投工 52 500 工日，申请到上级专项补助资金 5400 元。拓浚后，最大泄洪流量增至每秒 56 立方米，引水流量每秒 16 立方米。

1958 年

春节开始，境域对猪肉、牛肉、羊肉、鸡蛋、白糖、糕点、粉丝等 8 种副食品实行凭票定量供应。1959 年，对大白菜、萝卜、葱蒜、豆制品、副食调料品、蛋糕、糖块也采取按城镇人口分配，限量凭票供应。

5 月 7 日，织里乡召开第三届人民代表大会。同月，轧村乡召开第三届人民代表大会，东桥乡、义皋乡相继召开第三届人民代表大会。

6 月，全国掀起"鼓足干劲、力争上游、多快好省地建设社会主义"热潮。镇域各乡村发动教师在墙壁刷写标语、排演文艺节目，开展宣传活动。

初夏，寒。6 月 25 日至 6 月 29 日梅期 5 天，梅雨量 28 毫米，空梅；夏旱，秋涝；12 月 27 日早霜。

夏，织里农村第一座机埠——骥村机埠建成，灌溉区农田 4000 余亩。同年，东桥村机埠、钱家兜机埠建成。1959 年至 1961 年，郑港机埠、项祝兜机埠、梅林港机埠、金光兜机埠先后建成。

9 月至 10 月，湖州市各县实现人民公社化。10 月，吴兴县正式建立了 12 个人民公社。10 月 1 日，织里、轧村、义皋三个乡的干部在晟舍召开大会，庆祝太湖人民公社成立，上级任命吕金浩任党委书记、刘长吉为公社社长。下设 10 个生产大队，太湖公社驻地织里街。

10 月，上级宣布撤销中共织里区委。戴山乡划归升山人民公社。

秋，太湖人民公社文化馆（站）成立，馆（站）址设在织里老街西市木桥北块，创办人为吴兴县文化馆下派干部沈亚。

同年秋，太湖人民公社农业中学成立，校长吴仪中，校址在大河陶家湾自然村，利用大财主陶某老宅前厅、后厅作教室，楼房为师生宿舍。学生共 50 余人，其中女学生 10 余人，吴兴县教育局委派教师 5 人任教。学生由各管理区选送，部分自己报名，学校颁发"太湖人民公社农业中学"校徽。学校实行半耕半读，部分师生住宿校内，课程有语文、数学、音乐等，还有一门是农业技术课，办校目的是培养农村技术干部。太湖公社拨给农田，由师生自耕自种，学校开办食堂。

冬，农村大办公共食堂，实行"放开肚皮吃饭，吃饭不用钱"。太湖公社各大队办起 509 个公共大食堂。同时，拆除农户的私家土灶台 10 860 个。某日傍晚，湖州中学派出 30 多名教师到织里莲花兜自然村，一夜间拆毁了数十家村民的土灶台，铁镬子被砸碎，送至晟舍土高炉炼钢铁。

冬，公社、大队一度实行军事化的营、连编制，大队长称为连长，生产队长称排长。此编制不久即被撤销。

同年，织里联合医院更名为太湖人民公社医院。

同年始，实行"吃饭不要粮票，看病不要钱"，织里境内大部分公社实行医疗保健制。1959 年，公社卫生院因资金短缺而取消。

同年，中共嘉兴地委做出加速发展钢铁工业决定，属地掀起大炼钢铁热潮。织里、晟舍、太湖、轧村等乡抽调大量青年农民进城炼钢铁。晟舍建起土高炉，在附近各村砍伐大量树木，各家各户献铜献铁。抽调各乡干部与大批民工，昼夜不息大炼钢铁，夜间数里外能看见一片火焰。镇域乡村共有 1953 人参加大炼钢铁。

同年，人民公社政权组织称管理委员会。

1959 年

1 月 1 日，太湖人民公社在织里镇广场举行文艺会演。各生产大队、单位、学校、工厂均编排节目参加会演，内容是反映工农业生产"大跃进"、人民公社好、党的领导好等。有小演唱、越剧、湖剧、小戏、京剧、曲艺、山歌、舞蹈，还有民间舞龙、舞狮、马灯、钢叉舞等形式。

1 月 29 日，早雷，2 月连续阴雨 21 天，5 月 4 日至 5 月 22 日连续阴雨 19 天，春涝，春花霉烂出芽，小麦发病严重，减产。夏旱，全年涝。

2 月，织里镇幼儿园创办。校舍租用织里街西村民宅，设 1 个班级，入园幼儿 40 余人。经费来源主要靠收取学费，公社适量补贴。幼儿园由织里区中心学校管理。

3月，中共太湖人民公社第一次代表大会在织里街召开。李长平任太湖人民公社党委书记，下辖大队改称为管理区，分别是：织里管理区、织东管理区、大河管理区、云村管理区、骥村管理区、轧村管理区、漾西管理区、常乐管理区、义皋管理区、东桥管理区。

春，为落实中共浙江省委《关于动员青年支援宁夏回族自治区社会主义建设的指示》，太湖公社范围内共有245名青年报名支援宁夏。1962年前后，这些青年陆续返回。

7月1日，太湖人民公社广播站（今织里镇广播电视站前身）建立。筹办人员沈会昌等，站址设在现织里老街西市。1967年4月，漾西公社广播站建立。1967年6月，太湖小公社广播站建立。1967年12月，轧村公社广播站建立。1968年，晟舍公社广播站建立。1969年，织里公社广播站建立。

9月下旬，开展"大反右倾，大鼓干劲，实现特大跃进"和"插红旗""拔白旗"运动。太湖人民公社范围内有织东管理区总支书记徐某某等人被"拔白旗"而撤销职务。

9月，太湖公社组织打（筑）坝并圩。9个管理区65个生产队打（筑）大小河坝173条、建造农村机埠29只。驻织某部解放军官兵参与筑坝填土劳动。

冬，由织里文化馆（站）组织排练的民族器乐节目《万民同乐》，经吴兴县文化馆再加工之后，参加浙江省群众文艺会演获得了创作演出一等奖。浙江省人民广播电台专门为《万民同乐》录音后播出。

11月21日，太湖公社管理委员会撰写关于人民公社化福利工作的书面总结意见。全社已办起公共食堂509个，有15 989户农户参加，占总农户数的98%。办托儿所124个、幼儿班77个。

同年，贯彻毛泽东主席提出的农业"八字宪法"（土、肥、水、种、密、保、管、工），大搞粮食生产。太湖公社织里管理区在联漾生产队进行"穷队赶富队"试点，总结经验并写出了调查报告。

同年，吴兴县织里电影放映队成立。

1960年

5月20日，浙江省级刊物《俱乐部》（1960年第10期）刊登沈亚撰写的文章《十抓：培训文艺骨干好办法》，介绍吴兴县太湖人民公社培训文艺骨干，开展群众文化活动经验。

7 月中旬，湖州境内连遭冰雹和龙卷风袭击。7 月下旬至 8 月上旬，受第 7 号、第 8 号台风影响，太湖公社部分农田受淹，内涝严重。

同年，织里供销社储运组（驻湖州办事处）成立。地址湖州务前河埠头（骆驼桥东侧），王松樵为负责人。主要业务负责物资进货、调拨、运输发货安排，拥有运输货船数艘。供销社储运组同时为织里老百姓提供歇息、物品临时寄存、捎带物品等，深受欢迎。储运组于 1994 年撤销。

5 月 3 日至 24 日，连续阴雨 22 天，春花霉烂出芽，小麦病害严重，春涝；7 月多雨，夏涝。8 月 2 日至 7 日，第 7 号台风，暴雨 229 毫米。12 月久雨，全年涝。

10 月起，织里境域的火柴、电池、民用线、热水瓶、搪瓷制品、肥皂、袜子、汗衫、胶鞋、毛线、毛巾、围巾、手帕、牙膏等 20 多种商品，凭购货证限量供应。

11 月，太湖公社贯彻中央《关于农村人民公社当前政策问题的紧急指示》（即'十二条'），纠正"一平二调"。

同年起至 1961 年，织里各公社有村民患上浮肿病。

1961 年

4 月，国家处于"三年困难"时期，出台相关文件号召部分厂矿单位精减职工返回农村。织里范围各公社认真做好安置工作，接受了上海、杭州、湖州等城市的职工回原籍落户。

4 月，织里区卫生所成立，地址在织里医院西侧一幢两层楼房内。属于吴兴县卫生局派出机构，工作人员 4 名，分管织里 6 个公社卫生行政工作及卫生防疫、妇幼保健、地方病防治等工作，以及公社卫生院管理与业务指导。历任主任（院长）杨殿才、柏坤礼、陶恩茫。卫生所于 1985 年撤销。

4 月 16 日，晚霜，早稻苗秧受冻。7 月多雷。9 月 28 日至 10 月 14 日连续阴雨，秋涝。10 月 3 日（农历八月二十四日）至 10 月 7 日，第 26 号台风暴雨，河水猛涨，大涝。堤岸损塌，淹没穗禾，织里镇域有树木连根拔起，民宅坍损，大量农田被淹，农民深受其害。各公社组织干部社员排涝自救。

6月，太湖人民公社机构撤销。划分为织里、晟舍、轧村、漾西、太湖5个小公社。划分后的人民公社设立党委和管理委员会。织里人民公社党委书记周文敏，兼公社社长；晟舍人民公社党委书记李老四，社长沈少青；轧村人民公社党委书记薛德臣，社长宋水标；太湖人民公社党委书记席家荣，社长茹学琛；漾西人民公社党委书记张松生，社长吴凤高。

10月，吴兴县手工业联社在织里设立太湖办事处，驻织里街，许鹏任负责人。1965年3月太湖办事处撤销。

12月，中共织里区委员会重新建立，李长平任书记，区委驻地织里街。1963年9月又撤销织里区委。

同年，织里、轧村、骥村、漾西、云村等管理区分别召开第四届人民代表大会。太湖人民公社（小公社）召开第五届人民代表大会。

同年，轧村公社抗三圩大队茹家达自然村孙丽霞，在苏州绣花厂学得用缝纫机绣花技术。1963年，孙丽霞把机绣技艺传授给抗三圩大队抗三圩自然村吴宝珠。吴宝珠在布料上绣花草、鱼鸟之类，向周边村民出售。1963年，孟乡港大队朱阿花在南京学会机绣技艺，开始做绣花长兜、机套、门帘等绣花制品并出售。1965年，轧村公社抗三圩、孟乡港、增圩大队村民向吴宝珠等学习绣花技术。1972年，梅林港大队、轧村大队的村民开始绣花。截至1980年，轧村全公社绣花人数超过2000人，其中包括部分男青年。

同年始，镇域开展"四旁"（宅旁、村旁、路旁、水旁）绿化，主要种植水杉。

1962年

1月14日（除夕夜），织里公社同心大队金头兜自然村某农户祭拜祖先、焚烧纸钱时不慎引发火灾。风助火势，殃及邻居，本地村民和驻扎在织里漾西滩的人民解放军某部战士皆赶来参加灭火。火灾共烧毁民房16间，潘六虎等6户村民住房和财产全部烧毁。

春，织里各公社贯彻中共中央《关于改变农村人民公社基本核算单位问题的指示》，实行以生产队为基本核算单位。随后，各公社将土地、劳力、耕畜和大型农具固定到生产队，以稳定土地使用权和经营权。

同年春，织里公社水产大队成立，队部驻地郑港大队西安全兜自然村。世代聚散于水上的渔民有了集体组织，并在岸上建造住房。

上半年，织里区开展人口调查，截至 6 月 30 日统计，全区总户数 18 775 户，总人数 71 177 人，其中男性 37 657 人，女性 33 520 人，总人数中非农业人口 2142 人。

夏，中国人民解放军 6546 部队（20 军）某营奉命织里囤田。营部驻老街西市，三个连队分别驻织里大队漾西滩村、大河陶家湾村和旧馆村。由官兵耕种农田 160 余亩，并协助地方治安，参加兴修水利劳动等，1965 年秋撤离。

9 月 5 日至 7 日，第 14 号台风与冷空气全交汇，湖属地区普降大雨，山洪暴发，冲毁河堤，交通电讯中断，倒塌房屋 24 949 间，死亡 17 人，受淹农田 120 余万亩。织里各公社生产大队受到影响。

秋冬，动员男女社员结扎，倡导一对夫妇生育一个孩子，独生子女给予奖励，计划生育工作在镇域农村中展开。

同年冬，吴兴县发动民工疏浚镇域内宋溇港，织里各公社派民工参与疏浚工程。

同年底统计，太湖公社"四类分子"（即地主分子、富农分子、反革命分子和坏分子）合计 256 人，其中劳改 7 人、管制 12 人、监督 49 人。"四类分子"中有选举权的 158 人，无选举权的 98 人。

同年，轧村公社轧西大队香山生产队在农房内办香山染坊，员工 7 人，由精简下放人员组成。1971 年，搬至香山自然村西侧，转为社办企业。

同年，中共织里公社第一次代表大会、中共轧村公社第一次代表大会、中共漾西公社第一次代表大会相继召开。12 月底，中共太湖公社第一次代表大会召开。

是年始，镇域有城市知识青年下乡插队。

1963 年

年初，嘉兴地区客运航线复归湖州区船运局客运所统一经营，决定新增湖州至织里航线。1 月，织里至湖州航班小轮船开通。织里轮船码头设在宝镜桥（斜桥）北堍西侧，湖州轮船码头设在潘公桥东侧。老百姓称小轮船为"织里班"，轮船 1 艘，木拖船 1 只，每天往返 4 次。早上 6 时从织里码头开出，9 时从湖州返回。中午 12 时从织里轮船码头开出，下午 2 时从湖州码头返回。中途停靠陶家湾、后林、戴山、西潘、毛家桥、外溪、树庄、王母来桥等。小轮船在南横塘、中横塘的河道上来回行驶20余年。1984年晟织公路通车后,"织里班"乘客量减少,1986年后停航。

1月,吴兴县组织民工整修湖州至升山段北岸荻塘护岸。织里各公社派民工参与护岸工程,1965年3月竣工。之后,镇域各公社派出民工参与修筑吴兴县荻塘南岸砌石护岸工程,1973年12月全面竣工。

春,轧村公社农业中学创办。校址设在上林村大队陈家圩,一个班级,学生39人,寿士法任教。设语文、算术、珠算、体育、音乐等课程,学校实行半农半读,由公社划给10亩农田供师生耕种。1967年因"文化大革命"而停止。此为轧村历史上第一所初级中学。

3月起,吴兴县农村开展社会主义教育运动。镇域各公社积极响应并参与"社教"运动。

3月5日,毛泽东主席题词"向雷锋同志学习",全国掀起学习雷锋热潮。镇域各公社学校、商店及群众投入学雷锋活动。做好事不留名,帮助孤寡老人和弱势群众,此优良传统一直在织里境域延续。

5月21日,织里人民公社(乡)第五届人民代表大会在织里街召开。会议形成如下决议:"一、坚决贯彻中央八届十中全会公报《关于进一步巩固人民公社集体经济、发展农业生产的决定》修正草案60条;二、养好春蚕,收集桑果籽培育桑苗;三、抓好早稻管理、大搞晚稻肥料;四、加强对社员和干部道德教育,提高革命警惕,防止地、富、反、坏分子的破坏活动;五、积极做好精简下放人员安置工作等"。同月,轧村、漾西、晟舍公社第五届人民代表大会在各公社驻地召开。

9月11日至13日,受第12号台风影响,湖属地区遭到大风和暴雨袭击,山洪暴发,倒塌房屋5万余间,死亡46人,伤250余人,受淹农田128余万亩。镇域各生产大队受到严重损害。

9月,织里粮管所建立织里国家粮油交易市场,1964年关闭。

同年,镇域各公社生产大队选派赤脚医生参加县里培训,此后,生产大队合作医疗站陆续建立。

同年始,织里公社提倡计划生育,提出降低人口数量、提高人口质量、控制多胎生育的要求。1964年始,人口出生率呈逐年下降趋势。

同年，吴兴县成立治理太湖溇港工程指挥部，疏浚溇港 16 条，建闸 6 座，架设 10 千伏输电线路 7.5 公里，至 1965 年 3 月完成。

1964 年

1 月，周文敏任织里公社党委书记。

年初，太湖公社召开"洗澡会议"。到 4 月 26 日止，72 名党员查找出各种问题 165 条。

4 月，一批城镇知识青年下乡到织里各公社相关大队插队落户。

7 月，以 1 日零时为标准时间，开展第二次全国人口普查。普查结果，湖属各县总人口为 1 748 134 人。织里五个公社参加普查。

同年，吴兴县各公社干部分批开展清政治、清经济、清思想、清组织的"四清"运动。镇域内有少数大队干部在"四清"运动中被清查，有多名大队干部被撤销职务。

同年，"农业学大寨"运动开始。1963 年毛泽东主席发出"工业学大庆，农业学大寨，全国学人民解放军"号召。1964 年人民日报刊发社论，全国农村开展"农业学大寨"运动。镇域各公社在醒目位置刷写宣传标语，大队、生产队社员积极参与学大寨运动。"农业学大寨"运动延续至 20 世纪 70 年代末。

1965 年

2 月至 3 月，镇域各公社、大队在上级指导下，由公社卫生院牵头，派出医务人员驻点农村，发动社员开展春季卫生运动，消灭钉螺，防止血吸虫病。

11 月，漾西人民公社改名为洋西人民公社。晟舍人民公社改名为仁舍人民公社。1982 年全国地名普查时复改为原名。

同年，织里公社沈家漾大队改名为向阳大队。此后，许多以自然村冠名的生产大队易名红旗、胜利、前进、立新等"红色时髦"名字。

同年，镇域各人民公社组织宣讲全国县委书记好榜样焦裕禄的先进事迹，掀起学习焦裕禄热潮。

1966 年

1 月 19 日，仁舍公社第六届人民代表大会在晟舍集镇召开。2 月，太湖公社第六届人民代表大会在义皋集镇召开。4月,洋西公社第六届人民代表大会在陆家湾集镇召开。织里公社第六届人民代表大会在织里街召开。轧村公社第六届人民代表大会在轧村集镇召开。

2月,织里公社农业中学创办并开学。校址设在织里大队南街一民宅内,一个班级,学生30余人,有语文、数学等常规课程,并专设农业会计课程,目的为培养一批农村财务会计人才。公社领导陈友仁兼任农业中学校长,朱惠林任教师。1967年因"文化大革命"而停办。

春,晟舍凌氏名石美人峰(清同治《晟舍镇志》有记载,又名美人照镜石)奉上级行政命令被调运至杭州,置于西湖杨公堤旁花圃公园。

5月,"文化大革命"运动开始。镇域各中学成立"红卫兵"组织,小学成立"红小兵"组织,共青团、少先队组织停止活动。夏,红卫兵大破"四旧"(旧思想、旧文化、旧风俗、旧习惯),部分文物、古籍、古桥、寺庙被损坏。秋冬,学校红卫兵及师生外出串联。织里、晟舍、太湖、轧村、漾西五公社均成立"造反派"组织。其中,吴兴四中(织里中学)成立"红代会",织里公社有"工农兵总部""一二四总部",晟舍公社为"晟舍公社贫下中农革命造反联合指挥部"(简称"晟联指"),太湖公社为"太联指",轧村公社为"轧联指",洋西公社有"漾联指",生产大队成立各种名称的"战斗队"。批斗"走资派",开展夺权。公社党政机关停止工作。

9月某日傍晚,织里公社大潘兜自然村发生严重火灾,徐阿惠等7户村民20余间民房烧毁殆尽。织里老街洋龙会、参加公社学习班干部以及附近村民参与救火。

9月29日,太湖公社成立"小教兵团革命造反派组织",共28人参加,朱某等5人为负责人。随后各大队、各单位陆续成立"革命造反派组织"。截至1967年12月,共成立30个"造反派"组织,参加成员3295人,负责人96人。

同年,濮溇港拓浚,从全县抽调21个公社的劳力8760人,于12月开工,拓浚河道9.5公里(含轧村港),河底挖宽至20米,边坡1:2.5,河底高程(湖淞高程)挖至负1.0米。水上土方(2米高程以上)45万立方米由人工开挖,1967年4月完工。1970年冬,组织轧村、漾西、太湖三个公社劳力打坝车水,开挖前几年留下的水下土方26万立方米。其余14万立方米水下土方由吴兴县水利疏浚队用挖泥船开挖,延至1985年竣工。

1967 年

春，境域各公社"造反派"开展反击"二月逆流翻案风"，多名老干部被批判斗争。

3 月 26 日，强龙卷风夹冰雹袭击吴兴县。风灾波及 37 个公社，共倒塌房屋6566 间，死亡 103 人，重伤 580 人。镇域多个生产大队村庄受灾。

3 月，嘉兴军分区成立"抓革命、促生产"办公室。随之各县、各公社相继成立生产办公室。镇域各公社人民武装部代替党政机关行使部分职权。秋，由人民解放军"支左"部队牵头，成立"织里地区贫下中农革命造反联合总指挥部"（简称"织联指"）。

同年，织里公社大邾村（先锋大队）、漾西公社曙光村（曙光大队）农户通电。1968 年，晟舍公社河西村（兴无大队）农户通电。1969 年，太湖公社东桥村（东桥大队）、轧村公社南湾村农户通电。

同年，轧村公社轧村大队合作医疗站建立，潘哲文、吴婉珠、费应娥为首批赤脚医生。至 1970 年，镇域 93% 人口参加合作医疗。

同年秋，晟舍公社鲍某某、王某某等人挖掘闵氏"花园坟"。据目击者回忆，挖墓时间在白天，有群众数十人围观。打开三口棺材，盗出少量首饰和玉器，还有一根玉带。织里派出所随即进行了处理。清同治《晟舍镇志》卷二《坟墓》载："明太子太傅兵部尚书闵梦得墓在谦一圩。"

同年，织里境域各大队的生产队组织全体社员吃"忆苦饭"，让大家不忘阶级苦。"忆苦饭"一般用质量较差的食材或下脚料烧成稀饭，或用小麦的麸皮做成团子。此后，各学校每年组织学生吃一至两次"忆苦饭"。

同年，吴兴县荻塘南岸 30.4 公里砌石护岸工程动工，至 1973 年底全线竣工。

1968 年

春，织里中学派出张德明、王峰两位教师协助洋西公社中心小学创办"戴帽初中"并执教。同时又派教师戚文辉在轧村集镇创办"轧村五七中学"，开设 2个初中班。

夏、秋，镇域掀起"忠于毛主席、忠于毛泽东思想、忠于毛主席革命路线"的"三忠于"活动热潮，开展"早请示""晚汇报""唱忠字歌""跳忠字舞"活动。组织人员在各村农户墙壁书写红色标语、毛主席语录,农户大门贴上"忠"字。

秋,织里、晟舍、太湖、轧村、洋西等公社所属生产大队陆续办起毛泽东思想文艺宣传队,排演革命现代京剧样板戏。据统计,镇域5个公社生产大队办起了74个文艺宣传队,2074人参加,演出总场次2206场。剧目有现代京剧《沙家浜》《红灯记》《智取威虎山》《龙江颂》等。其中影响较大的有织里大队毛泽东思想文艺宣传队、轧村公社罗姚大队文艺宣传队等。除了样板戏外,织里大队宣传队还演出现代剧《湖畔姐妹》、杨湾大队宣传队演出《血泪荡》等剧目。

同年秋,全国实行工人阶级、贫下中农管理学校。镇域各公社均成立贫管会,进驻织里中学及各公社的中小学校。

同年,织里镇域各公社先后成立革命委员会(简称"公社革委会")。1月,太湖公社成立革委会,主任王建生;3月,洋西公社成立革委会,主任张松生;4月,晟舍、轧村、织里三个公社革委会先后成立。晟舍公社革委会主任李老四、轧村公社革委会主任马继舜、织里公社革委会主任韩永勤。

同年,各公社和生产大队开展"清理阶级队伍"运动,一批干部、群众受到错误处理。后来陆续平反或纠正。

同年,太湖人民公社在东桥集镇建造蚕茧收购站。

同年,轧村公社上林村大队创办湖州第一棉织厂,为队办集体企业。

同年,轧村公社、织里公社、漾西公社有多个生产队对捻河泥、垦田等部分重要农活实行劳动定额,不再由生产队计工时,完成当日工作量可提前收工。

同年,大队卫生员改名赤脚医生,境域有赤脚医生309人,开展"除四害"、卫生防病宣传、寄生虫防治、传染病防治与疫情报告、预防接种等工作。

12月,毛泽东主席发出"知识青年到农村去,接受贫下中农的再教育,很有必要"指示,全国掀起上山下乡运动。此后至70年代后期,镇域五个公社共接受各城市1967名知青插队,其中男性1020人、女性947人。

是年至1975年,开展备战备荒"深挖洞、广积粮",镇域各公社、生产大队、生产队开挖地道。

1969 年

1月29日,有雷,大雪,2月6日最低气温-11.1℃。

春季，根据省里指示，新安江（建德县）移民迁移到织里。织里、晟舍、轧村等五个公社共安排 318 户 1241 人落户。

3 月，镇域各公社筹备庆祝中共九大召开，各大队都制作"天安门"、扎彩车、排节目等庆祝活动。太湖公社各大队分别组织 50 人到各大队游行。游行队伍敲锣打鼓，有样板戏、马灯、船拳。有直径 2 米的"地球"，上有毛泽东巨幅画像。

同年秋，轧村公社文艺宣传队创作的小戏《红堤风云》参加吴兴县文艺调演，获得创作奖和演出奖。

11 月 4 日，民兵沈阿章（1949—1969）在长兴 8383 国防工地牺牲。沈阿章是织里大队姚家甸自然村人，1968 年 10 月参加国防工程建设，曾被评为先进工作者，1969 年 11 月在施工中为抢救战友不幸牺牲。浙江省革命委员会批准其为革命烈士。1971 年 6 月 28 日，中共嘉兴地委、吴兴县委召开四万人大会，追认其为中共党员。织里老街西市、姚家甸自然村建造"沈阿章烈士展览馆"。《优秀民兵沈阿章》一书由浙江人民出版社出版。1971 年，中共吴兴县委、吴兴县人民武装部党委联合发文《关于深入学习和宣传沈阿章同志英雄事迹的决定》。

同年，太湖公社在白桥坝大队召开万人批斗大会，全公社的地主、富农、反革命分子、右派分子被带到现场接受批斗。

同年，太湖公社"三献一并"后，全社有农业生产队 101 个。后又经过三次调整，至 1980 年 10 月，全社共有 165 个生产队。

同年，普及合作医疗制度和赤脚医生制度。1971 年，提倡一根针（针灸）、一把草（草药）、"三土"（土医、土药、土法）、"四自"（自采、自种、自制、自用）等方法，境域 85% 的大队合作医疗站使用新针灸、新草药。至 1970 年，境域内 93% 以上的人口参加了合作医疗。20 世纪 80 年代，农村合作医疗站陆续解体，相继建立行政村卫生服务站。

1970 年

春，全国开展"一打三反"（打击反革命破坏活动，反对贪污盗窃、投机倒把、铺张浪费）运动，织里公社派工作组进驻集镇有关单位。织里公社各生产大队规定参加喜宴人数和桌数，喝喜酒者必须符合辈分，对号入座，公社安排干部现场监督，凡违反者均予以不同处罚。

3月5日，织里公社革命委员会下设"打击投机倒把办公室"，工作人员6人，办公室设在织里老街西市，为织里工商所前身。

5月，镇域各公社全面开展整党建党，吐故纳新，吸收一批在"文革"中表现积极的人员入党。

7月，洋西人民公社创办电影放映队。1972年3月，织里人民公社电影放映队成立。1976年，晟舍人民公社电影放映队创办。其间，轧村、太湖公社先后创办电影放映队，各配备8.75毫米电影放映机，丰富农民文化生活。公社电影放映队晚上轮流在各生产大队放映，映前利用幻灯片进行政治时事宣传，很受农民欢迎。各公社（乡镇）电影放映队在1995年左右陆续停办。

9月，太湖公社杨溇大队与织里公社红星大队（2019年为高新区大港行政村）为北塘河北岸长漾水面权属发生纠纷，继而引发群体性斗殴，双方群众操用农具互斗，各有负伤。经双方公社领导与吴兴县有关部门调解后平息，并查阅历史档案资料确定水域面积归属。

9月22日，洋西公社党的核心小组在陆家湾集镇召开中共洋西公社第四次代表大会在，成立新一届党委；10月，织里公社党的核心小组在织里集镇召开中共织里公社第四次代表大会，成立新一届党委；轧村公社党的核心小组在轧村集镇召开中共轧村公社第四次代表大会，成立新一届党委；仁舍公社党的核心小组在晟舍集镇召开中共晟舍公社第四次代表大会，并成立新一届党委。

同年，吴兴县第四初级中学更名为"吴兴县织里中学"，开设高中班1个，成为完全中学。1981年，更名为"湖州市织里中学"，2005年撤并入吴兴高级中学。

冬，织里公社根据上级指示，有16个生产大队调整规模。全公社由原来28个生产大队调整为13个，其中朝阳大队由晓河等6个大队合并而成，是全社规模最大的生产大队。

同年，轧村公社安置知识青年169人。吴兴县革命委员会生产指挥组转发了《轧村公社革命委员会关于对上山下乡知识青年进行再教育和安置工作的通知》（吴革生〔1970〕124号）。

同年，轧西大队第9生产队有水田269亩，人口210多人。按照劳动力的强弱、性别、年龄等因素，秘密划分成三个小组，并确定一名小组长，将收割、插秧等集中统一的农活分至三个小组，收割仍归生产队，再统一年终分配。集体统一的农活由各组派出劳力，称作非包工。分小组后，三个小组农忙季节的劳动比原来提前三至五天结束。1973 年，公社党委同意这种做法，并取名为操作小组，后全公社纷纷推行操作小组。

是年至 1974 年，织里、洋西、太湖、仁舍、轧村公社先后成立电影放映队。1977 年织里村办朝阳大队电影放映队成立，1981 年停办。1978 年，伍浦大队办电影放映队成立，1985 年停办。

1971 年

1 月，太湖公社党的核心小组召开中共太湖公社第四次代表大会，大会成立中共太湖公社委员会（新党委）。

3 月 1 日，太湖公社中学在幻溇村创建，校址设在潘溇村民宅大墙门堂内，为太湖公社中心小学"戴帽"初中。1975 年增办高中班，全校师生 300 余人。

10 月至 11 月，上级传达贯彻林彪反党叛国事件相关文件。随后，镇域各公社开展"批林整风"运动。1974 年，各公社开展"批林批孔"运动，层层建立"批林批孔"小组，一些积极分子被突击吸收入党，突击提拔干部。

同年，太湖公社第一个社办企业太湖农机修理厂创办。之后企业数量逐年增加，至 1980 年，全公社共有社办企业 10 个，职工 362 人。1979 年总产值 899 836 万元，利润 199 925 万元。

12 月，吴兴县组织民兵拓浚大钱港。镇域各生产大队组织基干民兵参加开河工程。

同年，织里公社投资建成大礼堂。1972 年，购置 8.75 毫米电影放映机。

1972 年

秋，织里小学附设 2 个初中班。1973 年扩大到 4 个初中班。同年，轧村五七中学发展为 6 个班，250 多名学生，教师 10 余人。拆建、新建学校大礼堂、食堂和教师宿舍。

夏秋季，镇域连续阴雨引发洪涝，农田水稻受到影响。

同年，织里派出所建立，何必瑞为负责人，租用织里街东市民房为所址。

同年，太湖乡电影放映队购买一台 8.75 毫米电影放映机。1980 年，改为 16 毫米电影放映机。1984 年，添置一台 16 毫米电影放映机。

同年，增圩大队创办集体绳厂，员工 60 人，陆年根任厂长。

同年，境域建造储备粮仓库（用泥土坯建成的圆筒型仓库），粮管所负责培训仓库保管员。

同年，轧村公社文化站、仁舍公社文化站建立。1977 年，太湖人民公社文化站建立。1979 年，洋西公社文化站建立。1980 年，织里公社文化站恢复。

同年，仁舍公社组织民兵投掷手榴弹实弹训练时，晒介兜一民兵手榴弹落到后方，被指挥人员扔出后在空中爆炸，无人员伤亡。

1973 年

春，织里公社向阳大队在沈家坝村建造一座自来水塔，农民用上自来水。

3 月，吴兴县组织开挖幻溇港进口段和疏浚闸口段。进口段开挖长 40 米，底宽 10 米，挖深 1.5 米，边坡 1:2，挖土方 690 立方米。闸口段由吴兴县水利工程队挖泥船负责疏浚。

9 月，仁舍公社开设 3 个初中点，旧馆红旗中学 2 个班，陶家湾向阳中学 1 个班，晟舍先锋中学 2 个班。总计 5 个班，学生 126 人。

1974 年

1 月起，镇域各公社组织干部参观解放军驻湖州某部防化连（驻地白雀）。"造反派"组织"反潮流"运动。

同年清明节前三日，织里公社织里大队姚家甸蔡某某（建德县移民）之女因恋爱矛盾自杀。随即有织里、东迁、戴山公社的建德移民 200 余人聚集于姚家甸讨要说法，尸体陈放于郑某民宅八九天，当时湖州境内移民 2000 余人闻讯陆续聚集于姚家甸助援，拆毁郑某房屋。吴兴县委主要领导亲赴事发地，会同织里公社及织里大队领导组成调查组进行调解，做细致工作，安葬死者，不久此次事件平息。

春，太湖公社机关从义皋集镇迁至幻溇（金溇大队）。广播、邮电、农技等部门随后迁至幻溇。1975 年，东桥、义皋两个供销社合并为太湖公社供销社，两个卫生院合并为太湖公社卫生院，两个信用社合并为太湖公社信用社，上述单位均移址公社驻地幻溇。

4 月 22 日晚，江苏省溧阳发生 5.5 级地震，织里全境有较强震感。

同年冬，由织里老街人章明前、姚金星创作编写的越剧《湖边姐妹》上演。该剧反映当时农村秋收冬种生产与少数人长途贩运自产农副产品的矛盾。织里大队文艺宣传队演出，吴群英、杨萱明、凌莉莉、王斌斌等主演，在吴兴县农村文艺创会演中获得创作、演出二等奖。随后在织里公社和毗邻公社农村巡演。

同年，轧村公社南湾大队第 4 生产队队长潘大毛"擅自"同意社员多次分成三个生产小组，先后被公社制止。后公社党委派出一个工作组至队里，帮助安排生产。工作组撤回后，生产队仍明并暗分。到 1978 年，这种做法获得公社党委正式认可。

1975 年

春夏季，仁舍公社一贯道坛主施某等人组织秘密串联，联络吴兴县 5 个公社 29 个大队 427 人，宣扬"政道合一""亡期末劫"等流言。7 月 10 日，仁舍公社某一贯道组织被吴兴县公安局侦破取缔。

6 月，中共吴兴县委织里区工作委员会（简称"织里区工委"）建立，戴松樵任书记。戴山人民公社划入织里区工委范围。

8 月，织里公社南街中学创办，其前身为织里南街高中班。学校选址织里东栅南街，占地面积 6 亩，教学楼面积 945 平方米，有学生食堂、宿舍楼 1 幢。2019 年的织里镇中学系南街中学的前身。

同年，全国"农业学大寨"运动进入高潮。镇域各公社生产大队组织全体社员挖田墩，填鱼塘，开挖河渠，新建桥梁，大搞农田基本建设。

同年，织里公社同心大队粮食亩产倍超"纲要"（1958 年国家农业纲要四十条中要求粮食亩产 400 公斤），单产达到 815.5 公斤。

同年，漾西公社常乐大队创办集体蔬菜厂，员工近 50 人。

同年，太湖公社部分生产队调整。1976 年后，进行了三次调整，至 1980 年 10 月，共分出生产队 64 个，从 1975 年的 101 个调整到 165 个生产队。

1976 年

1 月 1 日，轧村公社团委组织 118 对青年在三门前（轧村集镇轧村港西侧北边的原轧村医院旁边）举行集体婚礼，倡导移风易俗，破旧立新。

1 月 8 日，周恩来总理逝世。7 月 6 日，朱德委员长逝世。9 月 9 日，毛泽东主席逝世。镇域人民自发印制黑纱袖章佩戴，有关单位设置灵堂，沉痛哀悼伟人。织里、轧村等集镇组织群众收看毛泽东主席追悼大会电视实况转播。

7月28日，河北唐山发生特大地震。镇域各公社开展预防地震宣传，群众在白场、桑地搭建简易防震棚，各生产大队安排干部夜间巡逻。

10月，镇域党政机关组织召开群众大会，传达中共中央关于粉碎"四人帮"（王洪文、张春桥、江青、姚文元）的16号文件，发动群众参加揭批、声讨"四人帮"罪行，庆祝中央粉碎"四人帮"。

同年，仁舍公社先锋大队建造毛儿兜砖瓦窑。

同年秋，轧村公社轧西大队第6生产队将桑地分给各农户，用以种植蔬菜，产品归农户所有。年底蔬菜长势好于往年，农户将蔬菜运到长兴及江苏等地销售，收入增加。次年春，仍将桑树交回由集体管理。

下半年，轧村公社范村大队村民范善根、陈占新发现江苏盛泽一家社办企业生产的特丽伦化纤布质优价廉，即批量购买。除部分自用外，其余加价转卖给周边的绣花农户。此后，范村、轧西两个大队出现一批专门从事面料购销的经营者。

1977 年

8月，经中共嘉兴地委批准，织里区工委改建为中共织里区委员会（简称"织里区委"）。

9月11日至12日，第8号台风过境，大风暴雨，引发山洪暴发。湖州境内共倒塌房屋15 557间，死亡9人，伤34人，冲毁水利设施260处，27万余亩农田受淹。镇域各村庄不同程度受灾。

同年，织里各公社深入揭批"四人帮"，清查与"四人帮"反革命集团有牵连的人和事。

是年始，轧村集镇信用社门口有部分经营户摆地摊销售绣花布料，逐渐形成地摊面料市场。之后一些外地厂家直接来轧村销售。地摊市场转到电影院门口后，出现专门从事绣花线等辅料的经营者。1978年冬，轧村公社党委决定将电影院向经营者开放，并设置简易摊位，出租给经营者。固定经营面料人数达70余人。

同年秋，轧村公社范村、轧西两个大队部分生产队建立联产承包责任制，将土地直接分到农户，对外保密。

同年，轧村公社囊二兜大队第 2 生产队、陈家圩大队第 6 生产队联产到小组，实行"完成国家定购任务，留足集体留成，剩下的都归小组成员所有"。随后，轧村公社全部实行"几定几奖"农业生产责任制，农忙季节实行"工分到田，责任到人，质量验收，有奖有赔"生产责任制，提出"联产联组要联心"。部分生产队对牧场、拖拉机等建立单项责任制度。落实社员家庭自留地政策，鼓励社员发展家庭副业，但强调"不搞包产到户"。

同年，汤溇港拓浚，向南延伸至祐村港，并穿过荻塘与丁泾塘贯通。汤溇至祐村拆建桥梁 8 座，拆迁房屋 300 间。至 1979 年春，拓浚汤溇及祐村港全长 12 公里，河道底宽拓至 15 米；投入劳动力 44.6 万工日，共投资 78.51 万元；可排泄洪水流量每秒 60 立方米。

1978 年

1 月 30 日，《浙江日报》二版刊登吴兴县人民广播站记者朱达林撰写的通讯《他们夺得了高速度——吴兴汤溇港水利工程高速度竣工纪实》，文章介绍民工在汤溇港水利工程建设中发挥积极作用。

春，轧村公社增圩大队吴小章在本村创办绣花制品加工厂，招收员工 50 余人，从江苏等地请来师傅培训工人，传授绣花技术，童装绣花业在织里农村很快推广。1980 年，绣花业、童装业扩大到各乡村，织里农民肩挑手提，产品销售流向全国城市，"一根扁担两只包，走南闯北织里人"成为标配。在 2004 年中国童装博览会上，吴小章被评选为织里童装第一人。

6 月 18 日至 24 日，境域梅期 7 天，雨量 9 毫米，空梅。6 月 26 日至 7 月 10 日小暑高温，部分早稻逼熟减产。7 月 1 日至 9 月 8 日连续 70 天，雨量 44 毫米。夏秋大旱，塘、河干涸，单产普遍下降。

春夏交接季，织里社沈家漾被抽干造田，400 亩水面积全部种上水稻、黄豆、络麻、香瓜、西瓜等农作物。

8 月，根据中央文件和上级指示精神，织里区各公社纠正"文化大革命"期间发生的各类冤案、错案、假案，为 500 余名涉案人员平反。

11 月，织里公社朝阳大队环桥南自然村邱六贵等农户家发生火灾，烧毁房屋 12 间，火灾中 1 人死亡，2 人烧伤。

12月，太湖公社累计修筑排灌渠道1860多公里、机耕路655公里，建桥56座，建电动闸7座，平整土地6038亩。

冬，织里各公社组织干部开展"实践是检验真理的唯一标准"的讨论。

年底，境域各生产大队开展人口统计。织里区年终总户数24 006户，人口总数为89 603人。

同年，晟舍大队在盘珠漾边建造自来水塔，家家用上自来水。

同年，中共吴兴县委员会批准织里公社、轧村公社建立贫协委员会。周文敏任织里公社贫协主任，蔡银林、姚兴宝、高阿团等任副主任。方新泉任轧村公社贫协主任，潘阿毛、褚和根、程土根等任副主任。

是年至1988年，晟舍乡1178户农户建造平房2293间，2层楼房5599间，有93户建造3层楼房217间。

1979年

4月，邹顺权（1959—1979）在山西省太原市古交河下隧道施工时因塌方不幸牺牲，时为铁道兵第2师9团18连战士。邹顺权烈士是织里镇大溇村奏三圩（2019年属高新区）人，1979年1月参加中国人民解放军。

7月9日，江苏溧阳发生6级地震，镇域有较强震感。

夏，晟舍公社秦家港大队青年吴荣根在澄鉴漾（陈家滩）抢救一落水姑娘，姑娘得救，吴荣根溺水身亡。吴兴县有关部门对吴荣根救人事迹予以宣传，并授予"见义勇为"称号。

夏，漾西公社有122个生产队（总数134个）在"双抢"农忙季节实行"定额到人，按件计酬"责任制。秋收冬种时实行"分组到户"，生产进度比上年提前数天完成。

冬，织里公社调整织里、朝阳等部分生产大队规模，由原13个大队调整为16个。其中织里大队划分为织里、东湾兜两个大队；朝阳大队划分为晓河、清水兜、王母兜3个生产大队。

年底，织里区范围的6个人民公社征税金额首次突破100万元大关。织里财税所为此特向浙江省财政厅报喜。

同年，蚕种催青电气加温试验成功，织里催青室等单位获嘉兴地区1979年度科技推广二等奖。

同年，太湖公社为"文化大革命"中遭受迫害的 413 人恢复政治名誉，清理退还查抄物资，退还房屋 87 间，为 96 名地富分子摘帽。织里公社经过复查为 70 人恢复名誉，地富分子摘帽 82 人。轧村公社为"文革"中受审干部群众恢复名誉，为 76 名"四类分子"摘帽，对参加"农工党"集团的 60 余人予以平反。至 1980 年底，织里镇域内为"四类分子"（地主分子、富农分子、反革命分子、坏分子）的"摘帽"工作结束。

同年，太湖公社管委会发布 10 项规定，包括《关于加强劳动力管理的规定》《关于社员建房的暂行规定》《关于计划生育的有关规定》《关于拆除箱亭、深埋棺材、平整土地、实行殡葬改革的规定》《关于计划分配和严格执行财务制度的规定》《关于进一步巩固和发展社办企业的若干规定》《关于公社事业单位财务制度的若干规定》《关于农业用电管理的若干规定》《关于机埠管理的若干规定》《关于农业机械管理的若干规定》。

同年，太湖公社对 1966 年至 1976 年间受审查的 692 人进行复核，其中干部 61 人、教师 14 人、医务人员 4 人、社员 530 人、职工 23 人以及地主、富农、反革命分子 60 人（其中非正常死亡 21 人）。恢复政治名誉 413 人，撤销原处理决定 200 人，维持原结论的 79 人。清理和退还上缴公社的查抄物资款计人民币 8261.21 元。对 74 户社员落实经济政策，退还房屋 87 间、人民币 11 732.02 元，对 96 名地主富农反革命坏分子摘帽。

同年，洋西公社全社 156 个生产小队中，有 122 个在"双抢"（早稻抢收，晚稻抢种）期间建立"定额到人、按件计酬"等形式的责任制。秋收冬种时，有 134 个生产小队建立"分组到户"生产责任制，秋收冬种进度比 1978 年快 7 天至 12 天。

同年，织里税务部门派人到轧村，对从事面料交易的人员收取税收，每个摊位每年收 300～1000 元。工商部门派出工作人员，到轧村对外运的绣花制品等收取每人 200～400 元的外运费。

是年至 1980 年期间，洋西公社有 23 人写信给公社及有关单位，要求为受到林彪、"四人帮"等政治迫害的人员平反，并就遭遇的人身伤害进行赔偿，同时要求返还"文化大革命"查抄的物资和古籍等。

1980 年

春，轧村公社影剧院落成开张。地址在轧村集镇，占地面积 1326 平方米，基建投资 19 万元，观众厅座位 978 个。

4 月 13 日至 14 日，中共轧村公社召开第五次代表大会。同月，中共晟舍公社召开第五次代表大会。

夏，织里公社大礼堂改建影剧院工程开始。成立由杨孝彬为总负责的基建班子，孙志亭、吴勇先负责工程技术和施工监督，徐世尧负责财务，由织里公社建工队具体施工，各大队分派民工轮流参与建造。1981 年秋竣工，湖州书法家李英题写"织里影剧院"院名。总投资 40 000 元，后即开展电影放映、戏剧演出业务。

同年，梅期 44 天，连续暴雨，鱼塘受淹严重。

9 月 16 日，吴兴县委办公室批复同意织里公社将 20 个生产小队调整为 40 个，新增 20 个。1981 年 5 月 15 日，根据省委 5 月召开的地市委书记会议"关于未经批准擅自分队已成事实给予承认"的精神，织里公社同意晓河大队从 14 个生产小队定为 20 个生产小队。

10 月 26 日至 27 日，中共太湖公社召开第五次代表大会。

12 月 9 日至 10 日，中共织里公社召开第五次代表大会。

12 月 13 日，轧村公社党委、革委会发出《关于控制外流人员，确保农业劳动力，发展集体生产的通知》，规定"在三个大忙季节 125 天时间里，全公社所有群众不得外出，如外出 1 天，交款 3 元"。

12 月，织里区各公社实行"几定几奖"农业生产责任制，不搞包产到户。有 16 个生产队实行联产计酬，790 个生产队（占 93.7%）在农忙季节实行"工分到田，责任到人，质量验收，有奖有赔"生产责任制，34 个生产队仍实行"大呼隆"生产和计酬方式。

12 月，织里区文化站成立。

同年，织里公社对在 1966 年到 1976 年间受审查的 377 人进行复核。撤销原结论 291 人，恢复名誉 70 人，纠正错划右派的干部 2 人。原"戴帽"地富分子 83 人，经过审查"摘帽"82 人。

同年，轧村公社党委总结中提到：红武大队实行联产承包责任制后，从"吃饭靠借粮，种子靠国家，成本靠贷款"，到"粮食满仓头，种子二套头，成本有积累"。

同年，太湖公社有各种型号的电视机 18 台，6 个大队建造大礼堂，有 9 个大队、单位建立图书室。

同年，太湖公社 7 个生产大队办起 9 个队办企业，职工 190 余人，全年总产值 58 万元，利润 15.8 万元。

同年，绣花业、童装业扩大到织里境域各乡镇，产品销售地点从周边扩展至全国各地。为了出行方便，销售人员将产品装入两个大包，用一根扁担挑在肩上。后来被称为"扁担精神"。

同年底统计，织里境域有耕地（水田）102 145 亩、专业桑地 18 563 亩。

同年底统计，太湖公社全年向国家提供商品粮 1009 吨，投售国家商品茧 346.7 吨，商品猪 24 672 头，小湖羊皮 19 011 张，兔毛 3.2 吨，羊毛 13.4 吨，黄麻 96.7 吨，络麻 28 吨，干百合 73.5 吨，储备粮 925 吨。

1981 年

9 月 5 日，轧村公社经营管理站撰写《轧村公社 73 个生产队实行联产承包责任制后的变化》调查报告，总结七条好处："一是充分调动了农民参加社会主义劳动的积极性。劳动自觉性增强了，积极性高，参加劳动的人多，劳动自由；二是生产进度快，农活质量好；三是干部群众之间的关系密切，社员与社员之间的团结性增强；四是科学技术有了普及；五是各尽所能，按劳分配的政策得到进一步落实；六是集体经济能巩固壮大，集体福利事业能得到发展；七是生产上有了发展。"

10 月，轧村公社召开第十届人民代表大会。

11 月，镇域各公社革命委员会机构取消，同时建立政社合一的人民公社管理委员会。1984 年 5 月，成立乡镇人民政府。

11 月 24 日至 27 日，太湖公社召开第七届人民代表大会。同月，漾西、织里、晟舍等公社分别召开第七届人民代表大会。

同年，轧村公社联产承包责任制在小范围实施。至 1983 年 7 月，70 个生产队实行联产承包责任制。1983 年 8 月，全面铺开，1984 年进行完善。

同年，织里公社、晟舍公社、轧村公社、太湖公社、漾西公社成立公社管理委员会。

同年,太湖供销社在全社设门市部、服务点和下伸店共 57 处,员工 163 人。

同年,织里虹桥两岸发展成为绣花制品自由交易市场,并免收税金和外运管理费用。随后轧村的面料经营者陆续搬到织里。至 1982 年,在轧村绣花制品交易市场的人员全部集中到织里茧站门口交易。1983 年,织里工商所对自发形成的集市进行整顿和管理,并在沿河老街用玻璃钢瓦搭建 36 个简易棚,形成第一代商品交易市场。

同年,漾西影剧院竣工,设座位 470 个。

是年至 1983 年,太湖全公社有 1355 户农户新建、改建房屋 3873 间,共83 208 平方米。其中楼房 1170 间、平房 2703 间。

是年至 1983 年 3 月,轧村公社农民新建平房、楼房共 4844 间(其中三层楼14 幢),添置手表 1 万多只,自行车 1300 多辆,缝纫机 3800 台,电视机 300 多台,电风扇 1200 多台,收录机 110 台。

1982 年

9 月,镇域濮溇入湖口东岸建筑块石护岸长 210 米。1983 年,濮溇港自太湖口至曹家簖段疏浚水下土方 9 万立方米,投资 35.9 万元。1984 年,濮溇港自曹家簖至轧村段疏浚水下土方 4.5 万立方米,投资 18 万元。濮溇港经上述几次拓浚后,汛期可排泄洪水流量每秒 110 立方米,旱季可以引水每秒 46 立方米。

11 月,赤脚医生以及从业满五年以上的医务工作者进行统一考试,考试合格者颁发乡村医生证书,此后赤脚医生改称乡村医生。1985 年,凡从事大队保健工作的医生改称卫生员。

同年,湖州市开展地名普查,"仁舍""洋西"恢复原地名晟舍、漾西。

同年底,轧村公社开展年终评比活动,为粮食、蚕桑、畜牧、计划生育、社办企业等先进单位表彰颁奖。

同年,太湖公社各大队累计兴办的社办企业有 9 个,职工人数 355 人。

同年,轧村公社在轧村集镇北侧、轧村港西边船厂内建造轧村第一座自来水塔,供水范围为轧村集镇以及周边的方桥头、文化兜、李家兜、计家湾等村和农户。

同年,织里公社成立绣花产品服务部。

1983年

6月，轧村供销社实行体制改革，清股、核股、扩股，参股农户数85%以上，50户至80户股民派一个代表。

10月，太湖公社影剧院落成开业，地址在幻溇集镇，基建投资30万元，建筑面积1356平方米，座位907个，配备35毫米104-X放映机。

同年，太湖公社建造群众文化活动室4间、图书室1个，藏书1000册。

同年，织里公社264个生产队实行包干到户的农业生产责任制。4703户农户中，专业户、重点户有3690户。当年向国家交售粮食488吨，超额112吨。

同年底统计，轧村公社有各种类型的专业户2000多户，从事绣花的缝纫机3800台。

同年，织里公社有绣品、服装生产加工专业户1000多家。

1984年

1月中旬，镇域连续下雪，织里镇倒塌房屋38间，压损房屋135间，倒塌机埠1座、牧场4个、共育室2个，损坏电线杆321根。直接经济损失10余万元。

1月，晟舍公社开展打击一贯道的斗争，查出新老一贯道徒143人，退道67人，拒绝悔改44人。

3月22日至24日，中共轧村公社召开第六次代表大会。同月25日至26日，中共晟舍公社召开第六次代表大会。同月24日，中共太湖公社召开第六次代表大会。

3月，轧村公社大力发展商品经济，培育专业户、重点户，允许农民离土不离乡。公社干部每人联系两户专业户、重点户，大力支持和扶持绣花业，乡、村对外出推销绣花制品人员可开具证明。

4月，中共漾西公社召开第六次代表大会。

5月1日，晟舍到织里公路（晟织公路）建成通车，为镇域第一条乡镇公路。

5月，轧村公社开始建造通往各大队会计室的水泥小路，全长26 950米，宽1米。至1987年，完成水泥小路25 000米。

5月，上级决定实行行政体制改革，各公社管理委员会改为乡镇人民政府，生产大队改为行政村。

6月，轧村全乡知识青年58人，其中57人被安排到乡办企业工作。

7月3日，轧村乡范村预制场因连年亏损（其中1983年亏损19 900元），由胡志庆承包，与乡工办签订每年上缴利润2000元的承包协议。

7月12日至13日，轧村乡、漾西乡召开第八届人民代表大会第一次会议。同月14日至15日，太湖乡召开第八届人民代表大会第一次会议。同月17日至18日，晟舍乡召开第八届人民代表大会第一次会议。

7月15日，织里乡召开第八届人民代表大会第一次会议，会议通过《织里乡建设基本规划》，明确"今后三年在乡村建设方面主要抓好农村建房、广播家电、自来水塔、水泥道路四件大事"。

7月16日，轧村乡成立民警办公室，聘请费祥华、朱应德、王冠春3人为乡民警。

8月，上级发文撤销织里乡建制，建立织里镇。

11月，轧村中心小学筹建，征用土地1.68亩。

12月17日，轧村绣花厂解体，厂房转让给针织服装厂。绣花厂员工由工业公司安排。

冬天，完成织里到太湖公路的勘察测量、路基放样任务。

同年，太湖公社在漾湾大队漾湾里自然村征地4亩兴办太湖毛巾厂，邹阿团任厂长。后多次扩征，至1987年扩大到70亩，职工人数2300余人，有厂房4幢，时属吴兴县最大的社办企业。漾西乡政府投资200万元建造乡办铝合金型材厂。

同年，轧村乡启动轧村集镇到三济桥公路路基建设，土方工程由全区统一承担，其他建设资金由轧村乡向全乡各承包户按照承包土地每亩4元标准摊派。

同年，轧村乡成立宏大实业股份有限公司。1985年4月17日，轧村乡党委同意其为大包干单位，下设包装厂、针织厂，当年实际上缴利润19万元。1987年7月23日，乡政府对宏大公司进行清账，总亏损46.63万元。

同年，太湖乡东桥村在新庙湾建造50吨砖砌自来水塔，全村通上自来水。

同年，织里工商所投资31万元征地4444平方米，在织里村村部东南建造湖州市织里小商品市场。

同年，轧村乡政府成立了绣花服务部，支持鼓励建立绣花联合体。为全乡绣花户出具外出推销证明，提供国家统一发票，提供统一汇款账号，帮助结算汇入货款等。

同年，中共织里镇召开第六次代表大会。

同年，梅雨洪涝，镇域多数鱼塘淹没。

是年至1987年，轧村乡新建造水塔6座，受益农户1352户，5421人。

是年至1986年底，织里镇共发生刑事案件22起，破案20起，逮捕11人，其中侦破一起盗窃3000元现金的大案。

是年至1986年，轧村乡平均年人口出生率千分之十以下，自然增长率千分之三以下，独生子女领证率95%。全乡3933育龄妇女中，落实节育措施的有3744人，节育率95%以上。

是年至1986年，漾西乡农业服务站为农户提供粮食品种37.5吨，举办各类专业培训班15次，印发技术资料900份，办好植保配药站15个，建立种子基地10亩，建立菌情、病虫测报、桑情观测点等8个。

是年至1986年三年中，织里镇新建水塔6座，新增饮用自来水人数4354人。截至1986年底，累计有水塔16座。

是年至1986年，织里镇共投资25万元，分期分批完成通往各村的水泥道路共63公里。

1985 年

年初，漾西乡多方集资200万元，建造乡办棉织厂，年底竣工投产。1988年1月至5月，产值350万元，利润15万元。

3月，织里镇政府批准建立织里新街建设开发公司，企业性质属集体联办，自筹资金、自主经营、自主盈亏、独立核算。

4月，织里镇成立综合治理办公室，由公安、工商、医院等单位抽调人员组成，共7人，归民警办负责。主要职责是管理镇区环境卫生、维持老街交通秩序。

6月27日，太湖乡第八届二次人代会通过《关于新建织太公路集资问题的决议》。决议明确公路建设的土地问题、劳力问题、资金问题。

6月28日，织里分区委就轧村、漾西建造轧洋公路进行协商。轧洋公路全长7.32公里，包括11座桥梁，其中轧村乡境内6.5座、漾西境内4.5座。按四级公路标准设计施工，路基上口宽度7.5米，路面宽度5.5米，桥面宽度5米。

7月，织里镇启动织太公路建设。织太公路全长5769米（其中路面工程5639米），织里镇域内4086.5米、太湖乡境内1552.5米。双方协商同意，路面工程的经费由织里镇负担30%，太湖乡负担70%。

9月，织里新街建设开发公司动工建造占地近50亩、建筑面积4万平方米的织里新街（人民路），共筹集资金1200万元。街道宽18米，中间车行道9米，两边人行道各4.5米，新街全长552.5米。第一期工程136间临街房屋，1987年12月竣工；第二期工程102间临街房屋，1988年竣工；第三期工程1988年下半年动工。

10月22日，轧村乡民警办在织里派出所的协助下，组织乡干部在全乡开展禁赌活动，共抓获赌博人员52人，其中对39人共罚款5740元，警告2人，行政拘留5人。

12月统计，织里镇从事家庭工业的农户3567户，占总农户的77.3%，从业人数8288人（其中雇用外地人1288人）。全年产值2730万元，净收入546万元，农业家庭平均收入288元。全镇有2000余名购销人员在全国29个省、市、自治区从事购销业务。

12月，织里镇绣品服装公司成立，为镇下属公司，主要为家庭工业、联户企业提供账户汇入款结算，并办理外销证、工作证等。

年底，漾西乡办企业职工累计1200人，比1983年增加1.6倍。同年打破大锅饭，健全责任制，实施"一包三改"。

同年，漾西乡开展清理"三种人"，对在"文革"期间的骨干分子进行排队摸底。

同年，漾西乡兴起服装加工、家具制造等家庭联户工业。计有联户工业企业20家，员工685人。

同年，漾西乡建立乡一级政府财政。

同年，太湖乡党委、政府批准扩建太湖纺机厂500平方米，建30米高烟囱1座。

同年，镇域各乡镇改革农副产品收购政策，取消粮食统购和生猪派购任务。

同年，太湖乡在全乡范围开展民间文学调查和原声采录，乡政府拨出专款3700元，编辑油印《民间文学集成·太湖乡卷》，其中多篇入选《浙江省民间文学集成·湖州市故事卷》。

1986 年

3 月 21 日，轧村乡到漾西乡公路规划完成，遵循"民办公助"的方针，于 1986 年完成路基土方任务。

春，太湖乡文化站创办油印文学刊物《溇港》，由本土文学爱好者撰稿，体裁有散文、小说、诗歌、杂文、寓言等，共出三期，1987 年停办。

6 月 10 日，织里镇政府与湖州电力局签订《供用电包干电量协议》，商定年统配电量 255.39 万度（千瓦／小时），电价每度 0.14 元。

7 月 15 日，轧村集镇到三济桥公路建成并通车。1993 年 12 月，完成砂改油 5.96 公里。

9 月 5 日开始，织里镇完成 16 岁以上 16 333 人的居民身份证发放工作，占总人口 88.8%。

11 月，织里镇粮站完成国家粮食收购 2599 吨，占全年订购数 2744 吨任务的 94.7%，完成国家委托代购粮 381 吨、军马草 10.4 吨。

秋末冬初，输入织里镇的外地劳动力有 5000 人左右，主要从事童装产业。

年底，织里镇投资 32 万元的小商品交易市场竣工。内设营业房 80 间（每间净面积 13 平方米）、棚亭摊位 132 个、露天摊位 800 多个。

同年，织里镇计划生育符合率 99%，晚婚率 55%，自然增长率千分之五以下。

同年，织里镇与工商所在新街的中心地段投资 6.7 万元，建造 1200 平方米的农贸市场。

同年，漾西乡政府发出《严格制止挖桑毁桑歪风的通知》。

同年，漾西乡 80% 机埠进行承包，60% 的村民小组实行一级放水，乡机电站改名为农田管理站。

同年，漾西乡农业人口每年人均承担义务工 5～10 个，用于农田水利建设，全年共投入义务工 1.8 万个，新建和维修工程 624 项，挑动土石方 2.98 万立方米，新开、维修渠道 51 公里，疏浚溇港 4.2 公里。

同年，晟舍乡 140 台拖拉机落实"定人员、定面积、定质量、定收费标准"的承包责任制。

同年，太湖乡种植百合 4000 亩，亩产 900 公斤，总产 3600 吨。

1987 年

1月16日，轧村乡经委撤销。

2月25日至26日，中共轧村乡召开第七次代表大会。同月，中共织里镇召开第七次代表大会。

3月6日，由区公路指挥部牵头，会同晟舍、织里、太湖三个乡镇公路指挥部人员，召开织里到太湖公路第三次协商会议。

3月7日，织里镇发出公告："凡单位、联户企业和个体户雇请外乡劳动力，必须主动到镇绣品服务站办理登记手续，主雇双方须签订合同，明确经济责任，严格信守合同，不得违反。"

3月26日，漾西乡组建镇政府办公大楼筹建班子，由沈林庆、杨培林、杨新林、宋法明组成。农电站出资7500元，工业公司出资5万元，财税组出资1万元，机电站出资1.5万元。

3月26日至27日，中共漾西乡召开第七次代表大会。

3月，中共太湖乡召开第七次代表大会。4月，太湖乡召开第九届人民代表大会第一次会议。

4月7日至8日，织里镇召开第九届人民代表大会第一次会议，通过镇树、镇花的决议，将广玉兰定为镇树，月季花定为镇花。同月8日至9日，轧村乡召开第九届人民代表大会第一次会议。同月9日至10日，漾西乡召开第九届人民代表大会第一次会议。

4月8日，织里镇政府下达1987年国库券认购任务，于8月25日全部完成。

4月18日，织里镇成立司法办公室、法律服务所，印章同时启用。

4月26日至27日，中共晟舍乡召开第七次代表大会。

5月13日，轧村乡党委、政府讨论对6名无规划生育人员罚款决定。

6月，漾西乡党委、政府制定乡办企业招工规定："凡新建企业职工须由工业公司招收，乡政府批准；凡扩建技改项目招工，由企业提出申请，由工办审查，乡政府批准；凡企业根据生产需要的特殊专长技术人员，由企业招收，乡政府同意，工办批准。"

7月，织里镇在原民间消防组织"洋龙会"基础上恢复义务消防队，闵炳章任队长、沈强任副队长，沈七斤、吴荣雄等12人为队员。

7 月，织里镇成立成人教育中心学校，地址在镇机关第 2 幢 1 楼，何松才任校长，唐根法、屠引娣任副校长，沈梅英、谢益荣、沈根法、李立群、戴志华、朱根初、沈振芳为领导班子成员。开办法律培训、农村会计业务培训、幼师舞蹈培训、水稻生产技术培训、剑术培训、摄影技术培训以及家用电器培训等 18 个班。

7 月 1 日，织里镇委党校成立，校长赵雪清，副校长何松才、杨水根，校务委员唐根法、屠引娣。地址在镇政府机关内，配备 50 人课桌椅。7 月 1 日，第一期培训班开课。

8 月，漾西乡继续开发长漾，沈林庆任开发领导小组组长、沈三毛任副组长。11 月 25 日放样，12 月 2 日开垦。共开垦水田 62 亩、旱地 37 亩、鱼塘 116 亩、桑地果园 150 亩。

8 月，晟舍乡政府作出《关于抛荒和擅自利用粮田进行产业结构调整的处理决定》，"对 1987 年 6 月 1 日后到本规定出台前（1987 年 8 月 15 日）期间以产调为名发展经济项目，每亩罚款 100 元。1987 年 8 月 15 日后如发现擅自利用粮田进行产调，必须从严处理，每亩罚款 1000 元"。

10 月，织里镇建立交通管理小组，负责全镇各种车辆（包括机动车、非机动车）的交通管理。织里镇政府、织里公安派出所出台《织里镇交通管理暂行规定》。

10 月 6 日，织里镇出台《有关对外出外来人口计划生育工作的职责分工》。

10 月 8 日，织里镇人民政府发出《关于稳定和完善土地承包制的规定》，明确"土地承包（包括水田、桑地、白地）实行以劳为主，劳需结合的承包办法"。

11 月 30 日，湖州市郊区人民政府办公室《关于对李禹载户落实政策的批复》（农房〔1987〕45 号），明确"李禹载自有保留房小楼、楼梯间各一间，1957 年被村办公益事业拆除，应予落实政策，由（漾西乡东阁兜）村给予补偿"。

12 月 24 日，织里镇总结城镇建设经验："坚持人民城镇人民建，向社会集资，号召单位和个体户到新街建房，用他们的钱来搞建设。无论本镇或外来单位，都欢迎他们来本镇投资建房、办企业、开商店，从事经济文化活动。房屋产权谁建谁有，允许继承。"并在郊区城镇工作会议上作了题为《集资搞建设，是发展小城镇的根本途径》经验介绍。

12月29日，轧村乡对五金厂实行招聘制试点，各乡办企业实行厂长负责的集体承包制。

同年，晟舍乡第九届人民代表大会第一次会议召开。

同年，织里镇因妙桥人流量每日达1万人次以上，年底开始扩建妙桥，宽度从原来的2.5米扩建成7米，长度18米，总投资4万元。

同年，织里镇出台《关于装卸搬运的若干规定》。

同年，漾西乡完成国库券认购任务8.2万元，其中个人认购5.7万元。

同年，漾西乡主办杂志《乡情》半月刊，领导小组成员由汤和林、李荣法、顾培华组成。乡机关干部以及每个企事业单位落实一名通讯员，稿费每篇0.3～1元。1991年至1993年，开设自办广播节目214期，出版《漾西简报》38期。

同年，织里开往湖州客运班车日均20余班次，短途运输的三轮卡车有10多辆，镇上各单位共有汽车11辆。"织里班"小轮船停航。

年底统计，织里镇全年电报收发量11 664份，收寄商包16 476个。1988年一季度电报收发量为33 753，比上年同期上升59.1%。

同年，轧村乡范村村赤家兜自然村13户村民，在村口的轧村公路旁边，建造26幢三层楼房，成为农民新村。

1988年

1月，织里镇政府和供销社共同投资10万元，在汽车站对面建造停车场。

2月1日至3日，织里镇党委组织各村、单位党支部全体共产党员举办学习十三大文件精神集训班。

5月，织里镇王母兜村广播网络完成，至此，全镇村级广播网络全面普及。

5月6日，织里分区委公路指挥部负责人胡明昌召集织里镇委书记、太湖乡党委书记等共12人，商讨织（里）太（湖）公路建设。会议确定公路建设的资金往来、路面铺设标准、完工时间等。各方同意"南进口处至织西大桥、织西大桥至元通桥南堍的路面铺设任务由织里镇负责，元通桥北堍至太湖乡的路面铺设任务由太湖乡负责。公路建成后在没有移交给公路管理部门前由铺路乡镇负责维修。路面矿渣的厚度最低不少于30厘米"。

5月9日，织里镇人民政府发出《关于织太公路第二期工程义务投工的通知》，"对民办公助的织太公路桥头堡围土任务，由镇上各单位的每个职工挑土1

方，可以资代劳，每方土 4 元"。

7 月 6 日凌晨 4 时，织里镇大邾村个体棉花加工厂员工宿舍发生火灾，烧毁隔壁大邾小学教室 4 间。

9 月 9 日，织太公路的织西桥、南仁港桥、白洋圩桥通过竣工验收。1988 年 12 月织太公路全线通车，织里段长 4178.15 米。

11 月起，织里镇在织里新街中段位置征地 6600 平方米，建造建筑面积 1800 平方米的区中心学校。

11 月 28 日，织里镇政府批准建立镇交通管理站，禁止机动车辆进入老街。停车场实行有偿服务，小车收费 1 元，小货车收费 2 元，三吨以上货车收费 3 元。

12 月，织里镇建立织里小商品市场专职治安联防队。

12 月 9 日，轧村乡开始实施居民身份证制度，为 1100 余人进行发证拍照。

12 月 23 日，轧村乡党委、乡政府讨论确定建设轧村新街（人民路）。第一期工程每间房屋土地价格 6000 元。次年第二期工程启动，房屋 60 间，统一建造后出售，价格有所提高，当年即被全部认购。此后建造中心路、振兴路北段房屋。1993 年填平铁店港，开发宋皇路，每平方米土地价格 400 元。

年末，轧村全乡个体、集体登记发照的运输货船 42 艘，货车 7 辆，轿车、面包车 3 辆。

同年，漾西乡投资 5 万元新建乡农贸市场。

同年，轧村坚持党员标准，妥善教育处置不合格党员。

同年，晟舍乡对乡办企业全面实行经营责任制度改革，骨干企业实行厂长负责集体承包制，一般企业实行厂长个人负责制，小企业实行租赁制。

同年，晟舍乡东兜村集资新建教育楼。

同年，晟舍乡新建水塔 2 座。年底全乡累计有水塔 9 座，9385 人饮用自来水，占总人口的 71%。

同年，轧村乡上林村等村修筑"三面光"水泥预制板渠道。

1989 年

1 月 9 日至 13 日，漾西乡组织乡机关全体干部及各村干部开展违规建房大检查。凡未经批准擅自建造的房屋予以拆除，确有特殊情况，或超出面积不到 10

平方米的，每平方米罚款 50 元。

2 月 20 日，轧村乡政府发出《关于下达一九八九年早稻面积计划的通知》，播种早稻面积 17 800 亩。

3 月，晟舍乡完成土地承包调整工作。调整的原则是："坚持大稳定小调整，不搞一刀切，不搞推倒重来，不到半亩水田不进行调整。坚持按人口分口粮田，按照劳动力分责任田，并且压缩口粮田面积，使土地向种粮能手靠拢，充分调动种粮农户的生产积极性，对抛荒粮田的现象须进行有效制止。"

4 月 4 日，晟舍乡第九届三次人代会通过《关于实施九年制义务教育的决议》。

4 月 11 日，轧村乡党委、政府成立乡教育基金委员会。姚阿根任主任，王阿荣、宋银泉任副主任。

5 月，漾西乡出台《农业发展基金筹集办法》。

10 月起，镇域部分乡村卷入江浙两省"蚕茧大战"。织里镇红光村有村民将中秋茧出售到江苏省吴县木渎镇。事后区委派人与红光村党支部书记沈某某谈话，要求村里对外流售茧人员进行罚款。沈某某未积极配合，不久被责令辞去党支部书记职务。

同年，漾西乡开展妥善处置不合格党员活动，对参与赌博及犯有各种错误的党员予以教育等处置。

同年，晟舍乡结合党的基本路线教育，在全乡开展评"三户"活动，评出文明户 51 户、五好家庭户 571 户、爱国守法户 2188 户。

同年，晟舍乡落实村民小组长制度，做到"队队（村民小组）有队长，事事有人干，工作有报酬"。

1990 年

1 月 1 日，轧漾公路正式通车，全长 7 公里，经过东阁兜、沈家湾、陆家甸、白石马桥连接轧村镇。1993 年投资 75 万元，砂改油工程竣工。

1 月，轧村乡开展党的基本路线教育，围绕"一个中心、两个基本点"，重点抓好班子建设，开展"评三户""扫六害"活动。

3 月 27 日，中共织里镇召开第八次代表大会。3 月 27 日至 28 日，中共轧村乡召开第八次代表大会。3 月 29 日至 30 日，中共漾西乡召开第八次代表大会。3

月，中共太湖乡召开第八次代表大会。4 月 3 日至 4 日，中共晟舍乡召开第八次代表大会。

3 月，织里镇第四次人口普查结果，全镇总户数 5522 户，22 131 人，其中男 11 344 人，女 10 787 人。总人口中汉族 22 111 人、藏族 1 人、壮族 6 人、畲族 11 人、京族 2 人。

4 月 6 日至 7 日，漾西乡召开第十届人民代表大会第一次会议。同月 9 日，晟舍乡召开第十次人民代表大会第一次会议。同月 12 日，轧村乡召开第十届人民代表大会第一次会议。同月 12 日至 13 日，织里镇召开第十届人民代表大会第一次会议。4 月，太湖乡召开第十届人民代表大会第一次会议。

6 月，漾西乡研究蚕茧收购问题，对有关违反蚕茧收购政策的干部与村民作出处罚规定。

8 月，织里邮电支局投资 300 多万元，安装程控电话 3744 部。行政村每部收费 400 元，工商企业每部收费 2400 元，个体户每部收费 3000 元。

8 月，轧村乡贯彻市委市政府蚕茧收购会议精神，要求"分清是非、坚定立场、狠刹蚕茧外流歪风，打击茧贩子，把应收的茧子全部收起来"。

8 月 25 日，漾西乡党委作出《关于撤销漾西构件厂管理体制的决定》。

11 月 23 日至 24 日，中共漾西乡召开第五次代表大会。

12 月，漾西乡完全小学全部实现六配套。

同年，织里镇集贸税收完成 248.6 万元，比 1989 年增加 33.4 万元。

同年，织里镇全镇工农业总产值 4.1 亿元，比 1989 年增加 1.7 亿元。增长 58.5%

同年，织里镇开展刹"三风"、扫"六害"行动。至 1992 年，三年抓赌 153 次，处理参赌人员 1014 人次，没收赌具 230 余副。

同年，轧村乡新建中学"勤学楼"761 平方米，全乡村校全面实行六配套，受到市人民政府表彰。1992 年新建中学教学楼 389 平方米，有 13 个村建造村校教学楼，全乡幼儿园共有 13 所。

同年，晟舍乡整顿低压线路 27.9 公里，改建标准机埠 4 座，9 个村投入资金 41.8 万元浇筑三面光渠道 19 公里，新增拖拉机 21 台，累计 203 台。

同年，织里镇共发生治安案件 163 起，调解 98 起，治安处理 114 人。

同年，晟舍乡"四项节育手术"472 例，其中结扎 77 例、放环 254 例、人工流产 141 例。

同年，受 15 号强台风影响，狂风暴雨，镇域鱼塘受淹。

同年，织里供销社全社职工 478 人，拥有资产 837.8 万元，全年利润总额 1 025 800 元。社员股金发展为 97.4 万元。

是年至 1992 年，太湖幻溇集镇投资 170 万元拓宽老街。

1991 年

2 月，漾西乡组建治安联防队，人员有沈卫忠、章百明、费宝法、陆小毛等。经费来源由集镇区域内的相关单位缴纳治安服务费。

2 月，漾西乡为村支部书记、村主任办理养老保险，乡、村、个人三方出资，参保人员 60 岁后可以领取养老金。

3 月 12 日，湖州城区至织里镇通信光缆架通，镇域居民用上 6 位数程控电话。1994 年 6 月，升至 7 位。

5 月，轧村乡对行政村党支部进行评类升级，评定一类支部 3 个、二类支部 17 个、三类支部 2 个。

5 月 20 日，织里镇向湖州市人民政府报告要求命名下列街道路名：人民路、狮子桥路、邱家塘路、人民东路、织东路、虹桥路、妙园路、洋南路、环城南路、环城北路、环城西路、织里街。

6 月 26 日，漾西乡建立保险委员会，主任朱春荣，副主任冯水根。

6 月 18 日，织里镇政府向湖州市计划委员会报告要求搬迁政府办公楼，搬迁地址中华路织里区中心小学东侧，办公楼建筑面积 1366 平方米。

7 月，织里镇发生洪涝灾害，倒塌民房 5 间，损坏民房 112 户，倒塌桥梁 1 座，淹没鱼塘 1525 亩，受淹桑地 320 亩。

7 月，漾西乡根据湖州市地名委员会要求，开展地名补查。

7 月 15 日起，连降暴雨，漾西乡最高水位达湖淞水位 4.48 米，超过 1954 年水位。40 多亩鱼塘被淹，东阁兜村 2 间平房侧塌，长漾 20 亩农田被淹。洪水期间加固 7200 米圩岸，修理 4 座机埠，新筑 11 条土坝。109 人被评为抗洪先进个人。

10 月，织里轻纺绣品市场被评为"全国文明集贸市场"。

冬，织里镇、轧村乡、漾西乡、太湖乡组织民工参加旄儿港工程会战。织里镇完成筑堤土方 45 228 立方米。12 月 13 日，织里镇党委表彰旄儿港工程大会战中的先进个人 53 人。

12 月 18 日，中国人民财产保险股份有限公司湖州市吴兴支公司织里营业部成立，地址织里镇商城路 116 号，员工 11 人。

同年，漾西乡累计自来水用户 2610 户、9159 人，占全乡总人口的 59%。到 1994 年，覆盖率达 90% 以上。

同年，漾西乡完成小圩区改造 2500 亩，新砌"三面光"渠道 2300 米，完成砌石河岸 2700 米。

同年，东湾兜村投资建造织里加油站，成立东盛实业公司。

1992 年

1 月，漾西乡纪律检查委员会成立，卢细毛任书记，陆诗焘、张品林任委员。

1 月，漾西乡交通管理站成立，聘请张中标为工作人员。

1 月，漾西乡老龄委员会成立，朱林山任主任，姚志凌、朱林法任委员。

4 月 3 日，漾西乡党委政府出台《关于进一步发展漾西经济，积极兴办"三资"企业的暂行规定》，要求"积极引导创办股份制企业，允许乡与村合股，村与村合股，集体与私人合股，鼓励兴办"三资"企业（即中外合资、中外合作、外商独资）"。

5 月，漾西希望小学竣工，共收到捐资 54 万元，其中台胞倪根初捐款 1 万元。

5 月，由漾西乡第八届（1985 年 6 月）人代会、第九届三次（1989 年 4 月 7 日）人代会通过的漾西集镇建设规划基本完成。建设资金均由漾西乡政府承担。建设后的漾西集镇，西占桥以东为商业区、工业区，西占桥以西为文化教育区、小商品市场，镇中建造公园。同时集资浇筑从东占桥到白石木桥的柏油路面 3.5 公里，总投资 80 万元。

5 月 20 日，轧村乡党委、乡政府召开会议研究蚕茧收购工作，会后成立蚕茧收购领导小组，召开蚕茧收购动员大会，发出售茧通知书、责任书。要求"思想早统一，措施早制定，政策早出台，力量早配套，工作早计划"。乡干部建立责任制，全年下达蚕茧收购任务 425 吨。

7 月，湖州市委、市政府批准建立织里经济开放区。开放区具有部分县级行政管理权限和部分市场经济管理权限，具有特殊的税收优惠政策和土地审批权、工业项目审批权等。8月8日，织里经济开放区举行成立庆典。

9月，漾西乡人民政府印发《湖州市漾西乡殡葬管理规定》，明确"从1992年10月1日起，凡属本乡的居民、农民死亡后必须实行火葬，违反规定，擅自土葬者限期将遗体火化，并视情节轻重予以罚款和其他处理"；"任何单位和个人都不准生产、加工、出售或从外地运进棺材和丧葬迷信用品，违者进行处理"；"一切国有土地、集体土地和村民承包的土地一律不准私葬坟堆或厝柩"。

9月，潘阿祥用20万元借款，在轧村集镇创办湖州振兴通讯电缆厂。至1997年产值上亿元。2007年改为浙江振兴阿祥集团有限公司，产值10亿元，利税1亿元。2008年9月，阿祥重工在晟舍新街东路动工。2012年，收购浙江佳雪微特电机集团、浙江佳雪数控机床两家公司全部股权。2018年底，浙江振兴阿祥集团有限公司拥有6家实体企业。

年底，织里镇建成童装绣制品市场、轻纺棉布市场、金银首饰加工市场、农贸市场、建材市场、劳务市场。

冬，轧村乡22个村共组织2300多人参与环湖大堤防洪工程土方会战。织里抽调1500多人，完成旎儿港工程第一期25 097立方米的土方任务。

12月，太湖乡有13个村完成小圩区改造，有7个村完成农电标准村建设。

同年，漾西蔬菜蜜饯厂投资250万元，开发八珍百合。1994年，常乐牌八珍百合被国家列为专利产品。

同年，轧村家电总厂技改项目轿车计时器被列为市科技含量最高的十三项重点项目之一。

1993年

1月，漾西乡敬老院成立，何生梅任院长。

1月4日至5日，中共漾西乡召开第九次代表大会。6日至7日，中共太湖乡召开第九次代表大会，中共轧村乡召开第六次代表大会。同月11日，中共织里镇召开第九次代表大会。

4月，轧村乡对助剂厂、五金厂、建筑公司、联营厂、电子元件厂、棉织厂等6家镇办企业实行经营机制改革。1994年对印染厂、羊毛衫厂实行经营机制改革。

5 月 20 日至 21 日，晟舍乡召开第十一届人民代表大会。21 至 22 日，织里镇召开第十一届人民代表大会第一次会议，轧村乡召开第十一届人民代表大会第一次会议，漾西乡召开第十一届人民代表大会第一次会议。22 日至 23 日，太湖乡召开第十一届人民代表大会第一次会议。

6 月，漾西乡投资 190 万元建设第二期程控电话，总装机容量 240 门。1995 年"摇把子"电话停用。

6 月 19 日，浙江省民政厅批复同意轧村乡撤乡建镇。

7 月，新漾西中学竣工。总投资 150 万元，其中集体资助 45 万元、个人捐款 25 万元。

9 月，全市调动 8 万民工对胡溇到渚溇全长 11 公里环湖大堤开展土方工程会战。漾西乡负责安置南浔区 3 万民工，被授予 1993 年度"环湖大会战"先进单位。

10 月，撤销晟舍乡建制并入织里镇，庙岐山村、晒介兜村、旧馆村划归南浔区旧馆镇，其余行政村并入织里镇。

12 月，漾西乡办企业进行转制，毛织厂等乡办企业转让或承包给相关人员。

同年，轧村镇三济桥工贸交易中心完成土地征用、建筑设计等前期工作并破土动工，1995 年竣工。共建造房屋 134 幢，建筑面积 2.06 万平方米，总投资 1200 万元。

同年，轧村镇新增电气化建设合格村 4 个，5 个村完成小圩区改造任务。

同年，漾西乡全长 2.5 公里的陆家湾至汤溇的砂石路路基工程完成。

同年，国家放开粮食市场，境域粮票及其他相关票证取消使用。

1994 年

1 月 1 日，织里镇广播站自办 11 套有线电视节目正式开播。

3 月，织里镇经济开放区统一征地事务所成立，实行土地管理五统一，陈国荣任主任，胡坤生任副主任。

5 月，织里工商分局根据《经济合同示范文本管理办法》相关规定，在织里商城全面推行经济合同统一文本制度。

9 月，织里工商分局在漾西设立管理办公室。

10 月，漾西乡派出所成立，所长邱连荣，公安干警邬晓新。

11月，织里经济开放区、织里镇党委、镇政府决定，凡为织里经济发展作出重要贡献的人员，给予农业户口转为非农业户口奖励。吴金海、朱新铭等11人当年获得农转非奖励。

12月8日，漾西乡与同济大学开发的乔溇同济文化村奠基。第一期工程征地80亩，建造26套别墅。

12月8日，经浙江省民政厅批准，漾西乡撤乡建镇。

同年，由浙江省城乡规划设计院编制的《织里经济开放区分区规划》通过认证。

同年，漾西镇全年投入18.4万个工，完成溇港疏通、外围圩埂加固加高、小圩区改造工程，累计完成土方任务21.2万立方米。

同年，太湖乡杨溇村建立202亩蔬菜生产基地。至1997年杨溇蔬菜现代园区达到402亩，带动全乡7000多亩旱地发展蔬菜生产。

是年至1997年底，轧村集镇填平兜浜，拓宽和延伸6条道路，建造4.7万平方米商住房，建成新农贸市场，埋设地下通信电缆，建造新邮电大楼，改造老街储蓄所。

1995 年

2月16日，轧村镇成立村级公路指挥部，朱春荣任总指挥，朱淦江、姚阿根任副总指挥。

7月5日，织里镇第十一届五次人代会通过《关于拓宽织里镇进镇公路集资的决议》，明确"凡经商、办实业的个体工商户，私营企业需缴纳集资款。集资款委托织里财税分局收取"。7月20日，织里镇政府决定，"集资款按每本专用发票单独结算，累计在300万元以内的按总数3%收取，超过部分按1.5%收取，时间为3年"。

10月26日，中共轧村镇召开第十次代表大会。10月，中共织里镇召开第十次代表大会。

下半年，织里镇司法办公室升格为织里镇司法所（湖州市第一家），市政法委召开现场会议并由领导授牌，朱新铭为首任所长。此后，太湖、轧村、漾西先后于年内成立乡镇司法所，吴美丽任轧村司法所所长，姚法龙任漾西司法所所长，戴水珠任太湖乡司法所所长。

10 月，漾西镇成立城管监察办公室，工作人员于杰荣、顾卫中，负责全镇交通安全、环境卫生服务。

10 月，漾西镇搬迁汽车站，新街铺设人行道、安装路灯、建设绿化带。

11 月，漾西镇开始拓宽漾轧公路漾西段 3.8 公里，路面宽度 18 米（拓宽一倍），并进行砂改油。汤溇至七都公路砂改油。钱溇、新浦村级公路启动，钱家兜杨新法带头捐款 6000 元，吴坤林捐款 5000 元。

11 月 6 日，轧村镇召开第十二届人民代表大会第一次会议。

11 月 29 日凌晨，晟舍村闵记饭店旅馆内发生抢劫杀人案，旅店老板一家三口及一名住客被杀害。2017 年 8 月 11 日凌晨，犯罪嫌疑人刘永彪（男，1964 年出生，安徽南陵县人）在安徽南陵被抓获。11 日上午，犯罪嫌疑人汪维明（男，1953 年出生，安徽省南陵县人）在上海居住地被抓获。2019 年 10 月 22 日下午，遵照最高人民法院院长签发的执行死刑命令，对汪维明、刘永彪执行死刑。

12 月，湖州市邮电局在漾西镇建造一座高 80 余米的移动通信"大哥大"信号接收基站。

同年，织里镇被国家体改委、建设部、公安部、国家计委、国家科委、中央编委办公室、财政部、农业部、民政部、国家土地管理局、国家统计局等 11 个部委批准为全国小城镇综合改革试点镇。

同年，全国人大常委会副委员长布赫来织里考察。

同年，织里镇组建中国织里商城发展有限公司，占地 150 亩的晟舍第八交易区动工兴建。1996 年 1 月 2 日，织里经济开放区管理委员发出《同意扩建织里商城 8 交易区童装市场二期工程的批复》《同意扩建织里商城 8 交易区服装辅料市场二期工程的批复》。1997 年 9 月 28 日正式开业。

同年，织里镇成立集体资产管理委员会，同时建立镇资产经营公司。到 1997 年止，32 家镇村集体企业完成转制 25 家，关、停、并、转 6 家。

1996 年

1 月 18 日至 19 日，中共太湖乡召开第十次代表大会。中共漾西乡召开第十次代表大会。

3 月 12 日至 13 日，太湖乡召开第十二届人民代表大会第一次会议。同月 13 日，织里镇召开第十二届人民代表大会第一次会议。同月，漾西镇召开第十二届人民代表大会第一次会议。

6月，农业部部长刘江与各省副省长等70余人，到轧村镇范村农业园区视察。

7月，轧村镇推行"双田制"改革，建立土地使用权流转机制，发展粮田适度规模经营。10月，漾西镇各村推行"双田制"改革。

10月，漾西镇陆家湾村建造农业园区。

12月，漾西镇土地管理所成立，工作人员有杨培林、张水妹等。

12月，织里镇4家银行办事处和2家信用社全年现金收付量超过200亿元，人均储蓄余额超过10 000元。

同年，织里全镇程控电话装机容量9860门，移动通信（大哥大）基站开通A网和B网，并完成地下光缆埋设。

同年，织里镇建成区面积从0.8平方公里扩大到4.2平方公里。

同年，轧村镇建成范村千亩现代农业园区。1997年，建造姚泥水村农业园区。累计农业园区3个，总面积1779亩，共投入资金360万元。

同年，湖薛公路通车。

同年，轧村镇党委决定开发镇区的铁店港西侧（三角潭）地块。1997年在轧村镇电影院举行湖州市首次国有土地使用权公开拍卖会。推出拍卖地块共48块（幢），起步价每平方米600元，每幢30 240元。48块地块全部成交，每平方米均价1620元。

同年，湖州今童王制衣有限公司成立，地址织里镇安康西路333号。至2008年，厂区占地面积5万平方米。截至2019年，今童王品牌被评为"浙江省名牌产品""浙江省著名商标""中国十大童装品牌"等，获得"国家生态纤维制品标志证明商标准用证"，拥有产品外观专利29项。

同年，织里工商分局开展"打假保春耕、打假保健康、打假保名牌、打假保节日"为主要内容的打假治劣专项整治行动。

1997年

3月，织里镇创作镇歌《走南闯北织里人》。8月，镇机关干部102人在全市歌唱大赛上合唱镇歌。

4月3日，时任全国人大常委会副委员长费孝通来织里镇考察，并题写"童装世界”墨宝。

4 月，织里经济开放区管委会联合织里工商分局开展首届织里十大童装企业和十佳童装商标评选。9 月，乖伦、海柔、佳士曼、昌达、佩琳、喜尔达、富美多、织城、织美、圣娃等商标被评为十佳童装商标。

5 月，湖州市水利部门再次拓浚幻溇港。工程南起北横塘，北至入湖口（幻溇水闸），拓浚河道全长 2 公里。至 1999 年 11 月全部完工。幻溇港拓浚工程完成后，行洪标准为 20 年一遇洪水，可排泄洪水流量每秒 150 立方米。

9 月 26 日，漾西镇召开首届农民代表大会，11 人当选为漾西镇第一届集体资产管理委员会委员。

同年，织里镇进行户籍制度改革，打破城乡分割的二元结构。至 1998 年止，有 5100 多农业人口办理城镇常住户口。

同年，漾西镇向各承包农户摊派，用于集体水利设施建设的劳动结累工 15 万工，改造机埠 3 座，疏浚溇港 3 条，砌石护岸 150 米，排放涵管 3880 米，清沟理渠 3900 米，共完成土石方 14 万立方米。投资 263 万元完成电气化合格村建设 3 个。

同年，太湖乡处理 15 名吸毒者，铲除了 48 株罂粟花。

同年，太湖丝绸总厂实现利润 400 多万元。

同年，太湖全乡有 2550 农户从事服装加工，从业人员 6641 人。

同年，太湖乡农村安装有线电视，投资 28 万元的闭路电视前端工作完工，幻溇、潘溇、蚕环田三村当年接通。投资 150 万元的标准型电话发射铁塔开通，程控电话突破 1200 门。

同年，太湖治理骨干工程幻溇港拓宽。完成 1.5 万平方米建筑物的拆迁，征用土地 255 亩，发动 3500 多名民工参加水利会战。全省水利现场会在太湖乡召开。

是年底统计，轧村镇有农村住户 4896 户，从业人员 14 454 人，其中从事农业人员 6737 人。

1998 年

3 月 18 日，轧村镇政府出台《关于抓好早稻面积落实的若干规定》，要求各村党员干部作为政治任务，认真落实上述规定。

8月，经上级批准，太湖乡撤乡建镇。

8月，轧村镇规划私营经济园区，东起范村港，南到申湖羊毛衫厂，西到轧漾公路，北接浙江蓝鸽实业有限公司。镇党委、镇政府成立园区领导小组，倪林泉任组长，杨永林任副组长，12月完成前期工作。

8月8日至9月20日，轧村镇开展集体资产清产核资。通过清查，镇级集体总资产为18 072万元。

9月，漾西镇推行政务、村务公开。

9月，漾西镇加入湖州市南太湖国家星火技术密集带暨科技示范乡镇。

10月8日，轧村新农贸市场正式启用。

10月，漾西镇党委发文撤销棉纺厂党支部。

11月，漾西镇开展首届"十佳青年"评选活动。

11月，漾西镇在宋溇村进行延长土地承包试点。

同年，织里镇评选童装"双十佳"企业，举办首届"织里杯"全国儿童服装设计大奖赛。

同年，漾西镇落实中央"八条规定"，按区委文件要求，在干部中间清理由集体出资为个人购置的移动电话、住宅电话和BP机。

同年，漾西镇全年工农业总产值14.02亿元，比1995年增长67.5%，其中农业总产值5587万元，比1995年增长7.4%。

同年，世明集团、栋梁集团全年完成税利2538万元，占漾西镇村集体企业总利税的80%。

同年，太湖镇实行小蚕联户共育、二回育和方格蔟上山等3项生产技术，蚕茧单产41.9公斤，比1995年增长15.4%，雄蚕生产性试验取得成功。

同年，织里镇、太湖镇、漾西镇、轧村镇第二轮土地承包延长30年，并做好发证工作。

1999 年

1月6日，中共织里镇召开第十一次代表大会。1月8日，中共轧村镇召开第十一次代表大会。1月30日，中共漾西镇召开第十一次代表大会。2月1日，中共太湖镇召开第十一次代表大会。

2月3日，轧村镇召开第十三届人民代表大会第一次会议。5日，织里镇召开第十三届人民代表大会第一次会议，漾西镇召开第十三届人民代表大会第一次会议。5日至6日，太湖镇召开第十三届人民代表大会第一次会议。

4月，轧村镇对镇机关部分聘用干部进行清退。5月1日，漾西镇根据区委文件要求，清退机关自聘人员9人，清退部门自聘人员4人。

5月，织里镇大潘兜千亩农业园区以及秦家港等5个村2980亩标准田建设完工。

5月入梅后，镇域遭受洪涝灾害，至6月30日止，累计降水量500毫米。由于水位太高，长湖申航线断航，漾西镇多处外围圩堤决口。轧村镇大洋其村农田全部淹没，轧漾公路轧村镇轧西村香山自然村到漾西镇常乐村段被洪水淹没而交通中断。轧村镇政府办公楼受淹，机关工作人员乘橡皮船上下班。太湖镇百合、蔬菜、桑地、单季晚稻等受灾面积9844亩，倒塌房屋48间，1063平方米。湖薛公路3200米公路损坏，多次出现"弹簧土"，太湖全镇经济损失1537.56万元。

7月底，织里镇评选出抗击6·30洪涝灾害先进集体18个、先进个人100人。

6月，太湖镇杨溇村投资98.02万元，建设320亩旱地蔬菜示范园区，实行喷滴灌溉、大棚栽培。

同年，太湖镇域内新建造水闸12座，152.5公里的治太工程环湖大堤完成。溇港全部拓浚，新修"三面光"渠道39公里，修建机埠37座，配套机泵40余台，完成小圩区改造任务。太湖镇投入600万元完成19个村的电气化改造，成为农电合格镇。

8月，经上级批准，太湖镇杨溇村对村北部"湖边圩"范围内的低产田、荒塘、荒滩、荒草地等共313亩土地进行整理，增加耕地81亩。潘溇村对潘溇圩范围内低产田、荒塘、荒滩、荒草地等共700亩土地进行整理，共投资101.77万元，增加耕地117.64亩。

9月，太湖镇程控电话装机容量突破2000门，普及率达到35.1%。

10月20日，根据湖州市政府文件精神，撤销原太湖镇、轧村镇、漾西镇建制，合并入织里镇。四镇合一后，织里镇行政区域面积135平方公里，下辖86个行政村、6个居委会，户籍人口93 966人，外来人口5万，总耕地面积91 400亩，其中水田面积78 688亩。

2000 年

1 月 26 日，织里镇召开第十四届人民代表大会第一次会议。此为五乡镇合并后的首次人代会。

2 月 17 日，湖州市人民政府批准，旧馆村、庙岐山村、晒介兜村 3 个行政村由南浔区旧馆镇划归织里镇管辖。

3 月 26 日，织里镇开展"致富思源、富而思进"教育试点活动。

3 月 31 日上午 9 时，利济文化城首期工程"大雄宝殿"举行上梁仪式。

5 月，织里镇建立事业单位和村财务指导服务中心，推进政务、村务公开。

5 月 31 日，规范织里联托运市场，明确统一管理、统一审批、市场运作规范操作。

6 月 30 日，湖州市计划委员会批准织里联托运服务中心工程项目，总建筑面积 11 710 平方米。2001 年 3 月被国家发改委列为综合开发项目，并动工建设。

8 月 28 日，湖州市工商联批准成立织里镇商会。

同年，织里镇累计开办 6 家小微企业专营支行，并相继成立小额贷款股份有限公司及典当、证券、融资、资产管理等金融机构。

同年，织里粮管所全面改制，资产净值为 1301 万，职工工资基金 245 万。2001 年 9 月，成立织里银湖粮油公司，属股份制企业，股东 81 人（职工人人参股）。

是年底统计，镇域共有个体工商户 8639 户、私营企业 785 家。

2001 年

1 月，镇规划区内房屋建筑中禁止使用预应力圆空板。

3 月 6 日，经织里镇政府批准成立织里三元客货运有限公司。公司以织里镇区为中心，连接太湖、轧村、漾西等集镇，贯通整个镇域区域性公交线路。

3 月 29 日，镇政府出台《关于进一步加强搬运行业管理的若干规定》。

4 月，镇政府出台《棉布市场管理方案》。

5 月，吴金海投资 5000 万元引进德国设备，创办米皇羊绒有限公司。

6 月 4 日，织里镇政府同意增设织西社区居委会、长安社区居委会、东盛社区居委会。2002 年 12 月 11 日，经湖州市人民政府批准，增设府前社区居委会、朱湾社区居委会。

7月，织里镇区实行亮化工程。

9月21日，中国服装研究设计中心童装分中心与织里经济开放区管委会，共同评出今童王、华诺、佳锦、衣贝尔、小灵丁、夏士、小博王、保尔来、乖伦、赛洛菲童装为"织里十大童装品牌"。

9月24日至26日，织里镇举行首届中国·织里童装博览会。童装博览会以"弘扬服装文化，引领童装潮流"为主题，由中国服装协会和湖州市人民政府共同举办。博览会主要活动内容：中国服装协会童装专业委员会（筹）揭牌仪式，织里十大童装品牌评选结果揭晓颁奖仪式，中国织里棉布城落成典礼，童装精品展示和童模表演，举行中国服装协会童装专业委员会第一次筹备会议暨童装发展研讨会，组织大型民间踩街活动。

11月，根据湖州市《关于开展行政村区域调整工作的若干意见》，对行政村进行合并，镇域89个行政村调整为46个。织里镇党委、镇政府出台《关于行政村合并中精简分流人员有关政策待遇的规定》。

11月，镇区延伸府前大道、富民路、康泰路、长安路、织太路、商城路、湖织公路织里段，形成8平方公里城市框架。

同年，大港集团全年外贸出口交货值3.3亿元，自营出口3580万美元，列全市第一。

同年，湖州市人事局在织里镇开展机关人事制度改革试点，部分公务员和事业编制工作人员提前退休。

同年，大邾村等自来水实行城乡统一供水。

同年，织里登记的外来人口45 022人。2004年登记的外来人口142 649人，至2019年，登记的外来人口有286 971人。

同年，按照"一门受理、抄告相关、同步审批、限时完成"的工作流程，企业登记注册实施前置并联审批制度。

同年，织里工商分局举行整治区域性假冒问题、规范市场经济秩序专项执法行动，对漾西电缆电线行业和织里童装行业存在的商标侵权行为进行重点整治。共查处商标侵权等案件57件，查获假冒民用电线、童装在内的各种假冒物品标值达30余万元。

同年，境域有线电视通村入户"村村通"工程动工，2002年完成。至2003

年完成有线广播"村村响"工程。全镇有广电网络主干光缆 693 公里，光节点 1235 个，地下管网 33.16 公里，有线电视用户 32 000 余户，安装调频广播 1048 只，镇域行政村均建立广播室。

同年，织里供销社宣告破产，资产均转让或拍卖。退休职工 203 人，在职职工 200 人，其中合同工 31 人，皆买断工龄，提前退休。

是年至 2003 年，珍贝牌羊毛衫及羊绒产品连续三年被国家统计局、中国行业协会评为全国"羊毛衫销量第一名""羊绒衫销量第二名"。2002 年，珍贝牌羊绒衫被评为"中国质量过硬服务放心信誉品牌"和"中国知名品牌"。2018 年，珍贝牌羊绒衫被评为 2017 年中国最受消费者喜爱的羊绒品牌。

2002 年

1 月 27 日，中共织里镇召开第十二次代表大会。大会提出："以绿色主题美化城市环境，坚持城市建设与绿化并举，公共绿化与庭院绿化并举，全面绿化与重点绿化并举，搬迁辟绿，见缝插绿，造一房绿一点，建一区绿一片，筑一路绿一线。"

1 月 10 日，位于浒井港西岸的华东别墅 7 号楼发生凶杀案，织里人王某林与妻子惨遭杀害。经过警方侦查，2005 年破案，凶手陈文普被绳之以法。

1 月 31 日，织里镇召开第十五届人民代表大会第一次会议。

1 月，晟舍至织里的 1 路公交线开通，尔后逐步开通织里至轧村、漾西，织里至太湖、义皋，织里至太湖、东桥，织里至漾湾，织里至南浔公交线路。至年底有大型公交车 28 辆。

7 月 5 日，建立轧村、漾西配套工业园区。轧村工业园区面积 300 亩，漾西配套工业园区面积 600 亩。

7 月 8 日，总投资 1.36 亿元的织里新棉布城开业。

7 月 18 日，湖州市重点工程织里行政中心、会展中心、科技文化中心、市民公园"三中心一公园"动工。2004 年 1 月全面竣工并使用。

8 月，中共浙江省委副书记梁平波视察东湾兜村老年活动中心，并题写"群贤毕至"匾额。

8 月，镇机关公务员住房制度改革完成，事业单位工作人员住房制度改革启动。

8 月 26 日，织里彩纷路一童装企业发生火灾，4 人死亡。

9 月 13 日，振兴阿祥集团筹建中国织里国际童装市场。

9 月 18 日，开始建造镇消防站。行政划拨土地 10 亩，投资 780 万元。2003 年 8 月竣工并交付使用。

10 月，当年完成 28 个村改水，完成 30 公里通村公路砂改油，完成 46 个村村庄环境整治。

11 月，市委组织部在织里进行镇党委、镇政府、镇人大班子集体议事试点工作，出台《织里镇党政领导班子集体议事规则》。

11 月，中共大港集团党委成立，下设大港村党总支部（辖农业、工贸、老年支部）、湖申印染公司支部、大港印染公司支部、三友房地产公司支部。

2003 年

2 月，确定建设织里工业园区。东起珍贝路，南至 318 国道，北至湖织大道，西接八里店，总面积 4 平方公里。建立园区办公室，镇党委书记杨六顺任组长。3 月 15 日项目启动。

4 月 12 日，湖州市人民政府织里联托运市场管理委员会成立，杨六顺任主任，丁芳芳任常务副主任，闻桂荣、许淦林、梅旗华任副主任，沈志云任办公室主任。

4 月 17 日，镇区棉布城西侧建造农贸市场，占地面积 11 700 平方米，总投资 1468 万元。2005 年竣工。

5 月 16 日，湖州自来水公司将东郊污水处理厂一次性整体转让给织里镇政府。

4 月，国内部分地区发生传染性非典型肺炎疫情。4 月 24 日，镇党委、镇政府成立由镇长任组长的"非典型肺炎预防控制领导小组"，建立群防网络。5 月 3 日，在银湖宾馆设立集中观察点，建立专门小组进行服务和稳定情绪，副镇长柳学林、织里医院副院长金波等入住隔离区进行服务和稳定情绪。

11 月，《织里镇妙西金家坞公墓管理办法》出台，明确公墓"属公益性公墓，原则上安放全镇因城市建设、工业园区建设和经济发展所需搬迁的坟墓。"

同年，镇科技文化中心建成，地址吴兴大道 5995 号。项目总投资 800 万元，总建筑面积约 8000 平方米，其中位于 3 楼的文化站图书馆，具备图书阅览与召集小型会议的功能，藏书 15 000 册。

2004 年

1 月，国家发文全国取消农业税（公粮），镇域农民每年受益 256 万元。

3 月，建立织里镇档案室，面积 200 平方米，配置密集架 50 立方米，镇档案室档案卷藏量 10 189 卷。

3 日 20 日，时任浙江省政法委书记夏宝龙到织里镇矛盾纠纷调解中心视察。

4 月，在全镇范围内发起"织里童装第一人"评选活动。通过正式推举评选，吴小章被授予"织里童装（绣花）第一人"荣誉称号。

5 月 20 日，由镇政府组织编撰的地方文史集《人文织里》由方志出版社出版并隆重举行首发仪式。著名社会活动家陈香梅女士撰写序言。本书由叶银梅任主编，首印 4000 册。

5 月 27 日至 28 日，举行第二届中国·织里童装博览会。童装博览会以"弘扬织里精神，引领童装潮流"为主题，由中国服装协会和湖州市人民政府共同举办。内容有中国童装博物馆落成开馆仪式，中国童装发展高峰论坛，"织里精神"与织里童装论坛，举办文艺晚会（由当年央视热档"同一首歌"节目组策划）和大型民间踩街等活动。

6 月 2 日，时任浙江省委书记习近平到织里镇矛盾纠纷调解中心等视察。

7 月 8 日，举办"外来员工，温馨织里"电影周活动，晚上 7 时在行政中心市民广场举行开映仪式。

7 月，第二轮土地承包全部完成，全镇共 18 762 户农户签订土地承包合同，权证发放率 99.56%。

10 月，组织专家及各方面人士，提炼出"敢想敢为、创新创强、开明开放"的织里精神。

11 月 18 日，吴兴区经贸洽谈会在上海举行。织里镇童装表演队受邀在会上表演。

12 月，织里镇被命名为省级卫生镇。

12 月，织里医院进行产权制度改革，医院成立董事会，新组建的股份制医院开始运作。

同年，中国青少年研究中心和织里镇人民政府，共同在吴兴大道 2699 号的织里中国童装城四楼建立中国童装博物馆。2006 年搬迁至织里镇科技文化中心。2010 年迁址于织里中国童装城。馆场面积 3000 平方米，藏品 1500 余种，共设八个厅，包括历史厅、现代厅、民俗厅、华夏厅、织里厅、国际厅、童趣厅、临展厅，馆内主要收藏中国历代儿童服饰、中国民族、民俗儿童服饰文化，展示织里童装产业发展史等。

同年，织里工商分局设立经济违法举报中心专岗，经济检查、"12315"受理室、消费者协会合署办公。

2005 年

1 月，开展"亲情织里"民工系列文化活动。1 月 8 日，在行政中心广场举行启动仪式暨"联通你我他"大型广场文艺演出。至 12 月，共安排"一式三系列"活动 22 项。

1 月 27 日，时任浙江省委书记习近平视察织里，同时看望了轧村敬老院院长徐丽珍、退伍老兵刘阿六及病房里的机关干部易小平。

5 月，完成村级班子换届选举，全镇 46 个行政村共选出村"两委"成员 285 人。

5 月，织里镇劳动力市场建立，并出台管理办法。

6 月 5 日，出台《织里童装重点品牌基地品牌培育方案》。

7 月 26 日，织里镇工会第一次代表大会召开。

12 月，吴兴区人民政府印发《织里镇"三合一"企业长效管理办法》。

12 月统计，全年外来育龄妇女 103 171 人，持证人数 39 513 人，查孕查环 13 834 人。

同年，政府 OA 系统开通。

同年，织里镇接收三峡移民 28 户，安排在 11 个行政村。

同年，新增"农村放心店"36 家。制定放心店考核评价标准，对 4 家考核不合格"放心店"进行摘牌。至 2006 年，放心店达到 46 家。

同年，湖州华扬装饰材料有限公司创立，并与中粮集团下属子公司加蓬三利木业股份公司建立合作伙伴关系。

2006 年

2 月，织里镇纺织印染砂洗行业市级环境重点监管区开展"摘帽"工作。到 12 月，2 家限期整改印染企业完成考核验收，11 家印染企业完成整治工作，2 家印染企业被依法取缔，12 家砂洗企业治污装置完成，9 家日排水 1000 吨以上企业安装在线监测设施，基本完成摘帽任务。

6 月，开始加强村级阵地建设。至 2008 年，全镇所有村均达到"四齐八配套"要求，即办公室、会议室、活动室、图书室齐全，桌椅、电话、书刊文件柜、电化教育、规章制度、公开栏、宣传栏、卫生设施配套。

8 月，联合整治漾西小化工（有机玻璃）企业，2 家自行关闭。11 月 4 日，联合执法组对 14 家拒绝自行拆除或拆除不彻底小化工企业强行取缔。

9 月 14 日凌晨 4 时许，织里中路 50 号至 52 号的福音大厦发生重大火灾，15 人死亡，2 人受伤。起火原因是发生火灾企业将电线缠绕在墙体铁钉上，造成电线发热老化，引燃企业内部存放的大量辅料，至下午大火被消防人员扑灭。

9 月 24 日，镇党委批复，同意 2001 年 11 月合并的行政村支部升格为党总支部，下设工业、农业、老年三个支部。

10 月 21 日凌晨，位于安康西路 137 号的童装生产企业发生火灾，造成 8 人死亡，5 人受伤。起火原因是停放的电动车夜间充电，电线接头发生故障而引发大火。

10 月，湖州伟祥生态农业发展有限公司成立，地址伍浦村，种植面积 428 亩。

11 月 7 日，镇政府分别与大河村、秦家港村、东兜村、河西村、清水兜村、朱湾村、织里村等村"两委"负责人进行协商，并形成会议纪要，决定农民安置房的生产与生活区域彻底分离。

11 月 20 日，栋梁新材股票在深圳交易所上市，股票代码 002082。

11 月，织里童装产业标准厂区动工建设。东厂区地址大港路东、吴兴大道南侧，总用地 693 亩，建筑面积 53 万平方米，2017 年竣工。西厂区地址吴兴大道南侧、西环二路以西，总用地 288 亩，建筑面积 28 万平方米。

12 月 6 日，中共织里镇召开第十三次代表大会。

同年，工商分局加强对网络广告的监管，每季对网络广告经营单位进行一次监测，并对 5 家网络广告经营单位落实专人检查。

2007 年

1 月 28 日开始，全面实施童装生产企业消防安全深化改革，320 名市、区、镇工作人员参与此项工作。至 3 月 19 日，有 584 幢房主申请将生产区和生活区水平分离，47 幢申请垂直分离，10 幢申请按幢分离，88 幢承诺放弃生产童装。至 2008 年 6 月，经过 508 天整治，镇区 13 800 多个房主（业主）的 1060 幢建筑实行以幢为单位的生产区、生活区水平分离，持续 20 多年的"三合一"生产模式转变。全国"三合一"整治现场会在织里召开。

3 月 15 日，织里镇第十六届人民代表大会第一次会议召开。

3 月，社区居委会进行调整，重新划定 11 个社区居委会。至 4 月，各社区居委会办公场地落实，社区工作人员招聘到位，老社区干部去留工作完成。

10 月，童装类市场主体登记注册实行"政府把关，工商发照"的办法，童装企业必须通过"三合一"整治后方可获准注册登记领取营业执照。

秋，秧宅村与后林村交界的市级文物保护单位白龙塘桥上四只石狮被窃。石狮为民国 19 年（1930）白龙塘桥重建时之物，太湖石材质，形态逼真。报案后无果。

同年，全镇落实 42 个重点节能减排项目，对 37 家涉及污染企业进行治理，印染和砂洗行业开展整治。

2008 年

1 月 3 日起，中国南方发生大范围低温、雨雪、冰冻等自然灾害。湖州 1 月 16 日开始降雪，2 月 1 日至 3 日市区降雪量 35 毫米。镇域多处房屋倒塌，分别是漾西集镇农贸市场、鸿锋铝业等多家企业厂房。振兴阿祥集团在安吉的厂房全部倒塌。

5 月，汶川地震后，织里镇社会各界开展支持配合为汶川地震灾区生产帐篷等救灾物资工作，全面组织各类捐赠活动，共募集救灾款 1293 万元，捐赠童装等各类衣物 7 万多件。

7 月，全镇 46 个行政村成立老年协会。

9 月 26 日，政协第一届吴兴区委员会决定设置织里镇政协工作联络组。

10月，镇政府清理和规范编外用工，清退部分机关及部门编外人员。

10月8日，成立浙江南浔农村商业银行股份有限公司织里支行，地址织里北路337号。

同年，织里工商分局推进小食杂店规范整治，清查小食杂店1298家，建立小食杂店整治档案。

同年，汇德木业获得中国驰名商标，金利宝羊绒衫等获得省级名牌和省级著名商标。全镇累计拥有中国名牌产品、中国驰名商标、国家免检产品14个，省级名牌和省级著名商标22个。

同年，对漾西37家铝合金企业进行行业整治，有36家企业通过验收。

同年，织里火羊会被列入湖州市第二批非物质文化遗产名录。织里刺绣被列入湖州市第一批非物质文化遗产名录，并被收录进浙江省第三批省非物质文化遗产名录。吴宝珠（1938年生，织里镇人）被授予湖州市非物质文化遗产（织里刺绣）代表性传承人。

2009年

1月，中国农业银行股份有限公司湖州织里支行更名。

2月，镇域出现手足口病。到4月10日止，共发生病例62起，其中59起为临床诊断病例，3例为实验室诊断病例，最小为11个月，最大为6岁，无重症病例。

2月25日，表彰首届"爱我织里"优秀企业家。5人获"杰出优秀企业家"称号，9人获"明星企业家"称号，10人获"成长型优秀企业家"称号。

5月19日，中新毛纺有限公司发生生产安全事故，死亡1人。

4月22日，镇政府成立专门小组对广际童装苑、江南童装苑进行消防安全专项整治。

6月，对"十小"行业进行整治和规范，12月完成。

7月，实施机关干部"六联"制度，全镇163名机关干部开展联系村、联系企业、联系项目、联系童装生产经营户、联系困难户、联系不稳定因素存在户。

7月27日，湖州信诚典当有限责任公司成立，地址棉布城17幢30号。

8月2日，台风"莫拉克"在菲律宾附近洋面生成，6日最大风力15级，9日在浙江省南部登陆，南太湖水位超出警戒水位，镇域水闸全部关闭，航道禁航。

8 月 15 日至 20 日，举办 2009 中国·织里童装活动周。主要内容有：2009 中国·织里童装创意团队设计大赛，品牌童装发展与提升高峰论坛，织里童装活动周新闻发布会，织里童装产业创新创强表彰。

8 月 18 日，织里国际童装城股份有限公司投资创建织里中国童装城项目，项目地址吴兴大道北侧、阿祥路西侧。总投资 25 亿元人民币，占地面积 600 亩，规划总建筑面积约 70 万平方米。

9 月 18 日中午 11 时，朱湾社区永佳西路 25 号世纪星制衣厂发生小锅炉爆炸事故，1 人受重伤。

11 月 27 日，中共童装商会总支部升格为童装商会委员会，王英任书记，吴荣江任副书记。

11 月，邱小永创办浙江贝盛光伏股份有限公司，主要从事太阳能单晶及多晶电池片研发和产销。

同年，工商银行织里支行储蓄存款为 82 816 万元，至 2018 年储蓄存款为 248 833 万元。

同年，织里金溇马灯被收录湖州市第三批非物质文化遗产名录。朱兆荣（1944 年生，织里镇人）被授予湖州市非物质文化遗产（金溇马灯）代表性传承人。织里山歌被列入湖州市第三批非物质文化遗产名录。织里山歌的主要传承人有姚金珍、沈玲娥、沈阿培等，代表性曲目有《十二杯酒》《望郎山歌》《卖菱山歌》《刘氏大娘》《十二只绵兜》等。

2010 年

1 月 22 日，湖州吴兴江南小额贷款股份有限公司成立。

1 月，湖州久鼎电子有限公司创办，地址大港路 1088 号科技城 10A。久鼎电子为 A 股上市公司立讯精密（股票代码：002475）的下属公司。

2 月，工业园区指挥部成立，开始建造腾飞路。

11 月 18 日至 19 日，'2010 中国·织里童装文化节举行。文化节以"织里让孩子更美"为主题，由中国服装协会和吴兴区人民政府主办，织里镇人民政府承办。活动内容包括：中国·织里童装创意设计大赛决赛，文化节开幕式暨大型文艺晚会，新落成织里中国童装城（一期）开业典礼，投资推介会暨项目签约仪式，织里童装特色游推介会。

11 月，当年新增土地流转 7497 亩，累计达到 44 700 亩。

11 月，湖织公路延伸织里段路基工程全面完成。

同年，《织里民间文化》由中国文化艺术出版社（香港）出版。叶银梅主编，程建中、徐世尧执行主编。首印 3000 册。

同年，织里查处假冒伪劣童装 67 起，童装 2055 件。

同年，织里中国童装城一期（营业面积 21.6 万平方米）21.6 平方米正式开业，700 多家经营户、十大国内品牌、160 多个韩国品牌入驻。

同年，全镇共受理集体上访 98 批次 1570 人，个体上访 136 批次 226 人，群众来信 27 件，市长热线 597 件。

同年，《今童王世界》电视剧开拍。

是年，织里镇财政收入为 59 699 万元，，其中土地出让金收入 4.05 亿元，镇属公司上缴 7050 万元，预算内正常经费收入 2652 万元，财政转移支付补助 251 万元，专项经费补助 3336 万元，超收分成 684 万元，教育附加返回 365 万元，电力附加返回 216 万元，中心镇培育、农业、童装奖励等专项补助 3707 万元，其他收入 238 万元，财政支出 59 042 万元。

2011 年

6 月，童装类企业实现 1000 天消防安全无火警。

9 月 8 日，中共织里镇第十四次代表大会召开。

10 月 26 日，镇域发生税务风波事件，为一征管人员工作方式简单粗暴引发。29 日，治安秩序逐步趋向稳定。30 日，生产生活秩序基本恢复正常。

11 月统计，吴美丽工作室累计受理各类矛盾纠纷 14 700 多件，成功调处率 98%。

11 月，织里建成区面积累计达到 18 平方公里。

12 月，通过化解政府债务，当年减少 1.5 亿元，使政府债务减少到 10 亿元。

12 月 30 日，织里镇第十七届人民代表大会第一次会议召开。

截至 12 月底，前五年累计拆迁农村居民房屋 1600 户，城区 33 个自然村进行旧村改造，8 个农民新型社区建成使用。

同年，阿里巴巴入驻织里，成为全国首家入驻地方产业集群的电子商务。当年线上交易额 15 亿元。2013 年投资 700 多万元，占地 7000 平方米的电子商务孵化中心全部建成，为 3000 多家童装户提供电商代理、童模摄影等服务。2013 年全年童装线上交易额 30 亿元，2017 年线上交易额达到 70 亿元，在全国 194 个产业带中排名第 5 位。2018 年线上交易额超过 100 亿元，培育出大河、河西、秦家港等 5 个淘宝村。

2012 年

1 月 1 日，织里镇实现城乡供水一体化，全镇用水与湖州中心城区居民同网同质同价。6 月，投入 1200 万元完成农村改水二期工程。

3 月，投资 400 万元的幻溇集镇街面整治工程启动。

7 月，棉布城市民休闲广场完成建设。

6 月，太嘉河工程沿线 5 个村 300 亩土地征用完毕，450 穴坟墓搬迁结束，地面附着物按政策处理完成。

7 月，全面落实以社区为主体的"1+1+N"的全科管理、综合服务模式，划分网格 412 个，配备网格人员 593 名。

9 月，湖州市人民政府批准成立吴兴区高新技术开发区。织里镇大港村、郑港村、凌家汇村、联漾村、元通桥村、水产村、沈溇村、东桥村、大溇村、幻溇村、许溇村、杨溇村等 12 个行政村划归高新区。

11 月，芳莲河沿岸滨水景观改造工程启动。

12 月，织里公安分局全年登记刑事发案 3203 起，案发率同比下降 24.9%。破案 1117 起，破案率同比提高 33.45%；查结治安案件 732 起，同比提高 61.23%。

同年，发现和制止各类土地违法行为 169 起，制止土地违法面积 1086.96 亩，组织拆除违法建筑 13 436 平方米。立案查处土地违法案件 168 件，涉及土地面积 773 亩。

同年，委托中规院编制《织里镇小城市概念性规划》，完成修编织东、织西 12 平方公里控制性详规。

同年，镇域织麻布传统工艺被列入湖州市第五批非物质文化遗产名录。织里剪纸被列入湖州市第五批非物质文化遗产名录，蒋志瑛被授予湖州市非物质文化遗产（织里剪纸）代表性传承人。

2013 年

2 月，全长 3.25 公里的湖织大道延伸段全面完工并通车。

3 月 2 日，镇政府组织千人大扫除，拉开以"四边三化"为内容的清洁织里行动。全年清理垃圾 13.6 万吨，日均 361 吨，高峰期日均 534 吨。

同年，砂洗行业开始整治。织里元昌漂染、佳辉铝业全面关停，金牛等 7 家印染企业投资 3 亿元，淘汰落后生产线 106 条。

同年，织里引进中赛、不可比喻等浙湖商品牌童装项目，培育出"男生女生""壹童盟"等市级以上著名商标 42 个，市级以上名牌产品 22 个。与中国服装协会、中国服装设计师协会合作，举办首届全国童装设计大赛。

同年，织里转变拆迁安置模式，按照"规划引领、集中安置、统一评估、价值量化、四房联运、自由选择、等价交换、确保利益"的原则，完成签约 386 户，沿袭十多年的安置模式转变。

同年，位于织里香圩墩的童装产业园一期工程开工，占地 267 亩，总建筑面积 30 万平方米。2016 年 45 家企业全面入驻生产。二期 142 亩于 2017 年下半年开工建设。

同年，智慧织里总投入 3380 万元，全面启动基础信息采集平台、道路视频监控系统等 9 大项目建设，基本建成基础信息采集系统、综合指挥中心、通信基础设施、地下信息系统、道路视频监控系统等，建成区 4G 无线全覆盖。

同年，累计完成"三改一拆"227 万平方米，其中改造旧厂房 124.63 万平方米，城中村 17.63 万平方米，拆除违章建筑 84.93 万平方米。

12 月止，当年完成"个转企"1289 家，"小升规"入库培育企业 100 家；新增规模企业 17 家，累计 116 家；新增亿千企业 5 家，累计 37 家。

2014 年

7 月，华夏银行湖州分行织里营销小组成立，地址织里景富花园大港办公楼，员工 4 人。

7 月，织里医院由湖州市第一人民医院全面托管。

9 月 18 日，太嘉河工程正式开工。工程主要整治入湖骨干河道幻溇港、汤溇港，建设沿河两岸堤岸 91.8 公里。至 2019 年，工程全部完成。

9 月，中影数字国际影城（织里店）成立，为私营法人独资。地址科技文化中心。2017 年关闭。

同年，织里镇被列为中国综合实力百强镇，授予"全国重点镇""国家级生态镇"荣誉称号。入选全国首批 19 个淘宝镇。被评为全市"工业强镇"。2017 年在中国综合实力百强镇评比中排名 76 位。

同年，织里镇累计拆除违章建筑 47.5 万平方米，对三济桥、318 国道、珍贝路停车场等地区的重点违章建筑开展"拔钉"行动。32 个无违建村（社区）通过验收。

同年，织里在城乡一体化发展上先行先试，全面启动"十化"综合改革。

同年，织里镇在全省小城市考核中获得第 2 名，浙江省 2014 年度小城市培育试点现场会在织里镇召开。

同年，镇政府设立织里、振兴、晟舍、利济、轧村、漾西 6 个街道和办事处。

是年始，镇域实施农村生活污水治理工程。工程通过管道将农户的厨房污水、厕所污水等污水接入到终端处理系统。本年度 7 个行政村、62 个自然村、1618 户农户完成治理；2015 年完成行政村 4 个、自然村 65 个、农户 1903 户；2016 年治理行政村 4 个、新增受益农户 575 户。2018 年止，累计有 15 个村、4498 户农户纳管。

2015 年

1 月 21 日，湖州吴兴虹冠民间融资信息服务有限公司（简称吴兴虹冠公司）成立，地址吴兴大道 3975 号金龙大楼，员工 10 人。

4 月，卢瀛峰创办 1200 亩螃蟹庄园，注册资本 1200 万元，注册商标"杨桂珍"。从事太湖蟹养殖、科研、蟹文化的推广。

5 月 9 日，《晟舍利济禅寺志》在寺院广场隆重举行首发仪式，中国当代高僧明学长老莅临并作慈悲开示。该书由释常进、徐世尧、沈方编撰，方志出版社出版，首印 3500 本。

6 月，织里砂洗印染产业园一期工程（17 万平方米）竣工，191 家砂洗印染户全部入园。项目一、二期总用地面积 234 亩，总建筑面积 33 万平方米。二期 16 万平方米于 2017 年交付使用，2018 年建设第三期。

7月，开发和推广使用织里镇公共安全监管系统、智慧用电、智慧用水和智能预警四大系统。

8月6日，台州银行股份有限公司湖州织里小微企业专营支行（简称台州银行织里支行）成立，地址吴兴大道78号，员工16人。

10月，织里镇在"多证联办"基础上，进一步简政放权，推行企业"五证合一、一照一码"、个体户"两证整合"登记制度，由"五证（两证）"变"一照"。

11月2日，织里镇官方微信公众号"织里城事"上线。

11月23日，织里镇与福建省泉州市英林镇结为产业转型升级合作联盟。

12月5日，秦家港农贸市场开张，设有摊位76个，分为干货冷冻区、卤菜区、肉类区、水产区、豆制品区、禽类区、蔬菜区、自产自销区。

12月，镇域14 515名居民分别与18家社区卫生服务站签订《社区居民全科医生服务协议》。全科医生即家庭医生。

12月，吴兴区劳动人事争议仲裁院织里派出庭设立，实行"统一案号、自主立案、自主组庭、依法调解、统一裁决"的处理原则。

12月，湖州市公布第八批市级文物保护单位，镇域义皋溇、蒋溇、钱溇、新浦溇、汤溇、宋溇、乔溇、胡溇、义皋范家大厅、义皋村、汤溇村张官桥、常乐村太平桥、轧村村广济桥、义皋茧站等被列入文物保护单位。

12月，富民路地下人防商业工程主体全线贯通。人防商业工程位于富民路地下，北起兴盛路，南至吴兴大道，建筑面积21 000平方米，是全省第一个单建式人防工程，全国首个镇级人防工程。

同年，湖北省浙江企业联合会（总商会）会长何明东成为《浙商商会圈》杂志封面人物。

2016年

1月1日，织里镇全面放开二孩生育政策，计划生育从管理为主转向服务为主。

1月20日，镇域开始下雪。22日暴雪，23日至25日严重冰冻，最低气温-9℃。全镇各幼儿园和小学提前放寒假。

1月，湖州织里顺峰粮油植保专业合作社成立。地址孟乡港村，面积360亩，以种植水稻、小麦、油菜等农产品为主。

3月，织里老街改造工程启动。改造区域 800 亩，截至 2018 年，完成居民、农户、企事业、商家等共 1300 多户的搬迁。项目计划投资 15 亿元，规划以办公和商业为主，建设 6 万平方米的餐饮区域、9 万平方米的居住区域、6 万平方米的城市公园、5 万平方米的创意园区。

3月 29 日，由湖州同诚文化传播有限公司、湖州传媒影视制作有限公司、吴兴区委宣传部联合出品的电影《千溪》在织里汇德国际广场举行首映仪式，12 月影片在全国电影院公映。

3月，"织里·知礼"校园文化节启动。

5月 5 日，漾西办事处在陆家湾文化广场举办首届"金五月"运动会，汤溇村获得一等奖，曙光村获得二等奖，伍浦村获得三等奖。

5月 6 日，在织里汇德国际广场举办"首届中国织里少儿模特大赛"，400 位少儿参加初赛。7 月 2 日闭幕。

6月 14 日，织里被授予"省级低碳试点镇"，是湖州唯一被授牌的乡镇。

7月 9 日，取缔 10 家非法塑料粒子厂和小化工企业，拆除生产设备。

10 月 30 日，中共织里镇第十五次代表大会召开。

11 月 8 日，在泰国清迈举行的第二届世界水利灌溉论坛暨国际灌排委员会第 67 届国际执行理事会上，太湖溇港入选世界灌溉工程遗产名录。义皋作为太湖溇港的重要区块，从 2013 年开始挖掘溇港文化，建立溇港文化保护区、修缮古村落、建立溇港文化陈列馆。

11 月，织里镇被列为第三批国家新型城镇化综合试点单位，出台"扩权、让利、强机构"为核心的扶持政策，推动产业、城市和政府的转型。

12 月 25 日，织里镇第十八届人民代表大会第一次会议召开。

同年，织里申报浙江省信用 AAA 级企业 4 家，AA 级企业 5 家，AA 级新公示企业 1 家。

同年，工商管理分局允许"一址多照"和"一照多址"登记。

同年，全镇实现地区生产总值 185 亿元，全社会固定资产投资 70.5 亿元，农民人均可支配收入 33 200 元。

2017 年

2 月，织里镇"网络红军"建立，至年底达 500 人。"网络红军"对涉及织里的各类信息即时汇报，共同研判舆情危险等级，根据级别及时制定处置办法，通过与自媒体对接删帖、沉帖、跟帖等处置措施来引导舆论，使各网络热点舆情事件得到迅速控制。

3 月，湖州莼鲈生态农业发展有限公司成立。地址阿祥路 1388 号金丰源 5 号楼，注册资金 3500 万元，员工 105 人，种植养殖基地 950 亩。公司从事农业种植、技术研发、生鲜食材配送、电商服务和餐饮管理。

4 月 1 日，浙江创特新材科技有限公司成立，设材料研究院 1 个，材料研发中心 2 个。

4 月 17 日开始，借助物联网、云计算、大数据、移动互联网等技术手段深入推进"智慧消防"建设。12 月底，共安装"智慧用水"230 套，"智慧用电"系统 4352 套，"自动限荷器"7964 套，智能预警系统 1000 余套。采集录入基础数据 2.83 万家。

7 月 12 日上午，织里东尼电子 A 股主板上市，股票代码 603595。

7 月，织里老街中市狮子桥一对古代石狮（武康石材质）被盗。经公安侦查破案，石狮子于 8 月 28 日被追回。

8 月 18 日，浙江湖州金洁水务股份有限公司在新三板正式挂牌。

9 月 17 日晚，以"童趣"为主题的第四届中国·织里全国童装设计大赛举行颁奖仪式。大赛入围作品共 1400 余件，设计师林建峰的作品《数学好难》获得金奖，新华社等国内主流媒体进行了报道。

截至 11 月 3 日，全镇当年拆迁签约 1574 户，当年拆除 1316 户，拆除 2016 年存量旧房 491 户。

同年，织里镇新建停车场 52 个，新增停车位 3400 个。2018 年新建停车场 30 个，新增停车位 13 000 余个。

同年，以"布艺小镇"为主题的轧村集镇小城镇环境综合整治工程完成，并通过上级验收。共投入资金 1.26 亿元，整治范围 23.3 公顷，整治项目 26 项。

同年，晟舍、漾西两个集镇启动小城镇环境综合整治，总投入 3.5 亿，当年完成 80%。2018 年全面完成，并通过省级验收。

同年，开展城市环境大整治，当年累计出动人员 5.4 万人次，出动整治车辆 2.1 万余车次，清理背街小巷垃圾 5 万吨，拆除违章建筑 53 万平方米，清除"牛皮癣"18 万平方米，取缔流动摊贩 4000 余个。

同年，开展"剿劣"行动，对 227 个市里挂号的劣 V 类水体全面整治，治水"剿劣"率先通过市级验收。

同年，全年土地出让金收入 40 亿元。

同年，全年童装类企业消防安全监管共出动 168 万人次，检查各类企业场所 2.6 万余次，拘留 424 人。

同年，全镇实现地区生产总值 203 亿元，比上年增长 8.5%，财政收入 14.8455 亿元，其中地方财政 8.55 亿元。

同年，镇域持续开展小印花、小砂洗、印花制版等区域性低小散重污染行业整治，取缔小印花户 122 家、非法排污砂洗作坊 16 家、印花制版作坊 23 家，实现全域"清零"。完成第三轮漾西铝合金行业整治，废水全部截污纳管。全面开展金属表面处理行业整治提升工作。启动太湖水厂饮用水源地的环境保护工作。持续推动企业提标升级，推进印染企业挥发性有机物治理。全面启动全镇 224 个生物质燃料小锅炉整治提升。全面启动漾西铝合金熔铝炉管控。

同年，利济圩区建设工程启动。项目东临幻溇港，南至荻塘，西以罗溇港为界，北到南横塘，圩区总面积为 2.99 万亩。总投入 5400 万元，分三年实施利济圩区建设，进行堤防加固 11.3 公里，新建水闸 4 座、闸站 2 座、涵 3 座，增强城市防洪排涝功能。

同年，全面完成 425 条河道的河长制。

同年，全镇垃圾产生量比 2016 年增长了 7.5%，每日送南太湖焚烧厂处理量 350 吨，全年外运德清、舟山、丽水、山东等地规范处置量 10 万余吨。

同年，港西村剩余 24 户渔民完成陆上定居，至此渔民全部告别住家船。

同年，全镇有医疗卫生机构 69 所，其中有吴兴区人民医院，织里镇卫生院（下设社区卫生服务站 22 所），民营专科医院 1 所，民营门诊部 13 所，诊所 31 所，药店 66 家。

2018 年

3 月开始，镇域实施"环境大整治、法制大宣传、素质大提升"的城市管理

"六个精细化"（精细化环卫管理、精细化交通管理、精细化市政管理、精细化阵地管理、精细化立体宣传、精细化责任机制）。

3月，英国诺丁汉郡中英足球中心的教练第二次赴织里中小学，为学生进行专业系统的足球技能培训和指导。11月13日进行第三次合作。

4月，汇德国际广场A座5楼设立上影影城（织里店），私营法人独资。设6个电影厅，座位876席。

5月2日，全国党媒社长、总编"'两山'理论诞生地湖州暨中国报业'绿映神州'论坛"在湖州举行。会议期间，来自中央新闻单位、中央各行业报社、部分省（区）市报业协会领导，全国各地市党报社长、总编辑等班子成员来织里童装设计中心采风。

5月，持续深化"放管服"改革，镇行政服务中心入驻部门26个，设置窗口76个，承接市区下放事权425项。截至12月，全年受理事项30.2万余项，日均办理1280余项。

6月1日起，镇域全面实施禁止销售、燃放烟花爆竹的"双禁"工作。

8月，织里镇退役军人服务站正式挂牌成立，并在镇政府2楼设立接待室、荣誉室、活动室、档案室。此后，34个行政村、2个社区的退役军人服务社相继挂牌。

9月3日，由商务部主办、中欧商贸物流合作园区协办的第9届中国品牌商品（中东欧）展在匈牙利首都布达佩斯中国商品交易展示中心开幕。湖州今童王公司、湖州布衣草人公司、湖州阿龙衣族服饰有限公司、湖州朗田服饰有限公司、湖州厚兴服饰有限公司、浙江万顺服饰有限公司等织里多家童装品牌企业参展。

9月，位于织里镇西侧、吴兴大道北侧的吴兴区实验小学竣工，并正式使用。

10月底，全镇当年共调处各类矛盾纠纷1450件，成功调解1442件，成功率99.4%，其中劳资纠纷案件638件，涉及民工人数1113余人，涉及金额685.1万元。

10月底，当年农民健康体检42 433人，其中60岁以上参保居民体检人数17 304人，体检率67.68%；65岁以上老年人体检人数为12 455人，体检率为71.89 %。家庭医生签约服务签约率为38.07%，重点人群签约覆盖率为76.94%。

计划生育特殊家庭、3 类重度残疾人员及高血压患者签约率 100%。

截至 11 月 14 日，累计完成签约拆除 1231 户，晓河村、东兜村、晟舍村、大河村及大邾村南片整村签约拆迁。旧馆村一期、织里村洋西滩片、老街片区基本签约及拆迁。大邾北片、增圩村、李家坝村、王母兜村、香圩墩村等开始签约。

11 月，11 个行政村开展渔业养殖尾水生态治理，治理面积 1.76 万亩，治理点位 112 个。到 11 月底，全部完成并通过区级验收。

12 月，织里推进"雪亮工程"建设，接入平台视频监控 10 616 路，人脸卡口 287 路，日均抓拍高清人像 20 万余张。

同年，土地实行征租并举。11 月底，完成土地征租 3270.77 亩。

同年，织里镇争取规划空间 1983 亩，落实用地指标 1730 亩。完成 22 个项目的供地，面积 1405 亩，出让金收入 36.3 亿，其中住宅用地 7 个，面积 689 亩，出让金收入 33.9 亿。完成 501 亩土地开发，完成 305 亩土地复垦，完成 127 亩高标准农田。

同年，生产销售童装 14 亿件（套），销售额约 550 亿元，约占国内童装市场 50%。电商企业 7800 多家，全年线上交易额 100 亿元。织里成为全国规模最大、分工协作最紧密、反应速度最快的童装产业集群。

同年，"个转企"企业 151 家，转公司企业 127 家，公司制企业占比达 84.1%。

同年，环保分局对企业巡检 1065 次，发出整改通知单 74 份，涉及问题 191 个，查处企业 11 家，处罚人民币 174.5 万元，关停或回购企业 8 家。

同年，织里成为中宣部"庆祝改革开放四十年"全国唯一镇级典型，从 9 月 8 日开始，各大电视台、电台、报纸、网站等陆续播放和刊登涉及织里的报道 86 篇，相关文章转载累计 2980 篇。央视新闻联播连续三天对织里进行专题报道，央视"新闻 1+1"播出 20 余分钟专题："解密织里'财富'神话"，"焦点访谈"播出约 15 分钟报道："织里的一天"。全年在市级以上主流媒体上发表新闻报道 591 篇。

同年，织里全面启动城市精细化管理工作，累计出动人员 16.72 万人次，出动整治车辆机械 2.54 万余车次，清理背街小巷垃圾和堆积物 5.55 万余吨，开出违章罚单 4 万多张，拖离机动车和"三小车"1.5 万余辆，违法行为集中教育学习 8800 余人次。打造智慧城管平台总投资 230 万元。

同年，完成税收 17.81 亿元，同比增长 20%，其中地方财政收入完成 10.6 亿元，同比增长 23%。

同年，对镇域的无主犬、流浪犬进行集中整治，收容流浪犬 1600 多只；对全镇 2700 多只饲养犬进行排摸造册、免疫上牌。

同年，织里镇工业性固定资产投资完成 10 亿元，同比增长 47.1%。服务业固定资产投入完成 48.16 亿元，同比增长 40%。"大好高"投入完成 6.1 亿元，同比增长 22%。全年完成合同外资 11.52 亿美元，实到外资 28 250 万美元，自营出口完成 17.55 亿元。

同年，启用"政采云"系统，全年完成各类政府采购（包含各政府性公司）1851 批次，采购资金 2.29 亿元。

同年，市政公司全部人员参与精细化管理市政、交通、绿化等各类项目。

同年，南北横塘区域水系综合整治工程（太湖片一期）硬质驳岸完成 3000 米，节点铺装完成 100%。完成河道清淤 21 公里，完成生态护岸建设 23 公里，建设美丽河漾 45 个。完成盘殊漾、秀才港清淤工程。

同年，全镇城乡居民保险在保人数 22 692 人，待遇享受 14 870 人，新增参保人数 303 人

同年，童装城西侧 A、B 区形成以童装零售为主的品牌营运中心，引进名企合作，集聚高端零售品牌，优化供应链管理和营销网络管理。

同年底，织里生产、加工制造业注册企业 17 932 家。

同年，织里镇文体中心始建，地址在织里镇政府大楼南侧吴兴大道与大港路交叉口。占地面积 103 亩，总建筑面积 6.5 万平方米，总投资 13.8 亿元，有青少年活动中心、展览馆、图书馆、会展中心、健身房、游泳馆等场馆。计划 2020 年底土建工程完工。

2019 年

2 月，全镇四个智慧消防站、一个中心站全部投入使用，由第三方中辰公司 84 名人员分批次进行巡查、巡逻。

3 月 21 日，织里公安分局开通"2250000"防诈热线，企业、群众遇到任何疑似虚假信息和诈骗方面的问题，均可拨打热线电话进行咨询和举报，并设立最

高 2000 万元的防诈保险，实行"你汇款我把关，你受骗我赔偿"。

4 月，全镇对 1.3 万余家童装类企业业主和 1900 余家出租房房东分批次进行消防安全、环境卫生等方面的轮训。

4 月，《航拍织里》纪录片正式开拍，历时 6 个月，取景 175 处，修片 16 次，从空中俯视拍摄织里全景，全方位、立体化展示织里人文景观、自然地理风貌及社会经济发展。10 月 1 日纪录片正式上线，12 月成功入围 2019 年第九届"光景纪年——中国纪录片学院奖"。

4 月，镇领导几经权衡商议决定启动编纂《织里镇志》工作，聘请徐世尧担任镇志执行主编。5 月 8 日上午《织里镇志》编纂工作动员大会在镇政府底楼大厅召开，各行政村党支部书记、村民委员会主任，镇属单位部门负责人，各中小学校长，全体机关干部参加。镇长陈勇杰主持会议，宁云书记作动员讲话，提出举全镇之力，花三年时间完成镇志编纂。

5 月，按照市、区人居环境整治的精神，根据"拆、整、建、管"的目标要求和工作标准，对辖区内 20 个农业村进行动员部署。当年累计完成拆违拆旧 12.55 万平方米，拆整面积约 188.4 亩，资金投入约 1445.5 万元。人居环境整治工作，5 月 10 日起通过市、区两级验收，其中有 5 个村获市优秀、9 个村获市二等荣誉。

5 月，完成土地开发面积 358 亩，新增耕地 347 亩。

6 月，镇域推进农村生活垃圾分类工作，每 100 户配备 1 名专职保洁员，每 200 户配备 1 名专职清运、收集员，每 300 户配备 1 名专职督查员。

7 月 22 日，吴兴区人民医院工程竣工，并且对外开放。该工程于 2015 年 10 月开工建设，地址在湖织大道与大港路交叉口，总占地面积 73 567 平方米，总建筑面积 89 474 平方米，其中包括 19 层医疗综合楼，600 个设计床位，首期开放床位 350 张，设有地面停车位 300 个，地下停车位 380 个，总投入资金 9 亿元。

7 月，全镇完成安装 95 套热点采集设备，并研发"鱼池"系统，实现对重点人员多维度数据的智能采集、关联、更新、研判和预警，建成预警预测、侦查打击、基础管控 3 类模块 7 个自动分析预警模型。

10 月 7 日，太湖溇港列入第八批全国重点文物保护单位，共有 19 条代表性溇港入选，其中织里镇域 15 条，分别为诸溇、罗溇、大溇、幻溇、许溇、杨溇、谢溇、义皋溇、蒋溇、钱溇、新桥浦、汤溇、宋溇、乔溇、胡溇。

10月，镇域当年累计发生侵财案件 2423 起，同比下降 4.8%；电信网络诈骗案 618 起（占刑事发案的 56%），同比上升 35.5%。查处交通违法行为 243 966 起，同比上升 21.7%；交通事故警情 13 638 起，同比下降 21.1%；灭火救援报警 437 起，同比下降 1.6%；交通事故死亡 10 人，同比下降 23.1%，交通事故受伤 20 人，与去年持平。命案零发生。

11月17日，南太湖社会治理研究院在织里镇揭牌成立。研究院是织里在全国率先打造的社会治理主体功能区的重要组成部分，来自 20 多个国家 120 余名智库专家见证研究院成立。研究院是专业研究社会治理的研究机构，由中外知名专家、学者组成。

11月18日，由国务院新闻办公室、新华通讯社、省政府主办的"中国治理的世界意义"国际论坛在湖州开幕，来自 20 个国家的 200 多位智库专家，共同探讨中国治理的世界意义。新华社副社长张宿堂、捷克前总理帕鲁贝克、中央党校原副校长李君如、英国社会科学院荣誉教授阿尔布劳、马来西亚国际与战略研究中心研究员阿米拉、中国传媒大学党委书记陈文申等在开幕式上致辞。织里镇在会上对治理工作进行了经验介绍，省委书记车俊向与会嘉宾介绍织里镇从一个环境差、秩序乱的"大工厂"转变为和谐安定、百姓安居的产业新城的故事。车俊说，"织里的华丽蝶变，是浙江治理的一个生动缩影"。中宣部副部长蒋建国讲话，7 位中智库专家发表主旨演讲。

11月21日，举办"2019 首届织里童装时尚周"。主办单位中国服装协会、湖州市吴兴区人民政府，织里镇人民政府协办。国家纺织协会、各大媒体及国内外采购商、品牌面料供应商和本地品牌童装类企业参加本次活动，还有来自全球 40 多个国家的优秀企业家和国内 100 多个地区商超百货、专业市场的代表参加，阿里、腾讯等著名企业派人参加。总人数约 300 余人。时尚周以"关爱儿童，引领时尚"为主题。

12月16日，镇机关退休干部王金法被评为"全国离退休干部先进个人"，到北京参加全国离退休干部先进集体和先进个人表彰大会，受到习近平等党和国家领导人的接见。

12月24日，中央农办、农业农村部、中央宣传部、民政部、司法部共同研究认定，织里镇为全国乡村治理示范乡镇。

同年，湖州市机构编制委员会设立湖州市生态环境局织里分局，明确分局对区域内组织实施环境保护规划，分解落实国家、省和市下达的减排目标任务，监督管理水体、大气、土壤、噪声、光、固体废物、有毒化学品以及机动车等的污染防治工作，负责建设项目环境准入、指导、协调和监督生态保护工作，负责辐射环境安全监督管理，负责环境监察与稽查等各项生态环境保护工作职责。

同年，漾西集镇设立综合行政执法"菰城驿站"吴兴织里站。驿站联合交警、运管等部门，将综合执法、交通等业务整合，上门服务群众，为居民提供政策咨询、装修备案、犬类登记、车辆登记、电表申请和社会服务折抵罚款申请等多项业务。

同年，持续推进城市"六个精细化"管理。以"无占道经营示范路"创建为抓手，加强巡逻力度和执法处罚力度，与交巡警大队联合开展交通秩序大整治工作，通过贴单、拖车、教育等手段，规范人行道停车秩序。

同年，开展餐饮油烟专项整治，对油烟净化器安装和清洗维护情况进行逐一检查，对油烟直排行为进行严肃查处，解决餐饮单位油烟扰民问题。全年共检查餐饮单位 1253 家，发现问题并督促整改 312 家。

同年，推广使用智能充电桩，镇区 4 个办事处共安装智能充电机器 4147 个，插头 55 197 个。

同年，全面清理"奇葩证明"、循环证明、重复证明等各类无谓证明。同年，行政服务中心建立一个 24 小时自助政务服务区。

同年，织里城区向东拓展，由原来的 27.9 平方公里，拓展到 31.3 平方公里，城区规划面积增加 3.4 平方公里。

同年，利济文化公园、盘珠漾公园、晓河公园、万谦漾公园建成。

同年，全年政府性投资项目共 95 个。计划总投资 851 191 万元，当年投资 265 694 万元。年零星工程项目 126 个，总体投入建设资金约 3000 万元。

同年，完成自主申报国家"千人计划"人才 6 人，省"千人计划"人才 5 人，申报国家领军人才 2 人，省领军型创新创业团队 2 个（久鼎、贝盛），申报"南太湖精英计划"项目 11 个，其中领军型创业团队 2 个（大风车、龙芯），领军型创新团队 1 个（米皇新材），创新长短期人才 5 名（包括龙芯李周清、珍贝周嫦娥等），申报南太湖特支计划人才 3 人。

同年，完成"大棚房"问题专项清理整治行动，对 7 宗大棚房、面积 7.06 亩全部整治到位，一次性通过上级验收，对 366 个疑似"大棚房"进行全面排查并整改。

同年，引进亿元以上签约项目 25 个，总投资 245.5 亿元，其中 100 亿元以上项目 1 个、20 亿元以上项目 3 个。

同年，共建成新时代文明实践站 3 个、新时代文明实践所 50 个、新时代文明实践基地 350 处，组建新时代文明实践志愿服务队 721 个，以"彩虹计划"为主线开展各类志愿服务活动 8000 多场，服务群众近 50 万人次。

同年，工商分局实行"一窗受理、部门流转、集成服务"，"一件事、跑一次"，将"设立登记、社保登记、公章刻制、领取发票、银行开户"等五个环节，从原来的 3 天压缩到 4 小时办结。

2020 年

1 月初，湖北武汉发生新型冠状病毒感染的肺炎疫情。1 月 20 日，织里镇启动公共卫生一级响应，成立疫情防控指挥部，内防扩散、外防输入，遏制疫情扩散蔓延。

1 月下旬，从湖北回住织里爱家小区的 7 岁女孩文文（化名）确诊为新冠肺炎，2 月 3 日康复出院。

1 月 26 日始，以村、社区为单位，对湖北籍特别是武汉籍人员进行地毯式排摸。设立人员进出登记口 350 余个，进出人员进行体温检测，佩戴口罩。来自涉疫区人员隔离观察 14 天，累计隔离 4500 余人。镇村干部及志愿者 8000 余人参与防控。王金法广播、织里之声、织里城事及 13 家自媒体平台进行宣传。向社会征集供货渠道，各方征集紧缺物资，组织向湖北和织里镇捐赠物资共计约 1000 万元。关停棋牌室 104 家，关停大小餐饮店、娱乐场所。

2 月 8 日，织里医院内科医生邹永强，护士长沈芸芸赴武汉参与新冠肺炎救治，3 月 28 日返回。2 月 21 日，89 家规模企业复工复产，3 月 1 日中小企业复工复产，3 月 2 日复市。随后中学、小学、幼儿园陆续恢复现场教学。2021 年 3 月 18 日开始全民接种疫苗。

4 月 8 日，织里镇第一家幸福邻里中心（示范型居家养老服务中心）正式投入使用。地址在彩云二路，面积 1500 平方米。

4 月 25 日，湖州数字生活新服务平台上线暨"织里来消费"千名主播促销活动启动仪式在织里中国童装城举行，全国首个支付宝"数字生活城市"在织里落户。

5 月 12 日，央视"焦点访谈"播出题为"化危为机，应变求变"的专题节目，报道织里 13 000 多家童装企业在新冠疫情期间加快复工复产，走出困境。

5 月 22 日，织里童装品牌"男生女生"与 CCTV 央视频道在上海签协，结成品牌战略伙伴。

5 月，湖州市轨道交通方案确定，其中 1 号线由湖州站出发，途经织里吴兴大道、大港路，终点南浔年丰路，全长 46.5 公里，其中一期工程为湖州站至织里富民路站。

5 月 29 日，由南太湖社会治理研究院编著，中国农业出版社出版的《织里之治》新书发布会在织里举行。

6 月 15 日，40 集大型电视连续剧《风起南太湖》在织里童装城启动拍摄，80%的场景在织里拍摄。

6 月，市慈善总会、区区域合作办、织里镇政府联合发起组织"东西协作、千里送暖"活动，弗兰尼亚等四家童装企业为四川凉山州布拖县赠送 2200 件童装。

7 月中旬，电视剧《爱在平凡》开拍。浙江美伦映画有限公司为制片人，编剧高锋，导演王义明。电视剧以织里基层治理的故事为蓝本，反映在党建工作引领下，基层社会由乱到治的现实情景。

9 月 8 日，织里民警陈建如获"全国抗击新冠肺炎疫情先进个人"，在北京接受表彰。

10 月 1 日始，太湖禁止捕捞 10 年。镇域各水产村的太湖水域捕捞证被江苏省农业厅收回，相关证书注销。

10 月 20 日，第二届童装时尚周暨第十二届国际时尚色彩大会举行，天猫、微信、抖音、快手、执御等国内线上知名平台母婴项目负责人来织里参加发展峰会。

10 月，织里镇开展第七次全国人口普查。

10 月，省发改委发布 2019 年度省级小城市培育试点单位考核结果，织里镇获全省第 2 名。截止到 2020 年，织里镇在该项评比中连续 9 年获优秀。

11 月 4 日，开通"织里办"App 扫码就医。

11 月 17 日，湖州（义皋）第八届湖羊文化节暨长三角湖羊产业助推乡村振兴大会在义皋村举行。

11月17日，人民日报、光明日报等8家中央媒体及29家省级报刊集中报道义皋"两山"转化。

11月，湖州（织里）童装及日用消费品市场采购"一带一路"专场开幕。11月23日上午，举行市场采购贸易方式试点首单仪式。

11月，织里镇村级班子换届选举工作结束。

12月2日，织里公安分局在镇政府广场开展"12·2"全国交通安全主题活动，向在校中小学生赠送电动车安全头盔10 000个。

12月4日，南非科学院院士郭宝珠与阿祥集团签协，负责阿祥集团滚齿机结构优化及智能化提升项目。

12月中旬，织里童装商会获浙江省首批十五家"百家示范商会"荣誉，是湖州市唯一一家获此荣誉的商会。

12月29日中午起，冷空气影响织里，气温平均下降12℃左右，并伴有大风、雨雪，31日早上最低气温-6℃。

12月30日上午，湖杭高速吴兴至德清段工程全线开工仪式在织里镇骥村村举行。该项目起于织里镇香圩墩村盛家桥，全长44.9公里，其中织里段4.994公里，设计为双向6车道。

同年，全镇拆除防盗窗22万余扇。

同年，织里镇湖蟹养殖面积22 000亩，产值4亿元。

同年，完成吴兴大道东段建设、湖织大道改造工程，新建农村公路29.5公里。

同年，织里镇实现地区生产总值340亿元，财政收入15.57亿元，其中地方财政收入10.93亿元，分别比2019年增长9.34%和27.84%。规上工业增加值20.7亿元，全社会固定资产投资完成55.94亿元，比2019年增长7.68%。城镇、农村居民人均可支配收入分别达到76 949.07元、48 266.36元，分别增长10.9%和11.3%。

2021 年

1月14日，镇域姚家甸单元地块32 144平方米国有土地使用权在网上公开出让，竞价103轮，最终以39 100万元成交，溢价率51.6%，楼面价每平方米

6082 元。

3 月 25 日，中国彩棉集团股份有限公司（新疆天彩）入驻织里童装城面料馆。

3 月 25 日，居民开始注射新型冠状病毒疫苗。5 月开始注射第二针。10 月开始注射第三针（加强针）。至年底累计注射新型冠状病毒疫苗 47.8 万剂次。

3 月，粮食生产功能区的 1.89 万亩鱼塘恢复粮食生产功能。至 12 月 24 日，344 家养殖户全部签订终止土地使用协议，政府补偿资金 8300 余万元。并与星光农业签订万元粮食生产园协议。

4 月 26 日，湖州首家版权服务工作站在织里成立。

5 月，全镇电动车达到 13 万辆。28 日，研发出电动车智慧管理系统，

6 月 8 日，织里象屿跨境电商产业服务平台成立。11 日，湖州（织里）市场采购贸易方式试点累计出口 50 亿元。

6 月 29 日，织里文体中心项目落成暨首批入住商户签约仪式举行。

6 月 30 日下午，举行"回眸百年史，砥砺新征程——织里镇庆祝建党 100 周年暨'两优一先'颁奖典礼"，并颁发五十年党龄纪念章。

7 月 1 日，在浙江省庆祝中国共产党成立 100 周年大会上，织里镇党委被中共浙江省委授予"全省先进基层党组织"荣誉称号。

7 月 12 日，《浙江日报》整版报道"织里打造小城市共同富裕的先行样板"。

7 月 13 日下午至 14 日，中央媒体"浙江高质量发展建设共同富裕示范区"集中采访团进入织里镇。中央媒体采访团由人民日报、新华社、中央广播电视总台、光明日报、经济日报、中国日报、中国新闻社等媒体的 70 多名记者组成。采访团在织里中国童装城、织里矛盾纠纷调解中心、义皋村等，采访织里"社会治理先行地、美好生活实验区"共同富裕情况。至年底，各媒体共刊发相关稿件750 余篇，阅读量超过一亿。

7 月 22 日，第 6 号台风"烟花"影响境域。24 日根据市、区的要求启动防汛一级响应。

9 月，全国工商联发布中国民营企业 500 强，在织里镇的栋梁铝业万邦德控股集团股份有限公司的母公司入围。

9 月 26 日，湖州市公安局织里分局乔溇生态联勤警务站与长三角区域警务一体化（织里—七都）联勤共建基地在乔溇村揭牌。湖州市公安局织里分局与江苏

省苏州市吴江区公安局签订警务协助协议书。

10月，浙江省发改委发布《关于省级小城市培育试点单位2020年度考核结果的通报》，织里镇获评省级小城市培育试点优秀单位，全省第一（连续9年获得优秀）。

10月27日，中国共产党织里镇第十六次代表大会召开。

11月26日，区委书记赵如浪赴织里镇走访调研，与镇班子座谈交流，指导做好当前重点工作。

12月21日，浙江省文化和旅游厅发布2021年度AAAA级旅游景区验收结果公示，太湖溇港景区入选。

12月21日，织里镇第十九届人民代表大会第一次会议召开。

同年，实现地区生产总值360亿元，全社会固定资产投资67亿元。

第一卷

DIYIJUAN JIBEN ZHENQING

基本镇情

第一章　境域　建置沿革

织里镇位于浙江北部、太湖南岸，介于东经 120°13′～120°22′、北纬 30°50′～30°56′之间，东西长约 15 公里，南北宽约 10 公里，全镇区域面积 135 平方公里（包括划入高新区 12 个村）。东北距苏州 80 公里，东距上海 130 公里，南距杭州 80 公里，西至湖州城 15 公里。

镇域东北与江苏省苏州市吴江区七都镇交界。东南与南浔镇东迁为邻。西及西北与八里店、塘甸、大钱毗连。南倚荻塘，与旧馆、双林苕南隔河相对。北滨太湖，与苏州洞庭东山、西山隔湖相望。

历史上，镇域有多次沿革，本章第二节按朝代顺序予以详细梳理。第三节为 1990 年至 2019 年织里之名片。

第一节　境　域

一、地形地貌

织里境内无山，地势平坦，以广阔平原为基本特色。荻塘运河横贯南部边境，河港交叉，承南来之水北经娄港注入太湖，既有灌溉之便，又有舟楫之利。织里境内的平原主要分为滨湖平原和水网平原两大类型，是汉唐以后湖流携带泥沙沿太湖南缘沉积，并通过围垦逐步形成的。河岸修筑了高出地面 1～3 米的河堤，从而构成了特殊的地貌景观。

滨湖平原分布在北部，紧挨太湖，呈带状分布。大约自太湖垂直向南分布 1～3 公里，直至和太湖平行的北横塘。面积约 5 平方公里，占织里平原面积的 33%。因太湖水在吞吐流的作用下水流由西南向东流动，水流搬运的泥沙在太湖南岸，自小梅口一带至整个东太湖区沉积，塑造出太湖南岸一条弧状、地势较高的滨湖沉积带，太湖的吞吐流沉积所形成的湖松土也呈带状沿太湖南部分布。滨湖平原地势略高。明初永乐年间，夏原吉主持太湖流域治水，发现南太湖沿岸为高田集中区。清徐有珂《重浚三十六溇港议》指出："乌程之三十六溇""地势颇高"，"高于杭之五陵头塘栖等处，及嘉之石门乌镇等处，并高于归安之菱湖等处。"

织里滨湖平原从诸溇到胡溇，以义皋为界，以西较宽，以东较窄。滨湖平原最宽处在谢溇、杨溇至潘溇、幻溇之间，据1994年《湖州水利志》记载，各溇北塘河至入湖口长度都超过2公里，到义皋陈溇就缩短至1.5公里左右，蒋溇以东各溇长度收窄至1公里。滨湖平原土地肥沃，土质疏松，水系不甚发育。堤外为湖滨浅滩，多生长芦苇。义皋以东，岸线受湖浪及岸流侵蚀明显，义皋以西为稳定地段。

水网平原位于荻塘与北塘河之间，是湖沼型沉积平原。从湖州东南部菱湖、德清钟管到东部南浔一线，是一条东西向地质断裂带，这条断裂带周围地区为平原中地势最为低洼的区域。其地形地势低平，河网密布，湖漾众多，平均海拔在（吴淞）3.5米以下，地下水位很高。嘉泰《吴兴志》在乔溇、新浦、义高（义皋）溇、伍浦之前都加上"湖上"二字，说明至南宋嘉泰年间，溇港与运河之间的区域仍是大面积的水域，就是溇港桥联上经常提到的"南漾""五漾"。沉积物为有机质黏土及亚黏土，部分地段夹泥炭层，土地肥沃。历史上以圩田为主，面积约90平方公里，占织里平原面积的67%。

二、地理形胜

1.傍湖之镇——"天下第一弧"

织里境域位于太湖正南方，南太湖湖岸为半径29.6公里、中心夹角133°30′的大圆弧，弧长68.93公里，其中最圆滑平顺的一段位于织里境内，被誉为"天下第一弧"。东起胡溇，西至诸溇，拥有16公里的黄金湖岸线。从长兴县父子岭起，沿浙江段环湖大堤迎水坡脚向湖内垂直延伸70米，到吴兴区织里镇的胡溇村止。从父子岭直线经大雷山北侧、小雷山北侧到胡溇，接江浙两省太湖段行政区域界线所构成的水域范围内，湖州享有开发利用的权益并承担相应的责任，相关事项的管理维持现状。

"洞庭东西山分峙湖中，为湖滨北面之障"，庆安桥为横跨宋溇的单孔石拱桥，清光绪二年（1876）重建，桥南侧有楹联"一水迢迢南通五漾，层峦隐隐北峙三山"。太湖气象万千，早晚不同，四季各异，晴雨变幻多端，素有"无风三尺浪"之说。风雨大作时，乱石崩云，惊涛裂岸；天光晴好时，远眺可见湖中渔帆棹影，水天一色。早晚可观赏日出日落，夜晚月色如雪如霜，形影变幻无尽。元杨维桢《登戴山望太湖》诗云："东庭西庭月色白，大雷小雷龙气浮。划然长啸下山去，阿施共载鸱夷舟。"清董元恺《锦缠道·泛太湖》云："万顷琉璃，著我扁舟一叶。溯流光，高歌击楫。恍疑天上乘槎入。破浪凭虚，稳泛鱼龙宅。"清吴昌硕《泛太湖》云："野坫投荒三四间，渡头齐放打鱼船。数声鸿雁雨初歇，七十二峰青自然。"

2.太湖溇港——世界灌溉工程遗产

清范硕治水专著《水利管见》对湖州山水有非常精确的描述，"吴兴全郡半山半水"，"吴兴居震泽上游，环郡皆山。其水自天目之阳，从余杭而来者为雪水；自天目之阴，从孝丰而来者为苕溪。二水会合，其应流入定安门，出临湖门，直趋大钱、小梅等处以入太湖。其支流东行自运河之南，巨源百委会同北流，向俱从乌程二十七溇暨吴江九溇输泻入湖"。苕溪是浙江省八大水系之一，有东苕溪和西苕溪两条河流，均发源于天目山，是太湖的重要水源河流。西苕溪源短坡陡，水流湍急，每遇洪水，洪峰到达湖州较东苕溪早一天半至两天，侵占东苕溪入湖水道大钱港，使东苕溪洪峰到达时不能畅排，形成壅阻而发生大面积洪涝灾害。嘉泰《吴兴志》载："濒湖之地，形势卑下，苦水不苦旱。"《永乐大典》引《吴兴志》的说法，亦称"湖（湖州）之城卑，凡为塘岸皆筑以捍水，作史者，以为开塘溉田，盖以他处例观"。南太湖是江南地势最低洼的地区，排水始终是个大问题。东晋南朝开始修建的荻塘与五代北宋形成的太湖溇港一起形成一张巨大的水网，把东西苕溪下泄的湍急水流逐渐分流至大大小小的河港之中，既减轻旱涝之灾，又灌溉了浙北地区数万顷农田，有研究者将其比肩都江堰，2016年被列入世界灌溉工程遗产。

湖州先民在自然水系的基础上建造了溇港水网，形成了太湖沿岸极具特色的"横塘纵溇、位位相接"棋盘式水网体系。溇港水系的作用，舒缓来自山区的太湖上游来水，级级调蓄，人工开凿的横纵河道使得"上源下委递相容泄"，使来自东西苕溪与东部平原的洪水经过溇港的分散流入太湖，滋养溇港环绕的太湖南岸农田。溇港系统工程实现治水与治田的结合，是人类利用和改造渍湖低湿洼地和变涂泥为沃土的一项独特创造。这种横塘纵溇结构水利结构也为后期此区的农业开发提供了基础条件，太湖南岸从南宋起就成为中国传统农业最为发达的地域，织里滨湖地区也成为湖州地区村落最为密集的区域。太湖溇港独特的圩田水网生态环境，利用众多湖漾、溇港和横塘纵溇的独特格局，急流缓受、级级调蓄，既较好地解决了苕溪等山溪性河流源短流急、暴涨暴落的问题，又有效疏解了地势低洼的滨湖平原洪涝渍水不易疏干和旱季引水的困难。

溇港复合生态系统体现了尊重自然、顺应自然的规划理念。横塘纵溇是以太湖南岸自然墩岛为基础逐渐发展而来的，发展过程中并没有过度地人为干预其空间结构，因此整体呈现较为自然的形态。溇港圩田区域内水网密度较高，骨干溇港、次级溇港和田间沟渠层级分明。既未破坏原有的河网水系，也少占用原有河湖水域，不妨碍行洪与调蓄，抗灾应变能力相对较强。通过纵溇通湖、横塘分水、湖漾蓄水调节和涵闸斗门控制，使得高低圩田都排灌得宜，涝时便于疏干积水，排水入湖，旱时则从太湖引水灌渠。溇港的开凿、维护，与土地整治、农桑的发展相互促进，形成了相对独立的桑基圩堤，圩内形成了独立的灌排体系和农业生产体系。溇港圩田内的湖漾连同溇港水系、水塘稻田共同构成了区域类型丰富的湿地链系统，是溇港区域生态安全格局的核心基础，在抵御洪水、调节径流，改善气候、美化环境和维护区域生态平衡等方面发挥着不可替代的作用。

3.荻塘雄镇

织里是因荻塘而兴起的"城东第一镇"。随着唐宋运河的成型成网，织里一带的低洼平原开始了大规模土地围垦，交通的便捷还带来了商机，随着交往的扩大和农工商业的进一步发展，沿着运河塘路兴起了大批村落和市镇，晟舍、旧馆、骥村等皆因荻塘而兴起。宋元之际的卫宗武在《过荻塘》写道："烟火人村盛，川途客夜稠。荻塘三百里，禹甸几千畴。绵络庐相接，膏腴稼倍收。经从少至老，复此系扁舟。"

荻塘，为古老的水利工程。东晋永和年间（345—356）吴兴太守殷康始筑荻塘，障西来诸水之横流，导往来之通道，旁溉田千顷。唐贞元八年（792）刺史于頔主持大规模修筑，"缮完堤防，疏凿畎浍，列树以表道，决水以溉田"，在塘北岸筑堤岸，两旁植树，供行人车马使用，民颂其德，改名"頔塘"。荻塘在湖州城东，故亦称东塘。荻塘水陆并行，是重要的交通设施。光绪《乌程县志》载："运河即官河，在城东。漕船经此，又东经八里店、升山、旧馆、祐村、东迁，至南浔镇入江苏震泽县界。"唐代开东苕溪航线，货物由东苕溪北运自湖州，经荻塘至平望与江南运河相接。南宋上塘河不通，开奉口河，漕舟自杭州改

河港纵横的织里

走奉口河与下塘河，至奉口沿东苕溪至湖州再沿荻塘至平望，被称为江南运河"西线"。

荻塘运河自古繁忙，21世纪的长湖申线仍有"中国的小莱茵河"之称。荻塘自然景观和人文景观融合一起，"荻塘帆影"曾是吴兴十景之一，吸引不少文人为其吟咏。唐皎然《与李司直令从荻塘联句》中就有"画舸悠悠荻塘路，真僧与我相随去"。宋沈与求有《舟过荻塘》诗描绘："野航春入荻芽塘，远意相传接渺茫。落日一篙桃叶浪，熏风十里藕花香。"清范锴《荻塘》诗说："暮霞初起日西衔，岘弁遥空涌翠岩。无限离情愁望远，荻塘波景送春帆。"日落时分于舟中远眺，能看到岘山、弁山的翠岩。荻塘是官塘，是可通车马的官道，历代都沿塘设驿馆，接送来往官员和名流，又沿塘设急递铺，织里镇域内历史上设有太湖驿馆和晟舍、骥村两个急递铺。荻塘甚至可以骑马驰骋，俞樾的《荻塘》诗云："两岸晓风杨柳直，王孙得意骋骅骝。"荻塘因兼为纤道，紧贴河道的晟舍塘桥和东塘桥也是纤桥。

第二节 历史沿革与行政区划

织里镇2019年为浙江省湖州市吴兴区下辖建制镇。

"织里"又名"职里"，根据现有文献资料，自宋末始有。最早出自牟巘所撰《朱雪崖朝奉墓志铭》（《陵阳集》卷二十四），中有"（朱雪崖）以乙巳正月廿六日癸酉，葬于东职里余庆之原"的记载，乙巳年为大德九年（1305）。元刊本《释氏稽古略》题有："乌程职里宝相比丘释觉岸宝洲编集再治。"书前有大德乙巳（1305）金堂王瀋序、至正庚寅（1350）念常序。最迟到宋末元初，"职里"已是乌程县常乐乡的主要乡村聚落之一。

"织里"作为村名正式载入地方志，是明崇祯《乌程县志》，记在乌程县十一区三十二都名下。清乾隆《湖州府志》、乾隆《乌程县志》、同治《湖州府志》均有相同的记载。光绪《乌程县志》记载时加有备注：织里"一作职里"。清雍正七年（1729）实施顺庄法后，织里村属乌程县十一区第一百十四庄。《大清一统志·湖州府全图》标注有织里市，说明至清代，织里已发展成为乌程县主要乡村集市之一。

织里境域的建置与区划，历来随郡县之沿革而沿变。民国期间至2018年，织里境域的建置区划也有多次调整。根据历史资料，将织里境域的历史沿革与行政区划情况编纂如下。

一、先秦

织里境域内谭溇、旧馆、轧村等古遗址证明，早在商周时期先民就在织里聚居，从事渔猎农耕、植桑养蚕等生产活动。

春秋战国时期，织里境域先后属吴、越、楚。楚考烈王十五年（前248），春申君黄歇徙封江东，在湖州地区始置"菰城县"，属楚国江东郡。织里境域属菰城县。

二、秦汉六朝

秦王政二十五年（前222），改菰城县为乌程县，属会稽郡。织里境域属乌程县。

西汉初年，乌程县先后分属于不同的郡国，织里境域属之。汉元狩二年（前121），江都国除，乌程县划归中央。

东汉永建四年（129），分原会稽郡的浙江（钱塘江）以西部分设吴郡，乌程县属吴郡。织里境域属乌程县。

三国东吴宝鼎元年（266）分吴、丹阳两郡置吴兴郡，乌程县属吴兴郡。织里境域属乌程县。

西晋太康三年（282），分乌程县东乡置东迁县，县治在织里旧馆自然村。织里境域属东迁县。

三、隋唐五代

隋开皇九年（589）东迁县并入乌程县。织里境域又重属乌程县。南宋嘉泰《吴兴志》载："东迁，在乌程县东四十里，《舆地志》云：晋太康元年分乌程东乡置。隋平陈，并入乌程。"

东迁自公元282年建县，至589年并入乌程县，共计308年。嘉泰《吴兴志·宫室》载："东迁馆，在府东四十里，本名太湖馆。开元二十九年，刺史张景遵置。大历九年，刺史颜真卿易名，以其在晋东迁县故地也。贞元十年刺史于頔以其近升山馆，移向东二十里严村置之。"严村遂改称"东迁馆"。原东迁故地便称为"旧馆"。

隋仁寿二年（602），以地滨太湖而名"湖州"，为湖州设立之始。隋唐时期，乌程县属湖州，织里境域属乌程县。

乡里是古代中国国家政权的乡村基层组织。唐代乌程县辖四十乡，方圆二百里。但织里境域的具体乡里，隋唐以前，无可查考。

五代十国时期，乌程县属吴越国，织里境域属乌程县。其乡里制度沿袭隋唐，少有更易。

四、宋元

北宋太平兴国七年（982），将乌程县东南十五乡分出新置归安县。织里境域仍属乌程县，此格局延续至清末。

宋代乡里开始合并缩减，宋实行"废乡分为管"，即废除乡级设置，将原来的乡分为若干"管"。管与里一样，成为宋代乡村基层组织。宋代保留了名义上的乡里制，但只是编制户籍和稽征赋税的计算单位和实施单位。

北宋熙宁新政时期又实施"保甲制度"，直到南宋末，保甲制度一直是乡村统治的基层行政制度。南宋时，乡与都保从北宋时期的无隶属关系发展到都保成为乡以下的一个行政单位。乌程县到南宋时，已完成了都保的改造，共五十六都，都下设有"都副"和"都独"。

嘉泰《吴兴志》卷八载："上林坊、石渚坊、谢村坊、浔溪坊、旧馆坊、五浦坊、里山坊、丁遥坊、于塔坊、轧村坊、石桥坊，以上十一坊系民户买扑，每月半纳坊名课钱。"买扑是宋、元时期的一种包税制度。宋初对酒、醋、陂塘、墟市、渡口等的税收，由官府核计应征数额，招商承包。包商（即买扑人）缴保证金于官，取得征税之权。后由承包商自行申报税额，以出价最高者取得包税权。宋代的买扑税场设立在基层的初级市场，在南宋十一处民户买扑坊中，其中的上林坊、旧馆坊、五浦（伍浦）坊、轧村坊、石桥坊五处就位于织里境域内，充分说明南宋织里商品交换的活跃程度以及基层市场的繁荣程度。

自唐入宋，自然村落成为乡村最基本的聚落形态和组织单位。嘉泰《吴兴志》记载了大量织里辖域的自然村落，村名延续至今超过三十多处。具体分布如下：外俎村、太湖村、骥村、诸溇、比溇、上水溇（阳家溇）、罗溇、张降溇、新泾溇、幻湖（宦湖）溇、金溇、赵溇、潘溇、许溇、王溇、谢溇、义高（义皋）溇、陈溇、薄溇、五浦（伍浦）溇、蒋溇、钱溇、新浦溇、石桥溇、汤溇、成溇、宋溇、乔溇、胡溇、上林、旧馆、轧村、石桥（坊）等。

南宋乡都制，元明皆因之。《永乐大典·湖州府》载："乌程县，吴兴续志旧志载乡十二，都五十有六，元乡如旧，而定为五十三都一镇，皇朝因之。""乡"属于宋前旧制，仍保留为地域区划单位。但"乡"已非基层行政实体，真正的基层组织是乡下的"都保"。

五、明

明代都保制承袭宋元旧制，在明代文献中多载为"都"，《永乐大典·湖州府》和明崇祯《乌程县志》乌程县境图中用实线画出都的形状。织里境域的乡都区划主要为常乐乡所辖的二十九都至三十四都；震泽上乡所辖的三十五都、三十六都以及震泽下乡所辖的四十一都。

通过对田土和人户的重新调查，明洪武年间在乡都之下的乡村社会中建立起了以百十户编成的里甲组织。人户依照登记在里甲黄册中的人丁事产，以十年轮役的固定次序纳粮当差。都保制失去基层行政组织功能，成为地籍管理的区划单位。

明代湖州地区"区"的设置，由征粮单位逐渐转变为与乡平行的地域单元。关于"区"，在弘治《湖州府志》、万历《湖州府志》和崇祯《乌程县志》都有记载。乌程县"国朝至成化八年（1478）所辖二十三区计五十三都"，"区"的命名按数字顺序编号。"区"的设置程度不同地打破了原有乡都的界限，同一都的上下扇可分属不同的区。织里境域主要为十区至十四区，具体如下：十区分管三十都、三十一都；十一区分管三十二都、三十三都下扇；十二区分管二十九都、三十三都上扇；十三区分管三十四都、三十六都、四十一都；十四区分管三十五都、三十九都。

崇祯《乌程县志》以镇、市、村、乡、区的结构记载乌程县基层行政区划，其中织里境域有十六处集村，具体如下：晟舍、栖梧十二区二十九都；旧馆、上陂十区三十都；骥村十区三十一都；织里（《乌程县志》载"一作职里"）、小湖十一区三十二都；后林、谈港、秧宅（《乌程县志》记为秧泽村）十一区三十三都（后林今为八里店镇所辖）；大湖、上元、通桥十三区三十四都（清光绪《乌程县志》载"大湖村一作大河、上元村、圆通桥村"）；上林十四区三十五都（《乌程县志》载"一作上临"）；轧村十三区三十六都；杨溇、五普（《乌程县志》载"五浦村，一作伍浦，一作午浦"）十三区四十一都。

六、清

清雍正七年（1729），乌程县实行顺庄法，以区为界，按烟户住址挨顺编庄，打乱原有区都图规制，如原十区三十一都的骥村编入十一区第一百十三庄。据清同治《湖州府志》和光绪《乌程县志》的记载，织里境域主要为第十区至十五区，在一百十一庄至一百五十八庄之间，列表如下。

表 1-1-1 清织里境域施行顺庄法后"区—庄—村"对照

区	庄	村
十区	一百十一庄	旧馆塘北、李家兜、妙奇山、乌栖兜
	一百十二庄	后陈、后塘、胡家兜、郝家兜、严家兜、凌家兜
十一区	一百十三庄	骥村、小湖、木行兜、莲花兜、梁家兜
	一百十四庄	织里、郑港
	一百十五庄	潘步港、沈家坝、郑家兜、北姚兜
	一百十六庄	后杨、凌圩、真珠桥
	一百十七庄	大朱、小朱、安堂桥
	一百十八庄	大潘兜
	一百十九庄	陈家兜、磨坊兜、佛地头、重兴港、雪泉村
	一百二十庄	谈港、郑港
	一百二十一庄	安港、新泾港、潘溇、东桥村、元通桥
	一百二十二庄	罗溇、大溇、张降村

（续）

区	庄	村
十二区	一百二十三庄	朱家兜、鱼船坝
	一百二十四庄	晟舍北村、塘南杨家兜
	一百二十五庄	晟舍东村、史家坝
	一百二十六庄	晟舍南村、白鹤兜
	一百二十七庄	西云村、生姜坝、姚家兜、佛前兜、东兜
	一百二十八庄	栖梧、王家港、刁家兜、北圣塘
	一百二十九庄	河西、白雀兜
十三区	一百三十庄	官田巷、白水桥、陈家滩
	一百三十一庄	大河、陶家湾、施家巷、念五湾、渡石桥
	一百三十三庄	大环田、化渡桥、邱家兜
	一百三十四庄	淤泽、诸沈、南泮
	一百三十五庄	叶家田、油车桥、叶家兜、西庄
	一百三十六庄	金娄、杨娄、谢娄、义皋、幻娄
	一百三十七庄	许娄、汤家田
十三区	一百三十八庄	汤娄、伍浦
	一百三十九庄	常乐村、沈家湾
	一百四十庄	蒋娄、濮娄
十四区	一百四十一庄	邵漾、料大湾、汤凝渚、姚御史、潜龙兜
	一百四十二庄	东郭兜、朝皇兜、獬豸湾、西科兜
	一百四十三庄	新浦、观田圩
	一百四十四庄	石桥浦、陈娄
	一百四十五庄	胡娄、乔娄、宋娄、晟娄、钱娄、陆家湾
	一百四十六庄	波斯荡、石头兜、中兜、长兜、西陆家湾
	一百四十七庄	上林西村、褚家荡、乌王港、南隖、北隖
	一百四十九庄	桃树塔、费家汇、董家甸、吴沙桥
十五区	一百五十二庄	聚马村、凝祉兜
	一百五十三庄	曹家箾、大唐兜、庙兜
	一百五十四庄	轧村、齐家湾
	一百五十五庄	孟乡港、茹家埭、叶家港、周家埭
	一百五十六庄	严家兜、范村、金光兜，其中谢村和姚家港今属南浔区双林镇。
	一百五十七庄	北齐家湾、赤毛浒、邀驾兜、朱家兜
	一百五十八庄	北府兜、阮家兜、万家兜、姚家兜、南湾

七、中华民国

中华民国年间的区、乡镇政权机构，称区公所、乡公所、镇公所。

1.织里区

中华民国元年（1912），撤并乌程、归安两县，置吴兴县，采照清末所颁城镇乡自治章程。凡县治所在地城厢为城，其他市镇村落，人口在五万以上者为镇，未满五万者为乡。织里境域设苕东镇、东北镇、织里乡。

中华民国3年（1914）以后，停办自治，改城镇乡统称为区。

中华民国17年（1928），隶吴兴县第二区（共3里50村）。三里分别为晟舍里、织里里、义皋里。五十村分别为昆山村、新民村、蜀山村、护浪村、福新村、永福村、曹霞村、前村、义山村、升山村、大河村、河西村、凤翮村、云村、西阳村、馆西村、馆北村、馆中村、馆南村、馆东村、妙村、骥西村、骥东村、麒麟村、大珠村、谈港村、李林村、大泮村、重兴村、咸民村、盛蚕村、金幻村、祥聚村、钱新村、四维村、两宜村、大乐村、中三村、轧西村、轧东村、上林西村、新祜村、东集村、迁合村、上林东村、观葭村、维新村、六合村、邵南村、东联村。

中华民国20年（1931）吴兴县将各区之里一律改编为镇，各区之村一律改编为乡。

中华民国24年（1935）扩编乡镇编组保甲，隶吴兴县第二督导区（共四镇十九乡）。织里境域有旧馆乡、晟舍乡、织里镇、织北乡、义皋镇、五和乡、轧村乡、骥村乡。旧馆乡由馆中、馆南、馆西、馆北、馆东合并；晟舍乡由西阳、晟舍、大河、河西、履翮、云乡六乡村合并；织里镇由谈降、织里、大珠、麒麟四乡镇合并；织北乡由重兴、盛蚕、咸民、大泮、李林合并；义皋镇由金幻、祥聚、义皋、钱新、四维、两宜、大乐合并；五和乡由观葭、东联、维新、六合、邵南合并；轧村乡由上林西、中三、轧西、轧东合并；骥村乡由妙村、骥西、骥东三乡合并。

抗日战争期间织里境域之乡镇。中华民国26年（1937）卢沟桥事变后，抗战全面爆发。湖州城于11月24日沦陷，政府后撤，乡镇解体。至中华民国28年（1939）4月，吴兴县政府随国军东来，始恢复乡镇机构。中华民国28年（1939）11月，依照浙江省颁分区设署办法，全县划分六区，设区署6个。织里区（初称第五区）辖13个乡镇：浔西乡、东迁乡、五和乡、义皋镇、轧村乡、骥村乡、晟舍镇、织里镇、织北乡、东桥乡、后林乡、升山乡、戴山乡。

抗日战争胜利后，中华民国 35 年（1946）2 月，吴兴县政府奉令扩并乡镇，于同年 4 月底调整划并完成，全县扩并为 63 个乡镇。织里区域有东桥乡、晟舍镇、织里镇（原织里、织北两乡合并）、义和镇（原义皋、五和两地合并）、洽济乡（原轧村、骥村两乡合并）。

2. 织里片

中华民国元年（1912），置织里乡，辖织里集镇及附近村庄。

中华民国 17 年（1928），浙江省政府公布村里编制，次年完成，织里乡改为吴兴县第二区织里里。

中华民国 20 年（1931），吴兴县各区之里一律改编为镇，各区之村一律改编为乡。

中华民国 24 年（1935），扩并乡镇编组保甲，谈降、织里、大珠、麒麟四乡村合并为织里镇，属吴兴县第二督导区。同年又设置织北乡，辖重兴、盛蚕、咸民、大泮、李林 5 个村。

中华民国 35 年（1946），吴兴县扩并乡镇，撤织北乡并入织里镇。

3. 晟舍片

中华民国初年属苕东镇。

中华民国 18 年（1929）为晟舍里。

中华民国 24 年（1935），改为晟舍乡，辖西阳、晟舍、大河、河西、履翾、云乡 6 村。

中华民国 28 年（1939）改为晟舍镇。

中华民国 35 年（1946）仍为晟舍镇。

4. 轧村片

中华民国初年属东北镇，包括骥村、轧村、上林村、东迁、祜村等处村庄。

中华民国 18 年（1929），吴兴县完成村里编制，为妙村、骥东村、骥西村、轧西村、轧东村、上林西村。

中华民国 24 年（1935），改为轧村乡，由上林西、中三、轧东、轧西 4 村合并。

中华民国 28 年（1939），仍为轧村乡。

中华民国 24 年（1935），建立骥村乡，由原骥东、骥西、妙乡合并。

中华民国 35 年（1946），建立洽济乡，由原轧村、骥村两乡合并。

5.漾西片

中华民国元年（1912），属东北镇，包括骥村、轧村、上林村、东迁祐村等处村庄。

中华民国 18 年（1929），吴兴县完成村里编制，有四维、两宜、大乐等乡村。

中华民国 24 年（1935），成立五和乡，由观葭、东联、维新、六合、邵南 5 乡村合并。

中华民国 28 年（1939），为五和乡。

中华民国 35 年（1946），建立义和镇，由义皋、五和两乡合并。

6.太湖片

民国以来区划有多次沿变。

中华民国元年（1912）隶属东北镇，包括骥村、轧村、上林村、东迁祐村等处村庄。

中华民国 18 年（1929），吴兴县完成村里编制，为义皋里，含金幻、祥聚、钱新、四维、两宜、大乐诸村。

中华民国 24 年（1935），成立义皋镇，由金幻、祥聚、义皋、钱新、四维等乡村合并。中华民国 28 年（1939），仍为义皋镇。

中华民国 24 年（1935），成立五和乡，由观葭、东联、维新、六合、邵南 5 乡村合并。中华民国 28 年（1939）仍为五和乡。

中华民国 28 年（1939），建立东桥乡。东桥乡紧傍太湖，东桥集镇是全乡中心。有古石梁桥东桥、霓影桥等古迹，茶馆、酒肆、鱼行、肉铺等商店应有尽有，是繁华的滨湖商贸码头。

中华民国 35 年（1946），建立义和镇，由义皋、五和两乡合并。

八、中华人民共和国

1950 年建立的乡镇政权组织，称人民政府。

1956 年"撤区并乡"的乡镇政权组织，称人民委员会。

1958 年建立的人民公社政权组织，称管理委员会。

1967 年至 1969 年，"文化大革命"时期的人民公社政权组织，称革命委员会。

1981 年 11 月，各公社、镇革命委员会取消。同时建立政社合一的人民公社管理委员会。

1983 年 10 月，上级决定政社分设，于 1984 年 2 月实施，成立乡镇人民政府，辖区均保持原来范围。

1. 织里区

1949 年 5 月 22 日，织里区人民政府成立，驻地织里老街。辖织里、义和、洽济、晟舍、东桥等 5 个乡镇。

1949 年 5 月，中共织里区委建立，驻地织里老街。

1956 年撤区并乡时撤销。此期间，辖乡织里、织东、大河、云村、轧村、骥村、漾西、常乐、义皋、东桥等 10 个支部。

1950 年 6 月，区政府改称织里区公所。辖乡 10 个：织里、织东、大河、云村、轧村、骥村、漾西、常乐、义皋、东桥。69 个行政村，

1956 年织里区公所撤销。此后无织里区政府机构。

2. 织里镇（乡、公社）

1949 年 10 月，成立织里镇人民政府。

1950 年 6 月，撤销织里镇，划建为织里乡、织东乡。

1950 年 3 月，由织里镇划建为织东乡。乡境在北塘河南，东与轧村为邻，南接织里、晓河。

1950 年 5 月，由晟舍镇划建为大河乡，位于南横塘南岸，旧时有"大河十八村"。

1950 年 5 月，由晟舍镇划建为云村乡，位于荻塘以北，晟溪以东，东与轧村、北与晓河村毗连。

1956 年 10 月，撤销织里乡、织东乡、大河乡、云村乡四个小乡，成立织里大乡。区划范围东南至旧馆，西南邻升山、后林乡，北至北塘河界太湖。

1958 年 9 月，织里大乡撤销，并入太湖人民公社。

1958 年 10 月 1 日，织里、义皋、轧村三乡合建为太湖人民公社，驻地织里老街。辖 10 个管理区，面积 130 余平方公里。

1961 年 5 月，经嘉兴地委批准，太湖人民公社调整为太湖、织里、晟舍、轧村四个人民公社。6 月，太湖人民公社调整为太湖、漾西两个人民公社。织里

人民公社辖联漾、联丰、砖桥、中心、谈港、郑港、姚家甸、织里、杨湾、清水兜、小河、环桥、后降、王母兜、甲造河、大邾、高厦、小邾、李家坝、林圩、同心、沈家漾、田畈、大潘兜、陈家兜、元通、太平、水产等28个生产大队。辖域与1949年的织里镇相同。东至李林村界轧村，南至小河、莲花兜毗连晟舍乡，西南邻大河、后林，北至北塘河界太湖溇区村落。

1984年2月，根据1983年10月12日《中共中央、国务院关于政社分设建立乡政府的通知》的精神，农村实行政社分设。撤销织里人民公社，建立织里乡人民政府。

1984年9月，织里乡被批准改为建制镇。辖联漾、凌家汇、秧宅、郑港、织里、东湾兜、王母兜、晓河、李家坝、大邾、同心、沈家漾、大潘兜、红光、织里水产等行政村。

1993年晟舍乡并入织里镇。

1999年，太湖、漾西、轧村三乡镇并入织里镇。辖46个行政村，境域面积135平方公里。

2012年，联漾、凌家汇、郑港、大港、杨溇、许溇、元通桥、幻溇、大溇、东桥村、沈溇、织里水产村等12个行政村划归吴兴区高新区。

3. 晟舍乡（公社）

1949年10月，成立晟舍镇人民政府。

1950年5月，晟舍镇划建为云村、大河两个乡。

1956年10月，云村、大河合并入织里乡。

1958年10月并入太湖人民公社。

1961年5月调整为晟舍人民公社，辖16个生产大队。

1984年2月，晟舍公社改为晟舍乡。

1993年10月，晟舍乡合并入织里镇。90年代建立童装市场，成为织里镇的南大门。

4. 轧村乡（公社、镇）

1949年6月，成立洽济乡人民政府。

1950年4月，由洽济乡划建为轧村乡。

1956年10月，成立轧村乡，由轧村、骥村与漾西、常乐两乡一部分合并建立。

1958年10月，轧村乡并入太湖人民公社，为轧村管理区。

1961年5月从太湖公社分出，建立轧村人民公社，其所辖即轧村、骥村管理区范围。

1984年2月，轧村公社改为轧村乡。

1993年6月，轧村乡改为轧村镇。

1999年冬，轧村镇合并入织里镇。1970年代末，轧村农民绣枕套、做童装、织床单，融入商品经济大潮，被称为织里童装发源地。

5.漾西乡（公社、镇）

1949年9月，义和镇人民政府成立。

1950年5月，漾西乡人民政府成立，由原义和镇划建。

1950年5月，由义和镇划建常乐乡。1956年10月，撤并入义皋乡（大乡）。位于太湖南岸，包含陆家湾集镇。有迎晖桥、思慎堂等古迹。乡民历史上以农耕为主，1980年后转型商业、小五金业、养殖业、种植等产业。

1956年10月，成立义皋乡，由义皋、东桥两乡及漾西、常乐两乡大部分合并建立。

1958年10月，漾西乡并入太湖人民公社。

1961年5月从太湖大公社分出，建立漾西人民公社，其所辖即漾西、常乐管理区范围。

1984年2月，漾西公社改为漾西乡人民政府。

1994年12月，漾西乡改为漾西镇。

1999年冬，漾西镇合并入织里镇。漾西位于织里镇东北边陲，被称为"吴头越尾"。1980年代后工业企业发展，尤其是铝合金占据一定市场份额。

6.太湖乡（公社、镇）

1949年9月，义和镇人民政府成立。

1950年5月，义皋乡人民政府成立，由原义和镇划建。

1956年10月，成立义皋乡（大乡），由义皋、东桥两乡及漾西、常乐两乡大部分合并建立。

1958年10月，义皋乡并入太湖人民公社。

1961年5月，从太湖大公社分出，建立太湖人民公社（小公社），其所辖为义皋、东桥管理区范围。

1984 年 2 月，太湖公社改为太湖乡人民政府。

1998 年 8 月，太湖乡改为太湖镇。

1999 年冬，太湖镇合并入织里镇。太湖地理位置紧傍南太湖，全境横长、纵短，呈狭长形状。

第三节 织里名片

一、国家荣誉

1987—1992 年三次被国家工商行政管理局评为"全国文明集贸市场"称号。

1995 年 10 月被国家土地管理局评为全国土地管理"三无"乡（镇）活动模范乡（镇）。

1995 年，织里镇被国家体改委、建设部、公安部、国家计委、国家科委、中央编委办公室、财政部、农业部、民政部、国家土地管理局、国家统计局等 11 个部委批准列为全国小城镇综合改革试点镇。

1999 年 9 月被中央精神文明建设指导委员会评为全国创建文明村镇工作先进单位。

2002 年 7 月 30 日被中国服装协会、中国青少年发展服务中心、中国服装设计师协会授予 2002 中国少年儿童服装服饰文化节荣誉奖。

2002 年 12 月被中国纺织工业协会、中国服装协会评为中国童装名镇。

2003 年 6 月被中华商标协会评为中国童装商标品牌基地。

2003 年 7 月 6 日被国家工商行政管理局授予中国童装商标织里重点培育基地。

2003 年 9 月 13 日被中国纺织工业协会特聘为中国纺织工业协会名誉理事单位。

2005 年 10 月被中央精神文明建设指导委员会评为全国文明村镇。

2005 年 11 月被中共中央宣传部、国家人口计生委、民政部、国家广电总局、共青团中央、中央文明委办公室、教育部、文化部、中华全国总工会、中华全国妇女联合会评为全国婚育新风进万家活动先进乡、镇、街道。

2009 年 9 月被中国纺织工业协会、中国服装协会、中国毛纺织行业协会评为中国名牌羊绒服装名镇。

织里获得的各种国家荣誉和省级荣誉

2010 年 11 月被中国纺织工业协会、中国毛纺织行业协会评为中国品牌羊绒服装名镇。

2015 年 5 月被中国纺织工业联合会评为纺织产业集群创新发展示范地区。

2016 年 12 月，经国家发展改革委、中央编办、公安部、民政部、财政部、人力资源社会保障部、国土资源部、住房城乡建设部、农业部、中国人民银行、中国银监会等 11 个部门联合评审，同意将织里镇列为第三批国家新型城镇化综合试点地区。

2019 年 12 月 24 日，中央农办、农业农村部、中央宣传部、民政部、司法部共同研究认定，织里镇为全国乡村治理示范乡镇。

二、省级荣誉

1997 年 9 月被浙江省体委、浙江省农业厅评为体育先进乡镇。

1998 年 5 月被共青团浙江省委评为先进团委。

1998 年 6 月被浙江省人民政府评为全省环境保护"六个一工程"先进集体。

1998 年被中共浙江省委、浙江省人民政府评为文明镇。

1998 年 8 月被浙江省人民政府办公厅评为浙江省首批村镇建设现代示范镇试点。

1999 年 1 月被中共浙江省委浙江省人民政府评为省级社会治安综合治理先进集体。

1999 年 2 月被浙江省绿化委员会、浙江省建设厅、共青团浙江省委、浙江省林业厅评为省级绿色小城镇。

1999 年 2 月被浙江省教育委员会评为浙江省教育强镇。

1999 年 2 月被浙江省文化厅、浙江省公安厅、浙江省工商行政管理局评为浙江省文化市场示范乡镇。

1999 年 2 月被浙江省技术监督局评为九八年度湖州市治理无标生产先进乡镇。

1999 年 6 月被浙江省乡镇企业局评为浙江省发展个体私营企业重点乡镇。

1999 年 10 月被浙江省文化厅颁发浙江东海文化明珠奖。

1999 年 12 月被浙江省人民政府评为浙江省现代农业示范园区。

2000 年 1 月被中共浙江省委、浙江省人民政府评为社会主义新农村建设示范镇。

2000 年 8 月被浙江省农业农村现代化教育领导小组评为创建百家农业农村现代化示范镇。

2002 年 1 月 10 日被浙江省爱国卫生运动委员会评为浙江省卫生镇。

2002 年 10 月被浙江省体育局评为 1998—2001 年度浙江省群众体育先进单位。

2003 年 4 月被中共浙江省委、省政府评为"省级文明村镇"。

2003 年 12 月被中共浙江省委、省政府评为省级社会治安综合治理先进单位。

2004 年 3 月被浙江省献血工作领导小组授予 2002—2003 年度无偿献血促进奖（单位）。

2004 年 6 月织里镇党委被中共浙江省委评为农村基层组织建设先锋工程五好乡镇党委。

2007 年 12 月被浙江省人民政府评为全省"811"环境污染整治工作先进集体。

2010 年 7 月被浙江省人民政府评为浙江省现代服务业集聚示范区。

2010 年 12 月被浙江省人民政府列为小城市培育试点镇。

2012 年 4 月被浙江省人民政府评为 2011 年度全省小城市培育试点达标单位。

2021 年 7 月织里镇党委被中共浙江省委授予"全省先进基层党组织"荣誉称号。

第二章 集镇 村坊

清末民初的湖州旧地图上，今织里镇范围有多处小市镇分别被标注为"市"，这些"市"在当年都是商贸较为繁荣的水乡集镇。在现代商业日趋繁华的 21 世纪，人们已习惯称之为"老街"。本章对 8 个集镇（老街）的历史与现状作简要记述。

第一节 自然集镇

一、织里

1. 织里市

清光绪十九年（1893）《湖州府二十里方图》及民国《吴兴县全图》上均标注有"织里市"。

2. 织里老街

织里集镇位于湖州市区东北 15 公里处，荻塘以北到太湖南岸的中心区位。集镇形成于明清时期，在清末民国地图上标注为"织里市"，1935 年改织里乡为织里镇。中华民国政府吴兴县第二区、第五区的区署均设在织里集镇。中华人民共和国成立后的织里区、织里乡、织里镇人民政府及所属部门都在织里集镇，1994 年搬迁至新街中华路。此后，集镇习称为"织里老街"。

织里街形如扁担。20 世纪 70 年代前，南北向的桥，自西至东横跨织溪的有宝镜桥（斜桥）、妙音桥（妙桥）、木桥、睦嘉桥（狮子桥）、秋稼塘桥等五座桥梁。东西向的桥，有虹桥、丰乐、金锁桥、玉杼桥、铁板桥等五座小型石桥。老街东西栅都有水阁廊檐，两面店铺，1971 年开挖市河时拆除。

晚清至民国，织里街上有多家私塾。1912 年，郑连如创办了"织里小学"，校址在织里镇西栅总管堂（宝镜观）内文昌阁，郑兼任校长，初设八个班。后来数十年中，因战乱而多次迁移，艰辛办学。新中国成立后织里小学逐步发展，到

织里老街狮子桥西侧

2019 年已成立织里实验小学教育集团。吴兴四中 1956 年创办，后改名为织里中学，2005 年撤并入吴兴高级中学。

民国年间，织里老街有多座寺庙，历史久远的有宝华院（宝镜观）、宝相禅寺，有三观堂和土地庙等，西市还有耶稣教堂。

织里街民国时期的交通工具是航船，旱路基本靠步行。1960 年代初，往返湖州的航船织里班开通。1984 年 5 月晟织公路建成通车。

中华民国以来，织里街的民间文艺团队非常活跃。抗战期间有学校组织的歌咏队上街下村宣传抗日，解放初期有文工团及民间乐队活跃于织里镇乡村，民乐合奏《凤妆台》曾在省文艺会演中获奖。之后的京剧样板戏演出也曾红红火火。20 世纪 90 年代成立的老街京剧协会，联通了江浙两省的票友。

织里老街百余年来涌现了许多英烈先贤。辛亥革命英烈姚勇忱名垂青史。而土地革命早期织里街上就有中共地下党的活动。织里百姓为抗日烈士赵安农立碑铭记。此外，还有解放初期在剿匪中牺牲的烈士秦家书、新中国成立后在国防工程建设中牺牲的英雄民兵沈阿章。

新中国成立后，供销社的商店占了织里街的半壁江山。集镇上还有粮管所、食品站、水作社、竹木铁器社及工商、财税、农业银行、信用社、邮电、供电所、医院、影剧院等单位。

1980 年代初，童装业在老街形成市场，业主在此设摊交易，并逐步发展成中国童装名镇。2016年，老街列入了地方政府的重大改造建设工程，织里老街于2017年开始拆除。名医徐振华（毛先生）旧宅、织里影剧院、老街轮船码头等古旧建筑被作为不可移动文物予以保留。

二、晟舍

1.晟舍市

清光绪十九年（1893）《湖州府二十里方图》及民国《吴兴县全图》标注有"晟舍市"。

晟舍集镇位于织里镇南的荻塘支流晟溪两岸，明清时期因凌闵望族聚居，"科第联绵，簪缨绳继"而被誉为"湖州城东第一镇"，雕版印刷著称于世，盛产鸟腊为一郡之最，冬春米甲于乌程。近代以来，历经多次战火，官宦府第和园林已无存。

2.晟舍故镇

晟舍老街为南北走向，长约500米，百余户居民栖居。晟溪上有四座石桥，自南至北依次为龙门桥、卖鱼桥、花凤桥（晟舍桥）、油车桥。还有南北向的笋店桥（先锋桥）。老街范围曾有九座寺庙，分别是利济禅寺、祖师堂、三官堂、观音堂、太君堂、关帝庙、总管堂、大仙庙、土地庙。清末尚有七座石牌坊。抗战前有私塾、当铺、南货店等。有开到双林的航船和湖州的航船，航船老板为本地人，有"当地大好佬开航船，城里大好佬开茶馆"的民谣。荻塘口有龙门渡，渡翁多是塘南渔船坝人。晟舍街上还有许多诸如塘南强盗结伙挖盗闵尚书坟墓的故事和传说。

抗战胜利后至20世纪50年代初，晟舍街的商铺多为茅草盖顶、黄土代砖。新中国成立后，街上的商店逐年增多。晟舍供销社建立后，有棉布、百货、大众食堂、茶馆店、食品站、鲜鱼行等商店。有邮局、医院、小学、中学、收茧站等单位，还有新老粮站二处。晟溪东岸为历届乡镇政府驻地，1993年合并入织里镇。

20世纪90年代新街建造后，晟溪西岸被人们称为"晟舍老街"。

三、旧馆

1.故东迁县治

晋太康三年（282），乌程县分西乡地置长城县（长兴），分东乡地置东迁县。东迁县县治设在今织里镇旧馆，为当时东迁县的政治、经济、文化中心。东迁县东西约 50 公里，南北约 60 公里。东到平望，西至孺山，南到德清新市，北达太湖东西洞庭山。到隋开皇九年（589）又并入乌程县，经历了 308 年历史。

2.东迁馆

唐代在荻塘沿岸设置馆驿，以方便接送官员和名流。唐大历（767—779）中，湖州刺史颜真卿因太湖馆址在东迁县治，遂改名东迁馆。贞元七年（794）刺史于頔在城东十八里建升山馆，又因升山馆和东迁馆相距太近，将东迁馆东移 20 里至严村，原东迁馆所在地便称为"旧馆"。

3.旧馆市

旧馆之名始于唐，紧傍官道与荻塘。南宋庆元年间，乌程县在旧馆设酒坊课税，称为"旧馆坊"。清光绪十九年（1893）《湖州府二十里方图》及民国《吴兴县全图》上标注有"旧馆市"。

4.旧馆集镇

荻塘是浙江省重点文物保护单位，旧馆集镇位于荻塘北岸，遗存有荻塘碑亭、东塘桥，碑亭前柱楹联："頔与荻同音，一字特因遗爱易；塘由唐始筑，千年又庆巨功成"。后柱楹联："何处寻碑，老树斜阳临旧馆；有人试马，白沙浅草骋新堤"。街上有百米长的"故县弄"，附近杨家寺前自然村有"故县桥"等古迹，横跨荻塘曾有古石拱桥观音桥，1960 年代拆除后改为钢构水泥桥梁，并沿用"观音桥"旧时桥名。北岸曾有三座东西向的单孔石梁桥。

旧馆历来为兵家相争之地。元末，朱元璋部将与张士诚部在此交锋，张部数万大军覆灭。1937 年 11 月 22 日，日寇由南浔往西一路烧杀，旧馆的民居被烧为灰烬。

旧馆老街 200 余米长，呈狭长形，位于荻塘和国道的中间地段，有居民近百户。新中国成立后，归属晟舍乡。街上有供销社、医院、茶馆、肉店、食堂、鞋服社等 20 余家店铺。

老街上曾有太君殿、大仙庙等庙宇，旧时庙里常演社戏。禧寺殿里办有学堂，人民公社年代旧馆办有"红旗中学"。

旧馆老街的水陆交通非常便利，前有荻塘水路，舟楫帆影不息，后则有官道（318 国道）。荻（頔）塘碑亭旁有轮船码头，从湖州开往上海的"布谷鸟"号，开往苏州的"苏班"，皆在码头停靠，方圆十数里的人们在此坐船往返上海、苏州。旧时，旧馆还有开往织里的航船，每日往返二次。

旧馆老街已列入地方政府的改造拆建规划。

四、轧村

1.轧村市

轧村紧邻荻塘，民间传说因宋高宗夜宿耳闻"轧轧"织机声而名。南宋庆元年间，乌程县在旧馆设酒坊课税，称为"轧村坊"。清光绪十九年（1893）《湖州府二十里方图》及民国《吴兴县全图》上标注有"轧村市"。

2.轧村集镇

轧村集镇位置在荻塘以北，距织里镇行政中心约4公里。1946年《湖报》刊登了王也之《轧村一瞥》的文章："轧村这一个不上五十家店铺的小镇，在历史上很有一段佳话可以一说，位置物产上也有许多值得注意的地方。轧村的街道很狭窄，豆腐店和药铺各有四家之多，二家酿酒作坊，所产的酒自给有余，不时运销湖州、南浔，工人二十余人。其他如百货、粮食等店，应有尽有……"

轧村集镇的商铺傍市河而筑。中华民国末期至中华人民共和国建立初期，以寺桥为界，市河西岸有竹匠店、杂货店、米行、算命铺、豆腐店、中药铺、饭馆、染坊、酱盐店、肉店、鱼行、鞋子店、箍桶店、铁匠店，酒坊。东岸的街面

20世纪40年代轧村集镇的房屋

呈丁字形，店铺与西岸大致相同。轧村街上有三家颇具特色的茶馆店，"太平楼"茶馆的顾客多为太湖的渔民，他们劳作之余，在此喝茶聊天，驱除疲劳；另有"家乐园""凤阳楼"茶馆，各具特色。20 世纪 50 年代后，上述商铺归入供销社系统。

轧村市河曾有四座古桥。自南而北有纱家桥、南木桥、寺桥、北新桥，这些桥梁 1966 年开挖河港时均被拆除。旧时，轧村街上有航船开往南浔、双林、湖州。解放后，有震泽开往湖州的小轮船"震湖班"设停靠站载客。

中华民国年间，轧村街上有多家私塾，纱家桥堍有洽济小学，被称为"洋学堂"。纱家桥西有乡绅创办的育婴堂，专门收养弃婴和残疾儿童。

旧时，轧村街上有庙宇七座，分别是三官殿、亭子庙、圣堂庙、西庆寺、水月庵（供奉观音菩萨）。庙会四季不断，还演社戏。后来镇上办起了文工团，排演传统剧《牛郎织女》《白蛇传》，还有现代戏《柳金妹翻身》。"文化大革命"期间改为文艺宣传队，排演了《智取威虎山》等样板戏。

老街上有多家诊所，颇具名气的郎中有费树声、沈亦龙、朱振华、陈善章。这些中医悬壶济世、医者仁心，为邑人称道。

轧村东郊有商周时期的分水墩遗址。有吴越王钱氏始建的东明禅寺、三孔石拱桥广济桥，是湖州市重点文物保护单位。

1999 年前的乡镇政府及其部门，都驻地轧村老街。还有影剧院、中学、银行、保险等民生机构。

轧村是中国童装名镇的发源地。

五、骥村

1. 骥村市

骥村紧傍荻塘运河，形成年代当在南宋之前。明代有官府设立的驿站（快递铺），清末民初的湖州地图上被标注为"骥村市"。

明代洪武年，骥村人严震直从一位乡村粮长，累官至朝廷的工部尚书，青史留名。

2. 骥村老街

骥村老街呈十字形状，东西走向的街道 400 余米，南北向街铺 200 多米。当铺、茶馆、饭店、鱼行肉铺、南北杂货店一应俱全，民国初期相当繁华。1937 年

11月，日寇自南浔沿塘路西进，骥村有300余间民房被焚毁，十多位村民被枪杀和烧死，人们纷纷摇木船避难他乡。

骥村老街

骥村老街有古石桥7座，分别是塔影桥、南板桥、西石桥、后城桥、圣堂桥（单孔拱桥）、胡家坝桥，还有跨架于荻塘纤道上的凤林塘桥。虽经岁月风雨，上述桥梁至今尚存。

骥村老街曾有圣堂庙、土地庙、南庙、寂照禅寺等多座庙宇，均颇具规模，香火旺盛。尤其是寂照禅寺（始建于唐代光启年间，宋嘉泰《吴兴志》有记载），寺址占地2000平方米，寺名据说与宋高宗题词"寂而常照，照而常寂"有关。

"严"是骥村的著姓，严震直的故事口碑相传。20世纪60年代前，严氏祠堂是族人祭拜祖先和议事的场所。大厅供奉严震直塑像，还有其四子一女的蓝底金字木质牌位。厅前的庭院内植有香樟树和古柏，树荫参天。院外有石牌坊、旗杆石，祠堂于1958年被拆除。严震直病亡于巡视山西任上，葬于西塞山，2019年吴兴区龙溪街道辖区内仍有严家坟自然村。

骥村历史上出过多位文化名人，严可均是清代著名藏书家、文学家，《清史稿》有其生平记述。清代藏书家严元照、辛亥革命志士严浚宣等都是骥村人。民国年间村里"改世厅（音）"办有小学，任教的几位年轻人是中共地下党员。1949年后轧村小学设在塔影桥下，学生100多名，教师6人。

骥村老街曾是民国吴兴县洽济乡驻地。人民公社年代有供销社等单位，镇上有开往双林、南浔的航船。

骥村与范村在2000年合并为骥村行政村。

六、漾西陆家湾

陆家湾街北濒南太湖，南傍陆家漾。东西走向，长600余米，为原漾西乡中心集镇和乡政府驻地。

中华民国年间，集镇有百余户居民，坊间有"六陆三董一叶"的说法，陆是

改造后的漾西老街

大姓。民国时有苏北农民摇小木船来到村里，他们以捻河泥为生计，夜晚宿于船上。土改运动时分得土地房屋，从此落户定居于陆家湾村。陆家湾街上有四十余家店铺，各类商品应有尽有。街上曾有民间消防救火组织和设备，凡有火灾，即前往扑救。抗战初期陆家湾村曾遭日军飞机轰炸，十余人被日寇炸死。

中华民国初，年村人陆连奎在上海发迹后，回乡建造了陆氏祠堂和太君庙。民国 23 年（1934）还建造了连奎小学，有六个年级，聘请教师 35 人，开设语文、算术、音乐、图画、体育等课程，设有图书室、俱乐部等文化场所，还建立"童子军""巡视队"等学生自治组织，被称为"洋学堂"。学校教师工资及一应开支由其支付，学生书本费、学费全免，还赠送文具用品。1938 年陆连奎去世后，连奎小学停办。抗战胜利后恢复，但经费枯竭，教师减至仅 3 人。

陆家湾街的小市河上曾有五座桥梁。桥名"迎晖""日明""月明""五谷""丰登"，造型精致，寓意吉祥。镇上曾有节孝牌坊两座，还有吴氏祠堂。现存沈氏思慎堂是清代建筑，2003 年被列为市级文物保护点。

明清府县志记载陆家漾原名"绿葭漾"，面积 1290 亩，是吴兴区境内最大的湖漾。

陆家湾集镇为行政村和基层政府所在地，1999 年并入织里镇。

2018 年，地方政府开始改造陆家湾集镇老街。

七、义皋集镇

义皋北濒太湖，宋嘉泰《吴兴志》有相关记载，村镇因溇而名。陈溇、义皋两条溇港穿过镇区直通南太湖。

义皋集镇自东至西长约 200 米，街道宽 2 米，以尚义桥为中心，民国后期

义皋老街之今昔

至解放初有各类店铺 60 余家。义皋溇港里停满了小渔船，渔民们把刚捕获的鲜活鱼虾过秤给鱼行，然后到茶馆喝茶聊天。集镇上老字号店铺有许氏开设的"人和堂药铺"、沈炳泉的"老百坦软糕"以及"徐桂生野鸭店""张世元茶馆店""蔡跃亭豆腐浆""杨顺金小馄饨"等。义皋集镇自民国以来就是乡镇政府驻地，有财税、信用社、邮电所、医院、招待所等各类机构，供销社的大众食堂内还办了照相馆。镇上设有民间消防队。1974 年，太湖公社机关从义皋迁移至幻溇。

兴善寺始建于吴越国时期。常胜塘桥与朱元璋部将常遇春的传说有关，尚义桥为清乾隆年间重建。太平塘桥是北塘河上现存唯一的清代五孔石梁桥。村民中还有"陈家牌楼范家厅，朱家祠堂三进深"的顺口溜。范家厅建于清道光咸丰年间，现已改为"崇义堂"，是湖州市重点文物保护单位。

义皋为太湖溇港区域的中心集镇，商贸繁荣。镇上有开往南浔、湖州的航船，1971 年，义皋大队购买了开往湖州的小轮船。1995 年乡村公路通了汽车。

历史上，无数次的洪涝干旱侵扰湖滨，兵荒战乱殃及这座水乡小镇。抗战期间，日军飞机在集镇扔下多枚炸弹，炸死炸伤无辜群众十多人。

集镇民众历来重视教育。民国年间，在范家大厅内开设私塾，聘请谢溇村的董礼泉教授国学知识课。1950 年办起了义皋完小，还有成年人的扫盲夜校。1970 年办起了义皋中学（初中）。

太湖溇港于 2016 年成功申报为世界灌溉工程遗产。作为溇港的核心区域，义皋已被列入浙江省传统古村落保护名单，多家国家级部门、机构和院校在此设立教育示范基地。古镇上现有溇港文化展示馆、崇义馆、铜镜馆、溇港书报馆等文化展馆。义皋已成为旅游观光、考察研究之地。

八、东桥老街

东桥集镇北濒太湖。由罗溇、安港（溇）两古溇口聚落而成，唐五代有聚落，宋以前兴市廛。以境内"东桥"命名。

清代，东桥是座大木桥。1934年乡绅叶鉴人、陈士铨、邹云梅等发起改建为石梁桥。桥上有楹联："古称东桥地跨中塘通两浙，名傅市井水流太湖接三山；藉村拟桥名水汇罗安分两脉，建乡城市业地通吴越共九州"。同年建造了浮霞桥、季家桥。还在前浜村建了盛家桥。北塘河上南北跨向的九孔石梁桥霓影桥（俗称"红亭子桥"），长约60米，是北塘河上一座标志性的古桥，1980年代已拆除。

旧时，集镇上有开往织里、湖州的航船。1970年代中期有了小轮船。90年代湖薛公路太湖段接上织太公路。

1938年3月，湖州第一支由中共领导的"吴兴抗日游击大队"大队长郎玉麟，曾在东桥村牌楼前广场舌战"红枪会"，宣传团结抗日，并取得成功。民国时期，东桥村是国民政府乡公所驻地。

集镇上有东桥村街，街道有东昌路、中正路、北平路、南安路。路名为民国19年（1930）冠名。新中国成立后，是东桥乡人民政府所在地。

桥东有陈士铨新厅屋，桥西有陈氏宗祠、叶氏宗祠、刘氏师善厅、刘氏树滋堂、叶氏荨辉堂、刘氏攸宁堂、刘氏宗祠、叶氏怡和堂、刘氏庆远堂等。叶氏宗祠南有"圣旨"二字的石牌坊。

抗日战争前，东桥村街上有诸多老字号商店。如陈（老）泰森等五家粮油杂货店、叶氏春生堂及张世荣等开设的五个中药店。有隆泰面食店、张恒泰鲜肉店、张阿东的羊肉熟食店，有沈顺昌、春阿婆的茶馆及沈阿叙面馆、徐阿祥茶食店。还有洋货店、豆腐店、鲜鱼行、寿材店、剃头店，以及竹匠、铜匠、木匠、皮匠等各类店铺数十家。1953年成立了东桥供销合作社，有棉百部、副食部、生产部、收购部、酱什合作商店等。东桥街上有农村信用合作社、卫生院、食品站等单位。1968年建立东桥茧站。

到东桥街赶集者除了本乡和塘甸乡的崔家桥、仁塘湾，还有戴山、织里乡村的百姓。太湖里的渔船帮也习惯到东桥街上喝早茶和进行贸易活动。

东桥街上民国年间有私塾，20世纪50年代后有完小、初中，方便儿童就近上学。

民国年间，街上有农村小戏班。50年代村里成立了东桥文工团，演出越剧《梁祝》。60年代办起了"毛泽东思想文艺宣传队"，排练革命样板戏《智取威虎山》《沙家浜》等剧目，应邀到织里、漾西、戴山、塘甸、环诸和长兴县有关公社演出。

集镇上有张降庙、总管庙、东桥新庙、三官庙、南房和尚庙等庙宇。东桥新庙中的银杏树，曾是太湖南岸航空标志之一。东桥的民俗活动丰富多彩，农历正月和九月都有庙会，做"庙戏"；春节元宵节期间舞龙灯、调狮子、走马灯；清明时节组织全乡庙会，游行队伍前面是"点臂香""调大人"，紧跟着是各自然村装扮的"台阁"；七月三十晚上"放水灯"，几十条农船组成"拜香船""锣鼓船""念佛船"和"放水灯船"，绕村中的河道转一圈，水上岸上五彩缤纷；牌楼前广场常有剧团来演出杂技、跑马戏、露台戏、放映电影等。

东桥人历史上几乎家家养蚕、缫丝。田地里种的是稻、麦、桑、黄麻、络麻、山药、百合、老姜、山菇、湖葱、大蒜、萝卜、青菜等。黄麻、络麻织成麻布、叉袋上市。夏季，村里男女老少都穿麻布衫、麻布裙，轻松凉快。太湖盛产白鱼、银鱼、白虾，古称"太湖三宝"。捕捞季节，大批鲜鱼从东桥村河埠推向市场。改革开放后，村民进城经商办企业，现在农户大多经营童装业，还有养殖业和种植业。

2017年，经浙江省人民政府批准东桥村为省级传统村落。

第二节 特色自然村

一、传统古村落

织里历史悠久，经过千年岁月沉淀，拥有得天独厚的溇港文化，古镇名村人文底蕴深厚。2019年有46个行政村、428个自然村，在城镇化进程加速发展的今天，许多传统村落和传统产业正在逐渐消失。现将有关传统村落和著名自然村记述于下。

1.小河村

小河村紧邻织里镇行政中心。清光绪《乌程县志》卷四载："小湖村，一作小河。"民国时期曾名麒麟村，1984年撤队改村时改名晓河村。清康熙《乌程县志》载"小湖、织里业造船",明清时期是规模较大的造船基地,所造之船有座船、兵船、仙船、航船、驳船、农船、渔船、书船、圈棚船等多种,尤以书船最为著名。

小河村的中医王中立,为明代中医,其先祖谢贵是明开国皇帝朱元璋洪武朝时因军功授河南卫指挥佥事,加广威将军,永乐初卷入政治案被杀,季子谢公权赘于织里小湖王氏而幸免,并在小湖村繁衍后代。王氏医术精于妇科、小儿科,四乡八里的病患者慕名"求治如市"。王氏子孙后来搬迁至安吉、乌镇等地,但世传祖业,行医一方,有《幼科类萃》《或问》等多部医学著作传世。小湖村里有与王中立相关的郎中湾、药王桥、葫芦井等自然村,并有民间传说与故事流传至今。王氏为村内著姓,有王氏宗谱。

小河村曾称为麒麟镇,民国年间设麒麟乡和麒麟村,村内小集市有多家商铺,办有私塾。新中国成立后有小河完小,1970年代开设初中班。村内曾有鸢章桥、东庆桥、药王桥等多座古桥梁和普安禅寺、广慈庵等寺庙。新中国初期,织里供销社在严慈桥庙里初创,由小河村人王政文等发起筹建。织里信用社也在小河村集股始创。

2010年后,村庄列入镇区建设规划并逐步建成新街区,村内有新康路、浒井港路、长安东路等街面建筑和农民新居。

2.郑港、谈港

郑港、谈港属同一行政村,位于织里老街西北端。考古发现,谈港自然村西侧有约一万平方米的商周时代遗址,出土了大量折线纹、方格纹、菱格纹、回纹等陶片,说明商周时期就有先民聚居。

明清时期,村民因摇驶书船外航大江南北,贩卖凌闵望族的雕版印刷书籍而出名。清康熙郑元庆的《湖录》记载:"书船出乌程织里及谈港、郑港诸村落。"贩书商人当时被称为"书客",是织里古代文化的又一亮点。书客们驾书船于江河,在士大夫间行走,袖笼书目,让购书者选择,价格低昂。藏书家们往往给予资助,请书客代为搜访奇僻之书,保存图书善本秘籍。

郑港村现存古桥梁有白云桥、打子桥、压束桥、甄家木桥,均保存完好。打子桥有浪子回头的民间传说,被收入《织里民间文化》。谈港村的东雪桥、青山桥(观音桥)、土地桥等晚清建筑,古典精致,但皆已拆毁。村中曾有傅氏、周氏、郑氏等多家宅院墙门,现仅存傅氏一处。村内现有古佛禅寺和土地庙,每逢年节，香火祭拜。

谈港茧站创建于 1950 年，借用傅氏老宅开设收购蚕茧场地，方便了蚕农。郑港机埠是织里镇域最早建造的农村机埠。

民国年间村内有私塾。50 年代起建立了谈港小学和郑港小学。80 年代前，村内自留地大面积种植香大头菜，用食盐腌制上甏，数月后成为香味俱佳的佐菜，在湖州及山区集镇销卖。

3. 云村村

云村南濒荻塘运河，西与晟舍村紧邻。村内有北庄自然村，风景秀丽，明代文人闵象升居于此，留有吟诵北庄的诗词。清乾隆年间进士、文学家凌树屏有《北庄八咏》的诗歌传于后世。清同治《晟舍镇志》记载云村、生姜坝产鸟腊，味道鲜美，为春节时馈赠亲友的佳品。旧时，村民有打鸟的传统，差不多每户拥有一条小船，农闲季节结伴摇橹桨而出，到山区或湖荡芦苇丛生之地打猎野物，十天半月方归。所获猎物或到集市销售，或腌制风干。村民的鸟枪（火铳）和自制的火药铁砂具有较强的杀伤力，甚至致人死亡。1937 年 11 月，日寇自南浔沿公路烧杀到旧馆、晟舍，在云村遭到村民的顽强反抗。村民齐心合力用鸟枪抗击暴行，悲壮激烈，当天互有伤亡。云村村民连夜举家逃离村庄避难，次日大队日军将村子焚为灰烬。

村内旧时有私塾，新中国成立后办有云村小学。古迹有广善塘桥、积善塘桥、安善塘桥等古石桥，有古桥石碑，镌刻建桥始末。村内有云兴庵等宗教建筑。

云村村民有祖传的木鸭（鸬鹚）捕鱼的绝活。家中喂养木鸭十余只，农闲时结伴摇划小舟到野外河港，将木鸭脖颈系条小绳子（防其将捕到的鱼类吞入肚子），然后赶入河中，几条小船一齐碰动船板，大声吆喝造势，木鸭即钻入水下，不一会啄上鱼来交与主人，木鸭捕鱼的场景常引来人们围观。2000 年后，此产业在云村和东兜村逐渐消失。

4. 河西村

河西村因在晟舍市河之西而名。村境内有盘殊漾、万谦漾二处湖漾，沿岸风光秀丽。明清时期，盘殊漾畔筑有凌闵宗祠、吹箫楼等多处私家园林。清代凌庚有《盘殊秋月》诗："西畔清涵一鉴秋，点波真个与珠侔。当年笙管知何处，无限菱花淡不收。"盘殊漾东侧有一条火鱼埂伸入水中央，明凌约言离官归田后在漾中筑起凤笙阁，藏书万卷，是文人雅士饮酒吟诗之所。村南有万谦漾，为闵氏西支祠产。明末，闵广在万谦漾北岸筑万绿堂隐居，闵志涌有"陶令宅边风景似，参差浓阴倚门低"的诗句。至今仍留有万绿堂的自然村名。

民国时期河西村有多家私塾，新中国成立后村里办起了小学，有厅级官员从河西村走出，还有在国内外颇有影响的数学家等多名乡贤。河西村内有明代崇祯《乌程县志》记载的马兰桥、太平庙等古迹。太平庙始建于唐，2119年尚有古银杏树被作为名木古树挂牌保护。重建后的太平禅寺坐落于万谦漾北岸，专门辟殿供奉关公、岳飞等忠义人物神像，年节时香火旺盛。

2010年后，河西村进行了全面改造和建设村民新区。村内建起文化礼堂、幼儿园、老年活动中心等文化设施。盘殊漾公园晚间灯光璀璨。村内的农民安置房区街道整齐，商铺栉比，已成为童装电商村。

5.上林村

唐五代时，上林村即为繁华之地。吴越国时钱氏在村里建看经院，后改为广济院，北宋时改为圆明院。

上林村之名始于南宋。地方志记载宋高宗皇帝南渡时曾在该村大户董氏梅林憩息，与群臣赋诗，因此改名上林，又名上临，皇上驾临的意思。村里留有梅潭、圣驾桥、回銮桥、凤仪桥等历史遗迹。南宋庆元中官府在上林村设酒坊，名"上林坊"。董氏后来迁居南浔镇，后人中出了许多显达人物，如明代礼部尚书董份、著名诗人董斯张等。

清代至民国，上林村办有私塾。新中国成立后办起了村小学，"文化大革命"前，轧村人民公社的农业中学创办在上林村，有三四年，半农半读，培养人才。至2019年上林村先后在外地任职的厅级干部有3人。

当代著名画家吴寿谷（1912—2008）是上林村人，生前为中国美术家协会会员、上海市文史馆馆员。擅长画虎，笔墨精到，形神兼备。多次举办作品展览，影响广泛。日本前首相、美国前总统里根及马来西亚前总统都收藏其作品，村内有其故居振宜堂，南浔镇建有吴寿谷艺术馆。

2015年后，上林村被地方政府列入美丽乡村建设规划，投入大量资金和人力，修筑道路，挖拓河港，种养花木，并建造了文化礼堂、幸福舞台、老年文化活动中心。

6.乔溇、胡溇

乔溇村、胡溇村在织里镇东北隅，北濒太湖，与江苏省吴江交界。宋代以前，太湖诸溇区已形成集镇和村庄。乔溇村内的布金寺始建于广顺十年（960）。宋代及宋后，太湖溇区逐渐成埠，民户稠密。北宋教育家胡瑗（安定）在湖州倡导湖学，享誉海内。胡溇就有安定先生的别墅，后人将其改建为寿宁寺，"观前庭双柏，大可数围，则非近代可知矣"。寿宁寺在清咸丰年间被毁，同治时僧人朗润发起重修。寺殿深邃，规制宏伟，清代湖州府衙曾在寺内设立太湖救生局，抗战期间被日寇烧毁。

清代道光年间，乡贤创建湖滨崇善堂。光绪《乌程县志》载："崇善堂在湖滨乔溇，道光十七年吴之杰等募捐创建，设太湖救生船，旁及舍药、施棺、惜字、放生诸务。江苏巡抚林则徐、湖州知府于鼎培俱有记。"崇善堂及石牌坊在1970年代拆毁，林则徐撰《湖滨崇善堂记》尚存。

乔溇村有广福桥、广济桥、述中桥、庆安桥、项王塘桥等古石桥，已列入太湖溇港古桥保护群。崇善堂与项王塘桥等古迹被写入乔溇村村歌。画家、胡溇村人胡迪安被湖州市收入《湖州名人志》。

7.庙兜村

庙兜村位于太湖南岸2公里处，南傍清墩漾。村内有常胜桥、婚对桥、栏杆桥、常胜庵、泗水庵、晒甲漾等人文自然景观。

庙兜村是一个红色文化村落。1939年2月，领导吴兴、长兴、嘉兴、余杭、昌化等20个县抗日工作的中共浙西特委在安吉成立，同年10月，中共塘北区委成立。同年底，浙西特委决心组建一支由党直接领导的人民抗日武装。1940年

庙兜村村委会办公楼

2月，特委书记顾玉良向塘北区委贺友辖布置在织里地区组织武装，同时选派军事干部郑至平到织里加强对武装工作的领导。经过筹备发动，袭击小股土匪，有了少量人枪，被上级命名为"抗日反汪军"，驻地庙兜村。这支武装，白天助民劳动，晚上集中行动，生活艰苦，作战勇敢，纪律良好，当地老百姓称之为"新四军"。

抗日反汪军在织里打开抗日局面，但遇到给养问题。不久，在获塘截获双林丝商运往敌占区的土丝，变卖后充作经费，因此与国民党吴兴县政府发生摩擦，国民党军分两路包围了抗日反汪军在庙兜村的队部，并到织里街拘捕队长熊飞。熊飞泅河时牺牲，钟发宗、王若谷等共产党员被捕，抗日反汪军武器被收缴。这就是记入湖州党史的"塘北事件"。

庙兜村秦森林是中共早期地下党员，为策反轧村、义皋乡公所自卫队起义做了许多工作。1953年，秦森林担任了义皋乡党支部书记，这是新中国建立后织里乡镇最早成立的党组织。

庙兜村村民擅长酿酒，村里曾创办了湖州第二酒厂。练武之风也在村内盛行，建立村武术团队。村民秦金锐多次在国内武术大赛中获得重要奖项。

二、著名自然村

1.瑞祥兜

瑞祥兜属联漾行政村，位于北塘河南岸，分南北瑞祥兜两个自然村。东侧有沉八亩漾，西侧有松溪漾。

沉八亩漾有民间传说：古代富户居于此，家财无数，厨房里有金银灶头，富甲一方。因为富不仁，触怒上苍而淹沉为水漾。此后，凡村民婚丧素事要向富户借用桌凳家什，写张借条沉入漾里，桌椅会浮上水面，用毕后还入漾中。后来有人借而不还，因此就再借不到东西了。"大跃进"年代人们抽干沉八亩漾，种植庄稼。

北瑞祥兜曾有多座大宅门楼，古朴厚重，巷弄深长，多为清代建筑。邱氏是大户著姓，有多位有影响的人物。2010年4月，邱水根等人编修《中华丘氏大宗谱浙江湖州瑞祥兜分谱》。当代教育家邱丽英，1928年应聘任湖郡女中校长，治校十余年，殚精竭虑。湖州沦陷期间，她还聘请教务主任继续办学，终生未嫁。两院院士、著名农业昆虫学家、植物保护学家邱式邦先后获得农业部爱国丰产奖、全国劳动模范金质奖章、全国科学大会先进个人奖，法国农业部功勋骑士奖章、农业部"全国三农模范人物荣誉称号"。邱家聪（1897—1934），曾任黄埔军校四期秘书处秘书。

瑞祥兜村民以勤劳著称，并注重传承特色手艺。制作销售乌麻团（乌米饭）已传承多代，农历四月初八前采来草药浸泡糯米，染成乌青色，传说有避蚊作用，煮熟后做成乌麻饭团到乡村售卖。

2. 东阁兜

东阁兜位于陆家漾西侧，港南港北有四十余户人家，属于常乐行政村。据祖辈口头传说，古代曾有官居朝廷阁老的人居住，这是村名的来源。晚清以来，东阁兜是织里镇著名的传统自然村。

徐氏为东阁兜村的著姓大户，历史上出过几位较有名气的人物。徐有珂（1820—1878），字韵雪，号小豁，清同治六年乡试中举人，因孝事母亲而拒绝仕途。从小生长在溇港边上的徐有珂，为治理太湖水患与退休官员吴云创议重浚溇港章程六条，并上书请得圣旨。与地方官员及乡绅共同督浚三十六溇，造福乡土。陈溇五湖书院的创办，改变了太湖溇区无正规学校的历史，徐有珂是主要发起人，书院建成后，徐有珂在书院担任管理和教学工作，成绩出色。他辅佐知府宗源瀚修纂同治《湖州府志》，负责"舆地""经政"等门。徐有珂个人著述颇丰，有以方志体例记述太湖南岸历史的《湖阴汗简》二卷，现为国内存量极少的善本图书，另有《小不奇山房集》等著述流传于后世。

东阁兜是中共织里地下党开展活动的地方之一。1949 年 3 月，中共地下党派员发展时任国民政府吴兴县五和乡乡长徐人杰（东阁兜村人）入党。随后徐人杰发展乡公所总干事、自卫队副队长等人入党，成立了义和地下党支部，许多党的会议和活动都在徐人杰家中进行，为织里、轧村等乡镇的和平解放做出了贡献。

东阁兜村人文资源丰厚，晚清至民国有私塾，新中国成立后办有常乐小学。清末名医徐香泉与东阁兜村血脉关联。当代画家李大震是东阁兜人，为著名画家潘天寿先生入室弟子，"所作写意花鸟，运用传统技法，而富于自然情趣，如闲云野鹤，潇洒脱俗，似不经意而质朴清淡之气自在。"这是中央美院院长潘公凯先生对李大震作品的评价。

3.伍浦村

伍浦村北滨太湖，域内有陈溇港、濮溇港、伍浦溇、蒋溇港等 4 条溇港，是吴兴区境内拥有溇港最多的行政村，也是溇港文化形成的重点区域。

南宋庆元中，伍浦溇设官方酒坊课税，名"伍浦坊"。每条溇港建有水闸，均有专门人员管理。地方官府对溇港闸门的开启和关闭，根据水情制订了一套管理办法。清代，为太湖营分防的伍浦汛，驻有士兵 50 名。光绪年间，大钱巡检司移驻伍浦，成为湖滨要塞。

伍浦村作为太湖边上的小渔村，有三分之一的人家从事捕鱼业。捕鱼的方式有多种，渔具各式各样，有扳网、撒网、虾笼、鱼钓、盘罾网、丝网等多种捕鱼工具，伍浦街上有小鱼市。伍浦村也种桑养蚕、植麻织布。

伍浦村留有诸多文化古迹。清同治年创办的陈溇五湖书院是湖滨第一所正规学校，被记入湖州地方史志，陈溇在清末的湖州地图上，清晰标注为"陈溇市"，当时是繁荣的集镇。

伍浦是遗存古桥古寺最多的村庄之一。安乐桥、陈溇塘桥被列入溇港古桥群作为湖州市重点文物保护单位。村内的古寺庙有民间传说。

建立于 2013 年的伍浦村史馆，是织里镇较早创办的村级史馆。有"历史渊源""乡村记忆""溇港文化"等几部分展示。

2010 年后，伍浦村投入较多人力财力改造道路、清理河港，建设美丽乡村。建造了文化礼堂、老年活动室、幸福舞台等文化设施。溇港文化被写进了"伍浦村村歌"的歌词之中。

三、整村拆迁自然村

织里因城镇建设于 1985 年开始零星拆迁，至 2019 年止，整村拆迁的自然村有 155 个。

表 1-2-1　2019 年底织里镇已拆迁自然村汇总

行政村	自然村	2003 年户籍人口	拆迁时间
东湾兜村	杨湾	242	1996 年
	东安兜	182	1999 年
	莲花兜南	220	1999 年
	莲花兜北	268	1999 年

（续）

行政村	自然村	2003 年户籍人口	拆迁时间
晓河村	哈叽兜	89	2003 年 4 月—2005 年 12 月
	后降	290	2003 年 4 月—2005 年 12 月
	投军兜	59	2003 年 4 月—2005 年 12 月
	福水桥	155	2017 年 1 月—2018 年 12 月
	西桥	86	2017 年 1 月—2018 年 12 月
	庙西兜	196	2003 年 4 月—2005 年 12 月
	葫芦井	90	2003 年 4 月—2005 年 12 月
	郎中湾	121	2003 年 4 月—2005 年 12 月
	西大巷	113	2003 年 4 月—2005 年 12 月
	东大巷	120	2009 年 11 月—2010 年 12 月
	环桥南	414	2017 年 1 月—2018 年 12 月
	环桥北	204	2017 年 1 月—2018 年 12 月
大邾村	小煽圩	103	2007 年 11 月
	吴家荡	129	2018 年 6 月
	南仁	156	2018 年 8 月
	直厅	85	2018 年 9 月
	王家门	65	2018 年 7 月
	沈家门	64	2018 年 7 月
	吴家门	93	2018 年 7 月
	长渠兜	119	2017 年 5 月
	高厦	150	2017 年 6 月
	鹤水兜	97	2014 年 3 月
	大漾其	76	2015 年 9 月
	雁沙兜	199	2015 年 7 月
	郁家门	117	2017 年 7 月
	染店兜	157	2015 年 9 月
	大邾	274	2017 年 8 月
	安丰桥	209	2013 年 11 月
李家坝村	罗家桥	32	2017 年 5 月
	张家兜	77	2017 年 5 月
	圣堂兜	137	2017 年 5 月
	陈家坟	86	2017 年 5 月
	庙兜	175	2017 年 5 月
	乌桥头	243	2017 年 5 月

（续）

行政村	自然村	2003年户籍人口	拆迁时间
李家坝村	李家坝	402	2017年5月
	横港头	160	2017年5月
	阮家兜	67	2017年5月
	林圩	622	2017年5月
王母兜村	王母兜	650	2017年5月
	甲造河	437	2017年5月
香圩墩村	田溪角	136	2019年
	东兜	167	2019年
	西兜	438	2019年
	木连湾	158	2019年
	香圩墩	57	2019年
清水兜村	清水兜	768	2013年
云村村	东汇角	179	2015年5月
	中村	137	2015年5月
	西村	237	2015年5月
	佛仙兜	272	2007年3月
	姚家兜	456	2011年2月
	北庄	54	2005年5月
	芳莲兜	173	2006年3月
东兜村	东兜	618	2017年
	木鸭桥	304	2017年
	生姜坝	386	2017年
旧馆村	东栅	161	2019年9月
	西栅	126	2019年9月
	白漾湾	184	2018年8月
	顾家桥	26	2018年8月
	朱家谭	72	2017年10月
	蔡家谭	71	2017年10月
	兜门头	120	2017年10月
	钉秤湾	116	2017年10月
	苏家巷	50	2017年10月
	李家兜	143	2018年5月
	张家兜	64	2018年5月
	禧寺殿	12	2018年5月

（续）

行政村	自然村	2003 年户籍人口	拆迁时间
旧馆村	杨家寺前	59	2018 年 5 月
	庙岐山	460	2019 年 6 月
	陈家坝	67	2019 年 4 月
秧宅村	秧宅村	735	2013 年
大河村	捻五湾东	241	2017 年
	湾西	306	2017 年
	陶家湾	185	2010 年
	桥下	210	2017 年
	毛家湾	95	2009 年
	张家巷	76	2009 年
	长其村	228	2003 年
	木行村	185	2009 年
	大石桥	126	2019 年
	蒋家兜	91	2019 年
	朱家兜	42	2019 年
	柏公桥	219	2019 年
	西车兜	285	2019 年
	荡田圩	277	2019 年
	南荡田圩	246	2019 年
	沈家湾	165	2019 年
	曹家兜	157	2019 年
	施家巷	260	2019 年
朱湾村	北圣堂	303	2006 年
	王家港	199	2003 年
	朱湾里	188	2011 年
	刁家兜	383	2011 年
	栖梧	321	2009 年
晟舍村	河荡圩	183	2009 年
	叶家荡	211	2009 年
	街上	80	2016 年
	栅桩头	83	2009 年
	音四圩	120	2006 年
	史家坝	155	2012 年
	南仁	149	2012 年

（续）

行政村	自然村	2003 年户籍人口	拆迁时间
晟舍村	南小港	202	2016 年
	石路上	119	2016 年
	白鹤兜	140	2007 年
	水产	156	2015 年
	水东	144	2007 年
秦家港村	秦家港	123	2001 年
	陆家湾\佛师桥	97	2002 年
	陈家滩	153	2002 年
	罗古桥	129	2001 年
	杨家荡	59	2001 年
	杨马桥	148	2001 年
	陈店坝	197	2005 年
	舍头	138	2005 年
	官田巷港南	143	2005 年
	官田巷港北西队	197	2005 年
	官田巷港北东队	174	2005 年
河西村	谦四圩	168	2009 年
	下水湾	231	2003—2004 年
	东舍头	46	2006 年
	鸭兰兜	41	2006 年
	严家兜	225	2006 年
	万禄堂	271	2011 年
	泥坝	192	2010 年
	漾口	179	2013 年
	郁家湾	136	2004 年
	板桥头	211	2004 年
	南音圩	93	2010 年
	北音圩	89	2004 年
增圩村	陆家兜	270	2018 年
	增圩	344	2018 年
	梁家兜	326	2018 年
	省三	227	2018 年
港西村	水产	317	2017 年 5 月

（续）

行政村	自然村	2003 年户籍人口	拆迁时间
轧村村	北桥头	105	2015 年 10 月
	冯家兜	219	2015 年 10 月
	轧村	35	2015 年 10 月
义皋村	塘北	331	2019 年 10 月
大港村	朱家湾	142	2019 年 10 月
	田版里	362	2019 年 10 月
凌家汇村	庄前木桥	104	2011 年
	凌家汇	35	2011 年
	三家村	249	2018 年
	金家兜	92	2018 年
	蒋家兜	102	2011 年
幻溇村	何家门	394	2013 年
	幻溇	298	2013 年
	塘河埭	235	2013 年
	东北角	229	2015 年
	桥南角	415	2015 年

第三章　行政村　社区

第一节　行政村

一、联漾村

村名来历：沿用联漾高级社之名。

沿革：清代属乌程县十一区一百十九庄。民国初期属吴兴县织里乡，名盛蚕村。中华民国 24 年（1935）后划归织北乡，中华民国 35 年（1946）织北乡撤销后仍归织里镇。新中国建立初期属织里镇、织里乡，先后成立互助组、初级社、高级社等农业合作化组织。1958 并入太湖人民公社，属织里管理区。1961 年建立联漾生产大队，属织里人民公社管辖。1984 年撤队建村改为联漾行政村，属织里镇人民政府管辖。2012 年划属湖州市吴兴区高新区。

区位：东与大港村为邻，南连凌家汇村，西接大环田，北傍北塘河。

基本村情（截至 2018 年底）：村域面积 2.77 平方公里；本村户口 392 户，1645 人；农田 1500 亩，桑白地 400 亩，内塘 29 亩，合计土地 1929 亩。

自然村：瑞祥兜、瑞祥南兜、曹家兜、蚕田圩、地心里、栅里、石前、蒋家桥。

历史上村民以农耕、蚕桑为主要产业，制作乌麻团是联漾村民的特色副业，现在多以经商、开店、童装制造为主业。

瑞祥兜自然村为织里镇著名自然村。

二、郑港村

村名来历：行政村以驻地自然村命名，村、港皆以姓氏得名。

沿革：清代与谈港村同属乌程县十一区一百二十庄。民国初期属吴兴县织里乡名谈港村。中华民国 20 年（1931）后属织里镇。新中国建立初期属织里镇、织里乡，先后成立互助组、初级社、高级社等农业合作化组织。1958 年并入太湖人民公社，属织里管理区。1961 年建立谈港、郑港两个生产大队。1971 年合并为新联大队，属织里人民公社管辖。1984 年撤队建村改为郑港行政村，属织里镇人民政府管辖。2012 年划属湖州市吴兴区高新区。

区位：东与大港村为邻，南连织里老街，西与凌家汇、秧宅村接壤，北与联漾村紧邻。

基本村情（截至 2018 年底）：村域面积 2.8 平方公里；本村户口 490 户，1956 人；农田 1063 亩，桑白地 150 亩，内塘 70 亩，合计土地 1283 亩。

自然村：郑港、甄家门、戴家港、西安全兜、桥头坝、东石桥、傅家兜、南兜、潘家汇、谭降、白云桥、银子兜、朱家宅。

历史上村民以农耕、蚕桑为主要产业，腌制香大头菜曾是郑港村民的特色副业，现在多以经商、开店、童装制造为主业。

明清时以书船及贩书业闻名，为织里镇传统古村落。

三、凌家汇村

村名来历：以驻地自然村命名。

沿革：清代与谈港村同属乌程县十一区一百二十庄。中华民国初期属吴兴县织里乡。中华民国 20 年后（1931）属织里镇。新中国建立初期属织里镇、织里乡，先后成立互助组、初级社、高级社等农业合作化组织。1958 年并入太湖人民公社，属织里管理区。1961 年建立联丰、砖桥两个生产大队。"文化大革命"期间，砖桥大队改名为永红大队。1971 年永红、联丰合并为永丰大队，属织里人民公社管辖。1984 年撤队建村改名为凌家汇行政村，属织里镇人民政府管辖。2012 年划属湖州市吴兴区高新区。

区位：东与郑港村为邻，南连秧宅村，西与后林求三圩邻界，北与联漾村接壤。

基本村情（截至 2018 年底）：村域面积 0.9 平方公里；本村户口 295 户，1299 人，流动人口 50 户，204 人；农田 1301 亩，桑白地 230 亩，内塘 20 亩，合计土地 1551 亩。

自然村：凌家汇、麦汇、金家兜、三家村、蒋家兜、庄前木桥、砖桥头、小桥头。

历史上村民以农耕、蚕桑为主要产业，民居散筑于各自然村。2012 年后被纳入吴兴区高新区建设规划，村民现在多以经商、开店、童装制造为主业。

四、秧宅村

村名来历：以自然村命名。

沿革：清代与诸沈、南潘村同属乌程县十二区一百三十四庄。同治年间称为淤泽村，光绪年改名秧石村。中华民国年间属吴兴县戴林乡管辖。新中国建立初期，先后成立互助组、初级社、高级社等农业合作化组织。1956 年划入织里乡（以白龙港划界），1958 年并入太湖人民公社。1961 年建立中心生产大队，属织里人民公社管辖。1984 年撤队建村时改名为秧宅行政村。

区位：东与郑港村为邻，南与大河诸村相望，西与后林村连接，北与凌家汇村接壤。

基本村情（截至 2018 年底）：村域面积 0.83 平方公里；本村户口 157 户，721 人；农田 110 亩，桑白地 10 亩，内塘 0 亩，合计土地 120 亩。

自然村：南村头、北村头（漾潭、叶家湾、二亩潭）。

历史上村民以农耕、蚕桑为主要产业，腌制黄莲头曾是特色副业。2012 年后被纳入织里镇区建设，旧宅民房在 2016 年全部拆除，新居安置在南横塘北岸。村民现多以经商、开店、童装制造、绣花为主业。

五、织里村

村名来历：村以织里集镇命名。

沿革：清代与郑港村同属乌程县十一区一百十四庄。中华民国年间为织里里，先后属吴兴县织里乡、织里镇管辖。新中国建立初期属织里镇、织里乡，先后成立互助组、初级社、高级社等农业合作化组织。1958 年并入太湖人民公社，属织里管理区。1961 年建立织里、姚家甸两个生产大队，属织里人民公社管辖。1971 年红丰（现东湾兜行政村）、姚家甸合并，为织里大队。1979 年红丰划出后建立东湾兜大队。1984 年撤队建村改名为织里行政村，属织里镇人民政府管辖。

区位：东邻大郑村、晓河村，南接东湾兜，西连大河村，北与郑港、大港接壤。

基本村情（截至 2018 年底）：村域面积 2.66 平方公里；本村户口 462 户，

2064 人，流动人口 251 户，896 人；农田 582 亩，桑白地 122 亩，内塘 26 亩，合计土地 730 亩。

自然村：南街、秋家塘、安全兜、狮子桥、吴家塘、柳家兜、姚裁缝、郑打古、镇西、漾西、姚家甸。

历史上村民以农耕、蚕桑为主要产业，兼做运输等副业。2000 年后村庄成为商业街区，村民从事商业及童装生产。

织里村地处百年老街，为历届乡镇政府驻地。人文底蕴深厚。

六、东湾兜村

村名来历：1984 年撤队建村，上级批准撤销红丰大队。经村民商量，各自然村选取一字作村名，东安兜选择"东"字，杨湾择"湾"，莲花选"兜"字，此为东湾兜行政村村名的来历。

沿革：清代与骥村、小湖、木行兜、梁家兜同属乌程县十一区一百十三庄。中华民国年间部分属吴兴县织里乡、部分属晟舍管辖。新中国建立初期属织里镇、织里乡，先后成立互助组、初级社、高级社等农业合作化组织。1958 年并入太湖人民公社，属织里管理区。1961 年建立杨湾生产大队，1969 年冬改名为红丰大队，属织里人民公社管辖。1971 年与织里、姚家甸合并，为织里大队。1979 年从织里大队分出，恢复红丰大队。1984 年改名为东湾兜行政村，属织里镇管辖。

区位：东邻晓河村，南接清水兜村，西与朱湾村接壤，北与织里村为邻。

基本村情（截至 2018 年底）：村域面积 1.5 平方公里；村域户口 221 户，973 人，流动人口 251 户，896 人；现已无农田。

自然村：杨湾、东湾兜、莲花兜。

历史上村民以农耕、蚕桑为主要产业，有结扎草囤、编织渔网等传统副业。2000 年后被纳入织里镇城区建设，现在村民多以经商、童装制造以及房屋租赁为主业。

村老年活动中心为湖州市建立最早、设施完备的村级养老机构。

七、清水兜村

村名来历：以驻地自然村命名。

沿革：民国年间属织里镇管辖。新中国建立初期属吴兴县织里镇、织东乡，先后成立互助组、初级社、高级社等农业合作化组织。1958 年并入太湖人民公社，属织东管理区。1961 年建立清水兜生产大队，属织里人民公社管辖。1971年与晓河、新风、新胜、环桥、后降大队合并为朝阳大队。1979 年仍调整为清水兜大队。1984 年撤队建村改名为清水兜行政村，属织里镇人民政府管辖。

区位：东与晓河村紧邻，南与云村、东兜村接壤，西连东湾兜村，北与织里镇行政中心连接。

基本村情（截至 2018 年底）：村域面积 0.7 平方公里；本村户口 167 户，808人；农田 57 亩，桑白地 11 亩，无内塘，合计土地 68 亩。

自然村：清水兜、螺狮坝。

历史上村民以农耕、蚕桑为主要产业，兼做鸡毛换糖等副业。2000 年后被纳入织里镇城区建设，村民 2019 年后多以经商、开店、童装制造以及房屋租赁为主业。

八、晓河村

村名来历：以驻地自然村命名。

沿革：湖州府志记载：现晓河村域在晚清年间属乌程县第十一区一百十三至一百十六庄之间。中华民国初年属吴兴县织里乡，称麒麟村。中华民国 24 年（1935）后属织里镇管辖。新中国建立初期属织里镇、织东乡。先后成立互助组、初级社、高级社等农业合作化组织。1958 年并入太湖人民公社，属织东管理区。1961 年建立晓河、环桥、后降三个生产大队。1971 年与新风、新胜、清水兜大队合并，建立朝阳大队，属织里人民公社管辖。1979 年调整规模仍为晓河大队。1984 年撤队建村时改名为晓河行政村，属织里镇人民政府管辖。

区位：东与王母兜村紧邻，南与清水兜、东兜村接壤，西与东湾兜村为邻，北与大邾村毗连。

基本村情（截至 2018 年底）：村域面积 2.25 平方公里；本村户口 462 户，2064 人，流动人口 251 户，896 人；农田 582 亩，桑白地 122 亩，内塘 26 亩，合计土地 730 亩。

自然村：蛤叭兜、后降、投军兜、福绥桥、葫芦井、郎中湾、西桥、庙西兜、东大巷、西大巷、环桥南、环桥北。

历史上村民以农耕、蚕桑为主要产业，兼做鸡毛换糖等副业。2010 年后被纳入织里镇城区建设，村民现在多以经商、开店、童装制造以及房屋租赁为主业。

为织里镇传统古村落。明末清初名医王中立擅长儿科、妇科，有医著流传于世。

九、王母兜村

村名来历：以驻地自然村命名。

沿革：中华民国年间属麒麟村，为吴兴县织里镇管辖。新中国建立初期属织里镇、织东乡，先后成立互助组、初级社、高级社等农业合作化组织。1958年并入太湖人民公社，属织东管理区。1961年建立王母兜、甲造河两个生产大队。"文化大革命"中分别改名为新风大队、新胜大队。1971年与晓河、环桥、后降、清水兜大队合并为朝阳大队，属织里人民公社管辖。1979年朝阳大队调整规模，新胜大队、新风大队从朝阳分出，建立王母兜大队。1984年撤队建村改名为王母兜行政村，属织里镇人民政府管辖。

区位：东与增圩村紧邻，南与东兜村接壤，西与清水兜、晓河村为邻，北与大邾村毗连。

基本村情（截至2018年底）：村域面积2平方公里；本村户口270户，1270人；农田1252亩，桑白地397亩，内塘35亩，合计土地1684亩。

自然村：王母兜、甲造河、邱家湾。

历史上村民以农耕、桑蚕为主要产业。2010年后被纳入织里镇城区建设，村民多以经商、童装制造为主业。

十、大邾村

村名来历：以域内自然村命名。

沿革：清代与小朱、安堂桥村同属乌程县十一区一百十七庄。中华民国年间称大邾村，属吴兴县织里乡、织里镇管辖。新中国建立初期属织里镇、织东乡，先后成立互助组、初级社、高级社等农业合作化组织。1958年并入太湖人民公社，属织东管理区。1961年建立高厦、大邾、珍珠桥三个生产大队。"文化大革命"中珍珠桥改名为立新大队。1971年高厦大队、立新大队合并，建立先锋大队，属织里人民公社管辖。1984年撤队建村时改名为大邾行政村，属织里镇人民政府管辖。

区位：东与李家坝村紧邻，南与晓河、王母兜村接壤，西与织里村毗连，北与大港村邻界。

基本村情（截至 2018 年底）：村域面积 2.51 平方公里；本村户口 837 户，2353 人；农田 870 亩，桑白地 420 亩，内塘 10 亩，合计土地 1300 亩。

自然村：小扇圩、吴家荡、南仁、直厅、王家门、沈家门、吴家门、高厦、鹤水兜、雁沙兜、大漾其、郁家门、大邽。

历史上村民以农耕、桑蚕为主要产业。2010 年后被纳入织里镇城区建设，村民现多以经商、童装制造为主业。

十一、李家坝村

村名来历：以驻地自然村命名。

沿革：清代与后降、凌圩、真珠桥村同属乌程县十一区一百十六庄。民国年间称李林村，由多个自然村组成，先后属织里乡、织里镇管辖。中华民国 24 年（1935）后划归织北乡。抗战胜利后仍归织里镇。新中国建立初期属织里镇、织东乡，先后成立互助组、初级社、高级社等农业合作化组织。1958 年并入太湖人民公社，属织东管理区。1961 年建立林圩、小邽、李家坝三个生产大队。"文化大革命"中小邽改名为光明大队，李家坝改名为红旗大队。1971 年三个大队合并，建立东方红大队，属织里人民公社管辖。1984 年撤队建村改名为李家坝行政村，属织里镇人民政府管辖。

区位：东与孟乡港村紧邻，南与增圩村接壤，西与大邽村毗连，北临大港村。

基本村情（截至 2018 年底）：村域面积 2.72 平方公里；本村户口 476 户，2012 人；农田 2300 亩，桑白地 350 亩，内塘 20 亩，合计土地 2670 亩。

自然村：林圩、乌桥头、阮家兜、小邽、陈家坟、罗家桥、圣堂兜、张家兜、横港头、李家坝。

历史上村民以农耕、桑蚕为主要产业，民居散筑于各自然村。2015 年后被纳入织里镇城区建设，村民现多以经商、童装制造为业。

十二、大港村

村名来历：沿革：村以境内大港集团命名。

沿革：清代与潘婆港、沈家坝、郑家兜、北姚兜村同属乌程县十一区一百十四庄，又与陈家兜、磨坊兜、佛地头、重兴港、石泉村同属乌程县十一区一百十九庄。民国初期称重兴村、大潘村等，属吴兴县织里乡、织里镇管辖。中华民国24年（1935）后大部分自然村划归织北乡，抗战胜利后仍归织里镇。新中国建立初期属织里镇、织东乡，先后成立多个农业合作化组织。1958年并入太湖人民公社，属织东管理区。1961年建立同心、沈家漾、田畈、大潘兜、陈家兜、元通、太平等生产大队。"文化大革命"期间沈家漾改名为向阳大队，田畈改名为五星大队，大潘兜改名为卫东大队，陈家兜改为胜利大队，元通改为光辉大队，太平改为红星大队。1971年五星、胜利合并入卫东大队，光辉、红星合并为红光大队，属织里人民公社管辖。1984年撤队建村为同心、沈家漾、大潘兜、红光四个行政村，属织里镇人民政府管辖。2000年四村合并，建立大港行政村。2012年划属湖州市吴兴区高新区。

区位：东邻李家坝村，南与大邾村接壤，西与织里、郑港村毗连，北与许溇村以北横塘为界。

基本村情（截至2018年底）：村域面积7.8平方公里；本村户口1314户，5956人；农田131亩，桑白地20亩，内塘3000亩，合计土地3151亩。

自然村：大潘兜、白地头、东陈家兜、麻坊兜、南车兜、潘婆港、朱家湾、田畈里、染店港、下扇、大漾里、西陈家兜、重兴港、油车港、庵背后、沈家坝、北姚兜、郑家兜、俞家墩、蒋家兜、金头兜、大河港。

历史上村民以农耕、桑蚕为主要产业，民居散筑于各自然村。2012年后被纳入吴兴区高新区，村民现多以经商、企业上班、童装制造为主业。

大港村是湖州市人口最多的行政村。村内有多座寺庙、古桥。

十三、织里水产村

由织里镇范围内聚散渔民组成。1962年成立织里公社水产大队，1972年改名为新渔大队。1984年改为织里水产行政村，属织里镇人民政府管辖。2012年划属湖州市吴兴区高新区。

区位：东邻大港村，南接织里村，西、北与郑港村紧连。

村民历史上以捕鱼为业，居住渔船，漂泊于江南水乡，1980年代政府划拨土地在安全兜建房后上岸定居。村民现以捕鱼、贩卖水产、企事业单位上班、开店经商为业。

十四、晟舍村

村名来历：相传因唐代名将李晟曾驻扎而名。

沿革：清代分晟舍北村，与塘南杨家兜同属乌程县十一区一百二十四庄；晟舍东村，与史家坝同属乌程县十一区一百二十五庄；晟舍南村，与白鹤兜同属乌程县十一区一百二十六庄。中华民国元年至 17 年（1912—1928），吴兴县称晟舍里，属苕东镇管辖。中华民国 24 年（1935）后属晟舍镇。新中国建立初期属晟舍镇、云村乡，先后成立互助组、初级社、高级社等农业合作化组织。1958 年并入太湖人民公社，属云村管理区。1961 年建立晟舍、水产、白鹤兜三个生产大队。"文化大革命"期间晟舍改名先锋大队，白鹤兜改为东方红大队，属晟舍人民公社管辖。1984 年撤队建村改为晟舍、水产、白鹤兜三个行政村，属晟舍乡人民政府管辖。1993 年 9 月晟舍乡并入织里镇。2001 年晟舍、水产、白鹤兜三村合并为晟舍行政村，归属织里镇人民政府管辖。

区位：东与云村接壤，南傍荻塘运河，西与河西村毗邻，北与朱湾村相连。

基本村情（截至 2018 年底）：村域面积 1.5 平方公里；本村户口 555 户，2021 人。

自然村：晟舍自然镇及栅桩头、北小港、史家坝、南仁、河荡圩、音四圩、叶家荡、石路上、南小港、白鹤兜、水东、晟舍水产村。

村民历史上以水稻种植和饲养桑蚕为业，现在多以经商、棉布经营、童装生产以及房屋出租为主业。

晟舍在明清时被称为"湖州城东第一镇"，文化底蕴深厚，"簪缨联绵，书香蔚兴"。闵凌雕版套印在晚明名噪一时，凌濛初著有著名古典短篇小说集《拍案惊奇》《二刻拍案惊奇》。

晟舍村为公社和历届乡政府驻地。2019 年后被誉为中国童装名镇的南大门。

十五、旧馆村

村名来历：以故东迁县址而名。

沿革：清代与李家兜、妙奇山、乌栖兜同属乌程县十区一百十一庄。中华民国元年至 17 年（1912—1928）属吴兴县苕东镇管辖。中华民国 24 年（1935）后属晟舍镇。新中国建立初期属晟舍镇、云村乡，先后成立互助组、初级社、高级社等农业合作化组织。1958 年并入太湖人民公社，属云村管理区。1961 年建立旧馆、庙岐山、晒家兜三个生产大队。"文化大革命"期间，旧馆改名红旗大队，庙岐山改名东升大队，晒家兜改为红星大队，属晟舍人民公社管辖。1984 年撤队建村改为旧馆村、庙岐山、晒家兜三个行政村，属晟舍乡人民政府管辖。1993 年 9 月撤乡并镇，晟舍乡并入织里镇，同年旧馆村、庙岐山、晒家兜划归南浔区旧馆镇。2001 年，上述三村重新回归织里，合并为旧馆行政村，归属织里镇人民政府管辖。

区位：东与骥村接壤，南傍荻塘运河，西与东兜村毗邻，北与增圩村相连。

基本村情（截至 2018 年底）：村域面积 3.6 平方公里；本村户口 760 户，2967 人，流动人口 21 户，56 人；农田 2797 亩，桑白地 319 亩，内塘 23 亩，合计土地 3139 亩。

自然村：禧寺殿、五圣母兜、张家里、白漾湾、朱家潭、钉秤湾、旧馆、兜门头、李家兜、晒甲兜、大其圩、吴家板桥、油车桥、伞尖兜、讥三圩、庙岐山、坞西兜、陈家坝。

村民历史上以水稻种植和饲养桑蚕，也有村民开店经商，旧时钉秤湾村的村民曾以祖传技术作为一项重要副业而称誉乡里。现在村民多以经商、棉布经营、童装生产为主业。

旧馆村是古东迁县治旧址，紧傍荻塘运河，留有"县弄""故县桥""荻（顿）塘碑亭""东塘桥""上海班轮船码头"等文化遗迹。

十六、云村村

村名来历：村因旧时"云兴庵"而名。

沿革：清代与生姜坝、姚家兜、佛前兜、东兜同属乌程县十二区一百二十七庄。中华民国元年至 17 年（1912—1928）属吴兴县苕东镇管辖。中华民国 24 年（1935）后属晟舍镇。新中国建立初期属晟舍镇、云村乡，为云村乡政府驻地，先后成立互助组、初级社、高级社等农业合作化组织。1958 年并入太湖人民公社，属云村管理区。1961 年建立云村生产大队。"文化大革命"期间，改名前锋大队，属晟舍人民公社管辖。1984 年撤队建村改为云村行政村，属晟舍乡人民政府管辖。1993 年 9 月撤乡并镇，晟舍乡并入织里镇，归属织里镇人民政府管辖。

区位：东与旧馆村接壤，南傍荻塘运河，西与晟舍村毗邻，北与东兜村相连。

基本村情（截至 2018 年底）：村域面积 1.82 平方公里；本村户口 389 户，1617 人；农田 2730 亩，合计土地 2730 亩。

自然村：云村、佛仙兜、姚家兜、北庄、芳莲兜。

村民历史上以水稻种植和饲养桑蚕为业，也有人开店经商。现在村民多以经商、棉布经营、童装生产为主业。

云村与古晟舍镇紧邻，傍 318 国道和荻塘运河。《晟舍镇志》记载云村的土特产鸟腊非常闻名，是人们春节时馈送亲友的上好礼品。村民打鸟闻名乡里，至 1970 年代时消失。

十七、东兜村

村名来历：村以驻地自然村命名。

沿革：清代与生姜坝、姚家兜、佛前兜、云村同属乌程县十二区一百二十七庄。中华民国元年至 17 年（1912—1928）属吴兴县苕东镇管辖。中华民国 24 年（1935）后属晟舍镇。新中国建立初期属晟舍镇、云村乡，先后成立互助组、初级社、高级社等农业合作化组织。1958 年并入太湖人民公社，属云村管理区。1961 年建立东兜生产大队。"文化大革命"期间，改名为东方大队，属晟舍人民公社管辖。1984 年撤队建村改为东兜行政村，属晟舍乡人民政府管辖。1993 年 9 月撤乡并镇，晟舍乡并入织里镇，归属织里镇人民政府管辖。

区位：东与旧馆村接壤，南邻云村村，西与晟舍村毗邻，北与清水兜、王母兜村相连。

基本村情（截至 2018 年底）：村域面积 1.35 平方公里；本村户口 292 户，1323 人；农田 1111 亩，桑白地 220 亩，内塘 56 亩，合计土地 1387 亩。

自然村：东兜、木鸭桥、生姜坝。

村民历史上以水稻种植和饲养桑蚕为业，2019 年后多以经商、棉布经营、童装生产为主业。

木鸭（鸬鹚）捕鱼是东兜村独特的祖传技艺，也是一项重要的副业收入。

十八、河西村

村名来历：村因在晟舍市河之西而名。

沿革：清代与白雀兜同属乌程县十二区一百二十九庄。中华民国元年至17年（1912—1928），属吴兴县苕东镇管辖。中华民国24年（1935）后属吴兴县晟舍镇。新中国建立初期属晟舍镇、大河乡，先后成立互助组、初级社、高级社等农业合作化组织。1958年并入太湖人民公社，属大河管理区。1961年建立河西生产大队、下水湾生产大队。"文化大革命"期间，河西大队改名为兴无大队，下水湾改为新胜大队，属晟舍人民公社管辖。1984年撤队建村改为河西、下水湾两个行政村，属晟舍乡人民政府管辖。1993年9月撤乡并镇，晟舍乡并入织里镇，2000年河西、下水湾合并为河西行政村，归属织里镇人民政府管辖。

区位：南傍荻塘运河，西与八里店镇毗邻，北与朱湾、秦家港村相连。

基本村情（截至2018年底）：村域面积2.9平方公里；本村户口436户，1896人，流动人口680户，6000人；农田2289亩，合计土地2289亩。

自然村：下水湾、谦四圩、东晒头、鸭兰兜、严家兜、板桥头、万绿堂、泥坝、漾口、郁家湾、太平庙、南音圩、辛鉴圩。

村民历史上以水稻种植和饲养桑蚕为业。现在村民多以经商、棉布经营、童装生产为主业。

河西村水漾资源丰富，境内有盘殊漾、万圩漾。凌闵望族曾在盘殊漾岸筑有多处园林。

十九、朱湾村

村名来历：村以驻地朱湾里而名。

沿革：清代与栖梧、刁家兜、王家港、北圣堂同属乌程县十二区一百二十八庄。中华民国元年至17年（1912—1928）属吴兴县苕东镇管辖。中华民国24年（1935）后属晟舍镇。新中国建立初期属晟舍镇、大河乡，先后成立互助组、初级社、高级社等农业合作化组织。1958年并入太湖人民公社，属大河管理区。1961年建立朱湾生产大队。"文化大革命"期间，改名为胜利大队，属晟舍人民公社管辖。1984年撤队建村改为朱湾行政村，属晟舍乡人民政府管辖。1993年9月撤乡并镇，并入织里镇，2007年建立朱湾社区，朱湾村归属织里镇人民政府管辖。

区位：东与东湾兜村接壤，南与秦家港村为邻，西与大河村毗邻，北与织里村相连。

基本村情（截至 2018 年底）：村域面积 1.78 平方公里；本村户口 365 户，1450 人；农田 1388 亩，桑白地 216 亩，内塘 128 亩，合计土地 1732 亩。

自然村：朱湾里、栖梧、刁家兜、王家港、北圣堂。

村民历史上以水稻种植和饲养桑蚕为业，2019 年后多以经商、棉布经营、童装生产以及房屋出租为主业。

二十、秦家港村

村名来历：以驻地秦家港而名。

沿革：清代与官田巷、白水桥、陈家滩同属乌程县十三区一百三十庄。中华民国元年至 17 年（1912—1928）属吴兴县苕东镇管辖。中华民国 24 年（1935）后属晟舍镇。新中国建立初期属晟舍镇、大河乡，先后成立互助组、初级社、高级社等农业合作化组织。1958 年并入太湖人民公社，属大河管理区。1961 年建立官田巷、秦家港两个生产大队。"文化大革命"期间，官田巷改名为五星大队，秦家港改为红卫大队，属晟舍人民公社管辖。1984 年撤队建村改为官田巷、秦家港两个行政村，属晟舍乡人民政府管辖。1993 年 9 月撤乡并镇，晟舍乡并入织里镇，2000 年两村合并，建立秦家港行政村，归属织里镇人民政府管辖。

区位：东与云村接壤，南与晟舍村为邻，西与河西村毗接，北与朱湾村相连。

基本村情（截至 2018 年底）：村域面积 2.1 平方公里；本村户口 370 户，1527 人；农田 2119 亩，桑白地 757.5 亩，内塘 128 亩，合计土地 3004.5 亩。

自然村：秦家港、陆家湾、杨家荡、陈家滩、锣鼓桥、杨马桥、官田巷、舍头、陈店坝。

村民历史上以水稻种植和饲养桑蚕为业，而竹制笤帚、淘箩等生活用具是秦家港村的特色副业，几乎占湖城竹制品三分之一市场。2019 年以后村民多以经商、棉布经营、童装生产及房屋出租为主业。

秦家港村村民爱好书法艺术，201 年被授予浙江省书法村荣誉。

二十一、大河村

村名来历：民间有"大河十八村"之说，村以大河命名。

沿革：清代与陶家湾、施家巷、念五湾、渡石桥同属乌程县十三区一百三十一庄。民国初期置大河村。中华民国元年至17年（1912—1928）属吴兴县苕东镇管辖，中华民国24年（1935）后属晟舍镇。新中国建立初期属晟舍镇、大河乡，先后成立互助组、初级社、高级社等农业合作化组织。1958年并入太湖人民公社，属大河管理区。1961年建立陶家湾、西车兜、曹家兜、荡田圩四个生产大队。"文化大革命"期间，陶家湾改名向阳大队，西车兜改名永跃大队，曹家兜改名立新大队，荡田圩改名为东风大队，属晟舍人民公社管辖。1984年撤队建村改为陶家湾、西车兜、曹家兜、荡田圩四个行政村，属晟舍乡人民政府管辖。1993年9月撤乡并镇，晟舍乡并入织里镇。2000年四村合并，建立大河行政村，归属织里镇人民政府管辖。

区位：东与织里、朱湾村接壤，南与秦家港村毗邻，西与八里店镇为界，北隔南横塘与秧宅、南林村相望。

基本村情（截至2018年底）：村域面积4.05平方公里；本村户口760户，3416人；农田1000亩，桑白地100亩，内塘10亩，合计土地1110亩。

自然村：曹家兜、沈家湾、施家湾、陶家湾、念五湾、念五湾东、桥下、毛家湾、长其村、木巷村、张家巷、西车兜、大石桥、蒋家兜、朱家兜、柏公桥、荡田圩、南荡田圩等18个。

村民历史上以水稻种植和饲养桑蚕为业，现在多以经商、棉布经营、童装生产、印绣花等为主业。

大河村2012年被授予"浙江电商村"称号。

二十二、轧村村

村名来源：源于"宋高宗夜宿王家庄"的民间传说。

沿革：清代属乌程县十五区一百五十四庄。中华民国元年至17年（1912—1928）属吴兴县东北镇管辖。中华民国24年（1935）后隶属轧村乡、洽济乡。新中国建立初期属洽济乡、轧村乡，先后成立互助组、初级社、高级社等农业合作化组织。1958年并入太湖人民公社，属轧村管理区。1961年建立齐家湾、轧村两个生产大队，属轧村人民公社管辖。1984年撤队建村改为齐家湾、轧村两个行政村，属轧村乡人民政府管辖。1999年撤乡并镇，轧村乡并入织里镇。2000年齐家湾、轧村村合并，建立轧村行政村，归属织里镇人民政府管辖。

区位：东与上林村紧邻，南与石头港村接壤，西与港西村毗连，北与曹家簖村邻界。

基本村情（截至2018年底）：村域面积2.56平方公里；本村户口486户，1874人，流动人口68户，258人；农田2502亩，桑白地375亩，内塘10亩，合计土地2877亩。

自然村：轧村（吴家潭、十字街、西街）、北桥头、冯家兜、潘长桥、朱家兜、方桥头、朱家汇角、齐家湾、杨家湾、野鸭坝、肖五坡。

村民历史上以水稻种植和饲养桑蚕为业，2019年后多以经商、棉布经营、童装生产为主业。

二十三、港西村

村名来源：因位于轧村自然镇西侧而名。

沿革：中华民国元年至17年（1912—1928）属吴兴县东北镇管辖。中华民国24年（1935）后隶属轧村乡、洽济乡。新中国建立初期属洽济乡、轧村乡，先后成立互助组、初级社、高级社等农业合作化组织。1958年划入太湖人民公社，属轧村管理区。1961年建立罗姚、轧西、水产三个生产大队，属轧村人民公社管辖。1984年撤队建村改为罗姚、轧西、水产三个行政村，属轧村乡人民政府管辖。1999年撤轧村乡并入织里镇。2000年三村合并，建立港西行政村，归属织里镇人民政府管辖。

区位：东与轧村村连接，南与石头港、骥村为邻，西北与香圩墩村毗连。

基本村情（截至2018年底）：村域面积2.28平方公里；本村户口854户，2665人，流动人口478户，1260人；农田1403亩，桑白地310亩，内塘325亩，合计土地2038亩。

自然村：水产自然村、李家兜、计家兜、杨家埭、香三、亭子阁、罗家弄、洞兜、文化兜、西庙兜。

村民历史上以水稻种植和饲养桑蚕为业，2019年后多以经商、棉布经营、童装生产为主业。

二十四、石头港村

村名来源：因境内石头港自然村而名。

沿革：清代与白府兜、阮家兜、万家兜、姚家兜、南湾同属乌程县十五区一百五十八庄。中华民国元年至 17 年（1912—1928）属吴兴县东北镇管辖。中华民国 24 年（1935）后隶属轧村乡、洽济乡。新中国建立初期属洽济乡、轧村乡，先后成立互助组、初级社、高级社等农业合作化组织。1958 年并入太湖人民公社，属轧村管理区。1961 年建立吴家兜、南湾、阮家兜三个生产大队，"文化大革命"期间，阮家兜改名为红武大队，属轧村人民公社管辖。1984 年撤队建村改为吴家兜、南湾、阮家兜三个行政村，属轧村乡人民政府管辖。1999 年撤轧村乡并入织里镇，2000 年三村合并，建立石头港行政村，归属织里镇人民政府管辖。

区位：东与南浔区祐村连接，南傍荻塘运河，西与骥村毗连，北与轧村为邻。

基本村情（截至 2018 年底）：村域面积 3.17 平方公里；本村户口 601 户，2418 人，流动人口 128 户，326 人；农田 3138 亩，桑白地 265 亩，内塘 36 亩，合计土地 3439 亩。

自然村：吴家兜、白甫兜、白甫南兜、凹家兜、东凹家兜、插旄浒、李家堂、宋家湾、南湾、杨家湾、刁家兜、石头港、阮家兜、杨田湾、万家兜、金光兜。

村民历史上以水稻种植和饲养桑蚕为业，2019 年后多以经商、棉布经营、童装生产为主业，也有少数村民从事种植、养殖业。

二十五、香圩墩村

村名来源：以境内香圩墩自然村命名。

沿革：中华民国元年至 17 年（1912—1928）属吴兴县东北镇管辖。中华民国 24 年（1935）后隶属轧村乡、洽济乡。新中国建立初期属洽济乡、轧村乡，先后成立互助组、初级社、高级社等农业合作化组织。先后成立互助组、初级社、高级社等农业合作化组织。1958 年划入太湖人民公社，属轧村管理区。1961 年建立梅林港、郎二兜、项祝兜三个生产大队，属轧村人民公社管辖。1984 年撤队建村改为梅林港、郎二兜、项祝兜三个行政村，属轧村乡人民政府管辖。1999年撤轧村乡并入织里镇。2000年梅林港、郎二兜、项祝兜三村合并，建立香圩墩行政村，归属织里镇人民政府管辖。

区位：东邻港西村，南接孟乡港村，西与李家坝村毗连，北与潘塘桥邻界。

基本村情（截至2018年底）：村域面积2.53平方公里；本村户口560户，2319人；农田1751亩，桑白地219亩，内塘16亩，合计土地1986亩。

自然村：周家埭、梅林港、香圩墩、木莲湾、谢家墩、牛皮兜、谢家墩、项祝兜、田溪角、仲家兜、郎二西兜、郎二东兜。

村民历史上以水稻种植和饲养桑蚕为业，2019年后多以经商、棉布经营、童装生产为主业，也有少数村民从事种植、养殖业。

二十六、骥村村

村名来源：以骥村自然村命名。

沿革：清代与小湖、木行兜、梁家兜同属乌程县十一区一百十三庄。中华民国元年至17年（1912—1928）属吴兴县东北镇管辖。民国24年（1935）后隶属骥村乡、洽济乡。新中国建立初期属洽济乡、轧村乡，先后成立互助组、初级社、高级社等农业合作化组织。1958年并入太湖人民公社，属骥村管理区。1961年建立骥村生产大队、范村生产大队。属轧村人民公社管辖。1984年撤队建村改为骥村、范村两个行政村，属轧村乡人民政府管辖。1999年撤轧村乡并入织里镇，2000年骥村、范村两村合并，建立骥村行政村，归属织里镇人民政府管辖。

区位：东与石头港村接壤，南傍318道与荻塘运河，西与增圩村毗连，北与孟乡港村为邻。

基本村情（截至2018年底）：村域面积3.99平方公里；本村户口766户，3032人；农田3124亩，桑白地470亩，合计土地3594亩。

自然村：严家兜、东村头、南板桥、西石桥、白地头、应兜湾、仁章兜、东港埭、外东港、陈家兜、后城桥、张家兜、陆家兜、羊河墩、范村、曹家庄、丁家汇角、施家墩、黄泥兜、赤家兜、张家墩。

村民历史上以水稻种植和饲养桑蚕为业，2019年后多以经商、棉布经营、童装生产为主业。

骥村是明代工部尚书严震直故里，清代藏书家严可均名声远扬。清末民初被称为"骥村市"，商业繁荣。

二十七、孟乡港村

村名来源：以驻地孟乡港自然村而名。

沿革：清代与茹家埭、叶家港、周家埭同属乌程县十五区一百五十五庄。中华民国元年至17年（1912—1928）属吴兴县东北镇管辖。中华民国24年（1935）后隶属轧村乡、洽济乡。新中国建立初期属洽济乡、轧村乡，先后成立互助组、初级社、高级社等农业合作化组织。1958年并入太湖人民公社，属轧村管理区。1961年建立孟乡港、抗三圩两个生产大队，"文化大革命"期间，孟乡港改名为军民大队，属轧村人民公社管辖。1984年撤队建村改为孟乡港、抗三圩两个行政村，属轧村乡人民政府管辖。1999年撤轧村乡并入织里镇。2000年两村合并，建立孟乡港行政村，归属织里镇人民政府管辖。

区位：东与石头港村连接，南与增圩村为邻，西与王母兜、李家坝村为界，北与香圩墩毗连。

基本村情（截至2018年底）：村域面积1.71平方公里；本村户口366户，1566人；农田1498亩，桑白地256亩，内塘20亩，合计土地1774亩。

自然村：孟乡港、叶家港、陶家汇、钱家湾、抗三圩、茹家埭、胡家坝桥。

历史上村民以水稻种植和饲养桑蚕为业，2019年后多以经商、棉布经营、童装生产为主业。

二十八、曹家簖村

村名来源：因境内曹家簖自然村而名。

沿革：清代与庙兜、大唐兜村同属乌程县十五区一百五十三庄。中华民国初期属东北镇，中华民国24年（1935年）后属义皋镇与义和镇。民国元年至17年（1912—1928）属吴兴县东北镇管辖。中华民国24年（1935）后隶属轧村乡、洽济乡。新中国建立初期属洽济乡、轧村乡，先后成立互助组、初级社、高级社等农业合作化组织。1958年划入太湖人民公社，属轧村管理区。1961年建立姚泥水、孟婆兜、大漾其三个生产大队，"文化大革命"期间，姚泥水改名为胜利大队，孟婆兜改名立公大队，属轧村人民公社管辖。1984年撤队建村改为姚泥水、孟婆兜、大漾其三个行政村，属轧村乡人民政府管辖。1999 年撤轧村乡并入织里镇。2000 年三村合并，建立曹家簖行政村，归属织里镇人民政府管辖。

区位：东与上林村连接，南与港西村为邻，西与潘塘桥村毗连，北与常乐村为界。

基本村情（截至 2018 年底）：村域面积 4 平方公里；本村户口 670 户，2805 人，流动人口 350 户，594 人；农田 3075 亩，桑白地 754 亩，合计土地 3829 亩。

自然村：孟婆兜、曹家簖、石前桥、大漾其、姚泥水、汤宁祉、西科兜、娘鱼滩、潜龙斗、李家湾、狮子渡口、桃寺塔、南桃寺塔。

历史上村民以水稻种植和饲养桑蚕为业，2019 年后多以经商、棉布经营、童装生产为主业。

二十九、上林村村

村名来源：因宋高宗在董氏梅树下会群臣而名。

沿革：清代称上林西村，与褚家荡、乌王港、南乌、北乌同属乌程县十四区一百四十七庄。中华民国元年至 17 年（1912—1928）属吴兴县东北镇管辖。中华民国 24 年（1935）后隶属骥村乡、洽济乡。新中国建立初期属洽济乡、骥村乡，先后成立互助组、初级社、高级社等农业合作化组织。1958 年并入太湖人民公社，属骥村管理区。1961 年建立上林村、陈家圩两个生产大队，属轧村人民公社管辖。1984 年撤队建村改为上林村、陈家圩两个行政村，属轧村乡人民政府管

上林村村

辖。1999 年撤轧村乡并入织里镇。2000 年上林村、陈家圩两村合并，建立上林村村行政村，归属织里镇人民政府管辖。

区位：东与南浔区东上林村为界，南与石头港村为邻，西与轧村村毗连，北与曙光村接壤。

基本村情（截至 2018 年底）：村域面积 6.03 平方公里；本村户口 675 户，2706 人；农田 2586 亩，桑白地 105 亩，内塘 54 亩，合计土地 2745 亩。

自然村：东兜、西兜、陈家圩、乌家墩、蒋家兜、褚家荡、杨家圩、波斯荡、兜口、堂子兜、陈家兜、宋家兜、乌王港、荡家兜、鸭金里、小圩头、杨厅郎。

历史上村民以耕种水稻和饲养桑蚕为业，2019 年后多以经商、棉布经营、童装生产为主业。

上林村历史文化底蕴深厚，宋高宗赵构曾经驾临该村而留下古迹和传说。著名画家吴寿谷出生于该村。

三十、增圩村

村名来源：因驻地自然村而名。

沿革：中华民国元年至 17 年（1912—1928）属吴兴县东北镇管辖。中华民国 24 年（1935）后隶属轧村乡、洽济乡。新中国建立初期属洽济乡、轧村乡，先后成立互助组、初级社、高级社等农业合作化组织。1958 年并入太湖人民公社，属轧村管理区。1961 年建立增圩生产大队，属轧村人民公社管辖。1984 年撤队建村改为增圩行政村，属轧村乡人民政府管辖。1999 年撤轧村乡并入织里镇，增圩村归属织里镇人民政府管辖。

区位：东与骥村连接，南濒荻塘运河，西与王母兜村毗连，北与孟乡港为邻。

基本村情（截至 2018 年底）：村域面积 1.53 平方公里；本村户口 339 户，1424 人；农田 1394 亩，桑白地 267 亩，合计土地 1661 亩。

自然村：增圩、陆家兜、梁家兜、省三。

历史上村民以耕种水稻和饲养桑蚕为业，2019 年后多以经商、棉布经营、童装生产为主业。增圩村是织里童装起源地之一。

增圩村境内历来多圩田，河荡棋布。

三十一、潘塘桥村

村名来源：因境内古石桥而名。

沿革：中华民国元年至 17 年（1912—1928）属吴兴县东北镇管辖。中华民国 24 年（1935）后隶属轧村乡、洽济乡。新中国建立初期属洽济乡、轧村乡，先后成立互助组、初级社、高级社等农业合作化组织。1958 年并入太湖人民公社，属轧村管理区。1961 年建立潘塘桥生产大队，属轧村人民公社管辖。1984 年撤队建村改为潘塘桥行政村，属轧村乡人民政府管辖。1999 年撤轧村乡并入织里镇，潘塘桥村归属织里镇人民政府管辖。

区位：东与曹家簖村连接，南与香圩墩村为邻，西濒清墩漾，北与庙兜村毗连。

基本村情（截至 2018 年底）：村域面积 2.5 平方公里；本村户口 300 户，1274 人；农田 1428 亩，桑白地 84 亩，内塘 5 亩，合计土地 1517 亩。

自然村：江家弄、潘塘桥、盛家桥、两家桥、沈家兜、寓四兜。

历史上村民以耕种水稻和饲养桑蚕为业，2019 年后多以经商、棉布经营、童装生产为主业。

三十二、伍浦村

村名来源：以古伍浦溇而名。

沿革：清代与汤溇村同属乌程县十三区一百三十八庄。中华民国初期属东北

伍浦村

镇，民国 24 年（1935 年）后属义皋镇与五和乡。新中国建立初期属义和镇、义皋乡。先后成立互助组、初级社、高级社等农业合作化组织。1958 年并入太湖人民公社，属义皋管理区。1961 年建立伍浦生产大队，属太湖人民公社管辖。1984 年撤队建村改名为伍浦行政村，属太湖乡人民政府管辖。1999 年 10 月太湖乡撤销并入织里镇，伍浦村属织里镇人民政府管辖。

区位：东与新浦村紧邻，南与常乐村相接，西与义皋村毗连，北傍南太湖。

基本村情（截至 2018 年底）：村域面积 2.62 平方公里；本村户口 524 户，2146 人；农田 660 亩，桑白地 420 亩，内塘 1590 亩，合计土地 2670 亩。

自然村：伍浦、濮溇、陈溇、彭家兜、谈家兜。

历史上伍浦村是半个小渔村，除了种植水稻、黄麻、百合及饲养桑蚕外，依托村内溇港，有半数人家从事捕鱼捕虾。伍浦渔市闻名遐迩。现村民多以经商、种植、养植为主业，村内有特色农业和养殖大户。

伍浦村历史文化底蕴深厚，创建于清同治年间的陈溇五湖书院是溇港区域第一座正规学校。

三十三、义皋村

村名来源：村因"汉元始二年，吴人皋伯通筑塘以障太湖"而名。

沿革：清代与金溇、杨溇、谢溇、幻溇同属乌程县十三区一百三十六庄。中华民国初期属东北镇，称为义皋里。中华民国 24 年（1935 年）后属吴兴县义皋镇与义和镇。新中国建立初期属义和镇和义皋乡，先后成立互助组、初级社、高

义皋村

级社等农业合作化组织。1958 年并入太湖人民公社，属义皋管理区。1961 年建立义皋生产大队，属太湖人民公社管辖。1984 年撤队建村改名为义皋行政村，属太湖乡人民政府管辖。1999 年 10 月太湖乡撤销并入织里镇，义皋村归属织里镇人民政府管辖。

区位：北傍南太湖，东与伍浦村紧邻，南与庙兜村相接，西与杨溇村毗连，是太湖三十六溇港的核心区域。

基本村情（截至 2018 年底）：村域面积 2.25 平方公里；本村户口 431 户，1676 人，流动人口 7 户，16 人；农田 1097 亩，桑白地 633 亩，内塘 10 亩，合计土地 1740 亩。

自然村：张家埭、李家伙、朱家庙、寺前、陈溇、塘北、南头村、王家圩。

历史上村民以种植水稻、黄麻、百合和饲养桑蚕为业，依托村内义皋老街和溇港，也有村民开店经商和从事捕鱼。2019 年后村民多以经商、种植、童装生产为主业。

义皋村是古文化村落，有清代遗存古建筑数十间，元末运粮河横贯村庄，尚义桥更是溇港古桥的代表。村内现有溇港文化展示馆、书报馆、铜镜馆、崇义馆等文化展馆。

三十四、庙兜村

村名来源：以驻地庙兜自然村命名。

沿革：清代与曹家簖、大唐兜村同属乌程县十五区一百五十三庄。中华民国初期属东北镇，中华民国 24 年（1935 年）后属吴兴县义皋镇与义和镇，新中国建立初期属吴兴县义和镇、义皋乡，先后成立互助组、初级社、高级社等农业合作化组织。1958 年并入太湖人民公社，属义皋管理区。1961 年建立庙兜、漾湾两个生产大队，"文化大革命"期间，庙兜大队改为向阳大队，属太湖人民公社管辖。1984 年撤队建村改名为庙兜、漾湾两个行政村，属太湖乡人民政府管辖。1999 年 10 月太湖乡撤消并入织里镇，2001 年两村合并为庙兜行政村，归属织里镇人民政府管辖。

区位：东与常乐村接壤，北与义皋村紧邻，南与潘塘桥村相接，西与大港村毗连。

基本村情（截至 2018 年底）：村域面积 5.5 平方公里；本村户口 630 户，

庙兜村一角

2480 人；农田 2368 亩，桑白地 597 亩，内塘 0 亩，合计土地 2967 亩。

自然村：庙兜、大塘兜、蒋店桥、宋家田、陈家圩、宋家兜、季家兜、郎中港、沙家兜、漾湾里、邹家港。

历史上村民以种植水稻、黄麻、百合和饲养桑蚕为业，也有村民开店经商和从事捕鱼。庙兜村曾因酿酒业而闻名，1970 年代创办过湖州市第二酒厂。2019 年后村民多以经商、种植、童装生产为主业。

庙兜村在抗日战争时期曾是中共塘北区委领导的抗日反汪军驻地，被记入湖州党史。

三十五、杨溇村

村名来源：以驻地杨溇自然村命名。

沿革：清代与金溇、杨溇、谢溇、幻溇同属乌程县十三区一百三十六庄。中华民国初期属吴兴县东北镇，称为义皋里。中华民国 24 年（1935 年）后属义皋镇与义和镇。新中国建立初期属义和镇、义皋乡，先后成立互助组、初级社、高级社等农业合作化组织。1958 年并入太湖人民公社，属义皋管理区。1961 年建立杨溇、谢溇两个生产大队，属太湖人民公社管辖。1984 年撤队建村改为杨溇、谢溇两个行政村，属太湖乡人民政府管辖。1999 年 10 月太湖乡撤销并入织里镇，2001 年两村合并为杨溇行政村，归属织里镇人民政府管辖。2012 年划属湖州市吴兴区高新区。

区位：紧傍南太湖，东与义皋村接壤，南与大港村相望，西与许溇村为邻。

基本村情（截至 2018 年底）：村域面积 2.36 平方公里；本村户口 551 户，2363 人，流动人口 6 户，16 人；农田 1138 亩，桑白地 1141 亩，内塘亩，合计土地 2279 亩。

自然村：谢溇、秀才兜、高家兜、皮鞋兜、杨溇、太湖兜。

历史上村民以种植水稻、黄麻、百合和饲养桑蚕为业，也有村民从事捕鱼业，现多以经商、种植、童装生产为主业。

杨溇村环境优美，民居改成民宿，村庄尤以蔬菜基地闻名。杨溇龙灯为非物质文化传承项目。

三十六、许溇村

村名来源：以驻地自然村命名。

沿革：清代与金溇、杨溇、谢溇、幻溇同属乌程县十三区一百三十六庄。中华民国初期属吴兴县东北镇，中华民国 24 年（1935 年）后属义皋镇与义和镇。新中国建立初期属义和镇、义皋乡，先后成立互助组和高级社。1958 年并入太湖人民公社，属义皋管理区。1961 年建立许溇、汤家甸两个生产大队，属太湖人民公社管辖。1984 年撤队建村改为许溇、汤家甸两个行政村，属太湖乡人民政府管辖。1999 年 10 月太湖乡撤销并入织里镇，2001 年两村合并为许溇行政村，归属织里镇人民政府管辖。2012 年划属湖州市吴兴区高新区。

区位：位于太湖南岸。东与杨溇村接壤，南与大港村相望，西与幻溇、元通桥村毗邻。

基本村情（截至 2018 年底）：村域面积 4.5 平方公里；本村户口 604 户，2568 人；农田 1318 亩，桑白地 990 亩，合计土地 2308 亩。

自然村：行政村内有许溇、杨溇庙、近圩、襄衣兜、廿五其、范家埭、顾家潭、叶家塘、汤家甸。

历史上村民以种植水稻、黄麻、百合和饲养桑蚕为业，也有村民从事捕鱼业，现多以经商、种植、童装生产为主业。村内有多个蔬菜基地和农庄。

三十七、幻溇村

村名来源：以驻地自然村命名。

沿革：清代与金溇、杨溇、谢溇、义皋同属乌程县十三区一百三十六庄。中华民国初期属吴兴县东北镇，称为金幻村，中华民国24年（1935年）后属义皋镇与义和镇。新中国建立初期属义和镇、义皋乡，先后成立互助组、初级社、高级社等农业合作化组织。1958年并入太湖人民公社，属义皋管理区。1961年建立金溇、潘溇和水产大队，属太湖人民公社管辖。1984年撤队建村改为金溇、潘溇行政村，属太湖乡人民政府管辖，为太湖乡人民政府驻地。1999年10月太湖乡撤销并入织里镇，2001年三村合并为幻溇行政村，归属织里镇人民政府管辖。2012年划属湖州市吴兴区高新区。

区位：紧傍南太湖，东与许溇村接壤，南与元通桥村相接，西与大溇村毗邻。

基本村情（截至2018年底）：村域面积2.75平方公里；本村户口835户，3680人，流动人口98户，164人；农田2205亩，桑白地486亩，内塘30亩，合计土地2721亩。

自然村：幻溇、西金溇、东金溇、潘溇、南姜湾、何家兜。

历史上村民以种植水稻、黄麻、百合和饲养桑蚕为业，有少数村民从事捕鱼业，现多以经商、种植、童装生产为主业。

幻溇村有颇具规模的商业街，各类商品应有尽有，幻溇鱼市闻名织里镇与高新区。金溇马灯为非物质文化传承项目。

三十八、元通桥村

村名来源：村以古元通桥命名。

沿革：清代与安港、新泾港、潘溇、东桥村同属乌程县十一区一百二十一庄。中华民国初期属吴兴县东北镇，中华民国吴兴县地图上有"元通桥市"的标记，由白桥坝、蚕环田等自然村组成。中华民国24年（1935年）后属义皋镇与义和镇。新中国建立初期属义和镇、义皋乡，先后成立互助组、初级社、高级社等农业合作化组织。1958年并入太湖人民公社，属义皋管理区。1961年建立蚕环田、白桥坝两个生产大队。"文化大革命"期间白桥坝改名红胜大队，属太湖人民公社管辖。1984年撤队建村时改为蚕环田、白桥坝两个行政村，属太湖乡人民政府管辖。1999年10月太湖乡撤销并入织里镇。2001年两村合并为元通桥行政村，归属织里镇人民政府管辖。2012年划属湖州市吴兴区高新区。

区位：东接许溇村，南与联漾村相望，西与张降村毗邻，北与幻溇紧接。

基本村情（截至 2018 年底）：村域面积 1.39 平方公里；本村户口 326 户，1346 人，流动人口 214 户，595 人；农田 789 亩，桑白地 450 亩，内塘 5 亩，合计土地 1244 亩。

自然村：蚕环田、白桥坝、长家舍、北仁郎、黄田兜。

历史上村民以种植水稻、黄麻、百合和饲养桑蚕为业，也有村民从事捕鱼业，现多以经商、种植、童装生产为主业。

村庄位于北塘河北岸，清末民初曾有元通桥市，集镇商业繁荣。

三十九、大溇村

村名来源：沿用大溇高级社之名

沿革：清代与罗溇、张降村同属乌程县十一区一百二十二庄。中华民国初期属吴兴县东北镇，由大溇、张降村等自然村组成。中华民国 24 年（1935 年）后属义皋镇与东桥乡。新中国建立初期属东桥乡和义皋乡，先后成立互助组、初级社、高级社等农业合作化组织。1958 年并入太湖人民公社，属东桥管理区。1961 年建立大溇、张降村两个生产大队，属太湖人民公社管辖。1984 年撤队建村改为大溇、张降村两个行政村，属太湖乡人民政府管辖。1999 年 10 月太湖乡撤销并入织里镇。2001 年两村合并为大溇行政村，归属织里镇人民政府管辖。2012 年划属湖州市吴兴区高新区。

区位：村庄紧傍南太湖，东与幻溇村接壤，南与元通桥村相连，西与东桥村毗邻。

基本村情（截至 2018 年底）：村域面积 2.27 平方公里；本村户口 635 户，2746 人，流动人口 10 户，50 人；农田 1280 亩，桑白地 1281 亩，内塘 48 亩，合计土地 2579 亩。

自然村：行政村境内有奏三圩、大溇、王家桥、八字桥、芮家兜、闵家桥、张降村。

历史上村民以种植水稻、黄麻、百合和饲养桑蚕为业，现多以经商、种植、棉布经营、童装生产为主业。

四十、东桥村

村名来源：以村内古石桥命名。

沿革：清代与安港、新泾港、潘溇、元通桥村同属乌程县十一区一百二十一庄。中华民国初期属东北镇，由东桥村、严家兜等自然村组成。中华民国24年（1935年）后属义皋镇与东桥乡。新中国建立初期属东桥乡和义皋乡，先后成立互助组、初级社、高级社等农业合作化组织。1958年并入太湖人民公社，属东桥管理区。1961年建立东桥、严家兜两个生产大队，属太湖人民公社管辖。1984年撤队建村改为东桥村、严家兜两个行政村，属太湖乡人民政府管辖。1999年10月太湖乡撤销并入织里镇。2001年两村合并为东桥村行政村，归属织里镇人民政府管辖。2012年划属湖州市吴兴区高新区。

区位：紧傍南太湖，东与大溇村接壤，南与塘涯村相连，西与沈溇村毗邻。

基本村情（截至2018年底）：村域面积2.98平方公里；本村户口783户，3209人；农田1992亩，桑白地1026亩，内塘129亩，合计土地3147亩。

自然村：严家兜、庙兜、庙桥头、东桥村、安港、罗溇、前浜、盛家湾。

历史上村民以种植水稻、黄麻、百合和饲养桑蚕为业，现多以经商、种植、棉布经营、童装生产为主业。

东桥村是水乡集镇，清末民初商贸繁华，曾为乡政府驻地。村内古桥已有百余年历史。东桥村抬阁传承已久，成为非物质文化遗产项目。

四十一、沈溇村

村名来源：以驻地自然村为名。

沿革：由沈溇、诸溇等组成。中华民国初期属吴兴县东北镇，中华民国24年（1935年）后属义皋镇与东桥乡。新中国建立初期属东桥乡和义皋乡，先后成立互助组、初级社、高级社等农业合作化组织。1958年并入太湖人民公社，属东桥管理区。1961年建立诸溇、沈溇两个生产大队，属太湖人民公社管辖。1984年撤队建村改为沈溇、诸溇两个行政村，属太湖乡人民政府管辖。1999年10月太湖乡撤销并入织里镇。2001年两村合并为沈溇行政村，归属织里镇人民政府管辖。2012年划属湖州市吴兴区高新区。

区位：村傍南太湖，东与东桥村连接，南与塘涯村为邻，西与塘甸双丰村为界。

基本村情（截至 2018 年底）：村域面积 2.35 平方公里；本村户口 587 户，2562 人，流动人口 5 户，12 人；农田 1050 亩，桑白地 955 亩，内塘 160 亩，合计土地 2165 亩。

自然村：沈溇行政村包含杨家兜、沈溇、潘家汇、皮鞋里、诸溇、茶花兜、小港兜。

历史上村民以种植水稻、黄麻、百合和饲养桑蚕为业，现多以经商、种植、棉布经营、童装生产为主业。

四十二、乔溇村

村名来历：村因乔溇自然村而名。

沿革：清代与胡溇、宋溇、晟溇、钱溇、陆家湾同属乌程县十四区一百四十五庄。中华民国元年至 17 年（1912—1928）属吴兴县东北镇管辖。中华民国 24 年（1935）后隶属义皋镇、义和镇。新中国建立初期属义和镇、常乐乡，先后成立互助组、初级社、高级社等农业合作化组织。1958 年并入太湖人民公社，属漾西管理区。1961 年建立乔溇、胡溇、宋溇三个生产大队。"文化大革命"期间，乔溇改名为东方红大队，胡溇改名向阳大队，宋溇改为五星大队，属漾西人民公社管辖。1984 年撤队建村改为乔溇、胡溇、宋溇三个行政村，属漾西乡人民政府管辖。1999 年撤漾西乡并入织里镇，2000 年三村合并，建立乔溇行政村，归属织里镇人民政府管辖。

区位：东与苏州吴江七都镇为界，南与陆家湾村为邻，西与汤溇村毗连，北濒南太湖。

基本村情（截至 2018 年底）：村域面积 2.59 平方公里；本村户口 605 户，2324 人，流动人口 13 户，50 人；农田 1954 亩，桑白地 1240 亩，内塘 10 亩，合计土地 3204 亩。

自然村：胡溇、钱天泰、乔溇、施家坝、白龙潭、宋溇、大乔司。

乔溇村民历史上以种植水稻、黄麻和饲养桑蚕为业，现多以种养殖、开店经商、童装生产为主业。

乔溇村是织里镇位置最东北的行政村，与江苏省为界，堪称"越尾吴首"。胡溇自然村内古述中桥有"桥以中名，界分江浙"的楹联。村内曾有崇善堂，堂早毁，留有清代名宦林则徐撰写的《湖滨崇善堂记》。

四十三、汤溇村

村名来历：因驻地自然村而名。

沿革：清代与伍浦村同属乌程县十三区一百三十八庄。中华民国元年至 17 年（1912—1928）属吴兴县东北镇管辖。中华民国 24 年（1935）后隶属义皋镇、五和乡。新中国建立初期属义和镇、常乐乡，先后成立互助组、初级社、高级社等农业合作化组织。1958 年并入太湖人民公社，属常乐管理区。1961 年建立新浦、钱溇、汤溇三个生产大队。"文化大革命"期间，新浦改名为立新大队，钱溇改名朝阳大队，汤溇改为红湖大队，属漾西人民公社管辖。1984 年撤队建村改为新浦、钱溇、汤溇三个行政村，属漾西乡人民政府管辖。1999 年撤乡并镇，漾西乡并入织里镇，2000 年三村合并，建立汤溇行政村，归属织里镇人民政府管辖。

区位：东与乔溇村接壤，南与陆家湾村为邻，西与伍浦村毗连，北濒南太湖。

基本村情（截至 2018 年底）：村域面积 4.72 平方公里；本村户口 927 户，3603 人，流动人口 5 户，26 人；农田 2565 亩，桑白地 2556 亩，合计土地 5121 亩。

自然村：汤溇、石桥浦、晟溇、新浦、南型里、毛庵头、西庄渠、长田圩、钱溇、邱家坝、蒋溇。

历史上村民以种植水稻和饲养桑蚕为业，现多以经商、棉布经营、童装生产以及种植、养殖为主业。

四十四、常乐村

村名来历：因旧常乐乡而名。

沿革：清代与沈家湾村同属乌程县十三区一百三十九庄。中华民国元年至 17 年（1912—1928）属吴兴县东北镇管辖。中华民国 24 年（1935）后隶属义皋镇、义和镇。新中国建立初期属义和镇、常乐乡，先后成立互助组、初级社、高级社等农业合作化组织。1958 年并入太湖人民公社，属常乐管理区。1961 年建立沈家湾、东阁兜、常乐三个生产大队。"文化大革命"期间，沈家湾改名为新胜大队，东阁兜改名红旗大队，属漾西人民公社管辖。1984年撤队建村改为沈家湾、东阁兜、常乐三个行政村，属漾西乡人民政府管辖。1999年撤乡并镇，漾西乡并入织里镇。2000年三村合并，建立常乐行政村，归属织里镇人民政府管辖。

区位：东与汤溇村、陆家湾村接壤，南与曹家簖、曙光村为邻，西与伍浦村毗连，北濒南太湖。

基本村情（截至2018年底）：村域面积5.78平方公里；本村户口1020户，4038人，流动人口2户，6人；农田4011亩，桑白地949亩，合计土地4960亩。

自然村：常乐、倪家扇、沈家湾、姜王里、杀鱼桥、陆家田、港北山、黄泥坝、对芳兜、铁店湾、东阁兜、朝皇兜、西港、邵漾里、油车桥、朱家湾。

村民历史上以种植水稻和饲养桑蚕为业，现多以经商、棉布经营、童装生产以及种植、养殖为主业。

东阁兜为织里镇著名自然村。乡贤徐有珂是同治年间举人，倡办陈溇五湖书院并任教，参与编修《湖州府志》，并有《湖阴汗简》等著述传世。

四十五、陆家湾村

村名来历：村因驻地陆家湾集镇而名。

沿革：清代与胡溇、宋溇、晟溇、钱溇、乔溇同属乌程县十四区一百四十五庄。中华民国元年至17年（1912—1928）属吴兴县东北镇管辖，由董家甸、钱家兜、陆家湾等自然村组成。中华民国24年（1935）后隶属义皋镇、义和镇。新中国建立初期属义和镇、漾西乡，先后成立互助组、初级社、高级社等农业合作化组织。1958年并入太湖人民公社，属漾西管理区。1961年建立董家甸、钱家兜、陆家湾三个生产大队。"文化大革命"期间，陆家湾改名为红卫大队，钱家兜改名东风大队，董家甸改为卫东大队，属漾西人民公社管辖。1984年撤队建村改为董家甸、钱家兜、陆家湾三个行政村，属漾西乡人民政府管辖。陆家湾为漾西乡历届政府、公社驻地。1999年撤漾西乡并入织里镇，2000年三村合并，建立陆家湾行政村，归属织里镇人民政府管辖。

区位：东与汤溇村连接，南傍陆家漾，西与常乐村毗连，北邻伍浦村。

基本村情（截至2018年底）：村域面积5.38平方公里；本村户口955户，3012人，流动人口115户，350人；农田2648亩，桑白地520亩，内塘200亩，合计土地 3368 亩。

自然村：钱家兜、官田圩、西塍圩、油车渠、董家田、荡里、河埠桥。

村民历史上以种植水稻和饲养桑蚕为业，现多以经商、棉布经营、童装生产以及种植、养殖为主业。

陆家湾集镇在湖滨区域占重要位置，清代咸丰年曾驻重兵。青帮头目陆连奎民国时期名扬上海滩，曾为故乡建造过小学一所。陆家漾是织里镇境内最大的河漾。

四十六、曙光村

村名来历：沿用人民公社年代曙光大队旧名。

沿革：由费家汇、中兜、南河等自然村组成。清代与桃树塔、费家汇、董家甸、吴沙桥同属乌程县十四区一百四十九庄。中华民国元年至 17 年（1912—1928）属吴兴县东北镇管辖，中华民国 24 年（1935）后隶属义皋镇、义和镇。新中国建立初期属义和镇、漾西乡，先后成立互助组、初级社、高级社等农业合作化组织。1958 年并入太湖人民公社，属漾西管理区。1961 年建立费家汇、中兜、南河三个生产大队。"文化大革命"期间，费家汇改名为曙光大队，中兜改名红星大队，南河改为胜利大队，属漾西人民公社管辖。1984 年撤队建村时改为费家汇、中兜、南河三个行政村，属漾西乡人民政府管辖。1999 年撤漾西乡并入织里镇，2000 年三村合并，建立曙光行政村，归属织里镇人民政府管辖。

区位：东南与吴江七都镇邻界，西与上林村为邻，北濒陆家漾。

基本村情（截至 2018 年底）：村域面积 4.14 平方公里；本村户口 672 户，2687 人；农田 3636 亩，桑白地 235 亩，合计土地 3871 亩。

自然村：费家汇、青木兜、木渎港、大港郎、南河里、北河里、毛家湾、吴沙河、中兜、长兜、北兜、董家兜、南兜、叶家荡。

历史上村民以种植水稻和饲养桑蚕为业，现多以经商、棉布经营、童装生产以及种植、养殖为主业。

第二节　社区居委会

详见本志第六卷《社会》相关部分。

第四章 美丽织里建设

2014年5月23日，中共浙江省委通过《建设美丽浙江创造美好生活的决定》。2015年织里镇成立"美丽织里"推进办公室，统一指挥协调全镇"四边三化"、治气、治违、"五水"共治、人居环境整治等"美丽织里"各项工作，并对各部门、办事处、辖区内的34个行政村和社区居委会进行全面考核督查，主要包括重点项目推进、"四边三化"、河道水体、环境卫生、秸秆焚烧、违章建筑等，考核结果在织里镇政府一楼大厅以展板的形式公示前五名"最美村庄""最美河道"、后五名"最差村庄""最差河道"。并将"美丽乡村""美丽公路""美丽庭院"及全域环境整治、垃圾分类、违章建筑拆除等一系列专项行动向纵深推进。

第一节 环境整治

一、"四边三化"

2012年8月14日，浙江省委办公厅、省人民政府办公厅印发《浙江省"四边三化"行动方案》，提出在公路边、铁路边、河边、山边等区域，开展洁化、绿化、美化行动。2013年2月，织里镇制定并下发《吴兴区织里镇"路边、河边、城乡区域洁净专项行动"实施方案》。

2013年3月2日，组织千人大扫除，拉开以"四边三化"为载体的"清洁织里"行动。至2016年12月，全面完成道路边污染点整治，完成湖织大道争创市级"三化"示范路工作。重点推进三汤线、318国道、湖织大道、高速连接线等主要道路环境专项整治。完成区交办的宜林路段绿化种植面积，82个点位整改到位，道路标志标牌规范统一，实现路边的洁化、绿化、美化。湖织大道两侧种植香樟、灌木等40 790棵，珍贝路与318国道交叉口节点绿化改造。大港路4个节点绿化改造，两侧路肩种植绿篱（珊瑚）3500米。大港路、利济西路、栋梁路种植灌木 150 000 株，种植面积约 2 万平方米。三汤线进行树木补种。境域范围内共计出动 626 次，拆除各类违章建筑物共计 162 294 平方米。开展无违创建专项巡查工作，每月定期对各街道办事处进行巡查，并发出巡查通报。城边主要道路实行 8 小时保洁制，次要道路实行 12 小时保洁制。推进环卫作业机械化、城区机械化清扫率达到 80% 以上，并对非机动车道加强清扫，全面提升清扫保洁质量。加大镇区公路路面保洁力度，实现道路清洁、无白色污染和扬尘。各行政村集中清理处置沿路沿河、房前屋后暴露的垃圾，全面消除村庄积存垃圾、卫生死角、露天粪坑、污水坑、臭水沟等，改善村容村貌。建立农村生活垃圾清扫收集处置长效管理机制，实行多元化管理模式，提高农村环境卫生保洁水平。乡村公路实行一天一次全路段保洁制，基本做到无堆积物、无白色污染、无污物积水、无扬尘。完成骥村（强盗港）、旧馆（李家兜港）河道清淤 5 公里计 5.2 万立方米。农业面源污染进行整治，并拆除有污染场所的农业企业 8 家共 2250 平方米，住家船 69 条全部拆除。

二、全域城乡人居环境整治

2015 年 2 月，开展全域城乡人居环境整治。同年，拆除广告牌 1226 块，清理"牛皮癣"4.1 万处，湖织大道废品收购点全部取缔，至同年年底清理垃圾 13.6 万吨，日均 361 吨，高峰期日均 534 吨。

2017 年，累计出动人员 5.4 万人次，出动整治车辆 2.1 万余车次，清理背街小巷垃圾 5 万吨，拆除违章建筑 53 万平方米，清除"牛皮癣"18 万平方米，取

被污染的河道

缔流动摊贩 4000 余个。全镇垃圾产生量比 2016 年增长了 7.5%，每天运送到南太湖焚烧厂垃圾量 350 吨，并通过外运德清、舟山、丽水、山东等地进行规范化处置，全年外运处理垃圾 10 万余吨。

2018 年 3 月开始，实施"环境大整治、法制大宣传、素质大提升"的城市管理"六个精细化"管理。全体班子成员联系社区，机关干部全面下沉到路段，与网格内的安监、城管、环卫等"三员"对所管辖路段区域内的关键 10 条（环境卫生、垃圾分类、装修管理、交通秩序、占道经营、流动摊贩、三乱治理、违建管控、市政维护、门前三包）直接负责。坚持"领导联系社区制度、机关干部路长制度、双月排名通报制度、现场督查问责制度、半月例会制度"。2018 年累计出动人员 16.72 万人次，出动整治车辆机械 2.54 万余车次，清理背街小巷垃圾和堆积物 5.55 万余吨，投资 230 万元建造智慧城管平台。开出违章罚单 7 万余张，拖离机动车和"三小车" 1.9 万余辆，违法行为安全教育学习 1.35 万余人次。农村片区紧紧围绕"美丽乡村"建设和"244"整体规划布局，完成投资 1.06 亿元。启动农村精细化管理工作，不断向偏远村落推进，形成共建共治共享的农村社区化管理新格局，不断提升农村的美丽度和人民群众的幸福感、满意度，实现"点上出彩、线上美丽、面上洁净"的农村人居环境新形象。全镇 34 个行政村、40 多万人口、42 000 多家个体工商户、1 万多家童装企业、300 余条道路实行全覆盖，每天收集垃圾 600 余吨。

2019 年 5 月 20 日至 8 月 31 日，按照市里的统一部署，在全镇开展农村人居环境百日攻坚行动。各村村两委会全体人员会同镇联村干部一起分片包干，到现场逐户逐点查问题，挨家挨户做工作。全镇共组成 70 个专业施工队（每个村不少于 2 个），共投入人力 10 000 人次、机械 1010 辆；拆危旧房、畜禽棚、违章彩钢棚共计 125 501 平方米，拆整出空间 188.4 亩；清理点位共 7025 个，清理垃圾 1 万余吨；总投入资金近 2000 万元。同年 9 月经市、区、镇三级验收，有 16 个村获区级人居环境百日攻坚行动考核优秀，9 个村获市考核二等奖，5 个村获市级考核优秀，织里镇获得全区第一名。

2019 年，全年清运垃圾近 12.6 万余吨，出动清运车辆 5 万余车次。清运餐厨垃圾近 2 万余吨、布角料 3 万余吨。纠正全镇范围内占道 17 536 起，清理"牛皮癣" 6910 处，清理横幅 662 条，整改拆除广告门头 616 处，责令整改、暂停违规室内装修 180 起，协助交巡警大队对机动车违停贴单 20 961 辆，拖车 5139 辆，对非机动车拖车 1001 辆。纠正治理全镇占道经营 7500 起，暂扣处罚 352 起。处理 12345 热线电话 1495 个，处理指挥中心转来的问题件 4173 个。摸排餐饮油烟店铺 1253 家，整改存在问题的餐饮店 312 家。开展流浪犬专项整治 100 余次，出动执法队员及相关人员 1000 余人次，收容流浪犬 339 只，办理"不文明养犬行为"执法案件 18 件，街面流浪犬数量得到有效控制。

三、"美丽公路"

2017 年构建"一轴两环""美丽乡村"展示圈，全力推进"美丽公路"建设。同年投资 950 万元完成联网公路建设 8.12 公里，投资 129 万元完成危桥改造 2 座。投资 380 万元完成农村公路大中修 3.2 公里。结合"两环"建设规划，重点推进滨湖大道、三汤线、318 国道、湖织大道、高速连接线等主要道路沿线环境专项整治，全面完成公路边"三化"污染点整治。启动农村公路用地范围外建控区范围内宜林路段绿化种植工作，实现公路边洁化、绿化、美化，湖织大道成为市级"三化"示范路。

四、垃圾分类

2017 年 5 月，镇区范围开始厨余垃圾定点清运，镇机关单位推行垃圾分类。2018 年 6 月织里镇区范围开始垃圾分类，设布角料收集点 140 余个，平均每天收集到布角料垃圾 60 吨，运送至长超垃圾焚烧厂进行资源化利用。2018 年 12 月爱家皇家小区成为首个推行垃圾精准分类的小区。

至 2019 年底，境域所有机关单位、9 个小区、35 条街区（包括 1000 多家企业）、镇区外不拆迁的所有行政村（19 个）全面推开垃圾精准分类，建立 4+3+N 分类机制。"4"为易腐垃圾、可回收垃圾、有害垃圾、其他垃圾四类；"3"为大件垃圾、园林垃圾、建筑垃圾；"N"为服装布角料等。每个村、社区及 9 个小区各设垃圾分类环保屋 1 座，安排专人管理，放置四类分类垃圾桶，实行积分奖励机制。2019 年 12 月 31 日当日，分类出布角料 84.72 吨、易腐垃圾 57.8 吨，其他垃圾 362.04 吨。至 2020 年，境域各村、各居委会、各企事业单位全面实行垃圾精准分类。

五、治理违章建筑

2018 年全面开展无违建乡镇（街道）创建工作，突出朱湾社区重点区域，至 10 月底完成朱湾社区栖梧桥区块违建拆除项目，拆违总建筑面积 150 000 平方米。严控新增违建，建立三级控违防违机制。进一步深化拆改用结合、拆用结合，通过以改促拆，实现应拆尽拆，违法建筑拆后利用率达 80% 以上。巩固创建成果，以无违建乡镇创建为抓手，通过拆除违法建筑提升城镇管理水平，促进综合改革。

第二节 治 气

一、治扬尘

2012 年，开展以 PM2.5（细颗粒物）为重点的治气工作。2013 年全面深化扬尘治理。对主要道路全部实行机械化清扫，全镇道路机械化清扫率达到 65% 以上。建筑垃圾统管统运、密闭运输，市政道路施工过程中砂土 100% 密封覆盖。对渣土、砂石运输车辆加盖密闭运行，开展全天候、全时段监管执法，实施运输单位、车辆、路线和时段等审查制度，建筑工地及建筑垃圾运输车辆实行全密闭。做好公路路面清洁工作，加大清扫力度和洁化督查力度。联合港航部门做好码头扬尘整治工作。加强对场平工程管理，场平工地出入路面全部硬化，土方运输车辆 100% 冲洗干净且车身密闭，全面落实施工过程降尘抑尘措施。

二、治废烟

巩固辖区内粉磨站、搅拌站除尘改造成果，实行长效监管。巩固挥发性有机气体治理成效，加强重点印染企业的日常监管，定期检查印染企业定型机废气处理装置运转状况。强制淘汰 43 台高污染燃料炉窑，完善其他炉窑废气治理设施。加强黑烟囱整治，开展三济桥木业企业黑烟囱专项治理，推进集中供热工作。建立健全秸秆收集、储运、利用的网络体系，全镇农作物秸秆综合利用率 92% 以上，基本无露天焚烧秸秆现象，卫星遥感监测焚烧点数明显下降。不断强化烟花爆竹销售点、婚庆礼仪公司、承接喜宴酒店等源头管控工作，全力开展烟花爆竹禁放工作。

三、治废气

分析研判全镇黄标车运行规律，加大重点路段、时段的巡逻频次，通过办理注销手续或采取减少污染措施，重点加强对黄标车、无标车、报废车、冒黑烟车等高污染排放车辆上路违法行为的路面查处力度。对上道路行驶的燃油助力车、无牌无证摩托车一律查扣，按照《机动车强制报废标准规定》予以强制报废，并依法从严处罚。配合市港航部门落实船舶尾气治理宣传工作。2016年镇区范围内财富广场、世纪广场等5个项目完成扬尘治理的整改，超额完成区里下达的4个目标任务数。同年5月底对9家砂洗企业、309家印花企业全部与砂印工业园签订入园协议，并于同年底全部搬迁入驻。完成区下达的大气主要污染物减排、黄标车淘汰、燃煤小锅炉淘汰等目标任务。解决了群众反映的大气污染防治突出问题，提升群众对空气质量的满意度。建立健全大气污染防治长效机制，实现防治工作的常态化、制度化。

第三节　"美丽乡村"建设

一、伍浦村"美丽乡村"精品村建设

2019年创建。以"活态溇港标本，溇港滨湖古村，湖学传承圣地，休闲旅游乐园"的形象定位，实行"一线、一轴、四片区"建设，总计投入2935万元。

一是对建筑物更新改造及村庄风貌整治。建设塘湾里、伍浦、顾家埭等自然村"美丽庭院"示范带，建造占地450平方米的村史记忆馆。塘湾里、伍浦及湖薛线沿线农房外立面改造14 000平方米。二是环境综合整治及升级改造。对伍浦溇、陈溇、门前港等河道，进行绿化种植、景观建设，湖薛线道路绿化、景观步道、观景平台、景墙建设等长度400米，面积6000平方米。村中心、湖薛线及塘湾里自然村进行三线下埋，线杆搬迁。有碍观瞻的破旧房屋拆除及修复共9842平方米。三是各自然村景观节点建设。有6处共8500平方米的村入口节点、村标、景墙及绿化建设。塘湾里建造9000平方米农耕文化体验园，建设内容包括里弄铺装、绿化种植、景墙建设、新建桥梁、景观菜地、园路铺装、停车场建设、绿化种植等，有廊架4座、景观亭2座。村中心景观节点建设，包括园路建设、广场铺装、廊架（2座）、游船码头、绿化种植等。四是市政基础设施建设。塘湾里、南堡里、伍浦自然村新增农村生活污水治理90户，各自然村浇筑混凝土路面6500平方米，浇筑沥青路面2000平方米，安装140座景观路灯。五是公共服务设施建设。建公墓1处、墓穴302个。建设垃圾分类亭8个、环保屋1个、公共厕所7座。六是民俗活动场所、特色文化展示馆及旅游设施建设。文化礼堂建筑面积2167平方米，塘湾里沿街商铺改造12间，占地380平方米。塘湾里、湖薛线沿线标识牌及墙绘工程，主要节点墙绘面积为995平方米。

二、庙兜村市级"美丽乡村"精品村建设

2014年庙兜村投入资金820万，建造观景池、休闲公园和休闲凉亭等景观设施，村史记忆馆、幸福礼堂、幸福舞台等文化设施，标准篮球场、多个健身场等健身设施，以及停车场、老年居家养老活动室等基础设施。

2019年，创建市级"美丽乡村"精品村，突出"文化庙兜、生态庙兜、活力庙兜"这个主题，总投入资金3000万元。深入挖掘和充分利用武术文化，以"船拳武术村、豪侠隐居地"为乡村旅游发展主线，依托张家漾自然风光，重点建造漾湾里节点。沿漾民房按标准民宿改造，新建九曲桥1座，道路硬化7000平方米，铺装5000平方米，绿化种植5000平方米，立面改造4000平方米。新建停车位25个、公共厕所1个、农家乐1个。老庙兜、陈家圩节点道路硬化12 000平方米，铺装3000平方米，绿化种植4000平方米，立面改造12 800平方米，新装栏杆3000米，新建停车位10个。其余8个自然村各建设一个公共建设设施，一个标准停车场，一个休闲亭子（长廊），道路硬化共6000平方米，实现村庄全域美丽。全村生态护岸建设4.6公里，拆违拆旧7100平方米。

三、义皋村市级"美丽乡村"精品村建设

2017年创建。以"千年古村、世遗溇港"为主题，突出村庄风貌整治、环境综合整治升级改造、重要空间及节点景观建设、市政基础设施建设、公共服务设施建设、特色文化展示等六大方面18个项目，总投资1618.4万元。

投入50万元委托浙江省同人集团设计院进行"美丽乡村"精品村规划设计。湖薛线桥东两侧100米农房外立面进行改造，投入260万元分别对湖薛线

两侧 600 米电力线缆和 600 米通信线缆下埋，古村落房前屋后花墙建设和南运粮河桥东段 100 米垒石生态护岸建设，投入 207 万元完成义皋古村文正亭及 10 米连廊、村东入口古牌楼、"水利灌溉工程遗产"龙门架等建设项目。投入 290 万元，完成含 25 个停车位的停车场建设，义皋溇北面两侧 200 米砌石护岸，义皋溇两侧 200 米道路铺装和湖薛线东段 100 米人行过道铺装。投入 331 万，完成核心区引仙桥的搬入和常乐村永福霸桥的迁建工程，义皋新村东南侧西木桥进行重建，义皋新村北侧 40 平方米旅游生态厕所完成。投入 120 万元，完成游客接待中心装修改造和古村落民宿样板房的建设。结合区水利局滨湖一体化景观打造工程，完成村范围内的水系环境整治，义皋溇、南运粮河、北运粮河至王家港等河道清淤 7038 米，总清淤 46 040 立方米，完成南运粮河部分河段生态驳岸改造。完成湖薛线部分人行道铺装，完成崇义馆与湖州湖镜博物馆建设。

四、孟乡港村市级"美丽乡村"建设

2013 年创建，共投入 160 多万元。连接湖织大道，完成轧织公路和村联网公路，及各自然村主干道的建设，并进行绿化。新增标准化固定垃圾箱 50 只，并对旧的垃圾箱进行维修。新增路灯 30 余盏，新建 4 座日处理能力 2 吨的"五格式"人工湿地，新增改厕农户 150 户。建造老年活动中心 7 间、居家养老中心 8 间共计 550 多平方米。新建标准塑胶篮球场和网球场各 1 个、全民健身中心 3 处、农民休闲公园 1 座、休闲景观节点 3 处。新建砌石护岸 1400 米，生态河岸 300 米，危险河段均加装护栏，对村内 8.3 公里河道进行水环境综合治理，河道清淤 1000 立方米。布置文化墙和文化长廊，新建文化礼堂一座。各个自然村环境整治全覆盖，拆除破旧房屋 18 间，改造 7 间，农房外立面改造 20 000 多平方米。新建 2000 平方米的标准厂房，并利用厂房出租，引进企业入村。

五、轧村村市级"美丽乡村"建设

2015 年创建，共投入资金 675 万元。新建老年活动中心 5 间、居家养老服务照料中心 7 间共 350 平方米。新建砌石护岸 1700 米、生态护岸 1500 米，对村内 300 米河段加装防护栏杆，结合景观带周边水系，建造仿古式廊桥、凉亭。建设

2015 年市级美丽乡村——轧村

体育广场 1 个，包含标准塑胶篮球场 1 个、乒乓球场 1 个、健身步道 200 米、健身器械 30 余件等。建设村标 1 座、节点景观 3 处、文化公园 1 处，种植绿化苗木 6000 余株。新建 1000 平方米文化礼堂 1 座，新建文化墙 500 米。道路硬化面积 8000 平方米，村内道路硬化率达到 100%。新增标准立杆式路灯 60 座，新建标准化垃圾房 1 座，154 户农户对生活污水进行治理。

六、常乐村市级"美丽乡村"建设

2016 年建设，投入资金 885 万元。重点建设"乐水、乐居、乐业、乐游"的"美丽乡村"示范区。进行旧房改造、道路建设与村庄绿化、污水治理与垃圾处理。拆除及改造影响村容村貌的破旧房屋 2800 平方米，建设新村部、邵漾里、东阁兜、南湾里、港北山等节点景观工程 5 处，共计 5000 平方米。建设 2000 平方米体育广场 1 座、健身节点 3 处共 800 平方米。砌石护岸 1500 米，生态护岸 4500 米，完成河道清淤 80 000 立方米。建设 400 平方米文化礼堂 1 座，290 平方米村幼儿园 1 座，240 平方米村卫生服务站 1 座。新建公共厕所 1 座、老年活动中心 1 座、居家养老服务照料中心 1 座，共计 450 平方米。安装立杆式路灯 80 座、景观灯 40 座。完成农房外立面改造 25 000 平方米，完成道路硬化面积 12 000 平方米。各自然村建成停车场共计 3000 平方米，建设村标 1 座、自然村

美丽乡村——常乐村

村标 5 座。修缮古桥 2 座,保护古树 10 株。完成文化墙绘 4500 平方米,文化公园 1 处,文化廊桥 1 座。建造全民健身广场、凉亭等滨水空间。对村内所有小印染、小砂洗业依法进行整治。长 20.8 公里的 29 条河道开展河面打捞、河岸清理、河底清淤、清理沉船等工作。建设庙兜至常乐、朱家湾至东阁兜联网公路及各自然村进村主干道。

七、曹家簖村市级"美丽乡村"建设

2018 年建设,共投入 1243 万元。拆除及改造影响村容村貌的破旧房屋 2500 平方米,建设农民休闲公园 1 处、景观节点 3 处。砌石护岸 1500 米,生态护岸 3500 米,安装栏杆 1800 米。建设 300 平方米文化礼堂 1 座、居家养老服务照料中心 1 座。完成农房外立面改造 25 000 平方米,完成道路硬化面积 13 000 平方米,建造自然村停车场 3000 平方米。建设村标 1 座、自然村村标 3 座。以潜龙兜自然村为中心点,建设体育广场、滨河景观节点、停车场、村级联网公路等基础设施,对农户房前屋后环境卫生进行整治,农房外立面改造。以孟婆兜、大漾其自然村为保留点,围绕自然村景观节点、居家养老服务照料中心、生态护岸、生态示范河道、自然村停车场、进村道路、河沟塘整治等进行提升改造。

八、汤溇村市级"美丽乡村"建设

2018 年建设,共投入 1808 万元。拆除及改造影响村容村貌的破旧房屋 4000

平方米，建设农民休闲公园 3 处。建设砌石护岸、生态护岸 4050 米。建设居家养老服务照料中心 2 座，完成农房外立面改造 25 000 平方米，完成道路硬化面积 18 000 平方米，建立自然村停车场 4500 平方米。建设村标 3 座，安装道路路灯 380 只。以钱溇自然村为中心点，配套建设农民休闲公园、滨河景观节点、居家养老服务照料中心、停车场、村级联网公路等基础设施。对全村农户房前屋后环境卫生进行整治，对农房外立面进行改造。以新浦、汤溇自然村为保留点，围绕自然村景观节点、居家养老服务照料中心、生态护岸、生态示范河道、自然村停车场、进村道路、农房外立面改造、河沟塘整治等进行提升。

美丽乡村——汤溇村

九、曙光村市级"美丽乡村"建设

2018 年建设，投入 1305 万元。拆除及改造影响村容村貌的破旧房屋 5000 平方米，建设农民休闲公园 1 处、景观节点 3 处。建设居家养老服务照料中心 2 座，完成农房外立面改造 11 000 平方米，完成道路硬化面积 13 200 平方米，建立自然村停车场 2500 平方米。建设村标景观节点 2 处，主干道沿线绿化 3500 米，新增立杆式路灯 113 只。以费家汇自然村、木渎港自然村为中心点，配套建设农民休闲公园、体育广场、滨河景观节点、停车场、村级联网公路、农村生活污水治理等基础设施。并对农户房前屋后环境卫生进行整治，对农房外立面进行

美丽乡村——曙光村

改造。以中兜、南河里自然村为保留点，围绕自然村景观节点、居家养老服务照料中心、生态护岸、生态示范河道、自然村停车场、进村道路、河沟塘整治等进行提升。

十、上林村特色精品村建设

2018 年开始创建，同年投入 1700 万元。开展农村生活污水治理，新增纳管农户 556 户，受益率累计达到 83%。以村面郎自然村、农民新村为中心点，配套建设农民休闲公园、滨河景观节点、美丽庭院、停车场、村级联网公路等基础设施，对农房外立面改造。以褚家荡、陈家圩自然村为保留点，围绕自然村景观节点、体育广场、生态护岸、生态示范河道、自然村停车场、进村道路、河沟塘整治等进行提升。

2019 年投入 355 万元，进一步打造特色精品村。充分挖掘上林村深厚的自然生态与人文底蕴，设定了"活力上林，孝德传承，稻香乐园"的功能定位，突出"农耕文化""书画之乡""孝德文化"，形成高品质居住和休闲旅游职能的特色村落。建设体育广场 1 处、景观节点 3 处。完成农房外立面改造 26 000 平方米，拆除及改造影响村容村貌的破旧房屋 3500 平方米，完成道路硬化面积 3.45 公里，建立自然村停车场 3000 平方米。建设生态护岸 4308 米，安装路灯 50 只，建造美丽庭院 50 户。建设村标 1 座、自然村村标 2 座，建造垃圾房 1 座、垃圾分类亭 15 个、环保屋 1 处。各自然村环境卫生进行全面整治。2020 年完成波斯荡乡村会客厅建设，建有塔 1 座、仿古桥梁 1 座、环湖游步道 1 条，并设置小品、游乐设施，建造农耕文化园 1 个。

十一、骥村村"美丽乡村"建设

2019 年创建，总投资 1434 万元。进村主干道新安装路灯 61 只，三汤线路边、318 国道口新建村标节点 2 处。各自然村浇筑混凝土路面 11 000 平方米，沥青路面 3500 平方米，设置垃圾分类亭 21 个、环保屋 1 个、公共厕所 4 座，破旧房屋拆除、修缮、违章建筑拆除 11 972 平方米。生态护岸 3500 米，设生态浮岛 15 座。村主干道、主要河道沿线进行绿化，对范骥联网公路边及应兜湾自然村农房立面改造 5000 平方米。中心村应兜湾自然村新建占地 300 平方米老年活动中心 1 个，新建 250 平方米卫生服务站 1 个，改造幼儿园 250 平方米，新建篮球场 1 座、羽毛球场 1 座，建造廊架 2 座。进行园路铺装、停车位设置、健身器械安装、绿化种植等共计 9000 平方米。赤家兜自然村园路铺装、停车位设置、健身器械安装、花坛砌筑、绿化种植等共计 2000 平方米，新建农村生活污水治理 25 户。黄泥兜自然村廊架建造、园路铺装、停车位设置、健身器械安装、绿化种植等共计 1500 平方米。陈家兜自然村园路铺装、健身器械安装、绿化种植等共计 700 平方米。

十二、港西村"美丽乡村"建设

2019 年创建，总投资 1441 万元。村主入口新建村标节点 3 处，进村主干道新装路灯 38 只，各自然村浇筑混凝土路面 12 000 平方米，建垃圾分类亭 10 个、环保屋 1 个、公共厕所 2 座。破旧房屋拆除、修缮，违章建筑拆除 3400 平方米。新增生态护岸 1360 米，设生态浮岛 15 座。箱三自然村园路铺装、停车位设置、健身器械安装、驳岸台阶修复、绿化种植等共计 1500 平方米。西庙兜自然村园路铺装、停车位设置、健身器械安装、绿化种植等共计 1200 平方米。李家坝自然村园路铺装、停车位设置、健身器械安装、绿化种植等共计 800 平方。杨家埭自然村园路铺装、停车位设置、健身器械安装、驳岸台阶修复、护栏安装、绿化种植等共计 2000 平方米。计家兜自然村园路铺装、停车位设置、健身器械安装、绿化种植等共计 1200 平方米。洞兜自然村廊亭建造、园路铺装、停车位设置、健身器械安装、驳岸台阶修复、绿化种植等共计 2200 平方米，新建农村生活污水治理 98 户。三汤线沿线、洞兜自然村农房外立面改造 11 000 平方米。

十三、石头港村"美丽乡村"建设

2019 年创建，总投入资金 1819 万元。以南湾、宋家湾、杨家湾自然村为中心结点，农房外立面改造 1500 平方米，建设廊架 1 座，园路铺装、停车场建设、健身器械安装、儿童游乐设施、绿化种植等共计 3000 平方米。白甫兜自然村廊架建造、游步道建设、停车位设置、健身器械安装、护栏安装、景墙建设、绿化种植等共计 2500 平方米。东凹家兜自然村园路铺装、停车位设置、绿化种植等共计 400 平方米，西凹家兜改造居家养老服务中心项目占地 140 平方米。村主入口新建村标节点项目 2 处，各自然村道路硬化项目浇筑混凝土路面 13 410 平方米、沥青路面 7380 平方米。村主干道安装路灯 62 只，主干道沿线新增绿化项目 4000 米。各自然村新建垃圾房、垃圾分类亭共 15 个、环保屋 1 个、公共厕所 3 座。破旧房屋拆除、修缮，违章建筑拆除 8039 平方米。新增生态护岸、生态浮岛工程及河埠头工程生态护岸 2363 米、生态浮岛 15 座。

十四、潘塘桥村"美丽乡村"建设

2019 年创建，总投入资金 1198 万元。潘塘桥村口、高家弄村口新建村标节点 2 处，进村主干道安装路灯 90 只。各自然村浇筑混凝土路面 5500 平方米，新建预制栏杆 1322 米、垃圾分类亭 6 个、环保屋 1 个、公共厕所 2 座，破旧房屋拆除、修缮，违章建筑拆除 1715 平方米。新增生态护岸 870 米，设生态浮岛 10 座、河埠头 75 个。主干道沿线新增绿化 2000 平方米，新增农村生活污水治理 224 户。中心村高家

乡村美丽庭院

弄自然村农房外立面改造 6000 平方米，改造居家养老服务设施 2 处 150 平方米，新建占地 120 平方米文化礼堂 1 座。寓四兜自然村园路铺装、停车位设置、健身器械安装、驳岸台阶修复、绿化种植等共计 1200 平方米。高家弄自然村廊架建造、园路铺装、停车位设置、健身器械安装、景墙建设、驳岸台阶修复、绿化种植等共计 2000 平方米。沈家兜自然村廊架建造、园路铺装、停车位设置、健身器械安装、绿化种植等共计 1500 平方米。潘塘桥自然村廊架建设、篮球场设置、健身步道建设、园路铺装、停车场设置、健身器械安装、绿化种植等共计 2500 平方米。

十五、东桥村美丽宜居建设

2018 年建设，总投入 665.2 万元，委托湖州规划设计院编制规划文本。拆除违建房屋 650 平方米，用涂料对村庄进行外立面改造 75 户。村主要入口景观、重要节点建设规模 1500 平方米。村落空间整治美化，设置村公交站、村名路牌制，彩绘 120 平方米。老街改造 800 平方米，建造人文公园 2000 平方米，铺设新路面 100 平方米，新建改建公厕 2 座。对村庄整体环境进行整治，清理河道和沟渠的垃圾及淤泥 50 000 立方米，对村主要干道及庭院进行绿化 10 000 平方米。

十六、许溇村"美丽乡村"特色精品村建设

围绕"果香许溇"，2010 年引进东山优质白沙枇杷苗木培育基地，带动周边农户建立 200 多亩白沙枇杷种植园，形成一村一品。并建成集种植观光为一体的蔬菜种植园（基地）3 个，面积 990 亩。

2013 年创建湖州市"美丽乡村"。建造塑胶篮球场、图书室、居家养老中心各 1 个，建造休闲健身广场 3 个。保留依溇而建的居民房屋，并进行外立面的维修改造，体现传统太湖人家的建筑风格。做好杨溇大庙、太平桥、许溇桥等文物古迹的维修保护。完成农村污水治理工程，设置化粪池进行厌氧 30 天处理，农户的洗涤水、厨房污水、厕所污水等全部接入生态化处理系统进行处理，实行达标排放。

十七、幻溇村"美丽乡村"建设

2012 年进行村庄整治，2013 年 3 月投资 140 万创建"美丽乡村"。兴建占地

面积 5600 平方米的农民休闲公园，公园内设置集九曲桥、廊架、水景、景亭等景观，集儿童玩具、健身器材、篮球场、幸福大舞台为一体的健身广场。公园和健身广场内错落种植各类植被，绿地内步道铺设鹅卵石，穿插青砖铺地。在南姜湾、西南角、塘南自然村配套设置 3 个景观节点。潘溇自然村、何家兜自然村共新增硬化道路 5000 米，全村道路硬化率达到 100%。湖薛公路拓宽至 10 米，村内主干道路拓宽至 3～5 米。河道清淤 5000 立方米，对河道两侧的驳岸进行整理修复和砌石护岸等 2000 米。新建垃圾收集房 2 座，配备垃圾收集箱 120 只，落实保洁员 10 名，平均每 7 户设置 1 只垃圾箱，并配有 4 辆垃圾清运车，全村实行垃圾无害化处理。新建绿色公厕 2 座，农户卫生改厕 729 户，卫生厕所覆盖率 88%。设污水处理池 15 座，对村民生活污水进行无害化处理，受益农户 550 户，受益面 66% 以上。按照确保夜间出行方便、安全的原则，在村内主要道路和公共活动区域安置路灯，新装路灯 100 盏，村庄主干道和公共场所路灯安装率达到 100%。新增村庄绿化面积 5000 平方米，以乔木、灌木、花草等组成丰富植物组群，全村的绿化覆盖率达到 30%。2018 年建造农民新村，2019 年建造幻溇鱼市场。

十八、杨溇村"美丽乡村"精品村建设

2012 年创建市级"美丽乡村"，2015 年完成农村生活污水治理工程，2016 年 10 月开始创建省级美丽宜居村，总投入 3000 万左右，突出"创客乡村、蔬香杨溇"的"美丽乡村"品牌。在柏家坝核心区完成民宿标准样板房、休闲茶吧的建设。对规划区内柏家坝、周家弄、太湖兜自然村的农房实施分类改造。建设柏家坝自然村"美丽乡村"核心区，形成三个节点，完成柏家坝临河水街 1000 平方米石板路的铺设及 200 米石质栏杆的安装，建成南瓜乐园、生态菜园等建设，完成 2000 平方米的村入口停车场的建设，设置 50 个停车位。滨湖大道至杨溇入村道路进行拓宽，建造占地 5 亩的村口公园，建造杨溇村游客集散中心和文化礼堂。对杨溇港、南小桥港、直头港、运粮河、高家兜港、谢溇港等 6 条河道两侧共 6178 米，进行农房改造、生态护岸、节点景观建设等，其中河道绿化面积为 18 035 平方米。2018 年完成市级"美丽乡村"精品村创建任务，2019 年种植各类花卉，形成"花海"。

第五章 织里城区

织里集镇从宋朝开始在"扁担街"逐步建造，至 1983 年镇区面积近 0.58 平方公里。1984 年 8 月织里撤乡设建制镇后，成立城镇建设专门机构，贯彻"人民城镇人民建"的理念，吸收民间资本，建设人民路等城市道路建设，建造织里商城等专业市场。不断完善污水处理、供电、供水、供气、供气等各类城市基础设施建设，建设城市标志性建筑，形成商业综合体、工业园区、住宅小区等，完成城市防洪设施建设。至 2019 年，城市功能完备，城市规模达到 31.3 平方公里。同时对轧村、漾西、太湖等小集镇也进行整改提升。

第一节 织里老街

明清时期织里街形如扁担，街上东西栅有水阁廊檐，两面店铺房。至 1971 年，老街内有宝镜观、织里影剧院、织里老码头、徐振华故居、织里茧站、虹桥庙、南街民居等建筑。老街内有金锁桥、玉杼桥、丰乐桥、妙桥、狮子桥、虹桥等古桥。

1980 年，织里建成区主要集中在北面的（扁担街）、南面的晟舍村，人口约 2300 人。织里老街东西临街老街长 813 米，平均宽度 2.8 米，一面临河、一面店铺，依托南横塘、浒井港等水运交通。

1984 年，对织里老街商业贸易主要集中区长 600 米进行拓宽，宽度 4 米。

2016 年 3 月，织里老街改造工程启动。至 2019 年除

织里老街

织里影剧院等进行保留外，完成居民、农户、企事业、商家 1300 多户的拆迁。

第二节　城镇规划与建设

一、城镇规划

1984 年底，编制以开发新区和改造老区相结合的城镇建设总体规划。

1986 年 7 月 1 日，镇第八届人代会通过织里城镇规划控制区。1987 年 10 月 20 日，对规划又进行调整，经湖州市郊区人民政府批准，"织里为湖州绣制品的集散地，城镇发展宜为织里分区的政治、经济、文化中心，以乡村工业为基础，商品经济综合发展的经济城镇。规划期末人口（2000 年）10 000 人，总用地面积 0.70 平方公里"。

1990 年 1 月 26 日，调整织里城镇规划控制区南到湖申印染厂，西至王家桥，北到安全兜，东至安风桥西河岸，面积 2.2 平方公里。

1992 年，制定《织里经济开放区总体规划》，至 2000 年规划区人口 30 000 人，用地规模 2.5 平方公里，分市场商业住宅区，工业开发区。

1994 年 3 月，委托浙江省城乡规划设计研究院编制《织里经济开放区分区规划》，界定织里经济开放区规划控制区范围：南至湖州塘，东到头斤兜，西至小浒圩，北到银子兜，总计面积为 14.1 平方公里。

1998 年 2 月 24 日，《城镇总体规划（1996—2020 年）》经织里镇第十二届人民代表大会主席团成员会议通过。

1999 年 12 月，委托深圳市城市规划设计研究院和湖州市规划设计院共同编制《湖州市织里镇总体规划（2000—2020 年）》，2000 年 3 月 29 日，邀请市、区领导及各部门负责人和专家参加织里镇总体规划评审会。规划预测织里镇 2005 年城镇人口规模 7.5 万～8.5 万人，2015 年城镇人口规模为 12.9 万～14.5 万人。规划湖州到织里公共交通逐步延伸至轧村、漾西，织里镇区内部开设两条公交干线，并延伸至太湖。规划镇区南部汽车站北侧设置公交枢纽站，公交沿线按 500～800 米间隔设中途站。规划在织里镇区西侧独立地段建设 220 千伏变电站一座，转变容量为 2×15 万千伏安，通信工程规划有线电视从湖州接入，在镇区设有线电视中继站，镇区信号为一级传输，太湖、轧村、漾西片区信号为二级传输，农村根据具体需要设置光纤接入点。规划城镇性质为"湖州中心城东部以轻型工业和区域性市场贸易为主的'工贸型'功能组团，以现代江南水乡风貌为特色的现代化小城市"。规划布局结构采用以镇中心为核心的竖向条状发展、横向滚动扩张模式，形成"一个中心，两条带，四个产业组团"的带状纺锤结构。即新的镇中心区位于镇区中央，形成带状分布，中间是全镇的行政办公中心，东侧是文教、体育、娱乐和医疗卫生中心，西侧为金融商贸中心，两条贯穿镇区的商贸带和景观带。在规划镇区的四个角，布置四个由工业或市场组成的产业组团，紧靠对外交通干道布置，远期可视发展需求向外侧扩张。

二、城区建设历程

织里集镇形成之前，居民在自己的地上建造房屋，门前道路各自负责。集镇形成后，有少量外乡人在集镇买地建房，或居民间相互买卖房屋，道路由居民共同修建。民国时期，道路修补、桥梁改造等由乡里众人讨论，募捐修建。1969年房管组负责对公房的管理，部分居民设置简易公共厕所收集粪便用作肥料，公社对集镇道路等设施进行管理。

1979年，改建危房21户，面积878平方米。

1980年，创办水泥预制厂，同年新建造住房18户计1288平方米。

1983年，在五溪漾滩筹建占地941.2平方米织里自来水厂。

1984年8月，织里撤乡设建制镇后，抽调人员组建城建办公室，工作内容主要负责全镇规划建设、土地等管理工作以及新区的开发建设工作，下属市政公司、环卫所、城管监察中队、湖织房开公司等，城建办公室有工作人员8名，其中助工1人、技术员4人，大专3人、中专2人。

1985年3月，镇政府批准建立织里新街建设开发公司。同年9月织里新街建设开发公司共筹集资金1200万元，开始建造总占地近50亩、建筑面积4万平方米的织里新街（人民路）。街道宽18米，中间车行道9米，两边人行道各4.5米，新街全长552.5米。第一期工程136间商住楼于1987年12月竣工，第二期工程102间商住楼于1988年竣工，第三期工程于1988年下半年开始建造，次年竣工。

1985年5月，晟舍到织里公路通车。1985年冬天，完成织里到太湖公路的勘察测量、路基放样任务。

1986年10月，建立交通管理小组，属镇政府下设的工作机构，日常工作受织里派出所的业务指导。交通管理小组负责全镇各种车辆（包括机动、非机动）的交通管理，工作人员4名。1987年10月织里镇政府、织里公安派出所出台《织里镇交通管理暂行规定》。

1986年底，镇政府与工商所一起投资32万元，新建4444平方米的小商品交易市场竣工，内设营业房80间（每间净面积13平方米）、棚亭摊位132个、露天摊位800多个。小商品市场交易人数日达5000人左右，平均日成交额10万元左右。

1987年在新街口征用土地2000多平方米，创办织里房管所招待所。同年成立织里房地产管理所。

1987年到1994年，织里房地产管理所共开发房屋7000平方米。

1988年11月开始，在织里新街中段位置，征地6600平方米，建造建筑面积1800平方米的区中心学校。同年11月28日，镇政府同意建立镇交通管理站，禁止机动车进入老街，规定在湖申印染厂至广场路沿路不得停车，除供销社自备车外，所有机动车必须全部停放在指定的停车场。停车场实行有偿服务，小客车收费1元，小货车收费2元，3吨以上货车收费3元。同年12月，经镇政府同意，建立织里小商品市场专职治安联防队。

1989年底，新区内建成吴兴商业大厦、嘉达饭店、太湖大厦酒店等大楼，供水、邮电等项目动工。

1991年，市城建委、市房管处委派技术干部来织里全面负责织里房地产管理所的工作。

1991年6月18日，镇政府向湖州市计划委员会报告要求搬迁镇政府办公楼，搬迁地段在中华路织里区中心小学东侧，办公楼建筑面积1366平方米。

1992年湖州市政府在织里设立经济开放区，城镇建设力度加大。

1992年底，织里镇区内有童装绣制品市场、轻纺棉布市场、金银首饰加工市场、农贸市场、建材市场、劳务市场共6个。

1993年3月，人民路开始安装路灯19盏，到1995年12月止，织里街，人民东路，织东路，中华路，晟织北路，商城路，富民路，长安路，凯旋路，公园路，交易六区，318国道，别墅小区，凯旋小区，振兴路等16条道路或小区安装路灯442只、高杆灯2只。

1993年3月，建立织里经济开放区统一征地事务所，实行土地管理五统一，由陈国荣任主任，胡坤生任副主任。

1993年3月成立织里东安建筑公司（前身织里东安建筑工程队），成立初期有员工30多人，1995年发展到170多人，其中高工1名、助工7名、技术员10名、会计师1名。1993年至1995年3年中，共完成建筑项目21项，完成建筑面积25 000多平方米。1995年有固定资产130多万元，下设水电安装队、装潢施工队及木制品生产车间，拥有各类机械120台（件）。

1993年9月成立市政公司，资质四级。1995年有员工61人，其中有职称的工程技术人员8名，经济技术人员2名。有固定资产217万元，各施工机械26台（辆），总功率312.62千瓦。市政公司到1995年止完成沥青道路的浇筑66 000平方米，地下管道8500米，大窨井240座，雨水井480座，冲水式公厕一座，路基矿渣回填47 000立方米，建成大型停车场一个，总面积5699平方米，仓储库26间，铺设人行道21 000平方米，建成市政公司办公楼400平方米，安装路灯120只，高杆灯2只，种植广玉兰、香樟树1870余棵。

1993年10月，撤销晟舍乡建制，庙岐山村、晒家兜村、旧馆村划归南浔区旧馆镇，其余村全部并入织里镇后，城镇建设向南发展为主，突出晟舍的建设。

1993年，经市建委批准成立织里房地产交易站，全镇范围内的房屋全部进入交易站交易。

1994年12月，由原织里村、郑港村建工队合并后创立建筑公司，为建筑四级企业，有固定资金60万元，并附属一个年产量3000立方米的碎构件厂，一个木材加工场，有运输车2辆，公司员工中有助工2人，技术员7人，施工员10人。至1995年产值达982万元，利润10.7万元。

1994年12月24日，织里镇总结出城镇建设的经验是："坚持人民城镇人民建，向社会集资，号召单位和个体户到新街建房，用他们的钱来搞建设。无论本镇或外来单位，都欢迎他们来本镇投资建房、办企业、开商店，从事经济文化活动。房屋产权谁建谁有，允许继承。"并在郊区城镇工作会议上作了题为《集资搞建设，是发展小城镇的根本途径》的经验介绍。

1995年织里镇被列为全国小城镇综合改革试点单位。

1995年完成中华路和富民路两幢商住楼建设共5000平方米，建造办公楼一幢840平方米，建造营业用房1000多平方米。同年房管所直管住房累计5457平方米，营业用房累计2931平方米，直管房屋总面积8388平方米。房管所工作人员 13 人，其中在编人员 6 人、合同工 7 人。1995 年人均创收 1.26 万元。

1995 年底，组建中国织里商城发展有限公司。同年占地 150 亩的晟舍第八交易区动工兴建，总建筑面积 6 万平方米，摊位 4000 个。1996 年 1 月 2 日，织里经济开放区管理委员发出《同意扩建织里商城 8 交易区童装市场二期工程的批复》《同意扩建织里商城 8 交易区服装辅料市场二期工程的批复》。1997 年全年市场成交额超过 60 亿元

1996 年，全镇程控电话装机容量 9860 门，大哥大基站开通 A 网和 B 网，并完成地下光缆的埋设。

1997 年，织里镇进行户籍制度改革，打破城乡分割的二元结构，至 1998 年止，有 5100 多人办理城镇常住户口，并陆续到城镇购买房屋。

1999 年 10 月，太湖镇、轧村镇、漾西镇并入织里镇后，城镇建设规模扩大。

2000 年 5 月 31 日，规范织里联托运市场，明确统一管理，统一审批，市场运作，规范操作。2000 年 6 月 30 日，湖州市计划委员会批准，在吴兴大道的织里路路口建造总建筑面积 11 710 平方米的联托运服务中心，2001 年 3 月并被国家发改委列为综合开发项目，同年 4 月动工建设，总投资 2200 万元，2001 年 11 月竣工并投入使用，新建的联托运市场开辟到全国多个城市的托运专线。

2001 年 1 月，镇规划区内房屋建筑中禁止使用预应力圆空板。2001 年 3 月 6 日，镇政府批准建立织里三元客货运有限公司。公司以织里镇区为中心，连接太湖、轧村、漾西等集镇，贯通整个境域的区域性公交线路。

2001 年 3 月 29 日，镇政府出台《关于进一步加强搬运行业管理的若干规定》。

2001 至 2006 年，城镇主干道路吴兴大道、富民路、栋梁路、珍贝路、阿祥路、大港路、长安路等相继建设完成，形成"五纵四横"的城市框架。

2002 年 1 月，镇第十二次党代会提出："以绿色主题美化城市环境，坚持城市建设与绿化并举，公共绿化与庭院绿化并举，全面绿化与重点绿化并举，搬迁辟绿，见缝插绿，造一房绿一点，建一区绿一片，筑一路绿肥一线。"

2002 年 7 月 5 日，建立轧村、漾西配套工业园区。轧村工业园区面积 300 亩，漾西配套工业园区面积 600 亩。

2002 年 7 月 8 日，地址在织里北路西侧，总投资 1.36 亿元的织里新棉布城开业。

2002年7月18日，镇行政中心、会展中心、文化科技中心、市民公园"三中心一公园"动工，2004年1月全面竣工并使用。

2002年9月18日，开始建造镇消防站。行政划拨土地10亩，总投资780万元，2003年8月竣工并交付使用。

2003年2月，确定建设工业园区。园区北至湖织大道，南至318国道，东至珍贝路，西接八里店，总面积4平方公里。杨六顺任组长，机关抽调21名人员。3月15日启动建设，5月25日完成园区规划会审，6月底完成园区两纵四横道路框架建设，12月底完成基础设施建设。

2003年4月17日，在镇区棉布城西侧建造农贸市场，占地面积11 700平方米，投资1468万元，2005年竣工。

2006年11月，童装产业标准厂区动工建设。东厂区位于大港路东、吴兴大道南侧，总用地693亩，建筑面积53万平方米，2017年竣工。西厂区位于吴兴大道南侧、西环二路以西，总面积288亩，建筑面积28万平方米。

2007年1月28日开始，全面实施童装生产企业消防安全深化改革，320名市、区、镇工作人员参与，17个3级资质以上的建筑公司、4家化学植筋单位承建，一家监理公司负责监理。到3月19日止，有584幢申请水平分离，47幢申请垂直分离，10幢申请按幢分离，88幢承诺放弃生产童装。2008年6月，通过508天的建设，对镇区13 800多个房主（业主）的1060幢建筑实行以幢为单位的生产区、生活区水平分离，使持续20多年的"三合一"生产模式彻底转变。全国"三合一"整治现场会在织里召开，"三合一"场所火灾隐患整治模式在全国推广。

2010年2月，成立工业园区指挥部，开始建造东尼路以东区域。

2012年1月1日，实现城乡供水一体化，全镇用水与湖州中心城区居民同网同质同价。6月，投入1200万元完成农村改水二期工程。

2012年7月，完成棉布城市民休闲广场建设。11月，启动实施芳莲河沿岸滨水景观改造工程。

2013年，位于织里香圩墩的童装产业园一期工程开工，占地267亩，总建筑面积30万平方米，2016年45家企业入驻生产。二期142亩于2017年下半年开工建设。

2015年6月，织里砂洗印染产业园一期工程17万平方米竣工，191家砂洗印花户全部入园，二期 16 万平方米于 2017 年交付使用。项目一、二期总用地面积 234 亩，总建筑面积 33 万平方米。2018 年规划并建设第三期。

2017 年，利济圩区建设工程启动。利济圩区项目东临幻溇港，南至荻塘，西以罗溇港为界，北到南横塘，圩区总面积为 2.99 万亩，总投入 5400 万元，分三年实施，2020 年竣工。利济圩区建设内容包括堤防加固 11.3 公里，新建水闸 4 座、闸站 2 座、涵洞 3 座，增强城市防洪排涝功能。

2019 年 7 月 22 日，吴兴区人民医院正式对外开放。医院位于湖织大道与大港路交叉口，总用地面积 73 567 平方米，总建筑面积 89 474 平方米，其中包括 19 层医疗综合楼，设计床位 600 个，首期开放床位 350 张，设有地面停车位 300 个，地下停车位 380 个，总投入资金 9 亿元，于 2015 年 10 月动工兴建。

2019 年 10 月，湖州市轨道交通方案确定，一号线起点湖州火车站，经过织里吴兴大道、大港路，终点南浔年丰路，全长 46.5 公里，其中一期工程湖州站至织里富民路站，全长约 23.6 公里。

2020 年 12 月，织里文体中心项目落成。织里文体中心位于吴兴大道大港路交叉口，总用地面积 65 000 平方米，包括青少年活动中心、展览馆、图书馆、会展中心、健身房、游泳馆以及全民健身中心。

三、城市重点工程

织里童装产业园一期工程　位于湖织大道北侧香圩墩村，东接港西村，北至香圩墩村，西临李家坝村，南靠湖织大道，总用地面积 177 601 平方米，项目总建筑面积 357 426.7 平方米（含架空层），其中厂房建筑面积 161 674.9 平方米，宿舍建筑面积 108 036.6 平方米，食堂建筑面积 32 191.2 平方米，配套公建设施 34 400 平方米，其他设施 21 124 平方米。共可容纳 120 家 50 至 60 台设备的中小企业。总投资 101 178.2 万元，于 2014 年 2 月 7 日开工建设，2015 年 6 月竣工。

晟舍先锋桥改建工程　位于织里南路 1 号桥（利济桥）西侧约 200 米处秀才港上，拆除老桥，建造单跨简支梁桥，桥梁单跨 16 米，总宽 11.75 米，总长 20.64 米。总投资 176 万元，于 2014 年 9 月 15 日开工建设，2016 年 11 月竣工。

晓河、大邾安置社区项目　位于大港路东侧、中华路南侧、长安路北侧、腾飞路西侧，总用地面积 130 849 平方米，建筑面积 334 330 平方米，其中地上建筑面积 245 130 平方米，地下车库建筑面积 89 200 平方米。并建设社区道路、照明、配电、围墙、绿化等附属设施工程。总投资 132 993.82 万元，项目于 2018 年竣工。

富民路平战结合地下人防工程　位于织里镇富民路地下，北起兴盛路，南至吴兴大道。总建筑面积约 21 000 平方米，总投资约 3 亿元，于 2012 年 2 月开工建设，2016 年竣工。

实验小学晟舍校区　总用地面积约 7091 平方米，新建总建筑面积 5804 平方米。总投资 1601.62 万元，于 2015 年 12 月 5 日开工建设，2016 年 3 月竣工。

大将路西延工程项目　西起栖梧路，东至珍贝路，路段总长 426 米，道路红线宽 18 米。总投资 780.04 万元，于 2015 年 6 月 10 日开工建设，2017 年 8 月竣工。

织里实验小学晟舍校区扩建项目　位于晟舍村织里实验小学晟舍校区，学校东临学前路，南临云南路，西北两侧为秀才港，总用地面积约 13 116 平方米，新建总建筑面积 2525.87 平方米。总投资 1628.98 万元，于 2015 年 9 月 18 日开工建设，2017 年 12 月竣工。

朱湾里王田港桥工程　位于织西分区内，为沟通朱湾里农民安置小区与北侧工业厂区的新建桥梁。为三跨简支梁桥，桥梁全长 34.04 米，总宽 8 米。总投资 136.66 万元，于 2015 年 8 月 18 日开工建设，2016 年 7 月竣工。

织里供电营业所用房项目　位于大港路东侧、东安路北侧地块，总用地面积约 9.96 亩，新建总建筑面积 5700 平方米，其中供电所营业所用房面积 900 平方米，生产管理辅助用房 4800 平方米。总投资 5000 万元，于 2019 年 10 月开工建设，项目建设周期为 24 个月。

中学校园综合改造项目　位于长安路南侧。主要建设内容为：对教学楼及办公楼等屋顶平改坡、外墙立面改造、校园围墙改造、校园文化建设等。项目总投资 398 万元，2018 年开工，建设周期为 1 年。

栋梁大道改造工程项目　项目西起高吉桥，东至海鑫酒店东面，路段总长 399.15 米，规划道路红线宽 26 米。项目主要对路面拓宽及路灯绿化等附属设施改造完善。总投资 199.2 万元，于 2018 年竣工。

消防大队业务用房工程　位于织里镇织东分区，基地南侧为已建消防站，东侧为织里人家住宅小区，西侧为洴井港河道。总建筑面积2822平方米，建设内容包含大队管理用房、业务用房和生活用房。项目总投资1039万元，于2016年5月25日开工建设，2017年6月竣工。

环卫所阿祥路工程　项目东侧为阿祥路，南临318国道，总用地面积21 083平方米，总建筑面积9624.72平方米。包括垃圾中转站、垃圾转运车辆停车场、办公楼等。项目总投资7712.7万元，于2017年开工建设，2019年上半年竣工。

腾飞路绿化景观改造工程项目　位于织东分区内，由北向南穿越织里镇城区。景观改造工程包含腾飞路全长4920米，总绿化面积13 400平方米，硬质铺装42 000平方米，主要对道路非机动车隔离带、重要道路交叉口区域及行道树实施绿化景观改造。项目总投资580万元，于2016年11月1日开工建设，2017年12月竣工。

利济路（栋梁路至富民路段）改造工程　改造道路总长1801.031米，道路规划红线32米。改造内容包括道路路面改建与修复、人行道铺设以及相关附属设施建设等。项目总投资4785.19万元，于2017年2月28日开工建设，2019年1月竣工。

织里镇富民路（兴盛路至中华路段）改造工程　改造道路总长756.467米，道路规划红线24米。改造内容包括道路路面改建与修复、人行道铺设以及相关附属设施建设等。项目总投资1101.46万元，于2016年12月1日开工建设，2019年1月竣工。

织里镇云村（姚家兜）安置小区室外配套工程　位于织东分区，南临东湖路，北接利济路，西靠富民路，东为洴井港。配套内容包括道路、人行道、室外管线、绿化、变电房、路灯等。总投资1943万元，于2014年2月9日开工建设，2014年12月竣工。

振兴街道东盛社区综合服务中心项目　位于振兴街道，地块东临富民路、北侧为湖滨路。项目功能定位为社区综合服务中心，总建筑面积为1296.98平方米，总用地面积1140平方米（约1.71亩）。总投资330.9万元，于2016年3月1日开工建设，2017年3月竣工。

污水干管改造工程　主要为镇东区污水干管改造、污水厂进水干管及进水设施改造，管道总长约7100米，全线建有提升泵站1座。总投资4450.8万元，于2016年4月5日开工建设，2017年6月竣工。

公交换乘中心快速充电站建设项目　位于中华西路以北、漾西路路口地块。总用地面积 3666.5 平方米，主要建设内容安装 3 台 750 伏 375 千瓦分体式直流充电桩，12 个充电车位及配套候车室等，工程需电力容量 1600 千伏安。项目总投资约 311.98 万元，2019 年竣工。

自来水公司扩建 10 000 吨清水池及相关配套设施工程　位于中华西路与珍贝路交叉口西北侧，总净用地面积约 18 317 平方米。工程建设内容包括新建维修保养厂房 2004 平方米，10 000 吨清水池 1 座，2560 平方米，二级泵站 864 平方米。项目总投资约 2501 万元，2018 年 6 月动工，项目建设周期为 2 年。

四、城市建成区

1980 年，织里建成区主要集中在北面的织里老街（扁担街），以及南面的晟舍村，建成区面积为 0.58 平方公里，人口约 2300 人。

1995 年，小城镇达到 2.9 平方公里。

1991 年，建成区向南北两个方向进行拓展，北面从老街向南进行拓展，南面由晟舍村向南沿 318 国道拓展，建成区约 3.6 平方公里。

1996 年，建成区面积扩大到 4.2 平方公里。

2001 年 11 月，形成 8 平方公里城市框架。

2011 年 11 月，建成区面积累计达到 18 平方公里。

2017 年，建成区面积累计达到 27.9 平方公里。

2019 年 12 月，建成区东至鹏飞路，南接 318 国道，西连八里店镇和高新区，

织里镇城西区

北至湖织大道，总面积 31.3 平方公里。

第三节　城区道路

一、1980—1994 年道路建设

1980 年前，织里老街东西单面临街老街长 813 米，平均宽度 2.8 米。

1982 年初，开始规划晟织公路建设，区委按照劳动力和土地，将土方工程分配到织里区各乡镇，同年冬天全区各村民工完成路基挑土任务。桥梁工程随之陆续动工建设。1983 年开始铺设砂石路面，1984 年 4 月，晟舍到织里公路（织里路）全线贯通。

1990 年前后，浇筑柏油路面，1994 年，对公路进行拓宽改造。

1985 年完成宽度 4 至 5 米混凝土路面的老街拓宽工程。

1987 年年底，织里集镇每天经过妙桥的人不少于 1 万人次后，同年开始扩建织里镇妙桥，从宽度 2.5 米扩大至 7 米，长度 18 米，总投资 4 万元。

1988 年 9 月 9 日，织太公路的织西桥、南仁港桥、白漾圩桥通过竣工验收。织西桥为优良工程，南仁港桥为良好工程，白漾圩桥为合格工程。1988 年 12 月，织太公路全线通车，织里段共 4178.15 米。

1989 年底，新街人民路、妙园路建成。

1990 年人民路向东延伸，1991 年 9 月竣工。

1991 年 5 月 20 日，镇政府经向湖州市人民政府报告后命名下列街道路名：人民路，狮子桥路，邱家塘路，人民东路，织东路，虹桥路，妙园路，漾南路，环城南路，环城北路，环城西路，织里街。

二、截至 1999 年底的道路情况

截至 1999 年，镇区主要道路共 22 条，道路总长度 9282 米，总面积 22 万平方米。

人民东路　全长 420 米，东起浒井港，西至织里路。路基宽 24 米，其中车行道宽 9 米，单侧人行道宽 4.5 米。混凝土路面，1991 年 9 月建成。

妙园路　东起光明照相馆，西至镇幼儿园，长 280 米，宽 4.5 米，混凝土路面，于 1992 年 3 月拓宽。

织东路　东起织东大桥，西至凯旋路，长150米，宽18米，其中行车道宽9米，单侧人行道宽4.5米，1991年10月竣工。

虹桥路　从粉末冶金厂至肥料部，长185.6米，宽15.8米，混凝土路面，1983年9月建成。

晟舍街。东起栅庄头停靠站，西至晟舍桥，长470米，宽16.2米，其中车行道宽7.2米，单侧人行道宽4.5米，混凝土路面。1992年8月建成。

邱家塘路　长95.1米，宽8.1米，混凝土路面，1992年10月竣工。

凯旋路　南起长安路，北至1号桥，其中混凝土路面长384米。1992年始建人民路以北道路，其中北段长335米，宽16米，南段长768米，宽32米，混凝土路面，1993年10月建成。1994年10月建成人民路以南至中华路，宽18米，车行道宽9米。

晟织北路　南起杨湾桥，北至妙园路，长1103米。

富民路　南起四达仓库，北至金银首饰加工市场，长829米。其中北段长46米，宽8米；中段长263米，宽16米；南段长520米，宽23米。柏油路面。1993年11月建成。

长安路　东起浒井港，西至金利宝制衣公司，长750米（其中西段250米为柏油路面），宽24米，其中车行道宽14米，单侧人行道宽5米。1994年2月建成。

富强路　东西向，长105.1米，宽8.7米，其中行车道宽4.7米，单侧人行道宽2米，混凝土路面。1994年3月竣工。

中华路　东起织晓大桥，西至太湖路1号桥，长814米，混凝土路面，1994年6月建成。富民路以西长337米，宽18米，其中车行道宽9米，单侧人行道宽4.5米。富民路以东长447米，宽24米，其中车行道宽14米，单侧人行道宽7米。

商城路　东起浒井港，西至童装市场，其中柏油路面长184.5米，宽24米，其中车行道宽14米，单侧人行道宽5米。1994年10月建成。

公园路　东起凯旋路，西至水厂，1995年3月建成，长522.5米。东段宽16米，其中车行道宽6米，单侧人行道宽5米。西段宽8米。

振兴路　东起国泰路，西至市场东门口，长346米，宽12米，其中车行道宽6米，单侧人行道宽3米，1995年5月建成。

狮子桥路　东起狮子桥，西至妙桥，长286.5米，宽2.5米，混凝土路面，

1990 年 10 月竣工。

园东路　长 32.5 米，宽 4.9 米，混凝土路面，1995 年竣工。

织里路　长 4310 米，宽 34 米，其中主车道宽 14 米，慢车道各宽 4.5 米，单侧人行道宽 4 米，隔离带宽 1.5 米。拓宽工程于 1995 年 5 月动工，1996 年度竣工，总投资 2000 万元。

三、2001—2006 年道路建设

2001 年 11 月，延伸府前大道，富民路，康泰路，长安路，织太路，商城路，湖织公路织里段。

2006 年，城镇主干路吴兴大道、富民路、栋梁路、珍贝路、阿祥路、大港路、长安路等相继完成，形成"五纵四横"的城市框架。

四、2007—2019 年道路建设

利济路东延伸段　2011 年始建，2018 年竣工。东西走向，城市次干路，双向 4 车道，设计速度每小时 40 公里，中间设置 4 米绿化隔离带，西起富民路，东至鹏飞路，长度 1780 米，宽度 32 米。

腾飞路　2009 年始建，2019 年竣工。南北走向，城市次干路，双向四车道，设计速度每小时 40 公里，中间设置钢制护栏，两侧设置绿化非机动车隔离带。北起于湖织大道，南至 318 国道，长度 4900 米，宽度 32 米。

鹏飞路　2017 年始建，2019 年竣工。南北走向，城市次干路，双向两车道，设计速度每小时 40 公里。北起湖织大道，南至 318 国道，长度 4948 米，宽度 24 米。

晟舍新街东延伸段　2017 年始建，2019 年竣工。东西走向，城市支路，双向两车道，设计速度每小时 30 公里。西起大港路，东至鹏飞路，长度 821 米，宽度 24 米。

富康路东延伸段　2011 年始建，2013 年竣工。东西走向，城市支路，双向两车道，设计速度每小时 30 公里。西起科技城，东至鹏飞路，长度为 367 米，宽度为 24 米。

吴兴大道东延伸段　2009 年始建，2019 年竣工，东西走向，城市主干路，双向 6 车道，设计速度每小时 60 公里，中间设置 10 米绿化隔离带，两侧设置

吴兴大道东段

3 米绿化非机动车隔离带。西起大港路，东至石头港村，长度 4800 米，宽度 56 米。

东安路东延伸段　2017 年始建，2019 年竣工。东西走向，城市支路，双向两车道，设计速度每小时 30 公里。西起大港路，东至鹏飞路，长度 949 米，宽度 18 米。

长安路东延伸段　2017 年始建，2019 年竣工。东西走向，城市次干路，双向四车道，设计速度每小时 40 公里，两侧设置绿化非机动车隔离带。西起大港路，东至鹏飞路，长度 945 米，宽度 32 米。

中华路东延伸段　2013 年始建，2019 年竣工。东西走向，城市支路，双向四车道，设计速度每小时 40 公里。西起大港路，东至鹏飞路，长度 920 米，宽度 24 米。

康泰东路延伸段　2017 年始建，2019 年竣工。东西走向，城市次干路，双向四车道，设计速度每小时 40 公里，两侧设置绿化非机动车隔离带。西起大港路，东至鹏飞路，长度 976 米，宽度 32 米。

漾西路　2015 年始建，2016 年竣工。南北走向，城市支路，双向两车道，设计速度每小时 30 公里。南起长安西路，北至中华西路，长度 474，宽度 18 米。

姚家田路　2015 年始建，2016 年竣工。南北走向，城市支路，双向两车道，设计速度每小时 30 公里。南起康泰西路，北至余杭路，长度 250 米，宽度 14 米。

大河路 2017 年始建，2019 年竣工。南北走向，城市次干路，双向四车道，设计速度每小时 40 公里，中间设置 4 米绿化隔离带。南起吴兴大道，北至康泰西路，长度 666 米，宽度 32 米。

富民路北延伸段 2017 年始建，2019 年竣工。南北走向，城市次干路，双向四车道，设计速度每小时 40 公里，两侧设置绿化非机动车隔离带。南起中华路，北至湖织大道，长度 598 米，宽度 32 米。

同德路 建设时间为 2018—2019 年，起于利济路，止于富康路。长度为 501 米，宽度为 20 米，为南北走向，城市支路，双向两车道，设计速度每小时 30 公里。

爱家路 2019 年始建，2020 年竣工。南北走向，城市支路，双向两车道，设计速度每小时 30 公里。南起中华路，北至南横塘，长度 300 米，宽度 20 米。

浒井港路 2017 年始建，2018 年竣工。南北走向，城市支路，双向两车道，设计速度每小时 30 公里。南起长安路，北至南横塘，长度 860 米，宽度 16 米。

漾西路 2018 年始建，2019 年竣工。南北走向，城市支路，双向两车道，设计速度每小时 30 公里。南起吴兴大道，北至康泰西路，长度 661 米，宽度 18 米。

五、2014—2019 年道路改造工程

富民路改造 2014 年始进行提升改造，2017 年竣工。南北走向，城市次干

富民路

路，设计速度每小时 40 公里。318 国道至康泰路为双向 4 车道，康泰路至中华路为双向 4 车道，置 2.5 米绿化隔离带。南起 318 国道，北至中华路，长度 4041 米，宽度 32 米。

织里路改造 2016 始进行提升改造，2017 年竣工。南北走向，城市次干路，双向 6 车道，设计速度每小时 40 公里，中间设置 3 米绿化隔离带。南起 318 国道，北至康泰路，长度 3220 米，宽度 42 米。

佛仙路改造 2016 始进行提升改造，2017 年竣工。南北走向，城市支路，双向 2 车道，设计速度每小时 30 公里。南起闵家湾桥，北至芳莲河桥，长度 1100 米，宽度 18 米。

利济路改造 2016 始进行提升改造，2017 年竣工。东西走向，城市次干路，双向 4 车道，设计速度每小时 40 公里，中间设置 4 米绿化隔离带。东起富民路，西至阿祥路，长度 2883 米，宽度 32 米。

安康西路改造 2017 年始进行提升改造，2018 年竣工。东西走向，城市支路，双向 2 车道，设计速度每小时 30 公里。东起珍贝路，西至陈家滩桥，长度 950 米，宽度 18 米。

凯旋路改造 2017 年始进行提升改造，2018 年竣工。南北走向，城市支路，双向 2 车道，设计速度每小时 30 公里。南起吴兴大道，北至人民路，长度 1955 米，宽度为 19 米。

康泰路改造 2016 年始进行提升改造，2017 年竣工。东西走向，城市支路，双向 2 车道，设计速度每小时 30 公里。东起富民路，西至栋梁路，长度 1700 米，宽度 24 米。

珍贝路改造 2017 年始进行提升改造，2019 年竣工。南北走向，城市次干路，南起 318 国道，北至湖织大道，长度 4755 米，宽度 27~45 米。石晖桥至 318 国道为双向 6 车道，石晖桥至中华路为双向 2 车道，中华路至湖织大道为双向 6 车道，设计速度每小时 40 公里。石晖桥至 318 国道、中华路至湖织大道两侧设置 2 米绿化隔离带，石晖桥至康泰路西侧设置 2 米绿化隔离带。

中华西路改造 2017 年始进行提升改造，2019 年竣工。东西走向，城市支路，双向 2 车道，设计速度每小时 30 公里。东起织里路，西至阿祥路，长度 2288 米，宽度 24 米。

彩纷路改造 2018 年始进行提升改造，2019 年竣工。东西走向，城市支路，

中华西路

双向 2 车道，设计速度每小时 20 公里。东起富民路，西至织里路，长度 764 米，宽度 18 米。

新昌路改造　2018 年始进行提升改造，2019 年竣工。南北走向，城市支路，双向 2 车道，设计速度每小时 20 公里。南起凤翔路，北至晟舍新街，长度 553 米，宽度 18 米。

凤翔路改造　2018 年始进行提升改造，2019 年竣工。东西走向，城市支路，双向 2 车道，设计速度每小时 20 公里。东起织里路，西至新昌路，长度 205 米，宽度 21.5 米。

吴兴大道改造　2014 年始进行提升改造，2019 年竣工。东西走向，城市主干路，双向 6 车道，设计速度每小时 60 公里，中间设置 7 米绿化隔离带。西起栋梁路，东至大港路，长度 2761 米，宽度 56 米。

六、截至 2019 年织里城区道路

见下表。

表 1-5-1　2019 年底织里城区道路一览

序号	道路名称	走向	长度（米）	宽度（米）	所属街道	道路规模	道路起止
1	振兴阿祥路	南北	4616	50	织里、晟舍	主干道	湖织大道—318 国道
2	大河路	南北	1700	32	织里、晟舍	次干道	吴兴大道—晟舍新街
3	栋梁路	南北	4600	32	织里、晟舍	次干道	湖织大道—318 国道
4	珍贝路	南北	4700	45	织里、晟舍	主干道	湖织大道—318 国道

（续）

序号	道路名称	走向	长度（米）	宽度（米）	所属街道	道路规模	道路起止
5	大港路	南北	4600	50	振兴、利济	主干道	湖织大道—318国道
6	帕罗路	南北	1725	18	晟舍	支路	吴兴大道—晟舍新街
7	通益路	南北	512	18	织里	支路	中华路—长安路
8	姚家甸路	南北	563	20	织里	支路	中华路—长安路
9	栖梧路	南北	545	18	织里	支路	长安路—康泰路
10	为民路	南北	1075	18	织里	支路	中华路—康泰路
11	北圣堂路	南北	1050	18	织里	支路	吴兴大道—利济路
12	织里路	南北	4446	42	织里、振兴、晟舍、利济	次干道	湖织大道—318国道
13	市场中路	南北	720	12	利济	支路	富民南路（背巷）—佛仙路
14	佛仙路	南北	1440	18	利济	支路	富康路—晟舍新街
15	新昌路	南北	682	18	利济	支路	晟舍新街—永兴路
16	富民路	南北	4565	32	振兴、利济	主干道	人民路—318国道
17	凯旋路	南北	2422	20	振兴、利济	支路	人民路—吴兴大道
18	浒金路	南北	1610	16	振兴	次干道	湖织大道—康泰路
19	同德路	南北	945	20	利济	支路	吴兴大道—利济路
20	浒港路	南北	695	18	利济	支路	晟舍新街—318国道
21	爱家路	南北	1120	20	振兴	支路	湖织大道—长安路
22	东尼路	南北	4750	32	振兴、利济	主干道	湖织大道—318国道
23	鹏飞路	南北	4627	24	振兴、利济	次干道	湖织大道—318国道
24	国泰路	南北	990	10	振兴	支路	中华路—兴盛路
25	鹏程路	南北	250	10	振兴	支路	兴盛路—康泰路
26	东苑路	南北	450	10	利济	支路	吴兴大道—富康路
27	永安路	南北	380	10	织里	支路	民安路—康泰路
28	织溪路	南北	300	7	织里	支路	中华路—商城路
29	创强路	南北	480	10	织里	支路	中华路—长安路
30	史家坝路	南北	250	10	利济	支路	顺昌路—彩纷路
31	永峰路	南北	200	10	利济	支路	顺昌路—永兴路
32	秀才路	南北	780	16	晟舍	支路	吴兴大道—利济路
33	河西社区一路	南北	600	6	晟舍	支路	盘殊路—万谦漾路

（续）

序号	道路名称	走向	长度（米）	宽度（米）	所属街道	道路规模	道路起止
34	河西社区二路	南北	600	6	晟舍	支路	盘殊路—万谦漾路
35	河西社区三路	南北	890	10	晟舍	支路	盘殊路—万谦漾路
36	湖织大道	东西	4800	60	织里、振兴	快速路	阿祥路—轧村集镇
37	中华路	东西	6070	24	织里、振兴	次干道	阿祥路—鹏飞路
38	长安路	东西	6370	32	织里、振兴	主干道	阿祥路—鹏飞路
39	康泰路	东西	6407	24	织里、振兴	次干道	阿祥路—鹏飞路
40	吴兴大道	东西	8390	60	织里、振兴、晟舍、利济	主干道	阿祥路—轧村集镇
41	人民路	东西	420	24	振兴	次干道	织里路—浒井港
42	商城路	东西	1741	18	织里、振兴	支路	通益路—凯旋路
43	振兴路	东西	490	12	振兴	支路	织里路—凯旋路
44	兴盛路	东西	1142	9	振兴	支路	织里路—凯旋路
45	大将路	东西	1230	18	织里	支路	珍贝路—织里路
46	今海岸路	东西	1438	18	利济	次干道	经十路—富民路
47	利安路	东西	710	16	晟舍	支路	栋梁路—珍贝路
48	利强路	东西	412	20	晟舍	支路	栋梁路—珍贝路
49	盘殊路	东西	420	10	晟舍	支路	栋梁路—珍贝路
50	富康路	东西	3332	24	利济	次干道	珍贝路—鹏飞路
51	利济路	东西	5550	32	晟舍、利济	主干道	经十路—鹏飞路
52	318国道	东西	9500	50	晟舍、利济	主干道	经十路—石头港村
53	万谦漾路	东西	3100	18	晟舍	支路	阿祥路—珍贝路
54	泽恩路	东西	262	14	利济	支路	织里路—利济文化公园
55	顺昌路	东西	1220	18	利济	支路	织里路—富民路
56	彩纷路	东西	1250	18	晟舍、利济	次干道	珍贝路—富民路
57	凤祥路	东西	190	14	利济	支路	织里路—新昌路
58	佳仕路	东西	255	14	利济	支路	新昌路—佛仙路
59	晟舍新街	东西	3300	24	晟舍、利济	次干道	珍贝路—鹏飞路
60	建材路	东西	490	18	利济	支路	富民路—浒港路
61	东湖路	东西	1131	14	利济	支路	佛仙路—大港路
62	同芳路	东西	1281	18	利济	支路	大港路—浒井港

（续）

序号	道路名称	走向	长度（米）	宽度（米）	所属街道	道路规模	道路起止
63	中心路	东西	275	14	振兴	支路	浒金路—天瑞广场
64	东安路	东西	2064	18	振兴	支路	浒井港—鹏飞路
65	庆丰路	东西	900	14	晟舍、利济	支路	珍贝路—浒井港
66	南海路	东西	420	14	晟舍、利济	支路	珍贝路—浒井港
67	新光路	东西	800	14	振兴	支路	织里路—凯旋路
68	汇金路	东西	240	10	晟舍	支路	阿祥路—汇大机械
69	富达路	东西	420	14	晟舍	支路	珍贝路—织里路
70	富强路	东西	420	14	晟舍	支路	珍贝路—织里路
71	富兴路	东西	420	14	晟舍	支路	珍贝路—织里路
72	富裕路	东西	200	14	晟舍	支路	珍贝路—秀才港
73	妙园路	东西	430	3	织里	支路	织里路—富民路
74	公园路	东西	900	6	织里、振兴	支路	劳动路—人民路
75	长江路	东西	162	8.5	织里	支路	珍贝路—为民路
76	黄河路	东西	162	8.5	织里	支路	珍贝路—为民路
77	前程路	东西	162	8.5	织里	支路	珍贝路—为民路
78	锦绣路	东西	540	8	织里	支路	珍贝路—鑫圣宾馆
79	兴旺路	东西	460	8	振兴	支路	富民路—浒井港
80	兴旺一路	东西	190	5	振兴	支路	富民路—国泰路
81	兴旺二路	东西	95	5	振兴	支路	唯客多茶餐厅—国泰路
82	凯东三路	东西	150	6	振兴	支路	凯旋路—浒井港
83	民安路	东西	480	8	织里	支路	珍贝路—织里路
84	鉴湖路	东西	130	7	织里	支路	珍贝路—为民路
85	利民路	东西	470	7	织里	支路	珍贝路—织里路
86	利民北路	东西	120	8	织里	支路	为民路—永安路
87	幸福北路	东西	215	7	织里	支路	珍贝路—永安路
88	幸福路	东西	465	7	织里	支路	珍贝路—织里路
89	幸福南路	东西	465	7	织里	支路	珍贝路—永安路
90	繁荣路	东西	350	7	振兴	支路	富民路—凯旋路
91	兴达路	东西	300	7	振兴	支路	国泰路—富民路背街
92	迎春路	东西	500	8	振兴	支路	富民路—浒井港

（续）

序号	道路名称	走向	长度（米）	宽度（米）	所属街道	道路规模	道路起止
93	安泰路	东西	500	8	振兴	支路	富民路—凯旋路
94	学前路	东西	450	8	振兴	支路	浒井路—大港路
95	新康路	东西	450	8	振兴	支路	浒井路—大港路
96	晓康路	东西	450	8	振兴	支路	浒井路—大港路
97	益民路	东西	1220	10	织里、振兴	支路	织里路—凯旋路
98	栖盛路	东西	455	8	织里	支路	珍贝路—织里路
99	湖滨路	东西	410	8	振兴	支路	织里路—富民路
100	东盛路	东西	410	10	振兴	支路	富民路—凯旋路
101	缤纷路	东西	410	10	织里	支路	珍贝路—织里路
102	吉昌路	东西	680	8	振兴	支路	滨河路—凯旋路
103	彩虹路	东西	400	8	织里	支路	珍贝路—织里路
104	民盛路	东西	750	8	振兴	支路	织里路—凯旋路
105	湘江路	东西	320	7	织里	支路	织里路—金色佳苑
106	富盛路	东西	750	8	振兴	支路	织里路—凯旋路
107	步行街	东西	750	10	振兴	支路	织里路—凯旋路
108	新光路	东西	780	8	振兴	支路	织里路—凯旋路
109	永盛路	东西	600	6	振兴	支路	织里路—广德饭店
110	南京路	东西	520	10	织里	支路	珍贝路—织里路
111	红门馆路	东西	100	8	晟舍	支路	栋梁路—开心拍档
112	中成路	东西	80	7	晟舍	支路	开心拍档—珍贝路
113	珠江路	东西	870	7	利济	支路	东苑路—织里南路
114	永佳路	东西	420	8	利济	支路	织里路—宝贝天使
115	渤海路	东西	430	7	利济	支路	富民路—浒井港
116	景富路	东西	580	7	利济	支路	织里路—浒井港
117	景江路	东西	350	7	利济	支路	富民路—东苑路
118	新安路	东西	240	7	利济	支路	富民路—东苑路
119	永康路	东西	850	10	晟舍、利济	支路	织里路—富民路
120	安康路	东西	2800	8	晟舍、利济	支路	阿祥路—富民路
121	环湖路	东西	500	5	晟舍、利济	支路	织里路—浒井港
122	南海路	东西	170	7	晟舍、利济	支路	珍贝路—浒井港
123	南湖路	东西	130	9	晟舍、利济	支路	织里路—小壕e家

（续）

序号	道路名称	走向	长度（米）	宽度（米）	所属街道	道路规模	道路起止
124	钱塘江路	东西	400	7	晟舍、利济	支路	织里路—南湖路
125	平湖路	东西	480	7	晟舍、利济	支路	南湖路—东盛幼儿园
126	佩林路	东西	470	7	晟舍	支路	阿祥路—梦华蕾路
127	利达路	东西	950	10	晟舍	支路	利强路—织里路
128	利达中路	东西	320	10	利济	支路	佛线路—富民路
129	江南路	东西	305	10	利济	支路	佛线路—富民路
130	利强中路	东西	300	10	利济	支路	富民路—浒井港
131	月湖路	东西	280	8	利济	支路	富民路—浒井港
132	洪湖路	东西	250	8	利济	支路	富民路—浒井港
133	东湖路	东西	650	10	利济	支路	佛线路—浒井港
134	西湖路	东西	220	8	利济	支路	富民路—云村村民服务中心
135	彩云路	东西	330	10	晟舍	支路	织里路—晟舍小学
136	永昌路	东西	290	7	晟舍	支路	织里路—红衣社童装 8 号仓库
137	永兴路	东西	720	7	晟舍、利济	支路	佛仙路—安徽蒙城正宗黄牛肉汤面
138	广盛路	东西	200	7	利济	支路	佛仙路—发仔裤业
139	广福路	东西	200	7	利济	支路	佛仙路—顺风造型
140	天津路	东西	140	10	织里	支路	朱湾路—通益路
141	杭州路	东西	450	10	织里	支路	朱湾路—珍贝路
142	香港路	东西	450	10	织里	支路	朱湾路—珍贝路
143	北京路	东西	450	10	织里	支路	朱湾路—珍贝路
144	上海路	东西	320	10	织里	支路	朱湾路—南京中路
145	广州路	东西	450	10	织里	支路	朱湾路—珍贝路
146	余杭路	东西	200	10	织里	支路	朱湾路—杭州路
147	红丰路	东西	230	10	织里	支路	通益路—湖州克拉斯纺织有限公司
148	红旗路	东西	250	10	织里	支路	通益路—湖州克拉斯纺织有限公司
149	红星路	东西	240	10	织里	支路	通益路—湖州克拉斯纺织有限公司

（续）

序号	道路名称	走向	长度（米）	宽度（米）	所属街道	道路规模	道路起止
150	顺兴路	东西	160	10	利济	支路	史家坝路—佛仙路
151	顺翔路	东西	170	10	利济	支路	史家坝路—佛仙路
152	河西南一路	东西	630	6	晟舍	支路	河西社区南区一路—栋梁路
153	河西南二路	东西	670	6	晟舍	支路	河西社区南区一路—栋梁路
154	河西南三路	东西	610	6	晟舍	支路	河西社区南区一路—栋梁路
155	河西南五路	东西	610	6	晟舍	支路	河西社区南区一路—栋梁路
156	河西南六路	东西	610	6	晟舍	支路	河西社区南区一路—栋梁路
157	河西南七路	东西	610	6	晟舍	支路	河西社区南区一路—栋梁路
158	河西南八路	东西	610	6	晟舍	支路	河西社区南区一路—栋梁路
159	河西南九路	东西	310	6	晟舍	支路	河西社区南区一路—盘殊漾
160	河西北一路	东西	300	6	晟舍	支路	河西村委会—栋梁路
161	河西北二路	东西	400	6	晟舍	支路	栋梁路—盘殊漾
162	河西北三路	东西	360	6	晟舍	支路	栋梁路—盘殊漾
163	河西北五路	东西	380	6	晟舍	支路	栋梁路—盘殊漾
164	河西北六路	东西	270	6	晟舍	支路	栋梁路—盘殊漾
165	河西北七路	东西	360	6	晟舍	支路	栋梁路—盘殊漾
166	河西北八路	东西	360	6	晟舍	支路	栋梁路—盘殊漾

背街小巷：织里街道 38 条，振兴街道 45 条，晟舍街道 48 条，利济街道 36 条。

第四节　市河桥梁

一、1970 年代前桥梁

1970 年代前，自西起至东南北坐向跨架织溪的有宝镜桥（斜桥）、妙音桥（妙桥）、木桥、睦嘉桥（狮子桥）、邱家塘桥 5 座。自东至西架于街区的有虹桥、丰乐桥、金锁桥、玉杼桥等小型石桥 5 座。

狮子桥　平桥，跨越河道中塘河，桥长 28.8 米，桥宽 2.5 米，1924 年 5 月建造。

邱家塘桥　平桥，跨越河道中塘河，桥长 25.3 米，桥宽 2.7 米，1927 年 10 月建造。

虹桥　平桥，跨越浒井港，桥长 40.2 米，桥宽 2.5 米，1962 年 7 月建造。

湖织大道跃进桥

二、1987—1996 年新建（改建）桥梁

1987 年至 1996 年，新建桥梁 11 座。

妙桥　平桥，跨越河道中塘河，桥长 52.3 米，桥宽 5.6 米，1987 年 10 月建造。

织西大桥　平桥，跨越河道中塘河，桥长 55.1 米，桥宽 5.7 米，1988 年 3 月建造。

邱家塘汽车桥　平桥，跨越邱家塘，桥长 17.3 米，桥宽 12 米，1988 年 5 月建造。

织东大桥　拱桥，跨越河道浒井港，桥长 88.4 米，桥宽 7.7 米，1988 年 6 月建造。

织西二桥　平桥，跨越河道中塘河，桥长 33.8 米，桥宽 5.7 米，1988 年 7 月建造。

织西一桥　平桥，跨越河道中塘河，桥长 33.1 米，桥宽 5.7 米，1988 年 7 月建造。

斜桥　平桥，跨越中塘河，桥长 34.7 米，桥宽 4 米，1993 年 6 月建造。

织晓大桥　拱桥，跨越河道浒井港，桥长 90.9 米，桥宽 9.7 米，1994 年 10 月建造。

安丰桥　平桥，桥长 25 米，桥宽 7 米，1995 年 6 月建造。

晟舍 1 号桥　平桥，桥长 24 米，桥宽 32 米，1995 年 10 月建造。

晟舍 4 号桥　平桥，桥长 24 米，桥宽 34 米，1996 年 10 月建造。

三、2012—2019 年建造的桥梁

2012 年至 2019 年，新建或重建的桥梁见下表。

表 1-5-2　2012—2019 年新建桥梁一览

序号	桥梁名称	建设年代	桥梁位置	长度（米）	宽度（米）	桥梁形式
1	先锋桥	2014—2015（重建）	晟舍安置社区南侧、晟舍小学北侧	21	10.75	平桥
2	利济桥	2016（重建）	织里南路秀才港	33	36	平桥
3	栖梧桥	2016（重建）	织里中路栖梧港	33	36	平桥
4	中华路东延桥	2013—2014（新建）	中华路南横塘（大港路东侧）	66	24	平桥
5	姚家兜桥	2015—2016（新建）	利济路浒井港	94	32	平桥
6	晟舍桥	2018—2019（重建）	晟舍新街彩纷港	40	24	平桥
7	河荡桥	2018（重建）	珍贝路秀才港	50	39.2	平桥
8	石晖桥	2019（重建）	珍贝路栖梧港	50	33.5	平桥
9	织西大桥	2019（重建）	珍贝路南横塘	62	45	平桥
10	闵家湾桥	2014—2015（新建）	佛仙路织南派出所南侧	32	20	平桥
11	漾西路桥	2019—2020（新建）	漾西路与康泰西路交叉口南侧	40	18	平桥
12	同德路桥	2018—2019（新建）	同德路与富康路交叉口南侧	40	20	平桥
13	吴兴大道 1 号桥	2012—2013（新建）	吴兴大道金鼎国际小区南侧	40	56	平桥
14	吴兴大道 2 号桥（王增大桥）	2018—2019（新建）	增圩村西，王母兜村东	40	60	平桥
15	吴兴大道 3 号桥（增圩大桥）	2018—2019（新建）	增圩村域	30	60	平桥
16	吴兴大道 4 号桥（增圩东桥）	2018—2019（新建）	增圩村东	40	60	平桥

（续）

序号	桥梁名称	建设年代	桥梁位置	长度（米）	宽度（米）	桥梁形式
17	吴兴大道 5 号桥（强塘港桥）	2018—2019（新建）	西增圩村，东骥村村	60	60	平桥
18	吴兴大道 6 号桥（张家兜桥）	2018—2019（新建）	骥村村	50	60	平桥
19	吴兴大道 7 号桥（陆家兜桥）	2018—2019（新建）	骥村村	40	60	平桥
20	吴兴大道 8 号桥（骥村大桥）	2018—2019（新建）	骥村村	80	60	平桥
21	吴兴大道 9 号桥（赤家兜桥）	2018—2019（新建）	骥村村	40	60	平桥
22	吴兴大道 10 号桥（黄泥兜桥）	2018—2019（新建）	骥村村	40	60	平桥
23	吴兴大道 11 号桥（上大湾桥）	2018—2019（新建）	东属港西村，西为骥村村	40	60	平桥
24	吴兴大道 12 号桥（范村塘桥）	2018—2019（新建）	东为石头港村，西为港西村	150	60	平桥
25	鹏飞路 1 号桥（大邾大桥）	2018（新建）	中华路口以南 300 米，北为大邾村，南为王母兜村	106	24	平桥
26	鹏飞路 2 号桥（王母兜大桥）	2018（新建）	王母兜村部西侧	42	24	平桥
27	鹏飞路 3 号桥（南兜桥）	2018（新建）	王母兜村域	42	24	平桥
28	鹏飞路 4 号桥（省四桥）	2018（新建）	王母兜村域，金洁管业东北侧	42	24	平桥
29	鹏飞路 5 号桥（省二桥）	2018（新建）	南为旧馆村，北为增圩村	42	24	平桥
30	长安路桥（福绥桥）	2018（新建）	晓河村域，大港路东侧，东尼路西侧	42	32	平桥
31	康泰路桥 1 号桥（东庄桥）	2018（新建）	晓河村域，大港路东侧，东尼路西侧	42	32	平桥
32	康泰路桥 2 号桥（西兜桥）	2018（新建）	晓河村域，东尼路东侧，鹏飞路西侧	42	32	平桥
33	东安路 1 号桥（环南桥）	2018（新建）	金鼎国际东侧，东尼路西侧，晓河村	42	18	平桥
34	东安路 2 号桥（中兜桥）	2018（新建）	东尼路东侧，鹏飞路西侧，晓河村	42	18	平桥

（续）

序号	桥梁名称	建设年代	桥梁位置	长度（米）	宽度（米）	桥梁形式
35	腾飞路 1 号桥	2016（新建）	大邾村	66	32	平桥
36	腾飞路 2 号桥	2015—2016（新建）	晓河村	40	32	平桥
37	腾飞路 3 号桥	2012（新建）	晓河村	40	32	平桥
38	腾飞路 4 号桥	2012（新建）	东兜村	40	32	平桥
39	荷叶桥	2018—2019（新建）	盘殊漾	40.5	9	平桥
40	拱桥	2018—2019（新建）	盘殊漾			拱桥
41	廊桥	2018—2019（新建）	利济寺北侧	50	3.6	平桥

第五节　园林、雕塑、停车场

一、公园

利济文化公园　位于利济路南侧、佛仙路西侧、织里路东侧、晟舍新街北侧。项目总投资约 20 000 万元，项目总用地面积 408.7 亩，新建建筑面积 41 970 平方米，其中公园建筑 25 000 平方米，利济禅寺 9270 平方米，布金禅寺 7700 平方米。绿化总面积约 50 000 平方米，主要建设内容为滨水木栈道、戏曲广场、曲桥、廊景观轴、乔木灌木及草坪的种植、景观亮化等。1997 年启动建设，2018 年竣工。

浒井港水景观　对浒井港进行综合改造，项目北起湖织大道，南至荻塘。总投资 9321.68 万元，总用地面积 220.6 亩。综合改造河道全长约 6000 米，绿化面积 120 820 平方米。景观工程建设内容主要包括土建工程、绿化工程、景观亮化工程等。2017 年竣工。

盘殊漾公园　项目位于万谦漾路北侧，珍贝路西侧，河西农民新村东侧。总投资约 6000 万元，总用地面积约 2.3 万平方，绿化面积 16 500 平方米。项目建设内容包括河西社区办公用房、休闲广场、旱溪花园、儿童游乐、湖边眺台、水岸栈道等。2019 年竣工。

澄海漾公园　项目位于吴兴大道以南，栋梁路以西，安康西路以北，帕罗路以东。总投资约 3500 万元，总用地面积 14 924 平方米，绿化面积约 12 000 平方米，项目建设内容包括休闲广场、凉亭、游步道、乔木灌木及草坪的种植。2019年竣工。

澄海漾公园

二、绿地

1. 1995 年前街道绿化情况

先前，集镇的部分房前屋后零星种植几株香樟树、银杏树、榆树等。1986年，在人民路两侧批量种植树木。截至 1995 年人民路等 11 条镇主要道路绿化共种植树木 1174 株，品种为悬铃木、广玉兰、香樟树。详见下表。

表 1-5-3　1991—1995 年织里主要街道绿化情况

路名	株数	树名	种植时间
人民路	134	悬铃木	1991
织东路	70	悬铃木	1991
人民东路	34	悬铃木	1991
富民路	170	广玉兰、悬铃木	1993
中华路	267	广玉兰、香樟	1995
晟织北路	132	广玉兰、香樟	1993
振兴路	82	广玉兰	1995
商城路	34	悬铃木	1995

（续）

路名	株数	树名	种植时间
长安路	102	悬铃木	1995
公园路	87	广玉兰、香樟	1995
凯旋路	62	广玉兰、香樟	1995

2. 2001—2019 年主要绿化项目

吴兴大道东延防护绿地 在大港路向东至规划三新线的吴兴大道上，两侧绿化带宽度 20 米，包括道路中央隔离带等景观总设计面积 201 272 平方米。于2019 年开工建设，主要树种香樟、雪松、女贞、黄山栾树、无患子等。

吴兴大道大港路以西段绿地 在河南路至大港路的吴兴大道上，两侧绿化带宽度为 20 米，面积 113 400 平方米。于 2003 年建设并完成，主要树种为香樟、枫香、银杏、无患子、黄山栾树等。

G50 高速连接线防护绿地 于 2019 年开工建设，在 G50 高速向南至湖织大道的高速连接线上，西侧绿地宽度为 13.5 米，东侧绿地宽度为 16.5 米。总面积约为 20 000 平方米，主要树种有香樟、桂花、吉野樱、红枫、紫薇、黄山栾树等。

织里高速入口的绿地

湖织大道两侧防护绿 西起白龙桥，东至东尼路（高速连接线）的湖织大道上，2018 年底开工建设，南北侧各为 16.5 米宽绿化带，绿化面积约 76 000 平方米。主要苗木品种为香樟、银杏、朴树、三角枫、榉树、乌桕、桂花、女贞、无患子、黄山栾树、水杉等苗木。

318 国道两侧防护绿地　在阿祥路至镇东侧的 318 国道上，于 2001 年建设。北侧绿化带宽度约为 20 米，南侧绿化带与荻塘相结合，宽度为 10～50 米，面积约为 393 000 平方米。主要树种为雪松、红叶石楠、香樟、枫香、夹竹桃、柳树、红枫、合欢、银杏等。

吴兴人民医院周边绿地　总绿地面积约为 17 000 平方米，于 2019 年开工建设。主要树种为香樟、女贞、无患子、大桂花、大榉树、红运玉兰等。

染店港至东兜河滨水绿地　在东尼路西侧、吴兴大道南侧的染店港和东兜港上，全长 1150 米，绿地面积 35 150 平方米。于 2019 年开工建设，主要树种有大榉树、大乌桕、黄山栾树、大朴树等。

三、城市雕塑

希望之门　又名"织梦"。2003 年建造，位于富民路与吴兴大道交叉口的环岛中央，形状似大门，向南敞开，3 名织女背对背挽手成圈子，矗立于石柱上，手里舞动绸带，象征织里人齐心建设美好家园。雕塑用钢筋混凝土浇筑，外表天然石材，织女为铸铜，总高度 23 米。

凤凰　又名"涅槃"。2003 年建造，位于吴兴大道北侧市民广场中央，寓意吉祥如意。也指一只凤凰冲破重重束缚，作冲天之举，象征织里再次腾飞。雕塑用钢筋混凝土浇筑，外表天然石材，凤凰为铸铜。

童趣　于 1996 年建造，位于织里南路的 318 国道南侧，底座为天然石材，上面是由铸铜制成的儿童，5 个儿童姿态不一，欢快可爱，寓意织里是童装世界、

童趣雕塑

儿童乐园。

姚勇忱雕像群组 于 2019 年建造，位于利济文化公园内的北侧，由姚勇忱雕像和背景墙组成。雕像高 3.5 米，底座为天然石材，雕像由铸铜浇筑。景墙系天然石材，半圆形，长 15 米，高度 2.3 米。正面为姚勇忱生平事迹的浮雕，背面为姚勇忱生平照片。

晟舍明清人物群雕 于 2019 年建造，位于利济文化公园内的东入口，整个人物群雕南北 30 米，东西宽度 11 米，前侧是高低错落的水景，中间设有由天然石材组成的两处景墙，长各 9 米，高度 3 米。共有人物 4 位，东面南侧为凌濛初，东面北侧闵齐伋，西面南侧是闵珪，西面北侧是凌迪知，雕像人物高度2.5 米。

利济公园雕塑群

绣花针 位于栋梁路与吴兴大道交叉口，2019 年底建造，由一根垂直向上的针和底座组成。针高度 25 米，不锈钢饰面。底座长宽各 5 米，高 4 米，亚光深灰金属色，4 面分别刻有抽象图案，代表织里 4 个发展阶段。俯视图平面为 5 片风车图案叶片，采用太阳能板自行发电装置，代表绿色发展。

四、停车场

1988 年 1 月，镇政府和供销社共投资 10 万元在汽车站对面建造停车场。

2016—2017 年，新建停车场 52 个，新增停车位 3400 个。

2018 年新建停车场 61 个，新增停车位 13 000 余个，具体情况见下表。

表 1-5-4 2018 年织里新建停车场一览

街道	社区（村）	具体路段或位置	车位（个）	土地性质	面积（平方米）
织里街道	妙园社区	长江路双号东面停车场	51	国有	1785
		中华西路与珍贝路交叉口东南角停车场	168	国有	5880
		通益学校门前停车场	500	国有	17500
		姚裁缝区域停车场	120	国有	4200
	大河社区	大河新村一区 46 幢正南面停车场	62	国有	2170
		大河新村一区临时菜场两侧停车场	70	村集体	2450
		大河新村一区 49 幢正南面停车场	60	村集体	2100
		大河新村二区西北角	80	河边绿地	2800
		中华西路公交车站东侧临时停车场	150	村集体	5250
		大河新村二区正南面停车场	150	村集体	5250
		阿祥路与中华西路交叉口西侧停车场	154	国有	5390
	织里社区	湖申小区停车场	124	国有	4340
		中华西路织里水厂斜对面	1000	国有	35000
		通益路姚家田停车场	232	村集体	8120
		民安路停车场	132	国有	4620
		民安路与为民路背街停车场	34	村集体	1190
		长安西路郑打古停车场	77	村集体	2695
	朱湾社区	吴兴大道财富广场东北侧珍贝路边停车场	40	国有	1400
晟舍街道	永安社区	老朱湾村部南停车场	60	国有	2100
	晟舍社区	彩云二路停车场（晟舍幼儿园对面）	550	村集体	19250
		晟舍新街北停车场	180	村集体	6300
		南小港停车场	450	村集体	15750
		晟舍新街南停车场	60	村集体	2100
		石路上停车场	400	村集体	14000
	河西社区	村部后面停车场	24	村集体	840
		河西农贸市场停车场	67	村集体	2345
利济街道	云村社区	富强东路停车场	50	国有	1750
		江南东路与利达东路 102 号交叉口停车场	70	国有	2450
		晟舍新街东路背街停车场	80	国有	2800
		利达东路单号后面停车场	100	国有	3500
		利达东路东面停车场	70	国有	2450
		洪湖路与月湖路东停车场	70	国有	2450
		江南东路与利达东路 50 号交叉口停车场	100	国有	3500

（续）

街道	社区（村）	具体路段或位置	车位（个）	土地性质	面积（平方米）
利济街道	云村社区	利济文化公园地下停车场	100	国有	3500
		西湖路东面停车场	150	国有	5250
		东盛幼儿园对面停车场（利济路 52 号东面）	60	国有	2100
	晟东社区	晨舍新街停车场（晨舍新街与新昌路交叉口北）	130	国有	4550
		星河花园园林式停车场（富民南路与顺昌路口）	130	国有	4550
		史家坝东停车场（史家坝路与顺翔路）	142	国有	4970
		丽景湾商务宾馆南停车场（318 国道与富民南路口）	70	国有	2450
		晟舍新街菜场停车场（晟舍新街陶氏果业对面）	52	国有	1820
		史家坝西园林式停车场（顺翔路西面）	70	国有	2450
	晟东社区	顺昌路后面园林式停车场（新世纪菜场东边）	46	村集体	1610
		永兴路西停车场（永峰路后面）	60	村集体	2100
		305 童装园东停车场（利济文化公园 4 期停车场）	150	国有	5250
		中新羊毛衫厂东北角停车场	450	国有	15750
		永兴路东停车场（佛仙路与彩纷路口）	200	国有	7000
		顺兴路东园林式停车场（顺兴路与佛仙路口）	30	国有	1050
		梦圆大酒店西侧、织里路东侧停车场	100	国有	3500
	清水兜社区	吴兴大道文体中心旁停车场	1500	国有	52500
	东兜村社区	东兜村停车场（大港路东）	500	国有	17500
振兴街道	东湾兜社区	繁荣路停车场（繁荣路与富民路交叉口）	88	国有	3080
		东湾兜村老村部	150	村集体	5250
	晓河社区	浒井港路织里人家南侧	80	国有	2800
		中华路停车场	229	国有	8015
		镇政府广场停车场	127	国有	4445
		晓河村停车场	118	村集体	4130
		大港路 108 停车场（大港路东）	800	国有	28000
		大港路东侧晓河停车场（大港路东）	1200	国有	42000
	振兴社区	虹桥西桥头停车场	40	景观工程场地	1400
	香圩墩社区	中国织里童装产业示范园区停车场	1000	国有	35000
合计			13307		286650

数据来源：织里镇城建办。

第六节　标志性建筑

一、住宅小区

1. 截至 1995 年底城区住宅小区

见下表。

表 1-5-5　1995 年底城区住宅小区一览

小区名称	建筑面积（平方米）	幢 数	建成日期
中华小区	6100	4	1993 年 3 月
如意小区	7200	6	1995 年 3 月
金洁小区	3600	3	1995 年 10 月
别墅小区	1540	7	1994 年 12 月
府前小区	7000	6	1994 年 4 月
织东小区	5500	4	1995 年 8 月
凯旋小区	4500	4	1995 年 8 月

2. 截至 2019 年底城区封闭式居住小区基本情况

见下表。

表 1-5-6　2019 年底城区封闭式居住小区一览

所在办事处	所在社区	小区名称	总户数	总建筑面积（平方米）	交房时间（年）	地址
振兴办事处	东湾兜社区	凯旋别墅区	31	6200	1999	凯旋路 283 号
		清华苑	270	39600	2008	织里北路 72 号
	东盛社区	浒井港小区	88	650	2001	凯旋路 285 号
	东安社区	滨河苑	63	6300	2005	凯旋路 345 号
	晓河社区	民丰世纪广场	住宅 331/商铺 120	104 688.02	2016	府顺路与康泰路交叉口南 100 米
		中心花园	196	35000	2008	府顺路与康泰路交叉口西南 100 米
		织里人家	302	49389	2006	长安路 388 号
		金鼎国际	946	156000	2011	大港路 1388 号
	大邾社区	爱家华府	1535	357000	2019	中华路南侧与长安路北侧
		爱家皇家花园	1760	249000	2013	中华路南侧与长安路北侧

所在办事处	所在社区	小区名称	总户数	总建筑面积（平方米）	交房时间（年）	地址
利济办事处	清水兜社区	今海岸小区	174	18000	2002	景富路与环湖路交叉路口南侧
		富康花苑小区	340	25000	2005	富康东路 322 号
		景富花园小区	320	45000	2003	吴兴大道 88 号
		清水园小区	710	100000	2019	大港路与富康路交叉口
	今海岸社区	天使家园	64	5336	2003	庆丰路与环湖路交叉口东北 50 米
		金都花园	400	56000	2006	富民中路 120 号
		绿景名苑A区（上品学府）	540	85973	2019	利济中路与大港路交叉口西 100 米
		绿景名苑一期	540	70000	2020	利济中路与大港路交叉口西 100 米
	晟东社区	广盛苑	80	10000	2011	佛仙路 575 号
		星河花园	544	90000	2006	彩纷路 227 号
		星河家园	173	36000	2013	富民南路 1 号
		南仁小区	80	10166	2017	永兴路 152 号
		富景园	281	45495	2019	富民南路与沪聂线交叉路口北 100 米
		碧云湾	285	57335	2019	晟舍新街 158 号
织里办事处	长安社区	碧桂园嘉誉花苑	560	128360	2019	康泰西路与通益路交叉路口东 50 米
	朱湾社区	中环华府商务广场	599	93489	2018	吴兴大道与朱弯路交叉路口
		金色佳苑	170	14700	2009	大将路 1 号
晟舍办事处	永安社区	富康花园	192	27000	2008	吴兴大道 28 号
	红门馆社区	红门馆小区	205	96874	2013	吴兴大道中 188 号
		中央府邸小区	852	184577	2014.11	帕罗路

注：资料由精细化管理办公室提供。

3. 截至 2019 年底城区开放式居住小区基本情况

见下表。

表 1-5-7　2019 年底城区开放式居住小区一览

办事处	所属社区	小区名称	小区规模情况			
			住房户数	总建筑面积（平方米）	建造时间	小区详细地址
振兴办事处	振兴社区	潘家弄	18	1440	1995 年	公园路旁
		太湖弄	12	960	1993 年	中华路旁
		国际大厦	30	2400	1995 年	中华路 85 号
		如意小区	144	11520	1987—1997 年	中华路与富民路交叉路口往东 50 米
		金洁小区	48	3840	1998 年	公园路与凯旋路交叉口
		华东别墅	14	1120	1993 年	中华路与凯旋路交叉路口往东 50 米
		织东小区	32	2560	1987 年	人民东路织东交叉路口往东南 100 米
		府前小区	120	9600	1994 年	中华路与富民路交叉路口往南 100 米
		商城新村	104	8320	1996 年	商城路与国泰路交叉路口西南侧
		公安公寓	22	1760	1994 年	振兴路旁
		中华小区	80	6400	1992 年	中华路 130 号
		振兴小区	80	6400	1998 年	中兴路与振兴路旁
		农行宿舍	34	2720	1996 年	中华路旁
		凯旋小区	64	5120	1995 年	凯旋路旁
	东湾兜社区	富民小区	38	3600	1997 年	富民路 101 号弄堂内
		顺峰小区	58	1200	1992 年	长安路 5 号
振兴办事处	东湾兜社区	商城小区	40	1200	1992 年	商城路与兴旺路中间西端
		金洁二区	80	12100	1993 年	商城路与兴旺路中间东端
		织里医院	60	1600	1995 年	鹏程路单号背面
		珍贝小区	120	13200	1991 年	兴盛路 95 号弄堂
		东盛小区	30	2000	1995 年	康泰路 83 号后
		四达小区	52	8100	1995 年	兴达路与繁荣路中间
	东盛社区	湖滨小区	58	6380	1995 年	湖滨路 83 号旁边
		益民小区	49	4410	1995 年	益民路 86 后面
		富盛小区	32	2880	1998 年	织里北路 272 号后面
		湖滨商住楼	48	5280	2005 年	湖滨路商住楼 2 号
织里办事处	织里社区	佳蓉小区	44	6700	2010 年	永安路西侧、为民路东侧、康泰西路北侧、幸福路南侧
		利民小区	32	4250	2003 年	为民路西侧、珍贝路东侧、幸福路北侧、利民路南侧
		康泰小区	175	18000	2011 年	通益路西侧、红丰路北侧

（续）

办事处	所属社区	小区名称	小区规模情况			
			住房户数	总建筑面积（平方米）	建造时间	小区详细地址
织里办事处	织里社区	长安小区	48	4980	1999年	为民路西侧、珍贝路东侧、民安路北侧、锦绣路南侧
		湖申小区	92	11040	2006年	永安路西侧、为民路东侧、幸福路北侧、利民路南侧
	朱湾社区	通益小区	72	2880	2005年	珍贝路227号后面
		誉华小区	14	1400	2003年	益民西路100号对面

注：总计33个开放式居住小区。

二、商厦、大楼

1.截至1996年底城区楼厦情况

见下表。

表1-5-8　1995年底城区楼厦情况一览

地段	楼厦名称	层高	面积（平方米）	建成时间
人民路	联谊商场	4	700	1989年12月
	吴兴商业大厦	4	4900	1988年10月
	织里邮电支局	4	1238	1988年12月
	织里第二商场	2	1050	1989年5月
富民路	织里财政分局	4	2250	1993年12月
	织里农业银行	5	4150	1994年12月
	织里派出所	3	2228	1994年2月
	织里工商银行	4	2800	1995年2月
中华路	织里镇政府	4	1600	1993年3月
	湖州国际大厦	5	4400	1994年6月
	银河大楼	7	5193	1992年12月
	太湖宾馆	4	2971	1992年3月
公园路	织里工商分局	3	1600	1995年6月
晟织北路	宝隆宾馆	4	3877	1995年5月
	汽车站	3	2000	1996年5月
	金洁大楼	3	3580	1993年10月

（续）

地段	楼厦名称	层高	面积（平方米）	建成时间
晟织北路	中国商城	一区	17655	1993 年 1 月
		二区	25000	1994 年 6 月
		三区	3845	1989 年 11 月
		五区	5400	1996 年 9 月
		六区	8848	1996 年 10 月
		八区	20000	1996 年 3 月

2.1996—2019 年城区新建大厦

大港宾馆　位于中华路 148 号与国泰路交叉口南侧，用地面积约 7013.5 平方米，建筑面积 7758.7 平方米，于 1996 年 1 月竣工。

梦园大酒店　位于 318 国道北侧，织里路东侧。用地面积约 20 740 平方米，建筑面积 24 240.6 平方米。建筑设计采用欧式建筑风格，于 1998 年 1 月年竣工。

迪迈国际大酒店（织里宾馆）　位于长安路 62 至 98 号，建筑面积 10 853.10 平方米，开工建造时间为 1997 年 1 月开工，1998 年 8 月竣工。

东盛大厦　位于吴兴大道与富民路交叉口南侧，总建筑面积 67 670 平方米，于 2003 年开工建设，2005 年竣工。采用玻璃幕墙的建筑形式，总投资约 3000 万元。

威尔斯酒店　位于吴兴大道南侧、栋梁路东侧交叉口，用地面积 88 442 平方米，总建筑面积 221 105 平方米，外墙材料宜采用新型环保材料。于 2007 年开工建设，2009 年竣工。

东盛大厦

财富广场　位于织西分区 ZX-51 号地块（织里镇珍贝路西侧，吴兴大道北侧），总用地面积 21 378 平方米，总建筑面积约 64 134 平方米，项目由 2 幢约 80 米高的商业大楼及地上 4 层局部 5 层的商业中心组成。由湖州正祥房地产开发有限公司开发，于日期 2013 年 12 月 31 日开工，2015 年 9 月 20 日竣工。

　　珍贝金鼎国际酒店　位于吴兴大道北侧、大港路东侧交叉口，建筑面积12 820.71 平方米。建筑外立面材料采用环保新型墙体面砖等装饰，于 2014 年开工建设，2015 年竣工，总投资约 1.2 亿元。

　　汇德国际广场　位于吴兴大道南侧，东临阿祥路，北临织里国际童装城，西临吴兴区东部新城。占地面积 31 532 平方米，总建筑面积 94 884 平方米，有 6 层商业街区、18 层独栋酒店，集购物中心、餐饮休闲、文化娱乐、运动健身、会展商务、星级酒店为一体的综合性多功能特大型商业综合体。于 2013 年开工建设，2015 年竣工。

　　欧德福超市　位于织里镇朱湾村，基地南侧为利安路，东侧为珍贝路，北侧为安康西路，用地面积约 39 947 平方米，总建筑面积 102 105.4 平方米，采用模数化的平面布局，于 2015 年开工建设，2017 年竣工。

　　畔江酒店　位于珍贝路河荡桥北块西侧，占地面积 824.55 平方米，建筑面积3408.9 平方米，于 2016 年开工建设，2018 年竣工。

华都中环广场

　　华都·中环商务广场　项目位于吴兴大道与栋梁路交叉口，总用地面积为8 万方（120 亩），总建筑面积约 22 万方，于 2017 年开工，2018 年竣工。

　　莱特拉根酒店　位于吴兴大道南侧，漾西路东侧，栋梁路西侧，即织西分区规划确定 ZX-57 号地块内。以绿化、休闲、水上娱乐、酒店服务、度假、旅游、商务、节庆、餐饮、文化等为主要功能的综合商业。项目总用地面积238 786 平方米（358 亩），其中净用地面积 42 251 平方米（63.38 亩）（A 块商业用地 22 630 平方米、B 块商业用地 6307 平方米、C 块商业用地 6245 平方米、D 块商业用地 7069 平方米），用地性质为商业用地，总建筑面积 63 376 平方米，地下室面积约 6600 平方米。2010 年 12 月开工建设，2019 年竣工。

三、市场

　　明清时期，一些农民在早晨将自产的部分农副产品挑到织里老街销售。

　　1980 年，在轧村大礼堂门口的空地上，形成一个自发地摊集市，交易绣花面料及辅料、绣花制品。至 1982 年，轧村绣花制品交易市场人员集聚在织里茧站门口交易。

1981 年，在织里虹桥两岸码头，出现绣花制品自由交易市场，主要交易绣花枕套等绣花制品、童装等。

1983 年，织里工商所对老街自发集市进行整顿和管理，在沿河老街上用玻璃钢瓦搭建 36 个简易棚，交易产品主要是绣品童装及面、辅料。

1984 年，织里工商所投资 31 万元，征地 4444 平方米，在织里村村部东南方向建"湖州市织里小商品市场"。

1985 年，在小商品市场的基础上改建成 80 间营业房，400 个摊位的"湖州市织里绣制品市场"。

1989 年，织里工商所投资 230 万元，建成 7000 平方米的"织里轻绣纺品市场"，称"东场"，以面、辅料交易为主。原有"织里绣制品市场"称"西场"，以童装交易为主。

1992 年底，织里镇有童装绣制品市场、轻纺棉布市场、金银首饰加工市场、农贸市场、建材市场、劳务市场，共 6 个。

1993 年投资 600 万元，兴建 8000 平方米的"中国织里商场"（第一交易区）。1994 年投资 2000 万元，扩展新交易区 16 000 平方米。

1995 年，中国织里商城发展到占地 150 亩，总建筑面积 6 万平方米，摊位4000 个，年市场成交额超过 60 亿元。

1995 年，织里镇组建中国织里商城发展有限公司，占地 150 亩的晟舍第八交易区动工兴建。1996 年 1 月 2 日，织里经济开放区管理委员发出《同意扩建织里商城 8 交易区童装市场二期工程的批复》《同意扩建织里商城 8 交易区服装辅料市场二期工程的批复》后兴建，1997 年 9 月 28 日正式开业。

2003 年，建造中心农贸市场。

2009 年，湖州市织里国际童装城股份有限公司投资创建织里中国童装城项目。项目位于吴兴大道北侧、阿祥路西侧，总投资 25 亿元人民币，占地面积 600亩，规划总建筑面积约 70 万平方米，分四期开发。逐渐形成了汇聚四季童装面料、辅料，童装版样、童装原创设计以及童装电子商务等多业态的商业布局。

2018 年，童装城西侧 A 区、B 区形成以童装零售为主的品牌营运中心。引进名企合作，集聚高端零售品牌，优化供应链管理和营销网络管理。

第七节　小集镇建设

一、轧村集镇

形成与发展　商周时期，在分水墩遗址西侧，轧村港东侧有人定居。至民国期间（1920年），形成"十字街"，街面宽度2.5米左右，铺有石板。东西向街东起分水墩，西至轧村港，长230米左右；南北向长180米左右。1942年建造木桥4座，其中包括市桥、北漾桥、沙家桥。1945年集镇逐渐向轧村港西侧发展。1966年将轧村港开宽，河面为40米，建有东西走向的水泥桥2座。轧村港西边北侧的风水墩在轧村港拓宽时挖掉（风水墩先前建有文昌阁，毁后成婴儿坟地）。1970年集镇中心转到港西。1998年南北各建造一座公路桥，2018年因太嘉河工程建设河面拓宽到60米，4座桥梁重建。1982年轧村影剧院竣工，1988年12月，建造宽度18米的人民路，沿路建筑房屋4万平方米。1984年，启动轧村到三济桥公路建设。1994年，填平铁店港西侧的2条小河，拓宽和延伸振兴路、文化路、宋皇路等6条道路。1996年建造农贸市场，1997年建造邮电大楼。1998年启动南侧工业园区。

集镇规划　1995年制定《关于轧村镇城镇建设总体规划（1995—2010年)》。规划集镇建设以轧漾公路为轴心，城镇发展方向以向南发展为主，若干年后连接三济桥市场，往北发展为辅。搬迁中学，搬迁农贸市场。规划投资86万元新建一个日供水量500吨的自来水厂。规划总人口6000人，总用地1.63平方公里。用地发展方向控制东、北部，发展南、西部。整个城镇规划成长方形，南北长为2.34公里，东西距离约0.93公里，总面积2.18平方公里。

轧村集镇

集镇改造 2017年，对轧村集镇进行整治提升，同年年底全面完成。围绕"布艺小镇"，主要整治内容包括外立面改造、公园建造、管网改造、环境卫生整治等。新建造公共厕所1座，改建3座。主要道路新建直径600～1350毫米雨水管网，直径300～500毫米污水管网。进行道路交通整治，三汤线改造长度798.7米，宽度10～21.4米，道路采用一块板断面。拓宽文化路，并延伸到三新公路，长度1005米，宽度12～24米，道路米用一块板断面。人民路、中兴路、市场路、宋皇路、振兴路等次干道整修，道路用一块板断面，人行道铺设沿街商铺面。打通支路、街巷，整理沿河绿道，设置交通信号灯、交通标线等。进行乡容镇貌整治。三汤线等道路弱电全部采用缆线共同沟地埋敷设，弱电下地共1106米。沿河建筑密度大的居民区进行分类梳理、套管包装。人民路、振兴路、中兴路、市场路、宋皇路等线路梳理1281米。共杆共线区域13.2公顷，地下管沟区域12.3公顷。建筑外立面全部进行改造，统一屋面作法，拆除违章建筑，补齐街面参差不一的天际线缺口，沿街立面做骑廊设置。墙面整修翻新，统一色调修饰暴露的空调外机等，对沿街建筑立面、店招、卷门、空调外机等进行重点整治。店招铭牌全部进行统一，户外广告进行整治。农贸市场按照一星级标准进行整治提升。对低散床上用品企业进行整治。共新建停车场10个，占地面积5261平方米。

二、漾西集镇

形成与发展 漾西原名绿葭湾，位于绿葭漾（陆家漾）北侧，岸边芦苇丛生。宋朝初渔舟常出没、停泊此湾中，后来在北岸东侧汤溇港入口处出现了为渔民服务的小茶馆小酒肆，形成一条街。至清朝，陆家湾集市已经发展到东西长560米的小街，有沈氏思慎堂、吴氏祠堂等标志性建筑。从东至西南北向的桥梁有5座，依次是迎辉桥、五谷桥、丰登桥、日明桥、月明桥。抗日战争时期，日军驻扎在陆家湾集镇，拆除陆氏（连奎）祠堂、沈竹金私宅等建筑，建造碉堡。新中国成立后建造合作社、大众食堂等。1959年，漾西乡政府在陆连奎旧居建造办公房屋。1984年，建造铝合金厂。1985年6月，轧漾公路开始建造，集镇向北发展。1987年7月26日，在轧漾公路北侧动工兴建乡政府办公楼，1990年竣工并搬入办公。1988年新建造农贸市场，1990年1月轧漾公路通车，1991年建造世明大酒店。1992年，漾西希望小学竣工。1992年5月，西占桥以东建成商

改造后的漾西老街

业区、工业区，西占桥以西建成文化教育区，镇中建成公园。1993 年 7 月，漾西中学竣工。

集镇规划 1985 年 6 月，漾西乡第八届第四次人代会通过城镇建设规划，主街从邮电所至漾西卫生院东西长 350 米，从邮电所至乡中心学校为商业区。轮船码头处为农贸市场。乡中心学校以东为住宅区。小学附近建造乡影剧院及文化中心。汤溇港东西两岸，汽车站西部的路北地带、西砖桥港西为工业区。1989 年 4 月 7 日，乡第九届人民代表大会第三次会议通过《关于漾西乡集镇建设的管理办法》，明确规划范围："以轧漾公路为东西主干道。东起东砖桥，西至西砖桥，在轧漾公路两侧建设新街，控制旧街建设。垂直于主干道的南北支道不少于两条，环绕于旧街。东西主干道宽度不得少于 20 米，南北支道不少于 13 米，在东砖桥至西砖桥之间，轧漾公路南侧规划商品房建设，建设住宅小区。"

小城镇环境综合整治 于 2017 年上半年开始，组织开展小城镇综合整治规划设计、环境卫生综合治理、基础设施建设及公共服务配套等各项工作。小城镇环境综合整治共划定集镇重点整治范围 29.2 公顷，实施项目 32 项，总投资约 1.6 亿元，打造"宜居宜业宜游"的水漾人居小镇。2019 年开始对陆家漾北岸三个因年代久远已经废弃的粮仓进行改造，外立面通过修复做旧，与陆家漾公园风格统一、融为一体，内部装修使其具备新的使用功能。三个粮仓分别改造成电影放映厅兼会议厅，室内运动场馆，书吧。对老街沿街两侧建筑物进行白墙黑瓦花格门窗美化，地面进行老石板铺装，沿河新做砌石驳岸，安装栏杆，再配以灯饰、小品，将其建成一条休闲步行街。进行幸福庭院建设，对老茧站北侧的菜地、违章建筑等进行整治，建设成为一个相对独立的中式园林，并与老街、栋梁路、陆家湾停车场等全部打通，公园内有绿化，亭廊。在陆家漾和汤溇交界处的西北角、幼儿园的南侧，将淤泥堆积的场地建成儿童公园，配备滑滑梯、迷宫、沙坑、大草坪，安装秋千等。建设游步道，游步道东起迎晖桥，西至三角洲湿地，全长 1.5 公里，途径儿童公园、太君庙、亲水文化广场、粮仓、木桥后，到达湿地公园。

三、幻溇集镇

20 世纪 70 年代前，金溇自然村幻溇港两侧是一片桑地。1971 年，在幻溇港东侧搭起简易棚建立太湖公社船厂，修理各类农船，同年机械厂和建工队分别在旁边建造厂房。1973 年下半年开始，在幻溇港东侧建造太湖乡政府办公房，其中平房 32 间，2 层楼房 10 间。1974 年上半年，太湖公社办公地点从义皋搬迁到幻溇。1983 年，建造太湖影剧院，有观众席位 950 个，活动室 4 间，图书室 1 间。1985 年，集资建造织太公路。1999 年，太湖镇政府办公大楼落成。

2012 年，开展村庄整治提升工作，幻溇新建村级公路 3.3 公里 12 050 平方米，道路、河道两边种植树木 1000 棵，砌石护岸 1.6 公里，安装路灯 68 盏，拆除旧房屋 500 平方米，规范电力、通信、电视线路。

2015 年，开展美丽乡村精品提升村。新建 5600 平方米的农民休闲公园，内

幻溇集镇

设九曲桥、廊架、景亭，配备儿童玩具、健身器材、篮球场，幸福大舞台等。新增加硬化道路 2949 平方米，建造绿色公共厕所 2 座，新增加绿化面积 4200 平方米。对生活污水进行集中处理。

2016 年，对溇港两岸进行护栏建设和古桥修复，拆除 20 000 平方米的违章建筑，对建筑的外装装立面进行改造。在集镇东南侧建造幻溇新住宅小区。

2019 年，在幻溇港西侧南边建造鱼市场。

第八节　市政管理

一、房管组

1969 年，织里镇成立房管组，隶属吴兴区财税局房管股，由织里财税所具体管理，配备工作人员共 2 名，管理织里的直管公房。直管公房总面积 3300 多平方米，大部分是 1949 年遗留下来的老式砖木结构。

1970 年 1 月，县委决定将乡镇房管工作移交乡镇管理。1976 年建立织里房管组修建队，负责直管房屋的维修和兴建。后划归城建办公室进行管理。

二、城管监察

1985 年 4 月成立综合治理办公室，工作人员 7 人，每人带一只红袖章，由公安、工商、医院等单位抽调人员组成，归民警办管理。主要职责配合各职能部门，管理好镇区环境卫生，维护老街交通秩序。办公地址设在织里老街西侧的镇政府内，办公面积 40 平方米，负责人曹荣江。

1989 年 3 月，综合治理办公室人员由兼职转为专职，工作人员 3 名，同年 8 月增加到 4 名。

1992 年 6 月，成立城管监察队，办公地址搬迁到中华路 77 号镇政府内，有两间办公室，新增加工作人员 3 名，累计 7 名，其中 4 人有城管制服。城管监察队接管镇区环境卫生管理和维护交通秩序的工作，并配合城建办督促违章建筑拆除，查处乱搭乱建，镇容镇貌管理。

1996 年 3 月，城管监察队改名为城建（管）中队，工作人员 12 名，办公地址搬迁到富民路 22 号，办公面积 50 平方米，负责人高培林。接管原综治办和城管监察队的工作，并对人行道旁各类摊位及夜摊不定期进行检查，抓好市政设施管理。1999 年 6 月 1 日，搬迁到兴旺路 1 号，办公面积 200 平方米，工作人员共 28 名，朱新铭任中队长。

2002 年升格为城管监察大队，办公地址搬迁到凯旋东 3 路 21 号浒井港旁边。

2005 年，搬迁到织里南路镇政府南大院内，办公面积 1000 平方米，工作人员 58 名。

三、综合行政执法局织里分局

2008 年 8 月，成立吴兴区城市管理行政执法局织里分局，工作人员 80 名，局长周伟平，副局长朱新铭（全面负责）。

2011 年 6 月，朱剑阳任局长，2014 年 7 月，沈滨任局长。

2014 年成立综合行政执法中心，属事业单位，隶属于执法分局。

2016 年 10 月，办公地点设在栋梁路 589 号，建筑面积 2115 平方米。设有办公楼，装备库，罚没物品库，办案询问室，分局食堂，执法指挥中心，办事大厅，培训室，档案室，大会议室，健身室。

2016 年 11 月 24 日，湖州市吴兴区机构编制委员会办公室发文，将"湖州市吴兴区织里镇综合行政执法中心"更名为"湖州市吴兴区织里镇综合行政执法服务中心"，人员编制由 32 名调整为 20 名。

2017 年，吴兴区城市管理行政执法局织里分局改名为吴兴区综合行政执法局织里分局。

2019 年 3 月 22 日，中共吴兴区委办公室和吴兴区人民政府办公室关于印发《吴兴区织里镇机构改革方案》的通知，取消织里镇综合行政执法服务中心。

至 2019 年止，综合行政执法分局共有工作人员 470 余名（其中织里分局本部共有工作人员 50 名，含在编 9 名），下设 3 个科室（综合科、法制科、督查科）和 7 个分队。主要职责是负责织里镇辖区的综合行政执法工作，包括城市市容和环境卫生管理、城乡规划管理、城市绿化管理、市政公用管理、环境保护管理、工商行政管理、公安交通管理、人防（民防）管理、建筑业管理、房地产业管理、水行政管理，以及石油天然气管道保护管理等法律、法规、规章规定的全部或部分行政处罚权及其相关行政监督检查、行政强制职权，负责织里镇范围内专项和重大执法活动，负责对全镇行政执法队伍的协调、检查和监督，开展业务培训和业务指导，负责受理行政执法方面的各类投诉，承办区综合行政执法局和织里镇人民政府交办的其他工作任务。

综合行政执法局织里分局的下设基层组织及分支机构 7 个。

利济分队　2019 年有执法人员 76 名，分队长范赟峰。行使吴兴区织里镇利济街道辖区范围内行政执法职权。管辖区域面积 8.73 平方公里，人口约 7.1 万人，含 4 个社区和 4 个行政村、43 条主次干道、7 家企事业单位、4121 家童装类生产经营户、1629 家九小店铺（其中餐饮单位 263 家）。

晟舍分队　2019 年有执法人员 76 名，分队长方祥达。行使晟舍办事处辖区范围内行政执法职权。管辖区域面积 8.35 平方公里，人口 78 991 人，含 8 个社区（或行政村）、39 条主次干道、70 余家企事业单位、6585 家店铺（其中餐饮单位 154 家）。

织里分队　2019 年有执法人员 85 名，队长汪海强。行使织里街道辖区范围内行政执法职权。管辖区域面积 7.5 平方公里，人口约 6.2 万人，含 4 个社区、3 个行政村、8 条主次干道、62 余家企事业单位、4268 家店铺（其中餐饮单位 243 家）。

振兴分队　2019 年有执法人员 123 名，分队长徐炜。行使吴兴区织里镇振兴街道辖区范围内行政执法职权。管辖区域面积 12.94 平方公里，人口约 6 万人，含 6 个社区、5 个行政村、120 条主次干道、20 余家企事业单位、6194 家店铺（其中餐饮单位 405 家）。

轧村分队　2019 年有执法人员 35 名，分队长莫伟新。行使吴兴区织里镇轧村办事处辖区范围内行政执法职权。管辖区域面积 26.93 平方公里，人口约 3 万人，含 9 个行政村、7 条主次干道、77 余家企事业单位、820 余家店铺（其中餐饮单位 41 家）。

漾西分队　2019 年有执法人员 37 名，分队长费海明。行使吴兴区织里镇漾西街道辖区范围内行政执法职权。管辖区域面积 36.75 平方公里，人口约 3 万人，含 8 个行政村、13 条主次干道、6 家企事业单位、217 家店铺（其中餐饮单位 21 家）。

机动分队　2019 年有执法人员 18 名，分队长沈鑫。行使对全镇区域内违反城市管理相关法律、法规、规章规定行为的依法查处工作，参与镇政府的各项中心工作，协助各街道分队开展重大执法行动。

为深化"最多跑一次"改革，2019 年织里综合行政执法分局在漾西集镇设立综合行政执法"菰城驿站"吴兴织里站，联合交警、运管等部门，将综合执法、交通等条线业务整合，为居民提供政策咨询、装修备案、犬类登记、车辆登记、电表申请、社会服务折抵罚款申请等多项业务。完善驿站内饮水机、空调、微波炉、充电器、医疗急救等基础便民设施，对交警、环卫工人、快递员等各类群体24小时全天开放，解决一线职工就餐难、喝水难、休息难等问题。为给群众提供更加精准有效的服务，将驿站作为上门服务群众的有力载体。

四、城市管理

2018年3月，成立城市精细化管理办公室，通过"环境大整治、法制大宣传、素质大提升"，实行城市管理精细化。

1.精细化卫生管理

全面、全天保洁。二级路段2018年实行15小时保洁，2019年实行19小时保洁，一级道路实行24小时机械保洁，背街小巷同时实行保洁。镇环卫所通过购买服务，由第三方负责垃圾清扫、清运。各社区根据实际情况分别与居民和业主全面签订《社区公约》，对各类随意倾倒垃圾、门前垃圾不清扫的业主发放《垃圾清理告知单》，全面做好门前三包。

垃圾分类全覆盖。中心镇区2018年底易腐垃圾分类共纳入受控单位974家，879家餐饮单位易腐垃圾分类做到全覆盖，日均收运42吨。布角料垃圾2017年平均每天60吨，2019年平均每天100吨。2019年底垃圾分类实现100%。

垃圾桶定点定位定时清理。主干道分类垃圾桶划方框、定点位，全面推广"背街小巷放置垃圾桶"。配备专职清洗员实现主次干道三日一清洗，背街小巷一周一清洗。

业主自备垃圾桶，实现垃圾袋装化。业主自备垃圾桶总计1万余个，主要将垃圾桶放置于沿街商铺门口，然后由流动车辆收集。

牛皮癣清零管理。2018年12月底至2019年12月，镇区4个办事处累计出动人力8300余人次，清理卫生死角19 000余处，清理杂物4950处共600余车，清理毁绿种菜752处，清理总面积达8600余平方米，清理牛皮癣5000余个点位。基本实现主干道牛皮癣清零，各楼道防盗门内外、各楼道较高处廊沿、地台上、电线杆、小区墙体和楼道内等死角基本消除。

2.精细化交通管理

联勤联动执法。开展车辆违停整治，采取"交巡警+执法队员"联勤模式，固化"1+4+4+N"模式，即1个社区由1名交通民警带领4名交通协辅警和4名执法队员联合执法。通过"贴单—拖车—教育"全流程监管模式。

建立停车场地，实施智慧交通。以社区为单位，统计出汽车停车位缺口，做好基础配套，新增划线停车位6000余个。建成第一批收费停车场20个，涉及停车位数2000余个，完成制作收费公示牌、收费标准牌、交通引导牌等100余块，制作三折页4000份。2019年推进第二批10个停车场收费项目的建设，涉及停车位2900余个。路边泊位划分为一类收费区、二类收费区，一类区域先行试点，涉及主要路段富民路、康泰路、长安路等。2019年在富民路、康泰路、长安路部分路段试行路边泊位停车收费试点工作，涉及泊位560个。童装街区实行车位编号式服务管理，2019年完成基础性工作；

清理"僵尸车"。2018年中心镇区新增5198个停车位，2019年开出违章罚单10万余张，拖离机动车和"三小车"2.7万余辆，违法行为安全教育学习1万余人次，清理长期停放的"僵尸"车900余辆。

3.精细化市政管理

推进城市配套项目。2019年实施政府性投资项目95个，其中城市配套项目43个，基础设施项目52个，新建项目64个，续建项目31个，政府性投资项目2019年投资265 694万元。2019年零星工程项目126个，其中土建项目53个，绿化项目42个，标志标线项目31个，2019年零星工程总体投入建设资金约3000万元。

4.精细化宣传动员

营造氛围。录制专题短片及宣传录音在全镇范围内的大屏、行政执法宣传车循环播放，面向广大党员、干部、志愿者、商会车辆发放并张贴"文明宣传车标"3500余个，发放各类公开信15万余封，专题宣传折页10万余份。

媒体宣传。与织里城事、老蔡驿站、大织里App等13家自媒体形成合力，对交通整治、环境管理中出现的先进事迹以及违法行为进行正面宣传和反面曝光，2018年各类专题推送阅读量超过30万人次，评论2万余次。

文明织里宣传。进行文明经营户现场揭牌仪式，垃圾分类专题宣传，停车收费专题宣传，文明早餐主题活动，三轮车牌证管理专题宣传等。开展3期交通管理、环境卫生、布脚料的专题宣传，发精细化简报 4 期，累计发放 10 万余份。2019 年共举办大型宣传活动 5 次，微信公众号宣传报道 12 起，发放相关宣传资料共 20 万余份，各类专题推送阅读量超过 40 万人次，评论 3000 余条。

5.精细化管理机制

属地管理。实行"1+3+N"责任机制，"1"即社区书记（主任）作为第一责任人对社区内问题负总责。"3"即属地领导（街道书记）、联系领导、分管领导如工作不力或被上级通报，一并追责。"N"即所有路长和路段工作人员对本路段直接负责。

联动整治。每周到四个街道、16 个社区和相关职能部门开展调研，总结《门前三包简易流程》等方法并在全镇范围推广，对"环卫手推车、简易洒水车"等 18 个金点子付诸实施。

培育先进。培育 4 个示范社区、16 条文明街区、32 家文明经营户，通过典型带动面上推进。

楼道长管理。由党员、入党积极分子、村（居民）小组长或长期居住的优秀租户作为楼长，对辖区内 118 幢楼房进行网格化管理。

镇领导联系社区制度。镇领导班子成员积极帮助社区优化工作方案、加强干部队伍建设，每周至少在社区主持召开 1 次工作会议，进行 1 次督查，组织 1 次路长集中巡街，着力解决实际问题。

路长制度。依照"精细化管理"10 条，路长每周自主巡路不少于 2 次，协同安监员、执法队员、环卫工人，组织开展讲文明、讲卫生、守秩序、守公德的宣传教育活动，引导广大市民积极参与城市管理。500 余名路长年内将 938 个路段全覆盖巡查 11 次。整改"关键 10 条"7000 余处。

6.精细化智慧管理考核体系

双月排名通报制度。镇督查办每双月从各社区随机抽取 5 个点位，进行三轮督查和打分，考核结果与联社区班子成员绑定公示、通报，作为奖罚依据。

现场问责督查制度。镇精管办每周开展全域巡查，将路段中出现的问题作为专项通报，立行立改，对整改不到位的进行通报、问责处理，确保问题及时发现及时整改，2019 年累计整改到位 2000 余处。

精细化管理例会制度。定期召开例会，对各种疑难问题一事一议，形成社区抓好主要工作、职能部门配合落实、所属街道强化协调、联系领导指导帮助、主要领导带头领办，形成合力，着力将问题逐一解决。

城市管理智慧化。确定考核内容，基本形成以精细化考核督查、智慧城管考核、居住小区考核为重点的综合性城市精细化管理考核体系，精细化管理涉及关键十条（环境卫生、垃圾分类、装修管理、交通秩序、占道经营、流动摊贩、三乱治理、违建管控、市政维护、门前三包），确定智慧城管考评细则209项。建好智慧城管平台。对中心镇区23平方公里建成区进行地理信息普查，以每个社区作为网格，安排第三方采集队伍对各类城市精细化管理问题进行采集，并上传至镇"智慧城管指挥中心"进行派单处理。安排工作人员10名，负责采集员上报信息交办和核实等工作，于2019年11月1日正式运行。三轮车智慧管理。三轮车管理实行牌证制度，于2018年11月30日开始对全镇范围内（包括轧村、漾西办事处）电瓶三轮车进行上牌管理，织里镇及外来电动三轮车超过5万辆纳入智慧管理。建立电瓶三轮车信息数据库，完善"智慧三期"三轮车管理系统软件，建设电瓶三轮车电警抓拍系统。停车服务管理系统方面。2019年开发"织里停车"App管理停车场及路边泊位，并为机动车数据化管理打牢基础。整个"织里停车"智慧系统成为智慧织里的子项目，2019开展电动车牌证式管理，二轮电动车登记69 000余辆，三轮电动车已登记49 000余辆。加强电动车的日常管控，建立"静态贴单、动态抓拍"管理体系，完成静态违停贴单2.3万余起、15路动态抓拍3万余起，实行落锁管理制度，设立"指挥中心、教育中心、处理中心"三中心小车管理体系。2019年5月，轧村、漾西集镇作为智慧城管平台的延伸，纳入城市精细化一类考核。截至2019年，结案率和按期结案率均达到100%。

第六章　小城市培育

镇级"小城市"赋予"镇"城市化功能，被誉为"含金量最高、基层最实惠、成效最明显"的培育试点。1994年织里镇被国家建设部批准为全国第一批小城镇建设试点镇。2010年，织里镇被列为浙江省27个小城市培育试点镇之一。经过十年培育，公共服务能力不断提升，经济实力不断增强，人口结构不断优化，创新潜力不断激发，城市环境更加优美，开始了从一个镇到一座城的嬗变。小城市试点已成为加快人口集中、产业集聚、功能集成、资源集约和农民就近稳定转移的重要平台。

第一节　小城镇综合改革试点

一、试点确定

1994年8月31日，国家建设部〔1994〕805号文件批准织里镇为全国小城镇建设试点镇（第一批）。浙江省城乡建设厅于1995年2月8日〔1995〕19号文转发《国家建设部小城镇建设试点工作意见》。1995年6月，国家体改委等11个部、委、局批准织里为全国小城镇综合改革试点镇。

二、试点内容

从建立社会主义市场经济体制和全镇经济、社会基本实现现代化的需要出发，发挥优势，提高起点，体现特色，贯彻"规划是龙头，交通是重点，建设和管理并举"的城建方针，强化总体规划，改革投资机制，加大投资力度，加快城建步伐，提高综合效益，目标"把织里镇建设成为浙北经济最活跃，市场最开放，城镇最繁荣，环境最优美，人民最幸福的现代化小城镇示范镇"。突出对市政道路设施建设、供水、排水、电力、电讯、路灯、园林、绿化等市政基础设施项目，至2000年总投资1.69亿元。

三、规划设计和管理

1994 年 7 月，由浙江省规划设计院负责编制的《织里经济开发区分区规划》暨《织里镇总体规划》，经湖州市人民政府湖政〔1995〕84 号文件批准。规划年限近期至 2000 年，远期至 2010 年。规则面积 5.2 平方公里，控制区面积为 14.1 平方公里，对各类建设实行"控东、堵北、紧西、放南"战略，逐步向 318 国道靠拢。确定市场商贸区，工商综合区，工业区、仓储区，并建设学校、医院、文化、农贸市场、公用变、公厕、公园，排污站、垃圾填埋场以及其他必要的公共设施。同时编制织里镇村镇体系规划。规划的管理，以"批一片建一片，建一片成一片，成一片繁荣一片"为宗旨，在建设审批中严格把关，以《规划法》规定的建设程序办理"一书两证"手续，实行分管镇长审批一支笔制度，各项目的建设方案经市、镇有关职能部门会审同意后方能实施，在取得《建设工程规划许可证》后才放样动工，并由城管监察中队跟踪检查到该项目竣工。建立三支管理队伍，即物业管理、园林管理、绿化管理和路灯管理机构。加强建筑设计及建筑业的管理，提高建筑档次，体现建筑特色。建筑设计避免式样单一、老套，提高建筑设计水平和档次，体现时代特色，反映地方风貌。

四、建设资金筹措和使用

建立多元化投资机制，实行"多渠道筹措、统一使用"的办法，基础设施建设资金来源向建设单位（个人）收取基础设施配套建设费、用水接口费。土地有偿使用转让费的 65%、城市维护费的全部，专业部门的拨款用于城镇建设。融资方式主要吸引农民进镇投资，并向银行贷款，对车辆收费，引导企业投资，向个体工商户集资等。筹集的资金主要用于城镇基础设施建设，实行专款专用，不移作他用。

五、试点成效（截至 2009 年底）

综合实力增强。全镇实现地区生产总值 74.6 亿元，工农业总产值 419.9 亿元，财政总收入 9.04 亿元，综合实力居全国千强乡镇 89 位、浙江省百强乡镇前 20 位、湖州市十强乡镇首位，并被授予中国童装名镇、中国品牌羊绒服装名镇、全国重点镇、全国文明镇等荣誉称号。

特色产业壮大。初步形成特色童装、羊绒服饰、铝型特材三大特色优势产业，机械装备、生物医药、光伏能源三大高新产业快速成长，高新技术产业产值年增长20%以上。

城镇人口集聚。全镇80%的农村劳动力就近转移就业，并吸纳了超过25万的外来人口。2009年全镇总人口超30万，其中户籍人口10.1万，外来登记人口20.5万，镇区实际居住人口超25万。

城镇化进程加快。建成区面积扩建到18平方公里，道路框架达22平方公里。中心镇建设不断加快，城镇功能逐步完善，现代化小城市轮廓形成。

改革经验积累。1993年织里成为湖州市第一个建立经济开放区的乡镇，拥有对投资项目的审批权，并享有税收、工商登记、用地等优惠政策的扶持。民营经济得到全面激发，专业市场迅速崛起壮大，率先完成了工业化初级阶段的原始积累。2004年被建设部等国家六部委确认为"全国重点镇"，享受到一定的优惠政策，内容涉及规划建设、土地利用、户籍制度、财政分成以及行政管理职能扩权等，小城市发展向广度、深度推进。

第二节 省小城市培育试点

一、试点内容

2010年，织里被列为浙江省首批小城市培育试点，同年"织里镇小城市培育试点新三年（2014—2016年）行动计划"获省政府批复后，实施四大改革（详见本志第六卷第四章《社会治理改革》）。以"小城市综合改革"为核心，以"产业转型升级"为主线，强化"工业强镇、产城融合、城乡联动、开放带动、创新驱动"发展战略，小城市由"镇"向"城"转变。

二、试点成效

综合实力显著增强。2014年实现地区生产总值152.68亿元，同比增长10.64%，较2010年提升65.7%。第三产业占比达35.3%，较2010年提升3.3个百分点，三次产业结构逐步优化。财政总收入达到16亿元，税收收入11.6亿元，地方财政收入6.31亿元，比2013年分别增长13.16%、8.8%和15.78%，较2010年提升77.8%、78.5%和78.2%。完成固定资产投资72.9亿元，比2013年增长

20.3%，较 2010 年提升 102.5%。城镇居民人均可支配收入和农村居民人均可支配收入分别达到 42 873 元和 27 755 元。

公共服务能力不断提高。设立行政服务中心等五大中心，有效承接市区下放权限 230 项、执法权限 180 项，年均办理 4 万件以上，实现"织里人办事不出织里镇"。城市规划体系不断完善。聘请国内顶级规划编制单位按照城市的标准和要求编制织里镇总体规划，高起点编制小城市概念性规划、全域发展规划，实现规划 100% 全覆盖。2014 年建成区面积 21 平方公里，城镇化达到 78.6%，比 2010 年提高 12 个百分点。

社会管理模式不断创新。适应体制机制创新需求，建立 4 个街道、2 个办事处，规划、国土、环保、国税等职能部门实体化运作，16 个社区实行网格化管理。加强和规范新居民服务管理工作，初步形成"党政统一领导、各部门齐抓共管、全社会广泛参与"的三级服务管理组织网。

小城市改革力度不断增强。建立民间融资服务中心，推广积分入学和卡式居住证。建立司法调解中心，至 2014 年累计受理各类矛盾纠纷 1761 件，成功率达 98.6%。2014 年织里镇小城市综合改革实施项目 64 项，其中机制类 47 项、项目类 37 项，总投资 111.45 亿元。

各年度小城市培育考核排名靠前。2014 年小城市培育试点考核优秀（排列第 2 位），2014 年被列为省 20 个"智慧城市"试点之一，省级信息化和工业化深度融合试验区试点，42 个现代产业集群列入转型升级示范区试点。2014 年被授予国家级生态镇荣誉称号，入选全国首批 19 个淘宝镇，同年两度入围中国综合实力百强镇，2015 年列第 96 名。2015 年小城市培育试点考核优秀（排列第 2 位），2016 年小城市培育试点考核优秀（排列第 2 位）。2017 年小城市培育试点考核优秀（排列第 1 位），2018 年小城市培育试点考核优秀（排列第 11 位）。

第三节　2015 年全国首批小城镇综合改革试点镇

（新型城镇化试点）

一、实体经济投资试点

强化有效投资，抓住"互联网＋"机遇，有机融合培大育强与项目引建，开展"金象金牛"企业培育，栋梁分别入围2015年度中国民营企业500强和2015年度中国民营企业制造业500强。同年新增规模企业7家，累计达到118家。新增"亿千"企业3家，累计达到37家。新增"新三板"挂牌企业1家，东尼电子完成股改。同年新引进重点项目20个，安能物流、富隆机械等14个项目完成公司注册，百世供应链、西科姆电梯等11个项目实现当年投产，嘉进、中尚、东尼电子信息产业园等5个新增用地项目完成前期工作2016年启动建设。"双五"计划项目中26个区重点工业项目全部开工，竣工15个，完成投资18.12亿元，普洛斯、欧利亚、久鼎等一批"大好高"项目开工投产。工业现代化技改投入占工业性投入此重达到65%以上。经济保持稳中有进，2015年全年完成增加值168.5亿元，同比增幅10.4%。三次产业结构逐步优化，第三产业全年占比达36%。农村居民人均可支配收入全年增幅12.5%以上。财政总收入完成18亿元，同比增长12%。固定资产投资完成87.4亿元，增长20%以上，其中非国有投资占比80%以上。"个转企"总量居全市乡镇第一。

二、童装企业转型升级

一是实行"四房联动"。2013年开始启动"四房联动"（公寓房、生产房、商业房、房票）安置模式，彻底改变"三合一"安置模式，从源头上控制"低小散"童装加工户无序蔓延，实现生产生活彻底分离。2015年采用"四房联动"新安置模式签约的农户累计717户，涉及7个行政村13个自然村。安置房票价值累计达170 000万元，完成置换的房票价值70 000万元。二是建设童装园区。加快两大园区建设，围绕"企业进园区、交易进街区、居住进社区"，规划建设童装产业园和砂洗产业园。2015年童装产业园一期31万平方米交付使用（容纳童装生产企业120户。童装砂洗产业园一期17万平方米竣工并交付使用，二期15万平方米厂房打桩建设。以童装生产加工环节高度集中的街区为重点，形成"精品街""样板街"。三是推进品牌提升。童装企业做大做强企业、做精做优产品的转型升级意识不断增强。童装企业抱团创牌积极性增强，涌现"男生女生""壹童盟"等一批新型童装品牌，引进"中赛""不可比喻"等浙（湖）商回归童装项目。自动化和信息化技术在童装生产经营环节推广应用，50家试点企业引入打版、裁剪、吊挂等成套自动化设备，设备更新投入3200万元，实现设备、产品升级。四是发展电商产业。童装电商发展呈逐年快速增长趋势，童装类网店从

2012 年 679 家，2014 年发展到 3200 多家，交易额突破 40 亿元，在全国产业带中排第一。入选全国首批 19 个淘宝镇，涌现 20 余家网络零售额超 1000 万的企业。以织里童装电子商务产业园、智慧电子商务物流园等为代表的产业园区，及以织里镇童装电子商务孵化中心为代表的创业园等一批电商楼宇产业格局逐步形成。

三、城市建设创新

强化规划引领，从单一性向系列性转变，城市规划体系基本确立，湖州中心城市副中心的发展定位更加明确。以生产进园区、生活进社区、商贸进街区为理念，城市功能分区进一步优化。优化城市空间结构，完成 2.3 公里富民路改造，浒井港工程完成护岸砌石。财富广场、民丰世纪广场等一批重点开发项目建设形象均显现。以利济文化公园为核心的文化休闲街区建设逐步健全，城市品位进一步提升。吴兴大道、富民路、利济路和红门馆等重点街区形成了以挂样销售、电子商务为主的新型业态。城市形态节节拔高，镇区 50 米以上地标性建筑实现从无到有，从小到大，城市集聚辐射效应增强。

四、社会改革创新

扩权强镇推进，深化行政管理体制改革。市派驻织里的公安、国土土地储备、环保、工商、规划、消防、国税、地税等 9 个分支机构全部成立，实体化运作，市、区累计下放事权 230 项。2014 年新设立的 4 个二级街道、2 个办事处，机构延伸，管理靠前，力量下沉，加密管理网格，强化网格职能，有力承担起城市管理，环境卫生，公共安全，信访维稳，基层组织建设与干部管理，新居民管理服务等职能。民生事业发展，均衡发展科教文卫各项事业，优化教育、卫生设施，投入 800 万元完成 3 所学校校园综合改造和 2 所学校幼儿园部分校舍的加固，启动实验小学晟舍校区扩建工程。建设平安校园，投入 150 万元落实“三防”建设，强化学校安保设施配套，吴兴区人民医院开工建设，同年完成桩基施工。新型农村合作医疗参案率达到 99% 以上，加大养老服务力度，新增居家养老照料中心 6 个，居家养老服务实现 75% 覆盖。网格管理全面深化，把社区作为强化城市管理的主平台，将公安、行政执法、市政、环卫、销监等力量划入社区管理网格，形成社区书记、主任全面负责，各部门联合管理的工作机制。化解调处各类矛盾纠纷达 864 件，成功调解达 852 件，成功率高达 98.6%，其中劳资纠纷案件达 415 件，涉及民工人数达 1356 人，涉及金额达 1376 万元。进一步夯实社区警务基础，织里公安分局下沉警力 30 名，社区民警实现专职化。以"区块布警、综合用警"为重点，强化路面综合管控，提升路面见警率，管事率。健全社会治安防控体系建设，落实人防、物防、技防等举措，群众安全感、满意度得到提升，刑事发案 1707 件，打处率 62.4%。开展打击恶意逃债专项行动，依法严厉打击环境保护、食品药品安全等领域违法犯罪活动。实行领导干部下访约访机制，做到重大不稳定因素包案化解，到市上访同比下降 40%，到省上访同比下降 100%。同年 1 至 10 月到市上访同比下降 60%，到省上访同比下降 100%。社会治安明显改善，刑事发案率连续三年下降，开展安全生产大排查、大整治、大宣传，实现"三项指标"零增长。

第七章　邮政　通信

　　织里古代的邮政通信以托人带信为主，到宋代为民众服务的邮政机构出现，明代古驿递发展，清末织里代办邮局设立。民国期间利用航船通邮，每日一班。1956 年成立织里电信所。20 世纪 60 年代逐步开通湖州至织里的自办汽车邮路，使用三轮摩托车装运邮件，用自行车送投递邮件。1988 年 12 月开办无线寻呼（BP机）业务。1989 年一季度电报收发量为 33 753 件。1991 年 9 月开通程控电话业务，代替纵横制电话（俗称摇把子）。1992 年底，织里镇开通移动电话"大哥大"业务。1998 年，东湾兜村成为湖州市首个程控电话村。2000 年建造联托运中心，开通至全国各个主要城市的专线。1997 年织里移动公司正式成立。2012 年开始建设普洛斯物流园，2019 年百世、音锋、安能、大地环境、壹米滴答等在织里设置网点，设有百世网络供应链、安能供应链、百世网络供应链、壹米滴答供应链等。

第一节　邮　政

一、邮驿

　　光绪三十一年（1905）十二月十六日，菱湖邮政分局开设，原设代办邮政分局撤销。同年，湖州府内增设武康、三桥埠、上柏、织里、下昂等 5 个代办邮政分局。

　　宣统三年（1911），湖州邮政分局在南皋桥、晟舍开设邮政代办，南浔邮政分局在轧村开设邮政代办，梅溪分局在晓墅开设邮政代办。

　　中华民国元年（1912）1 月 22 日，湖州府邮政分局更名为湖州邮局。6 月，湖州所有驿站全部裁撤。官府公文改由湖州邮局寄递。

　　民国 3 年（1914）7 月，湖州邮政分局在义皋、大钱开设邮寄代办所。

　　民国 20 年（1931）11 月，湖州邮寄代办所改称邮政代办所。

民国 21 年（1932），吴兴县境共有邮政代办所 13 处，村镇信柜有旧馆、钮店桥、天平桥、妙喜（西）镇、胥仓桥、骥村、后林、吴家港、戴山等 9 处。利用航船通邮，每日一班。

民国 35 年（1946）2 月 1 日，吴兴邮局恢复设立织里、旧馆、义皋邮政代办处。

表 1-7-1　1947 年（民国 36 年）9 月织里邮政代办所一览

名称	功能志号	代办人姓名	店铺字号	执照号码	上月薪津数目（元）	运费及其他津贴
义皋	汇三	吴文华	源丰	129	40.000	无
织里	汇三	胡仲舫	复泰祥	221	55.000	无
旧馆	汇三	许斌	慕韩康文记	325	20.000	无
轧村	汇三	王顺发	王仁记	—	40.000	无

资源来源：《湖州邮电志》。

1952 年 9 月，织里电话交换所接收邮政代办所，代办邮政业务。

1.古驿路

古代驿递发展至明、清，自府城湖州始，急递分 4 路。东路经杨钮、孙老、晟舍、骥村、鲁墟、三里铺达江苏吴江。

光绪二十九年（1903）后，建有湖州至埭溪、善琏及湖州至织里、下昂航船邮路。光绪三十一年（1905），湖州府内织里邮政代办所乡村信件的投递形式，或是委办或是捎带。凡是寄达代办所所在地镇上的信件，包括信封上写明由镇上商店经转的信件，都由代办人按址投递到户，称委办投递。此外，凡是寄到乡村的信件，或由收件人自行到代办所领取，或有代办人捎带。宣统三年（1911 年），南皋桥、晟舍、轧村、晓墅开设邮政代办时相应建立航（船）班和旱路步班邮路。

民国元年（1912），开辟湖州至南皋桥、晟舍、轧村航船邮路。民国 3 年（1914），开辟湖州至袁家汇、义皋、大钱航船邮路。

表 1-7-2　1947 年（民国 36 年）9 月织里轮船邮路一览

邮路名称	运输方法	相距里程（公里）	每日班期	封发时刻	开行时刻	包封
吴兴—织里、潞村	航船	15.90	1	12:00	12:30	吴兴
吴兴—轧村、戴山	航船	27.12	1	12:00	12:30	吴兴
吴兴—义皋、南皋桥	航船	21.50	1	12:00	12:30	吴兴

资料来源：《湖州邮电志》。

民国 37 年（1948）4 月 18 日，南浔至湖州段公路通车，建立湖州至南浔委办汽车邮路，开始由汽车带运邮件。湖州至苏州（苏州转京、沪）、湖州至嘉兴，同日起带运邮件，在南浔经转，区间车沿途带运东迁、骥村、旧馆、晟舍、升山、八里店等邮政代办所、柜的邮件，每日封发 2 班。

2.中华人民共和国成立后的邮政

1958 年 2 月，湖州市邮电局雇用 6 名（折含整劳动力 4.5 人）雇工投递员，投送到轧村、洪塘、水口、莫蓉、东迁、马腰、义皋、乔溪等乡共 96 个农业社。

1964 年，邮路改为由乡邮员投递，航船邮路陆续撤销。

1985 年 5 月，撤销湖州至织里的委办轮船邮路。开通湖州至织里的自办汽车邮路，单程 25 公里，使用三轮摩托车装运邮件，同年 8 月，改用跃进牌邮政专用汽车运输邮件。

1988 年 6 月 28 日，织里镇政府规定："凡拍电报、交寄商包按照每份（只）另收取集资费 0.3 元，并向电话用户按照电话数量每部收取集资费 200 元。上述集资款主要用于购买汉字电传机、发报机头、传真机、电子磅秤等设备。"

1989 年 11 月 6 日，湖州至织里自办汽车邮路延伸至菱湖。

1997 年 5 月 28 日，湖州邮件处理中心启用，延伸织里邮路至南浔。

1999 年 11 月 20 日，对原郊区邮路进行调整优化组合，组建成织里线和菱湖线 2 条郊区邮路。

2006 年 10 月 25 日，调整部分区内邮路，将湖州至织里夜班邮路延伸至南浔，邮路返程以带运织里、南浔支局出口特快邮件为主，同时将银行二交返程票据包带回湖州。湖州至练市快速邮路撤销沿途的织里、南浔交接点，2 支局的邮件发运调整到湖州至织里、南浔夜班邮路，湖州发车直达练市，返程带运练市、双林、袁家汇支局营业终了收寄的特快邮件和银行票据包。

2011 年 1 月 18 日，湖州至双林邮路取消了袁家汇交接点，新增织里交接点。

二、邮政机构

1.机构沿革

1955 年 6 月，吴兴县织里、练市、善琏各局分别改称邮电支局、邮电所。织里、练市营业处为六等支局。

1960 年 6 月，轧村邮电所开业，原设邮政代办所撤销。

1961 年 2 月，重兆、轧村邮电所升为邮电支局。至此全县 15 个大公社都设立了支局（公社邮电局）。

1962 年 5 月，轧村、重兆、马腰邮电支局降为邮电所。同年 6 月，根据调整农村邮电服务水平，划清农村电话国营和集体两种所有制界限的指示，五石坞、升山、南皋桥、轧村等十七处邮电所下放到公社，改为社办电话交换所，代办国营邮电业务。

1965 年，织里邮电支局有职工 9 人，其中委办职工 2 人。

1972 年 6 月，织里邮电支局用房建成，为 2 层楼房，坐落织里镇中街，面积 150 平方米。

1983 年，织里邮电支局在宿舍旁扩建 3 层职工宿舍 1 幢，面积 300 平方米。1995 年 7 月 17 日，相继开办晟舍、含山 9 处邮政储蓄代办点。

1986 年 1 月，湖州市郊对织里的委办投递邮路试行农村邮路承包责任制，将投递津贴、外勤津贴和生产奖金捆在一起，按邮路里程长短、报刊流转额多少和投递质量好坏进行考核浮动，多劳多得，少劳少得，上不封顶，下不保底。

1987 年 7 月，织里邮电支局为筹建新局房，邮政和电报室搬至新局址临时局房 100 平方米。

1987 年年底，南浔、织里等邮电支局均设立了邮政储蓄专柜。

1988 年末，织里邮电支局有职工 31 人、委办 10 人，下设邮政、电信 2 个班组。服务范围为 1 镇 5 乡（轧村、漾西、太湖、晟舍、戴山）。织里支局有农村投递邮路 12 条，全长 437 公里，镇上投递邮路 1 条。

20 世纪 60 年代乡村邮递员使用的专车

1990 年 4 月 24 日，织里邮电支局 1240.59 平方米营业用房通过验收，并交付使用。

1996 年 4 月 26 日，织里邮电支局营业大厅装修竣工验收，装修费 3.24 万元。同年 9 月 10 日，晟舍邮局房屋建成验收，占地 4.24 亩，总建筑面积 654 平方米，工程造价 120 万元。

1998 年 9 月 11 日，根据《浙江省邮电分营工作实施方案》机构设置的要求，湖州市邮政局设立织里邮政支局等 9 个支局。

2009 年，富民路邮政储蓄所整修改造，改造面积 675 平方米，投资 49.32 万元。

2003 年 12 月 31 日，织里邮政储蓄所搬迁到富民路营业。同年，通过对网点资源的整合与优化，将农村手工网点改造成联网网点。

2008 年 3 月，织里邮政储蓄所搬迁至织里镇富民路 39～51 号。

2. 历任织里邮政支局支局长名录

1998 年 9 月 01 日至 1999 年 3 月 1 日，沈晓明任织里支局副支局长。

1999 年 3 月 22 日至 2000 年 5 月 1 日，田三贵任织里支局副支局长。

2000 年 5 月 8 日至 2001 年 2 月 22 日，金小辉任织里支局副支局长；2001 年 2 月 23 日至 2005 年 3 月 28 日，任织里支局支局长。

2005 年 3 月 29 日至 2006 年 7 月 1 日，王金新任织里支局支局长。

2009 年 3 月 6 日至 2015 年 5 月 3 日，颜军任织里支局支局长。

2015 年 5 月 4 日至 2019 年 10 月 17 日，张伟任织里支局支局长。

2019 年 10 月 18 日至 2020 年 1 月，张伟任织里中心支局经理。

三、物流（社会快递）

联托运市场（吴兴大道） 位于吴兴大道与织里路的交叉处，占地面积 47.5 亩，始建于 2000 年，2001 年竣工并投入运营，共有 35 个入驻站点，开设路线 66 条，辐射全国主要的童装集散地。2018 年有员工 200 余人，月货运量 5 万吨左右。2019 年由童装世界联托运有限公司经营。

联托运市场（汽车站） 位于湖织大道南侧的织里汽车站东侧，始建于 2009 年，实际经营用地 84.5 亩（其中购 47.5 亩、租 37 亩），共有 24 个入驻站点，开设路线 50 条。2019 年由祥盛资产管理有限公司经营，有员工 300 余人，月货运量 2.5 万吨。

普洛斯物流园　位于东尼路东侧中华路北侧，2012 年开始建设，2014 年竣工，总投资 2000 万美元，用地面积 126.8 亩，由普洛斯投资，建设标准物流仓储设施并吸引知名企业入驻。

2019 年百世、音锋等上市企业入驻园区，同时国内企业安能、大地环境、壹米滴答等设置网点，设有百世网络供应链、安能供应链、百世网络供应链、壹米滴答供应链等。

百世网络供应链　由百世集团租赁普洛斯物流园厂房 16 146 平方米设立，建有自动化分拣系统，并设有区域快递分拨中心、供应链管理中心、运营中心等。2019 年有员工约 200 人，日处理包裹 6 万余件。

安能供应链　由上海安能聚创供应链管理有限公司投资，租赁普洛斯物流园厂房 9845.64 平方米，主要建有安能物流区域快运分拨转运中心、供应链管理中心、运营中心等。2019 年有员工约 50 人，日处理快运货物约 450 吨。

壹米滴答供应链　由壹米滴答供应链集团有限公司旗下桐乡时空物流有限公司投资，租赁普洛斯物流园厂房 5574.6 平方米，主要建有快运转发分拨中心、供应链管理中心、地区运营中心等。2019 年有员工约 50 人，日处理快运货物约 160 吨。

韵达快递　湖州韵达快递品牌创建于 2016 年，2019 年公司总部设在中华西路 699 号，是一家集物流、速递为一体的民营企业，占地 1.1 万平方米，在湖州市共有 12 个经营网点，约 300 多名员工。2019 年公司日均业务量约 15 万件，年业务量 5000 万件，占湖州市快递市场份额 20%。2019 年被授予"浙江湖州市吴兴快运公司年度成长之星"。2020 年 4 月，公司征用利济西路中通快递西侧的工业用地 100 亩，新建约 15 万平方米仓库及电商物流园。

申通快递　湖州申通快递公司初创于 1995 年，注册资本金 5000 万，主要承接织里镇快递业务。公司地址阿强路西侧的八里店镇区域，占地 54 000 平方米，建筑面积 90 000 平方米，采用交叉带分拣。2019 年货物量进出能力每天 100 万件，同年有分公司 19 个，员工总数近 700 人，各种运输车辆 100 余辆。

中通快递　公司成立于 2013 年，公司地址位于阿强路西侧的八里店镇区域，主要承接织里镇快递业务。占地面积近 50 亩，是一家涵盖行政办公楼、员工宿舍以及操作分拣中心、电子商务产业园于一体的现代化电子商务仓储物流中心。

采用全自动快件分拣系统，日处理快件量超 40 万件，2019 年有公司直营及承包网点 20 余个，员工 400 余人，各类运输车辆 100 余辆。

第二节　邮政业务

表 1-7-3　1965—1988 年部分年份织里邮政支局业务收入统计　　　　单位：元

年份	业务收入	年份	业务收入
1965	17568	1978	30527
1969	19830	1985	292281
1973	26479	1988	629598

资料由市邮电局提供。

表 1-7-4　1978—1988 年部分年份织里邮政支局出口业务量统计

年份＼出口业务量	函件（件）	包裹（件）	汇票（张）	电报（份）	长话（张）	农话（张）
1978	113983	2000		2789	2480	82057
1985	203166	19478	6266	23235	12839	138185
1988	291366	19242	7335	61409	37300	211178

资料来源：《湖州邮电志》。

1978 年邮件总包为 7200 件，1988 年为 35 637 件。1980 年 4 月 1 日，吴兴县农村地区支局（所）试办收费送包裹、送汇款、送特挂业务。同月，织里支局开始收寄成批工业品（商包）包裹，系全县第一个开办商包业务的邮电机构。

1982 年 12 月 31 日，织里支局全年商包收入达到 8.81 万元，占业务总收入的 55%，商包收入比重为全市之冠。1983 年 2 月 5 日，嘉兴地区邮电局嘉地邮办字〔1983〕07 号文件介绍："1982 年织里支局从帮助社员发展家庭副业着眼，深入社队宣传邮寄商包迅速准确、安全方便的好处，同时适当调整内部劳动组织，发动职工协作配合，投递员、机线员、发行员、话务员都主动帮助过磅、打包、搬运，由于支局干群的共同努力，1982 年的商包收入达到 88 138 元，占业务总收入的 55% 以上，比去年增长 3.63 倍。"

1987 年，织里电报收发量达到 11 664 份，收寄商包共 16 476 只。

1988 年一季度电报收发量为 33 753，比上年同期上升 59.1%。

1990 年织里支局经办业务有：①包裹（包括民包、商包）；②汇款（包括

织里邮政营业厅

普汇、电汇）；③国际挂号；④电报；⑤长途电话；⑥邮政储蓄；⑦邮政快件；⑧投递。

1994年5月18日，南浔、双林、菱湖、练市、织里、善琏、埭溪、袁家汇等8个支局开办国内和国际特快专递业务。同年8月31日，轧村邮电所完成业务收入101.03万元，成为市局第一个超百万元的邮电代办所。

1994年10月31日，织里邮电支局累计完成业务收入512万元。

表 1-7-5　1997年湖州市邮政局经办业务情况一览

局所名称	类别	邮政编码	有投递任务的	经办邮政业务										
				国内							国际			
				函件	包裹	汇兑	储蓄	发行	集邮	特快	平函	挂函	包裹	汇兑	特快
湖　州	局	313000	有	√	√	√	√	√		√	√	√	√		√
织　里	支局	313008	有	√	√	√	√	√	√	√	√	√			√

资料来源：《湖州邮电志》。

1999年3月5日，织里邮政支局开办邮政电报入账汇款业务。同年9月16日，各邮政支局开办邮政汇兑超限额汇款业务。

2003年2月18日，根据湖州市行政区划调整部署，湖州邮局调整各邮政支局所辖邮政（电）所（含代办所）隶属关系。

织里邮政支局包含：太湖邮电所、漾西邮电所、戴山邮电所、轧村邮电所、仁舍邮电所、八里店邮电所。

表 1-7-6　2006 年 3 月湖州市邮政局支局、所业务情况一览

序号	局所名称	类别	邮政编码	有投递出班	包裹自领点	开办业务									
						平函	挂函	包件	汇兑	特快	报刊	储蓄	集邮	物流	增值
1	棉布城	所	313008	有	自领	√	√	√	√	√	√	√	√	√	√
11	织里	支局	313008	有	自领	√	√	√	√	√	√	√	√	√	√

资料来源:《湖州邮电志》。

表 1-7-7　1989 年湖州市邮电局农村投递邮路情况一览

单位	自办		委办		合计	镇投	
	邮路(条)	长度(公里)	邮路(条)	长度(公里)		邮路(条)	长度(公里)
织里	3	109	8	340	449	1	9

资料来源:《湖州邮电志》。

表 1-7-8　1992 年湖州市邮电局农村投递邮路情况一览

单位	自办		委办		合计	镇投	
	邮路(条)	长度(公里)	邮路(条)	长度(公里)		邮路(条)	长度(公里)
织里	2	73	12	361	434	1	9

资料来源:《湖州邮电志》。

2009 年 11 月 30 日,织里邮政支局的投递网点完成上线工作。

第三节　电　信

一、织里移动

1997 年湖州移动公司正式成立,系通信运营商。

2003 年公司已在织里区域发展签约渠道 7 家。

2003 年 12 月织里移动营销部正式挂牌成立(地址为吴兴大道 83 号),营销部经理范助宏,有营业员 8 名、销售经理 1 名、客户经理 3 名、直销人员 5 名,下辖移动签约渠道 15 家、业务合作网店 70 多家。织里移动营销部隶属于中国移动通信集团浙江有限公司吴兴分公司,下辖管理织里镇和八里店镇两个区域的移动业务发展(2016 年八里店镇划分独立为东部新城营销部)。

至 2006 年通话用户有 11.2 万用户,下辖签约渠道 22 家、业务合作网点 180 余家。截至 2008 年,织里移动共开通移动 2G 基站 377 个。

中国移动营业厅

2008—2013 年，织里移动进一步开展通讯全业务发展（固话、宽带、专线等），同时通信网络技术从 2G 向 3G 网络技术进一步提升，通话用户达 17 多万用户，占织里移动通话用户的 85% 以上。下辖签约渠道 55 家、业务合作网点近 200 家，营业厅新增至 3 家。

2008—2013 年，乐海良、忻玉芳、王佩芬等 3 人历任营销部经理。2013—2019 年，王佩芬、沈逸中、费斌等 3 人历任营销部经理。

2013—2019 年，织里移动通信 4G 通话用户最高时达 3 万多用户、宽带用户 6 万户。开展 4G 网络建设，共开通 4G 基站 714 个，基站建设总投资 27 763 万。织里宽带覆盖户数 146 020 户，基本全覆盖。

2019 年开始，在织里区域开展 5G 网络的建设和覆盖工作，共设站点 168 个，每个站点投入资金 100 万左右，开启万物互联全新时代。

二、联通织里分公司

中国联合通信有限公司（原联通）成立于 1994 年 7 月 19 日。

2004 年 1 月 1 成立中国联通织里分支机构，办公地址设在织里镇富民路与吴兴大道交叉口国土资源大楼一楼，面积约 200 平方米，内设三个办公室和对外办理业务的一个营业厅，承担织里镇区域内移动业务发展，包括固定电话业务发展与安装维护，集团业务拓展与维系，联通村建设等任务。

2009 年 1 月 7 日中国联通与中国网通合并，成立中国联合网络通信有限公司织里分公司，办公地点搬迁至织里珍贝路 112 号织里联通办公大楼，面积约

2000 平方米。分公司设置 5 个部门（市场营销部、集团部、本级经营部、太湖经营部、综合部下挂建维中心），2 个营业厅（吴兴大道营业厅、珍贝路营业厅），共有员工 40 人，其中分公司总经理 1 人，副总经理 1～2 人，部门经理 4～5 人，营业员 15 人，销售人员 10 人，后台人员 10 人。

2014 年 12 月太湖经营部撤销。

2019 年，织里分公司业务量比 2016 年用户规模、业务收入均翻番，市场份额占比约 25%。

织里经营部经理变动情况：

2004 年 1 月至 2005 年 6 月，李旭晨任织里经营部经理。

2005 年 6 月至 2007 年 9 月，李人威任织里经营部经理。

2007 年 9 月至 2008 年 7 月，唐佩华任织里经营部经理。

2008 年 7 月至 2009 年 1 月，汪太洪任织里经营部经理。

2009 年 1 月至 2015 年 9 月，王锋任织里分公司总经理。

2015 年 9 月至 2017 年 5 月，刘永荣任织里分公司总经理。

2017 年 5 月至 2019 年 12 月，周超任织里分公司总经理。

三、织里电信支局

1956 年左右成立织里电信所，所长许德生。

1975 年电信所和邮政所合并为织里邮电支局。

1998 年 10 月开始邮电分营，织里邮电支局划分为织里电信支局和织里邮政支局。织里电信历任支局长为许德生、童学勤、赵钰芳、杨伟明、劳文舟、童建新、张健、汪强、李小玉、赵雅琴等。

1988 年 12 月，开办无线寻呼（BP机）业务（织里镇高峰时有BP机用户 6 万余户，至 2007 年停办）。

1991 年 9 月，开通程控电话业务，代替纵横制电话（俗称摇把子）。同年红光村村民沈荣林成为第一位农村私人用户。2007 年开通用户 311 户，2020 年 7 月截止用户近 5 万户。

1992 年底，在织里镇开通移动电话"大哥大"业务。

1998 年，东湾兜村成为湖州市首个程控电话村。

2000 年 4 月 20 日，电信移动分离。中国移动集团成立，同年 5 月 17 日，剥离无限寻呼、移动通信和卫星通信业务后成立中国电信集团公司。

2004 年，对外提供中国电信移动电话（CDMA）业务。截至 2020 年 7 月织里有 CDMA 用户 5 万余户；

2000 年，建立织里电信支局，属浙江省电信公司湖州市分公司在织里的驻地运营机构，位于织里镇吴兴大道 128 号。2002 年初被授予湖州市市级文明单位。系统内分别获得省级家园式支局、省级"一家人"创建达标示范单位、2015 年度浙江公司先进集体。2016 年 1 月参加省标杆厅建设评比，织里营业厅获得"省级标杆厅"荣誉。

2019 年有职工 54 人，完成业务收入 6500 余万元。

第四节　互联网（电商）

一、电商发展

2011 年，阿里巴巴入驻织里，成为全国首家入驻地方产业集群的电子商务，当年线上交易额 15 亿元。2013 年投资 700 多万元，占地 7000 平方米的电子商务孵化中心全面建成，为 3000 多家童装户提供电商代理、童模摄影等服务。2014 年大河村、秦家港村、河西村等淘宝村陆续形成。河西村 2014 年全村童装电商企业共有 105 户，到 2015 年增加到 196 户，2016 年全村 428 户农户，有 354 户出租或自留用于开网店，2015 年全村电子商务销售额 2 亿余元。2019 年 5 月，阿里巴巴在织里推出淘宝直播平台，定位于"消费类直播"，34 家童装企业开展"淘宝直播"，24 小时内累计销售 30 万件童装。

二、电商业务量

2011 年线上交易额 15 亿元，2013 年线上交易额 30 亿元，2017 年线上交易额 70 亿元，在全国 194 个产业带中排名第 5 位，2018 年线上交易额超过 100 亿元，并形成大河、河西、秦家港等淘宝村 5 个。

第八章 公共服务

织里自古以来生态环境良好，但随着童装、铝合金、印染、木业等产业的发展，外来人口的增加，污染治理压力不断增大。从 1983 年开始，重视环境保护。进入 21 世纪后，环境保护工作不断加强，开展了砂洗行业、印染行业、木业、铝合金行业、有机玻璃行业等多项专项整治，空气质量、水环境等得到明显改善。

随着经济的发展、城市的扩张和人民群众生产生活的需要，织里公共服务设施随之跟上。1958 年通电，1978 年通自来水，1998 年开通镇区内公共交通，2006 年供热，2017 年供气，至 2019 年，公共服务设施基本完善。

第一节 污染治理

一、环保机构

1983 年始，环保列为乡镇工办的一项工作内容，由分管安全的机关工作人员带管。2007 年成立镇环保站，配备专职工作人员 2 名。2012 年镇环保站升格为湖州市环境保护局织里分局，办公地址设在织里镇政府 4 楼，基本承办市环保局委托区域主要环境保护各项工作，分局下设审批科和监察科，共有工作人员 11 名，叶敏任局长。2015 年，由于机构改革成立吴兴区环境保护局织里分局，周李任局长，杨晓秋任副局长，2016 年 9 月何晔波任局长。2019 年 7 月改名为湖州市生态环境局织里分局，同年 12 月扩充人员，工作人员总数 20 名。

2015 年到 2019 年 5 年间共审批项目 164 个，立案处罚 127 起，处罚金额 798 万余元，发放企业监察意见书 84 份，限期改正决定书 1016 份，规范和完善各类企业生态环保的审批和管理制度，对境域内的各个企业进行指导和监管。

二、专项整治

铝合金行业转型升级　2015 年 7 月实行漾西铝合金分类整治提升，淘汰落后产能，取缔非法生产企业（作坊），改造提升部分铝合金企业。全面停止老式土制熔铝炉等落后装备的使用，选配高效除尘、废气处理装置，完成原煤燃料淘汰工作，选用清洁能源替代，实现工艺装备、污染防治和清洁生产水平的提升。通过整治，铝合金企业由原来的 40 家减少到 30 家，所有企业废水全部纳管集中处理。淘汰小锅炉，使用清洁能源，年节能 2500 吨标煤以上，年削减化学需氧量1.17 吨，氨氮 1.20 吨，总磷 0.08 吨，总铬 0.0039 吨，总镍 0.0020 吨，氮氧化合物 6.54 吨，二氧化硫 70.39 吨，颗粒物 15.75 吨。

小印花企业污染整治　2015 年至 2017 年，实施区域内 489 家小印花企业行业整治。对辖区内 150 余家印花直排户发放停产通知书，对 8 家企业进行生产设备查封并进行行政处罚。依法立案查处 3 家，并移送公安机关。对非法砂洗、纽扣着色、花边染色等其他童装涉污加工户进行统一整治，关停 68 家。2018 年非法小印花全部关停，2019 年 1 月止入园区 244 家。

"低小散"企业整治提升　从 2018 年 8 月开始，对非法塑料造粒、吹膜等"散乱污"企业实施综合整治行动。共投入资金 5000 万元，涉及 129 家企业，到2019 年 12 月底，129 家整治企业已全部关停取缔，其中 127 家企业设备拆除，67 家企业违建厂房拆除完毕，涉及拆除面积 104 698.8 平方米，拆除后可争取土地指标 82 092.1 平方米，每年减少废气排放 255 吨。

复合布行业挥发性有机物（VOCs）环境整治　2018 年 11 月，排定 55 家复合布企业，综合运用法律、经济、行政等多种手段，依法查处复合布生产过程中的环境违法行为，规范提升生产工艺和环保设施水平。将整治任务分配到企业，各企业制定"一厂一案"，明确整治目标和任务，全面督促企业按整治方案要求开展整治提升工作。截至 2019 年 1 月 31 日，共有 54 家复合布企业完成整治提升，并通过验收，有 1 家企业未通过整治验收的企业予以取缔。

纺织印染、涂装、塑料制品企业挥发性有机物（VOCs）污染整治　2017 年12 月，区域内有织里英敏织造厂、阿永特种印花、湘衡特种复合等 77 家纺织印染企业，有欧亚木业有限公司、织里长江家具有限公司、秦永年家具厂等 17 家涂装企业，有亨鑫电线电缆有限公司、织里奥烽电线厂、金鹰电线电缆厂等 49

家塑料制品企业。2018 年 1 月，以《浙江省挥发性有机物污染整治方案》《湖州市挥发性有机物（VOCs）整治方案》和《湖州市挥发性有机物（VOCs）污染防治 2016 年度实施计划》为依据，全面开展涉挥发性有机物排放的"散乱污"分类处置。整治内容主要为原料准备、塑

2016 年 10 月开展非法小印花专项整治行动

料制造、塑料成型加工环节挥发性有机物综合治理，到 2018 年 12 月完成整治任务，见下表。

表 1-8-1　企业挥发性有机物（VOCs）污染整治情况一览

序号	企业名称	治理工艺	废气收集方式	废气收集率	废气处置率	整治方案编制单位
1	湖州织里英敏织造厂	关闭	/	/	/	/
2	湖州亨鑫电线电缆有限公司	活性炭吸附	集气罩	80%	75%	
3	湖州欧亚木业有限公司	水喷淋+活性炭吸附	/	80%	75%	
		水喷淋+活性炭吸附	/	70%	76.8%	
		水喷淋+光催化氧化	集气罩	70%	75%	湖州南太湖环保科技发展有限公司
4	湖州织里奥烽电线厂	活性炭吸附	集气罩	/	/	
5	湖州金鹰电线电缆厂	活性炭吸附	集气罩	80%	84.27%	
6	湖州织里灵策电线电缆厂	关闭	/	80%	76.75%	/
7	湖州织里新飞亚电线电缆厂	活性炭吸附	集气罩	65%	48%	
8	湖州康达电线电缆厂	光催化氧化+活性炭吸附	集气罩	65%	46.90%	
9	湖州织里华帆电线电缆有限公司		集气罩	80%	77.4%	
10	湖州织里腾达线缆厂	活性炭吸附	集气罩	80%	79.1%	

（续）

序号	企业名称	治理工艺	废气收集方式	废气收集率	废气处置率	整治方案编制单位
11	湖州龙鹰电线电缆有限公司	活性炭吸附	集气罩	90%	76%	
		活性炭吸附	集气罩	65%	53%	
12	湖州起帆电线电缆有限公司	活性炭吸附	集气罩	95%	75%	
13	湖州织里威龙电线电缆厂	光催化氧化+活性炭吸附	集气罩	70%		
14	湖州织里长江家具有限公司	水喷淋	全密闭	90%	46%	
15	秦永年家具厂	水喷淋+光催化氧化+活性炭吸附	/	/	/	
16	湖州雄鑫电线电缆有限公司	活性炭吸附	集气罩	/	/	
17	湖州纳邦电缆附件有限公司	关闭	/	90%	78.3%	/
18	湖州织里德利电线电缆厂（伍浦村委会）	关闭	/	/	/	/
19	湖州永久电线电缆有限公司	活性炭吸附	集气罩	90%	87.50%	
20	湖州森宝木业有限公司	关闭	/	/	/	/
21	湖州织里森合木业加工厂	光氧催化+活性炭吸附	集气罩	95%	90%	湖州益环环保工程有限公司
22	湖州联纯净水剂厂	关闭，不涉及VOC	/	90%	73.50%	/
23	鲸超家具厂	光氧+水喷淋	全密闭	90%	77.58%	
24	湖州织里四友木片加工厂	VOC光氧催化净化器	集气罩	70%	79.40%	湖州南太湖环保科技发展有限公司
25	湖州安普电线电缆有限公司	活性炭吸附	集气罩	95%	90.00%	
26	湖州通胜电线电缆厂（湖州远东电线电缆有限公司）	活性炭吸附	集气罩	70%	77.90%	
27	湖州市森木家私厂（森龙）	水喷淋	密闭	90%	75%	

（续）

序号	企业名称	治理工艺	废气收集方式	废气收集率	废气处置率	整治方案编制单位
28	湖州新东方线缆有限公司	活性炭吸附	集气罩	95%	90%	
29	织里奥邦电线电缆厂	活性炭吸附	集气罩	95%	90%	
30	浙江振兴阿祥集团有限公司	活性炭吸附	全密闭	90%	90%	
		活性炭吸附	全密闭	95%		
31	湖州久鼎电子有限公司	活性炭吸附	集气罩	/	/	湖州南太湖环保科技发展有限公司
32	湖州欧利亚机电科技有限公司		全密闭	90%	75%	
33	湖州京桥化工有限公司	关闭	/	70%	75%	/
34	织里中源电线电缆厂		集气罩	70%	78.6%	
35	湖州织里平安电线电缆厂	活性炭吸附	集气罩	/	/	
36	湖州皇策电线电缆厂	活性炭吸附	集气罩	/	/	
37	瑞瓦格复合材料（湖州）有限公司	搬迁	/	90%	90%	/
38	西比（湖州）通信科技有限公司	不涉及VOC	/	90%	75%	/
39	嘉宝木业	低温等离子+活性炭吸附	集气罩	70%	78.3%	
40	湖州格林电梯科技有限公司	活性炭吸附	集气罩	90%	75%	
41	上海澳浦电缆织里分公司	活性炭吸附	集气罩	90%	75%	
42	湖州织里远海电线电缆厂		集气罩	90%	75%	
43	无锡太特电缆织里分公司		集气罩	65%	75%	
44	湖州织里栋鑫电线电缆厂	活性炭吸附	集气罩	70%	75%	
45	湖州织里民达电线电缆厂		集气罩	80%	75%	
46	湖州立新电线厂	活性炭吸附	集气罩	65%	70%	

（续）

序号	企业名称	治理工艺	废气收集方式	废气收集率	废气处置率	整治方案编制单位
47	湖州鹏飞电线电缆厂		集气罩	90%	78.1%	
48	湖州飞时达电线电缆有限公司	活性炭吸附	集气罩	90%	75%	
49	湖州平潮电线电缆有限公司		集气罩	90%	75%	
50	湖州惠达电线电缆有限公司	活性炭吸附	集气罩	90%	75%	
51	湖州织里龙马电线厂		集气罩	90%	79.5%	
52	阿永特种印花	VOC量较少	集气罩			/
53	湖州织里群兴电缆厂		集气罩	/	/	
54	湘衡特种复合		/	/	/	/
55	倪文惠吹膜厂	关闭	/	/	/	/
56	杨军吹膜厂	关闭	/	/	/	/
57	浙江汇德木业有限公司	关闭	/	/	/	
58	沈旭萍吹膜厂	关闭	/	95%	75%	
59	金海明吹膜厂	关闭	/	95%	75%	
60	湖州织里创塑塑科科技有限公司	活性炭吸附	全密闭	/	/	
61	孙伟塑料粒子加工作坊	活性炭吸附	全密闭	/	/	

资料由镇生态环境局提供。

2017年12月纺织印染、涂装、塑料制品企业关闭的有孙强强塑料粒子加工作坊、湖州织里新环达包装材料厂、湖州织里非繁塑料包装材料商行、崔传红塑料粒子加工作坊、李传明塑料粒子加工作坊等共80家。

三、污水处理

1995年，新建造排污站一座，面积17.2平方米，设置5.5千瓦，7.5千瓦排水泵各一台，每天排污能力2000吨。

截至1995年底，镇区共铺设下水管道8452米，窨井755只，见下表。

表 1-8-2　1995 年底镇域地下管网设置

| 新街名 | 下水道 | | | | | 窨井 | | 流向 | 主车道宽度（米） |
	总长度（米）	管径（毫米）	长度（米）	管径（毫米）	长度（米）	检查井（只）	雨水井（只）		
织东路	222	45	150	23	72	6	14	东	9
人民路	840	45	570	23	270	20	50	东	9
公园路	703	45	523	23	180	18	48	东	6
中华路	1156	45	814	23	342	28	66	东	9
振兴路	552	45	396	23	156	14	40	东	6
商城路	395	45	185	23	210	7	22	东	14
长安路	488	45	250	23	238	9	26	东	14
晟织北路	1734	45	1062	23	672	36	84	北	14
富民路	1430	45	829	23	602	29	72	北	14
凯旋路	599	45	183	23	216	14	38	北	9
人民东路	333	45	117	23	216	38	73	北	9

2002 年，湖州自来水公司在织里镇旧馆村东侧 318 国道旁建造湖州市东郊污水处理厂，建设规模为日处理污水 3 万吨，主要服务范围为织里镇生活污水及工业废水处理。

2003 年 5 月 16 日，湖州自来水公司将东郊污水处理厂整体一次性转让给织里镇政府。

2003 年 10 月，由织里镇人民政府将东郊污水处理厂全部转让给湖州金洁实业有限公司。经营范围为污水处理，工作人员 14 人。

2005 年 2 月，东郊污水处理厂变更为湖州织里东郊水质处理有限公司，注册资本 800 万元，法人代表（总经理）陈建腾，副总经理朱炳贤。织里镇资产经营有限公司和湖州金洁实业有限公司占公司注册资本的比例分别为 20% 和 80%。

2006 年 2 号、4 号污水泵站建成使用。2017 年 12 月总泵站建成开始投入使用，2 号、4 号污水泵站停止使用。

2008 年 12 月开始动工建设二期扩建和一期改造工程。2012 年 7 月，二期扩建工程进行调试试运行。2013 年 4 月，一期改造工程进行调试试运行。

2012 年织里镇生活污水及旧馆片区工业废水接入。

2013 年 12 月，公司一期每日 3 万吨改造工程项目通过环保设施竣工验收。2014 年漾西、轧村片区污水管网接入。

2016 年 11 月，公司一期改造工程及扩建工程项目作为整体项目通过环保竣工验收，日设计处理能力达到 6 万吨。

2017 年栋梁路以西到阿祥路区域污水接入。织里珍贝路以西的污水由位于织里镇西侧八里店东部污水处理公司处理。

四、污染事件

1994 年 7 月，天气长期高温无雨，河港水位较低。大港印染厂污水排入河道后造成环境污染。在市环保局的要求下，织里镇政府成立环境污染领导小组，镇长倪林泉任组长，副镇长吴柏林任副组长，处置了污染事件。同时要求各印染厂停止深色布生产，保证污水治理设施正常运转，并经处理后达标排放。

1996 年 5 月，在晟织公路通往花木场铺设下水管时，由于未在施工前堵塞污水管，致使污水流入鱼塘，造成 17 万只三角河蚌死亡。经省淡水研究所鉴定，污水中含有有毒物质。织里镇城建办向养殖户赔偿损失 17 万元。

五、空气质量

2019 年全镇空气质量优良率为 72.9%，较上年上升 2.8 个百分点。其中主要指标颗粒物由上年每立方米 46 微克下降到每立方米 36 微克，同比下降 21.7%。

表 1-8-3　2018—2019 年织里镇天气实况

日期	气压 (kPa)	湿度 (%)	温度 (℃)	风速 (米/秒)	臭氧 (毫克/立方米)	细颗粒物 (微克/立方米)	臭氧 8 小时浓度 (微克/立方米)
2018 年 1 月	70.5	49.3	2.5	1.38	73	85.452	62.419
2018 年 2 月	102.3	65.4	5.8	1.65	101.786	68.25	92.607
2018 年 3 月	101.7	70.1	13	1.67	113.935	71.806	99
2018 年 4 月	101.3	60.7	18.9	1.83	163.367	40.633	139
2018 年 5 月	100.8	68.1	23.4	1.64	160.767	40.56	141.355
2018 年 6 月	100.4	67.6	25.7	1.58	184.103	31.1	155.345
2018 年 7 月	100.2	68.8	29.9	1.84	148.484	24.55	123.633

（续）

日期	气压 (kPa)	湿度 (%)	温度 (℃)	风速 (米/秒)	臭氧 (毫克/立方米)	细颗粒物 (微克/立方米)	臭氧8小时浓度 (微克/立方米)
2018年8月	100.1	69.7	29.7	1.92	143.516	20.6	123.742
2018年9月	101	66.7	26.1	1.39	141.6	28.37	119.633
2018年10月	101.8	59	19.1	1.44	120.414	37.86	99.931
2018年11月	102.1	72.9	14	1.41	71.821	45.893	55.36
2018年12月	102.6	72.7	7.5	1.86	54	53.742	42.45
2019年1月	102.6	70.8	5.8	1.38	62.194	70.355	51.774
2019年2月	102.3	74.9	6.1	1.35	78.607	55.107	71.286
2019年3月	101.7	62.5	12.4	1.52	117.29	53.03	105.774
2019年4月	101.2	65.2	17.8	1.42	131.833	39.67	115.167
2019年5月	101	53.7	22.1	1.45	166.323	20.77	149.032
2019年6月	100.4	67.8	24.9	1.39	171.966	24.8	153.733
2019年7月	100.2	68	28.6	1.4	162.935	21.39	142.194
2019年8月	100.2	65.2	29.5	1.59	158.7	20.65	131.29
2019年9月	101.1	64.5	25.2	1.38	172.3	22.9	148.867
2019年10月	101.7	62.8	20.3	1.34	128.323	34.77	111.903
2019年11月	102.1	59.3	15	1.39	96.933	37.93	79.8
2019年12月	102.4	64.9	9.1	1.41	63.742	40.81	48.065

注：资料由市气象台提供。

表 1-8-4　2020年1月织里镇天气实况

2020年1月	气压 (kPa)	湿度 (%)	温度 (℃)	风速 (米/秒)	臭氧 (毫克/立方米)	细颗粒物 (微克/立方米)	臭氧8小时浓度 (微克/立方米)
1日	103.0	60.4	5.5	1.13	64	26	54
2日	102.6	76.3	8.3	0.93	19	32	39
3日	102.5	83.6	8.6	1.42	4	31	2
4日	102.5	84.6	8.8	0.85	27	32	20
5日	102.2	73.6	11.6	1.40	63	30	52
6日	101.6	73.3	14.4	1.85	53	29	38
7日	101.4	76.5	9.4	3.61	42	30	24
8日	102.6	61.9	5.5	2.61	48	31	42
9日	102.4	68.2	5.9	0.78	23	29	23
10日	102.0	84.3	7.2	0.97	41	13	26
11日	102.0	82.9	6.0	1.83	49	17	45

（续）

2020年1月	气压 （kPa）	湿度 （%）	温度 （℃）	风速 （米/秒）	臭氧 （毫克/立方米）	细颗粒物 （微克/立方米）	臭氧8小时浓度 （微克/立方米）
12 日	102.3	66.7	5.3	1.75	89	49	74
13 日	102.2	69.8	5.5	0.82	47	73	44
14 日	102.6	67.0	5.3	1.45	69	90	54
15 日	102.5	74.7	4.7	1.04	50	38	37
16 日	102.3	83.0	5.5	1.63	55	8	50
17 日	102.6	77.6	4.6	1.72	50	35	44
18 日	102.4	66.8	4.5	1.19	70	53	61
19 日	102.3	60.4	6.1	1.39	92	53	72
20 日	102.4	60.8	6.4	1.05	133	89	119
21 日	102.3	73.3	7.2	1.00	117	124	101
22 日	101.9	84.0	7.6	1.31	60	53	68
23 日	102.2	84.8	8.1	1.14	65	18	57
24 日	102.6	80.5	8.0	1.15	84	26	82
25 日	102.6	81.9	6.7	1.73	64	12	73
26 日	102.0	83.1	7.0	1.90	77	3	71
27 日	102.0	79.6	4.7	3.31	78	11	77
28 日	102.2	71.4	4.7	2.88	53	33	52
29 日	102.2	57.2	6.5	2.98	87	33	83
30 日	102.2	55.7	5.9	2.69	110	47	104
31 日	102.4	51.2	5.6	1.39	124	45	117
最大值	103.0	84.8	14.4	3.61	133.000	124.000	119.000
最小值	101.4	51.2	4.5	0.78	4.000	3.000	2.000
平均值	102.3	72.7	6.8	1.64	64.742	38.484	58.226

注：资料由市气象台提供。

表 1-8-5　2020 年 2 月织里镇天气实况

2020年2月	气压 （kPa）	湿度 （%）	温度 （℃）	风速 （米/秒）	臭氧 （毫克/立方米）	细颗粒物 （微克/立方米）	臭氧8小时浓度 （微克/立方米）
1 日	102.5	49.3	7.1	1.07	101	39	92
2 日	102.4	56.4	8.9	0.96	91	23	85
3 日	102.6	64.2	9.0	1.10	115	62	104
4 日	102.4	64.2	8.3	1.01	99	31	89

（续）

2020 年 2 月	气压 （kPa）	湿度 （%）	温度 （℃）	风速 （米/秒）	臭氧 （毫克/立方米）	细颗粒物 （微克/立方米）	臭氧 8 小时浓度 （微克/立方米）
5 日	102.7	60.8	8.3	1.10	105	26	88
6 日	102.8	70.0	5.3	1.29	71	14	71
7 日	102.7	79.9	6.1	0.69	77	17	72
8 日	103.0	67.2	7.3	0.84	84	35	79
9 日	102.8	57.9	8.8	1.24	93	46	83
10 日	102.3	57.2	10.2	1.17	92	31	84
11 日	101.9	79.0	10.1	1.69	77	34	73
12 日	101.7	78.0	11.7	0.75	75	31	60
13 日	101.4	79.8	13.7	1.07	71	25	57
14 日	101.3	83.2	14.1	1.22	92	14	70
15 日	102.0	79.5	8.2	3.63	53	6	63
16 日	102.7	51.3	3.2	4.27	78	20	75
17 日	102.9	40.4	5.6	3.34	93	14	89
18 日	103.0	40.4	6.4	1.14	95	16	92
19 日	102.5	53.2	7.7	1.12	90	23	82
20 日	102.8	59.4	10.7	1.03	137	17	113
21 日	102.7	63.3	10.7	1.97	82	20	73
22 日	103.0	48.7	12.2	1.81	119	38	107
23 日	102.6	55.9	10.9	1.42	139	50	125
24 日	101.6	56.8	16.9	1.82	126	33	109
25 日	101.4	62.9	17.6	1.94	121	35	87
26 日	102.3	73.3	10.6	1.11	70	22	66
27 日	102.5	62.3	10.1	1.27	99	32	88
28 日	101.6	74.1	10.5	1.92	75	27	79
29 日	101.5	79.7	9.9	0.91	53	12	48
最大值	103.0	83.2	17.6	4.27	139.000	62.00	125.000
最小值	101.3	40.4	3.2	0.69	53.000	6.00	48.000
平均值	102.3	63.7	9.7	1.51	92.172	27.34	82.862

注：资料由市气象台提供。

表 1-8-6 2020 年 3 月织里镇天气实况

2020 年 3 月	气压 (kPa)	湿度 (%)	温度 (℃)	风速 (米/秒)	臭氧 (毫克/立方米)	细颗粒物 (微克/立方米)	臭氧 8 小时浓度 (微克/立方米)
1 日	101.9	78.3	10.0	1.83	42	18	43
2 日	102.4	60.9	9.3	1.32	83	19	74
3 日	102.2	62.3	9.5	0.92	98	20	87
4 日	102.5	58.8	10.1	0.92	82	27	78
5 日	102.5	49.9	8.3	1.13	105	28	96
6 日	101.6	61.5	10.3	1.57	98	20	87
7 日	101.4	67.4	13.2	1.13	98	36	90
8 日	101.2	69.6	12.4	2.10	94	21	88
9 日	100.7	81.3	12.5	2.95	64	7	67
10 日	101.7	66.7	11.1	2.47	111	28	95
11 日	101.9	52.4	12.4	1.08	108	48	102
12 日	101.6	65.0	12.9	1.60	85	56	78
13 日	101.9	76.5	12.5	1.61	68	50	57
14 日	102.1	54.9	11.2	1.74	94	15	81
15 日	101.8	35.0	15.2	2.11	113	14	106
16 日	102.1	42.8	14.0	1.64	106	10	89
17 日 z	101.6	43.5	17.4	1.21	145	15	125
18 日	101.2	42.6	19.2	1.13	134	31	117
19 日	101.3	45.7	17.0	1.79	101	28	95
20 日	101.3	43.6	16.6	1.96	132	30	115
21 日	100.9	57.6	20.3	1.81	107	49	83
22 日	101.3	65.9	18.0	1.35	143	23	107
23 日	101.8	46.3	14.8	1.23	82	15	75
24 日	101.6	50.0	15.0	1.97	105	22	93
25 日	101.1	55.0	18.7	1.75	120	24	103
26 日	100.8	77.9	19.9	1.23	61	31	49
27 日	101.9	68.0	11.9	2.31	78	13	69
28 日	102.3	72.8	6.6	1.84	76	14	73
29 日	101.9	70.0	7.6	0.73	57	16	52
30 日	101.7	83.9	9.3	1.26	65	15	55

（续）

2020 年 3 月	气压 （kPa）	湿度 （%）	温度（℃）	风速 （米/秒）	臭氧 （毫克/立方米）	细颗粒物 （微克/立方米）	臭氧 8 小时浓度 （微克/立方米）
31 日	101.5	76.7	11.5	0.78	71	18	62
最大值	102.5	83.9	20.3	2.95	145.000	56.00	125.000
最小值	100.7	35.0	6.6	0.73	42.000	7.00	43.000
平均值	101.7	60.7	13.2	1.56	94.387	24.55	83.581
平均值	101.7	60.7	13.2	1.56	83.767	30.12466667	74.88966667

注：资料由市气象台提供。

六、水质

2007 年到 2019 年，汤溇国控断面入太湖水质连续 12 年稳定保持在Ⅲ（3）类水以上。

表 1-8-7　织里河流交接断面水质监测（2017 年 1 月）

区域	出入境	断面名称	监测项目				水质类别	超标因子
			流向	悬浮物 （毫克/升）	化学需氧量 （高锰酸钾法） （毫克/升）	氨氮 （毫克/升）	总磷 （毫克/升）		
高新区	入境	龙溪港大桥	顺流	40	3.48	0.690	0.160	Ⅲ	
		罗溇港桥	顺流	22	4.89	0.67	0.11	Ⅲ	
		跃进桥	顺流	23	4.50	1.17	0.114	Ⅳ	氨氮
		北横塘桥	顺流	27	3.88	0.770	0.103	Ⅲ	
		均值		28	4.19	0.82	0.12	Ⅲ	
	出境	大钱	顺流	24	3.80	1.20	0.100	Ⅳ	氨氮
		罗溇桥	顺流	37	5.16	0.656	0.105	Ⅲ	
		幻溇	顺流	26	5.33	0.536	0.138	Ⅲ	
		婚对塘桥	顺流	21	5.95	0.770	0.176	Ⅲ	
		均值		27	5.06	0.791	0.130	Ⅲ	
织里镇	入境	二十五里牌大桥	顺流	46	4.16	0.785	0.139	Ⅲ	
		西南汇桥	顺流	24	3.90	1.16	0.134	Ⅳ	氨氮
		婚对塘桥	顺流	21	5.95	0.770	0.176	Ⅲ	
		*织里 1 号	滞流	12	5.24	2.77	0.153	劣Ⅴ	氨氮
		虹桥	顺流	39	5.63	0.271	0.197	Ⅲ	

（续）

区域	出入境	断面名称	监测项目					水质类别	超标因子
			流向	悬浮物（毫克/升）	化学需氧量（高锰酸钾法）（毫克/升）	氨氮（毫克/升）	总磷（毫克/升）		
织里镇	入境	圣达利木业	顺流	43	5.74	0.750	0.172	III	
		均值	—	35	5.08	0.75	0.164	III	
	出境	三济桥	顺流	28	5.16	0.870	0.124	III	
		回来桥	顺流	14	5.52	0.736	0.152	III	
		*陆家湾礼堂	顺流	91	17.3	0.491	0.053	III	
		跃进桥	顺流	23	4.50	1.17	0.114	IV	氨氮
		汤溇	倒流	47	4.54	0.200	0.101	III	
		濮溇桥	倒流	34	4.81	0.094	0.103	III	
		均值		29	4.91	0.614	0.119	IV	高锰酸盐指数

注：1. 水质综合评价类别以各单位出（入）境水质监测数据平均值为评价依据。2. 断面水质类别以GB3838-2002《地表水环境质量标准》评价。II类水质标准：高锰酸盐指数≤4毫克/升，氨氮≤0.5毫克/升，总磷≤0.1毫克/升；III类水质标准：高锰酸盐指数≤6毫克/升，氨氮≤1.0毫克/升，总磷≤0.2毫克/升；IV类水质标准：高锰酸盐指数≤10毫克/升，氨氮≤1.5毫克/升，总磷≤0.3毫克/升；V类水质标准：高锰酸盐指数≤15毫克/升，氨氮≤2.0毫克/升，总磷＜0.4毫克/升。

表 1-8-8 织里河流交接断面水质监测（2018 年 5 月）

区域	出入境	断面名称	监测项目					水质类别	超标因子
			流向	悬浮物（毫克/升）	化学需氧量（高锰酸钾法）（毫克/升）	氨氮（毫克/升）	总磷（毫克/升）		
高新区	入境	龙溪港大桥	顺流	188	4.16	0.618	0.081	III	
		罗溇港桥	顺流	158	4.54	0.432	0.131	III	
		跃进桥	倒流	75	1.87	2.71	0.188	劣V	氨氮
		王母来桥	顺流	125	4.47	0.723	0.145	III	
		北横塘桥	顺流	88	4.79	0.906	0.159	III	
		均值		127	3.97	1.078	0.141	III	
	出境	大钱	顺流	80	4.12	0.612	0.118	III	
		罗溇桥	顺流	76	4.32	0.627	0.112	III	
		幻溇	顺流	59	4.21	1.56	0.113	V	氨氮

（续）

区域	出入境	断面名称	监测项目					水质类别	超标因子
			流向	悬浮物（毫克/升）	化学需氧量（高锰酸钾法）（毫克/升）	氨氮（毫克/升）	总磷（毫克/升）		
高新区	出境	婚对塘桥	顺流	72	4.82	0.570	0.051	III	
		均值		72	4.37	0.842	0.099	III	
织里镇	入境	二十五里牌大桥	顺流	84	4.85	0.468	0.114	III	
		西南汇桥	顺流	82	4.45	0.771	0.075	III	
		婚对塘桥	顺流	72	4.82	0.570	0.051	III	
		织里1号	顺流	67	4.71	0.477	0.114	III	
		虹桥	顺流	73	5.05	0.630	0.099	III	
		圣达利木业	顺流	67	5.08	0.525	0.101	III	
		均值		74	4.83	0.574	0.092	III	
	出境	三济桥	顺流	60	4.45	0.474	0.095	III	
		回来桥	顺流	52	4.18	0.654	0.092	III	
		陆家湾礼堂	倒流	111	5.58	0.906	0.166	III	
		跃进桥	倒流	75	1.87	2.71	0.188	劣V	氨氮
		汤溇	倒流	95	3.96	0.108	0.085	II	
		濮溇桥	倒流	82	3.67	0.231	0.090	II	
		均值		79	3.95	0.847	0.119	III	

表1-8-9　织里河流交接断面水质监测（2018年6月）

区域	出入境	断面名称	监测项目					水质类别	超标因子
			流向	悬浮物（毫克/升）	化学需氧量（高锰酸钾法）（毫克/升）	氨氮（毫克/升）	总磷（毫克/升）		
高新区	入境	龙溪港大桥	顺流	190	3.65	0.027	0.098	II	
		罗溇港桥	顺流	186	4.56	0.105	0.101	III	
		跃进桥	顺流	84	5.48	2.29	0.185	劣V	氨氮
		王母来桥	顺流	178	5.43	0.204	0.200	III	

（续）

区域	出入境	断面名称	监测项目					水质类别	超标因子
			流向	悬浮物（毫克/升）	化学需氧量（高锰酸钾法）（毫克/升）	氨氮（毫克/升）	总磷（毫克/升）		
高新区	入境	北横塘桥	顺流	204	3.97	0.856	0.157	III	
		均值		168	4.62	0.696	0.148	III	
	出境	大钱	倒流	62	5.04	0.784	0.121	III	
		罗溇桥	倒流	86	3.96	0.135	0.093	III	
		幻溇	倒流	26	4.06	0.641	0.128	III	
		婚对塘桥	顺流	36	4.33	0.877	0.081	III	
		均值		53	4.35	0.609	0.106	III	
织里镇	入境	二十五里牌大桥	顺流	88	3.74	0.099	0.098	II	
		西南汇桥	顺流	96	3.95	0.201	0.101	III	
		婚对塘桥	顺流	36	4.33	0.877	0.081	III	
		织里1号	顺流	64	3.51	0.087	0.099	II	
		虹桥	顺流	66	4.32	0.518	0.118	III	
		圣达利木业	顺流	56	3.96	0.108	0.107	III	
		均值		68	3.97	0.315	0.101	III	
	出境	三济桥	顺流	60	5.08	0.093	0.130	III	
		回来桥	顺流	38	4.78	0.497	0.090	III	
		陆家湾礼堂	顺流	184	4.56	0.686	0.095	III	
		跃进桥	顺流	84	5.48	2.29	0.185	劣V	氨氮
		汤溇	顺流	98	5.54	0.162	0.185	III	
		濮溇桥	顺流	82	5.54	0.665	0.109	III	
		均值		91	5.16	0.732	0.132	III	

表 1-8-10　织里河流交接断面水质监测（2018 年 7 月）

| 区域 | 出入境 | 断面名称 | 监测项目 | | | | | 水质类别 | 超标因子 |
			流向	悬浮物（毫克每升）	化学需氧量（高锰酸钾法）（毫克每升）	氨氮（毫克每升）	总磷（毫克每升）		
织里镇	入境	二十五里牌大桥	倒流	60	5.06	0.076	0.186	III	
		西南汇桥	顺流	59	4.48	0.529	0.136	III	
		婚对塘桥	顺流	10	4.50	0.829	0.109	III	
		织里1号	顺流	46	4.72	0.085	0.102	III	
		虹桥	顺流	33	4.80	0.076	0.102	III	
		圣达利木业	顺流	52	5.04	0.076	0.102	III	
		均值		43	4.77	0.279	0.123	III	
	出境	三济桥	倒流	78	5.47	0.156	0.169	III	
		回来桥	顺流	55	5.18	0.079	0.125	III	
		陆家湾礼堂	顺流	44	4.88	0.088	0.131	III	
		跃进桥	顺流	51	4.57		0.114	III	
		汤溇	顺流	54	5.03	0.082	0.122	III	
		濮溇桥	顺流	53	5.06	0.076	0.120	III	
		均值		56	5.03	0.146	0.130	III	
		均值		69	4.59	0.325	0.143	III	

表 1-8-11　织里河流交接断面水质监测（2018 年 8 月）

| 区域 | 出入境 | 断面名称 | 监测项目 | | | | | 水质类别 | 超标因子 |
			流向	悬浮物（毫克/升）	化学需氧量（高锰酸钾法）（毫克/升）	氨氮（毫克/升）	总磷（毫克/升）		
高新区	入境	龙溪港大桥	倒流	127	3.99	0.572	0.081	III	
		罗溇港桥	倒流	130	4.01	0.118	0.093	III	
		跃进桥	倒流	73	4.63	0.133	0.077	III	
		王母来桥		97	4.59	0.203	0.111	III	
		北横塘桥	顺流	74	4.60	0.457	0.095	III	
		均值		100	4.36	0.297	0.091	III	

（续）

区域	出入境	断面名称	监测项目					水质类别	超标因子
			流向	悬浮物（毫克/升）	化学需氧量（高锰酸钾法）（毫克/升）	氨氮（毫克/升）	总磷（毫克/升）		
高新区	出境	大钱	倒流	72	3.37	0.118	0.058	II	
		罗溇桥	倒流	66	3.41	0.103	0.050	II	
		幻溇	倒流	55	3.56	0.118	0.040	II	
		婚对塘桥	倒流	67	2.86	0.103	0.129	III	
		均值		65	3.30	0.111	0.069	II	
织里镇	入境	二十五里牌大桥	顺流	76	4.78	0.191	0.105	III	
		西南汇桥	顺流	71	4.51	0.124	0.085	III	
		婚对塘桥	倒流	67	2.86	0.103	0.129	III	
		织里1号	滞流	56	4.43	0.530	0.129	III	
		虹桥	倒流	59	4.35	0.109	0.072	III	
		圣达利木业	倒流	64	3.63	0.112	0.102	III	
		均值		66	4.09	0.195	0.104	III	
	出境	三济桥	顺流	54	3.74	0.239	0.118	III	
		回来桥	倒流	45	3.76	0.098	0.083	II	
		陆家湾礼堂	倒流	85	2.89	0.070	0.074	II	
		跃进桥	倒流	73	4.63	0.133	0.077	III	
		汤溇	倒流	82	2.79	0.115	0.055	II	
		濮溇桥	倒流	70	2.39	0.121	0.052	II	
		均值		68	3.37	0.129	0.077	II	

表1-8-12 织里河流交接断面水质监测（2018年9月）

区域	出入境	断面名称	监测项目					水质类别	超标因子
			流向	悬浮物（毫克/升）	化学需氧量（高锰酸钾法）（毫克/升）	氨氮（毫克/升）	总磷（毫克/升）		
高新区	入境	龙溪港大桥	倒流	121	<0.5	0.046	0.106	III	
		罗溇港桥	倒流	124	3.66	0.104	0.152	III	

（续）

区域	出入境	断面名称	流向	悬浮物（毫克/升）	化学需氧量（高锰酸钾法）（毫克/升）	氨氮（毫克/升）	总磷（毫克/升）	水质类别	超标因子
				监测项目					
高新区	入境	跃进桥	顺流	64	3.61	0.052	0.139	III	
		王母来桥	倒流	90	3.42	0.055	0.115	III	
		北横塘桥	顺流	67	5.02	0.128	0.198	III	
		均值		93	3.27	0.077	0.142	III	
	出境	大钱	倒流	60	3.91	0.149	0.150	III	
		罗溇桥	滞流	40	3.44	0.158	0.132	III	
		幻溇	倒流	64	3.52	0.170	0.139	III	
		婚对塘桥	倒流	62	4.14	0.228	0.098	III	
		均值		57	3.75	0.176	0.130	III	
织里镇	入境	二十五里牌大桥	倒流	69	4.09	1.60	0.221	V	氨氮总磷
		西南汇桥	顺流	48	3.96	0.170	0.121	III	
		婚对塘桥	倒流	62	4.14	0.228	0.098	III	
		织里1号	倒流	51	4.34	1.78	0.232	V	氨氮总磷
		虹桥	倒流	60	3.32	0.198	0.093	II	
		圣达利木业	倒流	53	3.84	0.259	0.089	II	
		均值		57	3.95	0.706	0.142	III	
	出境	三济桥	倒流	60	4.09	0.192	0.093	III	
		回来桥	倒流	40	4.00	0.070	0.107	III	
		陆家湾礼堂	倒流	79	3.36	0.146	0.092	II	
		跃进桥	顺流	#REF!	3.61	0.052	0.139	III	
		汤溇	倒流	76	3.68	0.113	0.106	III	
		濮溇桥	倒流	64	3.74	0.067	0.115	III	
		均值		#REF!	3.75	0.107	0.109	III	

表 1-8-13　织里河流交接断面水质监测（2018 年 12 月）

区域	出入境	断面名称	流向	悬浮物（毫克/升）	化学需氧量（高锰酸钾法）（毫克/升）	氨氮（毫克/升）	总磷（毫克/升）	水质类别	超标因子
高新区	入境	龙溪港大桥	顺流	76	4.17	1.81	0.078	V	氨氮
		罗溇港桥	顺流	73	4.38	0.712	0.086	III	
		跃进桥	倒流	32	3.91	0.554	0.095	III	
		王母来桥	滞流	68	4.48	0.788	0.083	III	
		北横塘桥	滞流	52	4.81	1.94	0.071	V	氨氮
		均值		62	4.36	1.09	0.083	IV	氨氮
	出境	大钱	顺流	44	4.15	0.125	0.077	III	
		罗溇桥	顺流	46	4.13	0.170	0.142	III	
		幻溇	滞流	32	4.75	0.148	0.094	III	
		婚对塘桥	顺流	62	5.50	0.813	0.123	III	
		均值		46	4.63	0.314	0.109	III	
织里镇	入境	二十五里牌大桥	倒流	37	4.97	3.39	0.299	劣V	氨氮、总磷
		西南汇桥	倒流	41	4.47	1.37	0.136	IV	氨氮
		婚对塘桥	顺流	62	5.50	0.813	0.123	III	
		织里1号	倒流	42	4.80	3.13	0.231	劣V	氨氮、总磷
		虹桥	倒流	33	5.25	0.240	0.086	III	
		圣达利木业	倒流	38	4.49	0.871	0.093	III	
		均值		42	4.91	1.64	0.161	V	氨氮
	出境	三济桥	倒流	35	4.43	0.871	0.093	III	
		回来桥	顺流	34	4.81	0.622	0.072	III	
		陆家湾礼堂	倒流	56	4.13	0.253	0.075	III	
		跃进桥	倒流	32	3.91	0.554	0.095	III	
		汤溇	倒流	40	4.33	0.082	0.102	III	
		濮溇桥	倒流	27	4.19	0.088	0.081	III	
		均值		37	4.30	0.412	0.086	III	

数据由市水文站提供。

第二节　电、水、气、热

一、供电用电

1.通电、用电

1958 年，东桥大队从湖州架设 10 000 伏高压线至大队部，并装上一只变压器。同年，东桥大队机埠、骥村大队机埠、钱家兜大队机埠建成，并通电运营。1959 年，义皋大队机埠完工。1960 年，庙兜大队建造机埠并通电。1961 年项祝兜大队、梅林港大队、阮家兜大队金光兜机埠建成。

1963 年，陈家圩大队到上海朱家角买来旧电线，农户用上 15 瓦电灯。1963 年幻溇大队、杨溇大队户户通电。1964 年 3 月阮家兜大队通电。1965 年常乐大队家家通电。1967 年大郏大队、曙光大队家家户户通电。1968 年河西大队各农户通电。1969 年沈溇大队、东桥大队户户通电。1971 年，织里各公社所有农户全部通电。

2.区、乡、镇供电所

1963 年，吴兴电力公司南浔电工团织里供电小组成立，办公地点位于织里镇老街织里电影院附近，工作人员有十余人，负责织里片区 10 千伏线路及设备的运行，以及织里镇辖区内供电、用电管理工作。

1966 年嘉兴供电局成立，吴兴电力公司归属于嘉兴供电局管理。1984 年 5 月，湖州电力局成立，织里供电小组改由湖州电力局南浔供电所管理。

20 世纪 70 年代建造的农村变压器

1983年9月14日，湖州市人民政府转发《关于织里变电所晟舍输电线路建设问题的会议纪要》。1984年7月，织里成立农站电，农村电网正式由镇机电站移交给湖州城郊农站总站织里区站管理。

1997年10月，织里供电所成立，第一任所长章金方，全所共有员工30余人，供电所办公地点搬迁至振兴路123号。

2000年，完成全镇农村电网改造工作。

2003年，湖州电力局进行电力体制改革，撤销原城乡农电总站，将原农电站电管员、村电工进行精减改制后划归供电所统一管理，织里、太湖、轧村、漾西4个农电站正式转制，并改名为供电分。所有电力业务由供电所管理，完成城乡电网一体化管理。

2006年，实行一体化管理，整合人力、物力资源，将原织里分所、太湖分所合并为织太分所，轧村分所、漾西分所合并为轧村分所。2006—2008年，配合镇政府完成镇区"三合一"改造工程，完成对600多幢房屋的电力设施的搬迁改造工作。

2010年，撤销织太分所、轧村分所，并入织里供电营业所，设立轧村班。高压业务划归市区供电分局客户服务中心管理。

2012年起，织里供电所在全市范围内率先着手推进电能替代工程，开展织里镇"煤改电"工程。到2015年，三年共完成7600余台小锅炉改造项目，累计完成替代电量约1.03亿千瓦时，节约标煤5.5万吨。减排烟尘0.2万吨、二氧化碳22.1万吨、二氧化硫0.1万吨。

2018年开始，国网湖州供电公司为建设全能型供电所，高压业务逐渐下放，高压运行管理及专用变抄表收费工作移交供电所管理。

2019年，织里供电所共有高压供电服班1个、低压供电服务班组3个、装接业务班1个，全所共有工作人员110余名。

3.历任所长名录

1963年至1966年，姚洪许任所长；1966年至1976年，江涌任所长；1976年至1996年，高志远任所长；1996年至1998年，章金方任所长；1998年至2010年2月，褚明华任所长；2010年2月至2013年3月，沈文忠任所长；2013年3月至2016年11月，毕卫东任所长；2016年11月至2020年12月，张海峰任所长。

4.电力设施

1978年，织里镇区有2台公用变压器，镇区东边和西侧面各1台。1983年10月，织里镇第一座35千伏变电所建成投入运营，装机容量4800千瓦。1999年4月，织里镇第二座110千伏变电所在晟舍投入运营。至2000年，全镇共有变压器461台，容量56 600千伏安，年售电量9837.77万千瓦时。2018年底，织里供电所辖区共有110千伏变电所5座、35千伏变电所1座；10千伏出线100条，长度695.78公里；公用变压器1268台，容量581 795千伏安；专用变压器1081台，容量678 525千伏安；低压用户62 190户。

高压输电线

5.销售电量

表1-8-14　2001—2019年织里销售电量一览

年份	售电量（万千瓦时）	
2001	17 101.35	
2002	21 494.86	
2003	26 542.66	
2004	29 882.97	
2005	39 073.71	
2006	41 381.47	
2007	45 775.80	
2008	43 286.33	
2009	21 413.59	2009年起高压业务归客户中心管理，不包含专用变电量

（续）

年份	售电量（万千瓦时）	
2010	20 483.58	
2011	25 391.18	
2012	30 412.32	
2013	36 191.63	
2014	36 367.93	
2015	39 487.25	
2016	45 994.68	
2017	50 287.63	
2018	55 081.44	
2019	101 579.25	高压业务下放，含高压专用变电量

注：数据由织里供电所提供。

二、供水

1.人工取水

1977 年以前，织里各单位、各居住户用水均取于旁边河道，用水桶，或肩挑或手提，家家户户备水缸储水，用明矾净化。

2.自来水水塔供水

1978 年，晟舍大队在盘殊漾边建造自来水塔，家家用上自来水。1980 年 4 月幻溇大队建造水塔通自来水。1981 年 4 月，旧馆大队通自来水。1982 年，河西大队、杨溇大队通自来水。

1982 年，轧村公社在轧村集镇北侧、轧村港西边轧村船厂内建造轧村第一座自来水塔，供水范围为轧村集镇以及周边的方桥头、文化兜、李家兜、计家湾等自然村农户。

1983 年，上林村通自来水。1984 年常乐村通自来水。1985 年白桥坝村、蚕环田村通自来水。

1984 年至 1987 年，轧村全乡新建造水塔 6 座，新受益农户 1352 户、5421人。同年，东桥村在新庙湾建造 50 吨砖砌自来水塔，全村村民用上自来水。

1984 年 7 月，织里镇第八届人代会一次会议确定自来水为四件大事之一。1984 年至 1986 年三年中，织里全镇新建水塔 6 座，新增饮用自来水人数 4354 人。截至 1986 年底，累计有水塔 16 座，累计用户 11 507 人，占总人数的 55.3%。

1986 年，王母兜村水塔通水，同年秧宅村、大溇村通水。1987 年大邾村建造水塔并通水，同年织里镇新建造水塔 6 座，受益 1352 户、5421 人。1988 年沈溇村通水。同年，晟舍乡新建水塔 2 座，累计 9 座，9385 人饮用自来水，占 71%。1990 年乔溇通自来水。

1991 年，漾西乡累计饮用自来水户数 2610 户、9159 人，占全乡总人口的 59%，1994 年覆盖率达到 90% 以上。

2002 年 10 月，完成 28 个村（按照 2001 年并村前的小村）完成改水工作。

3. 自来水水厂供水

1983 年，在织里镇五溪漾滩筹建占地 941.2 平方米织里自来水厂，配备小型反应池、过滤池及 150 吨清水池，有工作人员 6 名。1985 年 10 月供水，日供水 600 吨。供水管道以钢筋混凝土管为主，取水口为织里集镇西侧南横塘地表水。

1992 年 8 月 19 日，经市经委批准，在织西大桥南塅征用土地 11 亩建造水厂。1994 年 2 月一期完工并供水，日供水 5000 吨，直径 400 毫米总管出水。1995 年 9 月第二期工程竣工，合计日供水 10 000 吨，供水管道长 65 公里，有员工 30 名。1996 年扩建 10 000 吨，累计达到日供水 20 000 吨。

1995 年扩建晟舍水厂，日供水量 200 吨。

2004 年，织里镇资产经营有限公司撤回织里自来水公司晟舍供水站。同年自来水公司扩建 30 000 吨，日供水 50 000 吨，直径 800 毫米总管出水。

2005 年供水管道以球墨管、铸铁管为主，管材比例约各半。

2008 年随着供水区域的不断拓展，取水口由于受到外围影响，对取水口进行了一次大规模清理，并在外围架水泥便桥一座。

2010 年对栋梁路延伸段及大河等几个新村、新区铺设直径 100～500 毫米总管，铺设总长度为 6.5 公里。对取水口进行打捞、清理，并对加氯设备进行更新，使消毒设备的投药量更精确，各项水质指标的合格率都保持在 98% 以上，并对净化池进行更新。

4.城乡一体化供水

2012年5月，市委、市政府提出区域统一供水，织里形成中转模式，实行城乡统一供水，日供水能力达到60 000吨。

2013年，完成东部园区腾飞路南段直径400毫米管道安装和吴兴大道直径600毫米管道的延伸，开发小区的通水。完成朱湾、刁家兜、凌家汇、大河、河西以及金鼎国际、星河花园的配套设施安装。配合高新区湖薛线拓宽改道工程，铺设直径100～600毫米管道12.7公里。

2014年，织里水厂供水范围包括织里镇区及下属46个行政村，饮水人口近40万，日供水规模5万吨，高峰用水每天6.5万吨。

2014年，铺设直径100～600毫米总管20公里，完成云村姚家兜的供水及晟舍史家坝的主管安装，完成曹家籁村、曙光村、上林村和常乐村的部分总管改道，完成爱家花园、中央府邸、天源置业等开发小区的供水任务，完成富民路人防工程用水工程。同年全面接收对镇上高层的二次供水管理任务，对出水泵房的水泵全部进行更换，新区的高层用水增加地下泵房。

2015年1月，确定织里到轧村通水方案，同年6月底接通从厂区到轧村的湖织大道主管网，实现东部供水正常化。同年完成河西新村、晟舍史家坝的通水，及湖织大道、中华路、利济文化公园等水管安装。完成轧村镇南、镇北及织里云东等大桥的自来水管道安装和临时改道，完成财富广场、金色佳苑等开发小区的供水任务及轧村香圩墩童装园近13公里的总管安装，全年铺设直径100～800毫米管23公里。同年改装次氯酸钠，代替之前的高危化学品液氯。

2016年，完成织里路水网改造和美丽乡村建设村水网改造，完成织里路、康泰路至318国道直径500毫米总管的更新，完成湖薛线义皋至汤溇段的总管改造，完成民丰世季广场供水工作及老区管道的改造，完成织南安置区、义皋新村、晟舍安置区、太湖美和佳园四个新村和高层小区的供水安装。同年完成规划行政村总表一户一表改造。

2017年完成富民路（兴盛路至中华路）、织里路（318国道至康泰路）、轧村集镇、三汤公路、漾西集镇、三曙公路、陆曙公路及茵特拉根、利安商业、大成商业、星火广场等工程水网改造，完成13个行政村的农改水改造。

2018年完成晟舍商业街、吴兴区实验小学、郑港安置小区、吴兴区医院、香圩墩童装商业配套工程、轧村安置小区、众盛商业广场一期、爱家华府等管网建设，对鹏飞路、大港路东延、轧村文化路、大河路等新建道路完成管网铺设。

2018年6月，改扩建10 000吨清水池，改建出水泵房，出水泵房设计能力每天18万吨，直径1200毫米总管出水。管网覆盖境域（包括46个行政村），高峰值供水达到每天100 000吨。

5.供水企业

织里镇自来水厂建办于1984年11月，地址设在织里镇五溪漾滩，占地面积941.2平方米，属镇办企业，主要生产设备为5台水泵马达，主要从事全镇生活、生产用水的供给及给排水的安装、维修，职工4名，注册资本20万元，法定代表人杨阿毛。1989年从业人员6名，法定代表人变更为潘芳，注册资本变更为12.4万元。

1992年，织里镇自来水厂办公地址变更为织里镇漾南路8号，经营范围变更为自来水生产、供应，兼营自来水管道安装。1994年4月，由镇政府同金洁包装公司实行股份制企业，改名为织里镇自来水公司，董事长郑发明，副董事长何松才，总经理（法人代表）潘芳，副总经理高新荣、凌新根，财务负责人郑江林。经济性质为集体所有制经济，企业编制人数24人，经营范围自来水生产、供应。兼营给排水设施安装及维修，注册资本总额为200万元（原织里自来水厂经资产评估后作价100万元入股，金洁包装有限公司投入资金100万元）。

1995年3月调整股份，镇政府沈淦亭任董事长兼总经理，注册资本变更345万元，经营范围变更为主营自来水生产供应、给排水设施安装维修，兼营给排水

金洁水务集团

配件和卫生器具，股东由织里镇城建办、织里金洁包装有限公司，变更为织里镇资产经营公司、织里金洁包装有限公司。织里镇资产经营公司出资 241.5 万元，从 50% 调整到 70%。金洁包装有限公司出资 103.5 万元，占比 30%。沈淦亭任董事长、总经理，郑发明任副董事长，高新荣、潘芳、凌新根任副经理，企业性质为有限责任公司。

1996 年 8 月法定代表人变更为郑发明。经营范围为主营自来水生产、供应，兼营给排水设备安装及维修。董事长郑发明，经理高新荣，副经理郑江林。经营范围为自来水生产、供应，给排水设备安装及维修。自来水股东由湖州市织里镇资产经营有限公司、湖州金洁包装集团有限公司变更为湖州市织里镇资产经营有限公司、湖州金洁集团有限公司。

2001 年 12 月织里自来水有限公司住所变更为织里织西大桥南塊，股东由湖州市织里镇资产经营有限公司、湖州金洁集团有限公司变更为湖州市织里镇资产经营有限公司、湖州金洁实业有限公司。2003 年 11 月自来水有限公司变更法定代表人高新荣，注册资本变更为 688 万元。织里镇资产经营有限公司和湖州金洁实业有限公司占公司注册资本的比例分别为 20% 和 80%，董事长兼经理高新荣。

2016 年 9 月 28 日湖州织里东郊水质处理有限公司与湖州市织里自来水有限公司决定吸收合并，合并后湖州织里东郊水质处理有限公司存续，湖州市织里自来水有限公司解散。合并后，湖州织里东郊水质处理有限公司的注册资本为 800 万元。

2017 年 3 月 14 日，湖州织里东郊水质处理有限公司变更为浙江湖州金洁水务股份有限公司，企业类型股份有限公司（非上市），注册资本 6000 万元人民币，经营范围为污水处理。

2017 年 8 月 18 日，浙江湖州金洁水务股份有限公司在新三板正式挂牌。2018 年 6 月 18 日浙江湖州金洁水务股份有限公司经营范围变更为污水处理，自来水生产、供应，市政公用工程、园林绿化工程、道路工程、照明工程、地基与基础工程、水利水电工程、给排水管道工程、环保工程、消防工程的设计及施工。企业类型为其他股份有限公司（非上市）。2019 年 1 月 9 日，取得市政工程三级资质。

2019 年 2 月 22 日，浙江湖州金洁水务股份有限公司注册资本变更 7620 万元，企业类型为其他股份有限公司（非上市）。2019 年 5 月 24 日经全国股转公司审核通过入围新三板创新层名单。

三、供热、发电

1.热电企业

湖州织里长河热电有限公司公司位于织里镇工业园区，占地面积 68 000 平方米，2004 年 11 月一期热电联产项目竣工投产，2006 年 4 月一期扩建工程竣工投产，规模容量为 24 兆瓦，配备 4 台每小时 75 吨循环流化床锅炉，1 台 6 兆瓦背压式汽轮机发电机组，1 台 6 兆瓦抽凝式汽轮机发电机组，以及 1 台 12 兆瓦抽凝式汽轮机发电机组。

2017 年下半年美欣达集团全资收购，成为美欣达旗下的热电联产企业。

截至 2019 年，建设规模"四炉三机"，即 3 台每小时 75 吨次高温次高压循环流化床锅炉，2 台 6 兆瓦次高温次高压背压发电机组，1 台每小时 75 吨高温高压循环流化床锅炉，1 台 12 兆瓦高温高压背压发电机组，总投资 5 亿元人民币，年发电量 1.7 亿度，年供热量达到 150 万吨以上。同年有员工 120 人。

2.供热管网

截至 2019 年，管网总长 70 余公里，供热区域覆盖织里镇、高新区、旧馆镇、八里店镇工商企业，共分为四条总管线进行供汽。东线至轧村村、金牛印染，东南线至骥村村、中信木业，南线至南浔旧馆镇罗汉村，西线至复兴印染，

热气管道

最长管线单线 18 公里，基本覆盖吴兴区织东区块织里镇和高新区部分区块，全面覆盖南浔区旧馆镇区块区域内企业。供热企业共 500 余家。

3.技改项目

2006 年，对一期项目的 6 兆瓦抽凝式汽轮发电机组技改为 6 兆瓦背压式汽轮机发电机组，提高对外的供汽能力和提高能源的综合利用能力。同年采用高压变频技术对高压电机进行节能技术改造。

2014 年，将原一期扩建工程 1 台每小时 75 吨循环流化床，1 台 12 兆瓦的抽凝机组，技术升级改造为 1 台每小时 75 吨高温高压循环流化床锅炉，1 台 12 兆瓦的高温高压背压机组。项目总投资约 3500 万元，实施后节约标煤 1.81 万吨，每年减少二氧化硫排放 196 吨，烟尘每年减少 13.2 吨，氮氧化物每年减少 130 吨。按二炉一塔（四炉二塔）设计，结合技改项目同步对锅炉所配套的 2 台布袋除尘器进行改造。同时配套安装原烟气和净烟气在线监测系统，整套脱硫装置采用分散控制集中管理（DCS）系统控制。

2015 年，采用分散控制集中管理（DCS）控制系统，对每小时 300 吨循环流化床锅炉进行脱硝改造，脱硝工艺采用选择性非催化还原法（SNCR），还原剂采用浓度 20% 的氨水，锅炉脱硝效率大于 60%，排放浓度均能达到排放标准。

2016 年，投资 1 亿多元，建设通往旧馆和三济桥两个木业园区的热力管道，完成市政府要求的煤改汽任务，合计拆除小锅炉 150 余蒸吨。

2018 年，投资近亿元进行超低排放的清洁化改造工程。项目主要采用湿式电除尘，低氮燃烧和催化还原技术（SCR）脱氮工艺技术，对 4 台 75 吨循环流化床锅炉实现废气污染物超低排放。2018 年上半年通过清洁化改造工程项目的验收。

2019 年湖织大道拓宽时，投资 5000 万元，将热网管道由湖织大道南侧移往北侧并实行全线地埋工程。

2019 年 5 月起开工建设 15 兆瓦高温高压机组技改项目，将 1 台每小时 75 吨次高温次高压循环流化床锅炉改为 1 台每小时 100 吨高温高压循环流化床锅炉，并将 1 台 6 兆瓦次高温次高压背压式机组改建为 1 台 15 兆瓦高温高压背压式汽轮机组，项目总投资 1.1 亿元，2020 年 6 月建成。

4.电热销售

见下表。

表 1-8-15 2004—2019 年织里电热销售一览

年度	发电量（万度）	供热量（吨）
2004 年 11—12 月	287.93	9867.00
2005 年	12 614.13	812 598.28
2010 年	8207.37	686 890.58
2015 年	8219.17	649 162.50
2016 年	13 592.33	1101 566.00
2017 年	14 861.70	1539 871.48
2018 年	17 775.59	1576 899.90
2019 年	18 958.39	1631 046.68

数据由热电公司提供。

四、供气

1.供气企业

湖州新奥燃气有限公司成立于 2004 年 6 月，公司经营许可项目有燃气经营等，公司经营区域包括织里镇在内的湖州市中心城市、吴兴区、南太湖新区部分街道等范围内的天然气建设和经营。2019 年在织里镇行政服务中心设有新奥燃气服务窗口，配备营业员 2 名。在织里镇长安路 112 号设有巡线班组，配备维修员 2 名，安检员 1 名，其他工作人员 7 名。

2.供气管网

织里镇供气管道于 2015 年开始建设，2016 年完成阿祥路次高压管网的铺设，并于 2017 年投入运营。

2019 年织里镇供气管道累计完成中压管道建设 168.7 公里，其中外径 315 毫米主管道 16.5 公里，外径 250 毫米管道 46.1 公里，外径 200 毫米管道 22.2 公里，设有次高压调压撬一座，位于阿祥路与湖织大道路口。

3.供气数量

见下表。

表 1-8-16 2016—2019 年织里镇燃气供气量　　　　　　单位：立方米

分类	2016 年	2017 年	2018 年	2019 年
福利	25 500	26 089	36 427	49 661.3
工业	50 318 027	74 976 249	85 687 985	84 513 047
商业	493 329	1 081 805	1 461 141	2 109 818
总计	50 836 856	76 084 143	87 185 553	86 672 527

注：数据由湖州新奥燃气有限公司提供。

第三节　公共交通

1.发展历程

1996 年开始，织里镇政府与运管所组建宝达客运公司、万通客运公司，由镇机关干部吴凤林和织里运管所所长金振华负责。同年取缔客运小三轮车。到 1998 年晟舍童装市场开业前，投放四轮"面的"35 辆、"货的"25 辆、小轿车 14 辆，织里至太湖投放农用中巴 15 辆。

2001 年 3 月 6 日，织里镇政府批准建立织里三元客货运有限公司，同时注销宝达客运公司和万通客运公司。三元客货运有限公司以织里镇区为中心，连接太湖、轧村、漾西等集镇，贯通整个境域的区域性公交线路。

2002 年 1 月，开通晟舍至织里 1 路公交线，然后逐步开通织里至轧村、漾西、织里至太湖、义皋，织里至太湖、东桥，织里至漾湾，织里至南浔。同年底有大型公交车 28 辆。

2003 年实行 46 个村全部通公交，并对主要站点建造候车亭等配套设施。

织里汽车站

2004 年，三元公司承担漾西小学、轧村小学、太湖小学、晟舍小学、织里中学，以及外地民工子女学校的接送。

2011 年 8 月，根据市委、市政府加快推进公交整合精神和提升城乡公交层次的要求，由康达公交、南浔万顺、织里三元、南浔镇北等 4 家城乡公交企业整合成新的湖州康达公交运输有限公司。

织里公交换乘中心

2019 年 12 月 1 日至 31 日，共运送旅客 354 453 人次。

2. 2019 年运营线路

见下表。

表 1-8-17　2019 年 12 月织里 1 分区运营线路

线路代号	起迄点	途径站点	线路车辆		日发班次
			总数	车牌号	
54	时代广场—大转盘	上（下）行：时代广场⇄星海名城 ⇄友谊新村⇄府庙⇄凤凰公园 妇保院、南园路口（小商品市场）⇄东门口⇄湖州旅游集散中心⇄东方明珠⇄二里桥⇄阳光水岸⇄馨水园⇄六合家园⇄湖东府⇄陆旺村⇄章家埭⇄乌山⇄小山⇄西山⇄吴兴区政府⇄区行政服务中心（南）⇄西湖漾路口⇄牡丹苑⇄桂花苑⇄玫瑰苑⇄海棠苑⇄吴兴高级中学（东）⇄多媒体产业园⇄升戴路口⇄下庄⇄中国童装城⇄栋梁路口（南）⇄珍贝路口⇄金洁集团⇄商城路口⇄棉布城⇄织里北路加油站⇄织里人民医院⇄栖梧桥⇄大转盘	13	浙 E05993D、浙 E00859D、浙 E05268D、浙 E09686D、浙 E09252D、浙 E01667D、浙 E02639D、浙 E02278D、浙 E01610D、浙 E09707D、浙 E07116D、浙 E08621D、浙 E02507D	94
55	高铁湖州站—织里镇政府	高铁湖州站→亿丰建材城→江南车城→红丰家园→友谊新村→全民健身中心（第一医院）→月河小区→交通医院→韵海苑→富田家园→万达广场→第三医院→小山→吴兴区政府→总部经济园→吴兴高级中学（北）→多媒体产业园→下庄→中国童装城→中央府邸（秦家港）→栋梁路口（南）→织里仁济医院→大转盘→织里镇政府	17	浙 E00152D、浙 E06191D、浙 E02631D、浙 E03209D、浙 E03855D、浙 E01821D、浙 E00210D、浙 E00301D、浙 E00184D、浙 E01861D、浙 E00751D、浙 E01008D、浙 E03706D、浙 E00892D、浙 E02550D、浙 E02667D、浙 E00025D	175

（续）

线路代号	起迄点	途径站点	线路车辆		日发班次
			总数	车牌号	
56	高铁湖州站—织里镇政府	高铁湖州站→西塞人家→杨家庄佳园→创业大道（西）→创业大道→金世纪铭城→太阳城（金华银行）→凤凰农贸市场→美都花苑→阳光城→望湖菜场→港湖花园→联通公司→气象局→南太湖大桥→后庄→市北场站（北）→常田圩（二轻机械厂）→秀才兜→毛家兜→戴山社区→戴山镇→后林→秧宅村（临时停靠站）→织里童装城换乘中心	17	浙E01335D、浙E06999D、浙E06773D、浙E02901D、浙E05725D、浙E07331D、浙E02133D、浙E05699D、浙E03790D、浙E01306D、浙E03772D、浙E07017D、浙E02559D、浙E07771D、浙E02058D、浙E02799D、浙E00979D	128
211	织里镇区1路	织里换乘中心→棉布城东→织里北路加油站→织里人民医院→栖梧桥→今海岸（仁济医院）→永康路口→利济寺（利济路口）→晟舍村委→晟舍新街→童装市场→晟舍车站→星河家园→织里一号→云村→姚家兜→富民桥→珠江路口→东湾兜村→织里镇政府→东盛大酒店→织里镇中学→吴兴区人民医院→织里换乘中心	5	浙E05721D、浙E06811D、浙E00306D、浙E07553D、浙E05578D	48
221	织里镇区1路	童装城换乘中心→吴兴区人民医院→织里镇中学→东盛大酒店→织里镇政府→东湾兜村→珠江路口→富民桥→姚家兜→云村→织里一号→星河家园→晟舍车站→童装市场→晟舍新街→晟舍村委→利济寺（利济路口）→永康路口→今海岸（仁济医院）→栖梧桥→织里人民医院→织里北路加油站→棉布城东→童装城换乘中心	5	浙E01916D、浙E05338D、浙E05186D、浙E07387D、浙E05190D	48
212	织里镇区2路	童装城换乘中心→织里中国童装城→织里浙北大厦东门→阿祥路安康路口→秦家港小区→栋梁铝业→河西村栋梁路→床上用品市场→河西村珍贝路→珍贝路与利达路岔口→利济路工商银行→织里红门馆东→织里仁济医院→栖梧桥→织里人民医院→织里北路加油站→棉布城东→织里村委→织里自然水厂→金丽杉羊绒→大河村北→大河村西→童装城换乘中心	5	浙E02575D、浙E00226D、浙E06598D、浙E08721D、浙E03787D	52
222	织里镇区2路	童装城换乘中心→大河村西→大河村北→金丽杉羊绒→棉布城东→织里村委→织里加油站→织里人民医院→栖梧桥→织里仁济医院→织里红门馆东→利济路工商银行→珍贝路与利达路岔口→河西村珍贝路→床上用品市场→河西村栋梁路→栋梁铝业→秦家港小区→阿祥路安康路口→织里浙北大厦东→织里童装城→童装城换乘中心	4	浙E00797D、浙E09870D、浙E00132D、浙E06810D	52
214	晟舍场站至义皋	晟舍换乘中心→晟舍车站→童装市场→晟舍新街→晟舍村委→利济寺（利济路口）→永康路口→今海岸（仁济医院）→栖梧桥→织里人民医院→织里北路加油站→棉布城东→中华路口（织里村委）→自来水公司→郑港→联漾→元通桥→幻漾→太湖小学→襄衣兜→许漾→杨漾→谢漾→义皋	2	浙E00869D、浙E08685D	24

（续）

线路代号	起迄点	途径站点	线路车辆		日发班次
			总数	车牌号	
224	晟舍场站至双丰	晟舍换乘中心→晟舍车站→童装市场→晟舍新街→晟舍村委→利济寺（利济路口）→永康路口→今海岸（仁济医院）栖梧桥→织里人民医院→织里北路加油站→棉布城东→中华路口（织里村委）→织里自来水公司→郑港→联漾→元昌桥→元通桥→幻溇→潘溇→大溇→严家兜→罗溇桥→沈溇→杨家兜→诸溇→双丰	3	浙E01952D、浙E07001D、浙E06605D	24
215	童装城换乘中心至漾西	童装城换乘中心→栋梁路口→碧桂园→为民路口→东湾兜村→织里镇政府→大邾村→高华→小邾村→叶家港→周家达→梅林港→轧村信用社→箱三→大漾渠→孟婆兜→陆家甸→沈家湾→东郭兜→加油站→漾西小学→漾西办事处	5	浙E02898D、浙E02881D、浙E02888D、浙E08108D、浙E07100D	48
217	童装城换乘中心至漾湾	童装城换乘中心→栋梁路口→织里碧桂园→为民路口→棉布城东→丽人门诊→吴兴区人民医院→大港社区→庙兜→伍浦	8	浙E17916、浙E17922、浙E17871、浙E17923、浙E17911、浙E17929、浙E17912、浙E17915	84
213	风顺路换乘中心至童装城换乘中心	风顺路换乘中心→南浔市民服务中心东门→滨湖公园→东港花园→地板城→南林大桥北→方丈港→东迁新站→东迁老桥→东迁→东上林村→祜村→阮家兜→三济桥→晒家兜→旧馆→星河家园→织里一号→云村→姚家兜→富民桥→珠江路口→步行街（东安路口）→康泰路口→长安路口→织里北路口→织里市政→栋梁路口→童装城换乘中心	4	浙E00151D、浙E08110D、浙E07551D、浙E09696D	38
223	童装城换乘中心至轧村	童装城换乘中心→大河村→织里中国童装城→织里浙北大厦→秦家港小区→栋梁路口南→富康花园（仁济医院）→栖梧桥→吴兴人民医院→织里北路加油站→棉布城→中华路口→织里村→自来水公司→宝镜观→虹桥→大港路口→高速公路口→李家坝村→孟乡港村→中国童装示范园→轧村	5	浙E07728D、浙E07739D、浙E09658D、浙E07556D、浙E01077D	52
225	晟舍场站至大港社区	晟舍换乘中心→晟舍车站→童装市场→晟舍新街→晟舍村委→利济寺→永康路口→今海岸→步行街→康泰路口→长安路口→爱家皇家花园→吴兴区人民医院→大港社区	8	浙E07287D、浙E01920D、浙E00526D、浙E02257D、浙E03872D、浙E01391D、浙E01687D、浙E06353D	66
226	织里童装双向环线	童装城换乘中心→织里中国童装城→织里浙北大厦→阿祥路（布衣草人）→秦家港社区→先锋大厦→利济西路与织北路口→利济中路桥→富民南路口→上品学府→利济东路→吴兴区人民医院→爱家皇家花园→织里北路加油站→织里人民医院→为民路口→织里碧桂园→童装城换乘中心	5	浙E02970D、浙E09813D、浙E05366D、浙E07286D、浙E08272D	48

注：资料由湖州康达公交运输有限公司提供。

第二卷

环境与交通

第一章　自然生态

织里属太湖流域杭嘉湖平原，地势较低，水网密布，旱地栽桑、水田种粮、湖荡养鱼的立体地形结构，人工地貌明显，水乡特色浓郁。平原水系为杭嘉湖平原运河西水系的一部分，河道纵横交错，是平原地区排洪和引水的通道。织里圩田的兴修由局部低地的围垦，向建设平原水网、平原水网圩田发展，是古代农耕以水稻生产为主的典型区域之一。镇域地处北亚热带季风气候区，四季分明，温和湿润。农业自然条件优越，经先民数千年开垦种植和综合开发利用，人工植被多为水稻田和桑树地。镇域拥有富有特色的溇港系统、河流滩渚等生态多样性中的湿地植物，具有涵养水源、净化水质、调蓄洪水、美化环境、调节气候等生态功能。

第一节　土　地

一、圩田耕地

清同治《晟舍镇志》卷二圩田篇载："晟舍镇分疆画界自有版图，东陌西阡各分畛域，吾里田数以二万，计圩名有六十余，此庚辛前之旧额也。今自兵燹而后，近市者干戈扰攘挖废太多，依漾者浮漏频仍沈淹不少。"晟舍从一百二十三庄至一百三十庄共计 8 庄 86 个自然村，其中 4 个自然村，音四圩、谦四圩、南音圩、北音圩，以圩为村名。晟舍共计有田 62 圩，"统计八庄计田一万八千七百八十七亩零零七毫"，每处圩田面积精确到分厘毫，也可见古代耕地之精贵。圩田按"劳、谦、谨、敕、聆、音、察、理、鉴、貌、辨、色、贻、厥"十四个字编号，每字编五号。字取自《千字文》中的"庶几中庸，劳谦谨敕。聆音察理，鉴貌辨色。贻厥嘉猷，勉其祗植"。《晟舍镇志》卷一村舍篇也载："夫比户连云固称聚落，而数家临水亦自成村。吾里地属弹丸，大异五都廛市。里如棋布，每多十室之井田，爰分其村庄列其远近而胪志之，虽未见人烟之繁庶，亦足征民物之殷瞻尔。"

织里圩田耕地情况，详见下面表格。

表 2-1-1　明代织里圩田分布情况

所属区	都	圩田数
十二	二十九都	65
十	三十都	41
十	三十一都	38
十一	三十二都	47
十一（下扇）、十二（上扇）	三十三都	148
十三	三十四都	56
十四	三十五都	56
十三	三十六都	31
十三	四十一都	125
合计		607

资料来源：崇祯《乌程县志》。

表 2-1-2　1980 年织里耕地分布情况　　　　　　　　　单位：亩

公社	耕地（其中水田）	专业桑地
晟舍	17 824	2911
轧村	22 742（21 673）	3955
织里	22 307	3847
太湖	20 562（12 618）、另旱地 6357	4123
漾西	18 710（14 285）	3727
合计	102 145	18 563

资料来源：1984 年《湖州地名志》。

表 2-1-3　2003 年 12 月织里镇自然圩区情况调查　　　　　　　　　单位：亩

圩区名称	所辖村名（自然村）	总面积	水田	桑地	白地	鱼塘	村庄用地	河道河漾	其他用地	备注
貌五圩	东湾兜村、朱湾村、织里村	325					325			
辩圩	东湾兜村、朱湾村	358					358			
南辱三圩	东湾兜村、清水兜村	374					374			

（续）

圩区名称	所辖村名（自然村）	总面积	水田	桑地	白地	鱼塘	村庄用地	河道河漾	其他用地	备注
北辱三圩	东湾兜村、织里村	488					488			
后降圩	晓河村、织里村（南街）	863	237	17	341	23	206	14	25	
清水兜圩	晓河村、清水兜村	1264	362	19	267	12	549	13	42	
王母兜圩	晓河村、王母兜村	670	192	11	161	4	287	5	10	
大漾其圩	晓河村、王母兜村、大邾、李家坝	676	294	32	182	12	115	26	15	
高厦圩	大邾、李家坝	1792	901	142	64	18	78	469	120	
耻五圩	大邾、大港	1770	896	137	62	40	45	480	110	
李家坝、钱家湾	李家坝村	3585	1867	525		90	489	479	135	
龙潭圩	王母兜村	543.7	420	72			28.5	19	4.2	
小于圩	王母兜村	55.3	15			7.5	12.7	19.1	1	
甲造河圩	王母兜村	728.2	477	138		18.7	31.5	56	7	
殆四圩	王母兜村	111.8	30	12			17.5	48	4.3	
殆五圩	王母兜村	163	100	16.5				43	3.5	
叶家圩	王母兜村	119.5	80	37.5					2	
省四圩	王母兜村	153.5	130	11.5				11	1	
项祝兜	香圩墩村	379	256	31	19	4	42	17	10	
郎香圩	香圩墩村	1510	1194	102	53	18	89	27	27	
香五圩	香圩墩村	726	436	98	41	12	93	21	25	
梅林圩	香圩墩村	129	82	15	4		15	8	5	
西北圩	香圩墩村	455	247	75	23	8	58	27	17	
项田圩	香圩墩村	596	343	81	28	15	76	33	20	
门前圩	清水兜村	549	210	141	0	26	161	0	11	
门后圩	清水兜村	145	58	31	0	0	53	0	3	
大宙圩	清水兜村	235	0	0	0	0	181	20	34	
细宙圩	清水兜村	121	0	0	0	0	99	20	2	
东西尺圩	云村村	2054.59	316.49	1177.3	131.1	69.9	278.8	51.9	29.1	
外圩圩	云村村	563.71	171.81	343.5	13.8	13.4	8.9	0	12.3	

（续）

圩区名称	所辖村名（自然村）	总面积	水田	桑地	白地	鱼塘	村庄用地	河道河漾	其他用地	备注
色二圩	云村村	111.7	40.7	44.3	3.8	3.3	7.6	3.2	8.8	
独坛圩	东兜	432	219	54		6	36	42	75	
塘工田	东兜	121	85	23		13				
西便山	东兜	160	65	15			19	28	33	
西圩	东兜	90	60	12		18				
北半山	东兜	171	72	16			20	33	30	
南庄桥	东兜	66	50	16						
省二圩	东兜	479	272	32		10	50	48	67	
海汇圩	东兜	148	125	23						
东便山	东兜	358	163	29		9	35	50	72	
大其圩	旧馆村	665	378	57	/	14	49	93	74	大其圩、油车桥
庙岐山	旧馆村	1931	1165	176	/	28	178	169	215	庙岐山、坞西兜、陈家坝
讥山圩	旧馆村	843	489	74	/	15	64	89	112	讥山圩、伞尖兜、五圣亩兜
兜门头	旧馆村	763	451	68		13	52	77	102	兜门头、朱家潭、蔡家潭、钉秤湾
吴家板桥	旧馆村	542	317	47		16	39	59	64	吴家板桥、晒甲兜
李家兜	旧馆村	1016	627	99		17	53	67	153	张家里、李家兜、东西栅
家圩	织里村安全兜	665	102		29		503	31		
小三圩	织里村姚家田	529	82		18		408	21		
王家圩	织里村安全兜	1065	254		48		710	53		
姚家三	织里村	705	106		26		531	42		
白漾圩	织里村镇西	621	59		10		524	28		
阿太圩	织里村镇西	405	16		5		370	14		
三百亩	秧宅村	355	187		13		72	18	65	
二百亩	秧宅村	327	120		13		95	19	80	
六百亩	秧宅村	563	400		15		75	18	55	
外小圩	大河村-荡田圩	155	80	40	10	0	15	5	5	

（续）

圩区名称	所辖村名（自然村）	总面积	水田	桑地	白地	鱼塘	村庄用地	河道河漾	其他用地	备注
长达圩	大河村-荡田圩	145	73	30	10	0	10	7	15	
港西圩	大河村-荡田圩	130	40	40	20	0	10	10	10	
竟西	大河村-荡田圩	165	105	40	10	0	5	0	5	
五十亩	大河村-荡田圩	90	50	20	10	0	5	5	0	
东官田	大河村-荡田圩	165	100	20	20	0	10	8	7	
红家湾	大河村-荡田圩	140	80	40	5	0	5	5	5	
前见圩	大河村-曹家兜	355	258	50	10	0	15	7	15	
八十亩	大河村-曹家兜	285	209	20	20	0	10	11	15	
南思圩	大河村-曹家兜	360	277	30	20	0	10	13	10	
官四圩	大河村-西车兜	185	100	40	10	0	10	15	10	
南表记	大河村-西车兜	255	150	50	20	0	5	15	15	
刁里圩	大河村-西车兜	285	204	40	10	0	5	10	16	
濠北圩	大河村-西车兜	240	140	60	10	0	10	10	10	
花露田	大河村-西车兜	235	180	20	10	0	5	5	15	
次三圩	大河村-西车兜	210	150	30	10	5	5	5	5	
四百亩	大河村-西车兜	90	40	30	5	0	5	5	5	
圹里	大河村-陶片	256	150	50	20	0	6	15	15	
王田圩	大河村-陶片	258	167	30	30	0	8	13	10	
里竟	大河村-陶片	230	150	40	10	0	10	10	10	
外竟	大河村-陶片	235	142	60	5	0	10	8	10	
沙角	大河村-陶片	315	210	50	10	0	15	15	15	
耳朵子	大河村-陶片	320	217	20	10	40	10	13	10	
三百亩	大河村-陶片	285	200	40	5	0	10	15	15	
四百亩	大河村-陶片	295	180	50	15	15	10	10	15	
八十亩	大河村-陶片	210	150	20	10	0	10	10	10	
四十亩	大河村-陶片	181	106	30	11	0	10	14	10	
北圣堂	朱湾村	576	26	29	16		505			
王家港	朱湾村	448	18	23	13		394			
朱湾村	朱湾村	410	17	20	10		363			
刁家兜	朱湾村	668	35	33	18		582			
栖梧	朱湾村	568	27	35	19		487			
井四圩	晟舍村	407	4	38	5	0	332	11	17	
河荡圩	晟舍村	337	3	35	3	5	255	22	14	

（续）

圩区名称	所辖村名（自然村）	总面积	水田	桑地	白地	鱼塘	村庄用地	河道河漾	其他用地	备注
方加境	晟舍村	76.3	0	7	3	2	45	17.3	2	
里山圩	晟舍村	131.9	1	27	0	0	69	32.9	2	
北渡圩	晟舍村	44.3	0	2	3	0	31	6.3	2	
南渡圩	晟舍村	41	0	2	2	0	24	11	2	
音四圩	晟舍村	159.2	2	13	3	0	138	3.2	0	
音五圩	晟舍村	349	3	35	14	2	281	11	3	
早亩田	晟舍村	35	0	4	0	12	19		0	
勤南	晟舍村	30	0	2	0	13	15		0	
乌东圩	晟舍村	75	0	10	2	0	61		2	
树桥圩	晟舍村	22	0	2	4	0	16		0	
对港圩	晟舍村	15	0	0	0	0	15		0	
井五圩	晟舍村	704.2	6	50	18	0	581	25.2	24	
小圩	晟舍村	50	0	5	2	0	43		0	
大圩	晟舍村	413.9	4	33	10	0	328	21.9	17	
勒一圩	晟舍村	316.3	3	11	7	0	266	17.3	12	
勒二圩	晟舍村	45	0	4	0	0	39		2	
东井圩	晟舍村	181.3	1	15	6	0	134	17.3	8	
十八亩	晟舍村	18	0	0	0	0	18		0	
十劲头	晟舍村	10	0	0	0	0	10		0	
石勤圩	晟舍村	30	0	19	1	0	10		0	
西井圩	晟舍村	132.3	1	59	4	0	59	6.3	3	
泮家三	晟舍村	156.3	1	14	5	0	109	17.3	10	
独圩	秦家港村	120.5	72	17				15.5	16	
港东圩	秦家港村	110	70	13.5				13.5	13	
界二圩	秦家港村	185	105	55	2	5			18	
界三圩	秦家港村	808.5	522	195	3.5	8	25	32	23	
里三圩	秦家港村	167	107	26	1	2		14	17	
里四圩	秦家港村	458	274	130	3		15	17	19	
姚庄	秦家港村	31	14	7	1				9	
舍头圩	秦家港村	198	130	36	2		5	10	15	
大干圩	秦家港村	642	470	103	3	7	15	26	18	
咸鱼圩	秦家港村	430	215	175	5	3	20		12	
千四圩	河西村	444.6	240.5	32.5	27	7	48	89.6		

（续）

圩区名称	所辖村名（自然村）	总面积	水田	桑地	白地	鱼塘	村庄用地	河道河漾	其他用地	备注
聆三圩	河西村	459.7	295	19	9	4	46	86.7		
聆二圩	河西村	291	144	15	4	3	75	50		
北里四	河西村	437.9	220.2	43.3	38	9	42.4	85		
东里四	河西村	103	67	5	1			30		
西里四	河西村	92	53	7	2			30		
庄四圩	河西村	111	15	3	1	72		20		
千五圩	河西村	125.8	55.5	20.3	15		25	10		
南湾圩	河西村	76.4	20.2	11.2	10		30	5		
北音圩	河西村	226.8	105.3	10.2	10	70	26.3	5		
东劳五圩	河西村	168	130.4	10.5	12.1			15		
西劳五圩	河西村	212.3	120.3	15.5	16.5		45	15		
小音三圩	河西村	172.7	125.2	25	17.5			5		
圩二圩	河西村	145	40.3	15	4.5	4	70.5	10		
音二圩	河西村	433.4	305	55	12		21.4	40		
大音三	河西村	441.7	301.2	55	21	4	30.5	30		
千三圩	河西村	180	72.2	20	7.5	6	45	30		
南音圩	河西村	228.7	110.5	30	17	4.2	37	30		
朱家圩	增圩村	260	158	30			18	46	8	
王家圩	增圩村	172	104	20			12	30	6	
外圩	增圩村	433	263	50			30	76	14	
漾田湾圩	增圩村	270	164	32			18	47	9	
勤东迁	增圩村	466	283	54			32	82	15	
省三圩	增圩村	380	232	44			26	66	12	
省四圩	增圩村	198	120	23			14	35	6	
七十亩圩	增圩村	116	70	14			8	20	4	
千亩园区	港西村	1219	996.5	52	4	75		69	22.5	
庄畏园区	港西村	503	219	46	3		150	65	20	其中260亩属于骥村
高田圩	港西村	310	51	18			148	68	25	
师古圩园区	港西村	274	163	41			20	30	20	
杨家埭	港西村	439	188	65			82	74	30	
计李亭	港西村	392	168	60	3		95	43	23	

（续）

圩区名称	所辖村名（自然村）	总面积	水田	桑地	白地	鱼塘	村庄用地	河道河漾	其他用地	备注
香三	港西村	543	156	47			238	70	32	
池塘圩	上林村	778	625	34	16	/	12	18	73	其中250亩属曙光村
油三湾区	上林村	594	425	59	10	/	29	22	49	
尤二漾区	上林村	587	359	111	8	/	15	30	64	
方田圩	上林村	441	198	72	11	/	69	70	21	
耳朵圩	上林村	701	443	54	10	/	30	63	101	
邱家兜	上林村	201	47	21	15	/	52	12	54	
王大山区	上林村	296	241	3	20	/	0	11	21	
连五兜	上林村	459	299	32	2	/	48	23	55	
东北区	上林村	966	715	54	3	/	46	21	127	
蒋家兜	上林村	177	95	26	7	/	8	11	30	
祥家堰	轧村	91	17	11	5		58	21		
南圩	轧村村朱家汇角	160	125	16	8		32	21	15	
吴大湾	轧村村朱家汇角	105	52	11	7		5	29	15	
方金圩	轧村	338	265	10	3				40	
新坟圩	轧村	233	180	8	5				15	
东南圩	轧村	255	205	11	4				20	
夏四漾	轧村村朱家兜南	236	188	6	7				15	
朱家兜	轧村村朱家兜	383	255	35	15		28	54	20	
潘长桥	轧村村潘长桥	94	45	12	4		8	36	10	
十亩圩	轧村村北桥头北	81	10	8	3		45		10	
中圩	轧村村北桥头北	207	162	12	3				10	
二十亩圩	轧村村北桥头北	93	63					36	5	
十三亩圩	轧村村北桥头北	30	13	5	2					
桥湾圩	轧村村齐家湾西	409	282	28	10		44		20	
三庄圩	轧村村齐家湾东	311	205	21	8		42		15	
肖四圩	轧村村杨家湾东	199	132	12	5		25	72	15	
柒三亩圩	轧村村野鸭坝东北	140	68	21	6		25		10	
耽五圩	轧村村野鸭坝北	88	42	16	5				10	
上圩	轧村村肖五坡东北	142	85	11	4		12	18	10	

（续）

圩区名称	所辖村名（自然村）	总面积	水田	桑地	白地	鱼塘	村庄用地	河道河漾	其他用地	备注
下圩	轧村村肖五坡西北	169	108	12	5		11		10	其中76亩由石头港统计
机四圩	骥村村西石桥	197.9	121.2	21.5	0	37.4	0	12.2	5.6	
界二圩	骥村村白地头	147.1	73.5	3	0	37.8	13.8	14.7	4.3	
增山圩	骥村村应兜湾	517.2	244	63.8	0	84.1	95.3	17.5	12.5	
强盗圩	骥村村张家兜	346.6	242.3	17.2	0	68.8	0	11.6	6.7	
朱界圩	骥村村后城桥	486.8	231.5	35.9	0	94.3	97.5	13	14.6	
东北圩	骥村村陆家兜	272.4	162.1	38.8	0	36.6	16.7	13.6	4.6	
东、西圩圩	骥村村陈家兜	487.7	162.2	67.4	0	105.6	128.4	14.6	9.5	
南温、北温	骥村村丁家汇角	758.3	387	83.8	1	122.9	118.6	18.4	26.6	
属三圩	骥村村曹家庄	352	106.7	64.9	0	67.1	72.5	15.5	25.3	
外圩	骥村村黄泥兜	497.9	288.8	26.8	0	84	56.7	22.2	19.4	
大、小圩	骥村村严家兜	362.2	94.9	21.5	0	77.5	114.3	21.5	32.5	
罗长圩	骥村村赤家兜	597.5	396	13.4	0	75.7	68.1	17.9	26.4	
界三圩	骥村村东村头	701.4	72	12	0	76.2	458	35.6	47.6	其中260亩由港西统计
凌五圩	石头港村	166	91	6		36	16	12	5	
属四圩	石头港村	114	80	4	1	0	15	11	3	
凌三圩	石头港村	1562	1166	47	5	68	115	76	85	
麻圩	石头港村	1212	902	52	2	67	85	58	46	其中76亩属于轧村村
庙圩	石头港村	413	263	18	3	55	32	23	19	
运四圩	石头港村	1349	964	26	7	43	95	88	126	
易五圩	孟乡港村叶家港、钱家湾	546	369	58	11	2	81	15	10	
相五圩	孟乡港村陶家汇、孟乡港、叶家港	411	267	40	7	1	80	9	7	
易三圩	孟乡港村抗三圩	209	150	38	6			6	9	
胃三圩	孟乡港村孟乡港、抗三圩	404	248	43	11		78	14	10	

（续）

圩区 名称	所辖村名 （自然村）	总面积	水田	桑地	白地	鱼塘	村庄 用地	河道 河漾	其他 用地	备注
抗一圩、 抗二圩	孟乡港村 胡家坝桥	301	182	37	10	2	42	10	18	
及一圩	孟乡港村抗三 圩、胡家坝桥、 茹家埭	271	182	33	7		31	10	8	
胃四圩	孟乡港村茹家埭	146	39	31	8	1	54	7	6	
及三圩	孟乡港村茹家埭	142	91	30	6			7	8	
千亩园区	孟乡港村茹家埭	123	71	31	4	1		7	9	
大形圩	孟乡港村抗三圩	12	0	7	1			3	1	
寓四兜	潘塘桥村	396.587	265.337	63	43.68	19.72	1.85	3		
潘塘桥	潘塘桥村	373.243	235.993	60.82	45.76	20.67	8	2		
高家弄	潘塘桥村	365.473	226.223	63.54	40.62	25.09	8	2		
沈家兜	潘塘桥村	374.545	238.295	62.02	42.57	23.66	6	2		
盛家桥	潘塘桥村	367.674	229.424	65.62	42.01	22.62	6	2		
两家桥	潘塘桥村	372.478	233.228	60.92	48	20.33	8	2		
目一圩	曹家簖村孟婆兜	661	352.5	99	129	30	36	14.5		
目二圩	曹家簖村孟婆兜	327	180	20	40	0	80	7		
目三圩	曹家簖村大漾其	456	333	20	40	4	54	5		
目四圩	曹家簖村大漾其	475	320	10	66	4	70	5		
振兴	曹家簖村汤宁祉	841	481	22	201	4	115	18		
西科兜	曹家簖村西科兜	1379	800	100	236	90	120	33		
南圩	曹家簖村狮子 渡口	627	354	80	80	40	40	33		
桃寺塔圩	曹家簖村桃寺塔	334	148	40	78	22	36	10		
胡溇东	乔溇村	668	312	119	120	0	40	32	45	
胡溇西	乔溇村	1725	965	240	256	7	104	31	122	
乔西	乔溇村	658	285	105	116	3	42	69	38	
宋溇	乔溇村	834	392	115	169	0	62	38	58	
八十亩	陆家湾	758	378	46	36	10	36	42	210	
西塍圩	陆家湾	773	357	47	53	15	75	28	198	
油车渠	陆家湾	690	99	68	27	23	83	35	355	
长漾	陆家湾	705	212	53	59	19	62	56	244	
坐圩里	陆家湾	582	155	66	61	22	35	72	171	

（续）

圩区 名称	所辖村名 （自然村）	总面积	水田	桑地	白地	鱼塘	村庄 用地	河道 河漾	其他 用地	备注
大叶田	陆家湾	918	456	34	42	25	77	31	253	
床字圩	陆家湾	745	243	50	63	36	75	42	236	
料大湾	陆家湾	860	398	22	47	47	33	41	272	
陆家漾	陆家湾	1300	0	0	0	0	0	1300	0	
丰兆湾	陆家湾	739	350	72	50	23	24	43	177	
新浦	汤溇村	2200	986	185	603		140	286		
钱溇	汤溇村	1918	733	197	597		126	265		
汤溇港东	汤溇村	1503	410	251	335		186	321		
汤溇港西	汤溇村	1474	436	226	262		206	344		
东灌区	伍浦村	1815	555	213	268	109	167	182	321	
中灌区	伍浦村	1084	310	122	152	70	105	139	186	
西灌区	伍浦村	1031	303	115	147	61	103	127	175	
方畔圩	庙兜村、义皋村	833	273	80	30		200	180	70	其中45亩 属义皋村
坞南圩	庙兜村	875	183	95	37		350	170	40	
二亩圩	庙兜村	1362	782	150	70		180	120	60	
团成圩	庙兜村	1300	760	130	60		130	185	35	其中100亩 由杨溇统计
桐三圩	常乐村	860	433	85	121	120	45	45	11	
葫芦兜圩	常乐村	725	306	126	139	30	36	80	8	
读三圩	常乐村	1745	837	201	151	150	134	232	40	
读四圩	常乐村	257	180	45	23	0	0	7	2	
读五圩	常乐村	2102	946	248	197	300	138	219	54	
桐四圩	常乐村	140	44	15	30	0	18	17	16	
常乐	常乐村	2109	956	256	187	200	139	306	65	
长其圩	常乐村	233	54	45	11	100	0	15	8	
义皋 大其圩	常乐村	105	50	21	29	0	0	4	1	
陆家湾油 车桥	常乐村	207	97	20	25	0	35	25	5	
伍浦百 念亩	常乐村	187	108	25	36	0	0	8	10	

（续）

圩区 名称	所辖村名 （自然村）	总面积	水田	桑地	白地	鱼塘	村庄 用地	河道 河漾	其他 用地	备注
1号 李家伙	义皋村	457.15	149.56	36.65	85.93		116.87	45.43	22.71	其中45亩由 庙兜村统计
2号塘北	义皋村	212.45		33.77	59.58		69.36	37.32	12.42	
3号塘 田圩	义皋村	263.05	77.05	35.79	52.56		50.32	24.27	23.06	
4号陈溇	义皋村	217.4		19.98	60.31		92.95	33.12	11.04	
5号寺前	义皋村	549.38	251.25	51.67	87.12		93.61	26.28	39.45	
6号 把山圩	义皋村	925.57	549.14	89.12	103.5		63.69	48.01	72.11	
南河港南	曙光村	519	305	60	21		88	24	21	
南河港北	曙光村	735	435	90	30		125	37	18	
费家汇	曙光村	957	557	110	39		161	69	21	
木渎港	曙光村	1368	802	90	56		231	104	85	
大港郎	曙光村	621	356	70	25		103	33	34	
中兜	曙光村	1760	931	187	64		268	218	92	其中250亩由 上林村统计
邱港圩	大港村	412	270	40	24	0	37	28	13	
高四圩	大港村	338	180	50	21	25	32.5	21	8.5	
漾西圩	大港村	383.4	230	78	13	0	50	3	9.4	
仁堂圩	大港村	264.5	170	60	10	0	0	14	10.5	
二宜圩	大港村	441.5	280	36	13	13	56	30	13.5	
南风圩	大港村	267.9	140	36	19	3	28.5	36	5.4	
风三圩	大港村	208	100	21	23	2	23.5	32	6.5	
风四圩	大港村	134.7	70	17	8	3	17.5	18	1.2	
北风三圩	大港村	203.35	100	24	13	0	44	18.75	3.6	
草田圩	大港村	352.5	280	45	12	0.5	0	7.5	7.5	
大吉圩	大港村	295	130	45	25	2	36	52.5	4.5	
坤崔圩	大港村	124.3	40	48	18	0	0	13	5.3	
下山圩	大港村	93.5	7	10	10	0	37	23	6.5	
吉圩	大港村	275.5	155	20	20	3.5	55	13.5	8.5	
上山圩	大港村	265.5	165	23	23	2	29	18	5.5	
郑家圩	大港村	311.6	141	26	21	0	41	75	7.6	
克老圩	大港村	26.2	9	4	9	3	0	0	1.2	

（续）

圩区名称	所辖村名（自然村）	总面积	水田	桑地	白地	鱼塘	村庄用地	河道河漾	其他用地	备注
西强家圩	大港村	138	40	34	19	5	23.5	9	7.5	
港口圩	大港村	165.5	26	13	16	0	12	90	8.5	
王母田	大港村	96.5	40	16	12	0	16	10	2.5	
东强家圩	大港村	138	80	12	12	0	26.5	0	7.5	
湾里圩	大港村	83.3	40	21	7	0	0	11	4.3	
潘家圩	大港村	130.1	30	22	9		31	36	2.1	
沈家圩	大港村	116.3	60	36	11			5	4.3	
东圩	大港村	88.5	50	16	6			11	5.5	
门前圩	大港村	93.4	30	21	16		24		2.4	
外圩圩1	大港村	124.8	70	23	16			11	4.8	
外圩圩2	大港村	109.5	50	25	16			12	6.5	
漾口圩	大港村	1060.2	450	70	27	60		440	13.2	
贰圩	大港村	434.5	250	60	16	75		21	12.5	
东港圩	大港村	376.25	210	60	28		56.25	9	13	
北圩	大港村	165.4	110	28	9			15	3.4	
南圩	大港村	168.8	70	34	14	15		30	5.8	
折角圩	大港村	95.5	50	27	7			8	3.5	
石头圩	大港村	125.2	70	28	11			12	4.2	
娘鱼圩	大港村	112.5	53	23	17			14	5.5	
东长旗	大港村	187.8	107	31	14			28	7.8	
门前圩	大港村	166.5	70	21	18		37	18	2.5	
鲫鱼圩	大港村	127.5	53	40	16			11	7.5	
东港圩	大港村	160.4	80	31	19		11	13	6.4	
增夫安圩	大港村	63.2	30	10	17			5	1.2	
河家圩	大港村	38.6	18	7	9			3	1.6	
坝南圩	大港村	61.9	20	9	14			18	0.9	
坝北圩	大港村	40.2	13	13	10			3.5	0.7	
高盘里圩	大港村	51.5	15	6	16			14	0.5	
南漾滩圩	大港村	418.3	15	4	6		52.5	340	0.8	
下元圩	大港村	40.9	22	5	13				0.9	
央田圩	大港村	25.3	4	7	6			7.5	0.8	
西漾山	大港村	62.7	38	9	5			7.5	3.2	

（续）

圩区名称	所辖村名（自然村）	总面积	水田	桑地	白地	鱼塘	村庄用地	河道河漾	其他用地	备注
荣田圩	大港村	104.6	66	14	4			16	4.6	
下山	大港村	77.5	42	18	2			11	4.5	
上山	大港村	136.5	90	16	3	9		13	5.5	
西圩	大港村	154.6	70	12	3		44	17	8.6	
叶家坛	大港村	94.5	60	14	2			11	7.5	
大央田	大港村	49.5	25	6	5		12		1.5	
姚龙田	大港村	239	127	36	16	10		42.5	7.5	
少四圩	大港村	69.3	26	13	17			12	1.3	
白龙潭	郑港村	547	202		204	62	79			
如三圩	郑港村	302	156		103	43	0			
塘溇圩	郑港村	288	109		75	20	84			
南郑港	郑港村	61	48		13	0	0			
湾北	郑港村	177	106		34	22	15			
束圩	郑港村	279	122		36	25	96			
王三母	郑港村	151	81		22	12	36			
束二圩	郑港村	207	116		43	42	6			
西圩	郑港村	356	232		63	13	48			
塔下圩	郑港村	67	56		1	5	5			
浪地圩	郑港村	136	110		26	0	0			
摇下琪	郑港村	69	53		12	0	4			
桥下圩	郑港村	55	53		0	0	2			
下盘圩	郑港村	50	50		0	0	0			
索四圩	凌家汇村	368	236	40	30	8	18	18	32	
机山圩	凌家汇村	296	191	20	20		30	18	26	
北圩圩	凌家汇村	179	90	42	10	2	15	12	10	
小求山圩	凌家汇村	204	158	20	25			132	19	溪漾200亩
大求山圩	凌家汇村	528	181	30	10			36	48	
西圩圩	凌家汇村	234	163	30	20			12	19	
弯北圩圩	凌家汇村	229	113	28	15		16	19	38	
航船部头圩	凌家汇村	223	192	20	20				13	
二百亩圩	凌家汇村	139	142						13	
蚕田圩	联漾	202	73	21	18		29	24	28	

圩区名称	所辖村名（自然村）	总面积	水田	桑地	白地	鱼塘	村庄用地	河道河漾	其他用地	备注
解三圩	联漾村、大溇村、幻溇村	611	209	117	44	73	67	42	24	其中133亩属于大溇，125亩属于幻溇
鸭拉三	联漾村、东桥村	195	90	29	13			25	25	其中90亩属东桥村
诸阿五	联漾村	439	170	85	15		76	29	34	
解四圩	联漾村	629	318	96	17		42	26	64	
姚婆三	联漾村	297	119	57	13		34	23	31	
谁三圩	联漾村	493	172	64	29		69	74	69	
百亩三	联漾村	759	381	109	32		75	24	48	
郑八亩漾	联漾村	319		67	36	216		0		
松溪漾	联漾村	559						838		
钳圩	元通桥村	58	29	10	10				9	
南故山	元通桥村	307	105	40	30	3	40	45	44	
西故山	元通桥村	240	38	45	40	10	30	55	22	
旧四	元通桥村	188	25	30	20	20	50	25	18	
旧三	元通桥村	124	21	15	20			50	18	
机解圩	元通桥村	872	377	100	60	5	50	220	60	
大里山	大溇、元通桥	149	54		75			20		147亩由大溇统计
旧字一圩	幻溇、元通桥	125	125							其中125亩属于幻溇
肖四圩	沈溇村	496	72	57	104	79	109	53	22	其中属于东桥243亩，另外扇五圩划到东桥395亩
肖三圩	沈溇村	411	89	40	153	35	30	52	12	
利四圩	沈溇村	688	225	95	215	25	63	48	17	
七十亩	沈溇村	219	122	30	15	19		25	8	
肖二圩	沈溇村	425	117	40	110	35	80	32	11	
诸溇	沈溇村	721	340	80	99	42	92	54	14	
肖圩	沈溇村	413	115	27	198	35		33	5	

（续）

圩区 名称	所辖村名 （自然村）	总面积	水田	桑地	白地	鱼塘	村庄 用地	河道 河漾	其他 用地	备注
遥二圩	东桥村	653		80	364	20	70	49	70	其中大溇等 划入 600 亩、 划出 573 亩
遥三圩	东桥村	1712	735	153	187	40	242	155	200	
大小仁圩	东桥村	417	280		17	10		65	45	
盛家圩	东桥村	495	297	35	38	20	20	40	45	
肖五圩	东桥村	405	18	97	149	11	97	8	25	
五圩	东桥村	815	226	107	145	65	109	88	75	
大累山	大溇村、 元通桥村	658	471	80	83	2		9	13	其中元通桥 等划入 387 亩、划给东 桥 478 亩
大累五	大溇村村	448	353		72			10	13	
庄前圩	大溇村	306	43	60	90		87	8	18	
奏一圩	大溇村	1080	355	128	284	20	228	34	31	
欣四圩	大溇村、东乔村	523	75	75	132	19	180	20	22	
奏三圩	大溇村	299		60	123	16	75	14	11	
渠字一圩	幻溇村	240.1		94	54	12	72	4.5	3.6	其中大溇村 划入 140 亩， 另外划出 412 亩
渠字三圩	幻溇村	773.4	514	88	44	17	92	7	11.4	
旧字一圩	幻溇村	636	280	7	16	8	188	128	9	
招四圩	幻溇村	250.5		136	31		73	7.5	3	
黑桥圩	幻溇村	375	254	27	29	8	47	8	2	
东北角	幻溇村	200		118	31	6	44		1	
潘溇圩	幻溇村	808	537	119	114	4	25	4	5	
西北角	幻溇村	555		227	198	16	99	9	6	
宋家山	许溇村	149	84		50			15		其中 162 亩 属于幻溇
水家圩	许溇村	174	102	10	42			20		
荘前圩	许溇村	350	123	30	60		112	25		
徐田圩	许溇村	250	91	28	63		38	30		
老一圩	许溇村	155	29	60	50		6	10		
西少圩	许溇村	74	19	20	25			10		

（续）

圩区名称	所辖村名（自然村）	总面积	水田	桑地	白地	鱼塘	村庄用地	河道河漾	其他用地	备注
南老山	许溇村	283	79	30	42		112	20		
北老山	许溇村	455	117	80	189			20	49	
旧四圩	许溇村	32	22					10		
姜一	许溇村	77	42		25			10		
姜二	许溇村	52	30		17			5		
良五	许溇村	1249	57	65	1023		84	20		
旧五	许溇村	346	219	20	42		40	25		
草田圩	许溇村	98	44	20	13		6	15		
小应圩	许溇村	52	21	9	15			7		
少三圩	许溇村	173	84	20	34		20	15		
庙头	许溇村	57	27		25			5		
横河头	许溇村	73	48	10				15		
旧仁头	许溇村	141	65	20	25		16	15		
门前圩	许溇村	164	64	24			56	20		
少五荘	许溇村	138	48	15	55			20		
太湖头	杨溇村	330		93	149		41	14	33	
西塘田	杨溇村	265		110	66		62	9	18	
百家山	杨溇村	966	515	120	197		49	28	57	
七百庙	杨溇村	1088	669	97	187	12	35	23	65	
皮鞋兜	杨溇村	389	141	110	66		48	8	16	
东塘田	杨溇村	277	41	90	75		49	6	16	其中100亩属于庙兜
	杨溇村、庙圲村	200	120	23	29		18	10		
杨圩田	杨溇村	125	85		40					
总计		180 165	82 772.5	20 298.5	16 775.94	5259.09	28 038.9	16 950.98	10 069.09	

二、土壤分布

织里位于杭嘉湖平原水稻土地带，水稻土是耕作历史最久，土壤肥沃，生产力最高的一个土类。镇域包含有三个土科：青紫泥、小粉土、黄斑塥土，以青紫泥、小粉土为主。从滨湖平原到水网平原，土壤的分布规律非常清晰，逐渐从小粉土为主转为青紫泥为主。中华民国时期的调查发现溇港区的湖田因为地势较高，土地利用形式与南部低乡不同，主要以植稻、种桑、种蔬菜为主，"除滨湖低田及芦滩外，地势甚高，所有沿塘涨地，均由乡民开垦成熟，境内植桑及各种菜蔬，稻田甚多。查是项成熟湖田，地势极高，询之就近农民，概述虽在夏秋湖水盛涨之际，水势亦不能淹没，既不能供太湖蓄水，区域无论清理与否，均与水利无大关碍"（《浙江省建设月刊》第七卷第十七，1934 年）。1950 年代的土壤调查中，溇港区的土壤特性被深入发掘（《嘉兴专区土壤志》，1959 年编印本）。

1. 小粉土（夜潮土、湖松土）

织里北塘河以北靠近太湖边的湖滨土壤是湖沙冲击物，以及一部分人为堆积而成。太湖受上游河流冲击影响很大，因此，每当涨大水或刮西北风时，上游山水倾泻，带入大量泥沙，随着湖水倒灌，在沿湖及溇港一带淤积下来。或因刮大风，起大浪，从湖底震荡起大量泥沙，也在湖滨一带淤积起来。愈靠近太湖边，所含沙粒愈多愈粗，质地也就愈疏松。越向南，含沙依次逐渐减少，砂粒也越细，而黏性则逐渐增加。据调查，还受到太湖湖沙影响的土地面积，大约自太湖垂直向南分布 1.5～3 公里，直到和太湖平行的北塘河两旁。

由于粗细沙粒的自然选择性的沉积，粗沙粒首先在湖边沉积，所以湖边土的沙粒含量较多，粒子较粗，农民称之为夜潮土，也有称湖沙土和香灰土，土壤有机质含量在 3% 左右，酸碱度 5.6～6，全剖面都很疏松，表土厚达一尺。由于透水性好，所以雨停路干，道路不会泥泞。潮时不黏，干时土块一捏就散。施肥上力快，省肥，这是湖松土最大的优点。心底土比表土稍紧一点，呈黄棕色，层次不明显。土质疏松、肥沃，大多数旱作物生长都很好，最适宜种植各类蔬菜，以及山药、马铃薯、西瓜、山药、生姜、麻、湖葱、蚕豆等，地下块茎作物最好。著名的太湖萝卜就是湖松土里生长。农民反映"种萝卜长大快，皮光滑"。种植蔬菜、麦类等作物，同样生长良好，发育很快。络麻是太湖一带的主要经济作物之一，产量也很高。这种湖松土至少在南宋时期就已经有大面积的发育。嘉泰《吴兴志》中引《旧编》言太湖边的地适宜种植葱、姜等作物，《旧编》是淳熙年间（1174—1189）周世南所编的《吴兴志旧编》，所以也说明至少在南宋时期，太湖南部就已经形成了这么一个特殊的适宜蔬菜种植的农作区。有农业研究专家指出，中国人主要的蔬菜——大白菜就是在太湖边的湖滨高地上培育出来的，明代以前白菜主要在长江下游太湖地区栽培。百合是著名的特产。此外，种桑树也很好，桑树扎得深、长得快、产量高。太平天国时期，太湖南岸地区还一度成为太湖流域丝绸交易的中心。

2. 青紫泥（水稻土）

北塘河往南，就是水网大平原。水网平原地区的土壤总的分布情况是，一般头、二进田，地形较高，多黄斑土，围头田或河港上游两岸的地带，多小粉土，一般里进田，地形低洼，多青紫泥。青紫泥科主要分布在水网平原的低洼地区，是水乡平原分布面积相当广泛的一个土科，为主要水稻土之一。全科分为青紫泥、黑泥土和烂田土等土组，其中青紫泥最多。普查结果表明，地势越低的地方，青紫泥越多，分布在河网地区的青紫泥，其母质主要是湖沼的淤积物和沼泽腐泥。

镇域湖漾密布，实际上有许多土地都是从早期的湖泊改造过来的。历史上有所谓的"围湖垦田"的记载，直到现在也还留下"湖田""圩荡田"等名称，说明目前的许多低洼田，实际上都和过去的湖泊有着密切关系。水生植物茂盛，在湖泊沉积过程中，进行沼泽化，以致底层留着一层沼泽腐泥层，而成为目前质地黏重、土层深厚的青紫泥科，其中以黑泥土组更为明显。许多青紫泥的心土或底土中，都还保留着沼泽腐泥的层次，出现的深度不等，所含有机质数量也不一致，在2%至5%以上。有一部分已开采泥碳，成为肥源。这一层的厚薄，自8～9寸至2尺多不等，在这一层以下，常常是较松的泥质或沙质层次。但是，也有许多青紫泥中，这样的黑泥埋得很深，或完全没有黑泥层次，而是由未经过沼泽化，或只经过一些潜育过程的黏质沉积母质形成的。

青紫泥分布的地势低洼，一般排水不好，地下水位很高，绝大多数都在2市尺以内，一尺以内的也有20%以上，有一小部分是地面积水的。土层中有明显的潜育现象，有些是全剖面潜育，如烂底墒，有些只是表土或心土有潜育现象。除了它的地形位置是一个重要原因以外，母质的质地黏重，因而土层内部排水不良，土壤中经常含水过多，也是使土壤产生潜育过程的重要因素。所以本土科一般否是排水欠好的。根据排水条件和土壤形状的差异，可分为三个土组：一部分排水不良的，成为烂田土组；一般排水欠好的为青紫泥组；由于母质中含有大量有机质，或经过人为耕作培肥，因为土壤特别肥沃的，则为黑泥土组。

青紫泥的全面剖面或主要剖面层次，以灰黑色为主，土质粘重，保水蓄肥性强，排水欠好。而剖面中的黑色腐泥质，则是它的典型层次，但并不是所有的青紫泥都有这样的土层，有的只有很薄的一层，这样，农民就称它半青紫泥。青紫泥科的剖面结构，除了耕作层、犁底层以外，底土一般可分为2～3个层次。大致在犁底层以下，是致密黏韧的黑泥层，黑泥层以下，一般有一个过渡的层次，然后转变为带浅色而锈斑纹较多的粉砂层或泥层，这三个层次比较普遍的，也是主要的层次。这三个层次都是灰黑色的，仅仅在程度上的有些差别，在湿的时候带青灰色，微微湿润的时候带有紫色光泽，这些很可能是氧化铁的变化所造成的。就三个土组来说，黑泥土是黑色为主，青紫泥常常是灰黑色而带有紫色光泽，烂田土是青灰色的。这个剖面结构，也体现了它们的肥力状况。从色泽上可以说明，三个土组都是潜在肥力很高的，其中以黑泥土肥力最高，烂田土则因排水不良，因而影响到肥力的效能。这三个土组主要剖面结构层次，又体现出它们的共同特点，也就是土壤的内部排水性都是不好的，因为粘韧致密的黑泥层是很难透水的，这也是青紫泥科表层容易滞水的原因之一。

在土壤性质上看，青紫泥都是质地黏重和呈微酸性的。三个主要层次的质地都是黏质的，黏粒含量一般在30%～40%，因此，青紫泥总是代表一种黏重的土壤。农民也常常以此作为青紫泥的典型土性之一，因而耕作不良，生活难做，就成为农民对青紫泥最直觉的评价。青紫泥的酸碱度（pH）大多数在6～6.5，但由于母质的来源不同，因此在剖面质地变化上稍有不同。一般全剖面以黑泥为主的变化较小，如底部是粉沙质的剖面，往下就逐渐偏碱。变化范围一般不超过5.5～7，这就保证了各种养料的有效供应。因为微酸性对各种养料的有效度最大，肥力较高，能满足水稻生长过程中对养料的需要，因而对水稻生理也最合适。而且易肥难瘦，培养地力的条件很好，增产的潜力是很大的。

但青紫泥由于一般都分布在地势低洼，地下水位较高的地方，因此土层中往往积聚了许多水分。而且土质黏重，不易排水，使得土壤虽然在同样的光照条件下，由于水的热容量大，而使得土温始终不能很快提高，早稻秧苗不能很快转青。作为早稻秧田，烂秧情况也比其他土壤严重。同时，由于水分过多，通气不足。因为还原性强，氧化能力小，有机质分解很慢。但土壤黏粒成分多，有机质含量较高，保水蓄肥能力较强。因此，养料能以持久供应。水稻前期生长虽慢，但由于土壤中保存的养料不断地平稳地分解、释放，因而水稻后期生长都很良好，水稻结实率高，谷粒饱满，产量也高。

第二节　水　系

织里的水系东西向主要河道为荻塘、北塘河、南塘河，南北向主要河道为溇港。溇港水流方向随太湖水位的涨落而变，嘉湖平原中产生的部分洪涝水可通过这些溇港排入太湖，干旱年份通过这些溇港也可从太湖引水灌溉。平原区中通过荻塘运河与溇相配合排水，分受天目山南北向水流，分担运河东南部水网的压力。织里镇域内市级河道有 6 条，分别为横塘河、荻塘、浒井港（幻溇港的一部分）、罗溇港、濮溇港、汤溇港；区级河道 3 条，分别为北塘河、大溇和杨溇；镇级河道 142 条。湖泊 2 处，分别为陆家漾和清墩漾；另有漾荡 12 处以及内河池塘 279 处。水域面积共计 14.817 平方公里，水域容积 4534.951 万立方米，水面率 12.45%。横塘纵溇，湖泊漾荡，具有典型的江南水乡特色。

从北到南土壤性状的变化及分布规律见下表及示意图。

土壤名称	湖沙土（夜潮土、湖沙泥）	湖松土（太湖泥）	旱地青紫土（瓦干土）	白土	半青紫泥（鳝血土）	青紫泥
质地	粗沙	细沙	泥带沙	粉沙	泥带沙	泥质
耕性和通气性	好	好	一般	一般	一般	
水保肥力	差	差	一般	一般	尚好	好
颜色	黄色	灰黄	灰黄	灰白	黄带锈斑	青灰
种植作物	桑、麻、麦	蔬菜、百合、蚕豆	蔬菜、大豆、洋葱	水稻	水稻	水稻

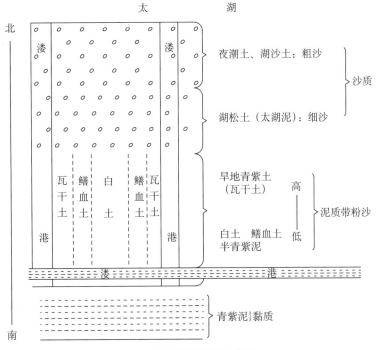

图 1　太湖边岸土壤分布规律

一、主要河流

织里镇域各河道情况见下表。

表 2-1-4　2015 年织里镇各河道调查

村名	河道名称	河道类别	起止点	长度（米）
高新区				
东桥村 （8 条）	罗溇旧港	村庄河道	罗溇闸—东桥村	1379
	前浜港	村庄河道	皮鞋里—莲蓬头漾	1180
	罗溇港	村庄河道	莲蓬头漾—东乔村南	720
	安港港	村庄河道	安港—公路边	380
	罗溇至庙兜段	村庄河道	罗溇港口—庙兜	630
	庙桥港	村庄河道	庙兜—盛家湾南	1160
	严家兜港	村庄河道	严家兜—庙桥头	520
	北横塘	行洪河道	大溇港港口—盛家田圩	984
	罗溇新港	行洪河道	罗溇闸—红亭子桥	2000
沈溇村 （14 条）	诸溇港南汊口	村庄河道	诸溇支兜	210
	诸溇港北汊口	村庄河道	诸溇支兜	330
	诸溇港	村庄行洪	沈溇汊口—太湖	2020
	诸溇至沈溇港	村庄河道	诸溇—沈溇	100
	沈溇港	村庄行洪	北塘河—太湖	2140
	诸溇港	村庄河道	太湖—塘下	1210
	小桥港 1	村庄河道	茶花兜—步桥	383
	小桥港 2	村庄河道	茶花兜—杨家兜	654
	西成港	村庄河道	318 国道—大钱港汊口	463
	塘河	村庄河道	藤桥汊—大钱汊	386
	东北港	村庄河道	南家汇—村西	677
	北兜港	村庄河道	北家汇—村西	687
	皮鞋港	村庄河道	曹家汇村西—兜门圩	282
	克萝井港	村庄河道	藤桥汊—杨家兜	1213
杨溇村 （13 条）	东港港	村庄河道	北塘河—秀才兜	1980
	小桥港	村庄河道	杨溇港东横港—兜底	350
	横塘河	村庄河道	杨溇港—谢溇港	630
	太湖滨横河	村庄河道	谢溇港以西横港—横塘河	1060
	欠五港	村庄河道	门前港	102
	关污兜港	村庄河道	门前港	155

（续）

村名	河道名称	河道类别	起止点	长度（米）
杨溇村 （13条）	南小桥港	村庄河道	杨溇港口—斜桥	338
	秀才兜港	村庄河道	秀才兜西—秀才兜东	78
	高家兜港一	村庄河道	十八亩港口—高家兜	701
	高家兜港二	村庄河道	门前港	199
	谢溇港	村庄河道	太湖—十八亩港口	1304
	施家汇角港	村庄河道	门前港	162
	十八亩港	行洪河道	谢溇港口—北塘河	1328
大溇村 （6条）	小桥港	村庄河道	大溇以东支横港—兜底	270
	闵家港	村庄河道	大溇以东横港—八字桥	450
	秦山圩	圩内	王家桥—环湖堤边	760
	横塘港	村庄河道	大溇以东横港（运粮河部分）	640
	大溇港	村庄行洪	北横塘—太湖	2330
	秦三圩港	村庄河道	八家桥南—北塘河	3030
许溇村 （13条）	许溇港	村庄行洪	北横塘—太湖	2550
	北塘河	村庄行洪	许溇—杨溇横港（运粮河部分）	1130
	南塘河	村庄行洪	许溇至东金溇溇横港	1470
	杨溇港	村庄河道	北横塘捉鸟漾—太湖口	2700
	永安桥港	村庄河道	永安桥—机埠	240
	北兜港	村庄河道	太平桥—竹马漾口	511
	乌兜港	村庄河道	许溇港—近圩	275
	衰衣兜	村庄河道		861
	甘五里兜	村庄河道		387
	杨溇庙港	村庄河道	杨溇港—潘家桥	756
	小涌港	村庄河道	东仁港—北塘河	713
	北兜港	村庄河道	小涌港口—北兜底	535
	南兜港	村庄河道	许溇港—南兜底	411
大港村 （41条）	从兴港	村庄、排灌河道	幻溇港汊口—从兴港自然村兜底	1050
	西陈家兜港	村庄河道	从兴港汊口—陈家兜兜底	720
	染店港	村庄、排灌河道	染店港兜底—杨溇港汊口上山桥	1120
	染店港机埠支港	排灌河道	染店港机埠支港	70
	下扇门前港	村庄河道	下扇自然村门前港	370
	大漾里机埠港	排灌河道	大漾里机埠引水河道	100
	北窑兜港1号段	村庄河道	北窑兜自然村南兜底至北兜底	320
	北窑兜港2号段	村庄河道	北窑兜西兜自然村段港	150

（续）

村名	河道名称	河道类别	起止点	长度（米）
大港村 （41条）	北窑兜港3号段	村庄河道	北窑兜自然村横港	180
	沈家兜港	村庄河道	沈家兜兜底—强家兜北岔港	400
	强家兜港	村庄河道	强家兜兜底—俞家墩兜底	770
	郑家兜机埠港	村庄河道	郑家兜机埠引水支港	120
	潘婆兜港	村庄河道	杨溇港南延伸段潘婆兜自然村段	400
	大河兜港	村庄、排灌河道	杨溇港南延段汉口—北机埠兜底	660
	金头兜港	村庄河道	金头兜兜底—大河兜港岔口	460
	白地头港	村庄河道	白地头自然村门前港	420
	麻坊兜港	村庄河道	杨溇南延伸港汉口—麻坊兜兜底	680
	麻坊兜机埠港	排灌河道	杨溇南延伸港汉口—东至机埠水塔处	550
	东港	村庄、排灌河道	义皋南延港白地头自然村段	380
	弘德桥至陈家兜段港	村庄河道	东陈家兜兜底—弘德桥（东港汉口）	980
	大潘兜港	村庄河道	朱家湾南—清墩漾	1560
	大漾其港	引水河道	大漾里—北塘河	200
	西陈家兜港	村庄河道	西陈家兜—北塘河	350
	东港	行洪河道	白地头北—北塘河	150
	北窑兜港	村庄河道	北窑兜	400
	潘婆兜港	行洪河道	潘婆兜—上山桥	700
	俞家墩港	村庄河道	俞家墩	200
	俞家墩汊港	村庄河道	俞家墩北	150
	东陈家兜港	行洪河道	北塘河—东陈家兜	980
	陈家兜东港	村庄河道	陈家环桥—清墩漾	1160
	庵北后港	村庄河道	门前港	118
	染店港南港	村庄河道	门前港	239
	镇水产村南港	村庄河道	曹家兜港—郑家兜港	2622
	金头兜港	村庄河道	安丰桥北—金头兜南	636
	西陈家兜港	村庄河道	北塘河口—西陈家兜底	326
	北塘河	行洪河道	西陈家兜港口—太平桥	2385
	大漾里港	村庄河道	重心港兜底—下扇	1340
	季家兜港	行洪河道	竹马兜港口—陈家圩港口	1071
	林湖山港	村庄河道	门前港	88
	清墩漾	行洪河道	吴家荡—清墩漾北	888
	竹马漾	行洪河道	下塌—竹马漾东	622

（续）

村名	河道名称	河道类别	起止点	长度（米）
幻溇村 （7条）	潘溇港	村庄河道	环湖大堤—长家舍北	1800
	潘溇横港	行洪、村庄河道	幻溇港—秦山圩东	1170
	东金溇港	村庄河道	环湖大堤—近圩机埠	1650
	西金溇港	村庄河道	环湖大堤—金溇南	1480
	金溇南横港	村庄河道	幻溇港—范家埭	850
	金溇北横港	村庄河道	顾家潭—幻溇港	920
	幻溇港	行洪河道	幻溇大闸—基督教对面	1648
联漾村 （14条）	蒋家桥港	村庄河道	横港口—松鼠漾口	843
	竹园港北	村庄河道	横港口—地心里港口	257
	火井港	村庄河道	北塘河口—地心里港口	515
	东港	村庄河道	北塘河口—地心里港口	405
	戴山港	村庄河道	北塘河口—曹家兜东	832
	地心里港	村庄河道	蒋家桥港口—戴山港口	1431
	石前港	村庄河道	蒋家桥港口—石前机埠	419
	竹园港南	村庄河道	地心里港口—石前机埠	246
	石前内港	村庄河道	石前机埠	952
	曹家兜内河	村庄河道	地心里港口—曹家兜	524
	北兜内河	村庄河道	松鼠漾口—北兜底	163
	南兜内河	村庄河道	松鼠漾口—南兜底	409
	松溪漾	村庄河道	松溪漾	2694
	北横塘	村庄河道	松溪港口—太嘉河口	1709
	幻溇港	行洪河道	北横塘口—高速路	1750
凌家汇村 （6条）	三家村北港	村庄河道	南头漾口—三家村机埠	620
	三家村南	村庄河道	三家村北—三家村东河	192
	西圩港	村庄河道	秧折港口—西圩港	546
	凌家汇港	村庄河道	凌家汇北—凌家汇南	191
	砖桥港	村庄河道	麦汇—北横港	505
	庄后木桥港	村庄河道	金家兜—南仁港桥	1780
郑港村 （12条）	北横港	村庄河道	庄前木桥—太湖路	656
	幻溇港	行洪河道	南横港—南郑港	943
	郑港	行洪河道	如山港口—斜桥	2010
	南横港	行洪河道	亭子桥—斜桥	1255
	潭港内港	村庄河道	南兜—西横港	595
	小港口	村庄河道	东港—南兜	594

（续）

村名	河道名称	河道类别	起止点	长度（米）
郑港村 （12条）	安全兜港	村庄河道	如山港—安全西兜	724
	潘家汇港	村庄河道	北横港—关云桥	175
	付家兜港	村庄河道	北横港—付家兜底	188
	黄家兜港	村庄河道	北横港—黄家兜底	95
	汪家兜港	村庄河道	北横港—汪家兜底	114
	浪儿兜港	村庄河道	如山港—浪儿兜底	226
	郑港村河	村庄河道	村内	1000
元通桥村 （10条）	小桥港	村庄河道	庙漾口—黑桥港	238
	黄田兜港	村庄河道	白桥后港—黄田兜机埠	168
	幻娄新港	村庄河道	旧五—北塘河	793
	黑桥港	村庄河道	常义桥—幻娄新港	462
	白桥后港	村庄河道	北塘桥—幻娄新港	1550
	幻娄老港	村庄河道	幻娄新港—北塘河	466
	门前河	村庄河道	幻娄老港—北塘河	574
	塘前港	村庄河道	门前河汊港—白漾口	555
	旧四港	村庄河道	塘前港口—旧四机埠	290
	北塘河	行洪河道	六亩港口—许娄口	1574
织里镇				
曙光村 （18条）	北河港	村庄河道	新开湖汊口—吴沙河	835
	北河港支1	村庄河道		222
	木渎港	村庄河道	吴沙河支1汊口—陆家漾	1390
	董家兜港	村庄河道	大港汊口—董家兜	262
	大港	村庄河道	褚家荡—中兜	2472
	大港支1	村庄河道	大港汊口—陆家漾	540
	大港支2	村庄河道	大港汊口—北兜	915
	毛家湾	村庄河道	吴沙河支1汊口—毛家湾	150
	吴沙河	村庄河道	毛家湾—陆家漾	1565
	吴沙河支1	村庄河道	吴沙河汊口—曙光村	805
	吴沙河支2	村庄河道	吴沙河汊口—曙光村	50
	吴沙河支3	村庄河道	吴沙河汊口—曙光村	430
	新开湖	村庄河道	陆家漾—跳家河	2040
	长兜港	村庄河道	大港汊口—中兜	515
	南河港	村庄河道	新开湖汊口—毛家湾	900
	跳家河	村庄河道	毛家湾—跳家河	910

（续）

村名	河道名称	河道类别	起止点	长度（米）
曙光村 （18条）	草荡漾东支1	村庄河道	乌王港汊口—叶家荡	840
	汤溇港	村庄河道	陆家漾口—陈家兜	1450
大邪村 （15条）	平桥港	行洪河道	清墩漾口—平桥	242
	小扇圩港	村庄河道	吴家塘—大邪东港口	301
	大邪东港	行洪河道	清墩漾口—乌家兜港口	1503
	珍珠港	村庄河道	吴家塘—高屋	1327
	南港	村庄河道	师古漾—珍珠港口	426
	鹤水兜港	村庄河道	乌桥港口—鹤水兜底	230
	大邪南港	村庄、行洪河道	安丰桥港北—三角漾口	2445
	安丰桥东港	村庄河道	安丰桥南—安丰桥机埠	564
	大邪港	村庄河道	师古漾—大邪南港口	871
	染店兜港	村庄河道	师古漾—染店兜底	158
	雁沙兜港	村庄河道	雁沙兜南港口—雁沙兜底	195
	大邪漾	村庄河道	大邪漾	499
	吴家漾	村庄河道	吴家漾	405
	新机埠港	村庄河道	吴家荡—平桥	37
	南横塘	村庄河道	陈家坟—浒井港	2000
王母兜村 （13条）	王母兜机埠港	行洪河道	章桥港口—龙潭	370
	屋脚港	村庄河道	王母兜机埠—西兜鱼港	241
	北兜港	村庄河道	东章桥港口—北兜港	254
	东章桥港	村庄河道	邱家湾港口—东章桥	341
	中兜港	村庄河道	东章桥港口—中兜底	300
	南兜港	村庄河道	中兜港口—泥部港	319
	省四港	行洪河道	应章港口—东章桥港口	429
	甲造河内外港段	村庄、行洪河道	长木桥港段—张家兜南	394
	长木桥港	村庄、行洪河道	三角漾—长木桥港	653
	叶山港	村庄河道	罗家桥—邱家湾	456
	王母兜北港	村庄、行洪河道	西兜坝—桥北	507
	省四港	村庄河道	省四港	788
	邱家湾港	村庄河道	桥北—叶山港口	593
	南横塘	村庄河道	如家桥—陈家坟	500
李家坝村 （17条）	乌桥港	村庄河道	乌家兜港口—三角漾口	1130
	李家坝南港	村庄河道	林家湾—三角漾口	679
	乌桥北港	村庄河道	乌桥港口—三角漾口	267

（续）

村名	河道名称	河道类别	起止点	长度（米）
李家坝村 （17条）	庙兜港	村庄河道	三角漾口—庙兜机埠	259
	圣堂兜港	村庄河道	圣堂兜南—圣堂兜底	211
	张家兜港	村庄河道	张家兜南—张家兜底	129
	林圩内港	村庄河道	清墩漾口—林圩机埠	704
	清墩漾	行洪河道	阮家兜—清墩漾东	454
	唐家湾内港	村庄河道	横港头	230
	木桥内港	村庄河道	李家坝	71
	严家漾	行洪河道	严家漾	555
	阮家兜港	村庄河道	大邾东港口—阮家兜底	134
	林圩东港	村庄河道	清墩漾口—豆腐墩	1909
	漾呸圩段港	村庄河道	清墩漾口—林圩东港口	243
	和尚兜港	村庄河道	林圩东港口—林圩机埠	96
	横港头	村庄河道	塘子口—石灰湾	473
	林圩北兜港	村庄河道	林圩东港口—林圩北兜底	189
	南横塘	村庄河道	如家桥—陈家坟	500
旧馆村 （27条）	白漾湾港东	行洪河道	省二港口—重漾湾港口	346
	吴家板桥港	村庄河道	重漾湾港口—吴家板桥	164
	大其圩港	村庄河道	重漾湾港口—大其圩机埠	395
	南古塘港	行洪河道	长湖申线口—尖伞兜东	352
	南古塘港2	村庄、行洪河道	李家兜—伞尖兜	1697
	杨家寺前港	村庄河道	白漾湾港口—杨家寺前	120
	李家兜港	村庄河道	白漾湾港口—李家兜底	182
	重漾湾港	村庄河道	重漾湾桥—大其圩东	1765
	兜门头港	村庄河道	兜门头—蔡家潭	580
	庙岐山港	村庄河道	门前港	850
	庙岐山汉港	村庄河道	门前港	222
	坞西兜内港	村庄河道	坞西兜—晒甲	457
	省四港	村庄河道	陈家坝	319
	蔡家潭	村庄河道	蔡家潭	221
	省二港	村庄、行洪河道	大排港口—白漾湾港口1	299
	新机埠港	村庄河道	旧馆—兜门头	722
	订平湾港	村庄河道	订平湾	612
	陈家坝后港	村庄河道	重漾湾港口—陈家坝	339
	红加兜港	村庄河道	强盗港口—红加兜底	888

（续）

村名	河道名称	河道类别	起止点	长度（米）
旧馆村 （27条）	强盗港	村庄、行洪河道	大其圩北—尖伞兜南	1196
	晒甲兜港	村庄河道	强盗港口—晒甲兜底	707
	尖伞兜后港	村庄河道	尖伞兜西—尖伞兜东	154
	讥三圩内港	村庄河道	南古塘港口—讥三圩兜底	88
	潘家兜港	村庄河道	南古塘港口—潘家兜机埠	44
	五圣母兜港	村庄河道	南古塘港口—五圣母兜底	236
	白漾湾港中	村庄河道	长兜港—南古塘港口	1828
	白漾湾港西	村庄、行洪河道	长兜港—白漾湾港口2	559
增圩村 （17条）	梁家兜港	行洪河道	强盗河汊口—梁家兜	1000
	邱家湾河支1	村庄河道	邱家湾河汊口—省三	403
	南港支1	村庄河道	南港汊口—省三	70
	南港支1-1	村庄河道	门前港	120
	南港支2	村庄河道	南港岔口—省三	155
	邱家湾河支1-1	村庄河道	邱家湾河支1汊口—省三	377
	陆家兜港	村庄河道	胡家坝桥—陆家兜	400
	增圩兜港	村庄河道	强盗河汊口—增圩	970
	南港	村庄河道	大其圩—省三	2195
	梁家兜港支1	村庄河道	梁家兜港汊口—梁家兜	330
	梁家兜港支1-1	村庄河道	门前港	75
	梁家兜港支1-2	村庄河道	梁家兜	50
	陆家兜内港	村庄河道	陆家兜	164
	邱家湾河	村庄河道	邱家湾—王母兜	2455
	增圩村内港	村庄河道	增圩	210
	强盗河	村庄、行洪河道	大其圩—胡家坝桥	563
	陆家兜支1	村庄河道	梁家兜	65
孟乡港村 （22条）	张家兜	村庄河道	钱家湾—孟乡港	175
	钱家湾港	村庄河道	邱家湾—孟乡港	760
	钱家湾支1	村庄河道	钱家湾汊口—钱家湾港汊口	280
	钱家湾支2	村庄河道	钱家湾汊口—孟乡港	230
	茹家埭河	行洪河道	茹家埭—赤家兜	725
	孟乡港	村庄河道	孟乡港—茹家埭	1010
	叶家港	村庄河道	叶家港—豆腐墩	670
	叶家港支1	村庄河道	叶家港汊口—豆腐墩	50
	孟乡港支1	村庄河道	孟乡港汊口—孟乡港	205

（续）

村名	河道名称	河道类别	起止点	长度（米）
孟乡港村 （22 条）	胡家坝桥港	村庄、行洪河道	胡家坝桥—邱家湾	1420
	胡家坝桥港支 1	村庄、行洪河道	胡家坝桥港汊口—孟乡港	345
	胡家坝桥港支 2	村庄、行洪河道	胡家坝桥港汊口—抗三圩	230
	胡家坝桥港支 2-1	村庄河道	胡家坝桥港支 2 汊口—抗三圩	410
	胡家坝桥港支 2-1-1	村庄河道	胡家坝桥港支 2-1 汊口—抗三圩	115
	茹家埭河支 1	村庄河道	茹家埭河汊口—茹家埭	110
	茹家埭河支 2	村庄河道	茹家埭河汊口—茹家埭	50
	孟乡港鱼塘	村庄河道	孟乡港	300
	西新田港	村庄、行洪河道	胡家坝桥—茹家埭	380
	西新田港支 1	村庄河道	西新田港汊口—茹家埭	140
	抗三圩港支 1	村庄河道	抗三圩港汊口—茹家埭	150
	抗三圩港	村庄河道	抗三圩—茹家埭	400
	罗家桥小港	村庄河道	公路边—罗家桥	160
庙兜村 （24 条）	庙兜港	村庄河道	神娄港—庙兜底	375
	群英桥港	行洪河道	徐对桥港口—陈家圩港口	461
	宋家兜港	村庄河道	徐对港口—宋家兜底	332
	大塘兜港	村庄河道	永建桥—大塘兜底	244
	大塘兜港	村庄河道	永建桥—大塘兜底	544
	念佛兜内港	村庄河道	念佛兜	290
	李家兜内港	村庄河道	李家兜	157
	陈家圩港	村庄河道	徐对港口—潘家湾	1039
	陈家圩内港	村庄河道	陈家圩	86
	三亩湾港	村庄河道	北塘河—三亩湾	445
	宋家田内港	村庄河道	宋家田	140
	宋家田港	村庄河道	沙家漾口—陈家圩港口	811
	义皋港	村庄河道	水塘河	629
	北滩兜	村庄河道	沙家兜东侧	172
	郎中北港	村庄河道	郎中港东侧	232
	郎中港	村庄河道	三角潭口—栏杆桥	565
	秀家兜港	村庄河道	水塘河—秀家兜港	204
	季家兜内港	村庄河道	季家兜	100
	漾湾西内港	村庄河道	漾湾西	106
	河家湾港	村庄河道	义皋港口—栏杆桥	618
	漾梅港	村庄河道	漾梅桥—北塘河	592

（续）

村名	河道名称	河道类别	起止点	长度（米）
庙兜村 （24条）	河家湾港	村庄河道	谢溇港口—栏杆桥	313
	邹家港	村庄河道	肚子湾—张家漾	549
	北横塘	村庄河道	杨梅港—灰兜桥	400
	北横塘	村庄河道	灰兜桥—义皋港	733
	蒋店桥河	村庄河道	蒋店桥—草囤漾汊口	400
骥村村 （33条）	赤家兜	村庄河道	赤家兜—南板桥	1440
	后城桥	村庄河道	南板桥—强盗河	700
	仁章兜	村庄河道	后城桥—仁章兜	210
	施家墩	村庄河道	范村塘—施家墩	760
	羊河墩	村庄河道	羊河墩—赤家兜	120
	赤家兜内港	村庄河道	赤家兜	125
	张家兜内港	村庄河道	张家兜	431
	羊河墩内港	村庄河道	羊河墩	80
	仁章墩内港	村庄河道	仁章墩	63
	陈家兜内港	村庄河道	陈家兜	45
	施家墩岔港	村庄河道	施家墩	369
	骥村内港	村庄河道	骥村	71
	东村头内港	村庄河道	东村头	81
	张家墩内港	村庄河道	张家墩	56
	强盗河内港	村庄河道	强盗河	173
	漾和内港	村庄河道	漾和	1042
	曹家庄	村庄河道	曹家庄—伞尖兜东	1570
	曹家庄-1	村庄河道	曹家庄—范村东	220
	陈家兜	村庄河道	陈家兜—南板桥	150
	陈家兜北	村庄河道	赤家兜—南板桥	610
	东村头	村庄、行洪河道	东村头—赤家兜	170
	范村村	村庄河道	范村村—范村塘	530
	骥村	村庄河道	南板桥—骥村	320
	陆家兜	村庄河道	陆家兜—张家兜	540
	南板桥	村庄、行洪河道	南板桥—张家兜	1360
	强盗河	村庄、行洪河道	胡家坝桥—伞尖兜东	1600
	伞尖兜东	村庄、行洪河道	伞尖兜—伞尖兜东	700
	施家墩-1	村庄河道	施家墩—范村	290
	西石桥	村庄河道	骥村—西石桥	80

（续）

村名	河道名称	河道类别	起止点	长度（米）
骥村村 （33条）	严家兜	村庄河道	严家兜—曹家庄	240
	张家兜	村庄河道	张家兜—胡家坝桥	1140
	张家墩	村庄河道	张家墩—张家墩	95
	洑溇港	村庄河道	洞兜南—318国道	793
石头港村 （19条）	南湾内港	村庄河道	南湾	953
	凹家兜北	村庄河道	凹家兜—东凹家东	420
	凹家兜西	村庄河道	凹家兜—北环江	390
	白甫兜	村庄河道	白甫兜—北环江	330
	范村塘	村庄河道	曹家庄—318国道	722
	白甫兜南	村庄河道	白甫兜南—白杨溇	200
	白杨溇	村庄河道	石头港—东凹家东	2050
	东凹家	村庄河道	东凹家—东凹家东	160
	金光兜	村庄河道	范村塘—梁溪桥江	910
	梁溪桥江	村庄河道	318国道—白杨溇	1760
	阮家兜	村庄河道	阮家兜—石头港	80
	石头港	村庄河道	北环江—范村塘	1920
	石头港-1	村庄河道	石头港—石头港西	150
	万家兜	村庄河道	万家兜—范村塘	420
	吴家兜	村庄河道	吴家兜—白杨溇	230
	属四圩	村庄河道	万家兜—石头港	190
	汤溇港	村庄河道	南横塘南—318国道	1500
	范村塘东港	村庄河道	范村塘	1142
	北环江	村庄河道	石头港—白甫兜	1300
港西村 （14条）	南横塘	村庄河道	朱家汇角—茹家埭	1130
	内应河支1	村庄河道	内应河汊口—洞兜	130
	洞兜	村庄河道	内应河汊口—洞兜	590
	洑溇港	村庄河道	朱家汇角—属四圩	750
	黄泥兜	村庄、行洪河道	范村塘汊口—黄泥	342
	计家兜	村庄河道	濮溇港汊口—计家兜	187
	李家湾	村庄、行洪河道	李家湾	185
	西庙兜	村庄河道	西庙兜	113
	西庙港	村庄、行洪河道	内应河汊口—李家兜	280
	相三兜	村庄河道	相三港汊口—相三港	200
	相三港	村庄河道	相三港—濮溇港汊口	404

（续）

村名	河道名称	河道类别	起止点	长度（米）
港西村 （14条）	杨家埭河支1	村庄河道	杨家埭—杨家埭	250
	施姑圩	村庄河道	相三港汊口—陶家汇	290
	李家兜支1	村庄河道	李家兜	70
	濮溇港支5	村庄河道	濮溇港汊口—杨家埭	370
秧宅村 （7条）	白龙桥港	村庄河道	西北汇—秧宅港口	1048
	北仁港	村庄河道	西北汇—堂子港口	464
	门前港	村庄河道	堂子港口—河板桥	427
	叶小桥港	村庄河道	秧宅港口—叶家湾	700
	东仁港	村庄河道	秧宅港口—鲫鱼兜底	1291
	张家湾港	村庄河道	张家湾	478
	秧宅港	村庄河道	湖织大道—横塘港	305
	南横塘	行洪河道	白龙港—栋梁路	1103
大河村 （18条）	曹家兜至陶家湾港段	村庄河道	曹家兜—陶家湾	570
	大石桥港	村庄、引水河道	大石桥村庄—施家巷村庄南	1760
	大石桥港支港1	村庄河道	大石桥港口—兜底	90
	大石桥港支港2	村庄河道	大石桥港口—兜底	110
	大石桥港支港3	村庄河道	大石桥港口—兜底	130
	西成港	村庄、引水河道	西成机埠—百公桥	970
	利川港	行洪河道	折荡漾口—邹家兜	353
	念五湾港	村庄河道	大石桥—念五湾	3094
	桥下港	村庄河道	桥下—蒋家漾	550
	念五湾港	村庄河道	陆家滩漾—念五湾东	820
	念五湾漾港	村庄河道	念五湾漾港北侧村庄河道	360
	丈子桥港	村庄河道	大河漾—西成港	910
	荡田圩港	村庄河道	南荡田圩—大河漾	1510
	西车兜港	村庄河道	西车兜—大河漾	400
	姚家甸港	村庄河道	姚家甸村庄门前港	320
	南横塘港支1	村庄河道	利川港	350
	南横塘港	村庄河道	折荡漾口—大河新桥口	787
	南横塘港	村庄河道		650
晓河村 （9条）	大漾其港	村庄河道	福绥桥东—王母兜村部	762
	晓山圩北港	村庄河道	环桥—西兜坝	479

（续）

村名	河道名称	河道类别	起止点	长度（米）
晓河村 （9条）	元家兜港	村庄河道	东迁路—环东机埠	232
	东大巷至环桥段	村庄河道	东大巷—环北桥	2450
	福绥桥港	村庄河道	大漾其桥—环桥西	560
	环桥港	村庄河道	晓河—环桥东	380
	环桥南汊港	村庄河道	环桥南	180
	福绥桥北汊港	村庄河道	福绥桥北	110
	福绥桥南汊港	村庄河道	福绥桥南	100
	浒井港	村庄河道	晓河大桥—府前大桥	630
曹家簖村 （20条）	濮溇港	行洪河道	白石马桥—香山	990
	濮溇港支3	村庄河道	濮溇港汊口—汤宁祉	413
	濮溇港支3-1	村庄河道	汤宁祉—汤宁祉	150
	濮溇港支4	村庄河道	濮溇港汊口—南桃寺塔	1805
	濮溇港支4-1	村庄河道	濮溇港支4汊口—潜龙兜	480
	濮溇港支4-1-1	村庄河道		90
	濮溇港支4-2	村庄河道	濮溇港支4汊口—姚泥水	860
	濮溇港支4-3	村庄河道	濮溇港支4汊口—狮子渡口	325
	乌王港	行洪河道	草荡漾汊口—乌家镇	2470
	西科兜	村庄河道	草荡漾汊口—西科兜	260
	乌王港支1	村庄河道	乌王港汊口—姚泥水	116
	乌王港支2	村庄河道	乌王港汊口—南桃寺塔	165
	石前桥河	村庄河道	袄溇港汊口—潘塘桥	330
	两家桥河	村庄河道	大漾渠—曹家湾	315
	曹家湾	村庄河道	袄溇港汊口—曹家湾	805
	两家桥河支1-1	村庄河道	门前港	120
	李家湾河	村庄河道	李家湾	400
	孟婆兜	村庄河道	石前桥河汊口—孟婆兜	450
	相三港支1	村庄河道	相三兜	255
	乌王港支1-1	村庄河道	娘鱼滩	120
常乐村 （41条）	北塘河支10	村庄河道	北塘河汊口—西港郎	38
	北塘河支10-1	村庄河道	西港郎—西港郎	235
	北塘河支11	村庄河道	北塘河汊口—东阁兜	295
	北塘河支11-1	村庄河道	东阁兜—东阁兜	38
	北塘河支2	村庄河道	北塘河汊口—姜王里	56
	北塘河支5	村庄河道	北塘河汊口—黄泥坝	670

（续）

村名	河道名称	河道类别	起止点	长度（米）
常乐村 （41 条）	北塘河支 5-1	村庄河道	北塘河支 5 汊口—黄泥坝	105
	北塘河支 5-2	村庄河道	北塘河支 5 汊口—黄泥坝	405
	北塘河支 8	村庄河道	北塘河汊口—长田圩	985
	北塘河支 8-2	村庄河道	北塘河支 8 汊口—朝皇兜	1120
	北塘河支 8-2-1	村庄河道		341
	北塘河支 9	村庄河道	北塘河汊口—野柴湾	780
	北塘西河	村庄河道	濮溇港汊口—常乐村	1250
	北塘西河支 1	村庄河道	北塘西河汊口—常乐村	40
	北塘西河支 2	村庄河道	北塘西河汊口—常乐村	400
	铜油湾	村庄河道		105
	铜油湾支 1	村庄河道	铜油湾—港北山	330
	对芳兜	村庄河道	草荡漾汊口—对芳兜	168
	朱家湾河	村庄河道		145
	陆家田塘	村庄河道		55
	濮溇港	村庄河道	北横塘—白石马桥	2350
	濮溇港支 1	村庄河道	濮溇港汊口—姜王里	456
	濮溇港支 1-1	村庄河道	濮溇港支 1 汊口—姜王里	95
	濮溇港支 2-1	村庄河道	濮溇港支 2 汊口—杀鱼桥	91
	濮溇港支 2-2	村庄河道	濮溇港支 2 汊口—草荡漾	508
	濮溇港支 2-3	村庄河道	濮溇港支 2 汊口—铁店湾	50
	北塘河	村庄河道	袄溇港姜王里汊口—南湾里	1280
	朝皇兜	村庄河道	门前港	502
	南湾里	村庄河道	南湾里	160
	村新河	村庄河道	袄溇港汊口—雪家滩	2600
	村新河支 1	村庄河道	村新河支 1 汊口—倪家扇	284
	村新河支 2	村庄河道	村新河汊口—常乐村	157
	村新河支 3	村庄河道	村新河汊口—常乐村	1240
	村新河支 3-1	村庄河道	村新河支 3 汊口—常乐村	120
	村新河支 3-2	村庄河道	村新河支 3 汊口—雪家滩	30
	村新河支 4	村庄河道	村新河汊口—常乐村	310
	村新河支 5	村庄河道	村新河汊口—常乐村	253
	袄溇港支 2	村庄河道	袄溇港汊口—汤宁祉	3082
	村新河支 6	村庄河道	门前港	210
	村新河支 6-1	村庄河道	门前港	100
	北横塘	村庄河道	义皋港—料大湾北	3987

（续）

村名	河道名称	河道类别	起止点	长度（米）
陆家湾村 （23条）	钱家兜港	村庄行洪	钱家兜门前港	872
	油车渠港	村庄行洪	西腾圩北	710
	田心庙港	村庄行洪	西腾圩北	350
	西木桥港	行洪、村庄河道	陆家漾口—江苏界桥南	1200
	荡里北漾口港	村庄河道	荡里—董家甸	770
	西程圩港	村庄河道	公路桥南—油车渠机埠	620
	迎春桥港	村庄河道	汤溇港口—陆家漾口	380
	西湾港	村庄河道	西湾村	460
	陆家兜港	村庄河道	陆家兜—费家兜	770
	丰兆湾港	村庄河道	公路边—丰兆湾村南	610
	料大湾港	村庄河道	料大湾—野柴湾	620
	野柴湾西港	行洪、村庄河道	公路桥南—北塘河	1050
	官田圩港	村庄河道	汤溇港汊口—钱家兜	2537
	官田圩塘	村庄河道	门前港	136
	中塘河	村庄河道	陆家漾—叶家荡	527
	河桥港	村庄河道	门前港	215
	西钻桥港	村庄河道	陆家漾—长田圩	890
	西钻桥港支1	村庄河道	门前港	154
	陆家漾港	村庄河道	陆家漾—河埠桥	1005
	官田圩港支2	村庄河道	门前港	270
	长湖港	村庄河道	钱家兜—钱家兜	330
	官田圩内港	村庄河道	钱家兜—官田圩	780
	汤溇港	村庄河道	华利铝厂—陆家漾	1063
	北横塘	村庄河道	蒋溇港—料大湾北	800
	北横塘	村庄河道	宋溇西港—宋溇港	650
潘塘桥村 （15条）	两家桥河	行洪河道	草囤漾汊口—盛家桥	1675
	清墩漾	行洪河道	清墩漾汊口—囊二兜	615
	清墩漾支1	村庄河道	清墩漾汊口—潘塘桥	175
	清墩漾支2	村庄河道	门前港	130
	清墩漾支3	村庄河道	门前港	185
	草囤漾支1	村庄河道	草囤漾汊口—潘塘桥	110
	草囤漾支2	村庄河道	草囤漾汊口—潘塘桥	50
	草囤漾支3	村庄河道	草囤漾汊口—沈家兜	440
	蒋店桥河	村庄河道	蒋店桥—草囤漾汊口	660

（续）

村名	河道名称	河道类别	起止点	长度（米）
潘塘桥村 （15条）	潘塘桥河	村庄河道	潘塘桥—蒋店桥	1240
	潘塘桥河支1	村庄河道	潘塘桥汊口—潘塘桥	50
	寓四兜	村庄河道	蒋店桥汊口—寓四兜	255
	草囤漾	村庄河道	草囤漾	1790
	清墩漾	村庄河道	清墩漾	118
	石前桥河	村庄河道	石前桥—潘塘桥	280
乔溇村 （13条）	乔溇港	村庄河道	乔溇闸—北横塘	1113
	宋溇港	村庄河道	宋溇闸—北横塘	1100
	晟溇港	村庄河道	太湖口—傍岸头村	696
	宋溇西港	村庄河道	乔溇横港—北横塘	1090
	乔溇横港	村庄河道	胡溇港—汤溇港	3015
	横港支	村庄河道	乔溇横港—胡溇田间	110
	安滨兜	村庄河道	乔溇横港—安滨兜村	135
	红善兜	村庄河道	乔溇横港—乔溇村	215
	吴家兜	村庄河道	乔溇横港—宋溇村	108
	胡溇港	行洪、村庄河道	太湖出口—李家圩北	1220
	胡溇横港	村庄河道	村南石桥—村中汊口	1330
	北横塘	村庄河道	宋溇西港—宋溇港	500
	北横塘	村庄河道	宋溇港—胡溇港	1802
	滨河港	村庄河道	汤溇港口—胡溇口	2300
伍浦村 （10条）	陈溇港	村庄河道	太湖口—南头村南	1610
	伍浦港	村庄河道	伍浦村—小桥	1084
	西蒋溇至陈溇横港	村庄河道	西蒋溇—陈溇港	2000
	支港1	村庄河道	横港—彭家兜	190
	支港2	村庄河道	横港—谈家兜	109
	蒋溇港	村庄河道	太湖口向内至南横港	1290
	叶家埭港	村庄、引排水河道	叶家埭村庄往南	770
	东机埠港	引水河道	东机埠—北横港	450
	南横塘	行洪河道	濮溇港—南横塘	330
	濮溇港	行洪河道	环湖大堤—北横塘	1100
	滨河港	行洪河道	塘北东村—蒋溇港口	1700
轧村村 （16条）	齐家湾	村庄河道	邻睦桥河汊口—齐家湾	910
	齐家湾支1	村庄河道	齐家湾支汊口—轧村	70
	邻睦桥河	村庄河道	濮溇港汊口—朱家兜	975

（续）

村名	河道名称	河道类别	起止点	长度（米）
轧村村 （16条）	邻睦桥河支1	村庄河道	邻睦桥河汊口—朱家兜	265
	邻睦桥河支1-1	村庄河道	邻睦桥河支1汊口—齐家湾	400
	百桥港	村庄河道	濮溇港汊口—轧村	550
	百桥港支1	村庄河道	百桥港汊口—轧村	345
	百桥港支1-1	村庄河道		380
	范村塘支1	村庄河道	范村塘汊口—宋家湾	200
	肖五北河	村庄河道	肖五北—野鸭荡	430
	野鸭漾	村庄河道	野鸭荡汊口—濮溇港支4汊口	75
	野鸭坝	村庄河道	濮溇港汊口—野鸭荡	200
	野鸭坝支1	村庄河道		85
	泮长桥河	村庄河道	潘长桥—齐家湾	1408
	濮溇港	行洪河道	香山—轧村中学	2175
	南横塘	村庄河道	潘长桥—濮溇港	1800
上林村村 （26条）	双仪河	村庄河道	红桥港汊口—上林村	246
	小桥港	村庄河道		60
	伍王港	村庄河道	邱家兜—乌家墩	1035
	安仁港	村庄河道	荡家兜—邱家兜	555
	估村港支1	村庄河道	估村港汊口—凹家兜	665
	南五兜港	行洪、村庄河道	回来桥—南五兜	815
	南五兜港支1	村庄河道	南五兜港汊口—沈家门	150
	波斯荡	村庄河道	波斯荡汊口—杨家圩	253
	波斯荡支1	村庄河道	波斯荡汊口—乌王港汊口	160
	宋家兜港	村庄河道	宋家兜—邱家兜	745
	宋家兜港支1	村庄河道	宋家兜港汊口—上林村	110
	堂子兜	村庄河道		670
	陈家圩	村庄河道		120
	伍王港支3	村庄河道	乌家墩—红桥港汊口	920
	伍王港支1	村庄河道	伍王港汊口—蒋家兜	320
	伍王港支2	村庄河道	伍王港汊口—伍王港	273
	伍王港支3-1	村庄河道	伍王港支3汊口—杨家圩	355
	大港支1	村庄河道	大港汊口—堂子兜	135
	堂子兜支1	村庄河道		145
	堂子兜支2	村庄河道		60
	伍王港支3-1-1	村庄河道		50

（续）

村名	河道名称	河道类别	起止点	长度（米）
上林村村 （26条）	伍王港支3-1-2	村庄河道		325
	红桥港	行洪河道	西上林—楮家荡	1055
	估村港	行洪河道	邱家兜—东凹兜	1085
	汤溇港	村庄河道	陈家圩—上林村	465
	北排	村庄河道	上林村—潘长桥	800
香圩墩村 （20条）	田溪角河	村庄河道	囊二东兜—李家兜	2370
	田溪角河支1	村庄河道	田溪角河汊口—囊二东兜	275
	田溪角支4-1	村庄河道	田溪角支4汊口—木莲湾	35
	田溪角支4-2	村庄河道	田溪角支5汊口—梅林港	182
	囊二兜河	村庄河道	豆腐墩—囊二兜	1720
	囊二兜河支1	村庄河道	囊二兜河汊口—豆腐墩	188
	囊二兜河支2	村庄河道	囊二兜河汊口—豆腐墩	160
	囊二兜河支3	村庄河道	囊二兜河汊口—香圩墩	214
	囊二兜河支4	村庄河道	囊二兜河汊口—香圩墩	207
	田溪角河支2	村庄河道	田溪角河汊口—香圩墩	46
	田溪角河支3	村庄河道	田溪角河汊口—仲家兜	213
	囊二兜河支5	村庄河道	囊二兜河汊口—香圩墩	113
	囊二兜河支6	村庄河道	囊二兜河汊口—囊二兜	235
	两家桥河支1-1	村庄河道	两家桥河汊口—杨家埭	1030
	项祝兜	村庄河道	两家桥河支1汊口—项祝兜	320
	项祝兜支1	村庄河道	项祝兜汊口—项祝兜	322
	杨家埭河	村庄河道	两家桥河支1汊口—杨家埭	576
	田溪角河支4	村庄河道	田溪角河汊口—豆腐墩	1120
	沈家兜港	村庄河道	囊二兜河支7汊口—沈家兜	152
	囊二兜河支7	村庄河道	囊二兜河汊口—草囤漾	405
义皋村 （12条）	王家港	村庄行洪	北横塘—王家圩	1130
	义皋港	村庄行洪	北横塘—太湖	1880
	义皋汊港	村庄河道	义皋港以东横港（朱家庙）	200
	独石桥机埠港	村庄河道	独石桥机埠沿线	420
	李家浒港	行洪、村庄河道	公路边—义皋港口	530
	王家圩横港	村庄河道	陈溇村—义皋港口	920
	吴家兜港	村庄河道	吴家兜	300
	义皋塘河港	村庄河道	义皋石桥—庙边	650
	塘北港	村庄河道	塘北东村—朱家庙头	840
	沙家兜机埠港	村庄河道	沙家兜	150

（续）

村名	河道名称	河道类别	起止点	长度（米）
义皋村 （12 条）	义皋港 2	村庄行洪	宋家庙桥—寺前	719
	滨河港	村庄行洪	义皋港口—塘北	1400
汤溇村 （19 条）	钱溇港	村庄河道	太湖口—邵漾里	1482
	新浦闸港	村庄河道	太湖口—毛安头	1350
	石桥浦港	村庄河道	太湖口—费家兜以北	1310
	石桥浦汊港	村庄河道	石桥浦港石桥浦村	170
	东蒋溇横港	村庄河道	蒋溇港口—钱溇	520
	钱溇至新浦段	村庄河道	钱溇港口—新浦港口	1150
	西汤溇港	村庄河道	汤溇村	550
	西汤溇横港	村庄河道	汤溇港口—石桥浦	730
	姚家兜汊港	村庄河道	姚家兜	270
	西庄渠港	村庄河道	公路边—北塘河	850
	钱溇南机埠港	村庄河道	机埠边	150
	长田圩港	村庄河道	长田圩—钱溇港口	580
	汤溇村港段	村庄河道	村西—汤溇口	2079
	汤溇港	村庄河道	环湖大堤—华利铝业	1450
	北横塘	村庄河道	蒋溇港—料大湾北	800
	北横塘	村庄河道	料大湾北—张官桥	400
	北横塘	村庄河道	汤溇港—宋溇西港	500
	滨河港 1	村庄河道	蒋溇港口—新浦港口	1200
	滨河港 2	村庄河道	新浦港口—石桥浦港口	600
	滨河港 3	村庄河道	石桥浦港—汤溇港	900
	东、西兜	村庄河道		223
	冷水湾港	村庄河道	桑地—新浦港口	497
织里镇 （23 条）	浒井港	镇级河道	湖织大道—318 国道	5000
	清水兜	镇级河道	幻溇港—大港路	348
	芳莲河	镇级河道	环湖路—浒井港	400
	佛仙港	镇级河道	晟舍新街路—新街	462
	富民河	镇级河道	晟舍新街路—长湖申线	797
	叶家荡	镇级河道	环湖路—晟舍新街	1500
	南漾港	镇级河道	生姜坝—长兜口	677
	生姜坝内港	镇级河道	生姜坝南—生姜坝北	539
	东兜港	镇级河道	南漾港口—东兜底	383
	北横港	镇级河道	浒井港口—陆家庄口	1740

（续）

村名	河道名称	河道类别	起止点	长度（米）
织里镇 （23条）	长兜港	镇级河道	长兜口—长兜北	824
	大排港	镇级河道	陆家庄口—二两兜底	626
	栖梧港	镇级河道	织里北路—珍贝路	770
	芳莲河	镇级河道	栖梧桥—环湖路	1100
	万谦河	镇级河道	阿祥路—盘殊漾	2278
	盘殊河	镇级河道	盘殊公园—长河申线	1403
	晟舍港	镇级河道	珍贝路—荻塘	1451
	秀才港	镇级河道	利济桥—珍贝路	800
	秦家港	镇级河道	澄海公园—万谦河	1106
	官田港	镇级河道	帕罗桥—下庄河口	900
	下庄河	镇级河道	吴兴大道—万谦河	1270
	南横塘	镇级河道	虹桥头—阿祥路	3120
	姚家田港	镇级河道	南横塘—梁栋路	2100
总计：791条				457 962

骥村张家兜港

二、主要漾荡

2015 年对织里镇域各河漾调查，河漾面积为 1.8 平方公里。具体情况见下表。

表 2-1-5　2015 年织里各河漾调查

	河漾名称	所属河流/水系	面积（平方公里）
高新区	竹马漾	运河水系	0.0506
	大漾里漾	运河水系	0.0357
	罗溇漾	运河水系	0.0437
	松溪漾	运河水系	0.4327
织里镇	清墩漾	运河水系	0.2720
	陆家漾	运河水系	0.9186
	草荡漾	运河水系	0.0953
	草囤漾	运河水系	0.1504
	大邾漾	运河水系	0.0192
	小邾漾	运河水系	0.0184
	陈家滩漾	运河水系	0.1414
	万谦漾	运河水系	0.0997
	谦四漾	运河水系	0.0364
	盘殊漾	运河水系	0.0950
总计			1.8464

第三节　气　候

织里镇季风特征显著，降水充沛，日照较多，气温适中，空气湿润。但由于每年季风进退迟早、强弱不同，气候的年际差异较大，洪涝、干旱、低温、台风、冰雹和大风等灾害性天气时有发生，成为影响经济社会发展的不利气候因素。

一、四季

织里四季分明，特点是冬夏长、春秋短。冬季始于 11 月下旬，止于次年 3 月中下旬。夏季始于 5 月下旬，止于 9 月中下旬。春季始于 3 月中下旬，止于

5月下旬。秋季始于9月下旬，止于11月下旬。冬夏季平均各120天左右，春秋季平均为60～70天。

春季气温开始回升，但不稳定，冷暖起伏大，天气多变。初春时有强冷空气影响，造成"倒春寒"和晚霜冻。4月到5月中旬，雨水明显增多，常有连阴雨天气，俗称春雨期，此期的降水量约占全年降水量的20%左右。

夏季是一年中气温最高、降水量最多的季节。初夏（6月中旬至7月上旬）天气闷热潮湿、多暴雨，常有大面积降水，俗称梅雨期。盛夏（7月中旬至8月中旬）晴热少雨，多高温天气，是全年最热的时段。除台风和局部雷阵雨外，降水较少，常有伏旱出现。夏末秋初（8月下旬到9月下旬），降水又复增多，时有北方小股冷空气南下，常出现阴雨天气，并伴大到暴雨，俗称秋雨。6—9月也是台风活动频繁的季节，常受台风影响而带来大风暴雨，造成洪涝灾害。

秋季前期多雨，后期秋高气爽。9月是初秋多雨期，降水量多，降水强度大。10月起，由于北方冷空气势力增强，活动频繁，气温下降，降水减少，多晴朗天气，白天温度高，夜间辐射降温快，日差较大，对晚稻灌浆结实有利。

冬季是一年中气温最低、降水最少的季节，天气寒冷干燥，常有寒潮暴发。初冬（1月下旬到2月下旬）天气干冷，雨雪较少，多霜冻。隆冬（1月到2月上旬）是全年最冷时期，常出现大雪和冰冻天气，极端最低气温可达-9～-7℃。冬末（2月中旬到3月下旬）是全年日照最少的时段，多阴冷天气，升温缓慢，在强冷空气影响下，时有乍暖骤冷天气发生。

二、气温

镇域年平均气温15～16℃，据有关气象资料，1951年至1982年间，织里平均年气温15.8度，其中1953年最高，1976年最低。平均月气温7月和8月最高，1月和12月最低。极端最高气温1953年8月26日41.5℃，极端最低气温1969年2月6日-11.1℃。1956年至1982年，织里无霜期平均每年246天。

霜　织里地处东部平原，初霜比山区晚，终霜比平原早。初霜平均日期为11月上旬末到中旬，最早出现在10月下旬初。终霜平均日期为3月中旬到3月下旬，最晚出现在4月中旬中。无霜期多年平均为235天左右。

低温　春季气温变化大，如遇冷空气活动较多的年份，往往出现春寒天气。

气象上凡 4 月 5 日以后出现日平均气温≤11℃，低温天气连续 3 天或 3 天以上，则称为"倒春寒"，对春播种危害较大。秋季低温是指 9 月上旬至 10 月上旬晚稻抽穗扬花期的低温天气。一般以日平均气温连续 3 天<22℃、20℃作为低温危害指标。秋季低温来得早、温度低，若又遇阴雨多、日照少，就会造成严重危害。

　　冻害　主要是霜冻，一般把气温在 4℃或以下、不论见白霜与否都称为霜冻。霜冻平均初日比初霜日早，出现在 11 月中旬中前期。终霜冻日比终霜日出现迟，出现在 4 月中旬。

　　冰　平均结冰初日为 11 月中旬到下旬后期，结冰终日为 3 月上旬中到 3 月中旬，平均结冰期为 100～130 天，平均结冰日数为 40～57 天。

表 2-1-6　1951—1982 年织里平均气温一览（℃）

年度	全年	1 月	2 月	3 月	4 月	5 月	6 月	7 月	8 月	9 月	10 月	11 月	12 月
1951	15.8	3.4	5.1	8.0	12.8	20.7	23.4	29.2	28.9	21.2	19.1	12.0	8.2
1952	16.5	5.3	3.4	7.8	16.3	20.7	26.0	28.5	28.2	24.4	17.7	14.5	4.9
1953	17.5	4.6	6.9	10.3	14.9	21.9	26.0	31.6	30.4	23.3	19.5	12.7	7.9
1954	15.3	4.9	4.8	7.0	13.6	19.2	22.3	26.5	27.0	23.2	16.6	13.5	3.6
1955	15.5	0.5	6.2	8.2	14.6	19.5	24.3	27.7	27.0	25.2	15.8	9.6	7.8
1956	15.3	3.0	4.7	7.6	15.4	18.0	25.5	29.4	27.0	22.8	16.8	9.1	4.4
1957	15.3	3.3	1.4	7.7	14.5	19.1	23.7	29.2	27.1	20.7	16.4	12.9	3.0
1958	15.6	2.2	4.5	9.7	16.0	19.0	24.7	29.0	26.6	27.8	15.2	10.5	6.8
1959	16.0	2.1	5.1	10.8	14.8	19.2	24.2	29.0	28.7	22.9	17.5	11.1	6.2
1960	16.2	3.7	6.8	11.2	14.5	19.5	24.5	29.2	27.1	24.3	17.6	11.9	4.2
1961	16.8	3.9	5.4	9.8	15.9	21.2	25.4	29.9	29.3	24.1	18.4	13.6	6.5
1962	15.7	2.2	6.1	9.0	13.2	19.3	24.1	28.8	27.5	23.7	17.1	11.2	6.4
1963	15.9	1.6	4.6	10.1	15.8	20.9	23.5	28.5	27.5	23.5	16.0	12.8	6.3
1964	16.1	4.7	1.1	9.2	17.6	19.4	23.6	30.0	28.0	25.1	18.0	11.1	5.4
1965	15.6	4.6	5.9	8.0	17.6	20.8	22.9	28.5	26.6	22.0	17.6	13.4	4.5
1966	16.0	4.1	6.7	10.5	14.6	19.9	24.2	28.0	28.7	21.5	17.6	12.0	4.7
1967	15.7	2.7	4.4	9.4	14.3	20.6	25.1	28.4	29.9	23.4	17.6	11.5	1.3
1968	15.9	2.9	2.3	9.7	14.5	19.9	23.6	27.2	27.8	23.7	16.6	13.2	5.9
1969	15.4	3.2	1.5	7.4	15.2	21.4	23.1	27.1	25.2	24.9	17.4	10.1	4.5
1970	15.5	1.7	6.1	6.0	13.9	21.2	22.8	27.5	25.4	24.0	17.9	11.2	6.3
1971	15.8	2.9	4.2	8.0	14.8	20.1	25.6	30.3	28.7	22.6	15.6	11.4	5.6

（续）

年度	全年	1月	2月	3月	4月	5月	6月	7月	8月	9月	10月	11月	12月
1972	15.4	4.2	2.1	9.0	14.5	19.3	24.1	27.2	27.1	22.0	17.1	11.9	6.2
1973	16.0	4.2	6.6	10.3	16.7	19.2	23.3	28.0	27.1	22.0	17.1	11.9	4.6
1974	15.5	3.0	3.7	8.5	16.3	20.8	23.1	26.6	27.0	22.6	19.4	12.3	5.1
1975	16.1	4.9	5.5	9.2	14.6	19.2	23.6	27.8	28.4	25.7	18.9	11.6	4.1
1976	15.2	3.2	6.2	8.0	14.4	20.1	23.4	26.1	28.6	21.6	17.4	9.9	5.7
1977	15.7	-0.4	3.0	10.2	16.4	18.8	23.7	28.3	26.6	23.6	18.9	11.3	7.6
1978	16.2	3.8	4.7	8.1	15.5	19.9	24.9	29.8	28.9	23.0	17.6	11.7	6.2
1979	16.0	4.5	6.7	9.1	14.5	18.8	25.5	28.0	27.6	19.8	17.4	10.3	7.3
1980	17.4	3.5	3.3	7.4	14.2	19.7	25.0	27.1	24.6	21.4	17.3	13.0	4.7
1981	15.4	1.7	5.1	10.5	11.4	20.4	24.5	28.4	27.5	21.6	15.5	9.8	4.7
1982	15.7	3.5	4.7	9.0	14.1	22.1	23.4	26.8	26.9	21.9	18.9	12.6	4.7

表 2-1-7 1956—1982 年织里无霜期一览

年度	终霜日期	始霜日期	无霜期天数
1956	3 月 20 日	11 月 13 日	237
1957	4 月 3 日	11 月 22 日	232
1958	3 月 29 日	10 月 27 日	211
1959	3 月 3 日	11 月 14 日	264
1960	4 月 2 日	11 月 27 日	238
1961	4 月 16 日	11 月 23 日	220
1962	4 月 4 日	11 月 30 日	239
1963	3 月 13 日	11 月 26 日	257
1964	3 月 26 日	11 月 14 日	232
1965	3 月 17 日	11 月 27 日	254
1966	3 月 10 日	10 月 29 日	232
1967	3 月 7 日	12 月 1 日	268
1968	3 月 9 日	11 月 10 日	245
1969	3 月 17 日	11 月 11 日	238
1970	4 月 5 日	12 月 4 日	242
1971	3 月 17 日	11 月 25 日	252
1972	3 月 5 日	11 月 22 日	261
1973	2 月 28 日	12 月 1 日	275
1974	3 月 2 日	11 月 19 日	261
1975	4 月 2 日	11 月 24 日	235

（续）

年度	终霜日期	始霜日期	无霜期天数
1976	3 月 13 日	11 月 15 日	246
1977	2 月 23 日	11 月 23 日	272
1978	3 月 24 日	10 月 30 日	219
1979	3 月 25 日	10 月 22 日	210
1980	2 月 28 日	11 月 14 日	259
1981	2 月 28 日	11 月 10 日	254
1982	3 月 9 日	11 月 11 日	246

三、降水

织里降水受地形影响比较明显，年降水量低于湖州西部低山丘陵，为 1200 毫米左右，平均降水日 150 天左右，平均湿度为 80% 左右。

因受季风影响，降水具有明显的季节变化，各季雨量分配不均匀，干湿期明显，全年有两个雨季和两个相对干季。4—7 月上旬为第一个雨季，总降水量为 450～510 毫米，占全年降水量的 38%。7 月中旬到 8 月下旬为一个相对干季，主要受副热带高压控制，高温少雨，常称高温少雨期。9 月副热带高压开始南退，台风影响多，降水再次增多，出现第二个雨季，称为秋雨期。10 月后大气环流调整，冬季风盛行，降水明显减少，至次年二月是全年降水最少时期，又是一个相对干季。年内各月降水量分布差异也较大，以 2 月降水最少，6 月、9 月降水最多。

历年降水量差异很大。1969 年 6 月 8 日至 7 月 6 日，连续降水 19 天，1973 年 11 月至 1974 年 1 月最长连续无降水达 60 天。1949 年至 1982 年间，平均年降水量 1270.2 毫米，其中最大全年降水量为 1954 年的 2102.6 毫米，最小降水量为 1978 年的 752.5 毫米。1956 年至 1982 年，平均年降水日 143.8 天，最多为 1977 年，最少为 1978 年。1951 年至 1978 年，始梅期一般在 6 月 7 日，终梅期在 7 月 8 日，平均梅雨期 21 天。1954 年梅雨量最多，1978 年最少。

暴雨　除 12 月外，其余各月均能出现暴雨，主要集中在 5—9 月，尤以 6 月和 9 月为最多，此时正逢梅雨和秋雨季节。每年暴雨平均出现 8 次，多的年份有 6 次，少的年份仅 2 次。织里因地处东部平原，每年暴雨略少于丘陵山区。大暴雨和特大暴雨的出现平均每年有 1 次以上，分布在每年 4—10 月的春雨、梅雨、秋雨季节，主要集中 9 月份，此时正值秋季台风侵袭和冷空气南下相遇，常常造成暴雨如注，山洪暴发，河港泛滥。6—7月梅雨季节有时冷暖空气对峙，也易引起连续暴雨或大暴雨，造成洪涝灾害。

　　洪涝　根据洪涝发生的季节，可分为夏涝和秋涝。夏涝发生在6—7月的梅雨季节，两月总降水量≥400毫米。洪涝早在三国时就有记载，吴五凤元年（254），太湖溢，平地水深八尺。北宋元丰元年（1078）七月，大风雨，太湖水高二丈余，淹没塘岸。元至正元年（1342）夏，久雨，太湖水内溢成灾。明崇祯十三年（1640）五月，大雨七昼夜，淹没庄稼。清乾隆九年（1744）七月初四，天目山水冲溢湖州，太湖水泄不及，镇域村庄受灾。1931年夏，大涝，连续阴雨，黄梅期达62天。织里境内受灾严重，沈家坝村有民谣"五月端午装车去，九月重阳拆车回"。1954年梅雨期长达78天，造成巨大的洪涝灾害。8月下旬至9月降水量大于250毫米称秋涝，大于450毫米称严重秋涝。形成秋涝的主要原因是秋季冷空气南下和台风相遇，造成阴雨连绵，大雨暴雨倾注，引起涝害。元至顺元年（1331）十月，大风雨，太湖溢，淹没沿岸民居近三千，溺死男女近三千人。明万历十五年（1587）秋，大风雨，太湖溢，平地水深丈余。沿湖村庄随后发生饥疫，弃尸满道，河水都有腥臭味。1919年夏秋季，太湖南岸大涝，织里大量农田被淹。苕区戴山镇、织里乡乡民高宽夫等具状向湖属水灾筹赈会报告灾情。1921年夏秋大水，太湖流域洪水成灾。

1999年洪水

干旱 按发生的时期通常分为 6—8 月的夏旱（伏旱）及 9—11 月的秋旱。盛夏季节，晴热少雨，从 6 月下旬至中旬，连续 30 天或以上不下透雨，同时连旱期日平均降水量小于 1 毫米作为明显夏旱年。夏旱虽受大范围大气环流影响，但由于地形关系，西南低山丘陵区夏季多局部阵雨天气，故夏旱东西部差异较大，东部持续时间长于西部。进入 10 月，降水明显偏少，有些年份会出现秋季干旱。如果从 9 月下旬到 11 月下旬之间，持续一个月不下透雨为秋旱标准。有的年份秋旱连冬旱，旱期持续到翌年 1 月，有的年份延续到翌年 2 月上旬，干旱长达 104 天之久。汉惠帝五年（前 190）夏，大旱，太湖干涸。明崇祯十七年（1644），湖州地区大旱。4—9 月无雨，太湖枯浅，行人可涉。清咸丰六年（1856），大旱，乌程境内河道近乎干涸。

雷暴 一般始于 3 月上旬末，终止于 9 月底。冬季少见，盛夏最多。年平均雷暴日为 32～46 天。

雾 一年四季均可发生，但以秋季出现次数最多，平均每月 4～5 次，夏季最少。年平均雾日为 23～35 天，丘陵低山区多于平原。

雪 由于纬度较低，境内降雪天数不多，只有冬季北方有较强冷空气影响时才会产生降雪。年平均降雪日数为 10.4 天，1 月最多。多年平均初雪日期为 12 月 20 日，终雪为 3 月 8 日前后。清顺治十一年（1654）冬，连续下大雪十余天。天气大寒，太湖冰厚二尺。镇域受灾。康熙五年（1666），乌程县境闰六月下雪。

表 2-1-8 1925—1982 年织里各月降水量一览   单位：毫米

年度	全年合计	1月	2月	3月	4月	5月	6月	7月	8月	9月	10月	11月	12月	全年雨雪天数
1925	1220.6	38.5	61.7	59.0	32.5	144.2	197.7	288.9	194.1	70.1	22.5	62.3	19.1	
1926	1238.3	35.5	41.7	59.5	30.9	85.3	204.0	153.0	150.3	219.9	72.3	61.0	12.2	
1927	1050.1	27.5	117.9	37.8	121.5	51.7	100.8	129.4	169.3	170.3	73.0	0.0	10.5	
1928	1539.1	80.7	27.0	93.1	156.0	21.7	370.7	258.9	217.3	235.4	2.5	47.3	28.5	
1929	1133.8	154.1	35.4	25.3	32.5	114.7	327.8	75.3	110.9	46.4	15.7	19.8	169.9	
1930	1144.8	67.2	37.1	102.0	120.2	122.1	229.9	96.0	31.4	108.6	97.8	53.4	59.1	
1931	1391.9	56.9	185.7	48.3	135.7	156.6	142.6	606.3	36.4	224.7	6.3	84.8	37.6	
1933	1301.2	114.2	103.7	93.7	197.6	153.9	153.8	35.0	100.9	182.8	104.1	12.1	19.4	
1934	908.9	43.0	43.6	102.9	143.1	88.8	39.6	36.7	112.0	117.0	76.3	70.0	35.9	
1935	1402.4	59.2	85.9	73.0	82.8	83.6	210	67.2	361.4	147.5	63.7	71.8	92.6	
1936	1327.5	77.6	78.3	67.2	140.6	79.1	112.4	125.4	357.1	57.6	0.0	69.7	95.5	

（续）

年度	全年合计	1月	2月	3月	4月	5月	6月	7月	8月	9月	10月	11月	12月	全年雨雪天数
1937	(1248.0)	108.8	123.3	83.0	120.1	93.0	204.0	139.8	102.4	179.3	94.3	—	—	
1941	(1475.2)	—	—	—	76.8	172.1	158.0	279.0	369.0	331.8	5.8	110.4	95.4	
1947	(924.1)	136.0	46.5	44.0	—	189.0	143.0	88.0	95.0	41.5	45.0	9.5	88.6	
1948	1158.6	23.3	51.7	82.3	30.7	173.7	171.4	100.8	129.3	251.9	66.2	20.0	81.3	
1950	(554.3)	—	—	—	—	—	—	77.0	108.1	231.5	70.8	82.9	14.0	
1951	1577.5	9.7	118.5	112.7	171.8	51.8	206.7	274.4	133.9	210.1	108.9	72.0	77.0	
1952	1860.8	50.9	163.4	130.5	83.9	184.1	244.8	259.2	299.9	344.6	66.5	78.4	24.6	
1953	1294.3	72.6	117.3	117.8	50.9	64.8	231.8	76.1	70.9	176.9	127.6	99.0	88.6	
1954	2102.6	186.0	109.7	42.7	154.9	435.5	345.5	337.1	201.0	91.2	23.4	34.6	138.0	
1955	1199.1	53.8	89.5	206.3	133.0	83.1	225.7	199.8	96.4	15.9	6.3	57.7	31.6	
1956	1445.1	48.0	22.9	176.2	76.6	200.8	167.8	221.4	184.3	289.7	24.8	13.3	18.9	147
1957	1489.5	75.0	101.7	67.7	121.7	182.9	291.7	215.4	152.8	126.2	54.0	58.7	41.7	164
1958	1192.8	19.2	64.0	104.0	131.2	138.6	125.8	59.2	212.9	218.8	82.9	21.5	14.7	138
1959	1306.0	44.2	139.7	59.7	168.1	237.5	143.1	78.8	134.4	126.0	10.6	108.5	95.4	141
1960	1653.3	73.8	18.4	180.1	185.8	165.1	195.7	245.4	255.7	188.6	10.3	109.5	21.9	153
1961	1363.3	64.0	70.3	103.5	50.1	159.4	191.9	54.0	112.2	276.0	205.4	52.9	23.6	154
1962	1435.4	36.0	39.8	20.8	121.1	110.9	192.4	121.0	165.7	308.2	131.5	34.4	30.6	127
1963	1097.7	0.0	20.0	74.8	143.7	171.6	147.2	69.9	52.7	224.3	48.3	54.5	30.4	141
1964	1084.7	96.1	72.9	48.1	175.3	147.8	152.7	65.4	59.7	143.8	59.7	9.2	24.0	153
1965	1013.2	6.1	113.8	75.2	116.3	54.6	115.5	36.5	140.9	63.6	125.4	34.7	57.9	134
1966	1253.4	46.6	54.0	124.9	156.9	126.1	175.9	121.5	51.1	164.6	28.1	64.4	106.3	13.5
1967	959.0	24.4	55.2	126.2	203.5	134.0	89.6	123.4	12.1	32.4	16.6	136.2	5.4	11.6
1968	1069.4	52.4	21.0	60.6	119.2	227.8	97.0	60.2	119.7	76.4	70.3	38.5	126.3	129
1969	1289.1	128.8	102.5	101.2	97.0	106.7	97.5	226.5	168.5	215.6	1.4	31.7	11.7	151
1970	1401.1	35.8	102.1	150.4	53.1	120.1	253.5	204.9	170.2	150.0	36.0	60.2	34.8	152
1971	1004.4	4.8	90.7	49.4	76.1	112.1	244.0	51.7	15.8	162.6	150.4	4.4	44.4	117
1972	985.5	6.4	142.8	78.5	99.8	83.5	111.3	45.7	94.5	104.2	83.3	61.3	74.2	149
1973	1316.5	40.6	171.4	85.9	121.8	193.0	229.7	25.9	90.9	300.1	49.6	3.5	0.1	146
1974	1249.7	89.0	37.4	68.7	31.0	148.2	207.3	151.1	75.2	31.4	122.7	88.1	119.6	148
1975	1342.7	34.1	119.9	52.7	113.6	94.9	212.0	153.9	79.8	193.6	140.7	49.5	94.0	162
1976	1008.2	25.1	80.7	115.7	102.8	114.7	135.9	53.1	65.0	162.2	73.4	46.7	32.9	156
1977	1234.2	125.1	30.9	102.5	230.1	182.8	119.3	245.8	136.9	373.7	61.0	49.3	65.5	170

（续）

年度	全年合计	1 月	2 月	3 月	4 月	5 月	6 月	7 月	8 月	9 月	10 月	11 月	12 月	全年雨雪天数
1978	762.5	75.7	38.8	74.8	54.5	166.7	114.4	30.5	13.8	89.6	41.0	31.4	31.3	112
1979	953.3	33.5	27.9	103.2	123.2	60.9	90.3	156.0	149.4	134.1	0.1	50.2	52.2	125
1980	1519.3	55.9	43.1	201.5	70.4	63.2	200.9	322.1	322.2	128.2	66.4	38.3	7.1	152
1981	1455.6	58.5	59.9	15.6	82.1	134.1	224.9	170.2	261.5	63.2	118.9	201.0	5.7	153
1982	1151.2	35.6	44.8	169.5	91.5	96.6	113.9	230.5	148.1	44.0	212.2	129.0	25.3	149

表 2-1-9 1925-1955 年织里各时段最大降水量一览　　　　单位：毫米

年度	一日（24 小时）		三日（72 小时）		五日（120 小时）		七日（168 小时）	
	降水量	开始日期	降水量	开始日期	降水量	开始日期	降水量	开始日期
1925	51.3	7.11	84.7	7.1	145.9	6.30	221.5	6.30
1926	54.5	9.13	168.1	9.11	217.5	6.26	269.3	6.22
1927	55.2	4.20	81.5	7.5	113.4	5.5	148.4	5.5
1928	151.6	6.27	218.9	6.25	292.0	6.23	345.7	6.23
1929	141.8	6.16	224.1	6.14	238.8	6.14	318.3	6.14
1930	41.4	9.3	85.0	6.18	122.6	6.15	193.1	6.7
1931	103.2	3.5	155.5	7.22	281.3	7.15	375.6	7.17
1933	66.5	6.19	109.5	6.18	127.5	5.13	169.1	9.21
1934	79.7	5.26	81.4	8.26	88.6	8.25	147.5	8.26
1935	114.8	8.26	129.5	8.25	155.2	8.21	253.4	8.12
1936	86.3	8.30	144.2	8.30	154.4	7.30	205.5	8.22
1937	52.4	6.24	69.3	6.23	116.8	6.23	151.6	6.23
1941	92.0	6.25	122.4	9.4	260.6	9.5	439.8	5.25
1947	60.0	5.1	85.0	8.4	115.0	7.30	117.7	7.3
1948	58.0	9.22	97.6	9.21	156.4	9.18	168.9	9.15
1951	99.2	7.16	185.0	7.14	238.3	7.11	211.5	7.6
1952	83.9	8.25	130.6	6.19	219.6	17.9	308.4	8.30
1953	63.1	6.9	84.8	9.3	136.7	6.3	183.9	5.27
1954	104.5	5.12	161.9	5.19	196.8	5.18	340.5	5.7
1955	62.6	9.7	84.5	7.5	125.6	7.1	192.8	6.28

表 2-1-10 1953—1983 年幻溇水文站年降水量　　　　单位：毫米

年度	年降水量	排序	年度	年降水量	排序
1952	1495.6	3	1968	1005.7	28

（续）

年度	年降水量	排序	年度	年降水量	排序
1953	1167.1	16	1969	1227.2	13
1954	1635.8	1	1970	1291.9	7
1955	1111.8	22	1971	1076	24
1956	1263.6	10	1972	904.6	30
1957	1235.7	8	1973	1255.5	12
1958	1032.6	26	1974	1154.2	17
1959	1149.7	18	1975	1181.5	15
1960	1355.8	5	1976	1142.6	19
1961	1260.1	11	1977	1425.2	4
1962	1215.4	14	1978	728.7	32
1963	1072.1	25	1979	846	31
1964	1123.2	21	1980	1292.4	6
1965	1032.3	27	1981	1132.3	20
1966	1264.1	9	1982	1084.4	23
1967	942.8	29	1983	1607.6	2
总计	37 763.5		平均	1180.1	

表 2-1-11　1951—1978 年织里梅期一览

年度	始梅日期	终梅日期	梅期天数	总梅雨量（毫米）
1951	6 月 23 日	7 月 19 日	27	250
1952	6 月 13 日	7 月 23 日	41	200
1953	6 月 17 日	6 月 29 日	13	260
1954	6 月 1 日	8 月 1 日	62	853
1955	6 月 17 日	7 月 9 日	23	250
1956	6 月 5 日	7 月 19 日	45	372
1957	6 月 20 日	7 月 13 日	24	450
1958	6 月 27 日	6 月 29 日	3	17
1959	6 月 28 日	7 月 7 日	10	32
1960	6 月 19 日	6 月 26 日	8	56
1961	6 月 8 日	6 月 15 日	8	127
1962	6 月 17 日	7 月 6 日	20	141
1963	6 月 22 日	7 月 5 日	17	146
1964	6 月 24 日	6 月 27 日	4	122

（续）

年度	始梅日期	终梅日期	梅期天数	总梅雨量（毫米）
1965	6 月 23 日	6 月 27 日	5	40
1966	6 月 25 日	7 月 12 日	18	212
1967	6 月 25 日	7 月 6 日	12	144
1968	6 月 27 日	7 月 11 日	15	74
1969	6 月 24 日	7 月 16 日	23	221
1970	6 月 18 日	7 月 17 日	32	330
1971	5 月 26 日	6 月 23 日	29	272
1972	6 月 21 日	7 月 3 日	13	63
1973	6 月 16 日	6 月 29 日	14	224
1974	6 月 9 日	7 月 18 日	40	281
1975	6 月 17 日	7 月 6 日	20	234
1976	6 月 16 日	7 月 14 日	29	150
1977	6 月 13 日	7 月 1 日	19	90
1978	6 月 18 日	6 月 24 日	7	9

表 2-1-12　1956—1978 年织里各月平均湿度（%）

年度	年平均	1 月	2 月	3 月	4 月	5 月	6 月	7 月	8 月	9 月	10 月	11 月	12 月
1956	80	73	71	83	76	82	86	84	87	86	82	74	76
1957	83	83	82	80	82	82	82	82	87	84	81	83	82
1958	81	71	78	84	82	79	80	70	87	88	84	82	81
1959	82	69	88	80	78	82	83	82	83	86	81	87	86
1960	82	83	77	88	78	78	85	81	84	85	77	84	78
1961	82	79	82	81	76	79	57	76	81	87	85	85	80
1962	81	71	76	73	80	81	83	84	86	86	85	80	81
1963	80	53	66	76	84	90	85	82	87	89	82	83	82
1964	83	85	84	82	87	82	83	79	83	85	87	76	80
1965	82	78	83	76	85	77	84	83	86	85	86	81	76
1966	81	82	81	82	85	77	81	84	79	81	79	76	80
1967	80	72	77	78	86	86	83	82	80	81	79	84	69
1968	79	72	68	73	78	84	82	85	82	84	80	79	86
1969	81	82	85	83	82	80	81	87	83	88	78	73	70
1970	82	75	79	82	81	83	87	84	83	89	83	80	82
1971	79	69	76	78	81	82	87	77	79	87	86	77	72
1972	82	79	83	80	80	84	84	83	85	84	82	78	77

（续）

年度	年平均	1月	2月	3月	4月	5月	6月	7月	8月	9月	10月	11月	12月
1973	81	82	89	81	82	82	87	84	81	89	81	73	62
1974	82	82	81	77	75	79	82	88	82	85	86	82	85
1975	82	80	80	79	82	79	84	86	84	87	87	81	75
1976	81	70	81	80	83	81	87	86	83	86	84	76	74
1977	83	85	76	76	82	87	86	85	85	86	85	78	85
1978	79	74	76	82	76	80	82	80	79	86	80	78	79

四、日照

织里年日照时间平均 2125 小时，属于日照较多地区之一。各月日照时数与太阳辐射量成正比，曲线呈单峰型，全年分布特点是：冬季（1—2月）太阳辐射时间短，日照时数少。夏季（7—8月）太阳辐射强，白昼时间长，日照时数明显偏多，约为冬季的一倍。6月正值梅雨，多阴雨寡日照天气，降水日数多，日照时间相对偏少，9月秋雨连绵，日照时数与10月相当。1956—1982年，平均年日照 20 741 小时。最多为 1967年 23 678 小时，最少为 1982年。全年积温 5000度及以上。

镇域年平均蒸发量超过 1300 毫米，与降水量相比略多。年蒸发量年际波动不大，但季节差异很大，夏季辐射强，气温高，蒸发量大，市区7月、8月每月蒸发量为 200 毫米左右。冬季气温低，蒸发量小，在 50 毫米左右，约为夏季的 1/4。春秋季蒸发量在 80～120 毫米。

表 2-1-13　1956—1982年织里月日照时间　　　　　　　　单位：小时

年度	全年合计	1月	2月	3月	4月	5月	6月	7月	8月	9月	10月	11月	12月
1956	2063.0	153.8	154.7	97.8	202.9	131.0	153.2	304.8	209.1	156.9	183.9	184.2	125.6
1957	1953.1	108.0	107.3	153.8	144.2	160.1	173.0	228.7	214.6	169.8	186.5	181.8	123.1
1958	2132.4	138.4	162.5	115.8	159.5	157.5	223.2	308.0	190.2	161.3	138.5	173.7	204.0
1959	2111.7	158.2	68.4	159.4	183.9	145.6	202.3	270.3	304.1	168.0	234.8	127.6	88.5
1960	1790.0	136.4	154.9	75.0	141.9	129.3	112.6	260.7	186.3	129.7	195.6	103.7	169.9
1961	1887.0	157.6	114.0	111.0	144.6	175.3	106.0	288.9	289.2	122.5	158.7	114.2	106.9
1962	1968.7	188.8	160.9	190.9	167.0	143.5	125.1	177.7	205.1	148.5	145.2	154.1	160.9
1963	2209.9	255.0	211.4	180.5	150.7	118.1	164.8	242.1	238.3	136.8	227.8	130.7	133.0
1964	2084.2	93.8	68.8	176.8	115.1	134.7	167.2	333.7	300.9	202.6	109.4	221.3	158.9

（续）

1965	2061.4	139.4	108.6	156.7	105.7	253.9	206.1	230.2	207.4	190.4	177.8	158.0	130.2
1966	2298.4	143.6	134.8	160.0	112.4	200.8	207.9	278.4	302.4	257.3	204.5	193.6	120.7
1967	2363.8	180.1	145.9	152.1	110.2	151.0	214.5	264.3	354.4	256.3	230.0	87.8	221.1
1968	2318.1	118.9	189.9	166.3	201.8	184.0	225.0	256.0	280.3	216.0	179.5	202.8	77.8
1969	2172.3	135.5	83.5	127.3	140.8	214.5	203.5	205.9	239.0	202.0	254.3	171.5	194.8
1970	1902.4	142.4	137.4	104.5	173.6	131.5	144.2	243.0	275.2	105.6	165.3	166.9	118.8
1971	2431.3	215.3	131.3	155.0	197.3	182.9	184.7	339.4	318.8	144.3	179.2	197.7	184.4
1972	2115.8	101.8	70.5	162.9	88.3	167.5	200.6	269.3	224.0	195.9	184.2	187.0	153.5
1973	2152.6	102.8	68.1	133.1	160.7	147.5	184.5	255.7	332.9	124.8	175.0	119.1	76.1
1974	1998.8	97.2	139.0	169.7	210.6	193.9	244.8	166.7	231.3	219.6	179.3	119.1	76.1
1975	2046.8	134.1	145.0	159.7	106.1	179.6	165.7	246.5	294.7	199.3	99.3	141.3	179.4
1976	2232.1	185.1	129.0	145.8	151.4	185.7	163.8	239.9	300.8	195.9	188.7	190.6	155.4
1977	2005.3	74.4	166.6	156.8	164.8	126.8	144.1	243.6	196.8	169.8	209.0	213.4	137.2
1978	2137.3	162.2	151.6	95.6	174.5	160.7	185.1	280.3	328.3	156.6	191.5	113.6	137.5
1979	2191.9												
1980	1919.4												
1981	1726.6												
1982	1721.5												

表 2-1-14　织里各节气日出日没时间一览

节气	日出	日落	节气	日出	日落
立春	6:49	17:38	立秋	5:22	18:48
雨水	6:37	17:50	处暑	5:31	18:33
惊蛰	6:21	18:01	白露	5:39	18:15
春分	6:03	18:11	秋分	5:48	17:51
清明	5:15	18:20	寒露	5:57	17:37
谷雨	5:27	18:29	霜降	6:07	17:20
立夏	5:13	18:39	立冬	6:18	17:08
小满	5:02	18:49	小雪	6:31	17:00
芒种	4:57	18:58	大雪	6:43	16:59
夏至	4:58	19:04	冬至	6:52	17:03
小暑	5:04	19:05	小寒	6:57	17:13
大暑	5:12	18:59	大寒	6:56	17:25

五、风

织里处于亚热带季风区，冬季盛行西北风，夏季盛行东南风。全年最多风向频率为东南风，最少为西南风。多年平均风速差异不大，一般为每秒2～3米，风速冬季大、夏季小，春季大于秋季，平原大于山区。最大风速各地差异较大，德清县最大，可达每秒27米，湖州市区最大为每秒20.3米。春季多气旋波大风，春夏季多雷雨大风，夏秋季多台风，冬季多冷空气大风。年平均大风（指风力8级或8级以上，日数为3～9天，5～7级风日数年平均为8～34天，平原多于山区。

台风　每年5—11月都有可能遭受台风影响，最盛期为7—9月，占台风影响近90%，其中尤以8月最多，占总数的45%。影响境内最早的台风出现在1961年5月9日，最晚出现在1972年11月8日。台风影响的持续时间平均为2天，最长可达6天。影响严重的台风路径主要有在浙江省沿海登陆的台风及在福建省登陆北上经过浙江省出海的台风。此两类台风的次数约占影响境内台风总数的53%。其次是广东东部沿海登陆并转向东北经过本省出海的台风和紧靠本省东海沿岸北上的台风，此两类台风常常带来暴雨和大风，威胁也较严重。从季节上看，以9月的台风影响最大，如台风侵袭又遇冷空气南下，会形成持续暴雨，造成秋涝灾害。

龙卷风　龙卷风主要发生在7—8月份。最早出现在3—4月份，影响范围小，一般只有几个自然村，持续时间也短，仅3～5分钟，但风力很强，通常在11级以上，有时还伴有冰雹、暴雨，来势异常凶猛，对工农业生产和人民生命财产具有极大的破坏力。

六、自然灾害

织里自然灾害主要有暴雨、暴雪、干旱、台风等。自1267年至1911年（即元、明、清三代645年间），据《吴兴县志》整理稿记载，吴兴境域有涝年共188次，平均3.4年一遇，旱年共67次，平均9.8年一遇。

1925—1982年间，据不完全史料统计，全年降水量超过1300毫米为涝，平均3年一遇，不到1000毫米为旱，平均11.6年一遇。春涝，以4月至5月降水量超过300毫米为例，平均5.2年一遇。不到200毫米为春旱，平均5.8年一遇。夏涝，以6月至7月降水量超过400毫米为例，平均7.2年一遇。不到200毫米为夏旱，平均也是 7.2 年一遇。秋涝，以 8 月下旬至 9 月降水量超过 250 毫米为例，平均 3.4 年一遇。不到 100 毫米为秋旱，平均 6.7 年一遇。倒春寒，以 4 月上旬连续日平均气温低于 10℃ 为例，平均 3.8 年一遇。初夏寒，以 5 月中旬，旬平均气温低于 18℃ 为例，平均 13.5 年一遇。秋寒，以 9 月 27 日前后连续 3 天，日平均气温不到 20℃ 为例，平均 13.5 年一遇。小暑高温，以 7 月 10 日前后连续 10 天出现最高气温 36℃ 为例，平均 9 年一遇。

历史上，涉及织里镇域的自然灾害择要罗列如下：

公元前 190 年（汉惠帝五年）大旱，太湖涸。

239 年大水，太湖沿岸被冲光，部分水田没入太湖中。

256 年（太平元年）八月初一日，大风拔木，太湖溢，平地水高八尺，太湖中水汽出声，是名湖翻，洪水猛烈，泛滥成灾。

336 年 4 月甲戌地震，湖渎溢。

775 年（大历十年）己未夜，杭州大风，海水翻潮，苏、湖、越等州亦然。

822 年（长庆二年）大雨，太湖溢，平地乘舟。

1075 年（熙宁八年）大旱，夏，太湖水退数里，内见邱墓街道，秋无稼，民多死。

1078 年（元丰元年）七月初四日大风雨，太湖水高二丈余，淹没塘岸。

1083 年（元丰六年）正月大雨至六月，太湖泛滥，村坊遭水浸，田不播种，庐舍漂荡，民弃田卖牛，散走乞食。

1132 年（绍兴二年）春饥，斗米千钱，时鄣饷繁急，民益艰食。八月地震。冬大寒，太湖冰。

1306 年（大德十年）大水害稼。七月大风，太湖溢，漂没天庐无算。

1329 年（天历二年）饥，八月旱，冬大雨雪，太湖冰厚数尺，人履冰上如平地。

1331 年（至顺二年）八月水涝害稼，九、十月大风久雨，太湖溢，民有游死。

1405 年（永乐三年）六月久雨，水灾，太湖溢，饥。

1444 年（正统九年）六月大水，七月十七日大风暴雨，昼夜不息，太湖水高一二丈，滨湖庐舍无存，渔舟漂没。闰七月又大水，堤防冲决，淹没禾稼。

1453 年（景泰四年）十一月至明年孟春，大雪数尺，压霞民居，太湖诸港皆冻断，舟楫不通，禽兽草木冻死。

1461 年（天顺五年）七月大水雨，太湖溢，淹没民居，死者甚众。

1476 年（成化十二年）八月风潮大水，冬大雪大寒，十二月太湖冰，舟楫不通者逾月。

1481 年（成化十七年）春夏久雨，七月雨，有飓风。八月连大雨，太湖水溢，平地深数尺。九月初一日大风雨，昼夜如湮。至冬无日不雨，禾稼仅存者，淹没。次年大饥，人相食。

1503 年（弘治十六年）旱，饥，谣传妖魔压人。冬大雪，积四五尺，太湖结冰。

1513 年（正德八年）四月连日大风雨，洪水泛滥，十二月大雪丈许，大寒，太湖冰，行人履冰往来。

1523 年（嘉靖二年）五月大旱，七月三日大风，太湖溢，淹没居民。同年大水，岁三至。太湖居民夹出水面者次百数，数日乃绝。

1545 年（嘉靖二十四年）大旱。太湖涸，民有得轩辕镜于太湖岸者。人食草根树皮，大疫。

1561 年（嘉靖四十年）正月雷雪，闰五月至十月，雨不息，大水。高淳堤决，五堰之水下注太湖，横溢六郡皆灾。平地水高数尺，禾沉水底，大饥。

1568 年（隆庆二年）正月初一日，大风扬沙走石，白昼暝，自北畿抵，江浙皆同，大旱，太湖涸。冬寒，太湖冰。

1587 年（万历十五年）正月初一日雨雪不止，大风拔木，太湖水溢，平地水深丈余，十月，米价每斗千钱，饥荒死者。

1589 年（万历十七年）六月至八月不雨，无禾，大旱，太湖水涸。夏雪，饥殍疫死无算。

1596 年（万历二十四年）五月不雨至于七月，旱。七月十一日将夕，河水忽涌起二尺余。八月雨如湮，狂风大作，伤苗，拔木，屋瓦皆飞，日夜不息，大水。山洪暴发，庐舍倾地，圩岸崩塌，郊原皆成巨浸。冬大雪，寒，湖冰冻，舟楫不通。

1624 年（天启四年）正月十一日黑雨，四月雨伤麦，五月梅雨浃旬，秧苗尽没，太湖溢。七月大雨三日，再淹，一岁两荒。

1626 年（天启六年）六月蝗灾，七月初一日，大风拔木，暴雨如湮，屋庐俱圩，两昼夜方息。八月十六日辰时，风从西北方起，蝗飞集，至酉时止。次月亦然，田禾地麦食尽。

1627年（天启七年）正月雨雪，五月昼夜湮雨，秧苗尽没，六月水干役种，至七月雨后如初，又没。秋大风拔木，太湖水溢。

1633年（崇祯六年）二月雨雹，六月二十五日，龙卷风折屋拔木，水、饥。

1654年（顺治十一年）冬大雪旬余，大寒，太湖冰冻二尺，二旬始解。

1659年（顺治十六年）大水，三月二十七日，星陨于双林、织里东，如火如卵，有尾光杀而黑，及土不见。

1670年（康熙九年）正月大雪，二十八日积雪未消，昏时红光如电，须臾星陨，有声如雷；五月湮雨连旬，田尽没；六月十二日，太湖水陡涨丈余，漂没人畜坟墓，庐舍无算，民大饥；九月雨雪，十二月大雪丈余，鸟兽冻死。

1683年（康熙二十二年）二月大雪，春久雨，夏初大水，麦无收，秋旱，荒；十一月太湖冰冻，人履冰行。

1708年（康熙四十七年）二月，大风雨雷雹，五月雨，夏秋连旬积阴，至十月始霁，田庐尽淹，春花不下种，禾淹民饥，食渣树皮，哭声不绝，太湖水浔于岸。

1724年（雍正二年）正月大暖，七月大风，太湖溢。太湖中飞蝗蔽天，食湖洪芦叶殆尽。

1726年（雍正四年）八月初大雨，至十月雨，太湖溢，田禾尽淹，村人驾船划稻头，饥。

1806年（嘉庆十一年）四月初八日，湖滨狂风暴雨，覆舟拔木，死者甚众。

1823年（道光三年）正月十四日雷，湮雨自三月至五月不止，禾未插秧，大半淹死，六月初七日大雨雹，水势渐退，七月初二日大风骤雨，水后顿涨数尺，圩田仅存者夕皆没，太湖水溢，至冬始平。

1832年（道光十二年）夏旱，饥，筑运河石塘，以工代赈。

1854（咸丰四年）夏霖雨，十一月初五日（阳历12月24日）申时，河水忽涨数尺余，沟渠池沼皆然，少顷即平。东至吴江，西至长兴，并同此异。

1929年（民国18年）春旱夏涝，螟害成灾，为民国史上三大自然灾害之一。

1931年（民国20年）特大涝灾，春涝接夏涝，黄梅期长61日，梅雨居多，太湖水倒灌，农田淹没，禾庙浸烂，船停航。

1933 年（民国 22 年）五月初八日至七月三十日连旱无遭雨入 12 天，六月初一日酷暑（最高气温达摄氏 41 度以上）河道水涸可行人，太湖水浅，见湖底有 3000 多年前刻有三阳域行石，《湖州月利第六卷救灾专号》载云："吴兴人夏，亢旱数月，支港成，未种者表化石田，已种之禾，大半枯萎，同年灾情之重，为 70 余年来所未有。"

1953 年，1 月多霜，7 月 25 日至 8 月 15 日连续高温 22 天，8 月 26 日最高气温达 41.5℃。

1958 年，初夏寒，6 月 25 日至 29 日梅期 5 天梅雨量 28 毫米，空梅，夏旱，秋涝，10 月 27 日早霜。

1959 年，1 月 29 日早雷。2 月连阴雨 21 天，5 月 4 日至 22 日连阴雨 19 天，春涝，春花霉烂出芽，小麦并病严重，减产。夏旱，全年涝。

1960 年，5 月 3 日至 24 日连阴雨 22 天，春花烂出芽，小麦病严重，春涝，7 月多累，夏涝。8 月 2 日至 7 日，第 7 号台风，暴雨 229 毫米。12 月久水，全年涝。

1961 年，4 月 16 日晚霜，早稻苗秧受冻。7 月 16 日多雷。8 月 24 日第 26 号台风暴雨，河水猛涨，大涝。隄岸损塌，淹没穗禾，9 月 8 日至 14 日连续阴雨，秋涝。

1969 年，1 月 29 日有雷，大雪。2 月 6 日最低气温 -11.1℃。

1974 年，4 月 22 日 0:30 地震，3.5 级，房屋摇动。

1978 年，大旱年。6 月 18 日至 6 月 24 日梅期 7 天，梅雨 9 毫米，空梅。6 月 26 日至 7 月 10 日小暑高温，部分早稻逼熟减产。7 月 1 日至 9 月 8 日连续 70 天，雨量 44 毫米，夏秋大旱，塘、河、浜干涸，单产普遍下降。

1980 年，梅期 44 天，连续暴雨，鱼塘受淹严重。

1984 年，梅雨洪涝，多数鱼塘淹没。

1990 年，受 15 号强台风影响，暴雨，多数池塘淹没。

1991 年 7 月，镇域发生洪涝灾害，倒塌民房 5 间，损坏民房 112 户，倒塌桥梁 1 座，鱼塘淹没 1525 亩，桑地受淹 320 亩。

1999 年 5 月入梅后到 6 月 30 日止，织里镇累计降水量 500 毫米。长湖申航线断航，漾西镇多处外围圩堤决口。轧村镇大漾其村农田全部淹没，轧漾公路轧村镇轧西村香山自然村到漾西镇常乐村段中断。轧村镇政府办公楼淹没 3 米，机关工作人员用橡皮船上下班。太湖镇百合、蔬菜、桑地、单季晚稻等受灾面积 9844 亩，其中绝收 3298 亩，粮食减产 879.5 吨，倒塌房屋 48 间 1063 平方米。湖薛公路多处出现"弹簧土"，3200 米公路损坏，太湖全镇经济损失 1537.56 万元。

2008 年 1 月 13 日起，织里开始降雪，2 月 1—3 日市区降雪量 35 毫米。织里多处房屋倒塌，其中漾西集镇农贸市场倒塌，鸿锋铝业等多家企业厂房倒塌。振兴阿祥集团在安吉的厂房全部倒塌。

2008 年雪灾

2009 年 8 月 2 日，台风莫拉克在菲律宾洋面生成，6 日最大风力 15 级，9 日在浙江省南部登陆，南太湖水位超出警戒水位，织里的水闸全部关闭，航道禁航。

2016 年 1 月 20 日，织里开始下雪。22 日暴雪，23 日至 25 日严重冰冻，最低气温 -9℃。全镇各幼儿园和小学一、二年级提前放寒假，小学三至六年级、初中 21 日至 27 日停课。

第四节　物　产

一、草本植物

织里是典型的江南水乡平原，因此水生草本植物最具特色，也最具种植规模和景观特色。赵孟頫在《吴兴赋》中描绘道："蒹葭孤卢，鸿头荷华，菱茴凫茨，萑蒲轩于，四望弗极，乌可胜数！"蒹，没长穗的荻。葭，初生的芦苇。孤亦菰即茭白。鸿头即芡实，俗名鸡头米。凫茨即荸荠。萑蒲两种芦类植物。轩于亦作轩芋即莸草。

1.芦苇

芦苇为禾本科芦苇属多年水生或湿生的高大禾草，根状茎十分发达。秆直立，高1～3米，具20多节。芦苇主要分布在太湖沿岸、池塘沟渠沿岸和低湿地，及各种有水源的空旷地带，常以其迅速扩展的繁殖能力，形成连片的芦苇群落。芦苇根茎四布，有固堤之效；

芦苇

芦苇能吸收水中的磷，可以抑制蓝藻的生长。大面积的芦苇不仅可调节气候、涵养水源，其所形成的良好湿地生态环境，也为鸟类提供栖息、觅食、繁殖的家园。苇的叶、茎、根状茎都具有通气组织，有净化污水的作用。芦苇秆中纤维素含量较高，可以用来造纸和人造纤维。在古代就用芦苇编制苇席作铺炕、盖房之用。芦苇穗可以制作扫帚，芦苇的花絮可以用来充填枕头，用途有很多种。芦苇生物量高，芦叶、芦花、芦茎、芦根、芦笋均可用作畜牧业，饲用价值较高。

2.芦草

芦草为禾本科多年生草本，高0.5～2.5米。根茎粗壮，横生。秆直立，中空，直径2～10毫米。芦草喜水，有水处生长茂盛，田埂上、水渠边最为常见。

3. 芦竹

芦竹，禾本科芦竹属，多年生挺水草本植物，具发达根状茎。秆粗大直立，高 3～6 米，坚韧，具多数节，常生分枝。生于河岸道旁、沙质壤土上，别名旱地芦苇、芦竹笋、芦竹根。

4. 荻芦

荻芦为禾本科荻属，多年生草本植物，生在水边，又名岗柴、江荻。荻芦秆直立，高可达 1.5 米，直径约 5 毫米，节生柔毛。叶子长形，似芦苇。夏秋开花，黄褐色或紫红色。随后紫色慢慢褪去，荻花慢慢变白，在秋日暖阳下犹如白雪，古人誉之为秋雪。连通苏湖的江南运河，因沿塘丛生荻芦，故名荻塘。荻是一种多用途草类，可以用于环境保护、景观营造、生物质能源、制浆造纸。荻花是最典型的江南秋色，暮秋时分，白茫茫的荻花一望无际，随风摇曳，美不胜收。

5. 水八仙

水八仙是指八种水生植物，分别是菰（茭白）、莲藕、水芹、芡实（鸡头米）、茨菰（慈姑）、荸荠、莼菜、菱八种水生植物，是环太湖地区的传统食物，大多在秋天上市。由于在江南水乡种植历史久远，品种种类多、质量上乘、栽培精细。一度形成了鲜明地方特色，享有盛名，故美其名曰"水八仙"。又称水八鲜。

菰　禾本科菰属，多年生浅水草本。菰是一种较为常见的水生蔬菜，古代菰生长正常，秋季结实，称雕胡米，为六谷之一，后因秆基嫩茎为真菌寄生后，粗大肥嫩，类似竹笋，称菰笋（茭白），是美味的蔬菜。

莲　睡莲科莲属，多年生水生草本。藕，是莲肥大的地下茎，农历十月后采挖，生食脆美。湖州雪藕历史悠久，藕皮呈玉色，脆嫩多汁，清香鲜甜，是藕中佳品。夏季嫩藕可作水果消暑，冬春老藕洗净孔穴，嵌入糯米蒸煮可作点心，软糯香甜，十分可口。

茨菇　又称茨菰、慈姑、燕尾草、白地栗等，是泽泻科慈姑属，多年生沼泽草本挺水植物，生长于浅湖、池塘。球茎可食用，味涩，是一种无公害的绿色保健食品，元旦春节期间收获上市，为冬春补缺蔬菜种类之一，营养价值较高。

荸荠　又称马蹄，是莎草科荸荠属植物。荸荠采收期一般在 12 月至翌年 3 月。荸荠可以烹调成各种美味佳肴，是中国的特色蔬菜之一，可以生食、熟食或做菜，尤适于制作罐头，称为"清水马蹄"，是菜馆的主要佐料之一。

菱　是菱科菱属一年生草本水生植物，生长在湖泊中，为浮水或半挺水草本。有野菱、家菱之分，均在三月生蔓延长。鲜菱草茎，俗称"菱秧""菱毛头"，洗净切碎，放上辣子炒着吃，是一种民间美食。菱为果生吃，以嫩菱为上品，水分多，质鲜爽口；熟食则以老菱为上乘，肉质雪白如玉，软糯香甜，口感爽滑。

芡实　睡莲科芡属一年生大型水生草本植物。芡实俗称鸡米头，南芡，也称苏芡，为芡的栽培变种，原产环太湖一带，植株个体较大，地上器官除叶背有刺外，其余部分均光滑无刺，采收较方便，外种皮厚，表面光滑，呈棕黄或棕褐色，种子较大，种仁圆整、糯性，品质优良，供食用、酿酒及制副食品用。

水芹　是伞形科，水芹属多年生草本植物，茎直立或基部匍匐。一般生于低湿地、浅水沼泽、河流岸边，或生于水田中。一般 12 月开始上市，水芹盛产期在春节前后。水芹清香脆嫩，茎叶柔软均可食用，生拌、炒食皆可，有清热解毒、润肺利湿的功效，具有较高的药用价值。

莼菜　又名蒪菜、马蹄菜、湖菜等，是睡莲科莼属多年生水生宿根草本。性喜温暖，适宜于清水池生长，著名的太湖莼菜生长于太湖沿岸的浅水湖滩和湿地。莼菜嫩叶可供食用，本身没有味道，胜在口感的圆融、鲜美滑嫩，为珍贵蔬菜之一。特别是与鱼或肉一起做汤，鲜嫩可口，色、香、味俱佳，被誉为江南名菜。清同治《晟舍镇志》载："紫丝蒪，出潘杨桥左右，极软滑。其叶绿，其根紫。春末秋初皆有。宜做羹，味甚鲜。近时亦罕见矣。明闵庄懿诗'潘杨桥下紫丝蒪'是也。"

6.凤眼莲

凤眼莲又名凤眼蓝，俗称水葫芦，为雨久花科凤眼蓝属多年生浮水草本植物。原产巴西，广泛分布于世界各地，被列入世界百大外来入侵种之一。凤眼莲在生长适宜区，常由于过度繁殖，阻塞水道，影响交通。但凤眼莲是监测环境污染的良好植物，它可监测水中是否有砷存在，还可净化水中汞、镉、铅等有害物质。在生长过程中能吸收水体中大量的氮、磷以及某些重金属元素等，可用于净化含有机物较多的工业废水或生活污水的水体。

7.竹

竹又名竹子，是禾本科竹亚科竹属的高大乔木状禾草类植物。竹的地下茎

竹子

（俗称竹鞭）是横着生长的，中间稍空，有节并且多而密，在节上长着许多须根和芽。一些芽发育成为竹笋钻出地面长成竹子，另一些芽并不长出地面，而是横着生长，发育成新的地下茎。因此，竹子都是成片成林地生长。嫩的竹鞭和竹笋可以食用。秋冬时，竹芽还没有长出地面，这时挖出来就叫冬笋。春天，竹笋长出地面就叫春笋。冬笋和春笋都是江南菜品里常见的食物。织里平原地区主要是笋用杂竹林。主要竹种有哺鸡竹、五月季竹、红竹等。主要分布在农家房前屋后，面积零星，产量较少，一般为农家自用，笋味鲜美。清同治《晟舍镇志》载："杜园笋，近处多植，竹即光竹，护基竹即哺鸡竹。夏初，山笋将罢，此笋即出。乡人扎把，鬻于市。其味甚鲜，配以青蚕豆、芥菜，煮之更佳。"

二、木本植物

织里土生土长的树种一般有着悠久的栽培历史以及较强的环境适应能力，千百年来在当地生长发育，繁衍后代。由于适宜的环境，植物的各种生理、生化、生态功能都能正常运转，能充分地展示出它的观赏性能。

1.香樟

香樟树又称樟树、乌樟、芳樟等，是江南四大名木之一，是樟目樟科樟属常绿大乔木，为亚热带常绿阔叶树种。香樟树最高可达 55 米，直径最高能达到 3 米，枝叶茂密，冠大荫浓，树姿雄伟。香樟可存活千年，具有避邪、长寿、庇

常乐南湾里香樟树

福及吉祥等寓意。香樟树是江南民间及寺庙喜种的传统风水树和景观树，古时即有"前樟后朴"之种植习俗。樟树名称之由来，依《本草纲目》解释："其木理多文章，故谓之樟。"樟树养贤，所以有"有樟必有才"之说，古时，樟树是贤才之代称。香樟在织里乡村常作纳凉树、村庄标志树来栽培，古樟常位于村口河埠头，冠大荫浓，是村人纳凉闲话的好地方。香樟木整树有香气，经年不衰，这种香气使得香樟木家具有着独一无二的实用功能，防虫防蛀、驱霉隔潮。羊毛、羊绒、丝绸、棉麻、羽绒等高档衣物，邮票、字画、书籍等收藏品放入香樟木制成的樟木箱其中，不但不虫不蠹不发霉，而且气味芳香，沁人心脾。过去，每个女孩出嫁时都有结实的香樟木箱作陪嫁之物。有些人家的樟木在女孩出生的那一年在自家屋后种下，女孩长大，树也跟着粗壮，做箱子正合适。因此樟木箱又被称之为"女儿箱"，这一习俗盛行于织里各地。

2.银杏

银杏树又名白果树，是第四纪冰川运动后遗留下来的裸子植物中最古老的孑遗植物，素有"活化石"之称。银杏树生长较慢，寿命极长，自然条件下从栽种到结果要二十多年，四十年后才能大量结果，因此别名"公孙树"。银杏树为高大落叶乔木，躯干挺拔，树形优美，抗病害、耐污染，是树中的老寿星，寿龄绵长，几达数千年。银杏树皮淡灰色，老时纵直深裂，树雌雄异株，通常雄株长枝斜上伸展，雌株长枝较雄株开展和下垂，短枝密。银杏别名鸭脚，因树叶似鸭掌状，故称。秋天的银杏叶由绿色开始变成绿中带黄，接着变成了黄绿色，到了深秋或初冬，满树都变成了金黄色。银杏果俗称白果，椭圆形至近球形，秋天来临由青色变为淡黄色。成熟后种子呈金黄色，类似金橘外形，表面上有白色小点分布。果肉是淡黄色的，中间夹着一根细蕊，就像莲子一样。白果是营养价值丰富的食物，可润肺、定喘、涩精、止带，寒热皆宜。银杏树叶片洁净素雅，树干通直，有不受凡尘干扰的宗教意境，佛门中将银杏树称之为"圣树"，也称为"中国的菩提树"。江南的古寺，银杏树是标配，织里镇域古寺寺前或庭院常栽有银杏树。

3.榉树

榉树又名光叶榉，是荨麻目、榆科、榉属的落叶乔木，为我国珍贵的阔叶树种之一，深根性，侧根广展，抗风力强，生长较慢，寿命较长，可达千年。榉树叶缘锯齿大小形状一致，恰似一颗颗排列整齐的"寿桃"。长寿树种很多，但叶缘如此独特的并不多见。树叶的颜色随四季而变化，依次为绿色、黄色、褐色和红色。榉树是造家具的良材，自古就被人重视，在明清红木家具的样式还未成熟之前，榉木被广泛用于江南地区传统家具的制作，甚至有"无榉不成具"的说法。榉木颜色有黄榉、红榉、血榉之分。榉树孤植、列植、群植均宜。古人种树讲究"前榉后朴"，门前种榉，屋后栽朴。榉树，在我国传统民俗文化里有着独特的寓意，因其"榉"和"举"谐音，有金榜题名、连连高中的寓意。

4.朴树

朴树别称黄果朴、朴榆、朴仔树、沙朴等，是荨麻目榆科朴属落叶乔木。散生于平原及低山区，村落附近比较常见。朴树很好成活，可高达 20 米，对自然条件没有太高的要求，因此朴树的寿命也很长，是织里各地绿化特色风貌的重要树种之一。朴树树冠圆满宽广，树荫浓密繁茂，适合公园、庭院、街道、公路等作为荫树。朴树多籽，寓意人丁兴旺、后继有人、多子多福，织里俗语有"前榉后朴，打船造屋"之说。朴树姿态古雅潇洒，树皮糙斑不裂，干形挺拔，枝条婆娑，春季新叶初放，满枝嫩绿，秋季叶色为淡淡的鲜黄。

5.榔榆

榉树俗称红榉，朴树俗称青榉，而白榉则是榔榆的俗名。榔榆为榆科榆属落叶乔木，树皮斑驳雅致，小枝婉垂。榔榆的叶子小而精致，当新叶初放时，满树嫩绿，秋季变色，冬季叶变为黄色或红色宿存至第二年新叶开放后脱落，可高达 25 米，胸径可达 1 米。榔榆是良好的观赏树，常孤植成景，适宜种植于池畔、亭榭附近，也可配于山石之间。榆属植物多在春天开花，独有榔榆花开在夏秋之际，故曰秋榆；榔榆"伤口"流出红汁液，因此又有别名"红鸡油"；榔榆树皮上常有斑斑点点，又有掉皮榆、豹皮榆、挠皮榆等名称。清同治《晟舍镇志》载："古榆，在南小港五道前，高十余丈。相传数百年物。今遭兵燹，斫其顶，年来，又茂生枝叶。"

6.枫杨

枫杨是胡桃科枫杨属植物，拉丁属名的意思就是"有翅的胡桃"。一颗颗的果实连成串，向下垂吊，果球形两边有钜形飞翅，就像一只只的小元宝，故又称元宝树。这种果实被称为翅果，又叫翼果。枫杨是速生的乡土树种，田野、河岸、溪边等地都随处可见，树形高大、树干粗壮、枝叶繁茂、翅果青翠。但其树干却漆黑粗糙干裂，仿佛沉睡在陈旧的岁月里，处处填充着年老沧桑。枫杨根系发达，极耐水湿，适生力强，故可广泛而成片地种植在低洼湿地、沟谷、溪涧及河湖两岸，也是护岸防浪的首选树种，和垂柳一样，枫杨在水边生活久了以后枝干也容易向水面倾斜虬曲，可以形成很好的园林效果。

7.槐树

槐为蔷薇目豆科槐属乔木植物，"前槐后朴"，房前种有槐树，房后种有朴树，这家会子孙繁荣，官运亨通，有享不尽的荣华富贵。槐象征着三公之位，举仕有望，且"槐""魁"相近，门前栽植槐树是企盼子孙后代得魁星神君之佑而登科入仕。而朴树开花后会结很多子，成熟后都是红色，寓意多子多孙。太湖溇港人家的房前栽槐树，房后栽朴树，一直有这个传统。此外，槐树崇拜是中国重要的民间信仰之一，由于其苍劲盘虬的枝干更有古朴深厚的韵味，仿若定格的飘飘欲仙的神灵，故而它自古便被视为神树，还具有是古代迁民怀祖的寄托、吉祥和祥瑞的象征等文化意义。

国槐与洋槐是我们日常生活中常见的树木，都是高大的乔木，树皮有纵向裂纹，叶子呈羽状复叶，花朵也是小型的蝶形花聚成花序，但它们是两种不同的植物。洋槐，也称为刺槐，原产北美东部，1877 年才来到中国。刺槐也是豆科属植物，但属于刺槐属。槐和刺槐外观非常相似，但它们之间有许多不同点。首先是叶，槐的小叶叶片呈卵圆形，顶端有尖，而刺槐的小叶叶片顶端圆钝，没有尖，还会向内凹，并且叶基部有刺，刺槐一名也是由此而来。槐的花期是每年的 7——

8月，而刺槐是每年的4—5月。槐花比刺槐花小，同时两者的花朵也不相同，槐和刺槐的果实也不一样，刺槐是一串串扁平的荚果，像干瘪的豆角；而槐的果实是念珠状的，有肉质的果皮，成熟后不开裂。刺槐的花是总状花序，许多朵花生长在一个花序轴上，向下垂放，这种槐花的香味较浓且有甜味。而国槐是圆锥花序，许多总状花序聚到一起，类似于金字塔，槐花也称槐蕊，花蕾则称槐米，清香，可食用，并能入药，很得国人青睐。

8.棟树

棟树是棟科，棟属落叶乔木，高可达10米，生于旷野或路旁，常栽培于屋前房后，在草坪中孤植、丛植或配置于建筑物旁都很合适。该植物对土壤要求不严，树形优美，枝条秀丽，在春夏之交开淡紫色花，香味浓郁；耐烟尘，抗二氧化硫能力强，并能杀菌。适宜作庭荫树和行道树，是良好的绿化树种。苦棟与其他树种混栽，能起到对树木虫害的防治作用。该种是材用植物，亦是药用植物，其花、叶、果实、根皮均可入药，此外，果核仁油可供制润滑油和肥皂等。

9.泡桐

泡桐别名白花泡桐、大果泡桐，空桐木等，是玄参科落叶乔木。泡桐喜光，较耐阴，喜温暖气候，耐寒性不强，对黏重瘠薄土壤有较强适应性。幼年生长极快，是速生树种。木材纹理通直，结构均匀，不挠不裂，易于加工。不易变形，声学性好，共鸣性强。不易燃烧，油漆染色良好。可供建筑、家具、人造板和乐器等用材。桐材的纤维素含量高、材色较浅，是造纸工业的好原料。

10.水杉

水杉是裸子植物杉科水杉属落叶乔木。可高达35米、胸径2.5米，树干基部常膨大。水杉喜光，不耐贫瘠和干旱，净化空气，生长快，移栽容易成活。水杉是世界上珍稀的孑遗植物，远在中生代白垩纪，地球上已出现水杉类植物，并广泛分布于北半球。冰期以后，这类植物几乎全部绝迹。1960年代，国家重视"四旁绿化"（宅旁、村旁、路旁、水旁），水杉就很受欢迎，织里地方的水杉大部分都是1960年代以后栽种。水杉材质轻软，可供建筑、板料、造纸等用；树姿优美，为庭园观赏树。

水杉

11.桂树

桂树为木樨科木樨属常绿阔叶乔木，高可达 15 米。在科举时代，桂花象征文人的荣誉。而且乡试于九月放榜，多选寅、辰日支，辰属龙，寅属虎，取龙虎榜之意；又因时值秋季，桂花盛开，所以也称桂花榜。因此在古代县学、府学，以及各类民间书院里都有种植桂花的习俗。现在农家屋旁也都喜欢栽种桂花。桂花可以赏，还可以"喝"，可以制成香气芬芳的桂花茶，酿成回味良久的桂花酒。而偏好甜食的江南人更是将桂花融入食物，为各种点心、小吃增添芳香。

12.丝棉木

丝棉木为卫矛科卫矛属小乔木植物，别名白桃树、白杜、明开夜合、华北卫矛、桃叶卫矛，可高达 6 米。丝棉木枝叶娟秀细致，树冠饱满形美，秋季果实挂满枝梢，开裂后露出橘红色的假种皮，引人注目；叶片经霜转红，鲜艳可爱。可作庭荫树或用以点缀湖滨、河畔及假山石旁。种子含油率达 40% 以上，可用作工业用油。材质坚韧细致而洁白，可作雕刻用材，是不可多得的中国古老传统细工雕刻原木料。

13.紫柳

紫柳是一种双子叶植物纲杨柳科柳属落叶乔木，高可达 13 米。叶片细小，呈细纺锤形，绿色而平滑。枝条较密，植株半球形。适应性强，耐干旱，但多生于水湿环境，对土壤要求不严，喜充足的光照环境。生于平原的水边堤岸上，沟边，河边灌丛中，河滩等，具有很好的固堤作用。常采用扦插进行，播种亦可。枝条供编织，木材可制作器具。

14.桃树

桃树是蔷薇科桃属植物，是一种果实作为水果的落叶小乔木。可分为食用桃和观赏桃两大类，观赏桃主要是观赏桃花，有桃红、嫣红、粉红、银红、殷红、紫红、橙红、朱红……，真是万紫千红，赏心悦目。果实成熟期因品种而异，近球形核果，表面有毛茸，肉质可食，果实多汁，可以生食或制桃脯、罐头等，核仁也可以食用。桃树干上分泌的胶质，俗称桃胶，可用作黏接剂等，为一种聚糖类物质，水解能生成阿拉伯糖、半乳糖、木糖、鼠李糖、葡糖醛酸等，可食用，也供药用，有破血、和血、益气之效。桃的"子繁而易植"因孕育生命而有了生育的象征：多子多福，春天使者，喻指婚姻。受先民"万物有灵"观念的影响，人们赋予桃镇鬼避邪的作用，从而保护了生命，使桃具有了吉祥的象征意义。

15.石榴

石榴是石榴科石榴属植物，落叶乔木或灌木。树冠丛状自然圆头形。树根黄褐色。生长强健，根际易生根蘖。石榴花期5—6月，五月因此又雅称"榴月"，榴花似火。花有单瓣、重瓣之分。重瓣品种雌雄蕊多瓣花而不孕，花瓣多达数十枚；花多红色，也有白色和黄、粉红、玛瑙等色。果实成熟后变成大型而多室、多子的浆果，中国传统文化视石榴为吉祥物，视它为多子多福的象征。中国人向来喜欢红色，满枝的石榴花象征了繁荣、美好、红红火火的日子，所以很多中国人都喜欢在自家庭院里种植一两棵石榴，以祈求生活如石榴花般红红火火。

16.木槿

木槿为锦葵科木槿属植物，落叶灌木，高3～4米。木槿是一种在庭园很常见的灌木花种，在园林中可做花篱式绿篱，孤植和丛植均可。木槿对环境的适应性很强，较耐干燥和贫瘠，对土壤要求不严格，尤喜光和温暖潮润的气候。稍耐阴、喜温暖、湿润气候，耐修剪、耐热又耐寒。木槿是夏、秋季的重要观花灌木，织里镇域多作花篱、绿篱，称作槿篱。南朝梁沈约《宿东园》诗："槿篱疏复密，荆扉新且故。"赵殿成笺注引《通志略》："木槿，人多植庭院间，亦可作篱，故谓之槿篱。"

17.芙蓉

芙蓉是一种锦葵科木槿属植物，原名木芙蓉，别名芙蓉花，属落叶灌木或小乔木。芙蓉花花大色丽，为我国久经栽培的园林观赏植物，花初开时白色或淡红色，后变深红色。由于花大而色丽，中国自古以来多在庭园栽植，可孤植、丛植于墙边、路旁、厅前等处。特别宜于配植水滨，开花时波光花影，相映益妍，分外妖娆，所以《长物志》云："芙蓉宜植池岸，临水为佳"。因此有"照水芙蓉"之称。

18.桑

桑树林是织里平原地区面积最大的人工植被。桑，是桑科桑属落叶乔木或灌木。湖桑为鲁桑移植于杭嘉湖地区后通过自然和人工选择形成，故称湖桑，多为拳桑，这种树形能使植株最大限度地利用旱地地表及水面空间以取得很高的光合效率。桑叶饲蚕，枝条可编箩筐，桑皮可作造纸原料，桑椹可供食用、酿酒，叶、果和根皮可入药。

19.薜荔

薜荔又名凉粉子，木莲木馒头、鬼馒头等，是科桑科榕属常绿藤本植物。在土壤湿润肥沃的地区都有野生分布，多攀附在村庄前后、沿河沙洲、古树、大树上和断墙残壁、古石桥、庭院围墙等。薜荔耐贫瘠，抗干旱，对土壤要求不严格，适应性强。薜荔的种子可制作凉粉，藤叶入药具解毒、活血之效。

20.络石藤

络石藤为夹竹桃科络石属常绿木质藤本。生于山野、溪边、路旁、林绿或杂木林中，常缠绕于树上或攀缘于墙壁上。性喜温暖，湿润，半阴。不择土壤，耐一定干旱，但忌水涝。性微寒，味苦。祛风通络，凉血消肿。用于风湿热痹、筋脉拘挛、腰膝酸痛、喉痹、痈肿、跌扑损伤。

三、古树名木

利济寺朴树　位于利济寺牌楼南侧（搬迁），树龄约 300 年（至 2019 年，下同）。树高 8 米，

利济寺朴树

一米高直径 0.67 米，最粗处直径 1.03 米，树冠直径 7.5 米。

河西村银杏树　位于阿祥路汇大机械公司西大门，树龄 515 年。树高 21 米，树冠直径 15 米，一米高直径 1.29 米。吴兴区人民政府 2018 年挂牌，古树编号 05021040001。

义皋村朱家庙朴树　位于义皋村朱家庙自然村朱家庙前，树龄 105 年，一米高直径 0.86 米。1.5 米以上有两个分株，南侧最大直径 0.38 米、北侧 0.35 米。树冠直径 12 米。

义皋村寺前港朴树　位于义皋村寺前港北岸、义皋溇东 40 米，树龄 100 年，一米高直径 1.02 米，树高 17 米，树冠直径 15 米。

乔溇村银杏　位于乔溇村胡溇大观园边，相传由明朝刘伯温种植，树形挺拔。树高 20.5 米，一米高直径 1.49 米，树冠直径 10 米。

常乐村樟树　位于常乐村寺南湾里自然村号，树龄 122 年，分两主干，南侧主干一米高直径 0.8 米，北侧主干一米高直径 0.62 米。树高 12 米，树冠直径 16 米。吴兴区政府古树编号 050230400003。

庙兜村朴树　位于在庙兜村，树龄 151 年，树高 14.5 米，一米高直径 0.56 米，平均冠幅 15 米。吴兴区人民政府 2018 年挂牌，古树编号 050230400004。

幻溇榆树　位于幻溇村潘溇自然村，并生两株，树龄各 150 年。东侧银杏树，树高 13.5 米，一米高直径 0.61 米，树冠直径 7 米；西侧榆树，树龄 150 年，一米高直径 0.61 米，树高 11 米，树冠直径 9 米。

东桥新庙前银杏　位于东桥村新庙前，树龄 160 年，一米高直径 0.8 米，树冠直径 8 米，树高 19 米，树形挺拔。

大溇村紫金庙银杏　位于大溇村紫金庙前，共 3 棵银杏，树龄约 100 年。东侧银杏树高 10.5 米，一米高直径 0.59 米，树冠直径 5 米；中间银杏树高 14.5 米，一米高直径 0.71 米，树冠直径 4 米；西侧银杏树高 10 米，一米高直径 0.55 米，树冠直径 4.5 米。

大溇村福田寺银杏　位于大溇村福田寺里面，共有 2 棵，树龄约 150 年。东侧冠直径 8 米，高 11 米，一米高直径 0.55 米；西侧树冠直径 6 米，树高 9 米，一米高直径 0.6 米。

大娄村福田庙银杏

织里村宝镜观银杏　位于织里老街西宝镜观内，树龄 402 年。树高 25 米，一米高直径 1.15 米，平均树冠直径 18 米。2018 年吴兴区人民政府挂牌，古树编号 050220400002。

义皋黄杨树　位于义皋寺前港北侧，树龄 60 年，树干有两个分株，树高 6 米，一米高直径 0.11 米，最大直径 0.14 米，平均树冠直径各 2 米。

四、农作物

织里镇域的粮食作物主要有麦类、豆类、水稻等。油菜是主要食用油料作物，据宋嘉泰《吴兴志》记载，宋时娄港农民就种植油菜，称芸苔。明清以后种植更为普遍，成为水稻重要前作之一。麻料作物种类丰富，也是著名的特产之一，主要苎麻、黄麻、络麻等。娄港区域是湖州主要的蔬菜生产基地，出产的湖葱、萝卜、百合等品质优良。详见本志第四卷第三章《种植》。

五、动物

1. 桑蚕

蚕是鳞翅目蚕蛾科的变态类昆虫，吐丝结茧的经济昆虫之一，最常见的是桑蚕，又称家蚕，以桑叶为食料。织里先民以桑饲蚕，以茧缫丝，以丝绞为线，织为绢，蚕桑业一直是农家的主要产业。至宋、元时期，成为湖州丝绸重要产区之一。

2. 湖羊

湖羊是太湖平原重要家畜之一，也是我国一级保护地方畜禽品种。具有早熟、四季发情、一年二胎、每胎多羔、泌乳性能好、生长发育快、改良后产肉性能理想、耐高温高湿等优良性状。湖羊作为珍贵的羔皮品种，具有悠久的历史。春夏季节水乡饲料来源广泛，冬季枯桑叶是湖羊的主要饲料。冬季饲料来源少，因此农家出售或宰杀湖羊一般在冬季进行。

3. 水产

"水傍太湖分港流"，织里境内小型湖泊星罗棋布，荡漾河港交错纵横。渔业资源得天独厚。境内鱼类资源丰富，优势群种尤以鲤科为盛，主要有四大家鱼，青鱼、草鱼、鲢鱼、鳙鱼。织里北濒太湖，湖内盛产鱼虾，其中以银鱼、鲚鱼、白虾最为著名，被誉为"太湖三白"或"太湖三宝"。

第二章 溇港、水利

织里滨湖传诵着一首古老的民谣："大白渚沈安，罗大新金潘，潘幻金金许杨谢，义陈濮伍蒋钱新，石汤晟宋乔胡薛，薛部丁家一点红……"歌谣中的每一个字都代表着每条入太湖的河道的地名，这些河道在这片土地上已经存在了超越千年的时光，它们构成的是一个古代水利工程建筑群——太湖溇港。太湖溇港是太湖流域特有的古代水利工程，向为古代织里水利建设的重点，开挖、疏浚、筑堤、架桥、建闸等系列工程，在晚唐、五代吴越国时期达到建设高峰，历经宋、元、明、清，一直延续至 2019 年。荻塘与五代北宋形成的太湖溇港一起形成一张巨大的水网，把东西苕溪下泄的湍急水流逐渐分流至大大小小的河港之中，既减轻旱涝之灾，又灌溉了滨湖地区数万顷良田。溇港系统实现了治水与治田的结合，水行于圩外，田成于圩内，是人类利用和改造渍湖低湿洼地和变涂泥为沃土的一项独特创造。总的来说，历史上织里地区圩田的兴修是将"沮洳下湿"之地，改造成盛产稻米的国家粮仓。2016 年太湖溇港入选世界灌溉工程遗产名录。

第一节 治水与治田

一、碟形洼地

太湖流域的地形特点为周边高、中间低。西部为天目山、茅山及山麓丘陵。北、东、南三边受长江和钱塘江入海口泥沙淤积的影响，形成沿江及沿海高地，整个地形成碟状。杭嘉湖平原北濒太湖，从整体上看，是一个四周略高、中部偏低的凹形洼地。这片低洼平原北部面向太湖，有一条纵深 1.5～2.5 公里的滨湖平原高地（织里滨湖溇港区），湖淞水位 4.4～4.8 米；南部杭州湾一带为滨海平原台地，湖淞水位 4.5～5.5 米；平原中部，自湖州东南部菱湖镇、德清县钟管镇至东部南浔镇一线，是一条东西向的地质断裂带，这是平原中最低洼的区域，湖淞水位在 2 米以下。织里荻塘一线就位于这条低洼的断裂带上。加上天目山所来的山溪河流出山区之后，坡度骤减，水流湍急，洪流便直接泄入这片低平原之中。这样的地势，使得这片低洼平原的农业开发严重受制于水环境：西有天目山区山洪威胁；北部受太湖高水位影响；南有钱塘江涌潮；东部虽然平坦，但因为排水入海的距离长，坡降小，排水也十分困难。

太湖是在沼泽洼地上因积水扩大而形成的浅水湖泊，从太湖名称的变化可以看出太湖地区水体的变化过程。孔安国将震泽解释为"吴南太湖"，说明汉唐时期太湖湖泊水域主要集中在吴郡南部的低洼区之中。六朝至唐宋是太湖水域的形成时期，太湖南部大面积的平原区还是太湖水漫盖的范围。《元和郡县图志》将太湖列入湖州之下，说明织里镇域的低洼平原至少在东汉至唐尚未成陆，是太湖主体的一部分。当时，吴淞江为太湖的主要排水通道，唐元和五年（810）筑成吴江塘路，并与荻（頔）塘相接，加之太湖东部地区的围垦，太湖出水主干吴淞江淤塞开始，太湖水东排受滞，所携带的泥沙沿着湖泊南岸沉积，形成一条吞吐流沉积带，逐渐塑造出太湖南岸一条弧状的滨湖高地。因此，太湖南部、西南部圆弧形的湖岸线，是唐末以来，随着对太湖的围垦、农田水利的建设而形成的，这种地貌特点是太湖水流规律与人工作用共同塑造的。这条高地的土壤母质经碳14鉴定，形成时间约为1165（±236年），据此，滨湖平原沉积带塑造的起始时间大致推测应在唐末。宋以后太湖下游的开垦，是太湖水域扩展的主要原因，直到明中后期太湖出水干道由黄浦江取代吴淞江。在9—16世纪的长时段内，因太湖东部吴淞江排水不畅，南太湖的平原又处于太湖流域地势最低之处，西部直接承接浙西所来山洪，所以长期处于洪涝交加的状态。

二、塘工技术

治水圩田，是江南地区独特的农田开发方式，水治田圩则丰收有望。因自古地势比较低，织里镇域首先要解决治水问题，把治水与治田、治湖有机结合起来。从六朝开始，塘工是太湖南岸推进沼泽低地改造的主要水利手段，早期的开发形式是于沼泽地中筑起横向塘路，疏导西部山溪洪流，改变溪水漫流、漫溢的状况，坚筑塘堤以阻截和束缚西部山溪溪流横冲直下的洪水威胁，最先解决的就是防洪以及排涝的问题。嘉泰《吴兴志》分析指出，"郡地最低，性尤沮洳，特宜水稻，又田畴必筑塘防水，乃有西成之望。故统记援《尔雅》曰：吴越之间有具区，区即防水之堤也，筑围圆合具其中，地势之高下列塍域以区别之，涝则以车出水，旱则别入水，田有堤塘自古然矣"。除荻塘外，在湖州兴建的大量集交通、灌溉、排涝于一体的水利工程，无一例外均是以"塘"命名。太湖南岸低地平原的塘工是运河更是后期低洼地围垦的水利基础。

古代生产技术水平低下，如何改进低洼地的农作诚非易事。湖州马桥文化时期的"毗山大沟"，是人类能考证的水利史上开挖最早的一条人工沟渠，开启了在太湖南岸洳湿之地上疏干排水、垒塘开溇、围圩筑堤的先河。这条人工开挖的大沟，位于软流质淤泥中，不仅在中国的湿地排水史上绝无仅有，在世界水利史上具有里程碑的意义。"毗山大沟"发明了具有固壁、防塌、利渗、保土等四大功能的"竹木透水围篱"支护技术，以及"沟中沟"，采用具有复式断面的双层梯形结构的渠形设计，这两项技术为环太湖软流质淤泥地区人工开凿运河成功解决了固壁支护和渠形设计的难题，也是世界湿地疏干排水技术的重大进步，为以后太湖南岸地区溇港圩田系统的形成积累了必要的经验。太湖南岸沼泽低地的塘工开凿，其核心技术就源于"毗山大沟"，成功地解决了在沼泽湿地和软土地基上开沟筑渠的难点，以此为基础，太湖南岸大批洳湿卑下之田，就逐改造步成为稳产高产、旱涝保收的良田，在这些溇港网格化的低洼平原繁衍出湖州最富庶的村落和市镇。宋元之际的卫宗武在《过荻塘》就写道："荻塘三百里，禹甸几千畴。绵络庐相接，膏腴稼倍收。"

三、急流缓受

天目山是太湖流域降雨量最丰富的区域，太湖重要水源的东苕溪和西苕溪，均发源于天目山，具有源短流急的特点。历史上，东西苕溪原在湖州城东汇合，经大钱口入太湖。据1952年、1954年实测水文资料记载，当东西苕溪上游洪水流量超过每小时700立方米，大钱港的入湖流量仅每小时200立方米左右，从而容易形成壅塞并引发大面积的洪涝灾害。而西苕溪更是源短坡陡，水流湍急，每遇洪水，洪峰到达时间较东苕溪早一天半至两天，侵占入湖水道大钱港，使东苕溪洪峰到达时不能畅排，逼使东流，向崇德、桐乡、嘉兴等地排泄。部分洪水则滞留在湖州市区及德清县东部一带，形成壅阻而发生大面积洪涝灾害。因此，湖州东部的低洼平原，排水一直是个大问题。

"急流缓受"就是将湍急的水流分散排水，缓和、降低水的势能，减少洪灾危害。清范硕治水专著《水利管见》称："（吴兴）其水自天目之阳，从余杭而来者为雪水；自天目之阴，从孝丰而来者为苕溪。二水会合，其应流入定安门、出临湖门，直趋大钱、小梅等处以入太湖。其支流东行自运河之南，巨源百委会同北流，向俱从乌程二十七溇、暨吴江九溇输泻入湖。"分则势小，合则势大，湖州先民采取"急流缓受""分流杀势"的治水方略，横塘向东分流，溇港向北宣泄，形成了太湖沿岸极具特色的"横塘纵溇、位位相接"的棋盘式水网体系，缓解短时的泄洪压力。横塘纵溇舒缓了来自山区的太湖上游来水，级级调蓄，"上源下委递相容泄"，使来自东、西苕溪与东部平原的洪水经过溇港分散流入太湖。横塘纵溇是太湖南岸一项规模庞大的古代水利工程，让水流"急流缓受"，以消杀水势，把东西苕溪下泄的湍急水流逐渐分流至大大小小的河港之中，大雨时分散山洪激流，由溇港水网分疏入湖，干旱时利用溇港水网引水灌溉，有研究者将其称之为"江南都江堰"。

第二节　开挖与管理

一、隋唐以前

郑肇经《太湖水利技术史》载："太湖流域浅沼洼地的围垦，在春秋末期已渐出现。经过战国、秦汉时期的努力，到汉末，初级形式的围田已经星星点地散布在太湖周围的广大田野，促进着以稻为主的水耨农业的发展。"

从三国吴开始，历东晋，至南朝的宋、齐、梁、陈六朝，在近四个世纪中，统治者都特别重视太湖流域的农田水利建设，相继建成了一大批农田排灌工程。《太湖水利史稿》认为："溇港在晋时已有，是自然冲刷和人工开挖相结合的产物。之后，随着湖滩不断淤涨外伸，滨湖的垦田也逐渐扩展，溇港也随着垦田的外伸而逐渐加长加多……"东晋永和年间（348—356）吴兴太守殷康所开凿荻塘，是六朝时期在太湖东南缘修建的重要水利工程。嘉泰《吴兴志》载："晋太守殷康开，旁溉田一千顷。后太守沈嘉重开之，更名吴兴塘、南塘。李安人又开一泾，泄于太湖。""（荻塘）连亘东北，出迎春门外百余里。今在城者谓之横塘，城外谓之官塘。晋太守殷康所筑，围田千余顷。濒湖之地，形势卑下，苦水不苦旱，初无灌溉意。史者以为开塘灌田，盖以他处例观，易开为筑，易灌为围。"荻塘长百余里，"围千余顷"指通过筑塘泄水而得以开垦的农田。荻塘是与海塘功能相似的湖堤，主要是防御太湖汛期泛溢，淹没湖周围特别是东南方向的低地。齐时太守李安民所开之泾，是泄水入太湖的溇港雏形，具有灌溉和泄洪双重作用。

顾祖禹《读史方舆纪要》称："荻塘自府城东，至震泽县平望镇（莺脰湖）。凡袤一百二十五里，即运河之堤岸也。为西来诸水之障，且通往来。"荻塘在唐代屡坍屡修，最早一次重修是唐开元十一年（723）的乌程令严谋道（达）；唐贞元八年（792）湖州刺史于頔再次组织民工大规模修筑，此次修治疏深河道，加高堤岸，两岸植树，上可驰马，更加巩固。于頔重筑荻塘后，"民颂其德，改名为頔塘"。广德年间（763—764）刺史卢幼平、元和年间（806—820）刺史孙储都对荻塘加以增修。元稹的《唐故越州刺史赠左散骑常侍薛公神道碑文铭》记载了薛戎"移刺湖州，其最患人者，荻塘河水潴淤，逼塞不能负舟，公濬之百余里"。在中唐广德到元和不到50年的时间里，荻塘重筑重修重濬就多达四次，从中可见其在当时的重要性。

安史之乱后，大批北方士官民众避乱南迁，太湖流域的圩田水利建设进入快速发展期。沿湖地区的群众为疏干洼地积水，一批通湖的小溇港也相继开凿，故有"山水入湖，侵地成沟，湖滩造田，沿沟为溇"的说法。于元和五年（810）在太湖东南修筑了与荻塘相接并自平望经吴江至苏州的塘堤，并统称吴江塘路。使太湖南岸及东岸的湖堤连成一线，从而改变了湖水漫溢状况，加速了该地区沼泽洼地的疏干排水和围垦开发，初步形成了畎浍沟川畅流，沟渠堤路整齐，沟洫（水网）系统完整的圩田格局。郑肇经认为："唐代太湖水利建设的成就是多方面的，其中，最显著的特点是塘浦圩田系统的形成和发展。"

二、五代吴越国时期

清光绪《乌程县志·水利篇》载："历考往迹以相印征……五代吴越以后无不以导水入湖，保卫农田为亟。导之者，浚之使深，疏之使散，庶旱有所蓄，潦有委也，而其入湖要道，则全属乌程矣。"中晚唐时期在湖流的作用下，太湖南岸开始形成一条地势较高的滨湖沉积带，吴越时在太湖湖滨开挖溇港，创建湖堤。织里的滨湖地带始终位于吴越国北部边防线的中心位置，所以钱镠从李师悦父子手中夺取湖州之后，一直牢牢地把守住太湖南面这条边防线。嘉泰《吴兴志》也记载："昭感院，在县北十八里湖上，吴越钱氏文穆王（钱元璙）领兵拒南唐至此，有异梦，遂建院，名瑞现。"县北十八里湖上的昭感院就在今天的大钱。《吴越备史》更是详细地记载了919年钱元璙利用了太湖南岸的水流优势以少胜多的有名战役。钱元璙与淮人战，退守至太湖南岸一线，因淮人的大型战舰无法度过太湖南岸，而吴越的小型战船却能在太湖南岸的小河港中自由穿行，钱元璙利用这种地理形势，率领吴越军队打败了淮人。南太湖滨湖高地在当时既然是一条能守能攻的水上防线，吴越国对这条水上边防线的建设定是不遗余力。为了方便吴越大规模战舰水军的进出，钱氏时已经在太湖南部新淤积出的滨湖沉积带上大规模挑挖河港以利于行船，整齐划一的溇港形式就在这个过程中形成。

在滨湖湖岸上开凿像溇港这种如此整齐划一大规模的水利设施，起先必然是出于地方政权或国家权力支配下的统一规划布置。吴越时期出于军事上的需要在新淤涨出的湖滨沿线开挖溇港，加速了太湖南岸纵溇横塘水利格局的定型。清王凤生在《浙西水利考》中分析指出："自吴越天宝八年（915），置都水营田使，募卒为部，号撩浅军，使撩清于太湖旁，一名撩清卒，四部，凡七八千人，专为田事，治湖筑堤，居民遇旱则运水种田，涝则引水出田，即湖溇所由始。"撩浅军是吴越时期独有的水利制度，撩浅军的职责有这样一段描述："常为田事，沿河筑堤，居民早则运水种田，涝则引水出田"。除此之外，吴越国的政府对撩浅军的管理十分严格，"又使名卿重臣，专董其事，富豪上户簧言不能乱其法，财货不能动其心。"七八千人的撩钱军驻扎在太湖岸边，对溇港进行统一的挑挖，并在太湖南岸筑堤防卫，才可能在太湖南岸一举形成这样大规模的水利工程。除了撩浅军承担水利工程外，吴越国还从军队中抽调健壮的士兵成立"营田军"，动员农民组织"撩浅夫"，在都水营使统一指挥下创建低地漫长的"防水护田土堤"，营造大面积圩田。军民配合防洪护田，使过去经常遭遇洪涝的低地，也可以旱涝保收。吴越国出于军事和农业生产的双重需要，成就了太湖溇港。《吴郡志·水利下》引郑寘语云："浙西昔有营田司。自唐至钱氏时，其来源去委，悉有堤堰防闸之制，傍分其支派支流，不使溢聚以为腹内畎亩之患。是以钱氏百年间，岁多丰稔，唯长兴中一遭水耳。"清代王凤生《浙西水利备考》，认为太湖南岸的溇港和堤岸都形成于吴越时期，跟滨湖平原土壤碳14鉴定的年份非常接近。溇港北排格局形成于唐宋时期，这种水利格局的形成过程与太湖南岸滨湖地貌的塑造过程是同时进行的。

三、宋元时期

南宋嘉泰《吴兴志·卷五·河渎》详细记载有关溇港的内容："太湖，纵横数百里苕霅众水入焉……旧沿湖之堤多为溇，溇有斗门，制以巨木，甚固，门各有闸板，遇旱则闭之，以防溪水之走泻，有东北风亦闭之，以防湖水之暴涨。舟行且有所舣泊，官主其事，为利浩博。不详事始，今旧闸有刻元丰年号者，则知其来远矣，后渐湮废，颇为郡害。""按《旧编》云：今所有者，止二十五，今以《乌程县图》考之，自外俎村至太湖村一带有二十六溇，皆有名，曰：诸溇、比溇、上水溇、罗溇、张降溇、新泾溇、幻湖溇、金溇、赵溇、潘溇、许溇、王溇、谢溇、义高溇、陈溇、薄溇、五浦溇、蒋溇、钱溇、新浦溇、石桥溇、汤溇、成溇、宋溇、乔溇、胡溇。绍熙中，《修胡（河）溇记》云：湖溇三十六，其九属吴江，其二十七属乌程者，兼纪家港而言也，此溇近溪而阔，独不置闸，又二十六名有阳家溇，无上水溇，幻湖作宦湖。"

北宋时，范仲淹总结太湖治理三条经验，即修围、浚河、置闸。东、西苕溪水系、荆溪水系和太湖溇港多有浚修。据明嘉靖徐献忠的《吴兴掌故集》记载，吴兴地处泽国上游，水患严重，"其为民政，莫要于水利。故安定先生在'湖学'特设'水利'一斋，以教士人"。胡瑗在胡溇建有别墅，后人将其改建为寿宁寺。清代金恩绥撰写的《重修寿宁寺记》说："胡安定公别墅后人改建成为寺第……观前庭双柏，大可数围，则非近代可知矣。"嘉祐四年（1059），湖州置开江兵士，并开百渎。第二年又大筑田塍，使位位相接，以御风涛。自北宋元丰年间（1078—1085）至南宋嘉泰年间（1201—1204）百余年中，溇港代有淤塞与修浚，斗门代有损坏和修葺。

南宋隆兴二年（1164）始，开围田、浚港渎。乾道至绍熙二年（1165—1191）二十多年中4次普遍浚疏太湖溇港。其中，乾道年间（1169年前后），乌程县主簿高子润发民疏浚三十二溇达太湖，恢复了东晋和南朝溇港旧迹，从而通畅水势，减轻水患。南宋淳熙十五年（1188），湖州知州事赵思奏言湖州濒太湖，以堤为限，又列21浦溇引水。造斗门用以蓄泄，据旱涝随时开闭。次年，由浙西提举詹体仁发起开湖置斗门（闸门）。绍熙二年（1191），湖州知州事王回又发起修浚太湖溇港，并修改乌程境27溇溇名，都以"常"字冠首，所改名称都关系民生大计，一溇一字，四溇一句，成四字句式，共六句，最后第七句缺一字。由西到东分别改为："丰登稔熟、康宁安乐、瑞庆福禧、和裕阜通、惠泽吉利、泰兴富足、固益济"，每字前冠以"常"字。除"丰"字溇，其余26字溇就是今织里镇沿湖18公里之内的二十六溇。《吴兴志》还载："桥插覆柱皆易以石，其插钥附近溇多田之家。"时任宝文阁直学士的程大昌为撰《修湖溇记》，由敷文阁待制沈枢书，敷文阁待制贾选题盖，于绍熙三年三月立碑。滨湖溇港区自身地势高，与平原中其他低洼沼泽区相比，受洪涝灾害的影响相对较小，成为旱潦无虞的地区。

四、明清民国时期

明代朱国祯居住在溇港区，"余居太湖之曲，土厚水深，回旋盘礴数十里，中多醇德敦行之士，其人既不炫迹，不近名人，亦罕有述者"。明初，设大钱巡检司署专管太湖溇港。洪武十年（1377），乌程县主簿王福沿太湖浚三十六溇，并设溇制，每溇配役夫10人守御，每年拨1000户开挖淤泥。永乐九年（1411）置水利官，立塘长管理水利，前后8次疏浚太湖溇港。明代天顺七年（1463），湖州知府伍余福上《三吴水利论》说："按诸溇界乌程、长兴之间，歧而视之乌程三十有九、长兴三十有四。总而论之计七十有三。"新中国建立后勘察，也为73条，其中吴兴39条。成化十年至嘉靖四十二年（1474—1563）90年中，先后疏浚太湖溇港6次。弘治七年（1494），知府郑宏自乌程至宜兴界多次修筑滨湖石堤。弘治二十四年（1511），疏浚市河。明万历十六至十七年（1588—1589）乌程知县杨应聘又花了两年时间，组织民众整修荻塘。万历三十六年（1608），湖州知府陈幼学以青石筑荻塘堤岸"尤资坚固"，塘岸面貌大为改观，为水利建设一壮举。

清康熙十年至光绪元年（1671—1875），浚治溇港13次。其中，康熙四十六年（1707），除浚诸溇，将北宋时所建斗门除大钱、小梅通舟外，余每溇港各建

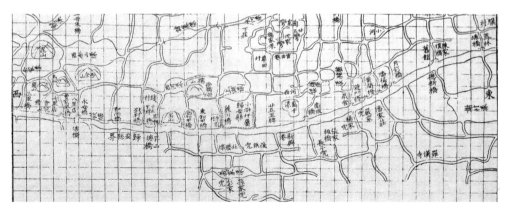

清康熙《乌程县图》里的荻塘

小闸一座，共64座，随时启闭，以备旱潦。其时，湖州知府为奉天（今陕西乾县）人王以巽。清雍正六年（1728）湖州知府唐绍祖重修荻塘。嘉庆后，水利建设少，但重视太湖溇港浚治和管理。同治三年（1864），苏州知府吴云辞官，居太湖钱溇。时地方水利长期不修，太湖诸溇港严重淤塞，吴云上书太仆钟佩贤，钟督促江浙地方官开挖太湖溇港。吴云还联合徐有珂共同创议《重浚溇港章程六条》，上书请得圣旨。同治十年（1871）冬，乡贤徐有珂（中举后拒科举）与候补知府史书青、绅士钮福共同督浚三十六溇，至光绪元年（1875）完工，当年大水，湖州灾情独轻，受朝廷褒奖，封中书科中书衔。工毕，徐有珂撰《重浚三十六溇碑》立于陈溇。

清代同治《湖州府志》记载，吴兴二十九条溇港，其中织里辖域为诸溇、沈溇、安溇、罗溇、大溇、新泾溇、潘溇、幻溇、西金溇、东金溇、许溇、杨溇、谢溇、义皋、陈溇、濮溇、伍浦、蒋溇、钱溇、新浦溇、石桥溇、汤溇、晟溇、宋溇、乔溇、胡溇。这与南宋嘉泰《吴兴志》的记载几乎没有出入，说明滨湖溇港结构自宋及清一直保持相对稳定。徐有珂在《重浚三十六溇港议》指出："浙西杭嘉湖之地。众流交汇。万壑争趋。喧豗奔腾。诚海隅泽国也。然西南山阻。东巩海塘。数百里闲。水无所泄。泄之者。区区吴淞一口而已。而又甚远。中闲所藉以潴水者。则惟太湖。而杭嘉湖众水之趋太湖也。必吞吐于乌程之三十六溇。"

中华民国12—17年（1923—1928），大修过一次荻塘。系南浔富商庞莱臣提议，全用石不如兼用水泥黏且固，石不必远求，近可取诸升山。众议赞同，遂成立塘工董事会，塘岸砌石用水泥嵌缝，使水利工程"泥石交融，固黏不解"。塘岸都用水泥压栏石，使塘岸坚固，塘路整齐。修筑中，塘岸两边广大农民和众多工程技术人员作出重大贡献。工程共花银82.3万余元，大部分由浔湖商界和群众资助，为褒扬此举，民国18年（1929）在今晟舍旧馆运河边建頔塘碑亭。

中华民国时期，小面积疏浚溇港7次，涉及织里的只有中华民国3年（1914）吴兴县疏浚安港，因此收效甚微。至40年代末期，大多溇港淤塞，溇闸倾圮，闸板散失，基本不起作用。民国37年（1948），吴兴县党部秘书冯千乘著《兴修浙西水利管见》，载于民国6月《湖报》。提出五项措施：拆毁阻塞工事，疏浚河道港汊；疏浚太湖溇港，兴修各溇水闸；赶修安长斗堤，加强运河塘工；专责兴修海塘，设计利用沙田；清除河面萍草，以利交通卫生。

五、中华人民共和国时期

新中国建立以来，历届党委、政府十分重视溇港水利。1949 年，中华人民共和国刚刚成立，浙江省人民政府水利局即派工程技术人员，至吴兴、长兴查勘溇港。1950 年，以工代赈，择要疏浚了东金溇、谢溇、陈溇、濮溇、蒋溇，整修部分损坏水闸，配备残缺石板。1951 年春，疏浚胡、乔、宋、晟、汤、新浦、伍浦、义皋、许、谢、新泾、沈、诸等二十一溇。溇港治理，自 1950 年及 1951 年两次疏浚后，根据轮流普通疏浚和重点治理方针，采取经常性整治。

1955 年春翻新钱溇、新浦两闸，整修蒋溇、石桥浦、杨溇、胡溇等四闸。1957 年吴兴县建立太湖溇港工程指挥部，全面疏浚各溇港，1957 年春，胡溇内迁 3 米重建，1959 年冬，吴兴县疏浚大溇等，至 1959 年竣工，共疏浚溇港 25 条。1961 年疏浚宋溇、晟溇、新浦、钱溇、蒋溇、伍浦、陈溇、义皋、谢溇、杨溇、许溇、大溇等 12 条。1962 年疏浚乔溇、罗溇、安溇、沈溇等。1963 年疏浚溇港 16 条。

1961 年，浙江省水利厅布置浙江省水利勘测设计院，于 1961 年至 1964 年，先后对太湖溇港进行过两次调查研究，并提出初步治理意见。当时，大致将溇港分为四类：第一类是流域排洪主河道，吴兴境内有小梅口、长兜港、大钱港和幻溇等 7 条；第二类是淤塞不严重，全年可通水流的，共计 25 条；第三类是河口淤塞严重，平时已不通水流的，共 11 条；第四类是终年断流，河槽内杂草丛生或种植水稻、养鱼等，共 31 条。1965 年，浙江省水利勘测设计院根据浙江省水利厅布置，编制杭嘉湖平原太湖溇港疏浚规划：一、疏浚溇港用内港，集中拓浚与内港连接顺直、河道断面深大的溇港。择定诸溇、幻溇、濮溇、汤溇 4 条；并相应疏浚内港，分别是油车桥港、织里港、轧村港、三里桥港、北横港 5 条。二、改建桥梁，内港上的桥梁及湖浔公路桥、纤道桥等阻水桥梁加以改建，其中溇港人行桥 6 座、内港人行桥 10 座、湖浔公路桥 9 座、纤道桥 8 座。三、溇港建闸，一般小溇港建闸净孔 4 米，闸底湖淤高程 1 米；汤溇、濮溇、幻溇各建闸净宽 24 米，闸底湖淤高程幻溇为 0.5 米，余均为 0.0 米。共建闸 15 座。

1973 年 3 月，开挖许溇、杨溇、谢溇、义皋等溇港入湖口淤积。1983 年吴兴县改建蒋溇、罗溇水闸，整修陈溇、宋溇、东金溇水闸。1989 年，疏浚溇港

35 条。48 公里。1990 年，疏浚溇港 20 条。1991 年始，溇港实行年年轮流疏浚，每年疏浚 5～6 条。1997 年，湖州市水利勘测设计院要根据浙江省水利厅布置，编制杭嘉湖平原入湖溇港规划报告，明确了溇港工程任务及标准，以排泄洪涝为主，结合引水并兼顾航运及改善水环境。荻塘以北大钱港、罗溇、幻溇、濮溇、汤溇等 5 条骨干溇港及 14 条小溇港，规划河底总宽 176 米，平均河长 10 公里。1993 年完成土方工程的环湖大堤，对原有溇港实行并港封堵，加强骨干溇港排泄引水能力，留 19 个口门，建节制闸 18 座，总宽度 191 米；规划套闸 3 座，总宽度 18 米。

经过历年来的整治，织里辖域的溇港至今保存完好，现有溇港 26 条，由西向东分别为诸溇、沈溇、安港、罗溇、大溇、新泾港、潘溇、幻溇、西金溇、东金溇、许溇、杨溇、谢溇、义皋溇、陈溇、狄溇、伍浦溇、蒋溇、钱溇、新浦溇、石桥浦、汤溇、晟溇、宋溇、乔溇、胡溇。其中罗溇、幻溇、濮溇、汤溇等 4 条为通太湖骨干溇港；其中诸溇、大溇、许溇、杨溇、谢溇、义皋溇、蒋溇、钱溇、新浦溇、宋溇、乔溇、胡溇等 12 条为通太湖小溇港；另有沈溇、安港、新泾港、潘溇、西金溇、东金溇、陈溇、伍浦溇、石桥浦、晟溇等 10 条小溇港因修筑环湖大堤时实施调整，不直接通太湖。

汤溇港于 1977 年重点拓浚，向南延伸至祜村港，并穿过荻塘与丁泾塘贯通，使三港连通顺直。1977 年冬至 1978 年春，在开挖丁泾塘（不列入汤溇工程计划）时，汤溇至祜村先拆建桥梁 8 座，拆迁房屋 300 间，做好全面拓浚的准备。1978 年冬至 1979 年春，拓浚汤溇及祜村港，南自当时的东迁公社祜村起（接通荻塘），北至当时的漾西公社汤溇入湖口，全长 12 公里。河道底宽拓至 15 米，河底湖淞高程挖至 0 米，边坡 1:2.5。拓浚工程共挖土 63.26 万立方米，投入劳动力 44.6 万工日。汤溇港拓宽工程（含水闸、护岸等建筑物）共投资 78.51 万元，可排泄洪水流量每秒 60 立方米。

濮溇港于 1966 年重点拓浚，当时从全县抽调 21 个公社的劳力 8760 人，于 12 月开工，拓浚河道长 9.5 公里（含轧村港），河底挖宽至 20 米，边坡 1:2.5，河底湖淞高程挖至 -1.0 米。水上土方工程（2 米湖淞高程以上）45 万立方米由人工开挖，1967 年 4 月完工；水下土方工程（2 米湖淞高程以下）40 万立方米拟由省水利疏浚处承担用挖泥船开挖，后未能实施。1970 年冬，组织轧村、漾西、太湖三个公社劳力打坝车水，开挖前几年留下的水下土方工程 26 万立方米；其余

14 万立方米水下土方工程由吴兴县水利疏浚队用挖泥船开挖，一直延至 1985 年竣工。这一期土方工程共投资 62 万元。1978 年 10 月，由太湖公社出劳力挖深濮溇港入湖口，补助经费 3182 元。1982 年 9 月，在濮溇入湖口东岸建筑块石护岸 210 米，由太湖公社承包施工，补助材料费 1 万元。1983 年，濮溇港自太湖口至曹家簖段疏浚水下土方工程 9 万立方米，投资 35.9 万元。1984 年，濮溇港自曹家簖至轧村段疏浚水下土方工程 4.5 万立方米，投资 18 万元。濮溇港经上述几次拓浚后，汛期可排泄洪水流量每秒 110 立方米，旱季可以引水每秒 46 立方米。

幻溇港于 1957 年重点拓浚，吴兴县抽调民工 3800 人，于 9 月动工，11 月完工，拓浚长度 2.7 公里，港底挖至 0.9 米湖淤高程，底宽拓至 11 米，边坡 1∶2，两岸堤顶高 6.8～7.1 米。共挖土 12 万立方米，投工 52 500 工日，国家投资 5400 元。拓浚后，最大泄洪流量增至每秒 56 立方米，引水流量每秒 16 立方米。1973 年 3 月，开挖幻溇港进口段和疏浚闸口段。进口段开挖长 40 米，底宽 10 米，挖深 1.5 米，边坡 1∶2，挖土 690 立方米；闸口段由吴兴县水利工程队挖泥船负责疏浚。1997 年，再次拓浚幻溇港与新建的幻溇闸和环湖大堤浙江工程段工程丁套。1997 年 5 月，组建湖州市幻溇港拓浚工程办公室，负责实施拓浚工程。工程南起北横塘，北至入湖口（幻溇水闸），拓浚河道全长 2 公里。其中新开河道 450 米（与北横塘连接段），河底宽 10 米，河底湖淤高程负 1.0 米，边坡 1∶3.5，堤顶湖淤高程 6 米，堤顶宽 5 米；老河道段拓浚，河底宽拓至 20～28 米，边坡为 1∶3～1∶3.5；幻溇水闸至太湖出口段开挖 30 米河道。工程自 1997 年 11 月开工，至 1999 年 11 月全部完工，共挖土 43.6 万立方米。新建堤防 3.3 公里，对其中 1.4 公里进行护岸。护岸工程累计完成埋石混凝土挡墙长度 850 米、护坡长 528 米，混凝土 2870 立方米，砌石匠 70 立方米。工程总投资 1300 万元。其中省补资金 500 万元，市筹资 800 万元（包括征地、拆迁等补偿费 336.7 万元）。幻溇港拓浚工程完成后，行洪标准为 20 年一遇洪水，可排泄洪水流量每秒 150 立方米。

太嘉河工程。工程主要整治湖州东部平原的两条主要入湖骨干河道——幻溇港、汤溇港，幻溇港起自太湖口幻溇闸至京杭运河，汤溇港北起太湖口汤溇大闸至荻塘。本工程任务为增强南太湖水体环流，促进杭嘉湖平原河网水体流动，改善太湖和杭嘉湖平原水环境，提高区域水资源优化配置能力，完善区域防洪排涝格局，兼顾航运等综合利用。防洪设计标准，规划城区段（申苏浙皖高速至荻塘）范围的幻溇港两岸和汤溇港东岸堤防为 50 年一遇，其余堤防为 20 年一遇。幻溇港整治起自太湖口，穿越北横塘、南横塘、荻塘、双林塘、练市塘，经漾溪港、高桥港，至京杭运河，河道全长约 44.25 公里。汤溇港整治起自太湖口，穿越北横塘、南横塘至荻塘，河道全长约 9.501 公里。整治河道建设总长 53.75 公里，建设沿河两岸堤岸 91.8 公里；涉及桥梁 72 座，其中保留利用 16 座，处理桥梁 56 座；在处理桥梁 56 座中，幻溇港处理桥梁 46 座（新建 11 座、拆建 24 座、扩孔 1 座、拆除 3 座、文保迁移 1 座，沿河平行桥拆建 6 座），汤溇港处理桥梁 10 座（拆建 8 座，沿河平行桥拆建 2 座）；沿线建设闸（泵）站 3 座，节制闸 5 座；新建工程专用水文站 1 座。太嘉河工程批复初设投资为 221 500 万元，其中中央预算内投资安排 28 900 万元，省资金 67 574 万元，其余资金地方配套。太嘉河工程初设批复总工期 3 年。太嘉河工程于 2014 年 9 月 18 日正式开工建设，至 2019 年，工程已按批准的设计内容全部完成。

杭嘉湖地区环湖河道整治工程。工程主要整治湖州东部平原的南北向两条主要河道——罗溇港和濮溇港，罗溇港北起太湖口罗溇大闸至双林塘（旦头港），濮溇港起自太湖口濮溇大闸至双林塘。本工程任务为改善太湖和杭嘉湖平原河网水环境，提高杭嘉湖平原防洪排涝能力和水资源配置能力，兼顾航运等综合利用。防洪设计标准：罗溇港规划城区段（申苏浙皖高速至荻塘）50 年一遇，其余河段（包括濮溇港）20 年一遇。罗溇港整治河线北起太湖口罗溇大闸，河线往南经北横塘、南横塘、顺塘、义家漾、五百亩漾至双林塘。濮溇港整治河线北起太湖口濮溇大闸，往南穿北横塘、南横塘、荻塘至双林塘。整治河道总长 39.01 公里，其中拓浚整治 37.533 公里，新开挖河道 1.48 公里。罗溇港全长 22.40 公里，河道底宽 26 米，河底湖淤高程 -2.3 米。濮溇港全长 16.61 公里，河道底宽 20 米，河底湖淤高程 -2.3 米。新建沿河两岸堤防及护岸工程 70.74 公里。涉及跨河桥梁处理 37 座（新建 3 座、拆建 26 座、加固利用 2 座、拆除 5 座、文保迁移 1 座），沿河两岸处理工程 14 座（单孔闸 5 座、闸站 4 座、涵闸 5 座）。新建工程专用水文站 2 座。绿化堤防长度 52.5 公里，绿化面积 66.7 万平方米。杭嘉湖地区环湖河道整治工程批复初设投资为 167 450 万元。其中中央资金 22 800 万元，省级资金 61 211 万元，其余为市级配套资金。工程于 2014 年 9 月 28 日正式开工建设，至 2019 年，工程已按批准的设计内容全部完成。

第三节　世界灌溉工程遗产

湖州太湖溇港 2016 年入选世界灌溉工程遗产名录。世界灌溉工程遗产是国际灌溉排水委员会（ICID）从 2014 年开始评选的世界遗产项目，旨在更好地保护和利用在用古代灌溉工程，挖掘和宣传灌溉工程发展史及其对世界文明进程的影响，学习古人可持续性灌溉的智慧、保护珍贵的历史文化遗产。太湖溇港是古代可持续利用的典范，在工程设计、建设技术、工程规模、引水量、灌溉面积等方面领先于其时代，在其建筑年代是一种创新，并为当代工程理论和手段的发展做出了贡献；在工程设计和建设中注重环保，具有文化传统或文明的烙印；是可持续性运营管理的经典范例。

一、堤防体系

太湖堤防是环太湖周边修筑用来阻挡太湖湖水的堤坝。溇港圩田的发展首先取决于湖堤的修筑，通过湖堤将太湖水隔开，堤内则发展圩田开发。湖堤的发展始于沿湖堤岸的修筑，古时"塘"在太湖低洼地区既是堤岸也是河港。荻塘是历史上最早修筑的第一条具有防洪功能的环湖大堤，将太湖与荻塘南岸的平原水网地区分割开来，同时也为荻塘以北滨湖淤滩的开发、横塘纵溇的修筑打下了基础。

随着荻塘以北沿湖地区的开发，太湖堤塘逐渐向太湖推进，北宋康定二年至庆历三年（1041—1043）湖州知州胡宿筑石塘百里，以捍水患，称胡公塘。从溇港中挑挖出泥土堆叠在溇港两旁的湖岸，使太湖沿溇港区的湖岸不断叠高。最迟在南宋时太湖南岸已经具备了一条明显的堤岸，"淳熙十五年（1188）十月四日，知湖州赵恩言，湖州实濒太湖，并湖有堤为之限制"。太湖南岸的湖堤与溇实为一体，湖堤是在对溇港的岁修岁挑工事中形成，串联着溇港，溇港是向北排水的口门，溇港之间是农田。

明弘治七年（1494），浙江布司参政周季麟与湖州知府郑宏等重筑太湖堤，自乌程至宜兴界 70 里。清雍正六年至七年（1728—1729），湖州知府唐绍祖修太湖石塘，并筑大钱口、小梅口石塘及诸溇闸。历代民间也有乡绅集资修筑太湖塘堤，据现存石桥浦的乾隆二十五年（1760）所立《重修石塘碑记》载：

"乾隆二十三年间，倡议募筑石塘，以为外捍。东起石桥浦，西讫新浦，计长一百三十丈，高六尺，阔六尺，费白金六百余两。"其石塘遗迹至今尚存。但是，历代修筑的太湖堤防，由于高度一般都与沿岸高地不相上下，仅能防止太湖风流袭击。断断续续的沿湖石塘，砌筑不够坚固，加上维修不及时，而晚清和民国时期又基本未继续修筑，到1949年时，除局部岸段尚存零星石块外，已坍塌殆尽。

新中国成立以来，为防御水旱灾害，发展生产，太湖沿岸的治理，主要是疏浚溇港，以畅引排，修筑完善溇港口门水闸，以御太湖洪水和冬季风浪引起泥沙倒灌淤塞溇港河道。虽然沿太湖一带地势较高，而岸边滩地地大多有芦苇成片生长，能起到自然抵御太湖洪水与风浪冲刷的作用，但在太湖大洪水时，临湖坡地农作物仍有淹没之害。

20世纪80年代以后，太湖高水位频发，威胁加重。1987年，国家将环湖大堤列为太湖流域综合治理十项骨干工程之一。展开了环湖大堤浙江段建设前期工作，由浙江省水利水电勘测设计院进行环湖大堤1:500、1:2000比例的地形测量；浙江省水电勘测设计院湖州市水利水电勘测设计院进行地质勘察；浙江省水利水电勘测设计院进行大堤工程设计，湖州市水利水电勘测设计院进行配套溇闸改建工程和桥梁工程设计。1991年，环湖大堤浙江段动工兴建，历时十年，于2001年完成。东起苏浙交界的胡溇，西至苏浙交界的父子岭，全长65.12公里，横跨苕溪运河水系与74条入湖溇港。

吴兴境内的环湖大堤总长26.53公里，跨越35条溇港，以汤溇闸为界，堤线分为两段。其一为胡溇至汤溇闸左岸段，长3.14公里，湖滩地狭窄，湖岸有天然陡坎，堤线沿陡坎内的高地布置，挡土墙基本上布置在高地与滩地连接的陡坎边，大堤中心线布置在湖淞高程5.4米左右。大堤穿越溇港5条，其中胡溇、乔溇、宋溇和汤溇4处河口布置控制闸，晟溇出口封堵，大堤沿岸溇港岸边与水闸连接。其二为汤溇闸右岸至长兜口大桥左岸段，长23.39公里，该段为高地。高地带宽达200～300米，迎湖地面向湖区坡度化平缓，种植蔬菜、百合、桑树等经济作物。高地以外至湖滩依次为池杉带宽5～10米，芦苇带宽20～40米。为便于筑堤施工及减少风浪冲刷堤脚，大堤迎湖侧的堤脚线离太湖下常水位10米以远，断面中心布置在湖淞高程3.5米左右。此段大堤穿越溇港30条（含长兜港），有风口5处，其中濮溇、幻溇、罗溇、大钱港等14条溇港建闸控制；在北门港、尚沙港、宜家港等 3 条溇港的口门处各建 1 座涵洞，12 条溇港的口门予以封堵；长兜港敞开，建跨长兜港三级公路桥 1 座。此段大堤沿溇港岸边与水闸连接。

吴兴境内的环湖大堤，东起胡溇，西至长兜口大桥左岸，大堤与溇港水闸连接形成防洪封闭线。环湖大堤建成后，改变了太湖有岸无堤的历史。2008 年集生态、防洪、观光于一体的滨湖大道建设，其中路堤结合约 40 公里，滨湖大道综合利用环湖大堤，使湖州更好地融入环太湖经济圈，对湖州市的防洪、交通及环太湖旅游业发展等产生了巨大的效益。

水闸是用来控制水流进出的设施，从古至今水闸设施都是溇港水利工程的关键。陆地上袭来的洪水，被横塘分流至每一条溇港，流速得到缓解，同时开启闸门，将洪水泄入太湖；如果太湖水位高涨，则同时关闭闸门，阻挡太湖洪水。湖州太湖西南岸每条入湖溇港的水闸入口都朝向东北，这是因为秋冬季节太湖主要承受的是来自西北方向的季风，西北风带来的泥沙只能沉积在溇港口岸的边上，不会对溇港造成正面的堵塞，并规定"重阳关闸，清明开闸"，开闸后入湖的水流可以轻易把泥沙冲走。古时水闸多是板闸，20 世纪 50 年代初期多是人工手拉葫芦吊闸，现今已多被单孔或多空的电动闸门取代，只留下少数原始木质板门遗存。现今入湖口门、涵闸、斗门等多随环湖大堤同时建造，在工程布局上采取"东控西敞"的原则，即东段大堤的口门全部进行控制（或封堵，或建控制建筑物），西段大堤口门基本敞开。2019 年溇港上主要控制水闸 23 座，有 4 座仍保留传统木叠梁闸型式。

汤溇闸　原建于 1977—1978 年，为 3 孔连拱底板水闸，总净宽 18 米。至 20 世纪 90 年代，闸门滚轮锈死，交通桥不适应环湖大堤接线要求，拆除改建。闸墩加高，墩墙顶湖淞高程由原来的 6 米加高至 8 米；采用升卧式平面钢闸门，门顶湖淞高程为 5.5 米，门叶 6.4 米 × 5.5 米，启闭设备改用卷扬式 QPQ-2 × 12.5 吨启闭机，并新建了启闭机房和管理房等。

濮溇闸　原建于 1970 年冬，为 5 孔闸，总净宽 20 米，本次拆除重建为 3 孔新闸。闸室采用 3 孔连续钢筋混礙土结构，每孔净宽 6 米，闸墩墙厚 1 米，墙顶湖淞高程 4.6 米，闸底板厚 0.8 米，底板湖淞高程负 1 米；闸室顺水流向长 12 米。通航孔按六级航道标准，闸顶交通桥按三级公路标准，桥面总宽 7.6 米。型钢骨架钢面板平板闸门，门顶湖淞高程 5.5 米，门叶 8.4 米 × 7.0 米。启闭设备为行程 9.5 米卷扬式 QPQ-2×8 吨启闭机。

幻溇闸　原建于 1959 年，为 3 孔闸，总净跨度 12 米。重建为 5 孔闸，总净宽 32 米。闸室采用 4 孔连续钢筋混凝土"U"型结构，闸墩墙厚均为 1.0 米，墙顶湖淞高程 4.6 米，闸底板为 1.0 米厚的边续平底板，底板湖淞高程负 1.5 米，闸室顺水流向长 12 米。通航孔按六级航道标准，闸顶交通桥按三级公路标准，桥面总宽 7.6 米。型钢骨架钢面板平板闸门，门顶湖淞高程 5.5 米，门叶 8.4 米×7.0米，启闭设备为行程 9.5 米的卷扬式 QPQ-2×8 吨启闭机。

罗溇闸　原为 4 米净宽单孔闸，本次重建拆除原闸，在原闸址外的溇港品门处新建 3 孔闸，总净宽 24 米，闸墩墙厚均为 1.0 米，闸底板厚为 0.8 米，湖淞高程 -1.0 米，闸室顺水流向长 12 米，通航孔按六级航道标准，闸顶交通桥按四级公路标准，桥面总宽 7.6 米。型钢骨架钢面板平板闸门，升卧式，侧向滚轮导轨支承。门顶湖淞高程 5.5 米，门叶 8.4 米×6.5 米，启闭设备为行程 9.5 米卷扬式 QPQ-2×12.5 吨启闭机。在新老闸之间新开引河长 180 米。

单孔节制闸本次共重建建 13 座。其中，孔径 4 米单闸 12 座，孔径 5 米单闸 1 座。净宽 4 米的新单闸，闸室为 U 形钢筋混凝土结构，长 10.5 米，闸底湖淞高程 1.5 米，闸顶布置净宽 7.0 米的交通桥；T 形排架启闭房，启闭设备为手电两用螺杆式启闭机；上下游重力式浆砌块石翼墙与两岸连接。净宽 5 米的新单闸，闸室为 U 形钢筋混凝土结构，长 12 米，闸底湖淞高程 1.5 米，闸顶布置净宽为 7.0 米的交通桥；上游布置启闭房，倒 U 形支架启闭架，启闭设备为双吊点反吊上提卷扬式启闭机。

二、横塘纵溇

湖州先民在自然水系的基础上建造了溇港水网，垂直于太湖湖岸的纵向河道称作"溇港"，平行的横向河道称作"横塘"，连接纵溇、纵港，横纵交错，形成了太湖沿岸极具特色的"横塘纵溇、位位相接"的棋盘式水网体系。

1.横塘

横塘的开凿连接各入湖溇港，有利于分散泄洪、灌溉，深挖的土则修岸筑堤，横塘的修筑配合着纵溇的开挖，不断满足着农田灌溉、航运的需要。织里辖域内现基本完好的横塘有 3 条，分别为荻塘、北横塘和南横塘。

荻塘　荻塘又名頔塘、东塘。自湖州城东二里桥起，向东经织里、南浔，在江苏平望与京杭大运河汇合，全长 60 多公里。东晋永和年间（345—356），由吴兴郡太守殷康发民所筑，因两岸多荻而名荻塘。后经多次重修，唐贞元八年（792）湖州刺史于顺重修，民怀其德改名颊塘。后各朝代均有修缮与浚治，民国也屡有维修。现如今荻塘为黄金水道长湖申线航道的重要部分，是杭嘉湖北排通道的骨干河道。荻塘是湖州重要的水利设施之一，也是水路交通要道，且是历史建筑古迹，1997 年被列入浙江省重点文物保护单位。

北横塘　北横塘又名北塘河，是太湖沿岸重要的水利设施和交通设施，西自大钱港起，折流向东，经王母来桥、塘下漾、元通桥、太平桥、竹马漾、婚对桥、胜堂桥（圣塘桥）、百廿亩桥（太平桥）、万寿桥、北张官桥、狗头漾、新桥、项王桥（下往桥），东抵江苏省吴江县震泽镇的因渎村，全长 22.6 公里，河宽 30～60 米，河底湖淞高程 0.6 米左右，沿塘为众溇港入水之口，是西南来水之道，向东经陆家漾入江苏省八都境内。1973 年 1 月初调 23 个公社 2 万余民工拓浚，3 月 12 日竣工。历史上有关北横塘各种记载很是翔实，清凌介禧《东南水利略》说："宋庆历二年，苏州通判李禹卿堤太湖八十里，为渠益漕运，且蓄水溉田，人呼为运粮河，疑即此，亦称湖塘。"成稿于清乾隆十五年（1750）的《太湖备考》载："大钱以东诸溇港之上流皆从荻塘来，荻塘之水初不直下溇港，距溇港四五里或二三里又有横河一道，即北塘河。自西而东屈曲以贯溇港之端，上承荻塘诸桥港北下之水，分入诸溇港以下太湖，此横河西自大钱港来，东至北张官桥稍南又东至陆家漾而乌程之程尽，再东入江南震泽界矣。"

南横塘　南横塘又名里塘、中塘河，是荻塘以北的第一条支流，也是横贯东西的一条重要航道。集西南各路来水东泄，全线贯穿大钱港、罗溇、幻溇、濮溇、汤溇等，并经溇港分泄入太湖，全长 30 公里，河宽 40 米，河底湖淞高程 0.6 米左右。南横塘在毗山北分苕水，向东经过铁店桥、西山漾、诸墓漾、浒稍桥，至织里虹桥后，折而向南，又经大小邾、轧村、上林村、长村，最后止于江浙交界的胡溇港。

2. 溇港

太湖溇港是东西苕溪通向太湖的尾闾，是湖州东部平原的重要排水出路，并有引水作用。大钱港地处太湖溇港交汇处，号称"溇港龙头"，古以大钱港为界，有"东迤称溇，西迤为港"的说法。太湖溇港向为古代湖州水利建设的重

太湖

点，开挖、疏浚、筑堤、架桥、建闸等系列工程，一直延续至今。经 20 世纪 80 年代核实，湖州全境共有溇港 74 条，平均相隔 800 多米一条，其中吴兴区境内有 39 条，长兴县境内有 35 条。太湖南岸湖州境内的"苕溪七十四溇"，古亦有七十二溇、七十三溇的记载。金友理《太湖备考》"长兴县沿湖水口图说"中记载"长兴县渎港三十有四，合乌程之三十八，古所谓七十二溇也"。明代伍余福《论七十二溇》中称，"按诸溇，界乌程、长兴之间，歧而视之，乌程三十有九，长兴三十有四，总而论之，计七十有三……"溇港随着溇港圩田的发展，至元末明初，长兴有二十五港，吴兴有三十八溇，后来长兴溇港数增加至三十四、三十六，后随着其发展略有增减，但一般仍以"长兴三十六港，吴兴三十八溇"相称，两者合称为"苕溪七十四溇"。

经过历年来的整治，吴兴境内溇港至今保存完好，吴兴境内现有 31 条溇港，其中 21 条直接通太湖。其中的骨干河道有大钱港、小梅港、长兜港（原名张婆港、杭湖锡航道）、罗溇（南接义家漾港）、幻溇（幻晟航道）、汤溇、濮溇等，担负着主要排水任务。湖州至今还传唱着蕴含溇港名称的古老歌谣："大白诸沈安，罗大新泾潘，潘幻金金许杨谢，义陈濮伍蒋钱新，石汤晟宋乔吴薛，薛部丁家一点吴。"说的就是吴兴大钱港至江苏吴江七都镇吴溇之间的 36 溇港。2019 年 10 月 7 日，太湖溇港被列入"第八批全国重点文物保护单位"，时代为春秋至今，共有 19 条代表性溇港入选，其中织里辖域 15 条，分别为诸溇、罗溇、大溇、幻溇、许溇、杨溇、谢溇、义皋溇、蒋溇、钱溇、新桥浦、汤溇、宋溇、乔溇、胡溇。织里主要溇港基本情况（数据来自 1990 年《湖州水利志》）由西向东分别为：

诸溇　长 2510 米，河底宽 2 米，堤距 13.5 米，河底湖淞高程 1.95 米，溇口建有单孔 4.07 米水闸 1 座，木板闸门，人力启闭。诸溇可泄洪 11 立方米每秒，引水每秒 3.5 立方米。诸溇闸 2015 年改建，闸孔规模 4 米，平板钢闸门，双吊点卷扬式启闭，设计流量每秒 16 立方米。

沈溇　长 2200 米，河底宽 1 米，堤距 14.2 米，河底湖淞高程 2.17 米，修筑环湖大堤前溇口建有单孔 3.72 米水闸 1 座，木板闸门，人力启闭。可泄洪每秒 10 立方米，引水每秒 3.2 立方米。沈溇因修筑环湖大堤时实施调整，不直接通太湖。

安港　长 1100 米，河底宽 1 米，堤距 14 米，河底湖淞高程 2.15 米，修筑环湖大堤前溇口建有单孔 3.06 米水闸 1 座，木板闸门，人力启闭，可泄洪每秒 10 立方米，引水每秒 3.2 立方米。安港因修筑环湖大堤时实施调整，不直接通太湖。

罗溇　长 1300 米，河底宽 1 米，堤距 14.1 米，河底湖淞高程 2.05 米，溇口建有单孔 4 米水闸 1 座，水泥平板闸门，电动启闭。罗溇可泄洪 8 立方米每秒，引水 2.5 立方米每秒。罗溇闸 1999 年改建，闸孔规模 3×8 米，平板钢闸门，双吊点卷扬式启闭，设计流量每秒 110 立方米。

大溇　长 2100 米，河底宽 3 米，堤距 15.2 米，河底湖淞高程 2.4 米，溇口建有单孔 4 米水闸 1 座，水泥平板闸门，电动启闭。大溇可泄洪每秒 10 立方米，引水每秒 3.2 立方米。大溇闸 2015 年改建，闸孔规模 4 米，平板钢闸门，双吊点卷扬式启闭，设计流量每秒 16 立方米。

新泾港　长 2600 米，河底宽 1 米，堤距 13 米，河底湖淞高程 2.23 米，修筑环湖大堤前溇口建有单孔 3.6 米水闸 1 座，木板闸门，人力启闭，可泄洪每秒 7 立方米，引水每秒 2 立方米。新泾港因修筑环湖大堤时实施调整，不直接通太湖。

潘溇　长 2700 米，河底宽 2 米，堤距 13.5 米，河底湖淞高程 1.85 米，修筑环湖大堤前溇口建有单孔 3.45 米水闸 1 座，木板闸门，人力启闭，可泄洪每秒 8 立方米，引水每秒 2 立方米。潘溇因修筑环湖大堤时实施调整，不直接通太湖。

幻溇　长 2700 米，河底宽 3 米，堤距 29 米，河底湖淤高程 0.91 米，溇口建有 3 孔水闸 1 座，总跨 12 米（中孔 6 米，边孔 3 米），中孔钢板，边孔水泥闸门，手拉葫芦，电动启闭。幻溇可泄洪每秒 56 立方米，引水每秒 16 立方米。幻溇闸 1996 年改建，闸孔规模 4×6 米+1×8 米，平板钢闸门，双吊点卷扬式启闭，设计流量每秒 150 立方米。

西金溇　长 2700 米，河底宽 1 米，堤距 12.5 米，河底湖淤高程 2.48 米，修筑环湖大堤前溇口建有单孔 4.5 米水闸 1 座，木板闸门，人力启闭，可泄洪每秒 8 立方米，引水每秒 2 立方米。西金溇因修筑环湖大堤时实施调整，不直接通太湖。

东金溇　长 2500 米，河底宽 1 米，堤距 13 米，河底湖淤高程 2.73 米，修筑环湖大堤前溇口建有单孔 3.55 米水闸 1 座，木板闸门，人力启闭，可泄洪每秒 8 立方米，引水每秒 2 立方米。东金溇因修筑环湖大堤时实施调整，不直接通太湖。

许溇　长 2097 米，河底宽 2 米，堤距 14.1 米，河底湖淤高程 2.61 米，溇口建有单孔 4.3 米水闸 1 座，木板闸门，人力启闭。许溇可泄洪每秒 10 立方米，引水每秒 3.2 立方米。许溇闸 2015 年改建，闸孔规模 4 米，平板钢闸门，双吊点卷扬式启闭，设计流量每秒 16 立方米。

杨溇　长 2506 米，河底宽 2 米，堤距 14 米，河底湖淤高程 2.43 米，溇口建有单孔 4.45 米水闸 1 座，木板闸门，人力启闭。杨溇可泄洪每秒 13 立方米，引水每秒 4 立方米。杨溇闸 2015 年改建，闸孔规模 4 米，平板钢闸门，双吊点卷扬式启闭，设计流量每秒 16 立方米。

谢溇　长 2516 米，河底宽 2 米，堤距 14.2 米，河底湖淤高程 1.98 米，溇口建有单孔 4 米水闸 1 座，水泥平板闸门，电动启闭。谢溇可泄洪 13 立方米每秒，引水每秒 4 立方米。谢溇闸 2015 年改建，闸孔规模 4 米，平板钢闸门，双吊点卷扬式启闭，设计流量每秒 16 立方米。

义皋溇　长 1517 米，河底宽 2 米，堤距 14.2 米，河底湖淤高程 2.12 米，溇口建有单孔 4. 米水闸 1 座，水泥平板闸门，电动启闭。义皋溇可泄洪每秒 13 立方米，引水每秒 4 立方米。义皋闸 2015 年改建，闸孔规模 4 米，平板钢闸门，双吊点卷扬式启闭，设计流量每秒 16 立方米。

义皋溇

陈溇　长 1567 米，河底宽 2 米，堤距 13.1 米，河底湖淤高程 2.22 米，溇口建有单孔水闸 1 座，跨径 4.8 米。木板闸门，人力启闭。许溇可泄洪每秒 10 立方米，引水每秒 3.2 立方米。陈溇因修筑环湖大堤时实施调整，不直接通太湖。

陈溇

濮溇　长 9800 米，河底宽 32 米，堤距 64 米，河底湖淤高程 -0.2 米，溇口建有 5 孔水闸 1 座，总跨 20 米（中孔 6 米，边孔 3.5 米），中孔钢板，边孔水泥闸门，电动油压启闭。濮溇可泄洪每秒 110 立方米，引水每秒 40 立方米。濮溇闸 2002 年改建，闸孔规模 3×6 米，平板钢闸门，双吊点卷扬式启闭，设计流量每秒 80 立方米。

伍浦溇 长 1305 米，河底宽 3 米，堤距 13.1 米，河底湖淞高程 2.29 米，修筑环湖大堤前溇口建有单孔水闸 1 座，跨径 4 米。水泥平板闸门，电动启闭。可泄洪每秒 11 立方米，引水每秒 3.5 立方米。伍浦溇因修筑环湖大堤时实施调整，不直接通太湖。

蒋溇 长 1250 米，河底宽 3.3 米，堤距 14.9 米，河底湖淞高程 2.13 米，溇口建有单孔水闸 1 座，跨径 4 米。水泥平板闸门，电动启闭。蒋溇可泄洪每秒 10.4 立方米，引水每秒 3.2 立方米。蒋溇闸 2015 年改建，闸孔规模 4 米，平板钢闸门，双吊点卷扬式启闭，设计流量每秒 16 立方米。

钱溇 长 1540 米，河底宽 4.4 米，堤距 15.5 米，河底湖淞高程 2.3 米，溇口建有单孔水闸 1 座，跨径 4 米。水泥平板闸门，电动启闭。钱溇可泄洪每秒 11 立方米，引水每秒 4 立方米。钱溇闸 2015 年改建，闸孔规模 4 米，平板钢闸门，双吊点卷扬式启闭，设计流量每秒 16 立方米。

新浦溇 长 1320 米，河底宽 3.2 米，堤距 12.5 米，河底湖淞高程 2.1 米，溇口建有单孔水闸 1 座，跨径 4 米。水泥平板闸门，电动启闭。新浦溇可泄洪每秒 11 立方米，引水每秒 3.5 立方米。溇新浦闸 2015 年改建，闸孔规模 4 米，平板钢闸门，双吊点卷扬式启闭，设计流量每秒 16 立方米。

石桥浦 长 1350 米，河底宽 2.25 米，堤距 11.5 米，河底湖淞高程 2.15 米，修筑环湖大堤前溇口建有单孔水闸 1 座，跨径 4.1 米。木板闸门，人力启闭。可泄洪每秒 9.6 立方米，引水每秒 3.2 立方米。石桥浦因修筑环湖大堤时实施调整，不直接通太湖。

汤溇 长 2500 米，河底宽 15 米，堤距 45 米，河底湖淞高程 0.05 米，溇口建有三孔水闸 1 座，总跨 18 米（中孔 6 米），钢板闸门，电动油压启闭。汤溇可泄洪每秒 70 立方米，引水每秒 25 立方米。汤溇闸 2002 年改建，闸孔规模 3×6 米，平板钢闸门，双吊点卷扬式启闭，设计流量每秒 70 立方米。

晟溇 长 1420 米，河底宽 3.2 米，堤距 11.6 米，河底湖淞高程 2.5 米，修筑环湖大堤前溇口建有单孔水闸 1 座，跨径 3 米。木板闸门，人力启闭。可泄洪每秒 8.4 立方米，引水每秒 2 立方米。晟溇因修筑环湖大堤时实施调整，不直接通太湖。

宋溇 长 1150 米，河底宽 3.25 米，堤距 15.3 米，河底湖淞高程 2.05 米，溇口建有单孔水闸 1 座，跨径 4 米。水泥平板闸门，电动启闭。宋溇可泄洪每秒 11

立方米，引水每秒 2.3 立方米。宋溇闸 2015 年改建，闸孔规模 4 米，平板钢闸门，双吊点卷扬式启闭，设计流量每秒 16 立方米。

乔溇 长 1200 米，河底宽 3.25 米，堤距 15.2 米，河底湖淞高程 2 米，溇口建有单孔水闸 1 座，跨径 3.45 米。木板闸门，人力启闭。乔溇可泄洪每秒 10.5 立方米，引水每秒 2.3 立方米。乔溇闸 2015 年改建，闸孔规模 4 米，平板钢闸门，双吊点卷扬式启闭，设计流量每秒 16 立方米。

乔溇

胡溇 长 1350 米，河底宽 3.5 米，堤距 18.1 米，河底湖淞高程 1.15 米，溇口建有单孔水闸 1 座，跨径 3.15 米。木板闸门，人力启闭。胡溇可泄洪每秒 11 立方米，引水每秒 2.3 立方米。胡溇闸 2015 年改建，闸孔规模 4 米，平板钢闸门，双吊点卷扬式启闭，设计流量每秒 16 立方米。

3. 湖漾

漾本意指水动荡，水面上起波纹，湖州地区大多指小的湖泊湿地。漾的水域面积几十亩至上千亩大小不一，水深一般在 1～3 米，属于浅水湖泊，是横塘纵溇间的面积较大的水域，它们是太湖南岸重要的水柜与生态湿地。湖漾是平原水网的重要组成部分，它是天然的平原水库，可以调蓄水源，开发水利。大雨时滞洪抗涝句干旱时供水灌田，有利于农业生产的发展。由溇港横塘包围的湖漾共计 15 个，其中松溪漾、清墩漾、陆家漾等为比较大的漾，已进行景观整治和提升，以保护原有生态肌理和格局为主，形成一定规模的湿地公园向公众开放，而其余湖漾目前还依然保持着原生状态。平均每亩湖漾可调蓄洪水 1333 立方米，全镇湖漾共可调蓄洪水 370 万立方米。

松溪漾　松溪漾位于戴山五新村与织里联漾村之间，北为大环田自然村，西中港自然村，东为瑞祥兜自然村。南北最长为 1000 米，东西最宽为 800 米，呈不规则的多边形，周长接近 4 公里，有水面达 600 多亩，位于北横塘与南横塘之间，南北沟通起到调蓄作用。松溪漾周遭圩田宽众多，历史上松溪漾的面积应该更为宽广，是太湖南岸重要的天然生态湿地。

清墩漾　清墩漾位于原织里、太湖、轧村三乡交界处，主体部分位于现织里大港村范围内。清墩漾呈比较规则的长方形，东西长超过 1000 米，南北宽超过 500 米，周长 3500 米，有水面 800 多亩。位于北横塘与南横塘之间，南北沟通起到调蓄作用，是太湖南岸重要的天然生态湿地。

陆家漾　陆家漾在织里镇东北 9 公里陆家湾（原漾西镇驻地）南，古名"绿葭漾"，陆家湾的古名即称"绿葭湾"。陆家漾，周长 4.5 公里有水面 1300 多亩，近岸芦苇丛生，漾水清澈，碧波荡漾，风光旖旎。殖螃蟹与鱼类，因为水质好，螃蟹的味道甚是鲜美。陆家漾位于北横塘与南横塘之间，南北沟通起到调蓄作用，是太湖南岸重要的天然生态湿地。清代太湖营分防乌程县各汛，绿葭湾属伍浦汛六汛之一，驻有守兵。

三、溇港圩田体系

1.溇港圩田

溇港圩田系统形成于唐中后期至五代间，宋代，尤其是北宋政和至南宋期间臻以完善。在与水常年打交道的过程中，溇港先民规划水利，开凿横塘，疏浚溇港，化被动为主动，逐渐掌握了江河湖水流变化的规律，在大规模水利建设的基础上，渐渐地把泽田变成良田，实现治水与治田的结合，是人类利用和改造渍湖低湿洼地和变涂泥为沃土的一项独特创造。

溇港圩田是横塘纵楼棋盘式水网交错间形成的围垦农田。由于在洼地、湖滩、滨水低丘坡地上修筑的各类圩田所处位置高低不同，略有起伏。人们用四周高的地方种菜，中间地势较低的地方则种植水稻，再往低处作为养鱼的鱼塘。由于有些圩区规模小、堤岸单薄、易决堤，20 世纪 60 年代以后多次联圩并圩，扩大圩区规模，缩短防洪堤线，发展电力排灌，洪涝情况有所改善。至 80 年代，通过杭嘉湖圩区整治建设，提高好堤的防洪标准至 20 年一遇，排涝标准至 10 年一遇。

表2-2-1　2005年织里镇中格局圩区基本情况

单位：米、立方米/秒、千瓦

圩区名称	圩内田面高程（吴淞水位）		圩堤现状									1999年圩外历史最高水位	特征水位（吴淞水位）		设计洪水位	泵站（千瓦、座、立方米/秒）
	最低田面高程	最高田面高程	圩堤总长	其中结合桑地	平均堤顶高程	平均堤顶宽度	最低堤顶高程	最小堤顶宽度	外坡	内坡	主航道圩堤		警戒水位	危险水位		
乔溇胡东	3.5	3.8	1750	1650	5	4	5.1	3	1:2.5	1:2		4.97	3.5	4	4.6	10、1、0.12
乔溇胡溇西	3.5	3.8	4150	3800	5.6	4	5.1	3.5	1:2.5	1:2		4.97	3.5	4	4.6	21、1、0.387
乔溇乔西	3.5	3.8	2220	2220	5.7	7	5.2	6	1:2.5	1:2		4.97	3.5	4	4.6	11、1、0.207
乔溇朱溇	3.5	3.8	3050	3050	5.7	7	5.1	5.5	1:2.5	1:2		4.97	3.5	4	4.6	29.5、1、0.497
乔溇喇叭口	3.5	3.8	4550	4550	5.6	9	5	6.5	1:2	1:2		4.97	3.5	4	4.6	16.5、1、0.317
汤溇	3.5	3.8	5620	5620	6.2	10	5.5	5	1:1	1:2		4.97	3.5	4	4.6	25、1、0.387
汤溇张官桥	3.5	3.8	2590	2590	6	10	5.5	7	1:2.5	1:2		4.97	3.5	4	4.6	22、2、0.414
汤溇新浦	3.5	3.8	8830	8830	6	6	5.3	5	1:2	1:2		4.97	3.5	4	4.6	47、3、0.868
伍蒲祠堂港	3.5	3.8	4190	4190	6	10	5.2	7	1:2	1:2	170	4.97	3.5	4	4.6	37、2、0.647
朱溇钱家兜	3.3	3.8	5200	5200	6	7	5.3	5.5	1:2	1:2	1110	4.97	3.5	4	4.6	42.5、3、0.811
朱溇油车巨	3.5	3.8	4630	4130	6	6	5.1	4.5	1:2	1:2	1720	4.97	3.5	4	4.6	29.5、2、0.551
料堂湾青旱圩	3.3	3.8	3910	3910	6	7	5	4.5	1:2	1:2		4.97	3.5	4	4.6	18.5、1、0.344
料堂湾	3.3	3.8	8320	8320	5.8	5	5	3.5	1:2	1:2	3130	4.97	3.5	4	4.6	66.5、3、1.265
东阁兜	3.3	3.8	7850	7850	6	7	5	3.8	1:2	1:2		4.97	3.5	4	4.6	60.5、3、0.911
沈家兜地方兜黄泥坝	3.3	3.8	7500	7500	5.8	6	5.8	4.5	1:2.5	1:2	2390	4.97	3.5	4	4.6	43、3、0.801
沈家湾沈家湾	3.3	3.8	9350	9350	6	7	5.1	4.5	1:2	1:2	2960	4.97	3.5	4	4.6	43、2、0.791
杨家埭三家塘	3.3	3.8	4200	4200	5.6	7	5.2	4.8	1:2	1:2	1800	4.97	3.5	4	4.6	28.5、2、0.524
杨家埭董家甸	3.1	3.5	6690	6690	5.3	5	5.2	3.5	1:2	1:2	1900	4.97	3.5	4	4.6	34、3、0.634

（续）

圩区名称	圩内田面高程（吴淞水位）		圩堤现状									特征水位（吴淞水位）				泵站（千瓦、座、立方米/秒）
	最低田面高程	最高田面高程	圩堤总长	其中结合桑地	平均堤顶高程	平均堤顶宽度	最低堤顶高程	最小堤顶宽度	外坡	内坡	主航道圩堤	1999年圩外历史最高水位	警戒水位	危险水位	设计洪水位	
费家汇木头港	3.1	3.5	4620	4620	5.8	9	5.1	4.5	1:2.5	1:2	1410	4.97	3.5	4	4.6	21，1，0.387
木头港	3.1	3.5	4150	4150	5.8	10	5.2	4.8	1:2	1:2	430	4.97	3.5	4	4.6	47，2，0.881
木头港大港	3.2	3.6	3550	3550	5.8	10	5.3	5	1:2	1:2	1410	4.97	3.5	4	4.6	21，1，0.381
木头港南河	3.1	3.5	3320	3320	5.6	6	5.1	4.5	1:2	1:2	630	4.97	3.5	4	4.6	29.5，2，0.551
陈家圩、中兜邱家兜	3.1	3.4	17620	17620	5.3	5.4	5.1	4.5	1:0.5	1:0.75	3160	4.97	3.5	4	4.7	103.5，6，1.946
姚二水	3	3.5	8200	8200	5.3	6.2	5	4.5	1:0.5	1:0.75	1200	4.97	3.5	4	4.7	61，2，1.108
孟婆兜杨家埭	3.3	3.6	4300	4300	5.2	11.4	5	4.8	1:0.5	1:0.75	550	4.97	3.5	4	4.7	14，1，0.8
潘漾西	3	3.3	12400	12400	5.5	5.3	5.1	4.5	1:0.5	1:0.75	2200	4.97	3.5	4	4.7	72，4，1.08
齐家湾	3.2	3.4	5700	5700	5.3	4.8	5	3.5	1:0.5	1:0.75	1300	4.97	3.5	4	4.7	31，1，0.594
项祝兜杨家埭	3	3.3	4500	4500	5.3	9.3	5.1	4.5	1:0.5	1:0.75		4.97	3.5	4	4.7	27，1，0.36
郎香圩	2.8	3.3	10400	10400	5.3	4.8	5.2	4	1:0.5	1:0.75		4.97	3.5	4	4.7	47，2，0.82
邱家兜	3	3.4	2900	2900	5.5	4	5.1	3.3	1:0.5	1:0.75		4.97	3.5	4	4.7	
潘长桥	3.2	3.4	10260	10260	5.2	5.2	5	4	1:0.5	1:0.75	2100	4.97	3.5	4	4.7	41，2，0.801
轧村港东潘长桥	3	3.4	1300	1300	5.2	4.8	5	4	1:0.5	1:0.75	130	4.97	3.5	4	4.7	
杨家埭	2.8	3.2	3750	3750	5.2	11.4	5.1	5.2	1:0.5	1:0.75	200	4.97	3.5	4	4.7	14，1，0.18
文化兜杨家埭	3	3.4	1750	1750	5.2	5.2	5	3.5	1:0.5	1:0.75	500	4.97	3.5	4	4.7	11，1，0.18
香五圩杨家埭	3.2	3.4	1750	1750	5.3	7.4	5.1	4	1:0.5	1:0.75	1100	4.97	3.5	4	4.7	36，2，0.54
吴家兜阮南	3.2	3.4	5920	5920	5.1	10	5	4.8	1:0.5	1:0.75	1200	4.97	3.5	4	4.7	34，2，0.567

（续）

圩区名称	圩内田面高程（吴淞水位）		圩堤现状										特征水位（吴淞水位）			泵站（千瓦、座、立方米/秒）
	最低田面高程	最高田面高程	圩堤总长	其中结合桑地	平均堤顶高程	平均堤顶宽度	最低堤顶高程	最小堤顶宽度	外坡	内坡	主航道圩堤	1999年圩外历史最高水位	警戒水位	危险水位	设计洪水位	
王大山阮南	3.1	3.3	1620	1620	5.3	5	5.1	3.5	1:0.5	1:0.75	350	4.97	3.5	4	4.7	11、1、0.207
阮南	2.9	3.3	8400	8400	5.3	6.1	5.1	4.5	1:0.5	1:0.75	3150	4.97	3.5	4	4.7	51、3、0.927
罗兜港	3.2	3.4	11100	11100	5.3	6.1	5.1	4.8	1:0.5	1:0.75	3500	4.97	3.5	4	4.7	130、7、2.188
阮三圩罗兜湾	2.8	3.2	4950	4950	5.3	6	5	4.5	1:0.5	1:0.75	1000	4.97	3.5	4	4.7	25、1、0.487
清水兜阮三圩西圩	3	3.4	1200	1200	5.5	6	5	4.5	1:0.5	1:0.75	150	4.97	3.5	4	4.7	24、2、0.46
骥村罗兜湾	3	3.4	11050	11050	5.3	5.9	5	3.5	1:0.5	1:0.75		4.97	3.5	4	4.7	54、2、0.847
清沙兜真圩	3	3.4	9950	9950	5.3	6.2	5	3.8	1:0.5	1:0.75		4.97	3.5	4	4.7	72、3、1.08
伍浦伍浦东	3.3	3.6	8500	2270	5.5	4.8	5.1	3.5	1:0.5	1:1	600	4.97	3.5	4	4.7	36、2、0.694
伍浦伍浦中	3.4	3.6	4200	350	5.4	4.8	5.2	3.5	1:0.5	1:1	450	4.97	3.5	4	4.7	29、1、0.564
义皋伍浦西	3.4	3.6	4250	220	5.5	4.3	5.1	3.5	1:1.5	1:1.5	500	4.97	3.5	4	4.7	29.5、2、0.51
义皋	3.5	3.7	6800	1200	5.5	4.8	5	3.5	1:0.15	1:1.5		4.97	3.5	4	4.7	10、1、0.18
义皋义皋东	3.4	3.6	5620	1150	5	4.8	5	4.5	1:0.5	1:0.5	1120	4.97	3.5	4	4.7	59、3、0.908
庙兜、常乐西杨家埭	3.3	3.7	11040	6300	5.4	4	5.1	3	1:1	1:1.5	2200	4.97	3.5	4	4.7	102、5、1.929
漾湾乂谢	3.3	3.7	3250	210	5.5	6	5.2	3.8	1:0.5	1:1.5		4.97	3.5	4	4.7	7.5、1、0.137
漾湾	3.4	3.6	7650	1920	5.4	5	5.1	3.8	1:1	1:1.5		4.97	3.5	4	4.7	45、5、0.895

（续）

圩区名称	圩内田面高程（吴淞水位）		圩堤现状											特征水位（吴淞水位）			泵站（千瓦、座、立方米/秒）
	最低田面高程	最高田面高程	圩堤总长	其中结合桑地	平均堤顶高程	平均堤顶宽度	最低堤顶高程	最小堤顶宽度	外坡	内坡	主航道圩堤	1999年圩外历史最高水位	警戒水位	危险水位	设计洪水位	
杨娄	3.5	3.5	14990	1060	5.5	4.8	5	3.5	1:0.15	1:0.5	780	4.97	3.5	4	4.7	66.5、5、1.354
许娄北许汤	3.4	3.6	3610		5.5	4.9	5	3.2	1:0.15	1:0.5		4.97	3.5	4	4.7	7.5、1、0.137
许娄南许汤	3.4	3.6	2900	1100	5.5	6.5	5.1	3.8	1:1	1:1		4.97	3.5	4	4.7	5.5、1、0.11
许汤	3.4	3.8	13850	6250	5.5	4.8	5.2	3.2	1:0.5	1:0.5	1120	4.97	3.5	4	4.7	76、6、1.429
金蚕许	3.4	3.6	6200	910	5	4.8	5	3.2	1:0.5	1:1		4.97	3.5	4	4.7	32、3、0.591
金娄金蚕许	3.4	3.6	9200	1000	5.5	6.5	5.2	4.2	1:0.15	1:1	1500	4.97	3.5	4	4.7	37、2、0.701
蚕环田西金蚕许	3.4	3.6	1050	200	5.5	6	5.2	4.2	1:0.5	1:1.5	200	4.97	3.5	4	4.7	15、2、0.274
白桥潘娄东	3.4	3.6	3500	920	5.4	4.8	5.1	3.2	1:0.5	1:1	650	4.97	3.5	4	4.7	11、1、0.207
白桥潘娄西	3.4	3.6	5500	1700	5	5	5	3.5	1:0.5	1:1		4.97	3.5	4	4.7	22、1、0.414
白桥长家沙	3.4	3.6	4510	360	5.4	4.8	5.1	3.2	1:0.5	1:1		4.97	3.5	4	4.7	26、1、0.481
白桥白坝	3.3	3.5	3690	1110	5.4	6	5.1	3.2	1:0.5	1:1	1300	4.97	3.5	4	4.7	33、2、0.621
中港脚散圩	3.3	3.5	2000	550	5.7	4.8	5.1	3.5	1:0.5	1:1	480	4.97	3.5	4	4.7	11、1、0.207
中港脚三圩西	3.4	3.6	1200		5.7	7	5.2	5	1:0.5	1:1	350	4.97	3.5	4	4.7	7.5、1、0.137
白桥长板桥	3.4	3.6	7820	2070	5.6	6.5	5.2	4.2	1:0.15	1:0.5	420	4.97	3.5	4	4.7	33、2、0.621

（续）

圩区名称	圩内田面高程（吴淞水位）		圩堤现状										特征水位（吴淞水位）				泵站（千瓦、座、立方米/秒）
	最低田面高程	最高田面高程	圩堤总长	其中结合柴地	平均堤顶高程	平均堤顶宽度	最低堤顶高程	最小堤顶宽度	外坡	内坡	主航道圩堤	1999年圩外历史最高水位	警戒水位	危险水位	设计洪水位	
欣四圩东严	3.4	3.6	4250	3450	5.4	6	5	4	1:0.5	1:1		4.97	3.5	4	4.7	7.5、1、0.137
东严	3.4	3.6	7190	350	5.4	6	5.1	3.5	1:0.5	1:1	780	4.97	3.5	4	4.7	57、5、1.075
肖五圩东严	3.4	3.6	2650	1600	6	6	5	3.5	1:1	1:1		4.97	3.5	4	4.7	5.5、1、0.11
东塘田五圩	3.4	3.6	4500	110	6.5	7.5	5.1	3.8	1:0.5	1:0.5		4.97	3.5	4	4.7	11、1、0.207
长其圩五圩	3.4	3.6	1880	420	5.5	4.7	5.1	3.2	1:0.5	1:0.5		4.97	3.5	4	4.7	7.5、1、0.137
五圩	3.4	3.6	5200	2100	5.5	4.8	5	3.1	1:0.5	1:0.5		4.97	3.5	4	4.7	33、2、0.621
利四圩五圩	3.4	3.6	6100	3850	5.5	4.9	5.1	3.5	1:0.15	1:1.5		4.97	3.5	4	4.7	21、1、0.387
诸溇沈溇西	3.4	3.6	1000		5.5	4.5	5.2	3.8	1:0.5	1:0.5		4.97	3.5	4	4.7	14、1、0.28
诸溇肖圩	3.4	3.6	1800	420	5.5	7.5	5.1	4.2	1:0.5	1:0.5		4.97	3.5	4	4.7	7.5、1、0.137
诸溇	3.4	3.6	3250	1220	5.5	6	5.2	4	1:0.5	1:1		4.97	3.5	4	4.7	18.5、2、0.344
李家坝白地段	3.4	3.7	2900	1400	5.3	6.5	5.2	4.2	1:0.5	1:1.5	650	4.96	3.5	4	4.8	22、2、0.414
李家坝仁堂圩、神堂圩	3.4	3.7	4050	800	5.3	4.5	5.2	3.2	1:0.5	1:1.5	600	4.96	3.5	4	4.8	29.5、3、0.551
李家坝、钱家湾	3.1	3.5	14150	2250	5.2	5.3	5.1	4	1:0.5	1:1.5	1400	4.96	3.5	4	4.8	117、6、2.123

（续）

圩区名称	圩内田面高程（吴淞水位）		圩堤现状									特征水位（吴淞水位）				泵站（千瓦、座、立方米/秒）
	最低田面高程	最高田面高程	圩堤总长	其中结合桑地	平均堤顶高程	平均堤顶宽度	最低堤顶高程	最小堤顶宽度	外坡	内坡	主航道圩堤	1999年圩外历史最高水位	警戒水位	危险水位	设计洪水位	
清水兜甲造河	3.2	3.5	3000	200	5.2	4.8	5	3.2	1:0.5	1:1.5	900	4.96	3.5	4	4.8	29.5、1、0.564
清水兜王田兜	3.2	3.5	4450	100	5.3	4.8	5.2	3.5	1:0.5	1:1.5		4.96	3.5	4	4.8	37、2、0.688
珍珠桥麻坊兜	3.2	3.7	3420	1430	5.3	10.4	5.2	6.2	1:0.5	1:1.5		4.96	3.5	4	4.8	11、1、0.207
珍珠桥大潘兜	3.3	3.5	7600	1500	5.2	6.5	5.1	3.5	1:0.5	1:1.5	1300	4.96	3.5	4	4.8	62.5、4、0.185
珍珠桥	3.1	3.5	8320	350	5.1	7.5	5	4.2	1:0.5	1:1.5		4.96	3.5	4	4.8	70、5、1.322
珍珠桥国华	3.1	3.5	7250	200	5.15	4.8	5	3	1:0.5	1:1.5	1000	4.96	3.5	4	4.8	48、3、0.908
清水兜大漾其	3.3	3.5	4200	200	5.1	5	5	3.5	1:0.5	1:1.5		4.96	3.5	4	4.8	29.5、2、0.551
沈家漾	3.2	3.7	26030	1100	5.2	5.5	5.1	3.8	1:0.5	1:1.5	2050	4.96	3.5	4	4.8	205、13、3.805
清水兜后降	3.2	3.6	5650		5.1	5.6	5	3.5	1:0.5	1:1.5	2800	4.96	3.5	4	4.8	40.5、2、0.751
清水兜	3.2	3.5	9050	250	5.1	5.7	5	3.5	1:0.5	1:1.5	1500	4.96	3.5	4	4.8	44、2、0.828
蚕田圩沈家漾	3.4	3.6	1400		5.1	5	5	3.5	1:0.5	1:1.5	300	4.96	3.5	4	4.8	5.5、1、0.11
中港郑港	3.1	3.6	47420	25600	5.2	8	5	4	1:0.5	1:1.5	5500	4.96	3.5	4	4.8	305、15、5.977
织里	3.1	3.5	16400	300	5.2	7.5	5	4.2	1:0.5	1:1.5	5900	4.96	3.5	4	4.8	101.5、4、1.89
徐鸣田中港	3.3	3.5	1020	200	5.2	9.5	5	4.5	1:0.5	1:1.5		4.96	3.5	4	4.8	8、1、0.16

圩区名称	圩内田面高程（吴淞水位）		圩堤现状										1999年圩外历史最高水位	特征水位（吴淞水位）			泵站（千瓦、座、立方米/秒）
	最低田面高程	最高田面高程	圩堤总长	其中结合桑地	平均堤顶高程	平均堤顶宽度	最低堤顶高程	最小堤顶宽度	外坡	内坡	主航道圩堤			警戒水位	危险水位	设计洪水位	
蟹大庙清水兜	3	3.4	17830	12410	5.2	6	5	3.5	1:0.5	1:1.5	2520		3.7	4.2	4.8	106.5、5、2.0
东兜清水兜	2.9	3.4	8300	6810	5.15	6	5.1	3.8	1:0.5	1:1.5		4.96	3.7	4.2	4.8	58、3、0.9
旧舍官清水兜	3	3.3	8770	6720	5.2	6	5.2	4	1:0.5	1:1.5	1270	4.96	3.7	4.2	4.8	66、3、1.242
西村织里	3.1	3.3	2620	2.506	5.2	5	5.1	3.8	1:0.5	1:1.5	390	4.96	3.7	4.2	4.8	22、1、0.44
云村织里	2.8	3.3	5930	4230	5.1	5	5	3.5	1:0.5	1:1.5		4.96	3.7	4.2	4.8	44、2、0.88
晟舍织里	3	3.4	5660	2420	5.1	5	5.2	4	1:0.5	1:1.5	890	4.96	3.7	4.2	4.8	22、1、0.44
井四圩织里	3.1	3.3	1410	340	5.1	5	5.1	3.5	1:0.5	1:1.5		4.96	3.7	4.2	4.8	13、1、0.22
朱湾织里	3	3.4	9990	7540	5.15	6	5	3.8	1:0.5	1:1.5		4.96	3.7	4.2	4.8	67.5、4、1.33
白鹤兜下河联	3	3.4	4520	2900	5.15	7.5	5.1	4.2	1:0.5	1:1.5	980	4.96	3.7	4.2	4.8	22、1、0.22
陶家湾下河联	3	3.5	13600	10450	5.2	7.8	5.2	4.2	1:0.5	1:1.5	900	4.96	3.7	4.2	4.8	95.5、4、1.806
秦官联下河联	3	3.4	12500	9340	5.3	6.5	5	4	1:0.5	1:1.5		4.96	3.7	4.2	4.8	79、4、1.502
下河联	3	3.4	11070	8010	5.15	5.5	5.1	3.5	1:0.5	1:1.5	1840	4.96	3.7	4.2	4.8	118、5、2.243
西东兜下河联	3	3.4	5090	3540	5.15	4.5	5.1	3.8	1:0.5	1:1.5	600	4.96	3.7	4.2	4.8	29.5、1、0.564
汤旧圩、下庄下河联	3	3.5	7030	6300	5.15	5.6	5	4	1:0.5	1:1.5	2630	4.96	3.7	4.2	4.8	58、4、1.075
织里镇合计																4412、256、80.28

2.管理体系

由于溇港圩田由众多横塘纵溇组成，是一个人工集合的产物，管理与维护对于溇港的正常运转相当重要，故历朝历代都有促进溇港圩田建设和管理的方法。唐代设都水监、营田使，颁布《水部式》主管太湖流域水利营田事业；晚唐吴越钱镠设都水营田司和"撩浅军"制度；北宋王安石颁布《农田水利法》；明洪武年间乌程、长兴建立溇港管理修浚制度；清同治十一年湖州府制定《溇港岁修章程十条》；新中国成立后建立水利管理机构，并制定水利工程管理制度，进行溇港地区水利的管理。这些方法与制度促使着溇港发挥它的功能，使生活在这片土地上的人们更好地享受其带来的功用与效益。

3.技术体系

溇港的挖掘与建造反映了古时人们的治水思想以及利用水资源的办法和技术手段，治水思想和管理制度的发展直接影响着溇港的形成。溇港的主要治水思想有"急流缓受""竹木透水围篱""修圩、浚河、置闸，三者如鼎足，缺一不可""深浚河浦，干支并举"等，作为太湖流域灌溉排水利用的典范，科学价值是其独特性表现最重要的地方。

溇港遗产的科学价值首先体现在溇港圩田系统顺应自然、布局合理。以自然圩和独立墩岛为基础，因势筑圩，逐一建成，保持了河道的连续性，体现了尊重自然、顺应自然的规划理念。既未破坏原有的河网水系，也少占用原有河湖水域，不妨碍行洪与调蓄，抗灾应变能力相对较强。通过纵溇通湖、横塘分水、湖漾蓄水调节和涵闸斗控制，使得高低圩田都排灌得宜，涝时便于疏干积水，排水入湖，旱时则从太湖引水灌渠。在滨湖低洼之处，则筑圩围田，并开挖溇塘作为排水通道；在地势高仰的坡地，挖塘蓄水，用于灌溉。溇港的开凿、维护，与土地整治、农桑的发展相互促进，形成了相对独立的桑基圩堤，圩内形成了独立的灌排体系和农业生产体系。溇港、横塘与圩堤、农田、桑林、鱼塘、湖漾之间的良性互动，造就了区域特有的河湖连通生态体系。溇港工程为水资源利用方式、工程规划与技术发展做出了贡献，蓄水和水量调节工程具有独特性和可持续性。

其次，溇港的治水、治田技术是其科学性的又一重要体现。溇港圩田技术在修筑管理上不断积累了许多经验，不断继承与优化，即使在今天仍然适用。在洼地、湖滩、滨水低丘坡地上修筑各类圩田，根据地形高低，采取分区控制或加筑小圩的办法，实行高低分治。为防止洪涝渍旱和节约用水，就要求圩田排灌分系，沟渠配套，真正做到放得进，排得出，降得低。圩内的排灌系统，渠与排水沟保持一定距离，排灌分开，沟要汇入干沟，并保证畅通；塘岸之上有路，中间的干渠可以行船。为防溇塘淤泥积涨，吴兴大钱港以东溇港入湖口门朝向东北，建闸节制，并规定"重阳关闸，清明开闸"，每年清明开闸借助汛期洪水，顺轨疾趋下冲。为解决湖沼泽垒堤筑圩取土困难的问题，则将浚溇港之泥，培筑圩岸，既解决了筑圩的土料，又可以圩固疏河，一举两得。

在长期的历史过程中，形成了溇港完备、有效的水利工程体系和管理机制。根据太湖风浪的特点设置溇港口门，通过口门的朝向、大小节制水量，并均设有汛所专门管理。溇港区域还有水情观测和日常养护制度，以确保圩堤安全，严防水冲浪蚀。太湖溇港具有政府督导、民间自治结合的管理机制，并通过溇港疏浚、防汛报汛等管理制度将治水治田、防洪排涝结合起来，形成了以溇港为核心的区域水利社会管理体系。溇港灌溉工程管理，尤其是疏浚工程，具有官民协同管理特点，是可持续运营管理的典范。五代吴越设置专业撩浅组织"撩浅军"，宋代已有比较完备的管理制度，明清时期管理制度更加系统，对人员配备、闸门启闭、岁修制度都有详细的规定。历史上遗留下来的碑刻碑文记载了溇港的发展历程，世代相传的用水制度变化，传承着溇港特有的管理文化。

4.生态体系

在太湖未筑堤之前，由于太湖水域季节性、年际性较大差异，形成了旱涝交替的广大湖涂区域。古代劳动人民通过筑太湖堤、修横塘、开溇港、治圩田，逐步形成了具有挡水、排涝、行洪、垦殖、航运等功能的水利体系，造就了顺应自然、改造自然的和谐环境，体现了古代劳动人民治水、用水的智慧。织里滨湖溇港位于太湖上游，是太湖上游最重要的生态屏障。东西苕溪、环湖河道等通过入湖溇港与太湖连通，溇港区域则属于内陆水体生态系统和陆地生态系统之间的界面区，生物多样性丰富。纵横溇港通过过滤、渗透、吸收、滞留和转化等作用能够减少或消除进入地表及地下水中的污染物，减少污染物向水体中的输入，从而有效改善太湖入湖水质，是太湖上游地区重要的生态缓冲带。此外，水陆交错缓冲带还具有保护生物多样性、提高土壤生产力、保护河岸、创造安全环境、提高视觉效果、创造休闲游憩场所等作用。太湖溇港在特定的自然环境下，通过水利工程措施，完善了区域环境，形成了独特的圩田水网生态环境。利用众多湖漾、溇港和横塘纵溇的独特格局，急流缓受、级级调蓄，有利于扩散山洪激流、增加排洪能力，从而较好地解决了汛期苕溪等山溪性河道源短流急、暴涨暴落的问题，并且有效疏解了地势低洼的滨湖平原洪涝渍水不易疏干和旱季引水的困难。横塘纵溇的农田水利系统也有力地催生和促成了桑基鱼塘、桑基圩田的形成和发育，这种利用开筑横塘纵溇和浚河取出的土方修筑堤防种植桑树，桑叶养蚕，蚕粪肥泥，肥泥培桑的农田水利系统和营田方式为桑基圩田和桑基鱼塘的健康发育奠定了坚实的基础，成为符合循环经济理念和享誉中外的良性生态循环系统的典范。

溇港圩田以水网湖漾湿地为基础的基本生态安全格局基本保存完整，构成了连绵的湖漾湿地系统。这些湖漾湿地在抵御洪水、调节径流，改善气候、美化环境和维护区域生态平衡等方面有其他系统所不能替代的作用。溇港圩田内的清墩漾、陆家漾等十多处大小湖漾，连同溇港水系、水塘稻田共同构成了区域类型丰富的湿地链系统，是溇港区域生态安全格局的核心基础，在整个太湖流域范围内，无论规模、类型及生态价值都具有非常高的地位和无可替代的价值。

5.溇港文化

溇港遗产的文化是在历史发展过程中不断形成的物质文化和非物质文化的总和。太湖溇港是区域人口增加，人水矛盾发展中出现的水利工程类型，它的形成和发展阐释了水利在协调人水矛盾中的社会功能。溇港见证了区域自然变迁和社会人文史，为春秋战国时期吴越争霸、江南运河开凿与经营，晋、唐、宋三次人口大转移和北宋塘浦圩田解体，以及南北方经济、文化交流等历史重要事件提供了特殊见证，历史文化内涵丰富。溇港的水文化蕴含独特的地域性和独创性，是中国古代治水文化的一部分，反映出古时的哲学观、思想观、文化观，具有丰富的研究价值。

以溇港圩田为基础的水利农耕环境是传统太湖农渔文化传承的重要土壤，具有重大的文化意义。发达的农业生产、富庶的物产、秀美温润的自然环境，依水而居的乡村地带，孕育了光辉灿烂的太湖乡村耕读文化。美丽的鱼米之乡诞生了繁荣发达的文化教育，如史上著名的"湖学""雕版套印"等，都是当地最重要的文化遗产之一："七夕青苗会"，祭雨祀晴，唱车水号子，太湖渔谣，太湖渔歌，渔家船学、祭祀神歌等民风民俗，具有独特的文化魅力，都是重要的非物质文化遗产。溇港圩田系统至今仍发挥作用，是湖州历史文化名城的重要组成部分。

　　溇港是太湖平原与水利工程共同营造的自然与文化景观，与运河水运系统和城乡聚落融为一体，具有极高的经济、科学、社会、生态和美学价值。溇港遗产地除了丰富的农业景观、水利景观之外，还有丰富的历史文化、人文景观、生态景观资源，这些资源均有其独特性，完全能够给旅游者不一样的新鲜体验，能够满足旅游者的需求。溇港遗产资源有其独特的旅游价值，溇港、堤防、涵闸、斗门、驳岸、埠头、圩田、古桥、古庙等要素都是旅游开发的重要资源。

第四节　五水共治

一、重点项目

　　2013 年 11 月 29 日，浙江省委十三届四次全会作出了"治污水、防洪水、排涝水、保供水、抓节水"的"五水共治"决定。织里镇先后出台《关于全面深化落实河长制进一步加强治水工作的实施意见》《织里镇"河长制"工作实施方案（2017—2020 年）》，深入推进"五水共治"。2015 年全镇实施百个治水重点项目，推进"十大难点"攻坚项目，共投入资金 5 亿多元。完成利济文化公园建设，对义皋、庙兜等村河道实行生态化整治和堤岸加固。完成 4 个行政村 1933 户农村生活污水治理，农户受益率达到 80% 以上。对禁养区内畜禽养殖场实行关停，对非禁养区内畜禽养殖场进行治理。关停直排印花企业，实施漾西及轧村城市污水管网、织里城区污水管网工程、织东平台污水管网工程、织里城区雨污分流工程等建设。建设农村片区标准化机埠。加大河道清淤力度，以南横塘等河湖漾为重点，完成清淤 50 公里。

二、河长制

1.人员配备

　　2015 年开始对全镇 504 条 322.32 公里河道实行四级"河长制"，落实"一河一长"责任机制。建立老党员、老干部义务巡查监督体系，全镇河道巡查监督全覆盖。将行政村范围内河道保洁纳入村庄环境长效管理范畴，统一实施长效保洁与管理。对主要外港河道和重点湖漾，采用委托专业公司、专业保洁人员分段包干保洁的市场化模式。实施"生物+生态"的治水方法，通过种植水生植物和养殖鱼蟹等治水方法，逐步恢复水体生态系统的自净功能，实现生态治水。根据

打捞水葫芦

河道等级，建立市、区、镇、村四级河长制度，所有河道都配备镇级河长或村级河长。全镇总河长由镇党委书记和镇长担任，镇党委、人大、政府、政协等领导班子成员及机关工作人员担任镇级河长，村组织负责人、其他村干部担任村级河长。每条河道并确定具体的联系人，协助各级河长负责日常工作。实施河道警长配置，实现河道警长与河长全配套、河道河段全覆盖。完善河道保洁员配备，建立健全河道巡查员、网格员体系。推行小微水体民间河长"认养制"。镇本级（划归高新的 12 个村区除外）区域共有 34 个行政村，设 6 条市区级河道，25 条镇级河以及 431 条村级河道。

2.部门分工

镇党委、镇政府负责指导监督河道水环境治理项目前期工作，对需区级立项的重点难点河道的水环境治理项目进行指导协调，并负责项目审批，确定落后产能淘汰目录，健全落后产能退出机制，推进工业园区、企业清洁生产审核和绿色企业创建；镇河长制办公室统筹协调全镇河长制工作，负责镇级河长制组织实施的具体工作，制定河长制工作有关制度，监督河长制各项任务的落实，组织开展各级河长制考核。河长制办公室实行集中办公，定期召开成员单位联席会议，研究解决重大问题；镇财政局负责指导河道水环境治理的资金筹集和管理，协调落实"河长制"镇级相关资金政策，监督资金使用情况；镇国土资源局负责指导监督河道管理范围内土地资源的合理开发、利用，负责对涉河违规建筑的联合查处工作；镇城建办负责指导监督城镇污水处理厂管网、排水设施建设相关工作，监督垃圾无害化处置相关工作，做好直管范围内河道的管养工作；镇农业办负责指导监督实施"万里清水河道"建设，河道整治工程建设和管理，农村河道清理和保洁等工作，指导监督新农村建设相关工作，指导开展农村生活污水治理，指导监督养殖动物尸体的无害化处理，监督各单位无害化处理设施建设，指导和监督农村面源污染的防治、河道内生态养殖，打击违规渔业行为和捕鱼行为，指导监督河道边绿化等水土涵养工作，配合制定河道环境、绿化考核标准；镇环保分局负责指导监督环境污染防治工作，负责工业污染源执法监管，负责水质监测评价和考核；镇行政执法分局负责城市河道、湖泊管理范围内随意倾倒垃圾、渣土，对妨碍行洪的建筑物和构筑物等违法行为进行查处。

3.河长巡查

将水域巡查作为各级河长特别是乡级、村级河长履职的重要内容，加大对责任河道的巡查力度和频次。组织发动河道保洁员、巡查员、网格员以及志愿者开展巡查，确保主要河道每天有人巡，入河排放口每天有人查。注重宣传引导，带动沿河百姓养成良好的生活习惯。建立巡查日志制度，各级河长及巡查人按规定记录巡查情况，发现问题及时处理和报告，做到问题早发现、早报告、早处置。建立河长工作动态交接制度，河长人事变动后，在7个工作日内完成新老河长的工作交接，并做好交接记录。落实督导制度，上级河长定期牵头组织对下一级河长和同级河长制工作相关单位的督查指导，发现问题及时发出整改督办单或约谈

河道保洁

相关负责人，确保整改到位。落实河长会议制度，镇级河长定期召开工作例会，研究制定河湖治理措施，协调解决工作中的问题。实施河长报告制度，各级河长每年向镇总河长述职，报告河长制落实工作。落实河长培训制度，镇级河长办每年组织 4 次以上河长培训，提高各级河长特别是基层河长履职能力。

4.河长制智慧管理

建立镇、村二级河长制管理信息化平台功能，健全信息查询、河长巡河轨迹、现场照片上传、信访举报、政务公开、公众参与等功能，对河长履职情况实行网上监察、电子化考核，提高河长制信息化管理水平。镇、村级河长建立河长微信等联络群，提高河长履职实效。

5.河长制常态化督查考核

建立镇、村、部门联动的河长制督查体系，实行专项督查与综合督查相结合，镇级督查与部门督查结合，人大、政协监督与媒体社会监督相结合，将河长制落实、河长履职情况作为日常治水督查的重要内容，组织开展河长制落实情况专项督查。镇人大通过执法检查、专题审议、专题协商等形式，对落实河长制工作的监督。建立健全河湖管理保护监督考核和责任追究制度，河长制落实情况纳入镇对村的年度综合考核体系，并与绩效考核奖惩挂钩。制定河长履职工作考核办法，实现河长考核全覆盖。根据存在的主要问题，实行差异化绩效评价考核，将河长履职考核情况列为村干部年度考核的内容，作为村干部综合考核评价的重要依据。对成绩突出、成效明显的，予以表扬。对工作不力、考核不合格的，进行行政约谈或通报批评。对因未按规定对责任河湖进行巡查或巡查中发现问题不处理或不及时处理等履职不到位、失职渎职，导致发生重大涉水事故的，依法依纪追究河长责任。对垃圾河、黑臭河、劣Ⅴ类水质断面严重反弹或造成严重水生态环境损害的，严格追究责任。

三、治水专项行动

1.养殖尾水治理

2018 年年初开始，对渔业养殖尾水进行生态化治理。治理设施主要通过沉淀、曝气、两条过滤坝，以及种植水生植物进行生态化治理，实现达标排放。2018 年完成 16 802 亩，设终端 117 处，终端设施面积 1876 亩。2019 年治理5782 亩，设终端 75 处，终端设施面 405 亩。至 2019 年底，全镇 14 个村所有养殖尾水全部进行生态化治理，其余村实行退养还耕 7300 亩。

2.农村生活污水治理

2014 年开始，实施农村生活污水治理工程。工程通过管道，将农户的厨房污水、厕所污水、洗涤污水接入到终端处理系统。通过 PKA 人工湿地处理系统，或厌氧、缺氧、好氧加人工湿地处理系统等工艺模式进行处理，按照浙江省农村生活污水排放标准达标排放。2014 年全镇 7 个行政村、62 个自然村、1618 户农户完成治理，2015 年完成行政村 4 个、自然村 65 个、农户 1903 户。两年累计埋设管道 16.5 万米，安装化粪池 3533 个，建成终端设施 178 个。2016 年治理行政村 4 个，新增受益农户 575 户。到 2018 年止，累计有 15 个村、4498 户农户纳入管理。农村生活污水设施建成后，落实运维管理。从 2015 年 12 月开始，逐步移交第三方管理，到 2019 年 12 月止，共有日处理量 1378 吨的 191 个终端，4096 户纳管农户由专业运营公司维护管理。

3.河道长效保洁

2005 年开始对河道进行保洁，主要是打捞水草、垃圾等漂浮物。2018 年镇财政对各村的河道每年每公里补助 1 万元，湖漾每亩每年 300 元。各村均成立专业保洁队伍，用船只进行打捞，全镇共有打捞船 69 条，每天巡回打捞一次。镇里进行定期和不定期检查，每月发出督查通报，其中对每个办事处评出最美河道和最差河道各一条。

4.清理河道网簖

2018 年 5 月 5 日至 8 日，开展辖区内河道网簖集中清理行动，对南横塘、北横塘、陆家漾等 3 个水域进行集中整治，共清理网簖 300 余条，出动人员 50 人

清理网簖

次，清理后的网簖由镇农业农村办统一销毁。6月开始不定期对区域内网簖、地笼进行清理。到2019年12月止，累计开展行动20余次，出动200多人次，清理网簖1100余条，收缴电捕鱼装备50余套。

5.打通断头河

2016年开始，启动断头河打通工作。2017年下半年，东兜港、染店港、云村河三条断头河动工，长度2.478公里，开挖土方48 532立方米，2019年10月竣工。到2019年12月止，累计开挖断头河7条共3.378公里，开挖土方69 200立方米。

6.太湖边收割芦苇

冬天收割芦苇有利于次年芦苇生长，2017年冬天，对太湖边的芦苇由所辖的行政村负责收割。义皋村收割2000米，伍浦村收割2000米，乔娄村收割2200米，汤溇村收割3500米，合计9700米。2018年至2019年，每年对辖区内太湖边的芦苇收割一次。

7.利济圩区建设

项目东临幻溇港，南至荻塘，西以罗溇港为界，北靠南横塘，圩区总面积20.34平方公里，合3.05万亩（其中织里镇2.60万亩、八里店镇0.45万亩）。利济圩区整治工程由堤防、闸站、水闸及水系沟通等建筑物组成。圩区属小型工程，工程等别为IV等，堤防、闸站、泵站等主要建筑物级别为4级，其他次要建筑物级别为5级，临时建筑物级别为5级。设计防洪标准采用20年一遇，相应洪水位3.15米。校核防洪标准采用50年一遇，相应洪水位3.25米。排涝标准10年一遇24小时暴雨不成涝。圩区新建防洪堤总长5.738公里，其中新建防浪墙2.857公里，满足设计防洪要求段堤防（318国道部分地段）2.881公里。新建防浪墙采用1.10米高C25钢筋混凝土防浪墙，墙顶高程（黄海高程）4.10米，顶宽0.25米。圩区东、西两侧防浪堤属太嘉河工程及环湖河道工程，北侧是南横塘由太嘉河后续工程代建。圩区通过排涝计算，增设外排流量每秒8.32立方米，共布置了2座闸站，总装机330千瓦，闸孔总净宽14米。彩纷闸站为防洪、排涝兼具的闸站工程。工程规模为闸门净宽7米，采用底横轴翻板钢闸门，闸门高度3.50米，启闭设备采用液压式启闭机。闸站配2台单向潜水贯流泵，总装机220千瓦。配套315千伏安变压器及160千伏安变压器，高压线长200米，低压线长50米，配电房50平方米。东舍头闸站工程为防洪、排涝兼具的闸站工程。

闸室净宽 7 米，闸门采用钢闸门，闸门高度 3.90 米，启闭设备采用双吊点卷扬式启闭机 125 千牛顿（kN），闸站配 2 台轴流泵，总装机 110 千瓦。配套 160 千伏安变压器，高压线长 150 米，低压线长 100 米。新建水闸 2 座，闸孔总净宽 14 米。富民水闸工程为防洪节制闸工程。工程规模为闸门净宽 7.0 米，采用底横轴翻板钢闸门，闸门高度 3.5 米，启闭设备采用液压式启闭机。佛仙水闸为防洪节制闸工程。闸室净宽 7 米，闸门采用平面定轮式钢闸门，闸门高度 3.9 米，启闭设备采用双吊点卷扬式启闭机。新建涵闸 2 座。小浒涵闸为防洪节制闸工程。工程规模为闸室净宽 2.0 米，闸门采用铸铁闸门，启闭设备采用螺杆启闭机。霞庄涵闸为防洪节制闸工程、闸室净宽 2.0 米，闸门采用铸铁闸门，启闭设备采用螺杆启闭机。沟通水系 866 米，包括长荡田圩港、施家港、施家港汊至南港汊港和观音桥港汊港共 4 条。工程为开挖河道，两岸设仿木桩护岸，桩前抛石护脚，护岸后种植绿化。河道设计底高程（黄海高程）为 -0.50 米，河道底宽根据现状确定，新开挖河道底宽不小于 5 米，开挖边坡为 1:2.5，护岸采用直径 20 厘米、长 2 米的 C25 钢筋混凝土仿木桩护岸。桩前设抛石护脚，桩后留 1 米平台，平台高程（黄海高程）1.50 米，平台以上以 1:2 边坡接至现状地面，坡面撒播草籽并布置绿化设施。投资 2494.39 万元，施工合同价为 1631.57 万元，开工日期为 2018 年 5 月 18 日，完工日期为 2019 年 12 月 9 日。

8. 砌石护岸和生态护岸

2004 年开始，对薄弱河岸应急加固，砌石护岸。2016 年，实施生态挡土墙建设，用生态砌块、松林桩、生态袋等材料进行河道边坡综合整治。同年有 9 个村的 23 条河道 18.06 公里实行生态护岸。2017 年，14 个村 44 条河道 31.173 公里建设生态护岸。2018 年，9 个村 38 条河道 18.625 公里实行生态护岸。2019 年，5 个村 28 条河道 7.44 公里建设生态护岸。

9. 河道生态修复

2018 年 6 月，在劣质水体实施生态修复工程，主要是在河面上放置生态浮岛，辅以动植物的投放及在两岸种植水生植物。同时放置提水式曝气机，对于小微水体，采用水中增氧、种植水生植物、建生态护岸等措施，进行水生态修复。至 2019 年 12 月止，全镇 56 个河段生态修复工作全面完成，放置生态浮岛 150 多处、增氧设备 70 多处。

10.小微水体整治

2017 年 2 月开始开展剿灭劣Ⅴ类小微水体攻坚行动，3 月份完成全面排查，全镇共排查出小微水体 683 个，其中区治挂号 227 个。4 月份进行整治，主要通过清淤、种植水生植物、打松木桩等生态护岸，或安装曝气机进行治理。同年 9 月 30 日全部完成，10 月通过省、市验收。

11.打捞蓝藻

2018 年上半年开始在河道打捞蓝藻，以村为单位进行，在 9 条溇港设置蓝藻拦截坝，各村出动 50 只打捞船人工打捞。同年 8 月，镇里购置 4 艘蓝藻打捞船，其中全自动蓝藻打捞船 2 艘。2019 年进入常态化管理。

12.河道清淤

2006 开始，实施第一轮河道清淤，对全镇 34 个村所有河道（430 条 310 公里）全部清淤，清理水下淤泥约 620 万立方米，以水上吊机为主，将淤泥直接用于加固圩堤，实施清淤和加固加高外圩堤结合。2013 年实施第二轮河道清淤，内港、兜浜主要以泥将泵清理，管道输送。2017 开始进入常态化管理，同年有 15 个行政村清理河道 39.25 公里，清理水下淤泥 46.91 立方米。2018 年对 7 个村 17.67 公里进行清淤，清理水下淤泥 19.73 万立方米。2019 年 5 个村 30.51 公里河道进行清淤，清理水下淤泥 23.80 万立方米。

表 2-2-2　2019 年镇级河长一览

行政村	河道名称	河道编号	河道起止点	河道长度（米）	镇级河长	村级河长	河道警长	人大、政协监督员
大河村	陶家湾	04451005	曹家兜—陶家湾	591	唐晖	方萍	陶维富	郁林强
	桥下港	04451006	桥下—蒋家漾	550	蒋锦荣	王忠忠	张翼	沈建民
	姚家田河	04451009	南横塘—栋梁路	3437	黄栩	陶忠明	倪建芳	吴金海
	荡田圩港	04451014	南荡田圩—大河漾	1510	潘新林	曹桂凤	凌云	邱金元
东兜村	天香河	04451012	大港路—浒井港	578	沈滨	郑利群	蒋聪	杨建平
河西村	万谦河	04451019	阿祥路—盘殊漾	2278	潘斌松	杨建中	吴斌会	侯国民
	盘殊河	04451021	盘殊公园—荻塘	1403	何良	陈新华	欧阳敏	陈慧
	长湖申线	04451429	五一大桥—南浔界	23100	毛铭	杨建中	周斌	侯国民
旧馆村	长河港	04451023	乌西兜村级公路口—乌西兜机埠	457	臧健	丁小强	于辉	李金贵
潘塘桥村	盛家桥门前港	04451025	草囤漾汊口—盛家桥	1675	汪泽辉	潘利峰	张国兴	陶建琴

(续)

行政村	河道名称	河道编号	河道起止点	河道长度（米）	镇级河长	村级河长	河道警长	人大、政协监督员
秦家港村	秦家港	04451003	澄海公园—万谦河	1106	周兴强	陈小峰	钟小丰	叶文东
清水兜村	幻溇港	04451426	戈行桥—太湖	10600	薄国欣	周新根	姜建强	陈华姣
晟舍村	秀才港	04451007	318国道—珍贝路	1451	周郑洁	张念祖	倪建芳	濮新泉
汤溇村	汤溇港	04451427	南浔祜村界—太湖口	8100	张力	顾坤林	蒋华	李新根
王母兜村	王母北兜港	04451004	桥北口—东尼路	507	黄栩	徐建华	罗佳斌	潘月宝
伍浦村	濮溇港	04451428	范村桥—太湖	9300	费一鸣	宋陆淋	赵爱伟	沈建芳
晓河村	环桥港	04451015	晓河—环桥东	380	史宁慧	王金春	李吉强	邱淦新
	福晋桥港	04451024	大漾其桥—环桥西	560	何晔波	王金春	李吉强	朱雪丽
漾西片区	北横塘	04451017	杨梅港—胡溇港	9562	周郑洁	潘国荣	姜永明	胡国萍
义皋村	义皋港	04451430	北横塘—太湖	1880	薄国欣	朱丽婕	张德强	朱美芳
云村村	叶家荡	04451011	环湖路—晟舍新街	1810	刘玉军	严新强	陶维富	顾小荣
	富民河	04451016	晟舍新街—荻塘	797	舒忠明	范亚萍	吴雪松	慎帼芬
	佛仙港	04451020	晟舍新街—富民路	462	沈国强	严新强	欧阳敏	山云才
轧村片区—镇区（除南浔港、乌溪河）	南横塘	04451010	八里店界—西上林村	12500	温绿琴	唐金根	董培清	赵庆芳
织里村	乌溪河	04451001	浒井港—织西大桥	888	陈勇杰	唐金根	黄新伟	沈晓宇
	南浔港	04451022	浒井港—大港路	1232	吴剑勇	沈群康	王禅州	徐伯荣
朱湾村	芳莲河	04451002	栖梧桥—环湖路	2404	唐晖	唐新江	张利锋	陈志宝
	栖梧港	04451008	织里北路—珍贝路	768	温绿琴	陈小强	陆旻	沈旭荣
合计				99886				

表2-2-3 织里镇村级河长一览

行政村	河道名称	河道编号	河道起止点	河道长度（米）	村级河长	河道警长	镇联村干部	人大、政协监督员
曹家簖村	濮溇港支4	04451220	濮溇港汊口—南桃寺塔	1805	陈建栋	高振亮	吴新丰	徐华明
	濮溇港支4-1	04451221	濮溇港支4汊口—潜龙兜	570	陈建栋	高振亮	吴新丰	徐华明
	濮溇港支4-2	04451222	濮溇港支4汊口—姚泥水	860	陈建栋	高振亮	吴新丰	徐华明
	濮溇港支4-3	04451223	濮溇港支4汊口—狮子渡口	325	沈琴芳	高振亮	杜雅英	徐华明

行政村	河道名称	河道编号	河道起止点	河道长度（米）	村级河长	河道警长	镇联村干部	人大、政协监督员
曹家簖村	濮淓港支3	04451224	濮淓港汊口—汤宁祉	428	褚国群	高振亮	朱铠	徐华明
	乌王港	04451225	草荡漾汊口—乌家镇	2470	褚国群	高振亮	杜雅英	徐华明
	西科兜	04451226	草荡漾汊口—西科兜	260	汤汝峰	高振亮	杜雅英	徐华明
	乌王港支1	04451227	乌王港汊口—姚泥水	116	汤汝峰	高振亮	杜雅英	徐华明
	乌王港支2	04451228	乌王港汊口—南桃寺塔	165	沈琴芳	高振亮	池建新	徐华明
	石前桥河	04451229	祄淓港汊口—潘塘桥	330	费建华	高振亮	池建新	徐华明
	两家桥河	04451230	大漾渠—曹家湾	315	费建华	高振亮	池建新	徐华明
	曹家湾	04451231	祄淓港汊口—曹家湾	805	费建华	高振亮	张正康	徐华明
	两家桥河支1-1	04451232	门前港	120	褚明荣	高振亮	张正康	徐华明
	李家湾河	04451233	李家湾	400	褚明荣	高振亮	朱铠	徐华明
	孟婆兜	04451234	石前桥河汊口—孟婆兜	450	褚明荣	高振亮	朱铠	徐华明
	相三港	04451235	相三兜	255	顾金利	高振亮	沈哲婷	徐华明
	乌王港支1-1	04451236	娘鱼滩	120	顾金利	高振亮	沈哲婷	徐华明
	濮淓港	04451237	白石马桥—香山	990	沈琴芳	高振亮	沈哲婷	徐华明
常乐村	北塘河支10	04451374	北塘河汊口—西港郎	38	刘丹峰	徐建根	王冰峰	董阿四
	北塘河支10-1	04451375	西港郎—西港郎	235	刘丹峰	徐建根	王冰峰	董阿四
	北塘河支11	04451376	北塘河汊口—东阁兜	295	刘丹峰	徐建根	王冰峰	董阿四
	北塘河支5	04451377	北塘河汊口—黄泥坝	670	刘丹峰	徐建根	王冰峰	董阿四
	北塘河支5-1	04451378	北塘河支5汊口—黄泥坝	105	刘丹峰	徐建根	褚雯洁	董阿四
	北塘河支5-2	04451379	北塘河支5汊口—黄泥坝	405	刘丹峰	徐建根	褚雯洁	董阿四
	北塘河支8	04451380	北塘河汊口—长田圩	985	李霞	徐建根	褚雯洁	董阿四
	北塘河支8-2	04451381	北塘河支8汊口—朝皇兜	1120	李霞	徐建根	褚雯洁	董阿四
	北塘河支8-2-1	04451382	朱家湾—油车渠	341	李霞	徐建根	李亮	董阿四
	北塘西河	04451383	濮淓港汊口—常乐村	1250	李霞	徐建根	李亮	董阿四
	北塘西河支2	04451384	北塘西河汊口—常乐村	440	李霞	徐建根	李亮	董阿四
	对芳兜	04451385	草荡漾汊口—对芳兜	168	李霞	徐建根	李亮	董阿四

（续）

行政村	河道名称	河道编号	河道起止点	河道长度（米）	村级河长	河道警长	镇联村干部	人大、政协监督员
常乐村	朱家湾河	04451386	朱家湾	145	李志方	徐建根	沈泱	董阿四
	陆家田塘	04451387	陆家田	55	李志方	徐建根	沈泱	董阿四
	濮娄港支1	04451388	濮娄港汊口—姜王里	456	李志方	徐建根	沈泱	董阿四
	濮娄港支1-1	04451389	濮娄港支1汊口—姜王里	95	李志方	徐建根	沈泱	董阿四
	濮娄港支2-2	04451390	濮娄港支2汊口—草荡漾	649	李志方	徐建根	尚现军	董阿四
	北塘河	04451391	袯娄港姜王里汊口—南湾里	1280	桑荣赟	徐建根	马姚靖	董阿四
	朝皇兜	04451392	门前港	502	桑荣赟	徐建根	马姚靖	董阿四
	南湾里	04451393	南湾里	160	桑荣赟	徐建根	钟芳芳	董阿四
	村新河	04451394	袯娄港汊口—雪家滩	2600	桑荣赟	徐建根	钟芳芳	董阿四
	村新河支3	04451395	村新河汊口—常乐村	1270	桑荣赟	徐建根	钟芳芳	董阿四
	村新河支4	04451396	村新河汊口—常乐村	310	桑荣赟	徐建根	钟芳芳	董阿四
	村新河支5	04451397	村新河汊口—常乐村	253	潘国荣	徐建根	尚现军	董阿四
	村新河支1	04451398	村新河支1汊口—倪家扇	284	潘国荣	徐建根	尚现军	董阿四
	村新河支6	04451399	门前港	312	潘国荣	徐建根	尚现军	董阿四
	濮娄港	04451400	北横塘—白石马桥	2350	潘国荣	徐建根	马姚靖	董阿四
	北横塘常乐村段	04451401	义皋港—料大湾北	3987	潘国荣	徐建根	马姚靖	董阿四
大河村	大石桥港	04451110	大石桥村庄—施家巷村庄南	1760	方萍	王鑫	吴伟	朱百荣
	大石桥港支港1	04451111	大石桥港口—兜底	90	方萍	王鑫	吴伟	朱百荣
	大石桥港支港2	04451112	大石桥港口—兜底	110	方萍	王鑫	施松江	朱百荣
	大石桥港支港3	04451113	大石桥港口—兜底	130	陶忠明	王鑫	施松江	朱百荣
	西成港	04451114	西成机埠—百公桥	970	陶忠明	王鑫	宋林明	朱百荣
	利川港	04451115	折荡漾口—邹家兜	353	陶忠明	陶维富	宋林明	朱百荣
	念五湾港	04451116	大石桥—念五湾	3094	王忠忠	吴海龙	宋金锁	朱百荣
	念五湾港	04451117	陆家滩漾—念五湾东	820	王忠忠	吴海龙	宋金锁	朱百荣
	念五湾漾港	04451118	念五湾漾港北侧村庄河道	360	曹桂凤	吴海龙	沈财根	朱百荣

（续）

行政村	河道名称	河道编号	河道起止点	河道长度（米）	村级河长	河道警长	镇联村干部	人大、政协监督员
大河村	丈子桥港	04451119	大河漾—西成港	910	曹桂凤	陶维富	沈财根	朱百荣
	西车兜港	04451120	西车兜—大河漾	400	曹桂凤	陶维富	丁文闪	朱百荣
	姚家甸港	04451121	姚家甸村庄门前港	320	丁红星	陶维富	汤根江	朱百荣
	南横塘港支1	04451122	利川港	350	丁红星	陶维富	汤根江	朱百荣
	南横塘大河村段	04451123	利川港—栋梁路	2700	丁红星	陶维富	陆丹	朱百荣
大邾村	平桥港	04451026	清墩漾口—平桥	242	王锋	潘伟一	干练勇	黄必棠
	小扇圩港	04451027	吴家塘—大邾东港口	301	王锋	潘伟一	干练勇	黄必棠
	大邾东港	04451028	清墩漾口—乌家兜港口	1503	王锋	潘伟一	楼赞峰	黄必棠
	南港	04451029	师古漾—珍珠港口	426	朱玲娣	吴德安	楼赞峰	黄必棠
	大邾南港	04451030	安丰桥港北—三角漾口	2445	沈建华	吴德安	吴建滨	黄必棠
	大邾港	04451031	师古漾—大邾南港口	871	沈建华	吴德安	袁建荣	黄必棠
	师古漾	04451032	大邾南港口—染店兜	158	俞明铭	闵巍	谢祎	黄必棠
	雁沙兜港	04451033	雁沙兜南港口—雁沙兜底	195	俞明铭	闵巍	谢祎	黄必棠
	大邾漾	04451034	大邾漾	499	俞新荣	闵巍	盛伟强	黄必棠
	吴家漾	04451035	吴家漾	405	俞新荣	闵巍	殷荣金	黄必棠
	南横塘大邾村段	04451036	陈家坟—大港路	2	王锋	闵巍	汤雪东	黄必棠
东兜村	南漾港	04451104	生姜坝—长兜口	677	郑利群	倪建芳	姚明海	郑利群
	生姜坝内港	04451105	生姜坝南—生姜坝北	539	杨建平	倪建芳	边建芳	郑利群
	长兜港	04451106	长兜口—长兜北	824	周兴	倪建芳	邵国良	郑利群
	大排港	04451107	陆家庄口—二两兜底	626	闵红忠	倪建芳	范赞峰	郑利群
	幻溇港东兜村段	04451439	东兜村区域	1	闵红忠	蔡金高	姚明海	郑利群
港西村	内应河支1	04451206	内应河汉口—洞兜	130	顾跃跃	封加磊	张奇	黄水平
	洞兜	04451207	内应河汉口—洞兜	590	顾跃跃	封加磊	张奇	黄水平
	㳇溇港	04451208	朱家汇角—属四圩	750	邱国勤	封加磊	柳川	黄水平
	黄泥兜	04451209	范村塘汉口—黄泥	342	邱国勤	封加磊	柳川	黄水平
	计家兜	04451210	濮溇港汉口—计家兜	187	罗志桥	封加磊	陆阿根	黄水平
	李家湾	04451211	李家湾	185	罗志桥	封加磊	陆阿根	黄水平
	西庙兜	04451212	西庙兜	113	杨春凤	封加磊	金超	黄水平
	西庙港	04451213	内应河汉口—李家兜	280	杨春凤	封加磊	金超	黄水平

（续）

行政村	河道名称	河道编号	河道起止点	河道长度（米）	村级河长	河道警长	镇联村干部	人大、政协监督员
港西村	相三兜	04451214	相三港汊口—相三港	200	朱金新	封加磊	徐程伟	黄水平
	相三港	04451215	相三港—濮娄港汊口	404	朱金新	封加磊	徐程伟	黄水平
	杨家埭河支1	04451216	杨家埭—杨家埭	250	朱金新	封加磊	马晓斌	黄水平
	李家兜支1	04451217	李家兜	70	费小英	封加磊	马晓斌	黄水平
	濮娄港支5	04451218	濮娄港汊口—杨家埭	370	费小英	封加磊	蔡国宏	黄水平
	南横塘港西村段	04451219	朱家汇角—茹家埭	1130	邱国勤	封加磊	蔡国宏	黄水平
骥村村	赤家兜	04451163	赤家兜—南板桥	1440	潘俊飞	陈建如	闵杰	方伟兰
	后城桥	04451164	后城桥—强盗河	700	潘俊飞	陈建如	闵杰	方伟兰
	仁章兜	04451165	后城桥—仁章兜	210	钱金狗	陈建如	闵杰	方伟兰
	施家墩	04451166	范村塘—施家墩	760	钱金狗	陈建如	尚宪伟	方伟兰
	羊河墩	04451167	羊河墩—赤家兜	200	钱金狗	陈建如	尚宪伟	方伟兰
	赤家兜内港	04451168	赤家兜	145	钱兴珍	陈建如	尚宪伟	方伟兰
	张家兜内港	04451169	张家兜	431	钱兴珍	陈建如	张小强	方伟兰
	陈家兜内港	04451170	陈家兜	65	钱兴珍	陈建如	张小强	方伟兰
	施家墩汊港	04451171	施家墩	369	钱兴珍	陈建如	钱佳	方伟兰
	骥村内港	04451172	应兜湾	85	潘俊飞	陈建如	钱佳	方伟兰
	曹家庄	04451173	曹家庄—伞尖兜东	1570	方伟兰	陈建如	钱佳	方伟兰
	曹家庄-1	04451174	曹家庄—范村东	220	方伟兰	陈建如	张小强	方伟兰
	长湖申航线织里镇骥村村段	04451175	森寅木业二厂—三济桥	1500	宋建明	陈建如	林乃康	方伟兰
	陆家兜	04451176	陆家兜—张家兜	540	宋建明	陈建如	林乃康	方伟兰
	南板桥	04451177	南板桥—陆家兜	1360	宋建明	陈建如	林乃康	方伟兰
	强盗河	04451178	胡家坝桥—伞尖兜东	1600	宋建明	陈建如	陈建斌	方伟兰
	伞尖兜东	04451179	伞尖兜—伞尖兜东	700	沈伟	陈建如	陈建斌	方伟兰
	施家墩-1	04451180	施家墩—范村	290	沈伟	陈建如	陈建斌	方伟兰
	严家兜	04451181	严家兜—南板桥	240	沈伟	陈建如	吴伟浩	方伟兰
	张家兜	04451182	张家兜—胡家坝桥	1140	沈伟	陈建如	吴伟浩	方伟兰
	张家墩	04451183	张家墩—张家墩	95	沈伟	陈建如	吴伟浩	方伟兰
旧馆村	白漾湾港	04451081	省二港口—南古塘港口	346	杨正方	吴浩	吴谦	周国英
	吴家板桥港	04451082	重漾湾港口—吴家板桥	164	杨正方	吴浩	吴谦	周国英

行政村	河道名称	河道编号	河道起止点	河道长度（米）	村级河长	河道警长	镇联村干部	人大、政协监督员
旧馆村	大其圩港	04451083	重漾湾港口—大其圩机埠	395	杨正方	吴浩	朱新铭	周国英
	南古塘港	04451084	李家兜—伞尖兜	2049	周立华	吴浩	朱新铭	周国英
	杨家寺前港	04451085	白漾湾港口—杨家寺前	120	周立华	吴浩	宋战华	周国英
	李家兜港	04451086	白漾湾港口—李家兜底	182	周立华	吴浩	宋战华	周国英
	重漾湾港	04451087	重漾湾桥—大其圩东	1765	丁小强	吴浩	丁佳慧	周国英
	兜门头港	04451088	兜门头—蔡家潭	801	周立华	吴浩	吕良	周国英
	庙岐山港	04451089	门前港	850	丁小强	吴浩	沈忠强	周国英
	庙岐山汊港	04451090	门前港	222	丁小强	吴浩	沈忠强	周国英
	省四港	04451091	陈家坝	319	丁小强	吴浩	沈忠强	周国英
	省二港	04451092	大排港口—白漾湾港口1	299	袁国强	蔡金高	吕良	周国英
	新机埠港	04451093	旧馆—兜门头	722	袁国强	蔡金高	沈国平	周国英
	订平湾港	04451094	订平湾	612	袁国强	蔡金高	沈国平	周国英
	陈家坝后港	04451095	重漾湾港口—陈家坝	339	袁国强	张建伟	沈国平	周国英
	红加兜港	04451096	强盗港口—红加兜底	888	袁国强	张建伟	宋战华	周国英
	强盗港	04451097	大其圩北—尖伞兜南	1196	袁国强	张建伟	丁佳慧	周国英
	晒甲兜港	04451098	强盗港口—晒甲兜底	707	周国英	宋国平	吴卫荣	周国英
	尖伞兜后港	04451099	尖伞兜西—尖伞兜东	154	周国英	宋国平	郁敏杰	周国英
	讥三圩内港	04451100	南古塘港口—讥三圩兜底	88	周国英	朱月飞	郁敏杰	周国英
	五圣母兜港	04451101	南古塘港口—五圣母兜底	236	郑忠	朱月飞	吴卫荣	周国英
	白漾湾港1	04451102	省二港口—南古塘港口	1828	郑忠	于辉	潘菲菲	周国英
	白漾湾港2	04451103	长兜港—白漾湾港口2	559	郑忠	于辉	潘菲菲	周国英
李家坝村	乌桥港	04451049	乌家兜港口—三角漾口	1130	唐法泉	姚盛	胡金海	沈根林
	李家坝南港	04451050	林家湾—三角漾口	679	唐法泉	姚盛	胡金海	沈根林
	乌桥北港	04451051	乌桥港口—三角漾口	267	朱小平	姚盛	胡金海	沈根林
	庙兜港	04451052	三角漾口—庙兜机埠	259	朱小平	顾树标	徐挺	沈根林
	圣堂兜港	04451053	圣堂兜南—圣堂兜底	211	朱小平	顾树标	徐挺	沈根林
	张家兜港	04451054	张家兜南—张家兜底	129	朱利英	顾树标	钱水根	沈根林
	林圩内港	04451055	清墩漾口—林圩机埠	704	俞水庆	董敏强	顾蓓蓓	沈根林
	清墩漾	04451056	阮家兜—清墩漾东	454	俞水庆	董敏强	顾蓓蓓	沈根林
	唐家湾内港	04451057	横港头	230	俞水庆	董敏强	李延	沈根林
	木桥内港	04451058	李家坝	71	凌玉发	董培清	张钰烂	沈根林
	严家漾	04451059	严家漾	555	凌玉发	董培清	潘勤琴	沈根林

（续）

行政村	河道名称	河道编号	河道起止点	河道长度（米）	村级河长	河道警长	镇联村干部	人大、政协监督员
李家坝村	横港头	04451060	塘子口—石灰湾	473	朱利英	董培清	张旭慧	沈根林
	南横塘李家坝村段	04451061	如家桥—陈家坟	500	朱小平	董培清	钱水根	沈根林
陆家湾村	钱家兜港	04451402	钱家兜门前港	872	潘中强	张国兴	章思媛	潘中强
	油车渠港	04451403	西腾圩北	710	潘中强	张国兴	施良	潘中强
	田心庙港	04451404	西腾圩北	350	潘中强	张国兴	吴根华	潘中强
	西木桥港	04451405	陆家漾口—江苏界桥南	1200	潘中强	张国兴	宋堃	潘中强
	荡里北漾口港	04451406	荡里—董家甸	770	吴金辉	张国兴	施良	潘中强
	西程圩港	04451407	公路桥南—油车渠机埠	620	吴金辉	张国兴	施良	潘中强
	迎春桥港	04451408	汤溇港口—陆家漾口	380	吴金辉	张国兴	施良	潘中强
	西湾港	04451409	西湾村	460	吴金辉	张国兴	陈吉	潘中强
	陆家兜港	04451410	陆家兜—费家兜	770	吴金辉	张国兴	陈吉	潘中强
	丰兆湾港	04451411	公路边—丰兆湾村南	610	倪会荣	张国兴	陈吉	潘中强
	料大湾港	04451412	料大湾—野柴湾	620	倪会荣	张国兴	吴根华	潘中强
	野柴湾西港	04451413	公路桥南—北塘河	1050	倪会荣	张国兴	吴根华	潘中强
	官田圩港	04451414	汤溇港汊口—钱家兜	2807	倪会荣	张国兴	吴根华	潘中强
	官田圩塘	04451415	门前港	136	李世伟	张国兴	宋堃	潘中强
	中塘河	04451416	陆家漾—叶家荡	530	李世伟	张国兴	宋堃	潘中强
	河桥港	04451417	门前港	220	李世伟	张国兴	宋堃	潘中强
	西钻桥港	04451418	陆家漾—张官桥	890	李世伟	张国兴	宋堃	潘中强
	西钻桥港支1	04451419	门前港	150	李世伟	张国兴	王世昌	潘中强
	陆家漾港	04451420	陆家漾—河埠桥	1010	李世伟	张国兴	王世昌	潘中强
	长湖港	04451421	钱家兜—钱家兜	330	陈建琴	张国兴	王世昌	潘中强
	官田圩内港	04451422	钱家兜—官田圩	780	陈建琴	张国兴	王世昌	潘中强
	汤溇港	04451423	华利铝厂—陆家漾	1050	陈建琴	张国兴	章思媛	潘中强
	北横塘陆家湾村段	04451424	蒋溇港—料大湾北	800	陈建琴	张国兴	章思媛	潘中强
	北横塘陆家湾村段支一	04451425	宋溇西港—宋溇港	650	陈建琴	张国兴	章思媛	潘中强
孟乡港村	叶山港	04451046	罗家桥—邱家湾	456	茹燕锋	陈建如	冯建峰	王海霞
	张家兜	04451146	钱家湾—孟乡港	175	沈金全	陈建如	莫伟新	朱水江
	钱家湾港	04451147	邱家湾—孟乡港	760	沈金全	陈建如	莫伟新	朱水江

（续）

行政村	河道名称	河道编号	河道起止点	河道长度（米）	村级河长	河道警长	镇联村干部	人大、政协监督员
孟乡港村	钱家湾支1	04451148	钱家湾汊口—钱家湾港汊口	280	沈金全	陈建如	莫伟新	朱水江
	钱家湾支2	04451149	钱家湾汊口—孟乡港	230	沈金全	陈建如	谢军	朱水江
	叶家港	04451150	叶家港—豆腐墩	720	沈金全	陈建如	谢军	朱水江
	孟乡港鱼塘	04451151	孟乡港	300	茹燕锋	陈建如	谢军	朱水江
	西新田港	04451152	胡家坝桥—茹家埭	520	茹燕锋	陈建如	冯建峰	朱水江
	抗三圩港	04451153	抗三圩—茹家埭	540	茹燕锋	陈建如	冯建峰	朱水江
	罗家桥小港	04451154	公路边—罗家桥	160	茹燕锋	陈建如	程未铨	朱水江
	孟乡港	04451155	孟乡港—茹家埭	1010	茹燕锋	陈建如	程未铨	朱水江
	胡家坝桥港支2	04451156	胡家坝桥港汊口—抗三圩	230	潘其英	陈建如	张萍	朱水江
	胡家坝桥港支2-1	04451157	胡家坝桥港支2汊口—抗三圩	525	潘其英	陈建如	张萍	朱水江
	茹家埭河支1	04451158	茹家埭河汊口—茹家埭	110	潘其英	陈建如	张萍	朱水江
	茹家埭河	04451159	茹家埭—赤家兜	725	潘怡辉	陈建如	华程	朱水江
	孟乡港支1	04451160	孟乡港汊口—孟乡港	205	潘怡辉	陈建如	陈丰斌	朱水江
	胡家坝桥港	04451161	胡家坝桥—邱家湾	1420	潘怡辉	陈建如	陈丰斌	朱水江
	胡家坝桥港支1	04451162	胡家坝桥港汊口—孟乡港	345	潘怡辉	陈建如	陈丰斌	朱水江
庙兜村	庙兜港	04451292	神淥港—庙兜底	375	钱会根	张德强	朱泽毓	李增妹
	群英桥港	04451293	徐对桥港口—陈家圩港口	461	钱会根	张德强	朱泽毓	李增妹
	宋家兜港	04451294	徐对港口—宋家兜底	332	钱会根	张德强	朱泽毓	李增妹
	大塘兜港	04451295	永建桥—大塘兜底	788	钱会根	张德强	孙晨	李增妹
	念佛兜内港	04451296	念佛兜	290	潘金如	张德强	孙晨	李增妹
	李家兜内港	04451297	李家兜	157	潘金如	张德强	孙晨	李增妹
	陈家圩港	04451298	徐对港口—潘家湾	1039	潘启航	张德强	闵春燕	李增妹
	陈家圩内港	04451299	陈家圩	106	潘启航	张德强	闵春燕	李增妹
	三亩湾港	04451300	北塘河—三亩湾	445	潘启航	张德强	朱新根	李增妹
	宋家田内港	04451301	宋家田	140	潘启航	张德强	闵春燕	李增妹
	宋家田港	04451302	沙家漾口—陈家圩港口	811	潘启航	张德强	闵春燕	李增妹
	义皋港	04451303	水塘河	629	吴炳江	张德强	郑晓丽	李增妹
	北滩兜	04451304	沙家兜东侧	172	吴炳江	张德强	郑晓丽	李增妹

（续）

行政村	河道名称	河道编号	河道起止点	河道长度（米）	村级河长	河道警长	镇联村干部	人大、政协监督员
庙兜村	郎中北港	04451305	郎中港东侧	232	吴炳江	张德强	郑晓丽	李增妹
	郎中港	04451306	三角潭口—栏杆桥	565	吴炳江	张德强	郑晓丽	李增妹
	秀家兜港	04451307	水塘河—秀家兜港	204	李增妹	张德强	朱新根	李增妹
	季家兜内港	04451308	季家兜	100	李增妹	张德强	朱新根	李增妹
	漾湾西内港	04451309	漾湾西	106	李增妹	张德强	朱新根	李增妹
	河家湾港	04451310	义皋港口—栏杆桥	618	李增妹	张德强	沈百明	李增妹
	漾梅港	04451311	漾梅桥—北塘河	592	李增妹	张德强	沈百明	李增妹
	河家湾港	04451312	谢溇港口—栏杆桥	313	李增妹	张德强	沈百明	李增妹
	邹家港	04451313	肚子湾—张家漾	549	潘金如	张德强	许建玲	李增妹
	蒋店桥河	04451314	蒋店桥—草囤漾汊口	400	潘金如	张德强	许建玲	李增妹
	北横塘庙兜村段	04451315	杨梅港—义皋港	1133	潘金如	张德强	许建玲	李增妹
潘塘桥村	清墩漾	04451238	清墩漾汊口—襄二兜	1105	潘利峰	马昱	章陈辉	王蓓蕾
	草囤漾支1	04451239	草囤漾汊口—潘塘桥	110	潘海飞	马昱	章陈辉	王蓓蕾
	草囤漾支3	04451240	草囤漾汊口—沈家兜	440	沈建华	马昱	俞云龙	王蓓蕾
	蒋店桥河	04451241	蒋店桥—草囤漾汊口	1060	沈建华	马昱	俞云龙	王蓓蕾
	潘塘桥河	04451242	潘塘桥—蒋店桥	1290	潘海飞	马昱	金晓英	王蓓蕾
	寓四兜	04451243	蒋店桥汊口—寓四兜	255	杨建山	马昱	金晓英	王蓓蕾
	草囤漾	04451244	草囤漾	1790	杨建山	马昱	杨青青	王蓓蕾
	清墩漾	04451245	清墩漾	118	潘利峰	马昱	杨青青	王蓓蕾
	石前桥河	04451246	石前桥—潘塘桥	280	潘利峰	马昱	杨青青	王蓓蕾
	两家桥河	04451436	两家桥	1675	潘利峰	高振亮	仲俊	王蓓蕾
	草囤漾支2	04451442	草囤漾汊口—潘塘桥	50	沈建华	马昱	闵杰	王蓓蕾
乔溇村	乔溇港	04451346	乔溇闸—北横塘	1113	沈会江	赵洪斌	潘小平	宁云芳
	宋溇港	04451347	宋溇闸—北横塘	1100	沈会江	赵洪斌	罗建新	宁云芳
	宋溇西港	04451349	乔溇横港—北横塘	1090	韦培琴	赵洪斌	陆舒悦	宁云芳
	乔溇横港	04451350	胡溇港—汤溇港	3015	汤根荣	赵洪斌	张中标	宁云芳
	安滨兜	04451351	乔溇横港—安滨兜村	135	闻森林	赵洪斌	巩玉虎	宁云芳
	红善兜	04451352	乔溇横港—乔溇村	215	闻森林	赵洪斌	潘金娣	宁云芳
	吴家兜	04451353	乔溇横港—宋溇村	108	吴建成	赵洪斌	潘金娣	宁云芳
	胡溇港	04451354	太湖出口—李家圩北	1220	吴建成	赵洪斌	巩玉虎	宁云芳
	胡溇横港	04451355	村南石桥—村中汊口	1330	吴华英	赵洪斌	何利斌	宁云芳
	滨河港	04451356	汤溇港口—胡溇口	2302	吴华英	赵洪斌	易小平	宁云芳

（续）

行政村	河道名称	河道编号	河道起止点	河道长度（米）	村级河长	河道警长	镇联村干部	人大、政协监督员
秦家港村	官田港	04451108	帕罗桥—下庄河口	900	王培林	梅文杰	凌志新	闵新娥
	下庄河	04451109	吴兴大道—万谦河	1270	杨晓军	梅文杰	孙均	闵新娥
清水兜村	幻溇港清水村段兜	04451440	清水兜区域	600	周新根	吴浩	胡琼琼	陈华姣
上林村	双仪河	04451261	红桥港汉口—上林村	246	王应美	吴雪松	宋雪丽	费新华
	小桥港	04451262	小桥头	60	王应美	吴雪松	宋雪丽	费新华
	伍王港	04451263	邱家兜—乌家墩	1035	邱丽	吴雪松	邵龙斌	费新华
	安仁港	04451264	荡家兜—邱家兜	555	王应美	吴雪松	宋雪丽	费新华
	估村港支1	04451265	估村港汉口—凹家兜	665	沈如方	吴雪松	陈柳	费新华
	南五兜港	04451266	回来桥—南五兜	815	沈如方	吴雪松	陈柳	费新华
	南五兜港支1	04451267	南五兜港汉口—沈家门	150	沈如方	吴雪松	沈林江	费新华
	波斯荡	04451268	波斯荡汉口—杨家圩	253	吴爱莉	吴雪松	陈柳	费新华
	波斯荡支1	04451269	波斯荡汉口—乌王港汉口	160	吴爱莉	吴雪松	陈柳	费新华
	宋家兜港	04451270	宋家兜—邱家兜	745	邱丽	吴雪松	邵龙斌	费新华
	宋家兜港支1	04451271	宋家兜港汉口—上林村	110	邱丽	吴雪松	邵龙斌	费新华
	堂子兜	04451272	堂子兜—汤溇港汉口	670	吴邵峰	吴雪松	宋雪丽	费新华
	陈家圩	04451273	陈家圩—汤溇港汉口	120	费新华	吴雪松	李宜强	费新华
	伍王港支3	04451274	乌家墩—红桥港汉口	920	费新华	吴雪松	李宜强	费新华
	伍王港支1	04451275	伍王港汉口—蒋家兜	593	费新华	吴雪松	李宜强	费新华
	伍王港支3-1	04451276	伍王港支3汉口—杨家圩	355	吴爱莉	吴雪松	胡琼琼	费新华
	堂子兜支1	04451277	波斯荡—堂子兜	145	吴邵峰	吴雪松	胡琼琼	费新华
	堂子兜支2	04451278	堂子兜北	60	吴邵峰	吴雪松	胡琼琼	费新华
	伍王港支3-1-1	04451279	陈家圩西	375	费新华	吴雪松	沈林江	费新华
	红桥港	04451280	西上林—楮家荡	1055	吴爱莉	吴雪松	沈林江	费新华
	估村港	04451281	邱家兜—东凹兜	1085	邱丽	吴雪松	邵龙斌	费新华
	北排	04451282	上林村—潘长桥	800	吴爱莉	吴雪松	邵龙斌	费新华
石头港村	南湾内港	04451188	南湾	953	吴利华	高振亮	施伟	张伟芳
	凹家兜北	04451189	凹家兜—东凹家东	420	吴利华	高振亮	施伟	张伟芳
	白甫兜	04451190	白甫兜—北环江	330	吴利华	高振亮	施伟	张伟芳
	范村塘	04451191	曹家庄—318国道	722	潘宝根	高振亮	薄海华	张伟芳

（续）

行政村	河道名称	河道编号	河道起止点	河道长度（米）	村级河长	河道警长	镇联村干部	人大、政协监督员
石头港村	白甫兜南	04451192	白甫兜南—白杨溇	200	潘宝根	高振亮	薄海华	张伟芳
	白杨溇	04451193	石头港—东凹家东	2050	潘宝根	高振亮	薄海华	张伟芳
	东凹家	04451194	东凹家—东凹家东	160	张伟芳	高振亮	丁伟跃	张伟芳
	金光兜	04451195	范村塘—梁溪桥江	910	张伟芳	高振亮	丁伟跃	张伟芳
	梁溪桥江	04451196	318国道—白杨溇	1760	张伟芳	高振亮	丁伟跃	张伟芳
	阮家兜	04451197	阮家兜—石头港	80	潘明芳	高振亮	吴芳	张伟芳
	石头港	04451198	北环江—范村塘	1920	潘明芳	高振亮	吴芳	张伟芳
	石头港-1	04451199	石头港—石头港西	150	潘明芳	高振亮	俞丽琴	张伟芳
	万家兜	04451200	万家兜—范村塘	420	林建锋	高振亮	俞丽琴	张伟芳
	吴家兜	04451201	吴家兜—白杨溇	230	林建锋	高振亮	朱佳茜	张伟芳
	属四圩	04451202	万家兜—石头港	190	林建锋	高振亮	朱佳茜	张伟芳
	汤溇港	04451203	南横塘南—318国道	1500	汪春鑫	高振亮	胡冲聪	张伟芳
	范村塘东港	04451204	范村塘	1349	汪春鑫	高振亮	胡冲聪	张伟芳
	北环江	04451205	石头港—白甫兜	1300	汪春鑫	高振亮	胡冲聪	张伟芳
	濮溇港石头港村段	04451434	范村唐—宋家湾	200	吴利华	陈建如	王世昌	张伟芳
	南横塘石头港村段	04451435	南横塘南—万安桥	200	吴利华	陈建如	王世昌	张伟芳
曙光村	北河港	04451357	新开湖汉口—吴沙河	835	潘干琴	徐建根	朱林法	程土根
	北河港支1	04451358	北河港—青木兜	222	潘干琴	徐建根	朱林法	程土根
	木渎港	04451359	吴沙河支1汉口—陆家漾	1390	潘干琴	徐建根	朱林法	程土根
	董家兜港	04451360	大港汉口—董家兜	262	宋新泉	徐建根	费海明	程土根
	大港	04451361	褚家荡—北兜	3387	宋新泉	徐建根	费海明	程土根
	毛家湾	04451362	吴沙河支1汉口—毛家湾	150	宋新泉	徐建根	冯根生	程土根
	吴沙河	04451363	毛家湾—陆家漾	1565	叶珈辰	徐建根	冯根生	程土根
	吴沙河支1	04451364	吴沙河汉口—曙光村	805	叶珈辰	徐建根	冯根生	程土根
	吴沙河支2	04451365	吴沙河汉口—曙光村	50	叶珈辰	徐建根	郭金金	程土根
	吴沙河支3	04451366	吴沙河汉口—曙光村	430	叶珈辰	徐建根	郭金金	程土根
	新开湖	04451367	陆家漾—跳家河	2040	陈海虹	徐建根	繆桂全	程土根
	大港支1	04451368	大港汉口—陆家漾	540	陈海虹	徐建根	繆桂全	程土根
	长兜港	04451369	大港汉口—中兜	515	陈海虹	徐建根	戴炯	程土根
	南河港	04451370	新开湖汉口—毛家湾	900	程明	徐建根	戴炯	程土根

（续）

行政村	河道名称	河道编号	河道起止点	河道长度（米）	村级河长	河道警长	镇联村干部	人大、政协监督员
曙光村	跳家河	04451371	毛家湾—跳家河	910	程明	徐建根	戴炯	程土根
	草荡漾东支1	04451372	乌王港汊口—叶家荡	840	程明	徐建根	周俊	程土根
	汤溇港	04451373	陆家漾口—陈家兜	1450	宋新泉	徐建根	周俊	程土根
	大港支2	04451431	褚家荡—北兜	915	潘干琴	徐建根	丁伟跃	程土根
汤溇村	钱溇港	04451327	太湖口—邵漾里	1482	周菊明	徐建根	高国强	李新根
	新浦闸港	04451328	太湖口—毛安头	1350	周菊明	徐建根	高国强	李新根
	石桥浦港	04451329	太湖口—费家兜以北	1310	韦树斌	徐建根	高国强	李新根
	石桥浦汊港	04451330	石桥浦港石桥浦村	170	顾慧芳	徐建根	臧斌	李新根
	东蒋溇横港	04451331	蒋溇港口—钱溇	520	顾慧芳	徐建根	臧斌	李新根
	钱溇至新浦段	04451332	钱溇港口—新浦港口	1150	顾慧芳	徐建根	臧斌	李新根
	西汤溇港	04451333	汤溇村	550	王凌云	徐建根	何杰	李新根
	西汤溇横港	04451334	汤溇港口—石桥浦	730	王凌云	徐建根	何杰	李新根
	姚家兜汊港	04451335	姚家兜	270	顾坤林	徐建根	潘小平	李新根
	西庄渠港	04451336	公路边—北塘河	850	韦树斌	徐建根	吴伟	李新根
	钱溇南机埠港	04451337	机埠边	150	周菊明	徐建根	吴伟	李新根
	长田圩港	04451338	长田圩—钱溇港口	580	韦树斌	徐建根	吴伟	李新根
	汤溇东横港	04451339	村西—汤溇口	559	王凌云	徐建根	周喜禄	李新根
	汤溇港	04451340	环湖大堤—华利铝业	1450	顾坤林	徐建根	周喜禄	李新根
	滨河港1	04451341	蒋溇港口—新浦港口	1	顾坤林	徐建根	周喜禄	李新根
	滨河港2	04451342	新浦港口—石桥浦港口	600	杨正伟	徐建根	徐志诚	李新根
	滨河港3	04451343	石桥浦港—汤溇港	900	杨正伟	徐建根	徐志诚	李新根
	东、西兜	04451344	东兜—西兜	223	杨正伟	徐建根	徐志诚	李新根
	冷水湾港	04451345	桑地—新浦港口	497	杨正伟	徐建根	徐志诚	李新根
	晟溇港	04451348	太湖口—傍岸头村	696	王凌云	赵洪斌	罗建新	李新根
	北横塘	04451430	汤溇村界—乔溇村界	400	韦树斌	徐建根	潘小平	李新根
王母兜村	王母兜机埠港	04451037	王母兜北港	370	汤勇	朱冰鑫	王云兵	王海霞
	屋脚港	04451038	王母兜机埠—西兜鱼港	241	蔡丽芳	朱冰鑫	柯能干	王海霞
	北兜港	04451039	东章桥港口—北兜港	254	汤勇	朱冰鑫	周青青	王海霞

（续）

行政村	河道名称	河道编号	河道起止点	河道长度（米）	村级河长	河道警长	镇联村干部	人大、政协监督员
王母兜村	东章桥港	04451040	邱家湾港口—东章桥	341	徐建华	朱冰鑫	周青青	王海霞
	中兜港	04451041	东章桥港口—中兜底	300	潘月铭	朱冰鑫	蒋朱陈	王海霞
	南兜港	04451042	中兜港口—泥部港	319	潘月铭	朱冰鑫	蒋朱陈	王海霞
	省四港	04451043	应章港口—东尼路	429	潘月铭	何则铭	郁家鑫	王海霞
	甲造河内外港段	04451044	长木桥港口—甲造河内港底	394	蔡丽芳	何则铭	郁家鑫	王海霞
	长木桥港	04451045	三角漾—长木桥港	653	蔡丽芳	何则铭	王宇鑫	王海霞
	邱家湾港	04451047	桥北—叶山港口	593	徐建华	何则铭	郑钦泉	王海霞
	南横塘王母兜村段	04451048	如家桥—陈家坟	500	汤勇	何则铭	王云兵	王海霞
伍浦村	陈溇港	04451283	太湖口—南头村南	1610	彭晓庆	张德强	杨晓秋	叶根林
	伍浦港	04451284	伍浦村—小桥	1084	彭晓庆	张德强	叶家欢	叶根林
	西蒋溇至陈溇横港	04451285	西蒋溇—陈溇港	2	叶根林	张德强	施云飞	叶根林
	支港1	04451286	横港——三角潭	190	叶根林	张德强	叶家欢	叶根林
	蒋溇港	04451288	太湖口向内—南横港	1290	卢云旗	张德强	戴国民	叶根林
	南横塘	04451289	濮溇港—南横塘	330	李云丹	张德强	沈昕华	叶根林
	濮溇港	04451290	环湖大堤—北横塘	1100	宋陆淋	张德强	孙湘山	叶根林
	滨河港	04451291	塘北东村—蒋溇港口	1700	宋陆淋	张德强	郑国明	叶根林
香圩墩村	田溪角河	04451069	囊二东兜—李家兜	2370	徐水荣	朱斌	徐炜	潘小根
	田溪角河支1	04451070	田溪角河汊口—囊二东兜	275	徐水荣	朱斌	徐炜	潘小根
	田溪角河支4-1	04451071	田溪角河支4汊口—木莲湾	35	沈雪祥	朱斌	马宏俊	潘小根
	田溪角河支4-2	04451072	田溪角河支5汊口—梅林港	182	沈雪祥	朱斌	马宏俊	潘小根
	囊二兜河	04451073	豆腐墩—囊二兜	2837	沈雪祥	朱斌	唐小平	潘小根
	田溪角河支3	04451074	田溪角河汊口—仲家兜	259	杨建国	朱斌	唐小平	潘小根
	两家桥河支1-1	04451075	两家桥河汊口—杨家埭	1030	杨建国	朱斌	王卫星	潘小根
	项祝兜	04451076	两家桥河支1汊口—项祝兜	320	陈勤建	朱斌	王卫星	潘小根
	项祝兜支1	04451077	项祝兜汊口—项祝兜	322	陈勤建	朱斌	叶钰	潘小根

（续）

行政村	河道名称	河道编号	河道起止点	河道长度（米）	村级河长	河道警长	镇联村干部	人大、政协监督员
香圩墩村	杨家埭河	04451078	两家桥河支1汊口—杨家埭	576	陈勤建	朱斌	宣佩麟	潘小根
	田溪角河支4	04451079	田溪角河汊口—豆腐墩	1120	潘利强	朱斌	朱学芬	潘小根
	襄二兜河支7	04451080	襄二兜河汊口—草囤漾	405	潘利强	朱斌	朱学芬	潘小根
晓河村	大漾其港	04451062	福绥桥东—王母兜村部	762	蔡顺山	王少雄	牟建军	邱森荣
	环桥港	04451063	环桥—西兜坝	479	蔡顺山	王少雄	黄国良	邱森荣
	元家兜港	04451064	东迁路—环东机埠	232	周建中	王少雄	潘淦荣	邱森荣
	染店港	04451065	东大巷—环北桥	2450	周建中	李吉强	许海燕	邱森荣
	福绥桥北汊港	04451066	福绥桥北	110	周建中	李吉强	何利斌	邱森荣
	福绥桥南汊港	04451067	福绥桥南	100	周青青	李吉强	何吉云	邱森荣
	浒井港	04451068	晓河大桥—府前大桥	630	周青青	李吉强	谢冬云	邱森荣
	幻溇港晓河村段	04451437	晓河村区域	500	周建中	李吉强	许海燕	邱森荣
秧宅村	白龙桥港	04451124	西北汇—秧宅港口	1048	徐根林	郑晨	姚国琴	胡剑美
	北仁港	04451125	西北汇—堂子港口	464	胡剑美	郑晨	张小强	胡剑美
	门前港	04451126	堂子港口—河板桥	427	胡剑美	郑晨	马晓斌	胡剑美
	叶小桥港	04451127	秧宅港口—叶家湾	700	高建平	侯云飞	李红	胡剑美
	东仁港	04451128	秧宅港口—鲫鱼兜底	1291	徐小方	侯云飞	李红	胡剑美
	张家湾港	04451129	张家湾	478	徐小方	侯云飞	邵建群	胡剑美
	秧宅港	04451130	湖织大道—横塘港	305	徐春芳	侯云飞	袁建荣	胡剑美
	南横塘秧宅村段	04451432	栋梁路—阿祥路	1200	徐根林	郑永庆	姚国琴	胡剑美
义皋村	王家港	04451316	北横塘—王家圩	1130	朱丽婕	张德强	沈中伟	朱美芳
	义皋港	04451317	北横塘—太湖	1880	朱丽婕	张德强	赵军	朱美芳
	义皋汊港	04451318	义皋港以东横港	200	朱丽婕	张德强	沈中伟	朱美芳
	独石桥机埠港	04451319	独石桥机埠沿线	420	殷春晓	张德强	吴建康	朱美芳
	李家浒港	04451320	公路边—义皋港口	530	殷春晓	张德强	吴建康	朱美芳
	王家圩横港	04451321	陈溇村—义皋港口	920	殷春晓	张德强	沈国诚	朱美芳
	吴家兜港	04451322	吴家兜	300	钟良	张德强	俞国平	朱美芳
	义皋塘河港	04451323	义皋石桥—庙边	650	钟良	张德强	俞国平	朱美芳

（续）

行政村	河道名称	河道编号	河道起止点	河道长度（米）	村级河长	河道警长	镇联村干部	人大、政协监督员
义皋村	塘北港	04451324	塘北东村—朱家庙头	840	钟良	张德强	孙云云	朱美芳
	沙家兜机埠港	04451325	沙家兜	150	俞勤东	张德强	孙云云	朱美芳
	滨河港	04451326	义皋港口—塘北	1400	俞勤东	张德强	陈畅	朱美芳
云村村	幻溇港云村村段	04451438	云村村区域	600	严新强	项轶	王远德	慎帼芬
增圩村	南港支2	04451132	南港汊口—省三	155	闵国强	陈建如	章国冰	薄海强
	梁家兜港	04451133	强盗河汊口—梁家兜	1	张奕	陈建如	章国冰	薄海强
	邱家湾河支1	04451134	邱家湾河汊口—省三	403	陈晓华	陈建如	施松江	薄海强
	邱家湾河支1-1	04451135	邱家湾河支1汊口—省三	377	陈晓华	陈建如	施松江	薄海强
	南港支1	04451136	门前港	190	闵国强	陈建如	孙国华	薄海强
	陆家兜港	04451137	胡家坝桥—陆家兜	400	邱建妹	陈建如	孙国华	薄海强
	增圩兜港	04451138	强盗河汊口—增圩	970	邱建妹	陈建如	吴新星	薄海强
	南港	04451139	大其圩—省三	2265	闵国强	陈建如	吴新星	薄海强
	梁家兜港支1	04451140	梁家兜港汊口—梁家兜	330	张奕	陈建如	孙华	薄海强
	梁家兜港支1-1	04451141	门前港	75	张奕	陈建如	孙华	薄海强
	陆家兜内港	04451142	陆家兜	164	邱建妹	陈建如	孙华	薄海强
	邱家湾河	04451143	邱家湾—王母兜	2455	陈晓华	陈建如	沈建林	薄海强
	梁家兜港支1-2	04451144	梁家兜	115	张奕	陈建如	沈建林	薄海强
	强盗河	04451145	大其圩—胡家坝桥	563	郁林强	陈建如	沈建林	薄海强
轧村村	齐家湾	04451247	邻睦桥河汊口—齐家湾	910	吴阿新	高振亮	楼寅斌	潘新娥
	邻睦桥河	04451248	濮溇港汊口—朱家兜	975	吴阿新	高振亮	楼寅斌	潘新娥
	邻睦桥河支1	04451249	邻睦桥河汊口—朱家兜	265	潘新娥	高振亮	楼寅斌	潘新娥
	邻睦桥河支1-1	04451250	邻睦桥河支1汊口—齐家湾	400	俞勤征	高振亮	吴翔	潘新娥
	百桥港	04451251	濮溇港汊口—轧村	550	俞勤征	高振亮	吴翔	潘新娥
	百桥港支1	04451252	百桥港汊口—轧村	345	俞勤征	高振亮	姚佳梅	潘新娥
	百桥港支1-1	04451253	百桥港—南横塘	380	李云峰	高振亮	姚佳梅	潘新娥
	范村塘支1	04451254	范村塘汊口—宋家湾	200	李云峰	高振亮	王婷	潘新娥
	肖五北河	04451255	肖五北—野鸭荡	430	李云峰	高振亮	吴虹	潘新娥

（续）

行政村	河道名称	河道编号	河道起止点	河道长度（米）	村级河长	河道警长	镇联村干部	人大、政协监督员
轧村村	野鸭漾	04451256	野鸭荡汊口—濮溇港支4汊口	75	罗浩	高振亮	吴虹	潘新娥
	野鸭坝	04451257	濮溇港汊口—野鸭荡	285	罗浩	高振亮	钱国强	潘新娥
	泮长桥河	04451258	潘长桥—齐家湾	1408	罗浩	高振亮	钱国强	潘新娥
	濮溇港	04451259	香山—轧村中学	2175	罗浩	高振亮	钱新	潘新娥
	南横塘轧村村段	04451260	潘长桥—濮溇港	1800	罗浩	高振亮	钱新	潘新娥
	齐家湾支1	04451441	齐家湾分支	70	吴阿新	陈建如	楼寅斌	潘新娥
织里村	南横塘织里村段	04451131	珍贝路—姚家甸港	930	唐金根	朱峰	朱淦江	沈晓宇
	幻溇港织里村段	04451433	南浔港—湖织大道	200	沈群康	沈继平	钟芳芳	徐伯荣
合计				262 258				

表 2-2-4　2018 年织里农村生活污水治理覆盖情况

行政村	总农户数	2014—2018 年治理户数	未治理户数*	覆盖率（%）
伍浦村	524	255	269	48.66
庙兜村	626	236	390	37.70
义皋村	492	399	93	81.10
常乐村	1020	768	252	75.29
陆家湾村	713	100	613	14.03
曙光村	611	471	140	77.09
乔溇村	605	217	388	35.87
汤溇村	926	391	535	42.22
潘塘桥村	302	0	302	0
石头港村	601	80	521	13.31
骥村村	766	519	247	67.75
港西村	514	220	294	42.80
轧村村	545	154	391	28.26
上林村	673	226	447	33.58
曹家簖村	670	462	208	68.96
合计	9588	4498	5090	46.91

注：*表示 2013 年及以前环保连片整治已无效的视为未治理。

表 2-2-5　2019 年底第三方维护的农村生活污水终端情况

行政村	自然村	受益农户数	动力（微动力）污水处理设施日处理量（吨/天）	终端编号	主要工艺模式
庙兜村（11 个自然村）	宋家兜	11	3	140101	德国 PKA 湿地
	大塘兜	9	2	140102	德国 PKA 湿地
		12	3	140103	德国 PKA 湿地
	蒋店桥	17	4	140104	德国 PKA 湿地
	庙兜	12	3	140105	德国 PKA 湿地
		12	3	140106	德国 PKA 湿地
	陈家圩	38	9	140107	德国 PKA 湿地
		12	3	140108	德国 PKA 湿地
	宋家田	9	2	140109	德国 PKA 湿地
		9	2	140110	德国 PKA 湿地
	沙家兜	16	4	140111	德国 PKA 湿地
	郎中港	16	4	140112	德国 PKA 湿地
	季家兜	14	3	140113	德国 PKA 湿地
	漾湾里	17	4	140114	德国 PKA 湿地
		26	6	140115	德国 PKA 湿地
	邹家港	6	2	140116	德国 PKA 湿地
骥村（20 个自然村）	张家兜	26	6	140201	德国 PKA 湿地
		8	2	140202	德国 PKA 湿地
	陆家兜	29	7	140203	德国 PKA 湿地
	应兜湾	21	5	140204	德国 PKA 湿地
	西石桥	23	6	140205	德国 PKA 湿地
	白地头	15	4	140206	德国 PKA 湿地
	后城桥	11	3	140207	德国 PKA 湿地
	后城桥	11	3	140208	德国 PKA 湿地
	仁庄兜	18	4	140209	德国 PKA 湿地
	外东港	14	4	140212	德国 PKA 湿地
	外东港	14	3	140213	德国 PKA 湿地
	东港埭	24	6	140214	德国 PKA 湿地
	南板桥	8	2	140215	德国 PKA 湿地
		8	2	140216	德国 PKA 湿地
	严家兜	40	10	140217	德国 PKA 湿地
	赤家兜	21	5	140218	德国 PKA 湿地
		17	4	140219	德国 PKA 湿地

（续）

行政村	自然村	受益农户数	动力（微动力）污水处理设施日处理量（吨/天）	终端编号	主要工艺模式
骥村（20个自然村）	羊河墩	18	5	140220	德国PKA湿地
		7	2	140221	德国PKA湿地
		10	3	140222	德国PKA湿地
	黄泥兜	17	5	140223	德国PKA湿地
		13	3	140224	德国PKA湿地
		15	3	140225	德国PKA湿地
	施家墩	19	5	140226	德国PKA湿地
	东村头	41	10	140227	德国PKA湿地
	陈家兜	16	4	140228	德国PKA湿地
	丁家汇角	12	3	140229	德国PKA湿地
	范村	35	8	140230	德国PKA湿地
	曹家庄	12	3	140231	德国PKA湿地
伍浦村（5个自然村）	谈家兜	16	4	140301	德国PKA湿地
	叶家埭	16	4	140302	德国PKA湿地
	伍浦	12	3	140303	A2/0+人工湿地
		19	5	140304	德国PKA湿地
	西蒋溇	16	4	140305	MBR工艺
		17	4	140306	地埋式组合型微动力A/O+人工湿地
		17	4	140307	提升复合生物滤池+人工湿地
		17	4	140308	地埋式微动力一体化A/O+人工湿地
	彭家兜	12	4	140309	地埋式组合型微动力AO+人工湿地
		21	7	140310	
		12	4	140311	
孟乡港村（2个自然村）	孟乡港	18	4	140401	地埋式组合型微动力AO+人工湿地
		13	3	140402	A/O+人工湿地
	陶家汇2	18	4	140403	地埋式组合型微动力AO+人工湿地
		13	3	140404	AO+人工湿地

（续）

行政村	自然村	受益农户数	动力（微动力）污水处理设施日处理量（吨/天）	终端编号	主要工艺模式
轧村 （3个自然村）	齐家湾	36	8	140501	地埋式组合型微动力AO+人工湿地
		27	6	140502	
		27	6	140503	
	野鸭坝	40	10	140504	地埋式组合型微动力AO+人工湿地
	肖五坡	24	6	140505	地埋式组合型微动力AO+人工湿地
乔溇村 （8个自然村）	大桥其	18	4	140603	地埋式微动力一体化A/O+人工湿地
	施家坝	26	6	140604	地埋式微动力一体化A/O+人工湿地
	横港兜	13	3	140605	地埋式微动力一体化A/O+人工湿地
	红善兜	19	5	140606	地埋式微动力一体化A/O+人工湿地
	红善兜	16	4	140607	地埋式微动力一体化A/O+人工湿地
	吴家弄	23	6	140608	地埋式微动力一体化A/O+人工湿地
	金家弄	24	6	140609	地埋式微动力一体化A/O+人工湿地
		20	5	140610	
	青石桥	13	3	140611	地埋式微动力一体化A/O+人工湿地
	湖家兜	13	3	140612	A/O+人工湿地
	沈家埭	32	8	140613	A/O+人工湿地
汤溇村 （7个自然村）	东蒋溇	33	8	140701	地埋式组合型微动力AO+人工湿地
		13	3	140702	
	新浦	33	8	140703	地埋式组合型微动力AO+人工湿地
		12	3	140704	

（续）

行政村	自然村	受益农户数	动力（微动力）污水处理设施日处理量（吨/天）	终端编号	主要工艺模式
汤溇村（7个自然村）	顾家坝	9	2	140705	地埋式组合型微动力AO+人工湿地
		18	4	140706	
		12	4	140707	
	长田圩	8	2	140708	地埋式组合型微动力AO+人工湿地
		16	4	140709	
	北晨溇	25	6	140710	地埋式组合型微动力AO+人工湿地
		20	5	140711	
	石桥浦	16	4	140713	AO+人工湿地
	西庄渠	16	4	140714	地埋式组合型微动力AO+人工湿地
	冷水湾	17	4	140715	地埋式组合型微动力AO+人工湿地
上林村（12个自然村）	波斯荡	14	4	140801	地埋式微动力一体化AO+人工湿地
	堂子兜	14	5	140802	
	兜口	11	7	140803	
	鸭金里	16	5	140804	
	蒋家兜	11	3	140805	
	蒋家兜	14	4	140806	
	伍王港村	30	10	140807	
	西兜	24	8	140808	
	褚家荡北	29	7	140809	
	褚家荡南	20	5	140810	
	杨家纤	23	7	140811	
	邱家兜	20	8	140812	
曹家簖（11个自然村）	娘鱼滩	20	8	140901	地埋式微动力一体化AO+人工湿地
		25	10	140902	
		37	15	140903	

（续）

行政村	自然村	受益农户数	动力（微动力）污水处理设施日处理量（吨/天）	终端编号	主要工艺模式
曹家簖（11个自然村）	汤宁祉	22	10	140904	
		24	10	140905	
		27	10	140906	
	潜龙	21	6	140907	
	狮子渡口	20	6	140909	
	桃寺塔	19	8	140910	
	南桃寺塔	24	8	140911	
	孟婆兜	27	15	140912	
		54	30	140913	
	曹家簖	19	8	140914	
		19	8	140915	
	大漾渠	24	10	140916	
		24	10	140917	
	港东	11	5	140918	
	姚泥水	27	15	140919	
	李家湾	18	5	140920	
曙光村（11个自然村）	长兜	33	10	141001	地埋式微动力一体化AO+人工湿地
	长兜	16	5	141002	
		16	5	141003	
	北兜	10	3	141004	
		22	7	141005	
	中兜	30	10	141006	
	南兜	18	6	141007	
	董家兜	12	5	141008	
	木渎港	48	20	141009	
		25	10	141010	
		25	10	141011	地埋式微动力组合式A/O+人工湿地
	青木兜	33	10	141012	
	北河里	13	5	141013	地埋式微动力一体化AO+人工湿地
		31	12	141014	

（续）

行政村	自然村	受益农户数	动力（微动力）污水处理设施日处理量（吨/天）	终端编号	主要工艺模式
曙光村 （11个自然村）	吴沙河	12	4	141015	
		22	7	141016	
	南河里	14	5	141017	
		18	6	141018	
		32	10	141019	
	毛家湾	9	5	141020	
常乐村 （25个自然村）	倪家扇	36	8	141101	地埋式微动力一体化A/O+人工湿地
		14	3	141102	
	南栅头	28	10	141103	
	山庄里	36	9	141104	
	村心里	12	5	141105	
		24	10	141106	
	常乐村	35	10	141107	
	雪家滩	10	3	141108	
	东港村	9	3	141109	
		25	9	141110	
	姜王里	16	5	141111	
	杀鱼桥	15	4	141112	
	陆家田	31	10	141113	
	小于地	14	4	141114	
	沈家湾	18	6	141115	
	铁店湾	10	5	141116	
		3	2	141117	
	西港村	16	5	141118	
		17	5	141119	
	里河兜	23	6	141120	
	南湾里	10	3	141121	
		10	3	141122	
	东阁兜	29	6	141123	
		25	6	141124	
	朱家湾	13	5	141125	

（续）

行政村	自然村	受益农户数	动力（微动力）污水处理设施日处理量（吨/天）	终端编号	主要工艺模式
常乐村（25个自然村）	油车桥	14	5	141126	
		22	8	141127	
	邵阳里	26	8	141128	
		29	9	141129	
		19	6	141130	
		22	7	141131	
	对方兜	23	8	141132	
		24	8	141133	
	黄泥坝	20	4	141134	
	港北山	21	10	141135	
	罗家兜	26	10	141136	
	朝皇兜	20	3	141137	
		23	3	141138	
义皋村（2个自然村）	义皋新村	319	200	141201	A^2O+湿地
	朱家庙桥	80	80	141202	A/O+人工湿地
港西村	杨家埭	30	4	141301	A/O+人工湿地
石头港村（3个自然村）	宋家湾	10	6	141401	A/O+人工湿地
		15		141402	
	南湾	18	7	141403	
石头港村（3个自然村）	白甫兜	2	1	141404	
		10	3	141405	
		25	5	141406	
旧馆村（2个自然村）	大其圩	28	12	141501	A/O+人工湿地
		21		141502	A/O+人工湿地
	油车桥	17	3	141503	A/O+人工湿地
合计		4085	1378		

表 2-2-6　2018 年 12 月养殖尾水治理终端统计

行政村	终端名称	提升泵是否运转正常	渠道是否通畅	曝气装置是否运转正常	水生植物是否按设计要求种植	土坝、过滤坝是否完整	安全维护是否到位
伍浦村	南灌区（1）	是	是	否	损坏	是	是
	南灌区（2）	是	是	否	损坏	是	是
	东灌区	是	是	否	是	是	是

（续）

行政村	终端名称	提升泵是否运转正常	渠道是否通畅	曝气装置是否运转正常	水生植物是否按设计要求种植	土坝、过滤坝是否完整	安全维护是否到位
伍浦村	中灌区南	是	是	否	损坏	是	是
	中灌区北	是	是	否	损坏	是	是
	西灌区	是	是	否	损坏	是	是
陆家湾村	钱家兜区	是	否	是	是	是	是
	官田圩	是	否	是	是	是	是
	蒋家坝	是	否	是	是	是	是
	董家甸草田圩区	是	否	是	是	是	是
	董家甸北	是	是	是	是	是	是
	董家甸中	是	是	是	是	是	是
	董家甸南1（杨万青）	是	是	是	是	是	是
	董家甸南1（吴法荣）	是	是	是	是	是	是
	董家甸东	是	是	是	是	是	是
	费家兜区北	是	否	是	是	是	是
	费家兜区南	是	否	是	是	是	是
	辽大湾区	是	否	是	是	是	是
	文化礼堂对面	是	是	是	是	是	是
曙光村	友谊桥	正常	否	正常	是	是	否
	北兜1号	正常	否	正常	是	是	否
	北兜2号	正常	否	正常	是	是	否
	北兜3号	正常	否	正常	是	是	否
	北兜4号	正常	否	正常	是	是	否
	北兜5号	正常	否	正常	是	是	否
	大港郎	正常	否	正常	是	是	否
	木渎港1号	正常	否	正常	是	是	否
	姚令湾	正常	否	正常	是	是	否
	费家汇东	正常	否	正常	是	是	否
	费家汇西	正常	否	正常	是	是	否
	木渎港2号	正常	否	正常	是	是	否
	北河里1号	正常	否	正常	是	是	否
	北河里2号	正常	否	正常	是	是	否
	北河里3号	正常	否	正常	是	是	否
	南河里1号	正常	否	正常	是	否	否

（续）

行政村	终端名称	提升泵是否运转正常	渠道是否通畅	曝气装置是否运转正常	水生植物是否按设计要求种植	土坝、过滤坝是否完整	安全维护是否到位
曙光村	南河里2号	正常	否	正常	是	是	否
	南河里3号	正常	否	正常	是	是	否
乔溇村	钱天塔	是	是	是	是	是	是
	施家坝	是	是	是	是	是	是
	西良河	是	是	是	是	是	是
	白龙潭	是	是	是	是	是	是
	屯字圩	是	是	是	是	是	是
	和目圩	是	是	是	是	是	是
	项字圩	是	是	是	是	是	是
	王家弄	是	是	是	是	是	是
庙兜村	邹家港徐才根	是	是	是	是	是	是
	漾湾里谢金初	是	是	是	是	是	是
	漾湾里褚瑞林、沈会荣	是	是	是	是	是	是
	高先勇周强强	是	是	是	是	是	是
	宋家田许金军	是	是	是	是	是	是
	陈家圩	是	是	是	是	是	是
	庙兜任炳法	是	是	是	是	是	是
	庙兜杨顺林	是	是	是	是	是	是
	任塘圩伍阿五	是	是	是	是	是	是
	董云海	是	是	是	是	是	是
	钟国强	是	是	是	是	是	是
	大塘兜丁根法（1）	是	是	是	是	是	是
	大塘兜丁根法（2）	是	是	是	是	是	是
	大塘兜费永江	是	是	是	是	是	是
	戴群芳	是	是	是	是	是	是
汤溇村	喇叭口	是	是	是	否	是	是
	金三角	是	是	是	否	是	是
	王国芬	是	是	是	否	是	是
	张伟元	是	是	是	否	是	是
	毛庵头机埠	是	是	是	否	是	是
	南型里	是	是	是	否	是	是

（续）

行政村	终端名称	提升泵是否运转正常	渠道是否通畅	曝气装置是否运转正常	水生植物是否按设计要求种植	土坝、过滤坝是否完整	安全维护是否到位
汤溇村	庄玉明	是	是	是	否	是	是
	长田圩下小羊	是	是	是	否	是	是
	顾慧明	是	是	是	否	是	是
	邱家坝	是	是	是	否	是	是
	钱溇东	是	是	是	否	是	是
	祠堂港灌区	是	是	是	否	是	是
常乐村	朱家湾南	正常	通畅	正常	是	完整	
	东西草田	正常	通畅	正常	是	完整	
	邵漾里东	正常	通畅	正常	是	完整	
	邵漾里西	无	通畅	正常	是	完整	
	东阁兜南	无	通畅	正常	是	完整	
	九十亩	无	通畅	正常	是	完整	
	长其圩	无	通畅	正常	是	完整	
	大其圩	无	水管漏水	不工作	是	完整	
	对芳兜	正常	水管漏水	正常	是	土坝有缺口	
	黄泥坝南	正常	通畅	正常	是	完整	
	黄泥坝北1	正常	通畅	正常	是	完整	
	黄泥坝北2	正常	通畅	正常	是	完整	
	葫芦兜	无	严重漏水	一个不工作	是	完整	
	姜王里东南1	正常	渠道栏板坡。漏水	正常	是	土坝有塌落	
	姜王里南	正常	水管漏水	正常	是	完整	
	姜王里东	正常	通畅	正常	是	完整	
	百念亩	无	水管漏水	正常	是	完整	
	长田圩	无	水管漏水	正常	是	土坝有塌落	
	三百亩	不工作	通畅	正常	是	完整	
	山庄里	正常	通畅	正常	是	完整	
	南栅头	无	通畅	正常	是	完整	
	倪家扇1	无	通畅	正常	是	完整	

（续）

行政村	终端名称	提升泵是否运转正常	渠道是否通畅	曝气装置是否运转正常	水生植物是否按设计要求种植	土坝、过滤坝是否完整	安全维护是否到位
常乐村	倪家扇2	无	水管堵塞，水流不畅	正常	是	完整	
	倪家扇3	正常	通畅	正常	是	完整	
	倪家扇4	无	通畅	正常	是	完整	
	倪家扇5	无	水管漏水	正常	是	完整	
潘塘桥村	寓四兜东圩区	是	正常	正常	正常	正常	
	寓四兜西圩区	是	否（不通）	正常	正常	正常	
	高家弄	是	正常	正常	正常	正常	
曹家簖村	目圩阡	是	是	正常	是	完整	到位
	目山阡西	是	是	正常	是	完整	到位
	娘鱼滩北	是	是	正常	是	完整	到位
	娘鱼滩南	是	是	正常	是	完整	到位
	姚泥水西	是	是	正常	是	完整	到位
	姚泥水东	是	是	正常	是	完整	到位
	桃寺塔	是	是	正常	是	完整	到位
	汤宁祉	是	是	正常	是	完整	到位
上林村	乌家墩	是	是	是	是	是	是
	蒋家兜	是	是	是	是	是	是
	宋家兜	是	是	是	是	是	是
	褚家荡	是	是	是	是	是	是
	高亩圩	是	是	是	是	是	是
	二亩圩	是	是	是	是	是	是
	陈家兜	是	是	是	是	是	是
	渔大哥	是	是	是	是	是	是

第三章　交通运输

交通是连接地区与地区之间的重要纽带，是为经济社会发展运送人流、物流的重要通道，它对生产要素的流动、城镇体系的发展有着决定性的影响。织里位于荻塘与太湖之间，横塘纵溇，历来是浙西的"襟喉要地"之一。纵横交错的河流水道将织里连为一体，形成完整而周密的水上交通运输网络，平原之地几乎村村都有舟楫通行来往。再加上陆路有驿道及其他大小道路连接各地，畅达的水陆交通不仅为人们的社会交往提供了便利，也为织里各地以及与其他江南地区间的经济、文化交流奠定了重要基础。工业化的发展迫切需要改善交通运输，特别是陆路交通。因此，公路越来越成为织里连接外部城市之间、城乡之间、乡村与乡村之间、工矿企业之间最便捷的交通设施。

第一节　对外交通

一、古代运河塘路

1. 荻塘

古运河用开河之泥修筑堤塘、驿道，形成了并行快捷的水陆大通道，故历史上亦将人工开挖的运河和路堤结合的驿称之为"塘河""塘路"系统。荻塘水陆并行，既是水利设施，又是交通设施。光绪《乌程县志》载："运河即官河，在城东，漕船经此。又东经八里店、升山、旧馆、祜村、东迁，至南浔镇入江苏震泽县界。"荻塘运河自古繁忙，唐初开东苕溪航线，货物由东苕溪北运自湖州，经荻塘至平望与江南运河相接。南宋上塘河不通，开奉口河，漕舟自杭州改走今奉口河与下塘河，至奉口沿东苕溪至湖州再沿荻塘至平望，现被称为江南运河"西线"。至2020年，长湖申航线仍有"中国的小莱茵河"之称。

荻塘官道上自古多桥，嘉泰《吴兴志》载："右十八桥系自迎春门至浔溪一带官塘，通泄溪流入太湖，与近湖诸溇脉络贯通去处。"同治《湖州府志》载："以上三十九桥为运河北岸陆达南浔，水泄北塘河入太湖之道。"桥的数量增加了一倍多。

"路程图记"是明清时期为了方便商贾出行，而编纂的类似于地图作用的图记，是古人外出旅行、经商必备的书籍。这些"路程图记"中，最早的一部是明代安徽人黄汴刻于隆庆四年（1570）的《一统路程图记》，又名《图注水陆路程图》《天下水陆路程》。书中详细记载了苏州府经湖州府至徽州府、宣州府的水、陆路。无论是水路还是陆路都要经过织里旧馆一站。由苏州府沿京杭运河南下 25 公里至吴江县，20 公里至平望，出平望沿荻塘西南行 20 公里至震泽，5 公里至南浔，自南浔西行 5 公里至东迁，10 公里至旧馆，15 公里至湖州府，出湖府城西行至徽州和宣城。晚明程春宇的《士商类要》所记苏州至徽州府陆路亦经过织里的旧馆。说明至明清织里旧馆是江南东西向水陆交通的重要节点之一。

2.北横塘

见本章第三节"世界灌溉工程遗产"相关内容。

3.南横塘

见本章第三节"世界灌溉工程遗产"相关内容。

二、现代公路交通

1.湖嘉公路

1934 年 4 月—1936 年 5 月，民国政府全面启动湖嘉公路建设，其中的湖州至南浔段基本与荻塘北岸的官道或并行或重合，荻塘古道从此失去了作为陆路交通的价值。1936 年湖州至南浔公路建成并通车，织里成为湖州东部水乡最早通公路的地区之一。后又因日本入侵而中断，一直到 1948 年，湖浔公路才再一次修复通车。

2.318 国道

上海—聂拉木公路，简称上聂线，是中国境内的普通公路，国家道路网的横线之一，编号为 G318。贯通华东、华中、西南地区的一条国道，起点为上海市黄浦区，终点为西藏自治区日喀则市聂拉木县，全程 5476 公里，经过上海、江苏、浙江、安徽、湖北、重庆、四川、西藏八个省份，是中国最长的国道，被称为"中国人的景观大道"。2020 年的 318 国道湖州到南浔段就是在湖嘉公路的基础上历经多次改建、扩建而成的。318 国道曾是织里东连苏嘉沪、西通杭湖宁主要通道。

3.G50 高速

申苏浙皖高速公路是连接上海市与江苏省苏州市、浙江省湖州市和安徽省宣城市之间的一条重要高速公路干线。全长约 260 公里，双向六车道，设计时速 120 公里。其全线均为中国国家高速公路 G50 沪渝高速的组成部分。是湖州市"接轨大上海，融入长三角"的最重要的东西快速通道。全线贯通后，织里成为这条高速公路的受益者，与上海的车程和时间大为缩短。G50 申苏浙皖高速专门设有织里互通，位于大港村境内，距织里中心镇区不足 3 公里。

第二节　航　运

一、古代航运

据同治《湖州府志》记载，清代湖州就有多种不同用途的船。驳船："载货物之船，大者曰装船，小者曰驳船，又有陶墩船，亦装船也。吴江芦墟一带，舟人泊舟船行之前以待雇唤者，曰芦墟船。"航船："有载客及寄书带货往来近处各城市者曰航船。东至上海、嘉兴，西至四安、梅溪，南至杭州，北至苏州及各县乡村镇皆有之。有日航船、夜航船之分。惟至杭者称报船，至苏者称装船，余概曰航船。"

1.农家小船

"村虚船做市，地绝水为邻。"织里是典型的江南水乡平原，水网密布，村庄之间，村庄与圩田、鱼塘之间大都被水域或河道隔离。船是最基本的运输工具，河流是交通大动脉，这两大因素成了构筑江南水乡基本格局的决定性的要素。大小市镇密集分布，主要市镇多位于水路要冲（织里、旧馆、晟舍、轧村），通过密如蛛网般的内河支港联系着广阔的腹地，几乎所有镇与镇甚至村与村之间均有水路相通。水乡交通非船不行，农船是江南农民生产所不可或缺的运输工具，体积小，构造简洁，几乎每家都有。木船古来有之，它具有坚固、耐用、轻便等特点，也不怕轻便擦碰，至今仍是民间常见的水上运输或作业工具。农家船只主要有两类，一是划垛子船，体量较小，比较活，主要靠划桨的。二是长摇船，顾名思义船体比较长，较大，比较稳，主要靠摇橹，船艄翘起像鸟翼，因此又名鹢子船。划船、摇船是当地老百姓必备的技能。滨水而居的村落沿河为此都修筑有很多的河埠头（俗称硚口），埠头往往连着驳岸。

2.太湖渔船

织里北部为滨湖地区，有若干专门从事在太湖中捕鱼的渔民村，对于太湖上的渔民来说，渔船本是世世代代传承的最重要的家产，就如同陆地上的老宅一样。太湖渔船为方头平底，船身浅而宽，主要使用墙缆网、丝网、虾拖网、小兜网等工具捕捞红白条鱼、鲢鳙鱼、梅鲚鱼、银鱼、白虾等品种。太湖渔船根据所捕鱼类的不同而有多种样式，其中以在太湖远岸处捕捞银鱼、白虾的船只形制最大，也最具特色。这种船的规格长，为20米左右，宽约4.5米，船体高约4.8米。行船动力全靠风力推动篷帆，因此一般船上设四道篷，从船头依为早头篷、头篷、大篷、艄篷，其中头篷、大篷桅杆为主桅杆，高约10米，杆底直径为50厘米左右。头、尾两根副桅杆高5米左右，杆底直径20厘米左右。其特征是拖力大、抗浪强、时速快。船体两舷还各装有披水板两块，逆风也能"之"字形向前行驶。船尾带有舢板一艘。该船传说系南宋"岳家军"战船演变而米。岳飞被害后，部分驻守太湖的水军不满朝廷腐败，遁入太湖，抗击金人。由于粮饷断绝，方将战船改作渔船，捕鱼度日。2020年太湖禁捕后全部销毁。

3.旧式航船

古代运载乘客的专门的客船，亦称"航船"。唐代，湖州境内已有航船从事旅客运输，明朝开始到清朝乾隆年间，是航船客运兴盛时期。同治《湖州府志》载："有载客及寄书带货往来近处各城市者，曰航船。东至上海、嘉兴，西至泗安、梅溪，南至杭州，北至苏州，及各县乡村镇皆有之。有日航船、夜航船之分。"水路交通的载体航船不仅是沟通江南城（镇）乡间的交通工具，同时又是商品流通中代表买卖双方利益的中介人，商品（货物）通过航船主从生产者手中集中到销售者手中，促进了商品经济的发展。航船还是信息的传递者，闭塞的乡村只能从航船主处获取市场信息，与市场发生联系。航船有夜航船、快班船之分。夜航船穿越县境达邻近城镇，航程较远，"小者近在百里之内，大者直通江河，千里而遥"，夜航船一般速度较慢，为解旅途寂寞，乘客往往相互攀谈，因此成为传播社会新闻、民间传说的场所。快班船是指乡村到县境内主要城镇的航船，方便农民进城赶集早出夜归，更多的船只要担任运货任务，使城乡物流得以畅达。

湖州的夜航船始于唐代，盛于南宋，南宋龚明之《中吴纪闻》卷四"夜航船"条说："夜航船唯浙西有之,然其名旧矣。古乐府有《夜航船》之曲。"南宋湖州诗僧净端在《山居》写道："吴山古寺近溪边,高阁虚堂景象全。林下寂寥炉火尽,未眠犹听夜行船。""我家苕雪边,更更闻夜船。夜船声欸乃,肠断愁不眠",这是南宋袁说友在《江舟撑夫有唱湖州歌者殊动家山之想赋吴歌行》中的诗句,诗中还提到了湖州有名的船歌,元代熊进德的《西湖竹枝词》中有"大姑昨夜苕溪过,新歌学得唱湖州",杭州西湖的卖唱歌妓都要学唱湖州船歌,可见其在当时的影响。清代平步青《霞外捃屑》卷十"趁夜航船"条亦说："夜航船惟浙西有之。""夜航船以浙西湖州苕雪溪上最多,也最出名。"夜航船还是获得文化娱乐和知识的场所,在夜航船中,各种社会新闻在传播。各种人物在漫长夜航生活中,高谈阔论皆文章,凡知识、新闻、信息、娱乐,在此皆可获取。它是江南水乡特有的文化。

4.织里书船

明清时期织里的造船业发达。据清康熙二十年(1681)《乌程县志》记载："小湖、织里业造船。"所造之船有座船、兵船、仙船、航船、驳船、农船、渔船、罛船、圈棚船等多种,还有著名的书船。织里书船又名湖州书船,据清同治《湖州府志》载："书船出乌程织里及郑港、谈港诸村落。"据史志记载,书船始于明初,嘉靖至万历年间因雕版印刷业发达,书船步入鼎盛阶段。详见本志第八卷第一章《雕版套色印书》。

二、人力航班

中华民国元年(1912),湖州开辟至晟舍、轧村航船,每天一班。民国3年(1914),开辟湖州至义皋航班,每天一班。航班以运送旅客为主,也代办托运行李,并固定运送邮件。

1937年,东阁兜有往返湖州的航船1条,每天早上3点半开出,途经织里东、织里西、白石马桥、西山漾等,停靠在湖州北门口,下午3点半从湖州回来,1955年停开。

1937年,漾西有往返南浔的航船2条,下午返回。1955年停开。

1940年,大港同心、大潘兜、田畈里有用两支橹的木船到湖州,有的船还装有3支橹,每天一班,上午6点开航,经中塘或北塘到湖州,沿途没有固定停靠站,招手上船。船停靠在湖州牛舌头,晚上6点左右回到织里始发地。同年晟舍每天开往湖州、南浔的航船各一班。其他各乡有若干航船开往湖州、南浔等地。

1941年，轧村每天开往南浔、双林的航船各一条，开往湖州的航船有2条。每天早晨分别从轧村及湖州开出，晚上一条在湖州过夜，一条在轧村过夜，第二天早上再分别开回。

民国36年（1947）9月，湖州开往织里、轧村、义皋的航班每天各一班。

三、机械动力航班

清末至民国，轮船客运渐兴。清光绪二十一年（1895）8月，日商经营的"戴生昌""大东"两家轮船公司，首航上海至湖州客班轮船。民国期间开通织里客运航班。1954年，国营轮船公司对湖申、菱申客运航线沿途主要停靠码头进行修建，其中包括旧馆码头。各类客运挂机1992年陆续停开。

表2-3-1　1949年解放前夕湖州客班途经织里的经营航线

公司名称	负责人	开设地点	船名	船籍港	航线	经过地点	班期排列
涌丰轮行	资太平	湖州馆驿河	新鸿泰	上海	湖州至上海	旧馆、南浔、震泽、平望、芦墟	三日班
立昌振记轮行	杨振贤	湖州馆驿河	鸿福	上海	湖州至上海	旧馆、南浔、震泽、平望、芦墟	三日班
湘民合记轮行	藏德隆	湖州馆驿河	禄江	上海	湖州至上海	旧馆、南浔、震泽、平望、芦墟	三日班
鼎鑫、顺风轮运行	朱嘉良	湖州馆驿河	顺风	上海	湖州至上海	旧馆、南浔、震泽、平望、芦墟	三日班
菱和轮运行	俞殿良	湖州馆驿河	菱和一号	上海	湖州至上海	旧馆、南浔、震泽、平望、芦墟	三日班
青浦建业联营轮船行	李厚孚	朱家角	大通	苏州	湖州至震泽	戴山、织里、轧村、陆家湾、方丈港	当日来回
青浦建业联营轮船行	李厚孚	朱家角	大利	苏州	湖州至震泽	戴山、织里、轧村、陆家湾、方丈港	当日来回
通利运输轮船行	张志文	湖州馆驿河	交鸿	上海	湖州至上海	旧馆、南浔、震泽、平望、黎里、芦墟	三日班
裕新轮行	张志文	湖州馆驿河	裕新	上海	湖州至上海	旧馆、南浔、震泽、平望、黎里、芦墟	三日班
吉丰轮行，后并入中易轮行	俞殿良	湖州馆驿河	吉丰	上海	湖州至上海	旧馆、南浔、震泽、平望、黎里、芦墟	三日班
中易轮行	俞殿良	湖州馆驿河	五丰	上海	湖州至上海	旧馆、南浔、震泽、平望、黎里、芦墟	三日班

（续）

公司名称	负责人	开设地点	船名	船籍港	航线	经过地点	班期排列
涌昌轮行	俞曾云	湖州馆驿河	涌泰	上海	湖州至上海	旧馆、南浔、震泽、平望、黎里、芦墟	三日班
达昌轮行	方舜鹤	湖州馆驿河	新大民	上海	湖州至上海	旧馆、南浔、震泽、平望、黎里、芦墟	三日班
鼎金合记轮行	施成	湖州馆驿河	新琪云	苏州	湖州至苏州	旧馆、南浔、震泽、平望、八坼、吴江	湖州上午6时，苏州上午6时
源通协记轮行	何梓棠	湖州馆驿河	长杭	苏州	湖州至苏州	旧馆、南浔、震泽、平望、八坼、吴江	湖州上午6时，苏州上午6时

苏班　1952年开辟湖州到苏州轮船，每天1班，织里附近停靠站有旧馆、祜村、东迁，当日返回。

上海班　1952年开辟湖州开往上海的轮船，织里的停靠站有旧馆、祜村、东迁，当日返回。

杭州班　1952年开往杭州的轮船，每天一班，织里附近的停靠站在东迁，当日返回。

震泽班　1955年震泽到湖州开通客运航班，每天1班，上午从震泽开出，途经轧村、织里，下午回震泽。

漾西红旗班　1955年，东阁兜有一条挂机船（红旗班），每天早上开往湖州，途经织里东、织里西、白石马桥、西山漾等，停靠湖州北门，下午从湖州回来。1955年停开。

漾西红星班　1955年，漾西开往南浔的客运挂机，每天上午6点多从陆家湾开出，途经和桥、南湖、新桥港等，停靠南浔汽车站东侧，下午回来。至1970年停开。

湖州区船运局航线　1963年1月，区内客运航线复归湖州区船运局客运所

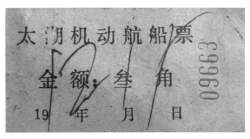

1988年的机动船票

统一经营，并新增湖州至织里等航线。

航运公司轮船　从漾西陆家湾到南浔，1970年左右开班，每天来回两次，途经和桥、南湖、新桥港等，停靠南浔汽车站东侧，1991年停班。

织里小轮船　1963年市航运公司开辟织里到湖州小轮船，每天2班，上午6点从织里开往年湖州，途经后林、戴山等地，停靠在湖州潘公桥附近。上午9点从湖州返回织里，12点钟又从织里开往湖州，下午回织里，停靠织里完小银杏树边过夜。

幻溇到湖州班　1968年开班，停靠潘公桥。

杨溇到湖州班　1968年开班，停靠潘公桥。

先锋班　从大郏安丰桥开往湖州，于1972年开班。

漾西班　从内塘到湖州，于1973年开班，从漾西陆家湾启航，途经曹家簖、轧村、孟乡港、织里，到达湖州。下午返回。

表2-3-2　1990年织里个体联户客班基本情况

船名	户主	航线起讫点	里程（公里）	票价（元）	停靠站点	班次	客位数
太湖交16	潘锦林	太湖—湖州	22.3	1.0	9站	1	80
太湖交10	叶学根	东桥—湖州	15.1	0.8	5站	1	60
太湖交11	吴阿黑	东桥—湖州	15.1	0.8	5站	1	40
漾西交46	漾西中坽村	漾西—南浔	13.5	0.8	4站	2	60

四、运输货船

早先，织里镇域有木质航船运输货物。1970年开始，织里镇域出现专门运送货物，不带旅客的运输货船，有固定时间和停靠点，也有时间地点不固定，按照客户要求运输。1988年末，轧村全乡个体、集体登记发照的运输货船42只。1990年起，运输货船逐渐减少。

五、渡船

宋朝织里就有渡船将人渡过河道，到达对岸。有拉渡船和摆渡船两种。拉渡船是自助过河，没有船夫，形似冬瓜，两根绳子绑在船的两侧，绳子固定在两岸。过河者将船从对岸拉过来，上船后可将船拉到对岸。摆渡船有船夫1至2人摇船服务，主要在水面较宽及过河人员较多的渡口设置。渡船到1998年消失。

表 2-3-3　织里渡口情况

渡口名称	渡口类型	地址			最迟启用时间	停用时间
		村	自然村	河道		
东大巷渡口	拉渡船	晓河村	东大巷	南塘港	1978 年	1985 年
浒井港渡口	拉渡船	晓河村	葫芦井	浒井港	1978 年	1990 年
黄皮港渡口	拉渡船	晓河村	葫芦井	黄皮港	1980 年	1985 年
大船口	拉渡船	香圩墩村	西兜	郎二港	1950 年	1985 年
漾北	摆渡船	香圩墩村	西兜	乌鸡漾	1949 年	1986 年
螺狮坝	拉渡船	清水兜村	螺狮坝	北鸭港	1949 年	1970 年
细亩田	拉渡船	清水兜村	清水兜	方莲港	1979 年	1990 年
北庄	拉渡船	云村	北庄	浒井港口	1981 年	1985 年
省二	拉渡船	东兜村	东兜	长兜港	1950 年	1976 年
螺蛳坝	拉渡船	东兜村	生姜坝	北横港	1949 年	1970 年
秧宅桥渡口	拉渡船	秧宅村	秧宅	南横塘港	1942 年	1967 年
陶家湾	拉渡船	大河村	木行村	南圹港	1950 年	1978 年
龙门渡	摆渡船	晟舍村	石路上	运河	解放前	1998 年
大南港	拉渡船	罗姚村	文化兜	南横塘	1958 年	1969 年
良溪桥	摆渡船	石头港	红武大队	塘港	1945 年	1980 年
泮家兜	拉渡船	石头港	红武大队	良溪河	1923 年	1975 年
小圩	拉渡船	孟乡港	茹家埭	茹家埭河	1955 年	1962 年
罗长圩	拉渡船	孟乡港	茹家埭	茹家埭河	1954 年	1962 年
及一圩	拉渡船	孟乡港	茹家埭	茹家埭河	1954 年	1962 年
大文圩	拉渡船	孟乡港	抗三圩	孟乡港港支 1	1954 年	1962 年
易三圩	拉渡船	孟乡港	抗三圩	易三港	1953 年	1960 年
寓四兜渡口	拉渡船	潘塘桥	寓四兜	清墩漾	1948 年	1955 年
汤溇港渡口	摆渡船	陆家湾村	陆家湾	汤溇港	1955 年	1985 年
河埠桥渡口	摆渡船	陆家湾村	河埠桥	陆家湾	1961 年	1987 年
南桥头渡口	摆渡船	陆家湾村	董家甸	陆家湾	1953 年	1982 年
陆家漾渡口	摆渡船	陆家湾村	陆家湾	陆家漾	1952 年	1979 年
对芳兜渡口	拉渡船	常乐村	对芳兜	北横塘	1978 年	1998 年
小仁圩 - 荒田	拉渡船	东桥村	东桥	北塘港	1966 年	1975 年
南遥山 - 北龙田	拉渡船	东桥村	严家兜	遥三港	1966 年	1975 年
林梦田 - 盛家田	拉渡船	东桥村	前浜	前浜港	1966 年	1975 年
拉渡口	拉渡船	杨溇村	柏家坝	直头港	清末年	1965 年

六、水上交通工具

木质摇橹船　木船是织里地区主要的交通工具，明清时代织里晓河等多地有多家木船制造作坊。1962 年，漾西公社有农船 261 条。1978 年织里各乡镇各村共有木船 1657 条，1988 年有 1306 条，2018 年有 66 条。

20 世纪 70 年代的摇橹船

木质帆船　明清时期，一些较大的船只，包括运输和在太湖捕鱼船只，装有风帆，也可拉纤，到 1990 年基本消失。

水泥船只　1966 年，同心大队分配到 2 吨水泥船 1 条，之后水泥船只逐步增多。1978 年织里各乡镇各村有水泥船 1238 条，1988 年有 3994 条。1992 年后逐渐减少，至 2018 年有 126 条。

机动船（挂机）　1960 年开始有挂机，1962 年，漾西公社有机动船 11 条。1972 年，上林村棉织厂购置水泥挂机船。1975 年，织里公社卫东大队农具厂购置 8 吨和 10 吨水泥挂机船各 1 条。1978 年织里各乡镇各村有挂机船 562 条。1988 年末，轧村全乡个体、集体登记发照的运输货船 42 条。1988 年织里各乡镇各村有机动船 1758 条，1992 年后逐渐减少，至 2018 年有 132 条。

轮船　20 世纪 50 年代初开始有轮船，1978 年织里各乡镇各村有轮船 17 艘，1988 年 16 艘，2018 年 1 艘。

第三节 公路（道路）运输

一、客运

1970 年前后，318 国道上湖州至南浔、南浔至湖州开设客运班车，一个多小时一班，织里停靠站有晟舍、旧馆、三济桥共 3 个。同年开通湖州至上海，湖州至苏州班车，每天 2 至 3 班，织里停靠站有晟舍、旧馆、三济桥共 3 个。

1984 年，在公园路南、织里北路西侧的太湖大酒店旁边，建造织里汽车站，同年开通织里至湖州的客运班车，后陆续开通织里至苏州、常熟、上海等地的班车。

1987 年，织里开往湖州的客运班车每天 20 多班次。

1990 年 1 月轧漾公路通车仪式

1996 年 6 月，扩建织里汽车站。

2001 年 3 月 6 日，织里镇政府批准建立织里三元客货运有限公司，同时注销宝达客运公司和万通客运公司。

2002 年，在晟舍童装市场东南角 318 国道与织里南路交叉口设立晟舍汽车站，开通晟舍至南通、杭州、义乌、柯桥等地的长途客车。

2004 年，在珍贝路西侧的湖织大道上建造织里汽车站，总投资 1500 万元。

2005 年竣工并运营，开通周边省市的班车。同时织里北路公园路口的汽车站停用。

2019，织里客运中心和晟舍车站有长途线路共 43 条（包括始发班车和途经班车），分别是织里和晟舍发往上海、宁波、南京、苏州、普陀、嘉兴、义乌、广德、杭州、南通、无锡、衢州、浦东机场、安庆、温岭、温州、广州、长兴、昆山、兰溪、张家港、嘉定、泰州、龙港、灵璧、启东、富阳、沭阳、武康、嘉善、歙县、铜陵、新沂、连云港、合肥、宣城、郎溪、泾县、常熟、屯溪、常州、镇江、绍兴等地，共有 115 个班次（其中新沂为隔天班）。

2019 年全年共发送旅客 131 531 人次，每月发送旅客 10 960 人左右，每天发送旅客 365 人左右。

二、货运

1984 年开始，出现用汽车货运。

1987 年，织里镇各单位有货运汽车 11 辆，短途运输的三轮卡车有 10 多辆。

1989 年 11 月 6 日，湖州第一条自办农村汽车邮路湖州至织里支局开通。

1996 年开始，组建宝达客运公司和万通客运公司，同时对客运小三轮车进行取缔。到 1998 年晟舍童装市场开业前，投放货的 25 辆。

2000 年 6 月 31 日，湖州市计划委员会批准织里联托运服务中心项目，总建筑面积 11 710 平方米。2001 年 3 月被国家发改委列为综合开发项目，并动工建设。总投资 2200 万元，2001 年 11 月竣工并投入使用，新建的联托运市场开辟了到全国多个城市的托运专线。详见第一卷第七章《邮政 通信》物流部分。

三、运输工具

原始运输工具　织里地区成陆并人口定居以后，运输工具主要是用竹子编织的土箢、箩筐、麻袋，以及用柳条编织的器具用肩膀挑，或用手提。收割水稻等农作物主要用绳子捆绑后用扁担挑。

手拉车　1950 年代开始，集镇上陆续出现二轮搬运手拉车。至 1960 年代，在建筑企业，集镇供销社、粮站、茧站等单位逐步配置。1977 年，机耕路做好后农村开始出现手拉车。1980 年村级水泥小路浇筑后，农户手拉车增加较快，主要用于收割稻谷、施肥、出售农产品等。1990 年童装企业普遍使用。至 2000 年逐年减少，2015 年基本消失。

人力三轮车　是三个轮子的车，1970 年代开始出现，1980 年代村水泥小路修筑后增加较快，1985 年逐步取代手拉车。2018 年以后逐步被电动三轮车代替。1978 年织里全镇有人力三轮车 37 辆，1988 年 3134 辆，2018 年 10 542 辆（外来人口拥有的均未统计在内）。

电瓶二轮车、三轮车、四轮车　1987 年开始出现电瓶三轮车，1988 年织里各乡镇各村有电瓶二轮、三轮车、四轮车 227 辆。2000 年童装企业开始用电瓶三轮车替代人力三轮车。2018 年全镇有电瓶二轮、三轮车、四轮车 38 875 辆。（外来人口拥有的均未统计在内）。2018 年开始发证，2019 年电瓶车数量（包括外来人口在内）近 12 万辆，其中电动车二轮车数量 7 万余辆，电动三轮车数量 4.4 万辆。

拖拉机　1970 年代，轧村公社阮家兜等大队开始配置拖拉机，起先用于水田耕作，后转为运输。1977 年、轧村公社陈家圩大队第 6 生产队到江苏奔牛化 4200 元购置 12 匹拖拉机用于耕田，后陆续有部分拖拉机在农闲季节用于运输。

卡车（货车）　1970 年乡办企业发展后，逐步购置卡车，用于运输企业的原材料和产品。1978 年织里各乡镇各村有卡车（货车）6 辆，1988 年 45 辆，2018 年 557 辆（外来人口拥有的均未统计在内，2019 年包括外来人口拥有的卡车在内共 1200 余辆）。

四、乡村道路

乡村土路　织里地区自从有人定居后，村中的道路都是土路，各自然村落间都用土路连接。

集镇石板路　晟舍、旧馆、织里、骥村、轧村、义皋、陆家湾等小集镇形成后，镇区主要路段铺设少量石板路。

煤渣路　1960 年开始，在集镇部分道路用煤渣铺设路面。

乡村水泥小路　1980 年集镇开始浇筑水泥道路，1983 年一些村开始浇筑通往集镇的水泥小路。1984 年 5 月，轧村乡政府开始建造通往各个大队会计室的水泥小路，全长 26 950 米，宽度 1 米，至 1987 年完成水泥小路 2.5 万米。1984 年至 1986 年这三年中，织里共投资 25 万元，分期分批完成通往各村的水泥道路，共 63 000 米。1987 年东兜村有村民捐赠五空板，完成水泥小路 500 米。1990 年，朱湾村全村通水泥路，至此镇域村村通水泥小路。

五、市、区公路

织里公路 1982 年开始做公路，1984 年 5 月织里公路通车，1988 年 12 月与织太公路连通。

轧村公路 1984 年，从轧村到三济桥公路路基建设启动，土方工程由全区各乡镇统一承担，资金由轧村乡按照土地每亩 4 元筹集。1986 年 7 月 15 日，轧村到三济桥公路建成并通车。1993 年 12 月，完成砂改油 5.96 公里，2017 年进行全线提升改造。

轧漾公路 全长 7.32 公里，11 座桥梁，其中轧村乡境内 6.5 座，漾西境内 4.5 座。1985 年初，漾西启动公路路基挑土工程，上半年完成 4.4 万立方米。同年 6 月 27 至 28 日，织里分区委就轧村、漾西如何建造轧漾公路进行协商，确定按四级公路标准设计施工，路基上口宽度 7.5 米，路面宽度 5.5 米，桥梁宽度 5 米。轧村境内的石泉桥以南，路面和桥梁工程的经济负担和施工全部由轧村乡负责，石泉桥以北全部由漾西乡负责。1986 年 3 月 21 日，轧村到漾西公路规划完成，年底完成路基土方任务。轧村段实际土方工程 46 026 立方米，涵管 25 道，桥梁长度共 83 米，投入资金 39.1478 万元。1988 年投入 15.6 万元，全面完成轧村到染厂段公路的路面工程。1990 年 1 月 1 日，轧漾公路正式通车，经过东阁

轧漾公路（漾西绕镇段）

兜、沈家湾、陆家甸、白石马桥接通轧村集镇。1993年投资75万元砂改油工程竣工。2017年开始，进行提升改造。

织太公路　1984年，在湖州市郊区人代会一届一次大会上，太湖公社王金法等代表提出议案，要求建造织里到太湖的公路。1984年10月10日，湖州市郊区交通局答复："由于市里目前尚需筹集大量资金和材料，在1987年前要求长超到练市、长超到菱湖的重点公路，至于织里到太湖公路，我们已列入1989年规划，市财政好转也有可能提前建设。"1985年6月27日，太湖乡八届二次人代会通过《新建织太公路集资问题的决议》。决议明确："1. 土地问题。凡建织太公路和乡到各村公路、修建乡村道路所占用土地属于哪个村的，由哪个村负担，互不找补（由村范围内找补平衡）；2. 劳力问题。实行民工建勤，义务工筑路，凡新建公路的挑土，运输铺路劳务，实行由乡政府按人口、土地各半分段包干到村。并由村组织实行，对外出经商、做工无法出劳力者以资代劳；3. 经费问题。所需经费30万元，乡财政负担10万元，向各村单位按土地人口各半集资20万，分1985至1986两年集资，每年集资15万元。"1985年7月，织里区委协商织太公路建设。织太公路全长5769米（其中路面工程5639米），织里镇域内4086.5米，太湖乡境内1552.5米。双方协商同意，路面工程资金由织里镇负担30%，太湖乡负担70%。1985年冬天，完成织里到太湖公路的勘察测量、放量路基任务。1987年3月6日，由区公路指挥部牵头，会同晟舍、织里、太湖三个乡公路指挥部人员召开织里到太湖公路第三次协商会议。会议确定全线8座桥梁，桥梁宽度净4.5米，跨径223.5米，分别是织西大桥（总跨径54米）、白漾圩桥（总跨径31.5米）、漾南桥（总跨径30米）、南郑港桥（总跨径5米）、桥头坝（总跨径32.5米）、蚕田圩（总跨径20米）。至1987年7月全部开工。1988年5月6日，织里分区公路指挥部负责人吴明昌、朱水乔、吕荣江，召集织里镇委书记沈淦亭、太湖乡书记吴顺康等共12人，商讨织（里）太（湖）公路建设。协调会议确定公路建设的资金往来、路面铺设标准、完工时间等。确定"南进口处至织西大桥、织西大桥至元通桥南埭的铺路任务由织里镇负责，元通桥北埭至太湖乡的铺路任务由太湖乡负责。公路建成后在没有移交给公路管理部门前由铺路乡镇负责维修。路面矿渣的厚度最低不少于30厘米"。1988年5月9日，织里镇人民政府发出《关于织太公路第二期工程义务投工的通知》，对民办公助的织太公路桥头堡围土任务由镇上各单位的每个职工挑土 1 方，可以资代劳，每方土 4 元。1988 年 9 月 9 日，织太公路的织西桥、南仁港桥、白漾圩桥通过竣工验收。织西桥为优良工程、南仁港桥为良好工程、白漾圩桥为合格工程。1988 年 12 月，全线通车，织里段共 4178.15 米。1995 年 8 月完成砂改油。

陆家湾至汤溇公路　1998 年修筑汤溇到陆家湾公路。

湖薛公路　1990 年 8 月，大溇湖薛公路通村，1990 年 9 月湖薛公路通幻溇与织太路形成丁字型公路，2017 年进行改造提升。

湖织大道　2005 年 8 月，湖织大道到织里通车。2013 年 2 月，全长 3.25 公里的湖织大道延伸到轧村段完工并通车。

吴兴大道　详见本志第一卷第五章《织里城区》。

滨湖大道　属路堤结合公路，设计防洪标准为百年一遇，织里西起沈溇村，东至乔溇村，路基宽 24.5 米，双向四车道。2006 年 9 月开始筹建，2008 年 12 月 3 日动工，2011 年竣工。

六、镇级、村级公路

1987 年 12 月南湾通车，1990 年，大河村通车，1992 年凌家汇金家兜至织太路接通，1995 年庙兜全村修建矿渣路，1996 年秧宅村村级公路通车。1997 年东兜村村级公路通到旧馆村，与 318 国道接通，全长 2500 米，同年曹家簖村各自然村通车。2000 年，香圩墩村各自然村通车。1998 年，河西村浇筑柏油路。2002 年，曙光柏油路完成。2003 年，王母兜村通公路。2001 年 11 月，旧馆村村级公路通车。2003 年骥村全村通车。

2002 年 10 月，30 公里通村公路砂石路改造为柏油路。

2017 年以后，对村级公路进行维修改造，2019 年完成。

表 2-3-4　2017—2019 年镇、村级公路提升改造情况汇总

道路名称	建设年代	起止位置	长度（米）	宽度（米）	走向	道路概况
三汤线至陆曙线公路提升改造工程	2017	三汤线—陆曙线	7847	7	东西	农村公路，公路等级为四级，设计时速 20 公里
陆曙线公路提升改造工程	2017	陆家湾集镇日月桥东堍—苏浙交界新桥西堍	3136	7	南北	农村公路，公路等级为四级，设计时速 20 公里

（续）

道路名称	建设年代	起止位置	长度（米）	宽度（米）	走向	道路概况
李家坝至义皋公路提升改造工程	2018	织浔公路—环太湖公路	5303	8	南北	农村公路，公路等级为四级，设计时速20公里
水产路东延公路提升改造工程	2018	水产路—江苏230省道	9258	8	东西	农村公路，公路等级为四级，设计时速20公里
三汤线	2017	318国道—太湖	12000	15	南北	农村公路，公路等级为2级，设计时速20公里
湖织公路	2018	白龙桥—东尼路	4560	主车道12.25×2辅道10×2	东西	城市主干道，主线机动车道为双向6车道，设计时速60公里，辅道机动车道为双向4车道，设计时速40公里
茹家埭至张家兜公路工程	2018	茹家埭—张家兜	670	7	南北	农村公路，公路等级四级，设计时速20公里
三汤线至上林村公路提升工程	2018	三汤线—上林村	2106	7	东西	农村公路，公路等级为四级，设计时速20公里
湖薛线至三汤线公路提升工程	2018	湖薛线—三汤线公路	2663	7	南北	农村公路，公路等级为四级，设计时速20公里
三曙线至潜龙兜公路工程	2018	三曙线—潜龙兜	755	7	东西	农村公路，公路等级为四级，设计时速20公里
常庙线至三汤线公路工程	2018	常庙线—三汤线	1211	7	东西	农村公路，公路等级为四级，设计时速20公里
318国道至三汤线公路提升工程	2018	318国道—三汤线公路	2106	6	南北	农村公路，公路等级为四级，设计时速20公里
2018年农村公路褚家荡至上林村公路工程	2018	褚家荡—上林村	1394	6	南北	农村公路，公路等级为四级，设计时速20公里
2018年农村公路水产路至湖薛线公路工程	2018	水产路—湖薛线	892	5	南北	农村公路，公路等级为四级，设计时速20公里
2018年农村公路水产路至新浦口公路工程	2018	水产路—新浦口	948	4.5	南北	农村公路，公路等级为四级，设计时速20公里
2018年农村公路常庙线至宋家田自然村公路提升工程	2018	常庙线—宋家田	848	6	东西	农村公路，公路等级为四级，设计时速20公里
陆乔线至七都大道公路工程	2018	陆乔线—七都大道	1146	5	东西	农村公路，公路等级四级，设计时速20公里
水产路至乔楼村部公路工程	2018	水产路—乔楼村部	650	4.5	南北	农村公路，公路等级四级，设计时速20公里

（续）

道路名称	建设年代	起止位置	长度（米）	宽度（米）	走向	道路概况
水产路至陆乔线公路工程	2018	水产路—陆乔线	590	4.5	南北	农村公路，公路等级四级，设计时速20公里
水产路南机埠至南漾里公路工程	2018	水产路南机埠—南漾里	761	4.5	南北	农村公路，公路等级四级，设计时速20公里
上林村至三曙线公路工程	2019	轧村村部南面—三曙线公路	254	7	南北	农村公路，公路等级四级，设计时速20公里
李义线至宋家田公路工程	2019	李家坝至—宋家田村	803	5	东西	农村公路，公路等级四级，设计时速20公里
轧村公路（乡道Y036）路面大中修	2019	织里镇区—轧村集镇	4300	5	东西	农村公路，公路等级四级，设计时速20公里
农村公路提升工程—织里镇三汤线至南兜公路工程	2019	三汤线—南兜	1319	7	东西	农村公路，公路等级为四级，设计时速20公里
2019年农村公路-吴兴大道至后城桥公路工程	2019	吴兴大道—后城桥	793	6	南北	农村公路，公路等级为四级，设计时速20公里
黄泥坝至邵漾里公路工程	2019	黄泥坝—邵漾里	717	5	东西	农村公路，公路等级为四级，设计时速20公里
陆家湾至石桥浦公路工程	2019	陆家湾—石桥浦	1156	4.5	南北	农村公路，公路等级为四级，设计时速20公里
C517南河至东上林公路路面中修工程	2018	南河—东上林	1088	4.5	东西	农村公路，公路等级为四级，设计时速20公里
Y055陆家湾至乔溇公路路面中修	2018	陆家湾—乔溇	2300	4.5	南北	农村公路，公路等级为四级，设计时速20公里
CB25陆曙线至江苏界	2018	陆曙线—江苏界	700	4.5	东西	农村公路，公路等级为四级，设计时速20公里

注：数据由城建办于2020年提供。

表2-3-5　截至2018年镇、村级公路情况汇总

村级公路名称	里程（公里）	起点	终点	公路等级	路面类型	路基宽度（米）	路面宽度（米）	车道分类	通车日期
环太湖公路吴兴段	16.663	大钱港桥东桥头	江苏交界处	一级	沥青混凝土	24.5	23	四车道	2013.10.18
常乐—陆家湾	2.183	三汤线	三汤线	二级	沥青混凝土	19.5	14	四车道	2018.2

（续）

村级公路名称	里程（公里）	起点	终点	公路等级	路面类型	路基宽度（米）	路面宽度（米）	车道分类	通车日期
晟舍—太湖	10.289	晟舍	湖薛线岔口	二级	沥青混凝土	30.8	14.4	四车道	1996.11.1
三济桥—汤溇	12.179	三济桥	汤溇	二级	沥青混凝土	18.4	14	四车道	2004.11.1
湖织线—G50（织里出口）	0.607	湖织线	G50织里出口	一级	沥青混凝土	18	15	四车道	
三济桥—新市	0.994	三济桥	318国道	二级	沥青混凝土	12	11	双车道	2013.11.1
湖州—织里	8.251	白龙桥	轧村	二级	沥青混凝土	24.5	15	四车道	2002.11.1
水产路	2.57	织太公路	湖薛线	三级	沥青混凝土	9	6.5	双车道	2014
粮油路	3.933	南太湖大道	织太公路	三级	沥青混凝土	9	6.5	双车道	2015
潘塘桥—两家桥	0.637	潘塘桥	两家桥	四级	沥青混凝土	5.5	4.5	单车道	
两家桥—项祝兜	0.476	两家桥	项祝兜	四级	沥青混凝土	5.5	4.5	单车道	
愚四兜—郎二兜	0.816	愚四兜	郎二兜	四级	沥青混凝土	5.5	4.5	单车道	
伍浦—彭家兜	0.622	伍浦	彭家兜	四级	沥青混凝土	5.5	4.5	单车道	
施家坝—吴家弄	1.261	施家坝	吴家弄	四级	沥青混凝土	5.5	4.5	单车道	
晓河—王母	1.327	大港路	王母兜	四级	沥青混凝土	5	4	单车道	2006.12.31
李家坝—义皋	5.285	李家坝	滨湖大道	四级	沥青混凝土	8	7	双车道	2018.10.10
水产路东延	9.244	水产路	江苏交界	四级	沥青混凝土	8	7	双车道	2018.10
茹家埭—张家兜	0.632	茹家埭	张家兜	四级	沥青混凝土	8	7	双车道	2018.8
三曙线—上林村	2.169	三曙线	上林村	四级	沥青混凝土	8	7	双车道	2018.12
三汤线—陆曙线	6.356	三汤线	陆曙线	四级	沥青混凝土	8	7	双车道	2018.2
湖薛线—三汤线	2.669	湖薛线	三汤线	四级	沥青混凝土	8	7	双车道	2018.12
常庙线—三汤线	1.293	常庙线	三汤线	四级	沥青混凝土	8	7	双车道	2018.12
陆家湾—曙光	3.317	陆家湾	曙光	四级	沥青混凝土	7	6	双车道	2006.12.31
港西—香圩墩	2.088	港西	香圩墩	四级	沥青混凝土	5	5	单车道	2006.12.31
南河—东上林	2.205	南河	东上林	四级	沥青混凝土	5.5	4.5	单车道	1999.12.31
三汤线—邱家坝	2.536	三汤线	邱家坝	四级	沥青混凝土	5.5	4.5	单车道	1999.12.31
婚对塘桥—漾湾里	0.78	婚对塘桥	漾湾里	四级	沥青混凝土	5.5	4.5	单车道	2013
蒋店桥—宋家田	1.439	蒋店桥	宋家田	四级	水泥混凝土	4.5	4	单车道	2013.12.30
陆乔线—官田圩支线	0.129	陆乔线	官田圩支线	四级	水泥混凝土	5.5	4.5	单车道	2013.12.1
乔溇—潘家埭	0.791	乔溇	潘家埭	四级	沥青混凝土	5	4	单车道	2006.12.31
三汤线—潘塘桥	2.523	轧漾公路	潘塘桥	四级	沥青混凝土	6.5	5	单车道	2006.12.31

（续）

村级公路名称	里程（公里）	起点	终点	公路等级	路面类型	路基宽度（米）	路面宽度（米）	车道分类	通车日期
三汤线—陈家兜	2.074	三汤线	陈家兜	四级	沥青混凝土	4.5	3.5	单车道	2006.12.31
石头港村部—318国道	2.384	石头港村部	318国道	四级	沥青混凝土	4.5	3.5	单车道	2006.12.31
石头港村—东凹家兜	3.389	石头港村	东凹家兜	四级	沥青混凝土	6	5	单车道	2006.12.31
香圩墩村部—织轧公路	1.789	香圩墩村部	织轧公路	四级	沥青混凝土	4.5	3.5	单车道	2006.12.31
增圩—孟乡港	2.375	孟乡港	增圩	四级	沥青混凝土	5.5	4.5	单车道	2006.12.31
湖织大道—小煸圩	1.232	湖织大道	小煸圩	四级	沥青混凝土	6	5	单车道	2015.12.22
王家门—吴家荡	0.633	王家门	吴家荡	四级	沥青混凝土	6	5	单车道	2015.12.23
曙光村部—南河里	1.071	曙光村部	南河里	四级	沥青混凝土	4.5	4.5	单车道	2015.12.24
三汤线—新浦	1.031	三汤线	新浦	四级	水泥混凝土	6	5	单车道	2015.12.25
湖薛线—南头村	1.149	湖薛线	南头村	四级	沥青混凝土	6	5	单车道	2015.12.26
陆家湾—费家汇	0.534	陆家湾	费家汇	四级	沥青混凝土	6	5	单车道	2015.12.28
三汤线—北兜	0.964	三汤线	北兜	四级	沥青混凝土	5.5	4.5	单车道	2013.12.30
孟乡港—织轧公路	0.731	孟乡港	织轧公路	四级	沥青混凝土	5.5	4.5	单车道	
陆乔线—官田圩	0.567	陆乔线	官田圩	四级	沥青混凝土	5.5	4.5	单车道	2013.12.1
桃寺塔—三汤线	2.52	桃寺塔	三汤线	四级	沥青混凝土	5.5	4.5	单车道	2006.12.31
常乐—港北村	1.4	常乐	港北村	四级	沥青混凝土	5.5	4.5	单车道	2014
三汤线—邵漾里	0.586	三汤线	邵漾里	四级	沥青混凝土	5.5	4.5	单车道	2015.12.25
晒家兜—318国道	0.741	晒家兜	318国道	四级	沥青混凝土	5.5	4.5	单车道	2015.12.27
钱家兜—东官田圩	0.662	钱家兜	东莞田圩	四级	沥青混凝土	5.5	4.5	单车道	2015.12.28
三汤线—大塘兜	1.237	三汤线	大塘兜	四级	沥青混凝土	5.5	4.5	单车道	2015.12.24
桃寺塔—三汤线	1.907	桃寺塔	三汤线	四级	沥青混凝土	5.5	4.5	单车道	2015.12.17
轧村粮管所—轧村村部	0.585	轧村粮管所	轧村村部	四级	沥青混凝土	5.5	4.5	单车道	2015.12.22
孟婆兜—倪家山	1.032	孟婆兜	倪家山	四级	沥青混凝土	5.5	4.5	单车道	2015.12.27
长兜—堂子兜	0.802	长兜	堂子兜	四级	沥青混凝土	5.5	4.5	单车道	2014
上林村—祜村	1.654	上林村	祜村	四级	沥青混凝土	5.5	4.5	单车道	2014
旧馆村部—大其于	3.192	旧馆村部	大其于	四级	沥青混凝土	5.5	4.5	单车道	2015
湖织公路—织轧公路	0.977	湖织公路	织轧公路	四级	水泥混凝土	6	5	单车道	2013.12.30
陆曙线—江苏界	0.695	陆曙线	江苏界	四级	沥青混凝土	5.5	4.5	单车道	2013.12.1

（续）

村级公路名称	里程（公里）	起点	终点	公路等级	路面类型	路基宽度（米）	路面宽度（米）	车道分类	通车日期
东凹家兜—南浔界	0.736	东凹家兜	南浔界	四级	水泥混凝土	4.5	3.5	单车道	2013.12.1
湖州—薛埠	13.547	白草里	环湖线新浦闸	四级	沥青混凝土	5.5	4.5	单车道	1993.11.1
织里—轧村	4.712	织里大港	轧村	四级	沥青混凝土	6	4.5	单车道	2006.12.31
织里—八里店	3.382	织里	八里店	四级	沥青混凝土	6	4.5	单车道	2006.12.31
陆家湾—乔溇	4.569	陆家湾	乔溇	四级	沥青混凝土	6	5	单车道	2006.12.31
湖薛线—张家浒	0.913	湖薛线	张家浒	四级	沥青混凝土	4.5	3.5	单车道	2006.12.31
晟太公路—绿叶农庄	2.602	晟太公路	绿叶农庄	四级	沥青混凝土	7	6	双车道	2010.12.1
晟太公路—绿叶农庄支线	0.279	晟太公路	绿叶农庄支线	四级	沥青混凝土	4.5	3.5	单车道	2010.12.1
晟太公路—凌家汇	1.004	晟太公路	凌家汇	四级	沥青混凝土	7	5.5	单车道	2006.12.31
湖薛线—滨湖大道	0.781	湖薛线	滨湖大道	四级	水泥混凝土	6	5	单车道	2006.12.31
杨溇村—滨湖大道	0.863	皮鞋兜	滨湖大道	四级	沥青混凝土	5.5	4.5	单车道	2016.9.15
大港村部—油车港	2.964	大港村部	油车港	四级	沥青混凝土	5.5	4.5	单车道	2006.12.31
大港村部—港北山	2.47	大港村部	白地头	四级	沥青混凝土	6.5	6	双车道	2006.12.31
重兴港—大港村部	1.476	重兴港	大港村部	四级	沥青混凝土	5.5	4.5	单车道	2006.12.31
潘河港—郑家兜	1.638	潘河港	郑家兜	四级	沥青混凝土	4.5	3.5	单车道	2006.12.31
大河港—大港路	0.71	大河港	大港路	四级	沥青混凝土	4.5	3.5	单车道	2006.12.31
北窑兜—张家兜	0.707	北窑兜	张家兜	四级	沥青混凝土	6	4.5	单车道	2006.12.31
湖织公路—甄家门	1.388	湖织公路	甄家门	四级	沥青混凝土	4.5	3.5	单车道	2006.12.31
凌家汇—麦汇	1.136	凌家汇	C817330502	四级	沥青混凝土	7	5.5	单车道	2006.12.31
晟太公路—长家舍	1.153	晟太公路	长家舍	四级	沥青混凝土	6	4.5	单车道	2006.12.31
白桥坝—黄田兜	0.282	白桥坝	黄田兜	四级	沥青混凝土	6	4.5	单车道	2006.12.31
湖薛线—沈溇村部	0.481	杨家兜	沈溇村部	四级	水泥混凝土	5.5	4.5	单车道	2006.12.31
湖薛线—前浜	1.654	湖薛线	前浜	四级	沥青混凝土	5	4	单车道	2006.12.31
湖薛线—木桥头	1.336	湖薛线	木桥头	四级	沥青混凝土	6	5	单车道	2006.12.31
石灰桥—木桥头	0.508	石灰桥	木桥头	四级	沥青混凝土	5.5	4.4	单车道	
滨湖大道—太湖兜	0.449	滨湖大道	太湖兜	四级	沥青混凝土	7	5	单车道	2009.12.1
太湖兜—杨溇	0.588	太湖兜	杨溇	四级	沥青混凝土	5	4	单车道	2009.12.1

注：数据由城建办于 2020 年提供。

七、陆上运输（交通）工具

自行车　1966年，上林村有村民购买凤凰牌自行车。1978年织里各乡镇各村有自行车1053辆，1988年达到22 295辆，1995年后逐渐减少，2018年有3449辆。（外来人口拥有的未统计在内）

摩托车　1978年织里各乡镇各村有摩托车139辆，1988年有4590辆，2018年有4607辆（外来人口拥有的均未统计在内，2019年包括外来人口拥有的摩托车在内共有1万余辆）。

电瓶车　详见本节"运输工具"部分。

轿车　1979年，开始出现小轿车。1984年镇域各村有小轿车11辆。1987年末，轧村全乡个体、集体登记的轿车3辆。1988年末，各乡镇各村有轿车326辆，2018年有25 813辆（外来人口拥有的轿车均未统计在内。2018年含外来人口拥有的轿车数量共8万余辆）。

中巴车　2018年有中巴车10辆。

公交车　1984年5月1日，开始有织里至湖州的公交车。后逐步增加班次、线路。2018年有公交车数量61辆。

出租车　1985年，织里乡镇通公路后，有出租车接送旅客，主要车型是夏利。1985年至1990年，织里、轧村、太湖、漾西等乡镇的本地居民购置小汽车，从事接送旅客业务。

网约车　2015年，织里开始有网约车。2017年2月，织里网约车实现合法化，"滴滴"等打车平台成为无车居民市内出行的主要方式之一。

表 2-3-6　1978 年各村交通工具调查

村名	水上交通工具（条）					陆上交通工具（辆）						
	木船	水泥船	挂机船	轮船	其他	自行车	摩托车	人力三轮车	二轮、三轮、四轮电瓶车	汽车	货车	其他
东湾兜村	12	3	3			10						
晓河村	33	18			1							
大邾村	24	6	3			10						
李家坝村	6	8	1	2		1						
王母兜村	13	16	2			3						
香圩墩村	19					2						

（续）

村名	水上交通工具（条）					陆上交通工具（辆）						
	木船	水泥船	挂机船	轮船	其他	自行车	摩托车	人力三轮车	二轮、三轮、四轮电瓶车	汽车	货车	其他
清水兜村	15	85	20			50						
云村村	55	8		1		8						
东兜村	21	110	6		20	18						
旧馆村	20	2				30	10	15				
织里村	33	18										
秧宅村	8	12	1			2						
大河村	15	25	10			100	20					
朱湾村	4					2						
晟舍村	30	13				10						
秦家港村	21	9										
河西村	15	3	5			45	15					
增圩村	10											
港西村	56	28	3	1	3	3	2				1	
上林村	60	30	10			42	11					
轧村村	25	8				15	5					
骥村村	43					37						
石头港村	6	5	3			12	2				1	
孟乡港村						4						
潘塘桥村	35	20	5		1							
曹家簖村	60	20				30						
乔溇村	69	45	30	1	25							
陆家湾村	260			1		20		10				
汤溇村	43	22	18			12						
伍浦村	45	72	117	1		49						
庙兜村	46	115	25			3						
常乐村	35	80	5			50						
义皋村	25		2	1	5	8						
曙光村	25	70	30			15	20					
大港村	146	13	11			171	7					
郑港村	33	18			1							
凌家汇村	12	16	4			60						
联漾村	19	13	15	1		75	20					

（续）

村名	水上交通工具（条）					陆上交通工具（辆）						
	木船	水泥船	挂机船	轮船	其他	自行车	摩托车	人力三轮车	二轮、三轮、四轮电瓶车	汽车	货车	其他
元通桥村	56	28	31	1	3							
沈溇村	8	150	110	2		65	4					
东桥村	13	35	1	1		30						
大溇村	6	8	1	2		1						
幻溇村	125	78	65	1	60	50	19	12			4	1
许溇村	20				20							
杨溇村	32	28	25	1		10	4					
总计	1657	1238	562	17	139	1053	139	37			6	1

表 2-3-7　1988 年各村交通工具调查

村名	水上交通工具（条）					陆上交通工具（辆）						
	木船	水泥船	挂机船	轮船	其他	自行车	摩托车	人力三轮车	二轮、三轮、四轮电瓶车	汽车	货车	其他
东湾兜村	14	12	5			155	10	40				
晓河村	63	8			1	472	68	223				
大邾村	28	36	10		3	450	15	25		4		
李家坝村	11	85	7	2		280	6	15				
王母兜村	20	60	10			180	20	5				
香圩墩村		29	6			989	3					
清水兜村	13	97	16			100	4					
云村村	40	85	60			120	190			1		
东兜村	19	120	16		18	360	8	80				
旧馆村	15	5				500	180	50		48	2	
织里村	53	9			1	502	58	225				
秧宅村		50	8			160	170	40				
大河村		30	10			350	50			3		
朱湾村	2	6	4			58	3					
晟舍村	30	90	30			600	100					
秦家港村	15	29	17			151	39	37	9	5	3	
河西村	15	3	5			450	350	350	20			
增圩村		78	8			520	56					
港西村	102	62	85	5	20	680	45	12		5	5	
上林村	35	46	28	1	1	270	115			18		

（续）

村名	水上交通工具（条）					陆上交通工具（辆）						
	木船	水泥船	挂机船	轮船	其他	自行车	摩托车	人力三轮车	二轮、三轮、四轮电瓶车	汽车	货车	其他
轧村村	21	15	4			380	195	70				
骥村村		32	8			784	56	136			2	6
石头港村	20	22	9			458	42	10			3	3
孟乡港村						27	1	3				
潘塘桥村	6	10	2		1	300	45	150				
曹家篰村	40	50	11			120	25				3	
乔溇村	90	268	85		48	450	190	100				
陆家湾村	120	200	50			500	15	200			5	2
汤溇村	59	72	146			800	70	180			5	
伍浦村	18	35	60			987	258	412				2
庙兜村		55	20			1200	3				2	4
常乐村		300	40	1		900	300	100				
义皋村	17	9	23			412	77	27				
曙光村		30	10			700	560	150	135	110	10	
大港村	65	136	38			2313	186	46		68		
郑港村		63	8		1	472	68	223				
凌家汇村	10	12	2			400	70	50				
联漾村	15	11	7			500	300	35		5		
元通桥村	62	32	65	5	8	490	45		3	1		
沈溇村		422	240			560	210	10				
东桥村		180				310	28	10				
大溇村	11	85	55	2		280	6	15				
幻溇村	190	350	170		78	405	190	100	60	38	8	20
许溇村	25	350	100			700	100	5				
杨溇村	62	315	280		0	500	60					
总计	1306	3994	1758	16	180	22295	4590	3134	227	326	45	20

表 2-3-8　2018 年各村交通工具调查

村名	水上交通工具（条）					陆上交通工具（辆）						
	木船	水泥船	挂机船	轮船	其他	自行车	摩托车	人力三轮车	二轮、三轮、四轮电瓶车	汽车	货车	其他
东湾兜村						15	6		450	430		
晓河村					1	25	25	102	825	438	3	158

（续）

村名	水上交通工具（条）					陆上交通工具（辆）						
	木船	水泥船	挂机船	轮船	其他	自行车	摩托车	人力三轮车	二轮、三轮、四轮电瓶车	汽车	货车	其他
大邾村		2				50	13	120	1300	650	4	
李家坝村		3				20	18	30	1150	420	3	
王母兜村						5	5	7	685	226		
香圩墩村			1			56	157	462	746	680	4	
清水兜村						10	17	60	406	351		
云村村						10	5	20	500	500	1	
东兜村					8	18	30	95	280	265	8	3
旧馆村						340	75	260	580	680	17	40
织里村					1	25	26	108	925	538	2	158
秧宅村						1	20	90	460	185	1	
大河村						100	200	300	350	350	5	
朱湾村						26	37	25	340	385	9	
晟舍村	5	2				15	20	450	800	700		
秦家港村						12	8	93	433	394	6	
河西村								450	800	600	8	
增圩村		1					35	162	650	472	6	
港西村		10	3			150	350	260	750	380	20	
上林村						30	208	251	690	408	20	
轧村村		8					45	115	485	465	12	10
骥村村			2			47	234	453	654	389	32	
石头港村		9	1			126	305	230	635	405	18	
孟乡港村		7			8	326	268	124	1082	370		
潘塘桥村		3			1	10	20	100	300	230	2	60
曹家簖村		15	8			20	300	300	800	630	20	
乔溇村	10	2	5		26	320	62	560	880	790	36	
陆家湾村		10				230	330	550	2000	1130	30	
汤溇村						160	90	270	1050	810	15	
伍浦村						83	68	171	1321	540	9	
庙兜村		9				20	25	510	1250	800	10	
常乐村		20				100	280	500	1530	1200	100	
义皋村						23	26	67	572	458	19	

（续）

村名	水上交通工具（条）					陆上交通工具（辆）						
	木船	水泥船	挂机船	轮船	其他	自行车	摩托车	人力三轮车	二轮、三轮、四轮电瓶车	汽车	货车	其他
曙光村		5				20	205	205	1340	705	15	
大港村						146	65	213	3258	2113	13	
郑港村					1	25	25	102	983	438	3	
凌家汇村						160	120	180	300	150		
联漾村						115	130	300	900	530	3	
元通桥村	1					90	68	260	550	231	9	
沈溇村						95	321	557	1005	452	9	
东桥村						280	52	810	830	1075	20	4
大溇村		3				20	18	30	1150	620	3	
幻溇村	50	5	110		108	55	75	510	880	780	27	40
许溇村		4		1		50	20	30	800	850	20	
杨溇村		8	2			20	200	50	1200	600	15	5
总计	66	126	132	1	154	3449	4607	10 542	38 875	25 813	557	478

注：数据由各村于 2020 年调查上报。

第四节　桥　梁

一、古桥梁

桥梁是道路的延伸，是架设于河流、峡谷等之上的建筑物，先秦典籍《鹖冠子》有云："山无径迹，泽无桥梁，不相往来。"最早的非人工桥是自然形成的天生桥、倒在溪流上的树木以及浅水中散乱的石块。当人类有意识地推倒树木或者排列石块以跨越障碍时，桥便产生了，这一造物活动来自生活经验和对自然的模仿，形成的原始桥梁可能是独木骈木、乱石汀步、藤蔓荡索。许慎《说文解字》释梁曰："梁，水桥也，从木水，刃声。"释桥曰："桥，水梁也，从木，乔声，骈木为之者。独木者曰杠。"清段玉裁的《说文解字注》进一步解释说："（梁）水桥也。梁之字用木跨水，则今之桥也。"无论是"梁"还是"桥"都从木的，毋庸置疑最早的桥梁应是以木制为主的。在人类历史上，每当生产工具取得重大进步，运输工具发生重大变化，桥梁建设在载重、跨度等方面便会有新突破，从而不断推动桥梁工程技术的不断演变和发展。在19世纪20年代铁路出现以前，造桥所用的材料是以石材和木材为主，铸铁和锻铁只是偶尔使用。

元通塘桥，是南北向横跨北塘河的三孔石梁桥。崇祯《乌程县志》载："吴赤乌年间（238—251）建，古而特坚，至今仅一修葺。"元通塘桥始建距今有1700余年历史，是织里镇域有记载最早的桥梁。但湖州古桥迟至宋代才开始易木为石，因此最早的元通塘桥应该是木构桥梁。一直发展到唐代，桥梁仍以木结构为主，织里镇域在宋代开始快速进入"石桥时代"。铁器的广泛使用极大地促进了石料开采，促进了石材在各方面的应用，石塘、石桥、石埠头等开始在织里大量出现。湖州西南部广袤的山区为织里提供了丰富的建筑石材，加之有东西苕溪和运河的便捷水运。环太湖地区易木为石，最早采用的石材便是德清东苕溪沿岸山体开采的武康石。武康石是古代最优秀的桥梁石材之一，属火山凝灰岩。织里现存最古老的石桥均为武康石，主要集中在溇港区域，伍浦的开禧桥（开禧是南宋皇帝宋宁宗的年号）、大溇的大溇桥和永隆桥、沈溇的常熟桥（宋绍熙二年，知州事王回曾修改溇名，"皆冠以常字"）、诸溇桥（元皇庆二年）等，建造年代为南宋至元代。从元代中期开始使用太湖石建桥，胡溇的广福桥始建于元朝至正十四年（1354），是织里镇域最早的太湖石拱桥，但太湖石造桥最为集中的建造时期为明中期至清初，北塘河上的张官桥（明崇祯癸酉年）、太平桥（清康熙己未年）都是三孔石拱桥，均为精致的太湖石桥。

北塘河张官桥（桥主体为明代崇祯时重建，清末光绪年间重修）

在织里尚存古石桥中，花岗岩的使用时间最短，从清朝中期开始。但因为时间近，保存的花岗岩石桥最多，分布也最广，保存也最完整。花岗岩是一种分布很广的岩石，其颗粒均匀细密，间隙小，吸水率不高，硬度高。清代晚期到民国，我国桥梁史上发生了一次技术革命，钢铁等现代材料开始使用，第一座铁路桥、第一座公路桥等相继诞生。但太湖南岸的平原水乡，似乎依旧延续着用传统方法造桥的历史，兴起了继宋元和清乾隆之后的又一次造桥高潮，用湖州本地产的浅黄色花岗岩造出横跨横塘纵溇水系之上的道道彩虹。拱桥精致精美，如陈溇塘桥、白龙塘桥、晟舍塘桥、常胜塘桥、永济塘桥……梁桥气势恢宏，如元通塘桥、太平塘桥、清塘桥、锁澜塘桥……。虽然建在主航道上的很多桥梁被拆除了，但现在保存下来的数量与质量依旧蔚为大观。

表 2-3-9　织里镇古石桥名录

	桥名	类型	位置及说明	建造年代	保护级别
织里片	安云桥	三孔石梁桥	凌家汇村麦汇自然村中，东西向	中华民国 11 年（1922）	
	安农桥	三孔石梁桥	凌家汇村砖桥头自然村中，俗称砖桥	中华民国 32 年（1943）	
	白云桥	三孔石梁桥	郑港村白云桥自然村，东西向	清同治十三年（1874）	
	打子桥	三孔石梁桥	郑港村甄家门自然村西，东西向	中华民国 26 年（1937）	
	约束桥	三孔石梁桥	郑港村甄家门自然村南，南北向	中华民国 13 年（1924）	
	东庆桥	单孔石拱桥	晓河村环桥北自然村中，南北向	清同治年间（1862—1874）	
	福绥桥	单孔石梁桥	晓河村福绥桥自然村东，东西向	同治壬申年（1872）	
	太平桥	三孔石梁桥	晓河村环桥南自然村中，东西向	清晚期	
	敦善桥	三孔石梁桥	大港村重兴港自然村中，东西向	清光绪丙戌年（1886）	
	积善桥	单孔石梁桥	大港村下山自然村东南角，东西向	清晚期	
	双福桥	单孔石梁桥	大港村沈家坝自然村，东西向	中华民国 11 年（1922）	
	锁澜塘桥	三孔石梁桥	大港村沈家坝自然村西北约 200 米处，东西向	中华民国 18 年（1929）	
	太平塘桥	五孔石梁桥	大港村下山自然村北约 200 米处与汤家甸交界处，横跨北横塘，南北向	清道光二十六年（1846）	
	余庆桥	单孔石梁桥	大港村白地头自然村北约 100 米处，南北向	清晚期	
	益丰塘桥	三孔石梁桥	大港村大河港自然村南，南北向	中华民国 16 年（1927）	

（续）

	桥名	类型	位置及说明	建造年代	保护级别
织里片	永成桥	三孔石梁桥	联漾村联漾自然村东侧，东西向。俗称牌楼桥	1958 年重建	
	竹圆塘桥	三孔石梁桥	联漾村村部西约 200 米，东西向	中华民国 20 年（1931）	
	晃龙塘桥	三孔石梁桥	秧宅村秧宅自然村北，东西向	中华民国 36 年（1947）	
	太平桥	单孔石梁桥	秧宅村秧宅自然村西侧，东西向	中华民国 10 年（1921）	
	永济桥	单孔石梁桥	织里村姚家甸自然村中，南北向	中华民国 18 年（1929）	
	鸾章桥	三孔石梁桥	清水兜村村东约 400 米处，南北向	清道光二十六年（1846）	
	白龙塘桥	三孔石拱桥	秧宅村与后林村与交界处，东西向	中华民国 19 年（1930）	市级文物保护单位
晟舍片	晟舍塘桥	单孔石拱桥	位于荻塘运河和晟溪交汇处，东西向	清同治己巳年（1869）	
	东塘桥	单孔石拱桥	旧馆村旧馆码头东边，东西向	清光绪元年（1875）	
	佛师塘桥	三孔石梁桥	秦家港村陆家湾自然村，南北向	中华民国 18 年（1929）	
	清塘桥	五孔石梁桥	秦家港村吴兴大道施家巷桥南约 150 米处，东西向	清晚期	
	故县桥	单孔石拱桥	旧馆村杨家寺前自然村东侧，东西向	中华民国 37 年（1948）	
	会仙桥	三孔石梁桥	旧馆村庙歧山村中，南北向	中华民国 7 年（1918）	
	太保桥	三孔石梁桥	旧馆村油车桥自然村南侧，南北向	清晚期	
	广善塘桥	三孔石梁桥	云村村云村自然村，南北向	中华民国 24 年（1935）	
	积善塘桥	单孔石梁桥	云村村云村自然村，南北向	中华民国 37 年（1948）	
	云兴塘桥	三孔石梁桥	云村村云村自然村北约 200 米处，南北向	中华民国 30 年（1941）	
	泰安桥	三孔石梁桥	东兜村牧鸭桥自然村北面。南北向	1958 年	
	仪凤桥	单孔石梁桥	大河村西车兜自然村柏公桥东南约 200 米农田中，东西向	中华民国 12 年（1923）	
轧村片	安仁桥	三孔石梁桥	上林村西上林自然村，南北向	清晚期	
	长庆桥	三孔石梁桥	上林村褚家荡自然村中。南北向	清光绪二十一年（1895）	
	仁寿桥	三孔石梁桥	上林村乌家墩自然村，东西向	清光绪十八年（1892）	
	第一桥	三孔石梁桥	轧村村野鸭坝自然村北面旷野中，南北向	清咸丰年间（1851—1861）	
	广平桥	三孔石梁桥	轧村村北桥头自然村，南北向	明正德十一年（1516）	
	广济桥	三孔石拱桥	轧村村方桥头自然村，东西向	清中晚期	市级文物保护单位
	观音桥	单孔石梁桥	轧村村齐家湾自然村偏北处，东西向	清光绪己亥年（1899）	

（续）

	桥名	类型	位置及说明	建造年代	保护级别
轧村片	里美桥	单孔石梁桥	轧村村齐家湾自然村东 200 米处，东西向	清光绪十二年（1886）	
	邻睦桥	三孔石梁桥	轧村村齐家湾自然村南部，东西向	清光绪己亥年（1899）	
	东章桥	三孔石梁桥	增圩村王母兜自然村东 100 米处	清晚期	
	观音桥	单孔石拱桥	曹家簖村南桃寺塔自然村中，南北向	清光绪十三年（1887）	
	宁祉桥	三孔石梁桥	曹家簖村汤宁祉自然村中，南北向	清代早中期	
	石前桥	三孔石梁桥	曹家簖村孟婆兜自然村中，南北向	清光绪十年（1884）	
	郝家桥	三孔石梁桥	骥村陈家兜村东北 1000 米处旷野中，南北向	中华民国 14 年（1925）	
	圣堂桥	单孔石拱桥	骥村村东港埭自然村中，东西向	清中晚期	
	太平桥	单孔石拱桥	骥村村胡家坝桥自然村东，南北向	中华民国 4 年（1915）	
	蒋店桥	三孔石梁桥	潘塘桥村蒋店桥自然村中，南北向	1951 年	
	晋寿桥	三孔石梁桥	潘塘桥村盛家桥自然村东侧，东西向	清同治十一年（1872）	
	两家桥	三孔石梁桥	潘塘桥村两家桥自然村东南侧，南北向	中华民国 37 年（1948）	
	潘塘桥	三孔石梁桥	潘塘桥村潘塘桥自然村，东西向	清道光二十六年（1846）	
	梅林桥	三孔石梁桥	香圩墩村梅林港自然村，东西向	清光绪六年（1880）	
	咸兴桥	三孔石梁桥	香圩墩村梅林港自然村北 100 米处，东西向	中华民国 17 年（1928）	
	万安桥	三孔石梁桥	石头港村石头港自然村北面野外，东西向	清光绪二十一年（1895）	
	锡虾桥	三孔石梁桥	石头港村南湾自然村南部约 400 米处，大致南北向	中华民国（1912-1949）	
	西庆桥	三孔石梁桥	港西村西侧 200 米处，东西向	清代中晚期	
	俊秀桥	单孔石拱桥	孟相港村茹家埭自然村北，南北向	中华民国 4 年（1915）	
漾西片	安乐桥	单孔石拱桥	汤娄村蒋娄自然村北约 100 米处，东西向	清康熙十八年（1608）	全国文物保护单位太湖溇港附属建设
	张官桥	单孔石拱桥	汤娄村费家兜村北 200 米处，南北向	明崇祯癸酉年（1633）清光绪三年（1877）	市级文物保护单位
	广福桥	单孔石拱桥	乔娄村胡娄自然村南，东西向	元至正十四年（1354）明正统十四年（1449）明嘉靖十六年（1537）明天启元年（1621）	省级文物保护单位

	桥名	类型	位置及说明	建造年代	保护级别
漾西片	安隆桥	单孔石梁桥	曙光村北河里自然村东面，南北向	清光绪二十二年（1896）	
	安澜桥	三孔石梁桥	常乐村杀鱼桥村北，南北向	清咸丰二年（1852）	
	康泰桥	三孔石梁桥	曙光村南河里自然村，南北向	清同治年间（1862-1874）	
	日明桥	单孔石梁桥	陆家湾村陆家湾自然村中间，沈宅思慎堂前，南北向	清晚期	
	塔影桥	三孔石梁桥	曙光村费家汇自然村中，东西向	中华民国8年（1919）	
	依葭桥	单孔石梁桥	曙光村费家汇自然村东，东西向	己巳年（1869或1929）	
	吴沙桥	三孔石梁桥	曙光村吴沙桥自然村北，东西向	清咸丰十年（1861）	
	五福高桥	三孔石梁桥	曙光村南兜自然村东侧，东西向	丙辰年（1916）	
	咸寿桥	单孔石梁桥	曙光村木渎港自然村，整体呈东西向	清光绪年间（1895—1908）	
	永安长桥	三孔石梁桥	曙光村中兜自然村南面旷野中，南北向	中华民国18年（1929）	
	永丰桥	单孔石梁桥	陆家湾村费家兜自然村南，南北向	清光绪二十年（1995）	
	丰登桥	单孔石梁桥	常乐村港北山自然村南部野外，南北向	清道光丁未年（1847）清道光十六年（1836）	
	丰和桥	单孔石梁桥	常乐村港北山自然村南侧，东西向	清康熙五十三年（1714）清乾隆三十七年（1772）	
	交界新桥	三孔石梁桥	漾西南河里村东南方500米处，江浙两省交界桥，东西向	中华民国三十七年（1948）	
	仁里桥	三孔石梁桥	常乐村西港浪自然村中，东西向	清光绪己丑年（1889）	
	胜塘桥	三孔石梁桥	常乐村村心里港西自然村西北200米处，南北向	1958年	
	太平桥	三孔石拱桥	常乐村姜王里村北约200米处，南北向	清康熙已未年（1679）	市级文物保护单位
	永福灞桥	单孔石梁桥	常乐村姜王里村东北约100米田野中，东西向	清咸丰九年（1860）	
	永利桥	三孔石梁桥	常乐村姜王里村中，南北向	清同治六年（1867）	
	万翠桥	三孔石梁桥	常乐村村心里港西自然村，南北向	清晚期	
	万安桥	单孔石梁桥	陆家湾村丰兆湾自然村中，东西向	丙辰年（1916）	
	迎晖桥	单孔石拱桥	陆家湾村陆家湾自然村东面，南北向	清中晚期	
	永安桥	单孔石梁桥	陆家湾村油车潭自然村，东西向	清宣统己酉年（1909）	
	述中桥	单孔石拱桥	乔溇村东街自然村中，东西向	清光绪二十九年（1903）	全国文物保护单位太湖溇港附属建设

（续）

	桥名	类型	位置及说明	建造年代	保护级别
漾西片	项王塘桥	三孔石梁桥	乔溇村大乔其自然村南部约1000米处旷野中，南北向	中华民国11年（1922）	
	庆安桥	单孔石拱桥	乔溇村宋溇自然村，东西向	清光绪二年（1877）	
太湖片	安乐桥	三孔石梁桥	伍浦村伍浦自然村中，东西向	清乾隆丁酉年（1777）	
	安庆桥	单孔石梁桥	东桥村安港自然村北，东西向	清光绪丁酉年（1897）	
	开禧桥	三孔石梁桥	伍浦村西蒋溇自然村中，南北向。俗称白莲桥，现迁建至伍浦公园南横塘上，改为单孔石梁桥	南宋开禧年间（1205—1207）清雍正年间重建	
	常熟桥	三孔石梁桥	沈溇自然村北旷野中，东西向。宋绍熙二年（1191）知州事王回曾修改溇名，"皆冠以常字"。常熟溇即为沈溇	清晚期	
	常裕桥	单孔石拱桥	杨溇村村部右前方30米，东西向，原谢溇村皮鞋兜村西口。宋绍熙二年（1191）知州事王回曾修改溇名，"皆冠以常字"。常裕溇即为谢溇	清中期	
	大有桥	三孔石梁桥	伍浦村西蒋溇自然村中，南北向	清乾隆八年（1743）	
	朱家桥	单孔石梁桥	伍浦村濮溇自然村中，南北向	清康熙五十七年（1718）	
	常胜塘桥	单孔石拱桥	义皋村寺前自然村南部旷野中，南北向	中华民国	
	陈溇塘桥	单孔石拱桥	义皋村塘湾里自然村西侧，东西向	中华民国25年（1936）	全国文物保护单位太湖溇港附属建设
	尚义桥	单孔石拱桥	义皋村义皋自然村中，东西向	清乾隆三十九年（1774）	全国文物保护单位太湖溇港附属建设
	福善桥	单孔石梁桥	杨溇村杨溇港西自然村中，南北向	中华民国23年（1934）	
	绎喜桥	单孔石梁桥	杨溇村杨溇港西自然村中，南北向	中华民国23年（1934）	
	大溇桥	单孔石拱桥	大溇村塘北自然村中，东西向	武康石材。南宋绍熙二年（1191）知州事王回修溇港的遗构	
	彦硕桥	三孔石梁桥	大溇村严家桥自然村中，东西向	中华民国33年（1944）	
	永隆桥	单孔石拱桥	大溇村小兜自然村，东西向	清康熙己巳年（1689）	市级文物保护单位
	太平塘桥	单孔石梁桥	义皋村陈溇南头自然村东，东西向	癸丑年（1913）	

（续）

	桥名	类型	位置及说明	建造年代	保护级别
太湖片	里仁桥	单孔石梁桥	伍浦村伍浦自然村中，南北向	乾隆丁酉年（1777）	
	永济塘桥	单孔石拱桥	杨溇村杨溇港西自然村中，东西向	中华民国10年（1921）	
	诸溇桥	单孔石拱桥	沈溇村诸溇自然村中，东西向	元皇庆二年（1313） 清雍正五年（1727）	全国文物保护单位太湖溇港附属建设
	东桥	三孔石梁桥	东桥村东桥自然村中，东西向	中华民国（1912—1949）	
	盛稼桥	三孔石梁桥	东桥村前浜自然村，南北向	清道光年间（1821—1850）	
	元通塘桥	三孔石梁桥	元通桥村蚕环田自然村，原南北向，横跨北横塘，现迁建到旧址西北侧，改为东西向	东侧为清光绪戊子年（1888），西侧为丙辰年（疑为1916年）	
	栏杆塘桥	三孔石梁桥	庙兜村漾湾自然村南侧，南北向	清晚期	

二、公路桥

公路桥梁建设情况见下面各表。

表 2-3-10　2017—2019 年织里乡村交通桥梁改造一览

工程名称	桥梁名称	建设年代	位置	长度（米）	宽度（米）	桥梁形式
吴兴大道至后城桥公路工程	后城桥	2019	骥村	1×13	5.05	平桥
李家坝至义皋公路提升改造工程	林圩桥	2018	李家坝村	3×13	7.5	平桥
	蒋店1号桥	2018	潘塘桥村	3×16	7.5	平桥
	蒋店2号桥	2018	庙兜村	3×16	7.5	平桥
	陈家圩桥	2018	庙兜村村部	3×13	7.5	平桥
	婚对塘桥	2018	庙兜村	13+16+13	7.5	平桥
	义皋桥	2018	义皋村	1×16	7.5	平桥
水产路东延公路提升改造工程	漾湾里1号桥	2018	庙兜村杨湾	1×20	7.5	平桥
	漾湾里2号桥	2018	庙兜村杨湾	1×20	7.5	平桥
	邹家港桥	2018	庙兜村杨湾	3×10	7.5	平桥
	郎中港桥	2018	义皋村	13+16+13	7.5	平桥
	沙家桥	2018	义皋村	3×10	7.5	平桥
	陈溇桥	2018	伍浦村	1×20	7.5	平桥
	谈家溇桥	2018	伍浦村	3×20	7.5	平桥
	伍浦桥	2018	伍浦村	1×16	7.5	平桥
	蒋溇桥	2018	长乐村	3×10	7.5	平桥

（续）

工程名称	桥梁名称	建设年代	位置	长度（米）	宽度（米）	桥梁形式
水产路东延公路提升改造工程	钱溇桥	2018	钱溇村	1×16	7.5	平桥
	郎家桥	2018	钱溇村	1×16	7.5	平桥
	石桥浦新桥	2018	钱溇村	1×13	7.5	平桥
	汤溇二桥	2018	汤溇村	16+20+16	7.5	平桥
	广福庵桥	2018	汤溇村	1×13	7.5	平桥
	宋溇桥	2018	乔溇村	1×20	7.5	平桥
	大乔其桥	2018	乔溇村	1×16	7.5	平桥
	相和桥	2018	乔溇村	1×16	7.5	平桥
陆曙线	童家甸桥	2017	曙光村	1×20	6	平桥
	河埠桥	2017	曙光村	3×8	6	平桥
	栋梁桥	2017	曙光村	3×8	7.5	平桥
湖薛线至三汤线公路提升工程	陆家田桥	2018	常乐村	3×13	7.5	平桥
	丰裕桥	2018	常乐村	3×8	7.5	平桥
	太平桥	2018	常乐村	1×20	7.5	平桥
	百廿亩桥	2018	伍浦村	1×20	7.5	平桥
吴兴区2018年危桥改造工程	丰成桥	2018	常乐村	1×16	4.5	平桥
	潘塘桥	2018	潘塘桥村	3×10	7.5	平桥
三汤线至陆曙线公路提升改造工程	齐心桥	2018	齐家湾村	10+13+10	7.5	平桥
	弘益桥	2018	齐家湾村	3×8	7.5	平桥
	乌家墩大桥	2018	上林村	10+13+10	7.5	平桥
	陈家圩大桥	2018	上林村	3×13	8.5	平桥
	友谊新桥	2018	曙光村	3×16	7.5	平桥
	南兜港桥	2018	曙光村	13+16+13	7.5	平桥
	木渎港新桥	2018	曙光村	1×16	7.5	平桥
	塔影桥	2018	曙光村	1×20	7.5	平桥
三曙线至潜龙兜公路工程	乌王港桥	2018	曹家簖村	2×13+20+2×13	7.5	平桥
三汤线至上林村公路提升工程	安仁大桥	2018	上林村	13+20+13	7.5	平桥
新万安桥危桥改造工程	新万安桥	2018	石头港村	10+13+10	7.5	平桥
三汤线至南兜公路工程	太平桥	2019	曹家簖村	3×8	6	平桥
褚家荡至上林村公路工程	长庆桥	2019	上林村	7+8+7	6	平桥

（续）

工程名称	桥梁名称	建设年代	位置	长度（米）	宽度（米）	桥梁形式
2018 年农村公路水产路至陆乔线公路工程	宋溇人民一桥	2018	乔溇村	5+13	4	平桥
李义线至宋家田公路工程	福林桥	2019	宋家田村	6+8+6	5	平桥
织里至轧村公路（乡道 Y036）路面大中修及金福桥维修工程	金福桥	2019	石头港村	1×11	4.5	平桥
织里至轧村公路（乡道 Y036）路面大中修及金福桥维修工程	顺新答邾桥	2019	大邾村	3×10	4.5	平桥
	振兴乌桥	2019	李家坝	10+13+10	4.5	平桥
	叶家塘桥	2019	孟乡港村	3×8	4.5	平桥
	梅林塘桥	2019	香圩墩村	7+8+7	4.5	平桥
常庙线至三汤线公路工程	倪家扇 1 号桥	2018	庙兜村	3×10	7.5	平桥
	倪家扇 2 号桥	2018	庙兜村	5×16	7.5	平桥
茹家埭至张家兜公路工程	胡家坝新桥	2018	孟乡港村	3×13	7.5	平桥
陆家湾至石桥浦公路工程	新张官桥	2019	汤溇村	3×8	6	平桥
黄泥坝至邵漾里公路工程	仁里桥	2019	常乐村	3×10	7.5	平桥
湖织公路改建工程	安丰桥	2019	人民医院北侧	16+20+16	主道桥左（右）幅：13.25 辅道桥左（右）幅：14.75	平桥
	跃进桥	2019	东港村	4×25	主道桥左（右）幅：12.75 辅道桥左（右）幅：13.25	平桥
	白云桥	2019	郑港村	3×16	主道桥左（右）幅：13.25 辅道桥左（右）幅：12.5	平桥
	东港桥	2019	郑港村	3×16	主道桥左幅：13.25 主道桥右幅：14.5 辅道桥左幅：12.5 辅道桥右幅：15.25	平桥
	秧宅桥	2019	秧宅村	16+20+16	主道桥左幅：14.5 主道桥右幅：13.25 辅道桥左幅：14.75 辅道桥右幅：12.5	平桥

表2-3-11　截至2018年织里村级公路桥梁情况

村级公路名称	桥梁名称	跨径分类	技术状况评定	全长（米）	跨径组合（孔×米）	全宽（米）	桥面净宽（米）	上部结构类型	下部结构形式	桥面铺装类型	通航等级	通车日期
潘塘桥—两家桥	盛家桥	小桥	三类	30	3×10	4.5	4	空心板梁	桩（柱）式墩台	沥青混凝土	不通航	2002
愚四兜一郎二兜	草荡新桥	中桥	一类	36.18	12.07+12.04+12.07	7	6	空心板梁	桩（柱）式墩台	水泥混凝土	不通航	2017.7
晓河—王母	福绥桥	小桥	三类	24	1×6+1×7+1×6	4.5	4	空心板梁		水泥混凝土	不通航	1995.11.26
李家坝—义皋	林圩桥	中桥	一类	43.44	3×13	8	7.5	空心板梁	桩（柱）式墩台	水泥混凝土	不通航	2018.10
李家坝—义皋	蒋店1号桥	中桥	一类	53.04	3×16	8	7.5	空心板梁	桩（柱）式墩台	水泥混凝土	不通航	2018.10.10
李家坝—义皋	蒋店2号桥	中桥	一类	53.04	3×16	8	7.5	空心板梁	桩（柱）式墩台	水泥混凝土	不通航	2018.10.10
李家坝—义皋	陈家圩桥	中桥	一类	43.44	3×13	8	7.5	空心板梁	桩（柱）式墩台	水泥混凝土	不通航	2018.10.10
李家坝—义皋	婚对塘桥	中桥	一类	46.44	13+16+13	8	7.5	空心板梁	桩（柱）式墩台	水泥混凝土	不通航	2018.10
李家坝—义皋	义皋桥	小桥	一类	21.04	1×16	9	9	空心板梁	桩（柱）式墩台	水泥混凝土	不通航	2018.10.10
水产路东延	漾湾里1号桥	中桥	一类	25.04	1×20	7.5	7.5	空心板梁	桩（柱）式墩台	水泥混凝土	不通航	2018.10.10
水产路东延	漾湾里2号桥	中桥	一类	25.04	1×20	7.5	7.5	空心板梁	桩（柱）式墩台	水泥混凝土	不通航	2018.10.10

（续）

村级公路名称	桥梁名称	跨径分类	技术状况评定	全长（米）	跨径组合（孔×米）	全宽（米）	桥面净宽（米）	上部结构类型	下部结构形式	桥面铺装类型	通航等级	通车日期
水产路东延	邹家港桥	中桥	一类	34.04	1×30	7.5	7.5	空心板梁	桩（柱）式墩台	水泥混凝土	不通航	2018.10.10
水产路东延	郎中港桥	中桥	一类	46.44	13+16+13	7.5	7.5	空心板梁	桩（柱）式墩台	水泥混凝土	不通航	2018.10.10
水产路东延	沙家桥	小桥	一类	34.04	3×10	7.5	7.5	空心板梁	桩（柱）式墩台	水泥混凝土	不通航	2018.10.10
水产路东延	陈溇桥	中桥	一类	25.04	1×20	7.5	7.5	空心板梁	桩（柱）式墩台	水泥混凝土	不通航	2018.10.10
水产路东延	谈家溢桥	中桥	一类	65.04	3×20	7.5	7.5	空心板梁	桩（柱）式墩台	水泥混凝土	不通航	2018.10.10
水产路东延	伍浦桥	小桥	一类	21.04	1×16	7.5	7.5	空心板梁	桩（柱）式墩台	水泥混凝土	不通航	2018.10.10
水产路东延	蒋溇桥	小桥	一类	34.04	3×10	7.5	7.5	空心板梁	桩（柱）式墩台	水泥混凝土	不通航	2018.10.10
水产路东延	钱溇桥	小桥	一类	21.04	1×16	7.5	7.5	空心板梁	桩（柱）式墩台	水泥混凝土	不通航	2018.10.10
水产路东延	郎家桥	小桥	一类	21.04	1×16	7.5	7.5	空心板梁	桩（柱）式墩台	水泥混凝土	不通航	2018.10.10
水产路东延	石桥浦新桥	小桥	一类	17.44	1×13	7.5	7.5	空心板梁	桩（柱）式墩台	水泥混凝土	不通航	2018.10.10
水产路东延	汤溇2桥	中桥	一类	57.04	16+20+16	7.5	7.5	空心板梁	桩（柱）式墩台	水泥混凝土	不通航	2018.10.10

（续）

村级公路名称	桥梁名称	跨径分类	技术状况评定	全长（米）	跨径组合（孔×米）	全宽（米）	桥面净宽（米）	上部结构类型	下部结构形式	桥面铺装类型	通航等级	通车日期
水产路东延	广福碰桥	小桥	一类	17.44	1×13	7.5	7.5	空心板梁	桩（柱）式墩台	水泥混凝土	不通航	2018.10.10
水产路东延	茉溇桥	中桥	一类	25.04	1×20	7.5	7.5	空心板梁	桩（柱）式墩台	水泥混凝土	不通航	2018.10.10
水产路东延	大乔其桥	小桥	一类	21.04	1×16	7.5	7.5	空心板梁	桩（柱）式墩台	水泥混凝土	不通航	2018.10.10
茹家埭—张家兜	胡家坝新桥	中桥	一类	43.44	3×13	7.5	7.5	空心板梁	桩（柱）式墩台	水泥混凝土	不通航	2018.7.20
三曙线—上林村	安仁大桥	中桥	一类	50.44	13+20+13	7.5	7.5	空心板梁	桩（柱）式墩台	水泥混凝土	不通航	2018.12.20
三曙线—陆曙线	镇北大桥	中桥	一类	79	13+20+20+2×13	7	6	空心板梁	桩（柱）式墩台	水泥混凝土	不通航	2018.2.16
三曙线—陆曙线	齐心桥	中桥	一类	37.04	10+13+10	8	7.5	空心板梁	桩（柱）式墩台	水泥混凝土	不通航	2018.2.16
三曙线—陆曙线	弘益桥	小桥	一类	28.04	3×8	7.5	7.5	实心板梁	桩（柱）式墩台	水泥混凝土	不通航	2018.2.16
三曙线—陆曙线	陈家圩大桥	中桥	一类	37.04	10+13+10	7.5	7.5	空心板梁	桩（柱）式墩台	水泥混凝土	不通航	2018.2.16
三曙线—陆曙线	4号桥	中桥	一类	43.44	3×13	7.5	7.5	空心板梁	桩（柱）式墩台	水泥混凝土	不通航	2018.2.16
三曙线—陆曙线	友谊新桥	中桥	一类	53.04	3×16	7.5	7.5	空心板梁	桩（柱）式墩台	水泥混凝土	不通航	2018.2.16

（续）

村级公路名称	桥梁名称	跨径分类	技术状况评定	全长（米）	跨径组合（孔×米）	全宽（米）	桥面净宽（米）	上部结构类型	下部结构形式	桥面铺装类型	通航等级	通车日期
三汤线—陆曙线	南兜港桥	中桥	一类	46.44	13+16+13	7.5	7.5	空心板梁	桩（柱）式墩台	水泥混凝土	不通航	2018.2.16
三汤线—陆曙线	曙光桥	中桥	一类	52	16+20+16	6	6	空心板梁	桩（柱）式墩台	水泥混凝土	不通航	2018.2.16
三汤线—陆曙线	木渎港新桥	小桥	一类	21.04	1×16	7.5	7.5	空心板梁	桩（柱）式墩台	水泥混凝土	不通航	2018.2.16
三汤线—陆曙线	塔影桥	中桥	一类	25.04	1×20	7.5	7.5	空心板梁	桩（柱）式墩台	水泥混凝土	不通航	2018.2.16
常乐—陆家湾	北张官桥	中桥	一类	43.44	3×13	20	14.5	空心板梁	桩（柱）式墩台	水泥混凝土	不通航	2018.2.16
常乐—陆家湾	联谊桥	小桥	一类	34.44	3×10	20	14.5	空心板梁	桩（柱）式墩台	水泥混凝土	不通航	2018.2.16
湖薛线—三汤线	百廿亩桥	中桥	一类	25.04	1×20	7.5	7.5	空心板梁	桩（柱）式墩台	水泥混凝土	不通航	2018.12.20
湖薛线—三汤线	太平桥	中桥	一类	25.04	1×20	7.5	7.5	空心板梁	桩（柱）式墩台	水泥混凝土	不通航	2018.12.20
湖薛线—三汤线	富裕桥	小桥	一类	28.04	3×8	7.5	7.5	空心板梁	桩（柱）式墩台	水泥混凝土	不通航	2018.12.20
湖薛线—三汤线	陆家田桥	中桥	一类	43.44	3×13	7.5	7.5	空心板梁	桩（柱）式墩台	水泥混凝土	不通航	2018.12.20
常庙线—三汤线	倪家宕1号桥	小桥	一类	34.04	3×10	7.5	7.5	空心板梁	桩（柱）式墩台	水泥混凝土	不通航	2018.12.20

（续）

村级公路名称	桥梁名称	跨径分类	技术状况评定	全长（米）	跨径组合（孔×米）	全宽（米）	桥面净宽（米）	上部结构类型	下部结构形式	桥面铺装类型	通航等级	通车日期
常庙线—三汤线	倪家扇2号桥	中桥	一类	85.04	5×16	7.5	7.5	空心板梁	桩（柱）式墩台	水泥混凝土	不通航	2018.12.20
陆家湾—曙光	日明桥	中桥	三类	47	3×14	5	4.5	空心板梁		水泥混凝土	不通航	2005.11.26
陆家湾—曙光	董家甸桥	中桥	一类	25.04	1×20	7	6	空心板梁	桩（柱）式墩台	水泥混凝土	不通航	2005.12.3
陆家湾—曙光	河埠桥	小桥	一类	28.04	3×8	8.5	7.5	空心板梁	桩（柱）式墩台	沥青混凝土	不通航	2005.12.3
陆家湾—曙光	栋梁桥	小桥	一类	28.04	3×8	8.5	7.5	空心板梁	桩（柱）式墩台	沥青混凝土	不通航	2005.12.10
陆家湾—曙光	安仁桥	小桥	一类	21.04	1×16	8	7.5	空心板梁	桩（柱）式墩台	水泥混凝土	不通航	2005.12.3
港西—曙光	幸福桥	小桥	三类	31.4	1×10+1×7+1×10	4	3.5	空心板梁		水泥混凝土	不通航	1996.12.3
港西—香圩墩	群力新桥	小桥	三类	40	3×10	4.5	4	空心板梁	水泥混凝土	不通航	1999.12.10
南河—东上林	C517一号桥	小桥	三类	13	1×8	5.5	5	空心板梁	轻型桥台	水泥混凝土	不通航	2003.12.12
南河—东上林	C517二号桥	小桥	三类	23	1×6.5+1×8.5+1×6.5	5.5	5	空心板梁	桩（柱）式墩台	水泥混凝土	不通航	2003.12.12

（续）

村级公路名称	桥梁名称	跨径分类	技术状况评定	全长（米）	跨径组合（孔×米）	全宽（米）	桥面净宽（米）	上部结构类型	下部结构形式	桥面铺装类型	通航等级	通车日期
三汤线—邱家坝	红旗桥	小桥	一类	34	3×10	5.5	5	空心板梁	桩（柱）式墩台	水泥混凝土	不通航	2008.12.12
三汤线—邱家坝	邱家坝新桥	小桥	一类	19	1×13	5.5	5	空心板梁		水泥混凝土	不通航	2009.12.15
三汤线—潘塘桥	潘塘桥	小桥	二类	31	1×9+1×8+1×9	4.1	3.5	空心板梁		水泥混凝土	不通航	1997.12.10
三汤线—陈家兜	骥村中心桥	小桥	一类	13	1×13	4.5	4	空心板梁		水泥混凝土	不通航	1999.3.6
三汤线—陈家兜	骥村大桥	小桥	一类	29	1×8+1×13+1×8	4.5	4	空心板梁		水泥混凝土	不通航	1999.12.3
石头港村部—318国道	锡眼新桥	小桥	二类	11	1×10	4.5	4	空心板梁		水泥混凝土	不通航	1999.12.10
石头港村部—318国道	金福桥	小桥	四类	13	1×13	4.5	4	空心板梁		水泥混凝土	不通航	1999.12.10
石头港村—东四家兜	镇南大桥	中桥	二类	48	1×7+1×8+1×13+1×8+1×7	5.5	5	空心板梁		水泥混凝土	不通航	1994.12.3
石头港村—东四家兜	新万安桥	小桥	二类	25	1×8+1×9+1×8	4	3.5	空心板梁		水泥混凝土	不通航	1999.12.3

（续）

村级公路名称	桥梁名称	跨径分类	技术状况评定	全长（米）	跨径组合（孔×米）	全宽（米）	桥面净宽（米）	上部结构类型	下部结构形式	桥面铺装类型	通航等级	通车日期
香圩墩村部—织轧山公路	2014 1230	小桥	二类	23	1×7.5+1×8+1×7.5	4	3.5	空心板梁		水泥混凝土	不通航	1997.7.30
增圩—孟乡港	茹家埭	小桥	一类	24	3×8	4	3.5	空心板梁		水泥混凝土	不通航	1994.12.10
大港村部—港北山	弘德大桥	小桥	二类	30	3×10	5.5	5	空心板梁		水泥混凝土	不通航	1999.12.3
大港村部—港北山	3号桥	小桥	二类	14	1×10	5	4.5	空心板梁		水泥混凝土	不通航	1999.12.3
大港村部—港北山	塘驻桥	中桥	二类	43.5	5×8	5	4.5	空心板梁		水泥混凝土	不通航	1999.11.26
三汤线—北兜	五龙桥	中桥	一类	51.04	1×13+1×20+1×13	8	7	空心板梁		水泥混凝土	不通航	1997.8.30
桃寺塔—三汤线	观音桥	小桥	一类	18	3×6	4.5	4	空心板梁		水泥混凝土	不通航	1999.9.30
桃寺塔—三汤线	太平桥	小桥	二类	24	3×8	5.5	4.5	空心板梁		水泥混凝土	不通航	1999.12.30
桃寺塔—三汤线	振兴大桥	中桥	二类	68	2×13+1×16+2×13	5.5	4.5	空心板梁		水泥混凝土	不通航	1999.9.30
长兜—堂子兜	友谊大桥	中桥	二类	39	3×13	4.5	4	空心板梁		水泥混凝土	不通航	1997.11.30

（续）

村级公路名称	桥梁名称	跨径分类	技术状况评定	全长（米）	跨径组合（孔×米）	全宽（米）	桥面净宽（米）	上部结构类型	下部结构形式	桥面铺装类型	通航等级	通车日期
织里—轧村	大郡桥	小桥	三类	30.4	3×10	5.5	5	空心板梁		水泥混凝土	不通航	1995.12.3
织里—轧村	振兴乌桥	中桥	二类	34.3	1×10+1×13+1×10	5.5	5	空心板梁		水泥混凝土	不通航	1998.12.3
织里—轧村	叶家港桥	小桥	二类	24	3×8	5.5	5	空心板梁		水泥混凝土	不通航	1995.12.10
织里—轧村	梅林塘桥	小桥	二类	21.1	1×8.1	5.5	5	空心板梁		水泥混凝土	不通航	1995.11.26
织里—八里店	麻皮桥	小桥	三类	12	1×12	5	4.5	空心板梁		水泥混凝土	不通航	1998.12.16
织里—八里店	大石桥	小桥	四类	13	1×13	4.5	4	空心板梁		水泥混凝土	不通航	1998.12.10
织里—八里店	长子桥	小桥	二类	8	1×8	6	5.5	空心板梁		水泥混凝土	不通航	1998.12.9
陆家湾—乔溇	东战桥	中桥	二类	40	3×13	7.5	6	空心板梁		水泥混凝土	不通航	2005.12.10
陆家湾—乔溇	西藤圩桥	小桥	二类	9	1×8	5	4.5	空心板梁		沥青混凝土	不通航	2005.12.3
陆家湾—乔溇	宋溇桥	小桥	一类	17.44	1×13	8	7	空心板梁	桩（柱）式墩台	沥青混凝土	不通航	2005.12.3
陆家湾—乔溇	和睦桥	小桥	二类	11.5	1×8	5.5	5	空心板梁		沥青混凝土	不通航	2005.12.3

（续）

村级公路名称	桥梁名称	跨径分类	技术状况评定	全长（米）	跨径组合（孔×米）	全宽（米）	桥面净宽（米）	上部结构类型	下部结构形式式	桥面铺装类型	通航等级	通车日期
陆家湾—乔溇	相利桥	小桥	一类	14.5	1×12	5.5	5	空心板梁	桩（柱）式墩台	水泥混凝土	不通航	2005.12
陆家湾—乔溇	万安桥	小桥	二类	14.5	1×12	4	3.5	空心板梁		沥青混凝土	不通航	2005.12.3
陆家湾—乔溇	乔溇桥	小桥	二类	8	1×7	5	5	空心板梁		沥青混凝土	不通航	2005.12.3
陆家湾—乔溇	庆安桥	小桥	一类	15.8	1×3+2×5.7	5.5	5	空心板梁		水泥混凝土	不通航	2005.12.3
晟太公路—绿叶农庄	西港木桥	中桥	一类	21	1×20	5.5	4.5	空心板梁			不通航	2004.12.30
晟太公路—绿叶农庄	塘前桥	中桥	一类	25	1×24	5.5	4.5	空心板梁			不通航	2004.12.30
晟太公路—凌家汇	凌佳桥	小桥	二类	26	1×6.5+1×13+1×6.5	4	4	空心板梁		沥青混凝土	不通航	1993.12.3
湖薛线—滨湖大道	立新桥	小桥	一类	15	1×15	3.4	3	空心板梁		水泥混凝土	不通航	2000.12.30
大港村部—油车港	永丰桥	小桥	二类	24	1×5+1×6+1×5	4.5	4	空心板梁		水泥混凝土	不通航	1995.12.3
大港村部—港北山	陈家环桥	中桥	二类	31.5	4×6+1×7.5	4.5	4	空心板梁		水泥混凝土	不通航	1995.7.30
重兴港—大港村部	上山塘桥	中桥	二类	31	1×5+3×7+1×5	4.5	4	空心板梁		沥青混凝土	不通航	1995.8.30

（续）

村级公路名称	桥梁名称	跨径分类	技术状况评定	全长（米）	跨径组合（孔×米）	全宽（米）	桥面净宽（米）	上部结构类型	下部结构形式	桥面铺装类型	通航等级	通车日期
潘河港—郑家兜	大河港桥	小桥	二类	24	3×8	4.5	4	空心板梁		水泥混凝土	不通航	1996.8.30
大河港—大港路	永丰搪桥	小桥	四类	24	3×8	7.5	6.5	双曲拱		沥青混凝土	不通航	1996.12.3
晟太公路—长家舍	2号桥	中桥	二类	61	3×20	5.1	4.5	空心板梁		水泥混凝土	不通航	1995.12.3
湖薛线—前浜	富民大桥	小桥	二类	18.3	1×5.4+1×7.5+1×5.4	4.5	4.5	空心板梁		水泥混凝土	不通航	1999.7.30
湖薛线—木桥头	大溇桥	小桥	二类	5	1×5	5	4.5	空心板梁		沥青混凝土	不通航	1998.6.30
湖薛线—木桥头	小桥头	小桥	二类	10.5	1×10.5	3	3	空心板梁		水泥混凝土	不通航	2001.6.30
水产路	幻溇1号桥	中桥	二类	25.04	1×20	8	7	空心板梁	桩（柱）式墩台	沥青混凝土	不通航	2015.1.1
水产路	幻溇2号桥	中桥	二类	25.04	1×20	8	7	空心板梁	桩（柱）式墩台	沥青混凝土	不通航	2015.1.1
水产路	幻溇3号桥	中桥	二类	25.04	1×20	8	7	空心板梁	桩（柱）式墩台	沥青混凝土	不通航	2015.1.1
水产路	许溇2号桥	中桥	二类	25.04	1×20	8	7	空心板梁	桩（柱）式墩台	沥青混凝土	不通航	2015.1.1

（续）

村级公路名称	桥梁名称	跨径分类	技术状况评定	全长（米）	跨径组合（孔×米）	全宽（米）	桥面净宽（米）	上部结构类型	下部结构形式	桥面铺装类型	通航等级	通车日期
水产路	杨溇桥	小桥	二类	34.44	3×10	8	7	空心板梁	桩（柱）式墩台	沥青混凝土	不通航	2015.1.1
粮油路	罗溇港桥	中桥	二类	85.08	5×16	7	6	空心板梁	桩（柱）式墩台	沥青混凝土	不通航	2015.1.1
粮油路	南圩衔桥	中桥	二类	43.44	3×13	7	6	空心板梁	桩（柱）式墩台	沥青混凝土	不通航	2015.1.1
粮油路	北吊田1号桥	中桥	二类	85.08	5×16	7	6	空心板梁	桩（柱）式墩台	沥青混凝土	不通航	2015.1.1
粮油路	北吊田2号桥	中桥	二类	85.08	5×16	7	6	空心板梁	桩（柱）式墩台	沥青混凝土	不通航	2015.1.1
粮油路	大环田桥	小桥	二类	34.44	3×10	7	6	空心板梁	桩（柱）式墩台	沥青混凝土	不通航	2015.1.1
粮油路	蒋家桥	小桥	二类	27.64	3×8	7	6	空心板梁	桩（柱）式墩台	沥青混凝土	不通航	2015.1.1

第五节　交通管理

一、旧时交通管理

旧时，织里境内无专门的交通管理组织。

二、乡镇交通（船泊）管理站

1985 年 4 月，织里镇成立综合治理办公室，维护老街交通秩序。

1988 年始，织里各乡镇成立交通（船泊）管理站，配备管理员 1 人，负责交通、船泊管理，收取车辆养路费，船只航养费。轧村交通（船泊）管理站人员徐汉民。

1999 年 10 月，行政区划调整后，船泊管理站并入织里镇，交通管理工作划入路政大队，交通培训转入织里交通警察中队。2003 年，镇船泊管理站取消，船泊管理工作由市航行管理所直接负责管理。

三、织里交警中队

1.组织沿革

1995 年 4 月，湖州市公安局城区分局织里交警中队成立，办公地址设在富民路 62 号，同年有民警 7 人，辅警 10 人。

1997 年 3 月，办公地址搬迁到织里北路 108 号，同年有民警 9 人，辅警 15 人。

2006 年 12 月，有民警 6 人，辅警 75 人。

2012 年 4 月，办公地址搬迁到 318 国道旁，建筑面积为 6719 平方米，在大港路 1088 号科技城 14 座建筑面积为 10 350 平方米，同年有民警 14 人，辅警 77 人。

2015 年 9 月，升格为交巡警大队，同年有民警 27 人，辅警 358 人，

2017 年 2 月，有民警 27 人，辅警等人员 438 人。

2019 年 12 月，共有民警 27 人，平均年龄 43 岁，辅警人员 313 人（含工勤人员 9 人），治安协管员 14 人，交通协管员 78 人。大队分设巡逻中队（民警 8 人）、巡特警中队（民警 3 人）、事故中队（民警 5 人）、办案中队（民警 2 人）、

违法处理大厅、车驾管（民警2人）、综合室（民警2人）。巡逻中队分设一、二、三中队（辅警99人），巡特警中队分设机动中队、防暴中队、警犬中队（辅警149人），事故中队（辅警22人），违法处理大厅分设违法处理窗口及车驾管窗口（辅警13人），综合勤务（辅警22人），农村工作站（辅警3人）。

2.历任队长名录

1995年4月至1997年3月，全涛任中队长。

1997年3月至2003年3月，李建成任中队长。

2003年3月至2006年12月，何立宏任中队长。

2006年12月至2008年3月，姚平平任中队长。

2008年3月至2012年4月，邵建忠任中队长。

2012年4月至2015年9月，吴雪松任中队长。

2015年9月至2017年2月，蒋华任大队长。

2017年2月至2019年12月，陆旻任大队长。

3.交警工作

1995年成立初期以停车收费、维护交通秩序为主。

1998年开始，在主要路口设置交通信号灯。

2001年始，设置交通标线。

2015年开展交通违法集中整治，以"警务广场、老蔡微信、流动警务车"为平台，推进交通安全宣传"五进"工作，抓反恐防暴，围绕童装升级、治水治气、重大项目建设等中心工作提供保障。

2019年重点开展电动车整治。落实"一车一证""一人一档"牌证式管理制度，针对骑行电动车未佩戴头盔、未登记上路行驶、违法载人、闯红灯、逆向行驶、违反规定车道行驶、非法改装等违法行为，对电动车驾驶人违规行为进行现场教育与处罚。富康路、棉布城等警务站持续播放电动车道路交通事故警示片。通过填写承诺书、抄写交通法规、观看事故宣传片、转发微信朋友圈点赞等多种形式加强现场宣传力度。开展免费赠送头盔活动，教育劝导骑行电动车佩戴安全头盔10万余人。完善重点人员管理，辖区醉驾、酒驾、毒驾等重点人员数据更新至1149人。通过视频追踪，在失证人员库里查获55名失驾人员无证驾驶情况，均予以拘留。开展道路隐患大排查、源头隐患清零，排摸重点事故隐患点81个，辖区"两客一危"车辆隐患全部清零，其中市级事故黑点（318国道与栋梁路路口）整改完毕。实施智慧交通，在织里路与318国道、织里路与吴兴大道、富民路与康泰路等15个点位安装电动车违章抓拍系统，20个路口建设安装电动车违章抓拍系统。全年共抓拍取证电动车违法行为共计3万余条。各社区交通管理员对所在辖区的非机动车车牌录入进行定期核查，及时通知车主进行违章处理。9月27日，交巡警大队与中国人民财产保险服务有限公司吴兴支公司签订"警保联动"战略合作协议。与保险公司一起，建立轧村振兴路的轧村交通劝导站、商城路人保公司劝导站和位于织里北路三轮车协会劝导站。警保联动共快速处理交通事故1358起。开设非机动车人脸曝光台，曝光53次，曝光各类违法行为车辆490辆。宣传册发放10万余份，发送宣传短信20万余条。落实"五分钟勤务圈"建设，强化快速反应。处置各类闹表7次，日常值勤、盘查巡逻547次，出动警力16 000余人次，盘查人数51 677人。

4.交通事故

警情数量　2015年交通警情数17 413起，交通纠违总量94 167起，交通事故警情16 115起，比上年上升21.79%。采取一般程序案件74起，比上年上升5.7%；简易程序10 801起，比上年上升了16.6%；自行调处5240起，比上年上升34.4%。全年共发生死亡交通事故22起，死亡22人，比上年上升10%。全年因交通事故受伤62人，比上年下降21.5%，财产损失7.54万元，比上年上升1.5%。共查处各类违法交通行为15 488起，比上年上升74.4%；罚款587 590元，比上年上升102.3%；查处酒后驾驶违法行为174人，比上年上升117.5%。无证驾驶机动车164起，比上年上升1.86%，醉酒驾驶82人，比上年上升27%；再次酒后驾驶拘留31人，比上年上升40.9%；毒驾2人。现场观看宣传教育片26 202人，口头教育33 975人，清理"僵尸车"4389辆，配合城管清理占道经营摊位6352个。

2016年交通警情数18 232起，交通纠违总量128 991起。

2017年交通警情数19 426起，交通纠违总量152 921起。

2018年交通警情数21 042起，交通纠违总量267 692起。

2019年交通警情数21 269起，交通纠违总量291 405起。

第三卷

童装之都

第一章　织里童装行业

织里童装行业萌发于 20 世纪 80 年代初，是织里人在那个年代率先响应国家改革开放政策，凭着"一根扁担两只包、全国各地到处跑"的闯劲，走南闯北销售以绣花枕套为主的自制纺织刺绣产品，进而在 20 世纪 80 年代中期，从家庭绣制品加工行业中孕育分化而来。进入 20 世纪 90 年代，各级党委政府一系列破解体制机制制约的重要改革举措为织里童装业发展提供更为宽松的环境，迅速形成了"生产在一家一户、规模在千家万户"的产业格局，并与同期不断壮大的专业市场构成良性互动、相互促进的发展态势。20 世纪末至 21 世纪初，织里童装产业又依托镇域区划调整带来的更大发展空间，资源要素加速聚集，童装市场成功迁建，"织里童装"区域品牌在全国童装业中的知名度和影响力迅速提升，一批规模型、品牌型童装企业开始涌现，织里童装在同行业中的优势地位基本确立。而后，织里童装业在粗放型快速增长中一度遭受挫折，由此曾掀起一场旨在彻底根除安全隐患的童装"三合一"企业大整治，并引导激励童装企业加快转型升级，使织里童装业在发展挫折中实现了重生和超越；同时童装市场在不断拓展中提档升级，童装电子商务迅速发展，童装线上交易呈几何倍数增长，童装产业总体呈现产品结构迭代优化、商业模式创新层出、企业质量和品牌不断提升、产业生态持续向好的发展态势。织里童装产业历经四十余年发展已形成从童装设计、研发、生产、销售，到面辅料供应、物流仓储、品牌运营等相对完整的产业链，成为国内规模最大、分工协作最紧密、市场反应最灵敏的童装产业集群。织里镇先后获得"中国童装名镇""中国童装商标重点培育基地""中国纺织产业集群创新发展示范地区""中国服装行业'十三五'创新示范基地"等荣誉称号。2018年，织里镇童装类企业达 1.3 万余家，全年生产销售童装 14 亿件（套），销售额 550 亿元，约占国内童装市场 50% 份额。织里镇享有"中国童装之都"美誉。

第一节　童装业形成

一、织造业溯源

湖丝织造　渊源悠久　湖州是我国最早的蚕桑丝绸产地，钱山漾遗址被誉为世界丝绸之源，南宋嘉泰《吴兴志》中有"湖丝遍天下"的记载。织里地处南太湖之滨，镇域因"织"而名，先民自古以来从事种桑、养蚕、缫丝和织绸等农耕产业，域内"无不桑之地，无不蚕之家。"入明，南浔辑里丝声名鹊起，织里与之毗邻，同属乌程县辖地，桑蚕业紧密相连，蚕农间互有交流合作。明清时，江南织造业兴起，镇域内农户家家有土丝车，各个村落皆有棉绸织机、土布织机等织造机器，农闲时乡村"遍闻机杼声"。镇域特产还有织造粗绵绸，清同治《晟舍镇志》有载："乡间妇女自育蚕毕后，比户终日打线至八九月间，咸织成绸，鬻于郡城、南浔、双林等。延其绸阔，准尺在二尺以外，长四五丈至十余丈不等。"清光绪六年至十一年（1880—1885），湖州城及四乡"东起新兴港西至长兴，北自太湖、大钱，南至袁家汇、荻港"，织绸木机盛时两万台，织造湖绉、绵绸销于湖城诸绸庄，转上海"申庄"或苏州"苏庄"销售。

民国年间，有乡绅在白地头、秦家港村创办蚕茧收购站和土丝厂，丝绵织造业在镇域持续发展。

镇域太湖边农村有种植黄麻的历史，黄麻经加工后用途广泛，除了工业生产用的麻绳、麻袋外，用编织机织造出的麻布，缝制成麻布衣衫，轻便凉爽，在20世纪中期风靡一时，域内农村中老年人钟情于麻布衫，有的特地到太湖乡村选购麻布，回家自行缝制。还有村民种植的苎麻，加工后织成布绵，称为"夏布"，较麻布更细腻牢固，印上蓝白或黑白相间的小花纹，制作成衣衫，为当时服饰佳品。夏布制作的蚊帐，清凉美观耐用。

新中国成立后，镇域办有多家蚕茧收茧站，土法缫丝遍布农村，剥绵兜、织造土布流行。20世纪70年代社办队办工业兴起，镇域内丝厂、绸厂星罗棋布，而当时的戴山毛家桥丝厂工人众多，颇具规模，在市内很有名气。

进入20世纪80年代，农村实行联产承包责任制后，农民从"大呼隆"生产中脱离出来，纷纷购买织锦机、织绸机、缝纫机，从事织造缝制工业，为日后童装业兴起奠定基础。

镇域多市 行商于外 据《大清一统志·湖州府全图》记载,今织里镇辖区内有织里、圆通桥、陈溇、轧村、晟舍、旧馆、骥村等7个"市",太湖诸湖口26个溇区还有义皋、上林、陆家湾、杨溇、幻溇等具有集市性质的村庄,在宋代以前就兴起商业,上市交易的诸多商品中蚕丝织品居多。学者王士性曾言:"浙十一郡惟湖最富,盖嘉湖泽国,商贾舟航易通各省,而湖多一蚕,是每年有两秋也。"旧志记载,"(乌程)县南暨西少读书,读书类见东境,北多商于外者","商贾惟湖滨及南浔、乌镇之人往楚、豫间贸易"。即指古代太湖南岸滨湖溇区和傍湖诸乡村、集镇之织里人,到今日之湖南、湖北、河南经商。蚕时设行买卖桑叶,"至头二(蚕),叶行则各店皆是,半贩洞庭山桑叶来售与乡民,当育蚕时,帆樯梭织,人集如云,填街盈路,终日喧哗"。

晟舍是明清时图书出版中心之一。"一棹烟波贩图史",织里、郑港村民批发晟舍凌闵套版印刷书籍到杭州、松江、南京、镇江贩卖,成就了名闻遐迩的"书船之乡"。

而镇域所产的圆纱带(亦称棉纱带),除在本地坐卖外,更多是出外销售。清同治《湖州府志》卷29《风俗》有记述,"圆纱带,有纯白,有纯蓝,有蓝白相间,长一百尺成绞,鬻于郡城京货铺",经湖州京货铺销往北边。单人或结伙外出经商,除织里、轧村和滨湖溇区外,骥村也多有人至南京、京口(镇江)、杭州、苏州等地经营。

民国年间,各集镇均有多家蚕丝行、棉绸土布商店,裁缝制衣店。至公私合营时并入集体化商店。

二、家庭传统工艺绣品

增圩、抗三圩绣花枕套 增圩、抗山圩二村在今镇境原织里东、原轧村乡西南,素有绣花传统。20世纪60年代末70年代初,当时的计划经济体制束缚生产,村民生活贫困,村里精明能干者就在集体劳动之余想方设法学点手艺寻求贴补家用。其中,抗山圩村吴宝珠、朱水花等几位村民,在传统手工绣花基础上,分别通过不同途径从苏州和上海的绣花厂学得家用缝纫机绣花技术,不仅提升了效率,也丰富了绣花产品种类。她们开始绣制儿童肚兜、枕套之类到附近村庄兜售。与此同时,相邻增圩村村民吴小章,1971年春去上海出差时,看到上海天潼路一家绣花厂用家用缝纫机绣花,卸掉缝纫机压脚,配上一块绣花板,将布

吴宝珠和她的绣品

料绷在竹制绷子上绣花，操作简单。回家之后，他即凭擅长绘画的技能自制稿样图案，与妻子用自家缝纫机绣花，再制作成绣花枕套，比手工绣花更美观且速度快。每晚可绣制两三对枕套，星期六、星期天用小包装上一二十对到太湖边，或远一点乘车到菱湖一带乡村挨家叫卖。当时生产队一天劳动仅值五六毛钱，少者两三毛钱。而绣花枕套每对成本 1 元多，售价 2~3 元，可赚取 1~2 元，抵得上生产队两三天工时。若一天卖出五对，收入在其时相当可观，于是这种家庭副业在增圩村和邻村抗山圩悄然兴起。起初，各家从上海城隍庙买来绣花线，从湖州棉布零售店买来零头布，由女人在自家缝纫机上简单绣上花草图案，制作成枕套，然后走街串巷、跑村到户，甚至翻山越岭兜售，以赚取些额外收入补贴家用，不久，这种家庭作坊式绣制品加工在周边乡邻也蔓延开来。

　　童装业萌芽　20 世纪 80 年代初，织里农村几乎家家户户从事绣制品加工，部分精明能干者利用零碎布，绣上花，加工成儿童连衣裙。开始，儿童连衣裙只是和绣花枕套、绣花被套一样当作"绣制品"看待，并未重视。后来部分织里人在走南闯北销售活动中发现，儿童连衣裙反而畅销，而且获利也更多。于是，从绣制品加工尝试转向童装生产者人数逐渐增多，织里童装业开始兴起。

　　童装（绣花）第一人　增圩村人吴小章（1942—2019），原是轧村中学教师，擅长绘画，寥寥数笔能将一条龙、一朵花画得栩栩如生。20 世纪 60 年代，他开始接触绣花行业，1971 年春，与妻子率先从事家庭绣花枕套副业。其时尚处于"文化大革命"时期，国家经济政策还未放开，不允许个体经济活动。他利用晚上时间在缝纫机上绣花，被公社领导知道，收缴了缝纫机、枕套、帐沿等，但他没有放弃，借来缝纫机继续绣制枕套。起初在附近村庄叫卖，后来走南闯北，除新疆、西藏外，足迹遍布全国，从而也带动增圩、抗山圩及周边乡邻兴起家庭副业。1977 年上半年，吴小章在上海服装缝纫厂家发现绣品样式新颖、质量上乘，遂萌发办厂加工生产想法，不久在村里创办绣花制品加工厂，并从江苏等地请来绣花师傅，吸引五十多名工人。虽工厂因质量不过关不到一个月就匆匆停办，但五十多名工人经他和绣花师傅带动，大部分后来都成为加工绣制品带头人，并通过他们互相传帮带，兴起了一个行业。织里童装业从绣制品行业中脱胎而出。吴小章是织里童装（绣花）业开路先锋。2004 年，织里镇举办第二届中国·织里童装博览会，开展全镇范围内评选"织里童装第一人"活动。经推举、评选，吴小章被授予"织里童装（绣花）第一人"荣誉称号。

第一家童装（绣花）厂 1983 年 5 月，织里大邢村村民陆新民、吴金海等人，随身携带各自生产的绣花枕套、儿童连衣裙、电视机罩等产品到吉林江省白城市推销。白城市几家百货商店看了这些产品后，竞相订货，提出要与他们签订价值 4000 元的绣制品合同。这给陆新民他们出了难题，因为他们都是一家一户生产，人手少，资金缺，技术力量薄弱，批量生产不可能这么大，供货时间又难以保证。他们商量决定把资金集中到一起，统一加工、经销，联合承接这笔业务。回乡后，他们又和村支部书记王金根等 3 户人家协商，由 6 户人家每户各出 5000 元，并自带缝纫机、拷边机等主要生产工具，组成了全乡（当时为织里乡）第一个绣花制品联合体——大邢服装绣品厂。此后，在织里农村家家机器响、户户绣花忙的同时，这种家庭作坊式的绣品童装生产厂家越来越多。

一根扁担两只包 至 20 世纪 80 年代初，织里域内从事家庭枕套、床罩等绣制品加工经营户达到 1000 多户。妇女在家加工生产，男子外出跑销售，凭一根扁担两只包，走南闯北，足迹遍及大江南北。织里镇 1997 年创作镇歌《走南闯

一根扁担两个包，20 世纪 80 年代，织里人在全国各地推销绣花制品

北织里人》(村庄词、吕奇曲):"一根扁担挑着胆量与命运,两只布包装满希望与憧憬。北上那长城内外王府井,南下那深圳特区椰树林,沙漠盆地留过足印,都市边境回响乡音……"织里童装业第一代开拓者中,云村村民、退伍老兵姚水法家中珍藏着一根扁担。姚水法回忆,他就是靠这根扁担把全家挑上了富裕之路。1977年,他退伍回村,开始利用纺织、刺绣、缝纫等传统手艺,制作床罩、枕套,挑到织里老街自发形成的绣制品地摊市场上出售,后来又靠一张地图外出闯荡,一路肩挑背扛到处叫卖。凭着"一根扁担两个包,走南闯北到处跑"的闯劲,走出去淘回"第一桶金",许多人因此成为"万元户"。至20世纪80年代中期,第一代童装人由绣制品加工业集体向童装产业转型。

三、绣品(童装)交易场所

轧村绣品、化纤布地摊市场　20世纪70年代末兴起家庭绣制品加工业,至80年代初,扩展到织里镇域内大部分农村。家庭绣品生产作坊越来越多,需要大量棉布料和辅料,同时也急需交易场所。此时,轧村影剧院门前自发形成绣品地摊市场,交易除绣制品,还有棉布料和辅料。随后,又有轧村与范村(今属骥村村)人率先在地摊市场上做化纤布生意。其时化纤布属于新产品,大多来自一些村办企业,购买不需要布票,而且色彩丰富,胜过色彩单调的棉布,适合做儿童连衣裙,一时间以儿童连衣裙为主的童装业从绣制品行业中脱颖而出。原轧村乡创办绣花制品服务部,凡去外地销售的绣制品经营户都可把钱款先汇到服务公

20世纪80年代织里绣品市场

司，服务公司收取少量手续费为他们代收代转汇款，解决了很多外出经商者的后顾之忧，对早期交易市场形成和特色产业壮大起到推动作用。

织里老街绣品地摊市场 1982年，轧村影剧院门前绣品地摊市场刚成气候，织里老街茧站附近及虹桥东西桥堍开始形成地摊市场。织里地摊绣品市场因为地理位置更优势，且政府有关部门监管相对宽松，很多轧村摆摊业主纷纷涌向织里。露天摆摊除销售枕套等绣制品外，还有布料、辅料、花线等，很快出现兴旺景象，至1983年，织里工商所在政府支持下，整顿老街自发集市，沿织溪河边搭建36个玻璃钢瓦简易棚，用水泥板砌成交易摊位，专营棉布料及绣花线等辅料，与露天绣制品市场相配套。自此开创织里第一代交易市场，也是湖州市乃至浙江省最早的专业市场之一。

织里绣制品市场——西场 1984年，第一代简易棚市场建成后，由于街面狭窄，随着交易人员渐多，交易场所时常挤得水泄不通，不时出现抢摊乱象。织里工商所在政府支持下，投资31万元，征地4444平方米，在今织里北路建成"湖州织里小商品市场"，规范管理交易场所，沿街摆摊现象日渐减少，成为织里第一个专业市场。1985年又投资30万元，在小商品市场基础上改建为4000多平方米绣制品市场，营业房80间，玻璃钢棚摊位400个，以经营绣品、童装为主，从而结束占道经营、沿街设摊局面。这是织里第二代专业市场，时称"西场"。

轻纺绣品市场——东场 1988年，织里专业市场被列为全国性重点市场之一，市场成交额5854万元。绣品、童装等行业迅速发展，市场交易日趋繁荣，棉坯布、服装辅料等相关行业随之兴起，市场摊位供不应求，拥挤不堪。1989年投资230万元，建成7000多平方米轻纺绣品市场（亦称东场）。同时，对东、西市场划行归市，东场（即织里轻纺绣品市场）以经营面料、辅料为主，西场（即织里绣花制品市场）以童装和绣花床上用品交易为主。这是织里童装最初的专业经营场所，也是织里第三代专业市场。

前店后坊沿街商铺 1992年湖州市政府批准成立织里经济开放区，并赋予土地、规划、立项等诸多市级审批权限。1995年，国家体改委等11个部委批准织里镇列为全国小城镇综合改革试点单位，又赋予部分县级经济管理权限。这两项重大改革举措，有力推动了经济发展和城镇建设，织里专业市场连续扩建，在征地拆迁中建起一批批安置房。当时，安置房均为沿街商住楼，其结构一般是一层可作为店铺，二层以上可作住宿或其他用途。这种结构的商住楼那时正好迎合童装生产经营户乡村向镇区集聚的需要。大量迁入镇区的童装户，一般都在一楼设门市部陈列童装样品，二楼为生产场所，三四楼为生活区域。这种"前店后坊（厂）"的家庭式童装作坊，共同特点是吃住加工融为一体，经营管理成本低，曾为织里童装业早期发展带来竞争优势。但这种模式人员密集，管理粗放，上下一部楼梯相通，监管难度大，属于典型的"三合一"，存在严重安全隐患，结果导致2006年发生"两把大火"，织里童装业发展一度遭受重创。随后，"前店后坊（厂）"模式经过"三合一"集中整治，以楼层物理隔断辅以室外连廊方式演变为生产区和生活区相隔离的童装企业。

进入20世纪90年代，织里专业市场加快更新换代，先后建成中国织里商城一、二、三、五、六各交易区，并实现童装市场"南迁"，建成第八交易区即中国织里童装城。跨入21世纪，于2001年建成中国织里棉布城，又于2009年规划兴建"织里中国童装城"。织里童装市场已先后经历八代更新换代。详见本卷第三章《织里童装市场》。

四、童装产业集群和配套行业

童装行业演进　织里童装业沿着自身脉络前行，每个历史节点皆各具特征。20世纪80年代初至中期，是织里童装业萌芽初发期，刚刚从家庭绣制品加工行业中分化而出，童装加工户数不多，分散于自然村落，没有正式厂房，生产工具主要使用家用脚踏缝纫机进行简单制作，表现为典型家庭作坊模式；20世纪80年代中后期至90年代中期是成长集聚期，这一时期分散于农村的童装加工户开始向镇区集聚，童装生产户数不断增多，规模逐渐扩大，生产设备开始采用电动缝纫机，配套专业市场和销售网络逐步成形，出现了前店后厂格局，开始走向集群化发展；20世纪90年代中后期至2005年进入快速壮大期，主要特征是产业集群迅速壮大，外地生产经营户纷纷入驻加盟，生产设备更新升级，中高速工业缝纫机全面替代家用缝纫机，童装业主逐渐重视品牌、设计、质量和管理，规模童装企业向童装工业园区集聚，织里童装区域品牌和专业市场优势地位进一步确立；2006年至2011年是织里童装业治理调整期，多年"低小散"童装业发展模式导致结构性、素质性矛盾日益凸显，企业安全隐患突出，行业管理遇到瓶颈制约，政府相继推行童装业"三合一"整治和社会治理创新等一系列举措，童装业结构调整在各个层面展开，生产工具部分已采用电脑自动剪线缝纫机，童装生产设备、产品质量、营销方式和企业管理等各方面加快转型；2011 年以来，织里童装业加速转型升级，围绕产业减量提质、做优做强，政府进一步加强推动产业转型升级举措，陆续出台《关于加强和创新社会管理促进织里镇童装业持续健康发展的实施意见》《关于加快推动织里童装产业转型升级做优做强的实施意见》《关于织里童装产业培大育强的政策意见》等一系列相关政策，生产工具开始出现互联网电脑缝纫机，并在区域品牌建设、生产性服务业集聚区建设、现代产业集群转型升级示范区建设、电子商务、机器代替人工等方面转型提升。

童装产业集群　织里童装产业由家庭作坊起步，从绣花制品到儿童连衣裙，再到一度生产成人"香港衫"和锦缎棉袄，至 20 世纪 90 年代初定位于童装产业。前后历时十多年，形成"生产在一家一户，规模在千家万户"产业格局。起初以城镇和农村童装市场为经营目标市场，产品以中低档为主。终端市场接近内陆地区，辐射整个北方地区。用料以梭织为主，适合大批量生产秋冬服装，价位较低，更适合北方广大农村和中小城市中低消费阶层。1993 年原晟舍乡并入织里镇后，全镇 30 个行政村有 24 个童装专业村，从业 1.5 万人，其中许多村 90%以上农户从事童装生产。至 20 世纪 90 年代中期，陆续出现一批规模童装生产企业。此后，织里童装产业逐渐成为织里地域经济主导、基础产业。进入 21 世纪后，经多次转型升级，织里童装区域品牌在全国同行业中进一步确立优势，至2018 年全镇童装类企业 13 000 余家，从业约 25 万人，全年生产销售童装 14 亿

童装流水生产线

件（套），销售额550亿元，占国内童装市场约一半份额。织里童装产量和市场占有率连续十年保持全国首位。

表 3-1-1 部分年份织里童装产业主要数据

年份	童装业户数	从业人数（万人）	年产量（亿件套）	销售额（亿元）	市场份额（%）	时间节点标志
1997	3860	2.8	0.3	3.8		首次举办童装交易会
2001	4800	7.5	1.2	30	18	举办首届童装博览会
2004	4980	12	2.2	51	23	第二届童装博览会
2006	6600	14	3.2	75	25	童装业"两场大火"
2009	11398	26	4.2	130	30	中国童装城开建
2011	13479	26	4.2	180	33	"10·26"群体事件
2015	12362	20	12	380	35	童装示范园首期投用
2018	13000	23	14	550	50	

相关配套行业 童装业发展同时带动童装设计、打样、面辅料采购和童装销售等分工环节，产前、产后各相关行业专业化程度和合作化程度提升。全镇童装相关配套行业门类繁杂，个体数量庞大，从业人数众多，童装设计和加工生产形成资讯、物流、面辅料供应、电脑绣花、印花、裁剪打样、印染、砂洗等行业分工，基础产业链较为完整，相关配套设施有棉坯布、面辅料两大原料供应市场，相关各类经营户12 000余家。

表 3-1-2 2018年织里镇童装类配套行业调查摸底汇总

类别	户数	镇区集中分布点位
电商网店	3237	大河社区、秦家港社区、河西社区等
童装挂样	3081	今海岸社区、利济路一带
面料坯布	1243	新童装城、织里北路、棉布城
服装辅料	1227	新童装城、康泰西路一带
针织罗纹	199	新童装城、长安路、棉布城
电脑绣花	534	振兴、妙园等老社区
来料代裁	751	振兴、妙园等老社区
整理包装	435	振兴、妙园等老社区
钉扣锁眼	384	振兴、妙园等老社区
割花切条	183	振兴社区、凯旋路一带
制版打样	208	振兴、妙园等老社区
复棉充棉	190	振兴、妙园等老社区
拉链制售	76	振兴、妙园等老社区

（续）

类别	户数	镇区集中分布点位
砂洗	19	砂洗城（即吴兴童装产业配套绿色园区）
印花	318	位于高新区凌家汇、秧宅交接处
合计	12085	

五、童装行业管理

"三合一"企业整治　20世纪90年代始，至2006年，织里童装企业极大部分都是利用镇区民居商住楼作为生产经营场所，一般都是一层为门市部店面，二层生产加工以及储存产品和原料，三四层则为企业主和工人的住宿，集生产、仓储、生活为一体，普遍存在"三合一"现象。加之房屋结构大都是内置通天楼梯，且大多安装严实防盗窗架，生产中又大量使用化纤棉麻等特殊原料，这些因素导致安全隐患十分严重。2006年，织里童装业接连发生"9·4"和"10·21"两起重大火灾，造成23人死亡，被称之织里"两把大火"。"两把大火"后，湖州市和吴兴区两级政府立即在织里镇设立"三合一"整治指挥部，并从全市德清、安吉、长兴三个县和南浔区、开发区两个区抽调三百多名干部进驻织里，与织里镇干部一起组成近千人队伍，编成12个大组64个整治监管小组。整治第一阶段，紧急制定《织里镇童装企业消防整治过渡性标准》，经过45天过渡性整治，绝大部分童装企业完成了生产区和生活区过渡性分离。901家企业未达到过渡性整治标准，被强制关闭。但过渡性整治只是应急举措，紧接着，第二阶段整治由各级消防专家反复论证和模拟试验后，出台《织里镇"三合一"企业建筑分离改造技术要求》，以"垂直隔离"和"水平隔离"为改造模式。其中，"垂直隔离"技术要点是，一个建筑单元区只设置一种功能，要么生产，要么住人；"水平隔离"则要求把生产与住人楼层完全隔离，住宿人员由外建连廊楼梯直接下楼。在实际整治推进中，"水平隔离"模式作为主要选项。在长达一年多时间里，童装企业"三合一"整治按"水平隔离"方式推进，织里镇"三合一"童装企业整治于2008年上半年基本完成关键阶段工作任务。在整治中，总共对全镇885幢建筑进行安全改造，仅建设室外消防连廊就达136公里。此外，还对房屋开发、新村安置、旧村改造等作出新规定，并确立"生产进园区、生活进社区"新理念，规划建设两处童装产业标准化厂区，同时加大童装产业安全监管长效机制建设，使织里童装业发展逐渐走上正常轨道。由"两把大火"到"三合一"整治，被称为织里童装业的涅槃重生。

童装业安全长效监管　2008年上半年，"三合一"企业集中整治结束后，织里童装业安全管理转入长效监管工作状态，逐级建立起工作组织体系，职责分工明确，常设镇安全生产监督管理办公室和技术指导组、联合执法组2个直属组，4个街道办事处、2个片区办事处，包括34个行政村、16个社区下设的343个网格和500名专职安监员、700名兼职监管员，从而组成安全监管工作网络，并建立健全包括监管标准、监管职责、督查考核、执法程序等一整套管理制度和工作机制。对童装企业日常安全监管专门制定"十个严禁"和"十个一律"要求，对相关配套行业也制定相应安全监管标准。2013年，织里镇被列为国家第三批省级智慧城市示范试点，童装行业安全监管作为"智慧城市"建设重要组成部分，在不断创新中植入新技术和新办法，逐步形成智慧安监、智能预警、智慧用电以及智慧用水"四大智慧系统"，有效地把各类隐患消除在"萌芽状态"。

童装质量整治与监管　织里童装业早期大多属于家庭作坊式生产，管理粗放，质量意识淡薄，童装产品质量问题一度相当突出。尤其在2007年下半年，织里童装曾被省质量监督局列入"黄色警示"产品。吴兴区政府于2008年4月出台《关于开展织里童装产品质量专项整治的实施意见》，动员部署深化织里童装质量专项整治工作，区、镇两级专门抽调三百多名干部，在当年4月至10月，全面摸清企业数量、规模大小、标准执行、面料来源、质量管理现状等情况，对童装行业全面普查建档，重点整治童装和面料，着重解决企业业主法律意识淡薄、童装标识不符、童装和面料有害物质超标、童装产品整体质量水平偏低、企业无照经营等问题。同时，为全面提升童装产品质量，政府重点推进落实童装行业质量品牌建设"125"工程，即以市场竞争法则为主，重点扶持规范100家童装生产加工企业质量管理；以创品牌为主，有效提升2000家童装生产加工企业质量水平；以安全、合格为前提，关停淘汰500家无证加工和质量低下企业和个体户。在此基础上，建立和完善童装从原料进厂、生产加工、出厂销售、出口到售后服务全过程监管链条，逐步建立产品质量溯源体系和责任追究体系，较为完善地形成童装质量监管长效机制。

童装业税收社会化征管　织里童装业发展初期，各级政府和主管部门一直给予政策倾斜扶持，"放水养鱼，涵养税源"，低税率政策是织里童装得以迅猛发展的重要因素。2006 年以前，织里绝大多数童装企业税负较轻，税务征收基本以社会化征管方式交纳为主体。2007 年全镇童装业税收总额仅为 1500 万元。从 2008 年起，一般纳税人按月申报采取以电费为依据交纳税额，对非一般纳税人以缝纫机台数计征税额、通过社会化征管收取税金。2008 年童装业税收达到 4200 多万，2009 年突破 1 个亿，2010 年达到 1.73 亿元。2011 年后，对童装业税收作较大幅度一次性调整，由于少数工作人员工作方法简单，因而引发"10·26"群体性事件。此后，童装业税收社会化征管工作缓停近两年时间。从 2014 年起，童装业税务征收工作一方面由税务部门每年定期培育一批一般纳税人企业，以扩大一般纳税人覆盖面，增加童装业税收基本盘；另一方面对非一般纳税人童装户采取按经营规模和所在地段制定统一征收标准，主要是对大量童装户依据营业门面间数和所在区域级差计算税额，一级区域为童装业商贸最兴旺地带，二级其次，三级一般是新老镇区过渡地带；从 2015 年开始，还对个人房屋出租同样按区域划分实行税收社会化征管，具体税收征缴工作由各社区分解到各网格加以落实。2017 年全镇童装业税收 2.04 亿元，其中通过社会化征管收取童装税 6171.3 万元、房租税 2815.78 万元（含童装城 400 万元）；一般纳税人申报户收缴童装税 10 956.9 万元，房租税 457.57 万元。

第二节　童装业培育与提升

一、童装行业组织

童装产业发展办公室　20 世纪 80 年代中期，织里童装形成初期，童装业仅作工业经济一个分支，归属镇政府工业办公室（一段时间为工业公司）管理。2001 年 9 月举办第一届童装博览会后，镇党委政府领导班子专设童装业分管领导，并下设童装业发展管理办公室。童装业历任分管领导先后为闵国荣、王英、潘新林、史宁慧，童装办历任主任先后为吴荣江、施松江、朱凯、马姚靖、邱亚辉。童装产业发展管理办公室主要职能是贯彻实施党委政府有关童装业发展政策措施，引导服务童装产业健康发展，推进童装产业转型升级，培育扶持童装企业做大做强，提升织里童装区域品牌影响力和竞争力。

中国服装研究设计中心童装分中心　1997 年 9 月 28 日，首届织里童装交易会开幕。这届童装交易会，在织里镇党委政府和工商行政管理部门共同努力下，

中国服装研究设计中心童装分中心成立揭牌

2001年，中国服装研究设计中心童装分中心成立揭牌

中国服装研究设计中心童装分中心成立并落户织里。童装分中心成立后，纳入当时织里工商分局服务平台运作管理，曾利用自身优势，在织里童装款式设计、科研开发和趋势预测等方面发挥服务作用。后来随着中国服装研究设计中心改制，童装分中心逐渐淡出织里童装业界。在引导和推动织里童装产业增强创新意识、实施"品牌战略"等方面，中国服装研究设计中心童装分中心具有开创性贡献。

中国服装协会童装专业委员会　2001年9月，织里镇举办第一届中国·织里童装博览会。与会期间，中国服装协会为成立童装专业委员会，在织里镇召开第一次筹备会议，并在童装博览会开幕式上举行中国服装协会童装专业委员会（筹）揭牌仪式，由时任中国服装协会常务副会长蒋衡杰和时任中共湖州市委书记杨仁争揭牌。中国服装协会童装专业委员会属中国服装协会下设分支机构，是全国从事童装生产、科技、教育、流通企事业单位和社会团体自愿组成的非营利性全国性行业组织。童装专业委员会以振兴和发展中国童装行业为宗旨，结合行业情况，积极宣传、贯彻党和国家有关方针、政策和法令；在会员和政府之间发挥桥梁和纽带作用，当好政府部门参谋和助手；反映行业情况及会员愿望与要求，维护行业、企业合法权益，为会员提供多方面服务。

2018年12月中国服装协会官网公布的中国服装协会童装专业委员会组织机构名单中，有5家织里童装企业负责人位列副主任委员：沈强（杭州中赛实业有限公司董事长、第四届织里童装商会会长）、李云品（湖州织里万顺服饰有限公司董事长、第四届织里童装商会副会长)、李定(浙江笛莎文化创意产业有限公司总经理、第四届织里童装商会副会长)、柯文化(湖州男生女生服饰有限公司董事长、第四届织里童装商会副会长)、濮新泉(湖州今童王制衣有限公司董事长、第四届织里童装商会监事会主席)。

湖州市吴兴区织里童装商会 成立于 2005 年 9 月 8 日,以织里镇重点童装企业为核心,其他童装企业自愿加入,作为自我管理、自我约束、自我保护、自我发展、自我服务行业性组织,成立之初共有会员企业 250 家。织里童装商会本着"服务会员,团结同行,参与公益,推动发展"宗旨,在搭建政府与企业间沟通桥梁、团结童装业同行、发挥行业整体优势、推动织里镇童装产业发展提升等方面开展工作。2007 年织里童装商会成立党总支,2009 年升格为党委,共有 18 个企业支部。2009 年织里童装商会被国家民政部评为"学习实践科学发展观先进集体",湖州市"学习实践科学发展观先进集体",商会党委 2008 年度被评为湖州市"支援抗震救灾先进基层党组织",2007 年、2008 年、2009 年连续三年被评为"织里镇先进基层党组织"。织里童装商会自 2005 年 9 月成立以来,先后在 2008 年 12 月、2012 年 10 月、2019 年 7 月进行三次换届。第一至第四届织里童装商会理事会成员列表如下。

表 3-1-3 织里童装商会第一届理事会、监事会成员

姓名	单位名称	职务
濮新泉	湖州今童王制衣有限公司	会长
闵国荣	中共织里镇委员会(党委委员)	副会长
王英	织里镇人民政府(镇长助理)	副会长
朱文伟	湖州市工商局织里工商分局(副局长)	副会长
沈月方	湖州益华制衣有限公司	副会长
闵忠平	湖州玲珑宝贝服饰有限公司	副会长
张小平	湖州夏士制衣有限公司	副会长
赵东辉	湖州欧锦服饰有限公司	副会长
柯文化	湖州市织里龙城针纺布业	副会长
吴荣江	织里镇人民政府(镇童装办主任)	秘书长
钟继清	织里镇人民政府(镇统战办主任)	副秘书长
吴继荣	湖州市织里金凤来制衣有限公司	常务理事
张淦荣	湖州赛洛菲服饰有限公司	常务理事
潘友法	湖州小霸王制衣有限公司	常务理事

（续）

姓名	单位名称	职务
邹佩丰	湖州佩丰服饰有限公司	常务理事
罗继芳	湖州锦红制衣有限公司	常务理事
陈明清	浙江蓝天海纺织服饰有限公司	常务理事
杨建平	湖州织里杨氏针织服装有限公司	监事会主席
林云江	湖州豪得利制衣有限公司	监事会副主席
沈卫东	湖州亲亲贝贝制衣有限公司	监事会委员
徐雪明	湖州雅钰针织制衣有限公司	理事
郁昌	湖州织里童乐坊针织制衣厂	理事
张新强	湖州达顺制衣有限公司	理事
陆忠耀	湖州灿烂童心服饰有限公司	理事
吴建勇	湖州统艺广告装潢有限公司	理事
姚新华	湖州好儿郎服饰有限公司	理事
费松根	湖州小圆凌制衣厂	理事
徐三荣	湖州漂亮贝贝制衣厂	理事
凌建忠	湖州市织里衣贝尔服饰有限公司	理事
潘伟文	浙江欢乐年代服饰有限公司	理事

表 3-1-4　织里童装商会第二届理事会、监事会成员

姓名	单位名称	职务
张连中	湖州益华制衣有限公司	会长
朱新根	湖州今童王制衣有限公司	副会长
闵忠平	湖州玲珑宝贝服饰有限公司	副会长
张小平	湖州市织里夏士制衣有限公司	副会长
柯文化	湖州市织里龙城针纺布业	副会长
潘友法	湖州小霸王制衣有限公司	副会长
杨培清	浙江欢乐年代服饰有限公司	副会长
林云江	湖州豪得利制衣有限公司	副会长
马伟忠	湖州布衣草人服饰有限公司	副会长
杨建平	湖州织里杨氏针织服装有限公司	监事会主席
胡新荣	湖州玉米棒子服饰有限公司	监事会副主席
陈百明	湖州精品针织制衣有限公司	监事会副主席
沈卫东	湖州亲亲贝贝制衣有限公司	监事会委员
蔡林方	湖州红嘴鸥服饰有限公司	监事会委员
钱江春	湖州富美多针织时装有限公司	监事会委员

（续）

姓名	单位名称	职务
郁昌	湖州仔仔鱼服饰有限公司	理事
陆忠耀	湖州灿烂童心服饰有限公司	理事
吴继荣	湖州市织里金凤来制衣有限公司	理事
张淦荣	湖州赛洛菲进出口有限公司	理事
邹佩丰	湖州佩丰服饰有限公司	理事
姚新华	湖州好儿郎服饰有限公司	理事
凌建忠	湖州市织里衣贝尔服饰有限公司	理事
陈永法	湖州德高制衣有限公司	理事
郑美宝	湖州金宝宝制衣厂	理事
徐新华	湖州东方纺织服装厂	理事
张新强	湖州达顺制衣有限公司	理事
唐晓耀	湖州菲莱特制衣有限公司	理事
徐雪明	湖州雅钰针织制衣有限公司	理事
李红良	湖州织里今麦郎制衣厂	理事
罗国强	湖州喜多郎服饰有限公司	理事
韩兴国	湖州友友服饰有限公司	理事
许连清	湖州贝媞妮服装有限公司	理事
吴建勇	湖州统艺广告装潢有限公司	理事
谈建平	湖州富盛达制衣有限公司	理事
朱小强	湖州德利针织制衣有限公司	理事
黄建平	湖州海童霸服饰有限公司	理事
茹战新	湖州沃斯琪针织厂	理事
闵建清	湖州春芽针织制衣有限公司	理事
蔡顺山	湖州跳跳龙服饰有限公司	理事
闵金火	织里德益制衣有限公司	理事
姜新荣	湖州豪门皮件制衣有限公司	理事
陈旭	青青果·妞仔玖玖制衣公司	理事
郑海平	湖州布布恰恰制衣厂	理事

表 3-1-5 织里童装商会第三届理事会、监事会成员

姓名	单位名称	职务
杨建平	湖州织里杨氏针织服装有限公司	会长
马伟忠	浙江布衣草人服饰有限公司	副会长

（续）

姓名	单位名称	职务
朱会强	浙江不可比喻服饰有限公司	副会长
许连清	湖州市贝媞妮服装有限公司	副会长
陆峰	湖州市织里商城发展有限公司（老市场）	副会长
吴继荣	浙江金凤来制衣有限公司	副会长
张小平	浙江夏士制衣有限公司	副会长
张连中	湖州益华制衣有限公司	副会长
杨培清	浙江欢乐年代服饰有限公司	副会长
邱力	湖州小霸王制衣有限公司	副会长
闵忠平	湖州玲珑宝贝服饰有限公司	副会长
闵建清	湖州春芽针织制衣有限公司	副会长
林云江	湖州豪得利制衣有限公司	副会长
柯文化	湖州市织里龙城针纺布业	副会长
胡冰峰	弗兰尼尔（湖州）服饰有限公司	副会长
茹战新	湖州沃斯琪针织厂	副会长
高安龙	南洋砂洗厂	副会长
蔡顺山	湖州跳跳龙服饰有限公司	副会长
朱新根	湖州今童王制衣有限公司	监事会主席
陈百明	湖州精品针织制衣有限公司	监事会副主席
徐小荣	湖州织里冠隆服饰有限公司	监事会副主席
文晓莉	花样年华童装行	理事
方晟	湖州米乐服饰有限公司	理事
王雅臻	湖州明泽服饰有限公司	理事
朱小强	湖州德利针织制衣有限公司	理事
吴建勇	湖州统艺广告装璜有限公司	理事
张新强	湖州织里达顺制衣有限公司	理事
沈卫东	湖州亲亲贝贝制衣有限公司	理事
沈雪荣	湖州织里邦臣制衣有限公司	理事
邱慧群	自在小屋童装行	理事
邹佩丰	湖州佩丰服饰有限公司	理事
李培全	湖州织里林芊制衣厂	理事
陆忠耀	湖州灿烂童心服饰有限公司	理事
陈水龙	湖州阿龙衣族服饰有限公司	理事

（续）

姓名	单位名称	职务
陈旭	湖州织里青青果制衣有限公司	理事
陈永法	湖州家园宝制衣有限公司	理事
周良	安庆商会（隆绅制衣厂）	理事
周晴安	湖州织里新彩虹纺织品经营部	理事
罗志强	兔子杰罗（中国）有限公司	理事
罗国强	湖州喜多郎服饰有限公司	理事
郁昌	湖州仔仔鱼服饰有限公司	理事
郁荣华	湖州赛格斯服饰有限公司	理事
郑美宝	湖州金宝宝服饰有限公司	理事
郑海平	湖州布布恰恰服饰有限公司	理事
金小峰	湖州贝贝舒制衣有限公司	理事
姚新华	湖州好儿郎服饰有限公司	理事
姜新荣	湖州豪门皮件制衣有限公司	理事
施亚莉	湖州织里鼎源纤维制品厂	理事
凌建忠	浙江衣贝尔服饰有限公司	理事
凌法娥	湖州织里凌晨服饰有限公司	理事
唐晓耀	湖州菲莱特制衣有限公司	理事
徐新华	湖州东方纺织服装厂	理事
谈建平	湖州富盛达制衣有限公司	理事
邱佰花	湖州富美多针织时装有限公司	理事
商志业	豪迈迪电脑裁剪中心	理事
黄建平	湖州海童霸服饰有限公司	理事
焦方剑	麦肯·邦尼服饰有限公司	理事
葛凤鸣	湖州织里一凡制衣厂	理事
蒋国平	湖州小矮人制衣有限公司	理事
蒋国荣	湖州天纶服饰有限公司	理事
韩兴国	湖州友友服饰有限公司	理事
蔡林方	湖州红嘴鸥服饰有限公司	理事
潘加宁	湖州佳士曼制衣有限公司	理事
杨中民	旺仔唛制衣、运丰布行	理事
刘永强	永升天使制衣	理事
由向忠	晴儿布业	理事

表 3-1-6　织里童装商会第四届理事会、监事会成员

姓名	公司名称	职务
沈强	杭州中赛文化产业发展有限公司	会长
朱会强	浙江不可比喻服饰有限公司	副会长
吕能兵	湖州名邦服饰有限公司	副会长
王凤珍	湖州织里天臻针纺有限公司	副会长
柯文化	湖州市福建商会	副会长
李结满	湖州市安庆商会	副会长
刘宏明	湖州市东北商会	副会长
胡毅	湖州市重庆（川渝）商会	副会长
高立正	湖州市河南商会	副会长
朱正彪	湖州市湖南商会	副会长
车严松	湖州市江西商会	副会长
姚林顺	湖州市武汉商会	副会长
沈晓松	湖州市嘉兴商会（筹）	副会长
许连清	湖州市台州商会	副会长
何龙华	雅滩商会	副会长
闵忠平	湖州玲珑宝贝服饰有限公司	副会长
张连中	浙北童装经营管理有限公司	副会长
杨建平	湖州市织里杨氏针织服装有限公司	副会长
邱雪芳	湖州珍贝羊绒制品有限公司	副会长
胡冰峰	弗兰尼尔（湖州）服饰有限公司	副会长
李云品	浙江万顺服饰有限公司	副会长
李培全	湖州厚兴服饰有限公司	副会长
严良言	湖州朗田服饰有限公司	副会长
陈水龙	湖州织里阿龙衣族服饰有限公司	副会长
蔡顺山	湖州跳跳龙服饰有限公司	副会长
闵建清	湖州春芽针织制衣有限公司	副会长
潘水琴	浙江布衣草人服饰有限公司	副会长
孙刚	湖州织里城秀服饰有限公司	副会长
陈锋	浙江吉米兄弟服饰有限公司	副会长
郑新良	湖州花田彩服饰有限公司	副会长
邱力	湖州小霸王制衣有限公司	副会长
陆峰	湖州市织里商城发展有限公司	副会长
王照华	东莞市勇敢真男孩服饰有限公司	副会长
尤克龙	浙江和兆服饰有限公司	副会长

（续）

姓名	公司名称	职务
李定	浙江笛莎文化创意有限公司	副会长
叶叶	湖州创库文化创意有限公司	副会长
徐光永	浙江湖州永翼实业有限公司	副会长
濮新泉	湖州今童王制衣有限公司	监事会主席
张小平	浙江夏士制衣有限公司	监事
谷梅飞	湖州织里名门靓妞制衣厂	监事
李刚	湖州国豪服饰有限公司	理事
乌旭飞	湖州煜心煜意服饰有限公司	理事
涂家义	湖州织里有服童享服饰有限公司	理事
金玉良	湖州市吴兴区砂洗协会	理事
王后松	湖州织里童本服饰有限公司	理事
张言青	湖州织里熙熙制衣厂	理事
金喜顺	湖州织里善香小屋服饰有限公司	理事
杨建荣	湖州织里创辉制衣厂	理事
王昊天	湖州天昊制衣厂	理事
周洪	湖州织里轶蓝服饰有限公司	理事
沈泽波	湖州织里微笑年华制衣厂	理事
闵新荣	湖州织里格琳琴服饰有限公司	理事
颜烈荣	湖州南童魔服饰有限公司	理事
黄鹏飞	帕罗羊绒制品有限公司	理事
黄圣洁	浙江童当家服饰有限公司（新元素）	理事
周法来	湖州优淘服饰有限公司	理事
周凯程	湖州驰派服饰有限公司	理事
施海建	湖州家园宝制衣有限公司	理事
陈波	湖州织里童心童趣制衣厂	理事
冯飞	湖州曼尔服饰有限公司	理事
陈娟	湖州浪漫小猪服饰有限公司	理事
郑海平	湖州布布恰恰服饰有限公司	理事
曹中华	湖州织里奇迹故事服饰有限公司	理事
柯文志	湖州隆诚电脑绣花有限公司	理事
周建国	湖州织里瑞茜服饰有限公司	理事
吕本涛	湖州织里糖卡服饰有限公司	理事
沈宏伟	湖州织里今博士制衣厂	理事
姚志宵	湖州太子龙服饰有限公司	理事

（续）

姓名	公司名称	职务
谈建平	湖州富盛达针织制衣有限公司	理事
沈月方	湖州益华制衣有限公司	理事
张新强	湖州织里达顺制衣有限公司	理事
邱佰花	湖州富美多针织时装有限公司	理事
董涛	湖州豪得利制衣有限公司	理事
杨培清	浙江欢乐年代服饰有限公司	理事
陈如峰	湖州尚歌服饰有限公司	理事
戴建强	萌博士制衣厂	理事
李建根	湖州欧邦纺织品有限公司	理事
袁国龙	湖州太阳娃娃服饰有限公司	理事
徐维丽	湖州织里萌聪服饰有限公司	理事
王金龙	湖州织里柯尼服饰有限公司	理事
朱小强	湖州米芝威制衣有限公司（金霞丽美）	理事
罗国强	湖州织里漂亮妞妞服饰有限公司	理事
陶丽娟	金婴直播基地/睿妈潮童	理事
夏裕川	湖州稚颖服饰有限公司	理事
朱绍荣	湖州汇佳毛皮有限公司（宏业毛皮）	理事
朱其峰	湖州织里奇丰制衣厂（七兴猫）	理事
曹惠锋	湖州和睦服饰有限公司	理事
徐斌	湖州菠萝蜜服饰有限公司	理事
闵少平	湖州织里布拉熊服饰有限公司	理事
余继生	湖州恩硕服饰有限公司	理事
刘鹏飞	湖州鹏隆服饰有限公司	理事
罗志强	湖州越泽服饰有限公司	理事
谭世智	湖州织里艾秀服饰有限公司	理事
钱娇娇	湖州孜创服饰有限公司（阿娜熙）	理事
朱琪	湖州织里嘻宝制衣厂	理事
范丽珍	湖州织里宝妮曼依服饰有限公司	理事
刘海霞	湖州织里小尕尕制衣有限公司	理事
陈大海	湖州噢耶服饰有限公司	理事
朱跃伟	湖州跃扬纺织有限公司	理事
潘波涛	浙江糖潮服饰有限公司（糖麦卡）	理事
蔡楷	湖州海优服饰有限公司	理事
方强	湖州龙之翔服饰有限公司	理事

（续）

姓名	公司名称	职务
赵冠强	湖州永冠服饰有限公司（哈沐）	理事
杨军	芜湖爱心童服饰有限公司	理事
杨林国	杭州七秒服饰有限公司	理事
赵军	湖州永信电子商务有限公司	理事
雷元唐	湖州市织里雷臣服装设计有限公司	理事
陈顺根	湖州富利达纺织有限公司	理事
张世贤	湖州神统纺织植绒有限公司	理事
朱小明	湖州聚天无纺制品有限公司	理事
林洁	浙江孩优美科技产业发展有限公司	理事
邹佩丰	湖州佩丰服饰有限公司	理事
茹战新	毅豪布业	理事
翁加轮	湖州龙之族纺织品有限公司	理事
周晴安	湖州织里新彩虹纺织品经营部	理事
周志生	湖州十点伴服饰有限公司	理事

织里异地商会　织里经济尤其是童装业多年来持续发展，吸引全国各地经商、务工者前来创业，异地商会应运而生。这些异地商会在政府与各地经商、务工人员和企业单位之间架起联系沟通桥梁，凝聚社会各方力量，推动企业协同发展，促进社区和谐稳定，积极作用不可替代。织里镇已有安徽安庆商会、江西商会、湖南商会、河南商会、湖北武汉商会、重庆商会、东北（辽宁）商会、福建闽商商会、广东商会和浙江台州商会、嘉兴商会（筹设）等十余家异地商会。

二、童装展会活动

'97织里童装交易会　1997年9月28日至10月8日，由织里镇党委、政府和原织里工商分局共同举办'97织里童装交易会系列活动。这次童装交易会主要围绕在织里"南大门"新建成织里童装市场（也称织里商城第八交易区）开业而举行。整个活动为期10天，具体内容包括：举行全国性'97年织里童装交易会，成立中国服装研究设计中心童装分中心，织里镇（南大门）大型儿童群雕揭幕，童装生产"双十佳"评选揭晓、颁奖，组织来宾参观织里商城及织里镇容镇貌，举办织里商城发展史图片展和童装新款式展示。这是织里童装经济首次主动向外界推介展会活动。活动中，各级领导、新闻媒体和全国各地客商共有300多名来宾出席开幕仪式。这次活动为扩大织里童装产业及织里专业市场对外影响、促进织里经济社会发展起到推动作用。

首届中国·织里童装博览会　2001年9月24—26日，织里镇举行首届中国·织里童装博览会。该届童装博览会以"弘扬服装文化，引领童装潮流"为主题，由中国服装协会和湖州市人民政府共同举办。博览会主要活动内容：中国服装协会童装专业委员会（筹）揭牌仪式，织里十大童装品牌评选结果揭晓颁奖仪式，中国织里棉布城落成典礼，童装精品展示和童模表演，举行中国服装协会童装专业委员会第一次筹备会议暨童装发展研讨会，组织大型民间踩街活动。这届博览会，主要介绍中国最大童装生产、销售基地——织里在改革开放中从无到有、从小到大的成长历程和下一步发展蓝图，全面展示织里童装业发展现状和良好前景，促进中国童装业合作交流，推动织里童装品位提升。

第二届中国·织里童装博览会　2004年5月27—28日，织里镇举行第二届中国·织里童装博览会。该届童装博览会以"弘扬织里精神，引领童装潮流"为主题，由中国服装协会和湖州市人民政府共同举办。这届博览会主要活动内容：中国青少年研究中心授牌，评选表彰"织里童装第一人"，童装精品展示及童模表演，中国童装博物馆落成开馆仪式，举行中国童装发展高峰论坛，举行"织里精神"与织里童装论坛，文艺晚会（由当年央视热档"同一首歌"节目组策划）和大型民间踩街活动。第二届中国·织里童装博览会，有力推动织里童装业快速发展，促进织里童装及专业市场知名度、美誉度和外向度提升和拓展，为进一步做大做强织里童装、打响织里童装品牌起到推动作用。（第三届中国·织里童装博览会原定于2006年9月27至28日的举行，因当年"9·14"火灾特殊原因而暂停。）

'2009中国·织里童装活动周　2009年8月15—20日，在织里中国童装城总投资9亿元一期项目奠基开工建设之际，织里镇政府举办'2009中国·织里童装活动周。这次童装活动周主要内容包括：'2009中国·织里童装创意团队设计大赛，品牌童装发展与提升高峰论坛，织里童装活动周新闻发布会，织里中国童装城开工奠基典礼，织里童装产业创新创强表彰。这次童装活动周以"加快转型升级，实现集聚发展"为主题，围绕以会造势、以会为媒、以会鼓劲，提出"织里就是童装，童装就是织里"，强化对外影响，提升织里童装知名度和美誉度，推动织里童装产业加快朝着规模型、品牌型、科技型、外向型方向发展。

'2010 中国·织里童装文化节 2010 年 11 月 18—19 日，在新落成织里中国童装城（一期）投入使用之际，织里镇隆重举行'2010 中国·织里童装文化节。该文化节以"织里让孩子更美"为主题，由中国服装协会和吴兴区人民政府主办，织里镇人民政府承办。这次童装文化节活动内容包括：中国·织里童装创意设计大赛决赛，文化节开幕式暨大型文艺晚会，新落成织里中国童装城（一期）开业典礼，投资推介会暨项目签约仪式，织里童装特色游推介会。这届童装文化节，以童装文化为纽带，以产业基础为支撑，以加快转型升级为方向，旨在进一步增强织里童装知名度和美誉度，吸引国内外知名企业和专业人才来织里创新创业，促进织里童装加快转型升级。

'2019 首届中国·织里童装时尚周 2019 年 11 月 21 日，织里镇举行首届中国·织里童装时尚周。本次活动由中国服装协会、湖州市吴兴区人民政府主办，湖州市吴兴区织里镇人民政府、湖州广播电视总台承办，中国纺织品商业协会协办。中国纺织协会嘉宾、区镇领导，各大媒体及国内外采购商、品牌面料供应商、本地品牌童装类企业约 300 余人参加本次活动。这次童装时尚周主要内容包括：首届织里童装时尚周主题论坛，中国童装品牌运营中心开业，国家面料中心织里分中心授牌，亚洲时尚色彩联盟授牌，织里童装联盟成立，发布婴幼儿及儿童服装两项团体标准。本次活动以"关爱儿童，引领时尚"为主题，旨在聚焦童装产业经济新动能，发挥智能制造和时尚设计功能，实现科技赋能、数据赋能，进一步提升童装产业转型升级和行业话语权，使"健康、时尚、幸福"成为织里童装原产地名片。

2019 年中国织里童装联盟成立

三、公共服务平台

织里童装业公共服务平台，在2006年前主要由童装设计中心、童装检测中心和童装培训中心组成。自2006年起，通过资源整合和服务功能拓展，织里童装产业公共服务平台从原有的"三中心"扩展到"五中心"，以童装信息中心、童装设计中心、童装检测中心、童装培训中心、童装展示中心构成童装科技创新中心，并按照"政府支持、市场化运作、公司化经营"运行机制，由湖州织里童装发展有限公司负责具体运作，主要职能是为广大织里童装企业提供创新设计、信息沟通、形象传播、质量检测、人才培训、政策咨询、企业管理等全方位多层次服务。2016年后，为推动织里童装产业加快转型升级，政府在以往基础上进一步健全完善童装业公共服务平台，由专业化团队管理，实体化运营，以"一城二园三中心五平台"为主体建立起童装产业创新服务综合体。一城，即织里中国童装城童装产业技术创新服务综合大楼，集市场交易、设计研发、信息发布、推广展示等为一体；二园，即童装产业示范园、童装小微企业园，建设成为规范化、标准化、创新化童装生产企业集聚地；三中心，即童装设计中心、童装质量检测中心、童装电子商务孵化中心，旨在通过三中心整合内外部资源，为童装企业提供童装设计、技术咨询、品牌策划、市场营销、电商孵化、人才培训、展销展示等综合服务；五平台，即电商众创、人才支撑、金融服务、跨境贸易、童装大数据等配套服务平台。

童装设计中心　中国（织里）童装设计中心坐落于织里中国童装城三楼西南区块，2013年由织里镇政府投资2000万元创建。中心融设计服务、品牌服务、流行资讯、教育培训、人才服务为一体，旨在以设计和技术提升带动织里童装产业转型升级，是助力织里童装产业提升核心竞争力的综合性公共服务平台。中心建筑面积17 000平方米，建有500平方米流行面料区、1200平方米样衣展示区、1200平方米服装样衣试制区、1500平方米T台走秀区、500平方米多媒体厅、400平方米培训教室、300平方米设计师沙龙厅及200平方米会议室等公共服务设施。各种配套设备完善，拥有国际最先进服装三维扫描设计系统、六位一体展示系统、裸眼3D童装立体展示系统、体感试衣镜及专门针对童装走秀的T台秀场等。中心由中国美术学院、浙江理工大学、浙江省流行色协会等组建专业化团队运作，拥有专业顾问5人、高级讲师4人、平台运营团队24人，其中教授

3人、博士1人、硕士9人、本科6人。并长期得到中国纺织工业联合会、中国服装协会、中国服装设计师协会等行业组织指导和支持。中心还与东华大学、北京服装学院、宁波大学、江西服装学院等国内众多高校保持紧密联系，建立人才引进、大学生实训等合作关系，已先后为织里引进孵化设计人才900多人。中心入驻优秀设计团队24家，平台长驻设计师240余人，已先后为5000余家织里童装企业提供款式、图案、面料、工艺等各项产品设计研发等核心服务；持续为童装企业提供设计培训、流行资讯等延伸性公共服务9000余人次；提供品牌提升、策化咨询、展览展示等延伸性公共服务6000余次。2019年，中心设计开发童装款式3.2万件（套），投入生产款式2.7万件（套），发布流行资讯70万条，入驻设计工作室实现产值3600余万元，为织里童装企业增加产值6.7亿元。织里童装设计中心以平台带动产业发展业绩，以设计驱动童装产业转型升级，旨在合力推动织里童装真正实现从"织里童装+织里制造"向"织里品牌+织里创造"转变。

童装检测中心 湖州市吴兴区纺织品质量监督检测中心（即浙江省童装质量检验中心），其前身是湖州市质量技术监督检测院轻纺室，2006年8月经吴兴区编委批准成立，是一家事业单位，服务于织里童装产业，上级主管部门为吴兴区市场监督管理局。2007年经浙江省质量技术监督局批准加挂浙江省童装质量检验中心牌子，从事第三方纺织品质量检测。中心坐落于织里镇阿祥路1088号D座，占地面积2864平方米，拥有国内外一流检测设备180余台（套），包括美国Thermo电感耦合等离子质谱仪（ICP-MS）、气质联用仪和傅立叶变换红外光

中国织里童装检测中心

谱仪，美国Agilent高效液相色谱仪、气质联用仪，美国Q-SUN日晒气候色牢度机，美国Instron万能材料试验机，意大利Mesdan马丁代尔耐磨及起球仪等。中心拥有在职员工20人（其中中高级职称3人、硕士研究生3人），检测领域涵盖童装全部项目及羽绒、拉链和床上用品等领域的226个项目（参数）、398个标准（方法）。中心按照"国内领先、国际一流"建设定位，高起点谋划、高标准建设，旨在建设一个童装产品公共技术检测服务平台和科技创新研发基地，立足长三角，面向全国，集"检测、科研、信息、服务、培训"于一体，并与东华大学、苏州大学、浙江理工大学等国内著名纺织专业高等院校开展合作交流。中心先后获得了CNAS（中国合格评定国家认可委员会）实验室认可、浙江省中小企业公共服务示范平台、浙江省织里童装技术创新服务平台、省市科普教育基地、市中小学市十佳服务机构和区级文明单位等资质和荣誉。

童装电子商务孵化中心　成立于2013年4月。该中心依托湖州大家园职业技能培训学校，拥有建筑面积10 000平方米，实际操作基地占地2500平方米，教职员工30多人，其中电子商务专业讲师12人、特聘讲师10人。10位讲师曾就职于阿里巴巴和熟悉阿里平台电子商务实际操作。配置电脑等教学设备150余台，教学区域能同时容纳300人同时上课，并拥有湖州地区最大童装摄影基地——好搭档摄影工作室。中心承担电商人才培训、第三方服务和业务代运营等重要职能。中心为助推织里童装产业转型升级、加快推进织里童装电子商务发展，已累计培训电子商务人才逾6000人次，为童装企业及电子商务企业输送大量电商人才，并与500多家企业建立电商、摄影、品牌等多项服务关系。中心实行课堂教学和实践演练相结合的教学模式，通过在阿里巴巴和淘宝开设网店，成立电子商务实战平台，一方面为织里200多家童装企业代理开展电子商务业务，另一方面使学生在实战中加深理解网络产品参考、拍摄、修图、上传、店装、优化、运营、推广、活动策划、仓储、物流、数据整理、数据分析、买家管理等电子商务技巧。中心充分发挥织里童装特色产业集群优势，推动童装产业线上线下双向发力，助力电商发展成为织里童装转型升级新动力。

中国童装博物馆　成立于2004年，由中国青少年研究中心和织里镇人民政府共同创办，坐落于湖州市织里镇吴兴大道2699号织里中国童装城东大门四楼。中国童装博物馆先后经历过三次扩建搬迁，2004年初建于织里镇吴兴大道珍贝路口，2006年搬迁至织里镇科技文化中心，2010年迁址于织里中国童装城。

童装博物馆

是我国第一座儿童服装服饰文化发展史专题博物馆。场馆面积 3000 平方米，藏品 1500 余种，共设八个厅：历史厅、现代厅、民俗厅、华夏厅、织里厅、国际厅、童趣厅、临展厅。馆内主要收藏中国历代儿童服饰、中国民族民俗儿童服饰文化、织里童装产业发展史等内容，重点反映中国童装在历史、地域、文化、艺术、民俗、民族、民间、工艺等各方面的人文特质现象。博物馆通过图纸、绘画、文字以及实物等展现形式，叙述了两千多年来各朝代、各时期童装服饰文化、童装民俗文化和童装民族文化，以及织里人文历史、织里童装产业发展历程。创办中国童装博物馆，对于抢救童装文化遗产、发掘童装人文内涵、弘扬中华童装文化、扩大织里童装影响、提升织里城市品位，都有历史价值和现实意义。童装博物馆每年免费接待来自当地企业、社会团体、行业协会、行政机关以及青少年学生等来馆参观学习。

童装新闻发布机构（童装指数发布）"织里·中国童装指数"分为童装价格指数、童装创新指数、童装景气指数、童装权重指数等四大板块。指数编制完成后定期在国家发改委中国发展网、中国指数网等平台推广发布。其中，童装价格指数反映童装市场经营商品价格变化趋势；童装创新指数反映湖州织里童装城在创新领域投入和发展程度，具体由创新环境指数、创新投入指数、创新主体指数、创新人才指数和创新成果指数构成；童装景气指数是反映湖州织里童装城市场和产业发展状况指数，由市场景气指数和行业景气指数两部分构成；织里影响力指数反映湖州织里童装市场影响力。

四、童装产业园区

织里童装精品工业园 织里童装精品工业园是织里童装业发展过程中首座童装专业园区，于 2001 年 6 月开始建设，2003 年 7 月竣工使用。园区位于利济路以南、晟舍南路与珍贝路之间区域，总占地面积 171 亩，建筑面积 11.5 万平方米，内有车间 309 间，总投入 1.13 亿元。入驻规模童装企业 117 家，其中来自省内温州、平阳、乐清等外地企业 32 家。该园区设计突出江南水乡特色，符合织里童装产业特点和发展要求。建筑结构将生产、生活、仓储相分离，是整治织里童装产业"三合一"问题示范工程。该童装园区建成投入使用，曾在织里童装产业发展历程中具有标志性意义，是织里童装生产从"三合一"作坊式向生产、生活、仓储相分离过渡并企业化的开端。

织里童装特色工业园（千亩童装科创园） 精品童装工业园建成投产取得成功后，为立足于更高起点，推动织里童装业向规模型、科技型、品牌型方向发展，又规划兴建织里童装特色工业园。该童装特色工业园规划范围为珍贝路以西、阿祥路以东、吴兴大道以南大部分区域。整个童装特色工业园占地面积为 616.5 亩，建设总投资 5.4 亿元，入驻规模型童装企业 48 家。工程先后分两期建成，第一期所在位置是珍贝路以西、利济西路以北区域，占地面积为 420 亩，入驻企业 28 家，投资金额 3.1 亿元，于 2003 年动工建设，2005 年上半年竣工投产，时称"科技园"；第二期位置是利济西路以南、阿祥路以东区域，占地 196

童装精品工业园

亩，入驻企业 20 家，投资金额 2.3 亿元，于 2004 年动工建设，2006 年竣工投产，时称"创新园"。之后，一期"科技园"和二期"创新园"统称为"千亩童装科创园"。

标准厂房（科技城） 织里童装产业标准厂房项目，于 2006 年下半年在"三合一"企业中接连发生"9·14""10·26"两场重大火灾后紧急上马。对于这一项目建设，湖州市委、市政府明确指示，要求以"镇区要繁荣、产业要发展、生产要安全、生活要有序、社会要稳定"为宗旨，逐步实现织里镇区范围内形成中部为居住商贸区、东西部为大中型工业企业和童装生产加工区这样一种城镇格局，以推动织里童装产业提升和城市品位提高。项目曾被列为湖州市 2007 年度重点工程。项目规划位置分为大港路东侧（富康路南北两侧）和阿祥路西侧（今海岸路南北两侧）两块地块，总用地面积 996 亩（出让面积 801 亩），规划总建面积 88 万平方米。首期实施区块总出让用地面积 443 亩，规划总建筑面积 50 万平方米，由 40 幢厂房和 6 幢公建配套设施组成，其中厂房建筑面积 45 万平方米，按 50 台缝纫机为一个标准车间，可安排约 764 户，计划总投资约 6.5 亿元。该项目建设主体引入民资参与，其中大港路区块富康路以北由湖州祺龙服装工业有限公司投资开发建设，阿祥路区块今海岸路以北由湖州金丰源纺织服装工业有限公司投资开发建设，其余大港路区块富康路以南和阿祥路区块今海岸路以南由镇属童装产业投资发展有限公司开发建设。2008 年上半年，整个标准厂房建设项目竣工后，织里镇党委政府为面向童装行业进行招商，专门抽调政府工作人员设立科技城办公室进驻办公。由此，东、西两块标准厂房被统称为织里镇"科技城"。

童装产业配套绿色园区（砂洗城） 2012 年，为配合童装产业转型升级，针对印花、砂洗等童装配套行业涉及环境污染问题，吴兴区政府提出"关停取缔一批，整治提升一批，集中入园一批"行动路径，打出一套"加减"转型升级组合拳，关停取缔落后印花企业 600 余家，并在 2015 年启动童装产业配套绿色园区建设。该园区位于栋梁路北端凌家汇村（于 2013 年从织里镇划归高新区管辖），项目总投资 10 亿元，现用地面积 234 亩，建筑面积 33 万平方米，建成砂洗印花生产区、管理配套区、污水处理区、集中停车区、员工生活区等 5 个功能区，有 19 家砂洗企业、318 家印花企业集聚入园，为企业员工提供 648 间公寓房。

织里童装产业示范园区 2013 年 8 月，织里镇按照省委、省政府指示精神，

织里童装产业园

根据"生产进园区、生活进社区、商贸进街区"要求，规划建设"中国服装协会童装产业示范园区"，项目总规划用地1920亩，总投资70亿元，根据统一规划和分期建设总要求，倾力打造专业化、现代化童装产业园区，集研发设计、生产制造、展览展示、信息服务、智能管理、人才孵化为一体。项目一期位于G50沪渝高速织里出口东侧，总占地面积218亩，总建筑面积29.2万平方米，总投资10.1亿元，由24幢厂房、24幢宿舍和4幢食堂组成，现有机动车停车位1500个。一期于2014年2月动工建设，2015年12月底竣工交付，2016年4月18日正式开园并投入使用。一期另有商业配套区块，总占地面积约47亩，建筑面积约6.5万平方米，总投资2.5亿元，集餐饮、娱乐、住宿、超市、影院、培训、金融、警务等功能于一体。项目于2016年6月初动工建设，2019年11月交付使用。项目二期由湖州城市集团下属二级子公司浙江童城投资发展有限公司投资建设，项目位于织里镇童装产业园一期西侧，地域范围为湖州市织里镇轧村集镇香圩墩村、李家坝村，基地南侧为湖织大道，东侧为香圩墩路。二期占地面积约136亩，总建筑面积约15.7万平方米，其中厂房约9.2万平方米，宿舍约4.5万平方米，其他公共建筑约2万平方米，总投资约6.7亿元。园区在节能环保方面有光伏用电、集供蒸汽、智慧用水等配套设施，在消防安全方面有智慧用电、智慧烟感等先进消防设备设施。园区内现有童装企业58家，其中规模以上企业2家。使用面积10 000平方米以上企业9家，年销售额8000万元以上企业8家，已涌现了东尼服饰、花田彩服饰、万顺服饰、恩硕服饰等一批优质童装企业。织里童装示范园开园后政府于第一时间组建园区管委会，对园区实行统一销售、统一招商、统一管理。2019年园区成功申报国家小型微型企业创业创新示范基地与浙江省四星级小微企业园。

童装上市企业总部园　为加快织里由"童装名镇"向"童装强镇"转变步伐，利用童装产业集群资源优势，2019年规划建设童装上市企业总部园，占地面积1000亩（一期约500亩），以发展童装总部经济，吸引优秀品牌童装企业扎根织里，形成"总部—制造基地"区域合作模式，鼓励童装企业通过资本市场规范发展、做大做强，进一步推动织里童装产业转型升级和扩大织里童装区域品牌影响力。该园区北邻万谦漾路、南临318国道、东临栋梁路、西临阿祥路，一期招商已有1001夜童装、中赛、越也、笛沙等9家知名品牌童装企业入园建设。

五、童装行业享誉

1997年，第八届全国人大常委会副委员长、著名社会学家费孝通在织里考察后写下"童装世界"题词，盛赞织里人凭着"一根扁担两只包、走南闯北到处跑"的干劲，带出了织里童装民营经济的蓬勃发展。

2002年，织里镇被中国纺织工业协会、中国服装协会命名为"中国童装名镇"。

2003年，织里镇被中华商标协会确定为中国童装商标重点培育基地。

2009年，织里镇被中国纺织工业协会、中国服装协会、中国毛纺织行业协会命名为中国品牌羊绒服装名镇。

2015年，织里镇被中国纺织工业联合会确立为中国纺织产业集群发展示范地区。

2016年，织里镇被国家工信部列为"产业集群区域品牌建设试点地区"。

2017年，织里镇被中国服装协会、中国服装设计师协会确立为中国服装行业"十三五"创新示范基地。

第二章　童装品牌与企业

　　织里童装产业多年来坚持规模型、品牌型、科技型、外向型发展方向，实施"加大政府扶持推动、培育龙头企业带动、强化品牌创建驱动"之策，走上扩总量、优结构、创品牌、拓市场的创新创强之路，使"织里就是童装、童装就是织里"名闻遐迩，成为区域经济特色品牌。1997年9月，织里镇举办首届童装交易会期间，首次在全镇范围内评选出十佳童装企业和十佳童装商标，并对"双十佳"进行隆重表彰。2001年9月，织里镇举行首届童装博览会，开展"织里十大童装品牌"评选和授牌。2003年10月，织里镇被中华商标协会列为中国童装商标重点培育基地。2004年5月，织里镇举行第二届童装博览会，以"童装品牌经营规划与管理"为主题举行中国（织里）童装品牌发展论坛，有全国服装界专家和各地品牌童装企业、大商场代表参加论坛。2006年，织里镇再次评选出十佳童装企业和十佳童装品牌"双十佳"。2008年至2010年，每年召开"织里镇童装创新创强表彰大会"，先后对获得市级以上品牌童装企业、境外新注册商标企业和中国驰名商标、省、市著名商标和名牌产品，以及获评童装业示范企业、领军人物和创意设计优秀团队进行奖励和表彰。此后多年，织里童装业注重区域品牌打造与企业品牌培育有机结合。一方面，明确区域品牌发展战略，确定织里童装行业发展方向、目标和定位，组织开展区域品牌策划，积极向国家工商总局（现为国家市场监督管理总局）申请注册"织里童装"区域商标，依法保护区域品牌知识产权，打响"织里童装"区域品牌；另一方面，建立健全母子复合型品牌体系，着力加强区域品牌（母品牌）和企业品牌（子品牌）有效结合，鼓励企业打造个性特色，形成自主品牌。

第一节 童装品牌

一、市级以上童装品牌

2018 年，织里镇童装企业注册商标达 2700 余个，拥有省级以上品牌 13 个，市级品牌 60 个，其中浙江省著名商标 12 件，浙江省名牌产品 1 家，浙江省知名商号 1 家；湖州市著名商标 36 件，湖州市名牌产品 24 家。

表 3-2-1　2018 年底织里童装企业品牌荣誉情况汇总

序号	商标所有人	品牌名称	省著名	省名牌	市著名	市名牌
1	湖州今童王制衣有限公司	今童王	是		是	是
2	湖州小霸王制衣有限公司	小博王	是		是	是
3	湖州玲珑宝贝服饰有限公司	玲珑宝贝	是		是	是
4	湖州益华制衣有限公司	华诺	是		是	是
5	湖州跳跳龙服饰有限公司	跳跳龙	是		是	是
6	湖州市织里杨氏针织服装有限公司	丫梦派	是		是	是
7	浙江欢乐年代服饰有限公司	圆丫梦	是		是	是
8	湖州春芽针织制衣有限公司	誉尔赛	是		是	是
9	浙江夏士制衣有限公司	夏士	是		是	是
		皇喜			是	
10	浙江布衣草人服饰有限公司	布衣草人	是	是	是	是
11	湖州富美多服饰有限公司	石头剪子布	是		是	
12	湖州雅钰针织制衣有限公司				是	
13	湖州市织里达顺制衣有限公司	卡咪猫			是	是
					是	
14	湖州豪得利制衣有限公司	妙萌			是	
15	湖州精品针织制衣有限公司				是	
16	湖州佩丰服饰有限公司	玩皮娃			是	
17	湖州市织里海童霸服饰有限公司	开心豆			是	是
18	浙江不可比喻服饰有限公司	开米洛			是	
19	湖州市织里金凤来制衣有限公司	小猪嘟嘟			是	是
20	湖州好儿郎服饰有限公司	好儿郎			是	
21	湖州仔仔鱼服饰有限公司	仔仔鱼			是	
22	湖州织里康信服饰有限公司				是	
23	湖州织里冠隆服饰有限公司				是	

（续）

序号	商标所有人	品牌名称	省著名	省名牌	市著名	市名牌
24	湖州布布恰恰服饰有限公司	布布恰恰			是	是
		苏格马可			是	是
25	湖州东方针织服装厂				是	是
26	湖州市织里衣贝尔服饰有限公司	衣贝尔			是	是
27	湖州浪漫小猪服饰有限公司	浪漫小猪			是	是
28	湖州织里荣达制衣有限公司	日月岛			是	是
29	湖州明泽服饰有限公司	3XK			是	是
30	湖州朗田服饰有限公司	田果果	是		是	是
31	湖州家园宝制衣有限公司	家园宝			是	是
32	湖州贝媞妮服饰有限公司	贝贝媞妮			是	是
33	湖州越泽服饰有限公司	兔子杰罗			是	是
合计			12	1	36	24

二、历次评选"十大（十佳）童装品牌"

1997年评选"十佳童装商标"　1997年9月，织里镇在举行'97童装交易会期间，首次评选出十佳童装企业和十佳童装品牌，并在童装交易会开幕式上对评选出的乖伦、海柔、佳士曼、昌达、佩琳、喜尔达、富美多、织城、织美、圣娃等"十佳童装商标"进行表彰。

2001年评选"十大童装品牌"　2001年9月，在织里镇举行首届童装博览会期间，评选出织里镇"十大童装品牌"，并进行表彰和授牌。

表3-2-2　2001年首届童装博览会评选的"十大童装品牌"

序号	企业名称	法人代表	商标
1	湖州今童王制衣有限公司	濮新泉	今童王、芝麻开门
2	湖州益华制衣有限公司	沈月方	华诺
3	湖州织里夏士制衣有限公司	张小平	夏士
4	湖州太阳岛服饰有限公司	张淦荣	赛洛菲
5	湖州小霸王制衣有限公司	潘友法	小博王
6	湖州开达制衣有限公司	黄炎林	开达
7	湖州佳士达针织时装有限公司	李水庆	乖伦
8	湖州锦红制衣有限公司	罗继芳	小灵丁
9	湖州织里衣贝尔服饰有限公司	凌建忠	衣贝尔
10	湖州华利美针织有限公司	李斌	佳锦

2006年评选"十佳童装品牌" 2006年，在筹备举办第三届童装博览会期间（后博览会因故取消），织里镇再次评选出十佳童装企业和十佳童装品牌"双十佳"。

表3-2-3　2006年织里镇"十佳童装品牌"

序号	企业名称	法人代表	商标
1	湖州今童王制衣有限公司	濮新泉	今童王、芝麻开门
2	湖州益华制衣有限公司	沈月方	华诺
3	湖州织里夏士制衣有限公司	张小平	夏士
4	湖州豪得利制衣有限公司	朱新珍	妙萌
5	湖州小霸王制衣有限公司	潘友法	小博王
6	湖州玲珑宝贝服饰有限公司	闵忠平	玲珑宝贝
7	湖州佩丰服饰有限公司	邹佩丰	玩皮娃
8	湖州织里达顺制衣有限公司	张新强	卡咪猫
9	湖州织里衣贝尔服饰有限公司	凌建忠	衣贝尔
10	湖州亲亲贝贝制衣有限公司	沈卫东	蜗牛家族

2015年评选"十大童装品牌" 2015年6月，在举行第三届"中国·织里"全国童装设计大赛期间，评选出织里镇"十大童装品牌"。

表3-2-4　2015年织里镇"十大童装品牌"

序号	企业名称	法人代表	商标
1	湖州今童王制衣有限公司	濮新泉	今童王
2	湖州益华制衣有限公司	张连中	华诺
3	湖州布衣草人服饰有限公司	潘水琴	布衣草人
4	浙江不可比喻服饰有限公司	朱会强	开米洛
5	湖州小霸王制衣有限公司	潘友法	小博王
6	湖州玲珑宝贝服饰有限公司	闵忠平	玲珑宝贝
7	湖州朗田服饰有限公司	严良言	田果果
8	湖州春芽针织制衣有限公司	闵建清	誉尔赛
9	浙江欢乐年代服饰有限公司	潘伟文	圆丫梦
10	湖州织里杨氏针织服装有限公司	杨建平	丫梦派

三、历次评选"十大（十佳）童装企业"

2003年评选"十佳童装企业" 2003年，在第二届中国·织里童装博览会举办筹备期间评选出织里镇"十佳童装企业"。

表 3-2-5　2003 年织里镇"十佳童装企业"

序号	企业名称	法人代表	商标
1	湖州今童王制衣有限公司	濮新泉	今童王、芝麻开门
2	湖州益华制衣有限公司	沈月方	华诺
3	湖州小霸王制衣有限公司	潘友法	小博王
4	湖州锦红制衣有限公司	罗继芳	小灵丁
5	湖州赛洛菲服饰有限公司	张淦荣	赛洛菲
6	湖州佳士达针织时装有限公司	李水庆	乖伦
7	湖州织里夏士制衣有限公司	张小平	夏士
8	湖州亲亲贝贝制衣有限公司	沈卫东	蜗牛家族
9	织里小玲珑制衣厂	闵忠平	玲珑宝贝
10	湖州富美多制衣有限公司	钱江春	石头剪子布

2006 年评选"十佳童装企业"　2006 年，织里镇评选出十佳童装企业和十佳童装品牌"双十佳"。

表 3-2-6　2006 年织里镇"十佳童装企业"

序号	企业名称	法人代表	商标
1	湖州今童王制衣有限公司	濮新泉	今童王、芝麻开门
2	湖州益华制衣有限公司	张连忠	华诺
3	湖州赛洛菲服饰有限公司	张淦荣	赛洛菲
4	浙江欢乐年代服饰有限公司	潘伟文	圆丫梦
5	湖州织里杨氏针织服装有限公司	杨建平	丫梦派
6	湖州织里童乐坊针织制衣厂	郁昌	仔仔鱼
7	湖州金凤来制衣有限公司	钱秀丽	小猪嘟嘟
8	湖州菲莱特制衣有限公司	唐晓耀	恒越
9	织里贝贝舒制衣有限公司	闵毛宝	贝贝舒
10	湖州布衣草人服饰有限公司	潘水琴	布衣草人

四、评选童装产业领军人物与示范企业

2007 年度"十佳童装企业带头人"　2008 年织里镇童装产业创新创强大会表彰 2007 年度"十佳童装企业带头人"。名单如下：

湖州今童王制衣有限公司董事长　濮新泉

湖州益华制衣有限公司总经理　张连忠

湖州市织里夏士制衣有限公司董事长　张小平

湖州小霸王制衣有限公司董事长　潘友法

湖州豪得利制衣有限公司总经理　朱新珍

湖州赛洛菲服饰有限公司总经理　张淦荣

湖州市织里达顺制衣有限公司总经理　张新强

湖州亲亲贝贝制衣有限公司总经理　沈卫东

湖州玲珑宝贝服饰有限公司总经理　闵忠平

湖州市织里杨氏针织服装有限公司总经理　杨建平

2010年度"十大童装产业领军人物"　2011年织里镇童装产业创新创强大会表彰2010年度"十大童装产业领军人物"。名单如下：

湖州今童王制衣有限公司董事长　濮新泉

湖州益华制衣有限公司董事长　沈月方

湖州小霸王制衣有限公司董事长　潘友法

湖州市织里杨氏针织服装有限公司总经理　杨建平

浙江欢乐年代服饰有限公司总经理　杨培清

湖州玲珑宝贝服饰有限公司总经理　闵忠平

湖州市织里夏士制衣有限公司董事长　张小平

湖州豪得利制衣有限公司董事长　林云江

浙江布衣草人服饰有限公司董事长　马伟忠

湖州市龙城针纺布业董事长　柯文化

2010年度"童装产业创新创强示范企业"　2011年织里镇童装产业创新创强大会表彰2010年度"童装产业创新创强示范企业"。名单如下：

湖州春芽针织制衣有限公司

湖州织里德高制衣有限公司

湖州仔仔鱼服饰有限公司

湖州精品针织制衣有限公司

湖州市织里金凤来制衣有限公司

湖州赛洛菲进出口有限公司

湖州博卡服饰有限公司

湖州玉米棒子服饰有限公司

湖州跳跳龙服饰有限公司

湖州喜多郎服饰有限公司

湖州织里达顺制衣有限公司

湖州织里战新针织有限公司

湖州织里友友服饰有限公司

湖州贝媞妮服饰有限公司

湖州好儿郎服饰有限公司

五、织里镇规模以上童装企业

2018 年，织里镇童装类规模企业共有 104 家，其中实际申报销售收入 2000 万，完成 71 家，交保证金 31 家，今童王和布衣草人这 2 家未达 2000 万，但留住统计库。统计库中显示织里镇规模以上童装企业 37 家。

表 3-2-7　2018 年织里镇童装类规模以上企业（104 家）

序号	企业名称	地址
1	湖州金磊服饰有限公司	利强西路 115 号
2	湖州织里谈月红制衣厂	平湖西路 37 号
3	湖州桓亚文化有限公司	创业路 111 号
4	湖州鼎飞服饰有限公司	中华西路 888 号
5	湖州织里宝妮曼依服饰有限公司	缤纷路 19 号-2（创强路 68 号）
6	湖州织里康喆服饰有限公司	安康西路 8098 号（轧村园区 A7）
7	湖州妙可服饰有限公司	阿祥路 1018-2 号 2 层
8	湖州织里善香小屋服饰有限公司	红门馆路 59 号
9	湖州织里萌聪服饰有限公司	利强路 198 号（利济西路 160 号）
10	湖州和睦服饰有限公司	织浔大道 888 号童装产业示范园 A1-2 楼
11	湖州织里糖卡服饰有限公司	梦华蕾路 388 号
12	湖州尚歌服饰有限公司	利济西路 99 号
13	湖州织里奇迹故事服饰有限公司	庆丰路 121 号（梦华蕾路 366 号）
14	湖州织里泽曦服饰有限公司	利济中路 93 号（利济西路 70 号）
15	湖州织里志锋服饰有限公司	创业路 88 号
16	湖州诚达制衣有限公司	洋西路与长安路交叉口西北侧
17	湖州织里糖芯服饰有限公司	永康西路 2 号
18	湖州菠萝蜜服饰有限公司	童装园区 B 区 3 幢 2 楼
19	湖州织里龙悦服饰有限公司	栋梁路 99 号
20	湖州织里布拉熊服饰有限公司	童装示范园区 D 幢 201 号、301 号

（续）

序号	企业名称	地址
21	湖州草莓酸奶服饰有限公司	利济西路 111 号
22	湖州织里嘻宝制衣厂	利济中路 117-1 号（产业示范园 B2401-601）
23	湖州织里尚小将制衣厂	钱塘江西路 39 号
24	湖州织里瑞茜服饰有限公司	珍贝路 568-2 号（阿祥路 777 号 2 楼）
25	湖州织里乐贝斯服饰有限公司	庆丰路 1 号
26	湖州织里艳波制衣厂	利强路 198 号（2 幢 4 楼）
27	湖州名邦服饰有限公司	阿路祥 1388 号
28	湖州织里摩西服饰有限公司	佩琳路 33 号
29	湖州恩硕服饰有限公司	童装园区 C1#201-601
30	湖州叶以沁服饰有限公司	吉昌路 157 号（栋梁路 111 号 4 楼）
31	湖州织里云尚儿服饰有限公司	轧村园区 A6
32	湖州织里美亮妞制衣厂	创业路 99 号
33	湖州蓓欧服饰有限公司	吴兴大道 77 号（3 楼）
34	湖州织里林利服饰有限公司	永康路 105 号
35	湖州织里金霸童制衣厂	钱塘江西路 33 号
36	湖州美卡服饰有限公司	利济路 296-298 号
37	湖州织里花田彩制衣厂	童装园区 D2 区 4-6 楼
38	湖州织里奥灵奇服饰有限公司	童装园区 D 区
39	湖州织里七号印象服饰有限公司	利强路 198 号（3 楼）
40	湖州蜗牛兄弟实业有限公司	阿祥路 999 号
41	湖州织里柯尼服饰有限公司	安康路 148 号（富康西路 8308 后 4 楼）
42	湖州织里格琳琴服饰有限公司	利济西路 358 号
43	湖州欧邦纺织品有限公司	利强路 199 号
44	湖州织里巨龙无纺制品有限公司	珍贝路 801 号
45	湖州太阳娃娃服饰有限公司	利强路 99 号
46	湖州织里德高制衣有限公司	利济西路 155 号
47	湖州都市龙服饰有限公司	新光路 101 号（科技城 7B-2 楼）
48	湖州织里珍奇朵朵制衣厂	庆丰西路 82 号（永康路 109 号）
49	湖州龙之翔服饰有限公司	长安西路 777 号
50	湖州织里宇航制衣厂	景富路 136 号
51	湖州优淘服饰有限公司	利济西路 398 号
52	湖州织里可米树服饰有限公司	利达东路 79 号
53	浙江湖州永翼实业有限公司	钱塘江西路 23 号
54	湖州织里童本服饰有限公司	利济中路 73 号

（续）

序号	企业名称	地址
55	湖州织里漂亮贝贝服饰有限公司	利安路 111 号
56	湖州原衣服饰有限公司	利安路 99 号
57	浙江吉米兄弟服饰有限公司	吴兴大道 2828 号 17 楼（产业园 A2）
58	湖州富利达纺织有限公司	长安西路 333 号
59	湖州欧品服饰有限公司	织里利安路 101 号
60	湖州市织里盛明服饰有限公司	织里利强路 168 号
61	湖州织里迷你谷制衣厂	织里江南路 252 号
62	湖州市织里正大服饰有限公司	商城路西段
63	湖州织里小尕尕制衣厂	创强路 58 号（创业路 1 号 2 楼）
64	湖州春洺服饰有限公司	富康路 777 号祺龙工业园 7 幢
65	湖州朗田服饰有限公司	大港路 900 号
66	湖州织里雨络服饰有限公司	轧村范村
67	湖州跃扬纺织有限公司	阿祥路 2333 号
68	湖州鹏隆服饰有限公司	织浔路 888 号 D8# 楼（轧村产业园 D8）
69	湖州织里尚琪格服饰有限公司	永康西路 33 号
70	湖州织里富三角服饰有限公司	永安路 29 号
71	湖州织里众氏达服饰有限公司	创业路 79 号
72	湖州森贝服饰有限公司	阿祥路 1388 号
73	湖州米提诺尔服饰有限公司	创强路 68 号
74	湖州织里城秀服饰有限公司	步行街 100 号（轧村产业园 C2）
75	浙江万顺服饰有限公司	栋梁路 555 号 3（轧村园区 C3）
76	湖州神统纺织植绒有限公司	长安西路 688 号
77	湖州春芽针织制衣有限公司	梦华蓿路 68 号
78	湖州越泽服饰有限公司	南海路 82 号
79	湖州织里天臻针纺有限公司	吴兴大道 2699 号一（改 1）楼
80	湖州巨耀服饰有限公司	利达路 26 号
81	湖州织里阿龙衣族服饰有限公司	阿祥路 2277 号
82	湖州织里万祺服饰有限公司	庆丰西路 61 号
83	湖州益华服饰有限公司	利济西路 99 号
84	湖州织里华陈拉链制造有限公司	通益路 500 号
85	湖州飞讯服饰有限公司	财富广场 3 幢 403
86	湖州恰恰童年服饰有限公司	中华西路 999 号
87	湖州大华被服有限公司	吴兴大道（中）68 号
88	湖州织里易嘉隆服饰有限公司	永盛路 18 号

（续）

序号	企业名称	地址
89	湖州市织里佳仕服装产业发展有限公司	珍贝路 477 号
90	湖州友邦纺织制衣有限公司	栋梁路 553 号
91	湖州织里盛远服饰有限公司	商城路延伸西段
92	湖州织里万隆服饰有限公司	商城西路北侧
93	湖州织里鑫康无纺织品厂	珍贝路 433 号
94	湖州织里喆熙服饰有限公司	江南路 152 号
95	湖州雅钰针织制衣有限公司	珍贝路 455 号
96	湖州织里金恒服饰有限公司	长安西路 201 号
97	湖州风禾服饰有限公司	永康路 122 号
98	湖州织里名门靓妞制衣厂	晟舍新街东路 37 号
99	湖州织里欧瑞服饰有限公司	利强路 170 号
100	湖州厚兴服饰有限公司	阿祥路 999 号
101	弗兰尼尔（湖州）服饰有限公司	阿祥路 1248 号
102	湖州男生女生服饰有限公司	童装城 4 楼
103	浙江布衣草人服饰有限公司	阿祥路 1166 号
104	湖州今童王制衣有限公司	安康西路 333 号

表 3-2-8　2018 年织里镇规模以上童装企业

序号	企业名称	地址
1	湖州鹏隆服饰有限公司	织里镇织浔路 888 号 D8# 楼
2	湖州织里雨络服饰有限公司	织里镇轧村范村
3	湖州欧品服饰有限公司	织里镇利安路 101 号
4	湖州金磊服饰有限公司	织里镇利强西路 115 号
5	湖州欧邦纺织品有限公司	织里镇利强路 199 号
6	湖州织里巨龙无纺制品有限公司	织里镇珍贝路 801 号
7	湖州朗田服饰有限公司	织里镇利济西路 158 号童装生产楼
8	湖州织里糖卡服饰有限公司	织里镇梦华蕾路 388 号中间幢
9	湖州织里金霸童制衣厂	织里镇晟舍街道钱塘江西路 33 号
10	湖州尚歌服饰有限公司	织里镇利济西路 99 号
11	湖州织里云尚儿服饰有限公司	织里镇红丰路 19 号
12	浙江吉米兄弟服饰有限公司	织里镇大道 2828 号 1701
13	湖州富利达纺织有限公司	织里镇长安西路 333 号
14	湖州织里漂亮贝贝服饰有限公司	织里镇利安路 111 号
15	湖州优淘服饰有限公司	织里镇利济西路 398 号

（续）

16	湖州蜗牛兄弟实业有限公司	织里镇阿祥路 999 号
17	湖州恩硕服饰有限公司	织里镇织浔大道 888 号 C1#201-601
18	湖州织里奇迹故事服饰有限公司	织里镇庆丰路 121 号
19	湖州妙可服饰有限公司	织里镇阿祥路 1018-2 号 2 层
20	湖州织里乐贝斯服饰有限公司	织里镇庆丰路 1 号
21	湖州织里糖芯服饰有限公司	织里镇永康西路 2 号
22	湖州跃扬纺织有限公司	织里镇阿祥路 2333 号
23	湖州织里七号印象服饰有限公司	织里镇利强路 198 号
24	湖州织里瑞茜服饰有限公司	织里镇珍贝路 568-2 号
25	湖州鼎飞服饰有限公司	织里镇中华西路 888 号
26	湖州织里可米树服饰有限公司	织里镇利达路 79 号
27	湖州织里泽曦服饰有限公司	织里镇利济中路 93 号
28	湖州织里林利服饰有限公司	织里镇利济西路 296 号
29	湖州草莓酸奶服饰有限公司	织里镇利济西路 111 号
30	湖州美卡服饰有限公司	织里镇利济西路 298 号
31	湖州市织里正大服饰有限公司	织里镇商城路西段
32	湖州织里德高制衣有限公司	织里镇利济西路 155 号
33	湖州织里善香小屋服饰有限公司	织里镇红门馆路 59 号
34	浙江布衣草人服饰有限公司	织里镇晟舍社区织里利达路 80 号
35	湖州今童王制衣有限公司	织里镇安康西路 333 号
36	湖州厚兴服饰有限公司	织里镇富裕路 62-66 号
37	弗兰尼尔（湖州）服饰有限公司	织里镇西环二路西侧

注：统计库显示 37 家。

第二节　童装获奖和童装设计大赛

一、织里童装获奖情况

1998 年 4 月，织里童装在'98 中国服装服饰博览会上荣获质量优秀奖。

2000 年，"今童王"产品获"中华雅多杯"全国童装设计大赛银奖及"中国十大品牌童装"称号。

2001 年 4 月，织里今童王制衣有限公司"芝麻开门"童装系列"快乐空间"作品，在首届中国国际少年儿童服装及用品博览会上获得"中华雅多杯"国际童装设计唯一金奖。

2018 年，花田彩服饰公司获中国好童装第二季"十大人气童装""百强童装企业"荣誉。

2018 年，"男生女生"品牌童装获得年度中国童装品牌传媒影响力大奖、中国童装最具市场营销奖。

名邦服饰公司自主品牌"babycity""贝贝城"连续 5 年蝉联 1688 电商平台童装 Top 商家前三名，多次获得"互联网最受欢迎童装品牌""互联网最受欢迎童装企业""十大人气好童装"等多项荣誉。

林芊国际服饰公司先后获得"中国最具时尚创意大奖""年度中国好童装十大品牌之一""中国童装最佳设计创意奖""中国好童装十大领军企业"等荣誉。

吉米兄弟服饰公司旗下"吉米依佳、吉米佳园、嘻嘻爱"三个自主品牌连续获得"中国著名品牌""全国童装行业十佳诚信品牌""绿色环保首选品牌"等荣誉。

2019 年，"七秒易购"童装获得中国"好童装"推荐品牌。

2019 年，万顺服饰公司旗下品牌"琦瑞德泽"在中国服装服饰博览会（CHIC）上荣获 2019（春季）营销大奖和中国国际儿童时尚周时尚奖。

二、中国·织里全国童装设计大赛

1998 年 9 月 28 日，织里镇举办'98"织里杯"全国儿童服装服饰设计大奖赛暨第二届织里童装交易会。活动由中国服装集团公司、中国妇女儿童事业发展中心、中国服装研究设计中心童装分中心、服装时报社等单位联合主办。该届设计大赛共收到了来自 25 个省、市、自治区作品 1576 件（套），作者 267 人，经组委会评审评定和国家公证处公证，有 37 名作者及作品入围参加本次决赛。

2001 年．织里镇结合举办首届童装博览会，由中国服装集团和湖州市人民政府联合主办，中国服装研究设计中心童装分中心承办'2001"振兴阿祥"杯全国儿童服装服饰设计大奖赛。这项赛事有来自全国 30 个省、市、自治区 38 名选手参加决赛。

从 2013 年起，在以往两届童装设计大赛基础上，旨在加强对外交流、促进资源对接，为织里童装业发掘人才、留住人才，推出"中国·织里"全国童装设计大赛，面向全行业、全领域，更具专业性、权威性。这届专业童装设计大

2014 年童装设计大奖赛

赛，首次在全国范围内由一个行业协会组织牵头、联合产业集群共同举办。"中国·织里"全国童装设计大赛迄今已先后举办四届。每届大赛收到全国各地及海外数千件参赛作品，其中包括近百家服装类院校。

首届中国·织里全国童装设计大赛 中国·织里全国童装设计大赛是中国童装行业迄今最权威专业性赛事，大赛以促进设计创新为宗旨，鼓励以市场为导向设计创新，并以发掘童装设计人才为重要使命，成为行业窗口型平台，代表中国童装设计最高水准与前沿设计能力。首届中国·织里全国童装设计大赛以"童梦"为主题，得到多所专业院校支持，以及设计团队、企业设计师、个人设计师积极参与。整个活动从 2012 年 10 月开始筹备，11 月下旬公告征稿，共收到参赛作品 1190 份。大赛初评共有 27 位设计师 25 组设计作品制作成实物参加总决赛。决赛评委会由国内一流时装设计师、行业专家及学者组成，最终评选出金奖、银奖、铜奖、工艺口质奖及优秀奖。并于 2013 年 6 月 1 日在湖州大剧院举行大赛决赛暨颁奖典礼。中国纺织工业联合会名誉会长杜钰洲、中国服装协会常务副会长陈大鹏、中国服装设计师协会主席李当岐和湖州市领导出席活动，对大赛获奖者一一进行隆重表彰。其中中国美术学院设计艺术学院阮诺男以作品《望远镜》获金奖，东北师范大学人文学院王霖和浙江西西米亚羊绒时装有限公司曹宇枫获银奖，吉林工程技术师范学院服装工程学院程琳、华南农业大学艺术学院谢丽燕、东华大学服装学院王一苇和俞梦婷获铜奖。

第二届中国·织里全国童装设计大赛 2014 年 6 月 1 日举办第二届"中

国·织里"全国童装设计大赛，由中国服装协会、中国服装设计师协会和浙江省湖州市吴兴区人民政府共同主办，湖州市吴兴区织里镇人民政府承办。第二届"中国·织里"全国童装设计大赛以"童谣"为主题，于2013年10月开始筹备，11月公告征稿，广邀国内外设计精英，以优秀设计、优异产品关爱祖国未来，助力织里产业集群转型升级。大赛受到业界各方高度关注，企业设计师、服装院校师生、设计机构设计师和时装设计爱好者踊跃报名参赛，征稿期间共收到参赛稿件1154幅，经过初评，评选出入围决赛作品23幅，其中本地入围作品2幅。决赛和颁奖典礼于2014年6月1日在湖州大剧院举行，23幅作品全部由设计师制作成衣参加决赛。决赛评委会由国内一流时装设计师、行业专家及学者组成，最终评选出金奖1名、银奖2名、铜奖3名、工艺品质奖1名和优秀奖17名，对积极组织参赛院校设组织奖若干名，一并给予表彰。中国纺织工业联合会名誉会长杜钰洲，中国纺织工业联合会副会长杨纪朝，中国服装设计师协会主席李当岐，中国纺织工业联合会副秘书长、规划部主任於荣赛，中国服装协会专职副会长冯德虎，中国服装设计师协会副主席兼秘书长张庆辉，中国服装设计师协会副主席、北京服装学院院长、教授刘元风，中国服装协会常务副秘书长谢青；湖州市委副书记金建新，湖州市人大常委会副主任周杰，湖州市人民政府副市长董立新，湖州市政协副主席高东，吴兴区委书记蔡旭昶等领导和嘉宾出席活动。

　　第三届中国·织里全国童装设计大赛　2015年6月1日举办第三届中国·织里全国童装设计大赛，由中国服装协会、中国服装设计师协会和浙江省湖州市吴兴区人民政府共同主办，湖州市吴兴区织里镇人民政府承办。大赛以"遇见童话"为主题，于2014年10月启动，11月上旬公告征稿，广邀设计精英以优秀设计、优异产品，一起寻觅、走进、表达、展示孩子童话世界。大赛受到业界各方高度关注，企业设计师、服装院校师生、设计机构设计师和时装设计爱好者踊跃报名参赛，共收到全国26个地区以及日本参赛稿件1295幅。3月31日中国服装协会与中国服装设计师协会进行初评，评选出入围决赛作品19幅，其中织里本地入围作品1幅。4月11日至5月20日，入围19幅作品由设计师制成参赛成衣，并统一提交大赛组委会。决赛和颁奖典礼于2015年5月31日在湖州大剧院隆重举行，决赛评选出金奖1名、银奖2名（改：人）、铜奖3名、工艺品质奖1名和优秀奖13名，对积极组织参赛院校设组织奖若干名，一并给予表彰。

　　第四届中国·织里全国童装设计大赛　2017年9月17日举办第四届"中国·

2018 年 4 月第四届童装设计大赛

织里"全国童装设计大赛。第四届大赛以"童趣"为主题，由中国服装协会、中国服装设计师协会和吴兴区人民政府主办，织里镇人民政府、单位承办。通过设计大赛，集中展示织里童装转型升级阶段性成果，宣传织里童装产业，加强织里童装对外交流与合作，吸引优秀人才，推进设计创新，提升行业话语权，引领行业发展方向。同时提升品牌意识，引导童装企业做大做强，推进童装名牌、名企、名镇建设。在第四届全国童装设计大赛中，设计师林建峰作品《数学好难》从入围 1400 余件作品中脱颖而出获得金奖。新华社等国内主流媒体争相对此次大赛进行报道。设计大赛吸引国内外顶尖设计力量齐聚织里，同时促进本土设计实力增强，由此形成"借助外力扩大影响，修炼内力升级产业"氛围。

第三节　织里童装企业选介

湖州今童王制衣有限公司　1996 年成立，坐落于织里镇安康西路 333 号。2003 年和 2008 年先后进行两次扩建，厂区占地面积 5 万平方米。公司集儿童服装产品开发、设计、生产和经营为一体，是湖州市童装业重点骨干企业、信用 AAA 企业。公司主要生产 6~16 周岁儿童少年装，拥有芝麻开门、今童王、kboy&kgirl 等品牌。产品以线上线下相互结合营销方式销往全国。公司拥有一支具有高素质、国际视野研发设计团队，并建有产品设计研发中心、市场发展中心、营销运营中心，从产品定位到形象更新，从风格梳理到渠道更新，从培育优

今童王生产线

化到资源整合，致力于"品牌"升级重塑。公司自行设计、研发产品先后获得全国童装设计大赛银奖、上海国际服装博览会国际童装设计金奖等多个奖项。"今童王"品牌先后被评为"浙江省著名商标""中国十大童装品牌"等荣誉称号，并获得"国家生态纤维制品标志证明商标准用证"。公司已通过了ISO9001国际质量管理体系和ISO14001国际环境管理体系认证，拥有产品外观专利29项，在全国30多个省市设立400多家门店。公司是中国服装协会童装专业委员会团体会员，上海市服装协会团体会员，浙江省服装协会团体会员，"中国童装"理事单位。2018年公司拥有员工260名，产值14 800万元，实现利税1578万元。

　　浙江不可比喻服饰有限公司　2000年成立，位于织里镇阿祥路666号，前身是湖州博卡服饰有限公司。2003年公司第一个自主童装工业园投入使用；2009年"BCOBI不可比喻"轻潮少年装全国连锁专卖品牌诞生；2012年BCOBI不可比喻运营中心迁入杭州钱江新城，启动"开大店、开好店、多开店"战略；2018年不可比喻新工业园一期竣工落成，占地2.6万平方米，建筑面积4万平方米，固定资产1.5亿元，是一家大型服装企业，集服装设计、产品陈列、价格定位、营销方式、广告宣传、管理模式、服务为一体。公司主要生产轻潮少年装产品，适合2～18岁少年儿童消费群，拥有"不可比喻""BCOBI""开米洛"商标。2008年公司已通过ISO9000国际质量体系认证，并荣获"十佳童装设计优秀团队""童装类企业安全生产先进单位""2010年度童装创新创强示范企业"等多项荣誉。公司产品全品类、多渠道线上线下融合运营，以"联营共创"模式销往全

不可比喻制衣车间

国各地。公司引进国际一流的设计理念，凸现产品的差异化、时尚化，着力打造产品核心竞争优势；"BCOBI不可比喻"童装服饰吸收当代服饰制作精华，聘请优秀服装设计师悉心设计，注重提升服饰品质，突出童装文化内涵。在面料、款式、色彩上引导时尚，展现活力，形成BCOBI不可比喻的风格特色。公司以"创时尚平民化服饰名牌，建不可比喻恒久事业"为企业宗旨，以"打造儿童时尚综合体"为企业发展目标，以"让员工身心感到幸福，同时为社会作贡献"为企业核心价值观和管理理念，注重"快乐、自强、成就"企业文化建设。2018年，公司拥有员工300多人，全国店铺600+，技改投入3000多万元。

浙江布衣草人服饰有限公司 位于织里镇阿祥路1166号，成立于1998年，是一家集设计、生产、销售、服务于一体的儿童品牌服饰公司，拥有2万多平方米现代化生产基地，员工300多人。公司下设研发部、营销部、生产部、财务部、总经办五个职能部门。1998年，公司前身"新飞马服饰"成立；2003年，"新飞马"正式更名为布衣草人服饰有限公司，并注册"布衣草人"商标，组建自主设计团队。公司已在湖州、杭州、广州成立设计分部。2008年，公司开始开拓区域代理加盟，至今布衣草人已在全国各地拓展近千家销售门店。2009年，公司顺应时代发展，率先进入童装电子商务领域，运用互联网+思路，分别入驻天猫、阿里巴巴等各大平台。2015年6月正式进军国际电商平台，先后开通亚马逊北美站、欧洲站以及全球速卖通，建立强大线上与线下相结合销售网络。公司以"诚信、创新、协同、共赢"为共同价值追求，先后获得全国童装行业三十五

布衣草人服饰有限公司

强企业、浙江省名牌产品、浙江省著名商标、"两化"融合示范企业、中国织里十大童装品牌、织里童装企业纳税前五名等荣誉。2018年布衣草人童装销售突破120万件，其中电商销售40万件，企业效益持续多年保持稳步增长。

湖州七秒实业有限公司　位于织里镇阿祥路2277号，前身是阿龙衣族服饰有限公司，2003年由董事长陈水龙先生创建。公司拥有绍兴阿龙衣族服饰有限公司、湖州织里阿龙衣族服饰有限公司、湖州七秒实业有限公司，员工近500人，公司工厂建筑面积达3万平方米，固定资产超2亿。公司是一家集童装研发、设计、生产、销售和新零售品牌运营为一体综合性企业。公司主打全系列童装产品和新零售，童装聚焦于2～8岁儿童，童装+百货新零售聚焦于年轻妈妈消费人群，旗下拥有"多啦啦""7M""牛小图""多啦多啦"四大童装品牌和"七秒易购"新零售全国连锁品牌和注册商标；设计团队均由中国美院、江西服装学院等高端设计人才和国内外知名设计师组成，以全球化设计视野，国际化设计标准，成为国内最具影响力品牌之一。七秒易购以"产品好、价格好、环境好、服务好"为经营理念，采取直营和联营运营模式，向全市场进行产品整套输出。运用大数据科技，不断扩大、完善和整合供应链体系，不断优化运营模式，门店遍布全国八省区30多个大中小城市。公司以"小童装，大事业"为根本宗旨，以打造中国童装+生活百货微时尚领军品牌为发展目标，确定以人为本管理理念，企业文化建设注重感恩、责任和人文关怀。七秒易购曾获得中国"好童装""2019年度推荐品牌"等殊荣。

湖州男生女生品牌管理有限公司 坐落于织里镇吴兴大道 2699 号中国童装城南 3 号门 4 楼，前身湖州男生女生服饰有限公司创建于 2013 年。2018 年，公司为了品牌发展，与海澜之家达成合作，成为海澜之家旗下品牌。公司面积 5000平方米，现有员工 500 多名，集设计、生产、销售为一体。公司生产儿童服装、服饰用品，针对 0 个月婴童至 16 周岁儿童，面向小、中、大童市场，涵盖童装、童鞋、儿童内衣、儿童泳衣、儿童箱包、配饰等品类。现公司拥有男生女生、HEYLADS 等商标 47 件，国外商标一件，外观专利一件。公司"HEYLADS 男生女生"品牌创建以来不断完善产品线，以品牌运营方式高起点运作，率先采用联营模式，经过 6 年多蓄势发展，销售网络遍布全国 30 个省市地区，近 1100 家品牌专卖店，已成为一个童装品牌运营实体。公司连续获得年度中国童装品牌传媒影响力大奖、中国童装最具市场营销奖，湖州市三星级绿色工厂、中国好童装十大童装品牌等荣誉，成为中国童装市场上最受消费者欢迎童装品牌。公司企业文化建设注重坚持、舍得、感恩、诚信、责任，志在打造中国儿童服饰民族标杆品牌，令男生女生产品始终走在时尚前列，以优越价格及时尚潮流款式，打造"平价快时尚"品牌核心竞争力。

浙江万顺服饰股份有限公司 始创于 1999 年，坐落于织里镇中国童装标准产业示范园区 C3 栋，集研发设计和品牌运营为一体。公司拥有超 30 000 平方米现代化标准厂房，500 余名专业缝纫技工，年产超 800 万件时尚童装生产能力。品牌销售网络现已覆盖全国所有省级分公司，超 1600 家加盟专店。公司自主童装品牌"德牌""瑞牌"品牌童装，整合研发、生产、销售、品牌运作及服务各项资源。旗下"琦瑞德泽"品牌产品荣获中国国际儿童服装服饰博览会（CHIC）2019（春季）营销大奖、中国国际儿童时尚周时尚大奖等奖项。万顺服饰注重系列产品三品方向：品格、品位、品质。以"自然唤回生活本态，艺术拼凑精致生活""至简黑白表达设计、轻奢艺术融入生活"为设计思想，设计形象、精致，呼应 80、90 后爸妈品味，打造自然、至简艺术服饰。公司先后受邀成为中国服装协会理事单位、浙江省服装行业协会童装分会副会长单位、中国织里童装商会副会长单位、温州市服装商会副会长单位等。

浙江湖州永翼实业有限公司 于 2007 年在杭州市萧山开发区创立，2016年经政府招商引资入驻织里镇，并在织里镇万谦漾路兴建占地 30 亩产业园区。2019 年，总建筑面积 4 万余平方米产业园正式投入使用。公司经十多年不断革新与进步，已发展为知名儿童服饰企业，集童装、童鞋设计、生产、销售和品牌运营为一体。公司致力为0～16岁的儿童提供"舒适、健康、时尚"童装、童鞋及其他用品，旗下有淘气猫、淘淘猫、汤尼罗宾、TTOO四个高中低童装品牌。永翼实业一直专注于营销和管理模式创新，在连锁扩张业态上率先突破行业固有模式"瓶颈"，利用对加盟商进行分级管理方式，创造出独具特色连锁经营模式。公司在全国拥有21家分公司，通过开设直营、联营、加盟店铺等多种运营模式，店铺覆盖24个省、自治区、直辖市，专卖店达到1100余家，运营体系员工超过5000余人。公司秉承"顾客至上，诚信为本"经营理念，以织里镇童装供应链为依托，深耕产品设计研发，构建高素质品牌营销队伍、专业督导服务系统和快捷配货物流体系，在童装行业赢得优势地位。

湖州名邦服饰有限公司 位于织里镇栋梁路999号，占地18.8亩，厂房面积33 000平方米，公司总人数300余人，其中研发设计师30余人，品牌运营及电商团队128人，是一家自主研发、生产、销售一体化童装类企业，是"吴兴区电子商务协会常务副会长单位""织里镇童装商会副会长单位""落地母婴特约顾问""浙江省湖南商会副会长单位"。公司创始人吕能兵在2009年怀揣7万元从湖南只身来到织里，在124平方米出租房开始互联网创业，不到半年时间便成为1688平台Top1商家，主打原创设计自主品牌"babycity""贝贝城"，连续5年蝉联1688电商平台童装Top商家前三名，在阿里巴巴互联网大会多次获得"互联网最受欢迎童装品牌""互联网最受欢迎童装企业""十大人气好童装"等多项荣誉。2018年公司布局线下，为打通线上线上全链路，进行新零售试点。同期推出母婴连锁品牌"承希CHENGXI"，以0～7岁婴、幼、小儿童服装为主，鞋袜帽、益智玩具、儿童用品、以及孕育类妈咪用品及周边商品为辅，产品涵盖母婴日常生活领域，品牌秉承"好看、好用、高性价比"理念，以为全世界新生代家庭提供一站式商品服务为终身使命。为完善公司产品矩阵，打造中高低、大中小全方位品牌战略布局，公司在2020年收购末许（杭州）服饰有限公司，推出轻奢童装品牌"末许MOXU"，主营1～14岁中高档童装及少年装。为增加品牌价值、提升品牌公信力，公司将与"蜡笔小新""哆啦A梦""迪士尼"等一线IP进行合作，并同抖音、快手、腾讯等新媒体签订品牌战略框架，强强联手，以全新的姿态实现品牌跨越与腾飞。

湖州朗田服饰有限公司 2010年成立，坐落于织里镇大港路900号，占地面

朗田服饰公司

积 24 000 余平方米，建有 50 000 余平方米现代化标准厂房，配备国内外先进专业服装生产设备，汇聚高精尖设计、营销及管理团队 300 多人，销售业绩多年保持快速增长。公司旗下"田果果"品牌连续获得浙江省著名商标、湖州市名牌产品、中国织里十大童装品牌企业及 2018 年度中央电视台 7 频道展播推荐品牌等荣誉。"田果果"品牌以完美消费体验结合智能新零售模式快速布局，目前已在全国开设 800 余家加盟店。公司创立至今，本着"创新、优质、高效、凝聚"企业价值观，坚持"品质第一，顾客至上"经营理念，始终专注于儿童服饰研发设计与生产销售，以独具创意设计元素和匠心独特陈列搭配，诠释高品质儿童生活新主张，致力于打造儿童服饰时尚品牌。

湖州花田彩服饰有限公司　2010 年成立，坐落于织里童装产业示范园区，是一家产品研发、生产、销售及品牌运营一体化童装企业。花田彩主打 0～15 岁童装，借鉴日韩流行潮流，吸纳欧美时尚元素，坚持原创设计风格，旗下"花田彩""丫噜丫噜""大 C"三大品牌秉承"品质至上，服务至上"企业价值观，将都市、时尚、创新、简约设计理念融入到产品当中，给孩子们舒适、个性、亲近自然穿着体验。花田彩是织里童装商会副会长单位、湖州市新兴产业智能节能培育"加速器"试点企业，在 2018 年获得中国好童装第二季"十大人气童装""百强童装企业"等荣誉。2010 年春，郑新良、郑华英夫妇在织里镇开办童装工厂，"花田彩"品牌由此起步。创立之初，花田彩跟大多童装厂一样采取前店后厂模式经营，厂房面积仅 200 余平方。但花田彩初代产品即与创新和新潮融合，引进自主开发资源，进行品牌化思路发展早期尝试。2018 年，借助织里镇童装产业转

花田彩服饰有限公司

型升级高质量发展之势，花田彩入驻织里童装产业示范园区，拥有超 10 000 平方米现代化标准厂房。年产量童装 400 余万件，年产值 1.7 亿元。产品遍布全国，并远销韩国、迪拜等国家。2019 年 11 月，花田彩启动品牌直供转型大会，来自全国终端零售客户 1400 余人参加，现场签约终端加盟店铺 469 家，实现品牌连锁加盟直供模式升级再造，与中央电视台签订战略合作框架，成为中央电视台战略合作伙伴，实现新跨越。

湖州厚兴服饰有限公司　位于织里镇阿祥路 777 号。公司前身是栎鋆王子公司，始创于 2006 年，后又于 2013 年扩建。公司占地 2.6 万平方米，建筑面积 3 万平方米，固定资产 6000 万元，公司是一家研发设计和品牌运营一体化童装企业。公司经营趣味、解析、轻文艺"安米莉"童装品牌、田园时尚的"林芊"童装品牌以及复古文艺"蚌蚌·唐"童装品牌。产品在设计上，与海外著名服装设计咨询公司合作；在生产上，通过国际质量管理体系认证，采用国际先进生产模式提高生产质量和效率；在营销上，公司已建立稳定、快速营销团队，发展成代理、加盟、合作等多种经营模式。公司以聚焦、赋能、创新、共进为经营理念，以简约、时尚、环保、创新为产品理念，凭借良好研发设计、超高性价比和完善管理模式以及独特营销模式，已逐渐形成规模化、系统化、专业化运营模式。自公司成立以来，先后获得"中国最具时尚创意大奖""年度中国好童装十大品牌之一""中国童装最佳设计创意奖""中国好童装十大领军企业"等荣誉称号。2018 年，公司拥有员工 150 人，主要设备 80 套，每年技改投入 200 万元，产值 1.2 亿元，实现利税 500 万元。

　　浙江吉米兄弟服饰有限公司　创建于 2011 年，前身为石狮市吉米依佳服饰有限公司，于 2016 年 7 月从福建石狮迁至织里，是一家集品牌建设、研发设计、生产制造、经营销售为一体的专业化、规模化童装企业。旗下吉米依佳、吉米佳园、嘻嘻爱三个主打品牌已连续获得"中国著名品牌""全国童装行业十佳诚信品牌""绿色环保首选品牌"等荣誉。公司拥有 2 万余平米生产车间和近千平米销售展示厅，生产线引进日本、德国等国先进设备 400 多台，综合实力行业领先。公司产品涵盖 3～16 岁新生代儿童领域，以"时尚、休闲、环保、优质、舒适"为特色。公司客户遍布全国各个省份，年生产量达到 150 万件，年销售总额 1 亿元。2018、2019 连续两年荣获政府颁发"企业规模奖"和"爱心企业奖"。公司内设开发部、技术部、生产部、营销部、采购部、物流部、商品部、行政部、财务部等部门。现有员工 400 多人，其中高级管理人才 19 人、优秀设计师22 人、技术骨干 31 人、一线专业生产员工 350 多人。公司施行人文化管理，每年推行"七个一"活动，即：一场体检、一场电影、一次旅行、一次培训、一份保险、一次年会、一次周年庆，让员工深深感受大家庭温暖。公司秉承"关注客户、诚信共赢"经营理念，坚持"质量第一，时尚创新"经营原则，努力承担对员工、客户、社会的责任，源源不断地创造经济价值和社会价值，为推动中国儿童服装产业发展贡献力量。

吉米兄弟分拣仓库

　　湖州贝媞妮服饰有限公司　成立于 1999 年，坐落于织里镇佩琳路 9 号，拥有 11 000 平方米生产基地、员工 180 多人，是一家产品研发、生产销售、品牌营运、服务管理一体化现代童装企业。20 世纪 90 年代，公司创始人许连清凭借自己对服装行业热爱，加盟织里童装业创办贝媞妮服饰，并创立"贝贝媞妮"自主品牌。公司经过 20 多年积累和发展，贝贝媞妮产品以其原创设计、做工精细在市场中赢得较高美誉度。公司先后荣获湖州名牌产品、湖州最具影响力品牌、湖州市著名商标、织里十大最具潜力品牌等荣誉。公司近年来着重进行营销模式改革和品牌升级，由原先现货模式转变为订货模式，同时着重投资跨境、线上电商等领域，进行全渠道发展。2018 年公司实现产值 8000 万元。

　　弗兰尼尔（湖州）服饰有限公司　位于浙江省湖州市织里镇阿祥南路 1248 号。公司占地 45 亩，厂房面积 35 000 平方米，于 2006 年正式投入生产，主要生产和开发中高档衬衫。十多年来，公司一直在品质、工艺上追求精益求精，先后引入自动裁床、单件流水槽、自动激光裁剪、自动锁眼等智能设备。2008 年公司组建童装生产线，以适应全品类童装大货生产和开发。目前公司在职员工 200 多人，其中 80% 均为专业技术人才，拥有敢想敢做、有活力、高素质管理团队。管理层设有业务开发部，生产部，品控部，财务部，行政人事部等管理部门，确立"追求企业与个人共同发展"管理理念，注重以个人全面发展凝聚成企业全面壮大。公司在发展中注重实施品牌合作战略，自主创立"南瓜藤"品牌，同时先后与雅戈尔、七匹狼、JACK&JONES、Massimo Dutti、ZARA、巴拉巴拉等国际国内知名品牌合作，同时也与织里本地品牌城秀、玖喆潮童、今童王、男生女生、艾米莉、林芊国际、棒棒糖等进行产销营运合作。公司在多向合作中不断提高企业形象和知名度。

弗兰尼尔（湖州）服饰有限公司

第三章　织里童装市场

织里童装市场起源于 20 世纪 80 年代初，经历从自发聚而成"集"、到规模经营成"市"、再到现代化的"城"三个发展阶段。最初因织里轧村一带兴起绣制品行业急需流通交易驱动，先后自发形成轧村影剧院门前绣品地摊市场和织里老街绣品地摊市场，接着在织里老街搭建沿河简易棚摊位市场，此为织里第一代市场。随后为引导规范交易秩序，划行归市建设专业市场，先后建起织里绣制品市场和织里轻纺绣制品市场（即俗称西场和东场，也被认为是织里的第二代市场和第三代市场）。进入 20 世纪 90 年代，经连续多年拓展，建成由五大交易区组成的"中国织里商城"，其中 1993 年建成的第一交易区为第四代市场，1994 年和 1995 年先后建成的二区、五区、六区为第五代市场。1997 年实施童装市场整体"南迁"，在织里南大门晟舍 318 国道旁建成童装专业市场，是织里第六代市场，也是织里专业市场繁荣活跃的鼎盛时期。21 世纪开始，随着织里童装产业迅猛发展，于 2001 年建成"中国织里棉布城"，软硬件配套在当时均处于省内乃至全国领先水平，这是织里第七代市场。2009 年 8 月，为引领织里童装市场转型升级，在更高起点上规划兴建"织里中国童装城"，成为织里第八代专业市场。织里童装市场沿着一条依托区域特色产业基础、工贸一体化、先市后场、先综合后专业、滚动式发展的路子，经先后八轮更新换代和不断积累，已形成以两大童装城为主体、各相关配套市场为辅助、新业态无形市场开发为延展、现代化多功能的专业市场体系。

第一节　织里商城

一、中国织里商城

区位和建设　中国织里商城位于织里镇商城路与织里北路交汇地段，它在 20 世纪 90 年代在织里绣花制品、童装、床上用品等行业发展基础上逐步形成，曾

织里商城开业

是织里专业市场最早形成全国影响力和产业辐射带动力的多功能、综合性大型商贸市场。织里商城是湖州市织里商城发展有限公司各专业市场的统称，包括中国织里商城、中国织里童装城、中国织里棉布城。中国织里商城建设是1992年邓小平南巡讲话后，织里镇搞活经济、促进发展的重大决策。湖州市委市政府非常看重织里改革发展趋势，在织里镇打破常规成立经济开放区（其他地方是开发区，全国独此一家），突出在"放"字上做文章，鼓励放手来干，尤其是把"做好规划、做大市场"放在突出位置。在此形势背景下，织里镇党委政府和工商部门以当时已建成绣制品市场（西场）和轻纺绣品市场（东场）为基础，确立"以市兴镇"发展战略，不断加大市场建设投入力度。中国织里商城经过多轮扩建，总投资5180万元，占地面积4.2万平方米，拥有营业房（摊位）1206个，由五大交易区组成。中国织里商城历次扩建分别是，1993年首期规划建设织里商城项目投资600万元，建成占地8000平方米的第一交易区；1994年又投资2000万元，于当年6月建成占地16 000平方米的第二交易区；1995年下半年又投资2100万元，分别建成占地3500平方米的第五交易区和占地10 000多平方米的第六交易区；1996年实施童装市场"南迁"，在晟舍318国道旁建成第八交易区（即中国织里童装城）。

　　商城分区　中国织里商城分一、二、三、五、六共五个交易区，其中三区和五区是由原轻纺绣制品市场（即东场）和绣制品市场（即西场）分别改建而来。商城内交易区划分，在童装市场"南迁"及棉布城建成前，一区主营棉坯布交易、二区主营童装与纺织配套交易、三区主营童装服饰交易、五区主营童装面辅料、六区主营棉坯布和服装面料。1997年在晟舍318国道旁建成童装市场后，童装交易从商城中分离出来搬迁至童装专业市场，取而代之以床上用品等绣制品为主。而后，随着棉布城建成，专业市场进一步分化又加上绣制品行业渐趋萎缩，商城逐渐走向衰退，成为整个童装市场体系中一处辅助市场。

商城经营　中国织里商城经几次扩建后，在20世纪90年代中后期，市场辐射面日益扩大，客商来自全国各地，有力地引导和促进童装产业迅速发展。织里童装产品以款式新、价格低为优势，在当时很快占领北方市场，以北京为中心，逐渐向东北、西北及西南等地扩展，迅速带来织里经济市场繁荣、产业兴旺良好的局面。但跨入21世纪后，随着童装市场"南迁"和中国棉布城建成，中国织里商城就逐渐失去其原来专业市场龙头地位，昔日中国织里商城繁荣热闹场景已成为织里的历史记忆。

二、中国织里童装城

区位和建设　中国织里童装城位于晟舍社区，南紧贴318国道。其前身是1997年童装市场实施"南迁"建成的中国织里商城第八交易区（也称晟舍童装市场）。此前，织里商场虽成市较早，却因地理环境局限和专业特色欠缺，使织里商城影响力和开放度明显不足。1995年，织里镇被国家发改委等十一个部委批准为全国小城镇改革首批试点单位，使织里专业市场发展获得新机遇。1995年下半年，镇党委政府《关于对织里南大门加快建设有关事项规定的通知》（织政〔1995〕44号）作出"实行划行归市，新建中国织里商城（晟舍）第八交易区为童装交易专业区"决定。于是，由织里商城发展公司投资5500万元，历经一年多的建设，于1996年下半年在晟舍318国道旁建成织里商城第八交易区，占地7.5万平方米、拥有1200间营业房（摊位），并于1997年9月28日开业。此后童装市场经十多年运营，市场主体商城发展公司针对童装城设施趋于老化，又于2010年启动全面改扩建，一方面投资1.5亿元新建织里童装城E区品牌馆，建筑面积2.4万平方，两层商场式规划布局，拥有商铺390个，并于当年完成招商；另一方面，投资2亿元，启动织里童装城（老区）整体拆建改造提升工程。工程于2010年动工，2012年下半年完工，改建面积达5万平方米。经改造扩建后，晟舍童装市场既展示了中国织里童装城的崭新外观形象，同时在经营业态、结构功能、运作机制、社会影响和区域效应等方面都得到显著提升。

童装城分区　经 2010—2012 年全面改扩建后，中国织里童装城分 A、B、C、D、E 五大交易区，总建筑面积 8 万平方米，共有 1200 多间营业房（摊位）和 600 多间商住楼。其中 A、B、C、D 四个分区均为童装交易区，E 区一层为针织童装交易区、二层为床上用品交易区和电商区。

童装城经营　1996 年下半年，童装市场建成之初，落实童装交易区"南迁"过程并不顺利。很多童装商户一开始不愿意从商城北区搬迁到新建晟舍童装市场，认为原有织里商城童装交易区已形成熟悉客户资源，市场商家与周边厂家已建立紧密联系，加上当时新建童装市场周围配套还不完善，沿织里路（时称晟织公路）南北之间还有相当距离城市建设空白区，往返交通不便，这多方面因素使童装市场"南迁"一度受阻。因此，镇党委政府专门就童装市场"南迁"出台织镇委〔1997〕1 号文件，进一步明确对中国织里商城进行划行归市，把童装交易从原有织里商城中分离出来，实现童装、棉布、服装辅料、床上用品等各专业市场分别挂牌营业，以体现织里专业市场特色。同时，围绕童装市场"南迁"，着力解决实际问题，开通镇区巴士、设立晟舍车站、给予摊位租金优惠等各项保障措施相应跟进，从而在 1997 年 9 月 28 日举办首届织里童装交易会之际，实现织里童装市场"南迁"到位和成功开业。当年新开业童装市场迅速打开局面，仅一年内市场童装经营户从原有 300 多家猛增到 1000 多家，经营户总数增加 50%，外地经营户总数首次超过本地经营户，占 51%，销售额和销售量同比增长分别为 34% 和 31%。童装市场成功"南迁"对织里童装产业发展起到了极大推动作用，使织里童装价廉物美、款式新颖、产销结合紧密、季节转换灵活等特点在全国童装界进一步受到青睐。到 2005 年，织里童装已辐射全国 28 个省、市、区，国内市场占有率 25% 左右，市场订货客商日均 2 万余人，日销售童装 20 万余件（套）左右，童装年成交额达 39 亿元。2010 年后，经改造提升，中国织里童装城在功能配置上集童装交易、商贸洽谈、电子商务、产品展示等为一体，在全省乃至全国都有着较大影响力和知名度，是湖州市大型的专业市场，特色鲜明、活力持久、效益稳定增长。

三、中国织里棉布城

织里棉坯布市场由来　20 世纪 80 年代末 90 年代初，随着织里童装业的发展，众多童装生产企业不单单关注产后销售，同时也对产前童装面料、辅料采购有迫切需求。早期童装厂家都要到绍兴柯桥、广州等外地去采购货源，成本比较高。织里镇因此出现很多商人（时称布老板）做棉坯布生意，他们想方设法从外地购买批量坯布后，自己送到印染厂加工，然后卖给童装企业，从中赚取差价。当时这种生意十分火爆，甚至还有一些人（也称掮客）专做棉坯布转手生意，他们可在一转手之间获利不菲。同时外地一些棉坯布和面料经销商，看到织里童装产业对面料需求很大，便纷纷来织里设立厂家直销点，逐步形成了织里纺织品棉坯布市场。其早期经营场所主要是织里轻纺绣品市场（即商城三区），后来又建立商城第五、第六交易区。此后，织里童装业随着童装市场"南迁"掀起更为迅猛发展势头，生产企业对童装面辅料产生更多新需求，原有织里商城棉坯布和面辅料交易区已远远不能满足发展需要，催生了中国织里棉布城项目诞生。

棉布城区位和建设　中国织里棉布城坐落于织里北路与商城路交接处，占地面积 135 亩，建筑面积 13 万平方米，总投资 1.3 亿元，内建有 3 层以上营业楼590 套（营业房 1180 余间），于 2000 年由织里商城发展公司参股 40% 的湖州江南市场开发有限公司投资兴建。棉布城建设，在规划设计上汲取欧式建筑精华，继承中式建筑传统，辅以带有浓厚商业气息步行街的市政设施和完善市场配套功能，融"商业、休闲、居住"于一体，在当时成为高档次、高品位现代化商贸小区，也是当时全国最大棉坯布集散中心，一度是织里镇提升城市品位的标志性建筑。

棉布城经营　中国织里棉布城建设项目于 2001 年 9 月竣工，并于同年 9 月28 日在第二届中国织里童装博览会开幕之日举行隆重落成开业典礼。建成后，棉布城规模、格局、品位、入住率以及软硬件配置在当时堪称一流。而且，棉布城成功招商后，市场内供需两旺、交易火爆。在织里市场工作二十多年的保安冈水泉回忆，由于市场交易量大且频繁，那时又没有电子银行，基本都是现金交易，也就随处可见客户用麻袋装钱进行交易，一些商家手捧一捆捆现金穿梭于铺面与银行之间，络绎不绝、热闹非凡。2005 年之后，由于全国性企业改制基本完成，原来外地国有、集体大中型纺织生产商逐渐转成私人企业或被私人承包，纺织企业千方百计降低成本，不再设点代销棉坯布，加上织里本地没有生产棉布纺织企业支撑，而相隔不远的江苏盛泽和本省绍兴柯桥纺织品大量直接进入织里童装厂家，织里棉布城经营遭遇很大冲击，棉布城集散功能日渐弱化，最终演变成为部分童装生产者提供零星布料的交易常态。

第二节　织里中国童装城

一、童装城项目

区位和规模　织里中国童装城坐落于织里镇吴兴大道与阿祥路交汇处，于 2009 年由湖州市织里国际童装城股份有限公司投资兴建，项目总投资 25 亿元人民币，占地面积 600 亩，建筑面积达 70 万平方米。项目分三期开发建设，一期用地面积为 176 亩，建筑面积 21.6 万方，实际投资 8 亿元，主体建筑 4 层，于 2009 年 8 月 18 日开工，至 2010 年 2 月 8 日建成，并于同年 11 月 19 日首次开业。2018 年童装城各类商家 700 余家，市场年交易额达 60 亿元。

功能和冠名　织里中国童装城以专业童装设计研发、信息发布、展示交易、电子商务为主体，属于综合性专业市场。2009 年 5 月，由中国商业联合会、商品交易市场专业委员会评审通过"织里中国童装城"冠名称号，成为继义乌中国小商品城、柯桥中国轻纺城、海宁中国皮革城之后第四个正式以"中国"冠名的专业市场。

二、童装城分区布局

市场定位和业态布局　织里中国童装城以童装面辅料交易为核心，涵盖童

2010 年织里中国童装城开工奠基典礼

装、样衣、设计研发、电商、信息发布、推广展示等领域，市场主要业态分布为一楼A、B区是童装品牌运营中心，C、D区为童装面料交易中心；二楼是原创样品销售中心和童装辅料交易中心；三楼是织里童装电子商务产业园和湖州织里童装设计中心；四楼是行政办公区和中国童装博物馆；广场设有餐饮区域，停车场车位1000多个。已形成成品设计、批发交易、电子商务、信息服务、商品展示、物流配送、餐饮等一条龙服务体系。

童装面辅料轻纺城　位于织里中国童装城一楼C、D交易区和整个二楼交易区，童装面辅料轻纺城于2013年4月20日开业，以童装面辅料交易、展示、研发、信息、商务为主体，是国内迄今唯一专业童装面辅料轻纺城。市场内集聚织里镇在面料、辅料、罗纹等行业80余家排名在前的大中型商户，且已入驻广州、柯桥、石狮等国内知名品牌面辅料、样衣、电子商务等经营户600余家。

童装品牌运营中心　2019年6月，织里镇人民政府与浙北集团签约合作携手打造中国童装品牌运营中心。该品牌运营中心位于童装城一楼A、B区，营运面积达25 000平方米，已有180家商家入驻，2019年11月正式营运。中心以童装品牌培育与孵化为目标，集设计、展示、批发、零售、订货、儿童娱乐和产业交流于一体，构建时尚童装生态圈、一级原产地批发市场，旨在打造国内一流中高端品牌的儿童服装服饰采购中心。

电子商务产业园　童装城三楼是规划面积为5.8万平方米的吴兴区电子商务

2019年11月，国家面料中心落户织里

产业园。2018 年已有 170 余家电商入驻，从事电商人员 1200 余人，吸纳大学生创业就业近 350 人。引进第三方服务公司 3 家，为企业入驻 1688、淘宝、天猫等平台进行人才培训、摄影、美工、店装、代运营等服务。与京东、1 号店、亚马逊、苏宁易购等大型电商平台确定合作意向，并以园区为发起人成立吴兴区电子商务商会，使会员企业能与各电商平台和外省兄弟协会进行深层次、全方位的交流与合作。

第三节　织里童装市场经营管理

一、童装市场管理（建设）

20 世纪 80 年代中期，织里镇形成第一代绣品市场，织里工商所（1992 年成立织里经济开放区后升格为工商分局）行使市场建设、管理职能。1995 年织里镇列为全国小城镇综合改革试点后，围绕"以市兴镇"发展战略，为进一步拓宽市场建设资金筹措渠道，加速市场发展，按照专业市场实行"管办分离"要求，先成立织里市场发展服务所，接着由市场发展服务所作为发起人和控股单位成立湖州市织里商城发展有限公司，由 8 个股东单位参股。这是当时浙江省继绍兴、义乌之后第三家大型专业批发市场组建股份制公司。2009 年后，织里镇又在吴兴大道与阿祥路交汇地段规划兴建织里中国童装城，从此织里童装市场建设管理形成了织里商城发展有限公司和织里国际童装城有限公司两大市场主体并存发展格局，前者担负旗下包括中国织里商城、中国织里棉布城、中国织里童装城在内的市场建设和管理，后者负责织里中国童装城投资建设和运行管理。

二、童装市场经营

市场历年经销　据资料显示，织里专业市场从 1985 年有业绩记载起，市场成交额一路快速增长，先后在 1990 年突破 1 亿元、1995 年突破 50 亿元、2003 年突破 100 亿元。截至 2018 年，童装市场总成交额达 280 亿元，市场功能表现为童装交易、商贸洽谈、电子商务、产品展示等一体化、多元化新业态。

市场集散功能　织里童装市场吸引全国各地童装批发销售客商，早期通过当时由 37 个托运站、58 条托运线路构成联托运中心，销售网络遍布全国，同时有一大批在外经商织里人在全国各大城市设立销售网点，市场辐射国内 117 个大中

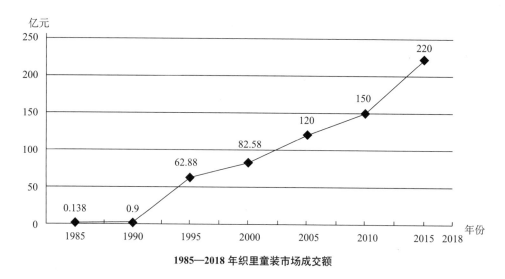

1985—2018 年织里童装市场成交额

城市和境外 15 个国家和地区，是全国最大童装批发市场和棉坯布及服装面辅料主要集散中心。进入互联网时代，电子商务、现代物流使产销衔接更加紧密，市场集散功能得到进一步放大，在织里经济发展中继续发挥不可替代作用。

市场辐射带动　童装市场繁荣促进织里经济各行各业发展和居民生活水平不断提高，同时吸引各种要素向镇区集聚，促进城市化进程加速发展，改善各项社会事业，并带动商贸、金融、交通、房地产等第三产业全面发展。

三、童装网上交易

中华童装网　综合性电子商务贸易平台中华童装网（www.e-ccdc.com），2003 年由织里镇人民政府及织里商城发展有限公司建立，是当时国内唯一一家大型童装行业 B2B 电子商务门户网站，信息、交易、服务并重，成为线上童装市场。中华童装网先后推出过童装流行趋势、童装行业新闻、童装学院、童装产业联盟等信息知识类栏目，以及商业环境、商业机会、服务中心、网上商城、人力资源市场等服务类栏目，为企业和市场提供信息资源和交流合作平台。在实施童装业品牌战略、促进有形市场与无形市场相结合等方面起到积极作用。而后又设立"童购网"，是织里童装网上交易最早的自建平台。

网上交易平台　织里童装网上交易主要是在第三方平台从事 B2B 、B2C、C2C 网络销售业务。截至 2018 年，全镇童装类网店（含阿里巴巴、淘宝、京东、苏宁、易迅等）已有 7800 余家，年成交额达 100 亿元。其中，2012 年与阿里巴巴集团达成战略合作，共同打造阿里巴巴·织里产业带，织里成为中国首家入驻阿里巴巴产业集群平台的产业带。截至 2018 年，仅在阿里巴巴中文网站织里童装产业带上入驻企业就达 4886 家，累计电商销售额 80 亿元。同时，织里童装自建交易平台主要有"童购网"和"童淘网"。童购网建设主体是织里商城发展有限公司，童淘网由童装业主郁昌发起建立。童购网 2018 年注册会员数 230 余家，交易额约 1 亿元。

电子商务配套　随着电子商务迅速发展，织里镇陆续形成各类电子商务配套机构。2013 年 4 月，织里镇成立童装电子商务孵化中心，主要定位是为第三方提供服务支持、代运营、电子商务人才培训、电商专业人才输出等；同时于 2013 年投资 2000 万元建设童装质量检验中心，可进行 192 种产品的检测，为童装电商发展提供质量支撑。并且，为围绕电子商务及相关配套产业发展，于 2013 年投资 3000 万在中国童装城 3 楼建起童装产业电子商务产业园；并且为保障电商物流配套，引进全球最大工业物流设施开发商之一的普洛斯现代仓储园区，项目总投资达 3000 万美元，总面积 164 亩，主要建设高标准物流仓储设施并吸引知名现代物流企业入园，已有国内知名供应链企业百世网络、安能集团等相继入驻。

淘宝镇和淘宝村　自 2014 年起，织里镇连续多年被阿里研究院评为淘宝镇。截至 2018 年，全镇有 4 个村获评"中国淘宝村"：大河村、河西村、秦家港村、轧村村；5 个村获评省级电子商务示范村：大河村、河西村、轧村村、晟舍村、秦家港村；2 个村获评市级电商专业村：云村村、晟舍村。大河、河西和秦

织里童装企业开启直播销售新模式

家港这三个村，常年聚集来自全国各地掘金童装电商年轻人，外来童装电商户占到90%以上，以刚出校门的大学生居多。每到童装销售旺季，村里每条路上都是一家家电商户传出打印机打印快递单的声音。童装电商发展还带动相关行业，涌现诸如电商服务、童装拍摄等一批新兴服务业，以及童模展示行业。

较大童装电商企业 织里童装电子商务在发展中已涌现一批网络年销售额达千万元甚至5000万元级别的明星企业，其中较大电子商务童装企业有湖州名邦服饰有限公司，负责人吕能兵，年交易额超1亿元；湖州十点伴服饰有限公司，负责人周志生，年交易额5000万元；湖州童心语服饰有限公司，负责人赵军，年交易额5000万元；湖州织里时尚小飞飞服饰，负责人施国飞，年交易额3000万元；湖州织里众邦服饰，负责人罗圆圆，年交易额4000万元；湖州贝丽服饰有限公司，负责人谢敏明，年交易额3000万元；湖州织里金果果服饰有限公司，负责人程传华，年交易额4000万元。并有布衣草人服饰有限公司等一批童装企业已率先涉足跨境电商零售网上交易。

四、童装市场享誉

中国织里童装城（含织里商城）已获荣誉

2002年，被评为浙江省百强市场。

2003年，被授予浙江省三星级文明规范市场称号（至2014年）。

2005年，被列为中国商品专业市场最具竞争力50强。

2006年，被列为湖州市重点市场。

2006年，被评为湖州市市级文明单位（至今）。

2007年，被授予浙江省重点市场（至今）。

2011年，被列为浙江省区域性重点市场。

2011年，获评中国商品市场百强称号。

2015年，被评为浙江省四星级文明规范市场（至今）。

2017年，被列为中国商品市场百强引领产业30强。

织里中国童装城已获荣誉

2009年5月，中国商业联合会、商品交易市场专业委员会评审通过"织里中国童装城"冠名称号。

2009年6月，中国市场研究院、中国商业地产论坛组委会授予织里中国童装城为"中国最具竞争力商业地产项目"。

2009年8月，浙江省服装行业协会童装分会授予织里中国童装城为"副会长单位"。

2009年9月，中国商业联合会、商品交易市场专业委员会评审通过"织里中国童装城交易中心"。

2010年9月，中国市场研究院品牌评价中心、中国商业地产浙商传媒联盟、中国商业地产高峰论坛组委会授予织里中国童装城"2010年浙商最具投资价值商业楼盘/专业市场项目"。

2010年至2015年，中国纺织工业协会流通分会副会长单位。

2012年7月，中国纺织工业联合会评定织里中国童装城为"中国纺织服装行业产品价格定点监测市场"。

2014年3月，《中国纺织》杂志社、《童装视界》中国纺织工业联合会传媒中心评定织里中国童装城为"最具人气童装面料市场"。

2015年10月，中国商业联合会2015（第四届）中国市场大会组委会评定：织里中国童装城为"中国市场杰出经理人"。

2015年10月，中国商业联合会2015（第四届）中国市场大会组委会评定：织里中国童装城为"2014—2015年度先进单位　中国优秀成长型市场"。